LETTRES

DE MADAME

DE SÉVIGNÉ

AVEC LES NOTES

DE TOUS LES COMMENTATEURS.

TOME SIXIÈME.

PARIS,
LIBRAIRIE DE FIRMIN DIDOT FRÈRES,
IMPRIMEURS DE L'INSTITUT DE FRANCE,
RUE JACOB, 56.

1853.

LETTRES

DE

MADAME DE SÉVIGNÉ.

TOME VI.

PARIS. — TYPOGRAPHIE DE FIRMIN DIDOT FRÈRES, RUE JACOB, 56.

LETTRES

DE MADAME

DE SÉVIGNÉ

AVEC LES NOTES

DE TOUS LES COMMENTATEURS.

TOME SIXIÈME.

PARIS,
LIBRAIRIE DE FIRMIN DIDOT FRÈRES,
IMPRIMEURS DE L'INSTITUT,
RUE JACOB, 56.

1853.

LETTRES

DE

MADAME DE SÉVIGNÉ.

1112. — DE MADAME DE SÉVIGNÉ A MADAME DE GRIGNAN.

Aux Rochers, mercredi 19 octobre 1689.

Ho bien! ma fille, soyez donc en colère contre M. de Chaulnes : pour moi, je ne le saurais ; vous me l'avez justifié, vos paroles sont efficaces sur mon esprit ; je ne changerai point d'avis, et d'autant plus que son souvenir continuel, et de Grignan, et de Toulon, et de Rome d'où il m'écrit du 4, fait sur mon cœur comme s'il me graissait la patte : je ne vois que des soins aimables ; et tout au plus, je disais au commencement, je n'ai jamais tant vu se souvenir d'une personne qu'on oublie. Mais présentement je vois sa politique, et je ne comprends pas que vous, MM. les Grignans, MM. les courtisans, surtout M. le gouverneur de Provence, vous puissiez trouver étrange qu'ayant vu plus tôt que nous que cette députation irait à M. de Coëtlogon par mille raisons, il se soit contenté en partant de marquer simplement son intention à M. de Lavardin, et d'en écrire au maréchal d'Estrées. On conçoit aisément qu'il n'a pas voulu se montrer, ni se faire un dégoût de ne pouvoir plus nommer un député, quand il est assez heureux pour cacher dans cette occasion le gouverneur de Bretagne derrière l'ambassadeur de Rome, et de brouiller tout par son éloignement. C'est un bonheur que ce soit M. de Coëtlogon, quand il n'y a point de part! s'il n'eût pu l'éviter, c'eût été encore une couleuvre à avaler; et je dis plus encore, s'il n'avait point été ambassadeur, je crois qu'en bonne politique de courtisan, le roi étant engagé à M. de Cavoie, il eût fallu faire un fagotage de réconciliation, plutôt que de vouloir paraître dans son gouvernement avec un député qui l'eût été malgré lui. Je fais M. de Grignan juge de ce que je dis, et je ne reçois le jugement tumultueux qui me paraît dans votre lettre que comme un effet de votre amitié à tous, et point du tout de vos réflexions : au nom de Dieu, mandez-moi si je vous persuade; pour moi, je trouve que je dis fort bien. Autrefois c'était la plus agréable chose du monde : M. le gouverneur choisissait qui il voulait, et le roi le recevait sans aucune difficulté : ce beau droit s'est évanoui par degrés. M. de Charost y voulut donner atteinte le premier, et fit écrire Monsieur; et à cause de ce détour, il ne fut député, c'est-à-dire son fils, que deux ans après : ensuite les ennemis se sont rendus puissants; on a pesé lourdement sur la Bretagne et sur le gouverneur. Gacé[1] acheva de tout gâter par M. de Cavoie, et il fallut courir vitement à une paix plâtrée pour éviter cette mortification; et enfin, cette députation se confond cette année, et on la donne à un homme qui de bonne foi la doit avoir, qui ne l'a jamais eue; et M. de Chaulnes n'a point été forcé d'y consentir. Tout cela est dans les règles; ne faut-il point être juste, et se mettre à la place des gens? C'est ce qu'on ne fait jamais.

[1] Charles-Auguste de Matignon, comte de Gacé, maréchal de France en 1708.

Mon fils est joli ; il a plus de qualité qu'il n'en faut : mais il a quitté le service, et on le faisait valoir par l'arrière-ban. Cependant M. de Chaulnes espérait donner un bon tour à toutes ces choses, à cause des circonstances qui font que la Bretagne est en faveur cette année. Dieu nous envoie un voyage de Rome à point nommé : on n'ose parler d'autre chose au roi que de Rome, toujours Rome; que voulez-vous qu'on fasse? c'est un arrangement de la Providence ; c'est un cruel voyage pour nous, également mauvais pour mon fils et pour ma fille. Voici, ma chère enfant, qui est un peu long et ennuyeux, je le sens; mais il est dangereux de me mettre en train de parler. Encore un mot : ce duc ne vous a-t-il point écrit de Rome? Madame de Chaulnes est transportée de joie; car non-seulement il se porte bien, mais il a été reçu au bruit du canon comme ambassadeur, sans avoir renoncé aux franchises, dont l'ambassadeur d'Espagne a été enragé; il avait sollicité tous les cardinaux pour l'empêcher. La cour est fort contente de cet heureux commencement, et le prend comme un présage de la suite. Un mot à cette duchesse sur cela serait trop joli. Voilà le billet de l'abbé Bigorre; mais voyez comme je me corrige; oh! c'est tout de bon pour cette fois.

Je suis encore seule ici, je ne m'ennuie point ; ma belle-fille reviendra dans quatre ou cinq jours. Mon fils est favori du maréchal, il trouve que la province ne l'a pas encore gâté; il joue au trictrac. Revel, qui s'en va, le retient jusqu'à ce qu'il ait vu l'ouverture des états; il attend aussi M. de La Trémouille.

1113. — A LA MÊME.

Aux Rochers, dimanche 25 octobre 1689.

Je suis toujours seule, ma chère enfant, et sans aucun ennui; j'ai de la santé, des livres à choisir, de l'ouvrage et du beau temps ; on va bien loin avec un peu de raison mêlé dans tout cela. Je vois au travers de tout ce que mon fils et sa femme me mandent sur l'envie d'être avec moi, qu'ils sont ravis d'être à Rennes ; et moi dès ce moment il me prend une véritable envie qu'ils y soient. Je leur défends de venir, je trouve même qu'ils ont raison ; il y a très-bonne compagnie à Rennes, tout y brille de joie ; les Bretons ne sentent pas tous les millions qu'on va demander à la province ; ils ne songent qu'au retour du parlement dans cette pauvre ville et dans ce palais, le plus beau de France. C'est où l'on tient les états ; rien n'est plus magnifique : la curiosité y attire bien du monde aussi, pour voir des visages tout nouveaux, le maréchal d'Estrées, M. de Pommereuil, M. D'Eaubonne, M. de Lezonnet, au lieu de MM. de Chaulnes, de Fieubet ou de Harlay, d'Harouïs ; les hommes aiment le changement. M. de la Trémouille passa il y a trois jours à Vitré ; il y fut reçu à grand bruit, à cause de sa chevalerie : c'est une des occasions où l'on redouble les honneurs et même les redevances, selon le droit de certaines terres. Il a une *terrible* mine avec sa belle taille et ce cordon bleu ; il n'y a que M. de Grignan qui puisse lui être comparé, je dirais même par *la beauté*, si je ne craignais d'offenser ce comte ; car il est certain que M. de La Trémouille le surpasse. Il m'a fait faire bien des compliments, et qu'il serait venu me voir, sans que son équipage était fatigué ; et moi, sans que je n'en ai point. L'abbé de Roquette est avec lui ; il m'a écrit une lettre de bel esprit, toute pleine de louanges et d'affection, comme aurait fait son oncle d'Autun. Ce fut hier qu'on ouvrit les états ; je doute de la beauté des harangues. La noblesse aime que M. de La Trémouille les préside ; elle n'aime point M. de Rohan, quoique de bonne maison ; quand on le verra sans Saint-Esprit, ce sera un rabaissement : car du moins il ne faut pas ne l'avoir point, c'est un démérite à un duc et pair.

Voilà bien parler de la Bretagne : vous en serez peut-être ennuyée ; mais cela est naturel, ce sont des fruits de notre jardin ; nous parlerons après de la Provence. Disons quelque chose du pape : en voilà donc un ; si j'avais été à Paris, j'aurais été lui baiser la mule dans la chambre de l'abbé Bigorre : il y est peint en perfection. C'est le cardinal Ottobon, Vénitien [1], intime ami de M. et de madame de Chaulnes, et de madame de Kerman, dont il adorait le mérite, joint à une beauté de dix-huit ans. Voilà l'homme à qui nous avons affaire ; voilà ce duc dans le démêlement des plus grands intérêts ; le voilà qui vous ôte votre cher Avignon ; je souhaite qu'il retrouve dans cette occasion tout le bon esprit que je lui ai vu, et je ne crois point qu'il doive en laisser derrière lui. Madame de Lavardin me mande que cet Ottobon est le plus honnête homme et le plus habile du sacré collége : mais il a soixante-dix-neuf ans ; un esprit n'est-il point au-dessous de la barre à cet âge ? Le pauvre bon abbé me dit qu'oui : feu M. d'Arles me dit que non [2]. Ainsi nous devons croire qu'étant choisi, il tiendra encore fort bien cette grande place. Pour moi, je penserais, comme Patrix, que ce n'est pas la peine de s'habiller en pape, non plus que de se rhabiller au retour d'une grande maladie qu'eut Patrix à cet âge. Madame de Chaulnes aura peur qu'on ne laisse à Rome son mari, tout porté pour le prochain conclave. Parlons de cette duchesse ; voici un petit secret, vous allez l'aimer. Il faut qu'avant toutes choses vous croyiez que s'ils avaient pu, ils auraient été ravis de donner la députation à mon fils : on peut croire aisément qu'ils l'auraient mieux aimé que M. de Coëtlogon. On ne doit pas imaginer aussi qu'ils aient pu parler pour ce der-

---

[1] Il fut élu pape le 6 octobre 1689, sous le nom d'Alexandre VIII. (P.)

[2] Madame de Sévigné cite l'exemple de l'abbé de Coulanges, son oncle, mort le 25 août 1687, âgé de quatre-vingts ans ; et celui de M. d'Arles, oncle de M. de Grignan, mort le 9 mars 1689, âgé de quatre-vingt-six ans, pour en conclure que l'esprit de ceux qui arrivent aux environs de quatre-vingts ans baisse plus sensiblement dans les uns que dans les autres. (P.)

nier, comme vous dites tous par exagération, puisque M. de
Chaulnes a nommé mon fils à M. de Lavardin, qu'il a écrit
au maréchal pour lui, et que madame de Chaulnes, soutenue de la vivacité de l'abbé Têtu, a parlé deux fois à M. de
Croissi : cela paraît bien clair; mais voici la suite. Cette
bonne duchesse, véritablement fâchée que la présence de
M. de Chaulnes, avant son départ, n'eût pas fait pour cette
députation ce qu'ils avaient tous deux espéré, s'est mis
dans la tête, avec madame de La Fayette et madame de
Lavardin, de me faire aller à Paris, ayant sur le cœur que
c'est le défaut de cette affaire qui me retient en Bretagne,
et que son absence de Rennes me jette aux Rochers; car
si elle tenait les états, elle compte bien que je ne l'aurais
pas quittée. Toutes ces pensées l'agitaient, et donnaient
une telle force à toute cette conspiration de mes amies,
que j'en étais importunée; et en un mot, c'était madame
de Chaulnes qui prêtait ces mille écus, mais de si bon cœur
et de si bonne grâce, avec tant d'envie que cette offre eût
son effet, que madame de La Fayette, très-contente du
cœur et de l'amitié de cette duchesse pour moi, me prie
fort de ne point ravauder sur cette députation. Madame de
Chaulnes continue de m'écrire que ce qui est différé n'est
pas perdu; que mon fils est jeune; que bien des gens ont
demandé dix ans, quinze ans, cette place, et que c'est son
affaire, sans me rien dire des mille écus. Je m'en vais
pourtant lui en dire un mot, puisque madame de La
Fayette m'a confié ce secret : mais cette duchesse voulait
les mettre entre les mains de *Beaulieu*[1], afin que je les
trouvasse tombés du ciel. Tout cela ne m'a point tentée,
ni dérangée; car ce sont ces manières qui me presseraient
plus de m'acquitter que tous les sergents du monde. Je
dis une vérité sur le malheur d'avoir des dettes : ceux qui
nous pressent sont pressants; ceux qui ne nous pressent

---

[1] L'ancien valet de chambre de madame de Sévigné.

point le sont encore davantage. Voilà un long discours; mais j'ai voulu vous le confier à vous seule, et vous faire voir le fond du sac, et d'elle, et de moi, et comme il est difficile de n'avoir pas bonne opinion du cœur d'une personne toute naturelle, qui songe à moi avec tant de suite et tant d'amitié. Je vous conjure de ne point parler de tout ceci; cela nuirait à l'avenir. Mes amies de Paris sont bien contentes des procédés de cette duchesse; voilà comme vont les choses de ce monde, et comme on juge quelquefois sans avoir vu les pièces justificatives. Je souhaite que vous n'ayez point d'ennui de lire tous ces détails; car j'avoue que j'aurais peine à m'en corriger, prenant un extrême plaisir à vous les conter. Je finis, ma très-aimable belle, en vous embrassant avec une tendresse qui est unique en son espèce. Je ne parle point encore de mes projets; il me semble que je serai libre à la fin de l'été : il y a encore bien du temps; nous prendrons ensemble nos mesures, ayant le même dessein de nous retrouver.

1114. — A LA MÊME.

Aux Rochers, mercredi 26 octobre 1689.

Je crois, ma chère fille, qu'à l'heure qu'il est vous n'avez plus votre beau comtat[1]. La première chose que le roi a faite avec ce nouveau pape, qui est entièrement selon son cœur, et au delà de nos espérances, c'est de lui rendre cet admirable morceau, qui était si fort à votre bienséance : cette pensée fait la douleur de mon cœur. Voilà un petit détail de notre abbé Bigorre, que vous ne serez point fâchée de voir. M. de Chaulnes est trop heureux : on ne peut plus lui disputer d'être l'homme du monde qui fait le mieux un pape. Celui-ci est si bon, que nous n'osions l'espérer :

---

[1] Ce comtat qui était occupé par la France, et dont M. de Grignan tira de grands avantages tout le temps que dura la brouillerie avec la cour de Rome. (A. G.)

il est Vénitien. C'est celui qui répondit le 4 d'octobre au compliment de M. l'ambassadeur; et le 6, pour l'en remercier, M. de Chaulnes le fait pape : car cette exaltation a été faite brusquement, à la française, et contre l'avis des Espagnols et des Allemands. C'est le meilleur esprit du sacré collége; il n'a de défaut que quatre-vingts ans. Madame de Chaulnes en est transportée; le Saint-Père a demandé de ses nouvelles et de celles de madame de Kerman, disant qu'il mourrait content s'il les avait vues encore une fois. Toute la France a été chez cette duchesse : je crois que vous lui aurez écrit un petit mot de cet heureux succès, et à ce duc aussi, quoiqu'il vous ôte Avignon. Voilà la chose du monde la plus heureuse pour lui : vous savez tout cela; mais on cause.

Vous avez présentement M. d'Arles; il m'a écrit de Paris, je lui ferai réponse à Grignan; et comme il me parle de son abdication [1], je n'hésiterai point à lui mander ce que j'en pense, quoique ce soit une chose faite, et qu'il me dise que M. de Pomponne et madame de Vins l'ont approuvée. Il est si aisé d'escroquer des approbations, qu'elles ne doivent pas faire une autorité. Il me mande que cela n'était bon que pour M. de Grignan; je ne veux que cela pour le confondre : n'est-ce donc rien que d'être bon à son aîné, dans une place comme celle-là? Il n'aura qu'à voir combien cela fera plaisir à M. d'Aix, pour juger combien cela est mauvais à M. de Grignan. Et depuis quand un Grignan compte-t-il pour rien d'être utile à sa maison? Eux, que vous dites qui en aiment jusqu'à la moindre goutte, sous quelque figure que ce puisse être, n'ont-ils point assez marqué dans les occasions publiques qu'ils ne sont qu'un? D'où vient qu'il plaît à M. l'archevêque de se

---

[1] Il s'agissait de la place de président des états de Provence, que M. d'Arles avait occupée après M. de Janson. Mais par la nomination de M. de Valence à l'archevêché d'Aix, M. d'Arles étant obligé de lui céder la place de président, il crut dès lors ne devoir point assister à l'assemblée des états, pour ne s'y trouver qu'à la *seconde place*, suivant le rang de son archevêché. (P.)

démentir, et de renoncer à cette belle et heureuse réputation? Je trouve, comme vous, qu'il faut être pointilleux pour être blessé d'un petit morceau de bois sur un banc, qui fait la différence des places, qui ne tombe ni sur la personne ni sur le nom, et qui n'est fondée, dans cette *assemblée* seulement et pendant quelques jours, que sur les rangs de l'archevêque d'Aix et de l'archevêque d'Arles. Cela doit-il faire prendre la résolution de parler au roi, comme un homme qui a fait longtemps un sacrifice, dont le poids et le dégoût lui sont enfin devenus insupportables? Est-il possible que le roi soit entré véritablement dans cette peine, et qu'il n'ait point été surpris que l'honneur de le servir, qu'on avait tant fait valoir en prenant cette place, ne puisse plus le soutenir contre un chagrin qui n'est que dans son imagination? Enfin, ma fille, je suis blessée de cette abdication, et je souhaite à celle-là le même repentir qu'aux autres, afin de nous venger. Mais je vous en dis tant que j'y renverrai M. l'archevêque, s'il me fait l'honneur de vouloir que je lui dise mon sentiment sur ce qu'il me mande, et je ne lui ferai qu'une légère mention de cet article dans ma réponse.

Disons un mot de madame Reinié[1]. Quelle furie! ne crûtes-vous point qu'elle était morte, et que son esprit et toutes ses paroles vous revenaient persécuter, comme quand elle était en vie? Pour moi, j'aurais eu une frayeur extrême, et j'aurais fait le signe de la croix; mais je crains qu'il ne faille autre chose pour la chasser. Comment fait-on cent cinquante lieues pour demander de l'argent à une personne qui meurt d'envie d'en donner, et qui en envoie quand elle peut? Nulle personne arrivée à Grignan ne pouvait tant m'étonner que celle-là; j'en fis un cri. Vous faites bien cependant de ne pas la maltraiter: vous êtes toute raisonnable; mais comment vous serez-vous tirée de ses

[1] Marchande de Paris.

pattes, et de ces inondations de paroles où l'on se trouve noyée, abimée? Je suis fort aise d'être instruite sur Balaruc [1]; je l'ai vu sur la carte. C'est une chose bien triste que M. le chevalier ne soit point soulagé, et que sa maladie ait gâté tout le bien que vous pensiez d'abord que les eaux avaient fait; je suis très-sensible à ce malheur. Ces eaux sont d'une grande violence; je n'y voudrais confier aucun de mes membres, d'autant mieux que je n'ai plus aucun mal à mes mains. Je ne sais plus où se sont cachés tous ces petits maux extravagants : je crois quelquefois qu'il y a de la trahison, tant je suis parfaite sur le sujet de ma santé. Je vous trouverai bien à plaindre quand vous vous séparerez tous : ce sera vraiment alors que vous voudriez n'avoir eu pour compagnie que madame Reinié, et une autre, que j'avoue qui m'est insupportable aux yeux, tout comme à vous. Mais vous m'avertissez quelquefois de ne dire certaines choses qu'aux échos; vraiment je me garderai bien de leur confier la moindre chose : nous en avons un dans cette place *Coulanges*, qui est comme celui de La Trousse, et qui est petit rediseur mot à mot jusque dans l'oreille. A propos de La Trousse, M. de La Trousse n'est guère soulagé des eaux de Bourbon.

Le lendemain du jour que je vous eus écrit, je vis revenir ma belle-fille à l'heure que j'y pensais le moins : elle quitta Rennes, malgré tout le monde et tous les plaisirs qui y sont, pour venir, dit-elle, auprès de moi, préférant ce plaisir-là à tous les amusements des états. Cela me surprit, et m'aurait inquiétée, si je ne voyais clairement qu'elle en est fort aise, et que c'est d'aussi bon cœur que de bonne grâce qu'elle a fait cette expédition. Du Mesnil a fait venir l'opéra d'*Atys* à Rennes; il n'est pas en si grand volume, mais il est fort joli. Ma belle-fille y a été une fois, elle en est contente, et plus encore d'être revenue ici; elle

---

[1] Eaux minérales sur les bords de l'étang de Thau, à une lieue de Cette.

me dit : « Tout le monde me tourmentait à Rennes sur
« l'envie que j'avais de revenir aux Rochers ; mais Ma-
« dame, quand je les ai fait souvenir que c'était pour
« être auprès de vous, ils ont fort bien compris que j'avais
« raison, surtout M. le maréchal d'Estrées, M. de Rennes,
« M. de La Trémouille, et M. de Pommereuil. » Enfin,
la voilà. J'ai cru que ce petit récit ne la brouillerait pas
avec vous. Pour mon fils, M. le maréchal n'a pas voulu
le laisser venir ; c'est le seul avec qui il cause de toutes
choses [1]. Il est au désespoir que mon fils ne soit pas député ; il avait une sincère envie de nous faire ce plaisir et
à madame de La Fayette, qui l'en avait prié. Il n'aime
guère le choix de M. de Cavoie, intime ami de M. de Seignelai : vous voyez le reste.

Nos états furent ouverts samedi 22 : ce fut une foule,
une presse, une confusion ; mais enfin le maréchal parla
fort bien, mieux qu'on ne pensait. Le premier président
de communi martyrum; M. de Pommereuil fort vivement
à sa mode, moins bien que Fieubet et de Harlay, qui enle-
vaient par la beauté de leurs harangues ; et dans toutes, il
fut dit des merveilles de M. le duc de Chaulnes, et de cette
exaltation arrivée le même jour tout à propos. Le lendemain, M. de Pommereuil demanda trois millions pour le
roi ; ils furent accordés sur-le-champ, quoiqu'en vérité on
ne sache pas trop bien où les prendre avec le conflit de
M. d'Harouïs ; mais enfin, pour la bonne grâce au moins, il
ne peut rien s'y ajouter. Après avoir vu ces bons commencements, Revel est parti pour reprendre, comme il espère, son premier métier. Il passa ici lundi ; il ne fit qu'y

---

[1] On trouve ce maréchal sur la liste des amants de Ninon, dans le temps qu'il n'était encore que comte d'Estrées. De là venait sa liaison avec M. de Sévigné : c'était comme une amitié de jeunesse. C'est le même comte d'Es- trées qui, ayant eu Ninon après Villarceaux, disputait à celui-ci la paternité de l'enfant dont elle accoucha dans ce temps. Ne pouvant s'accorder, ils firent comme le juge de Rabelais ; ils prirent des dés. Le sort donna au comte d'Estrées cet enfant, qui depuis se distingua dans la marine, sous le nom de La Boissière. (A. G.)

dîner, il alla coucher à Laval. Nous lui demandâmes quel genre de mort auraient choisi toutes ses maîtresses : il nous répondit fort bien qu'elles le choisiraient avec M. de La Trémouille et le comte d'Estrées, entre les mains desquels il les avait laissées. Nous parlâmes de M. le chevalier : il me parut bien dégelé sur l'estime parfaite qu'il a de lui; il se vante de l'avoir vu en guerre et en marchandise; je l'assurai aussi qu'il n'aimait pas un ingrat. Il espère qu'il ira en Allemagne avec le maréchal de Lorges; je lui recommandai le marquis de Grignan : il me dit que c'était lui qui demandait sa protection, tant il était hors d'exercice. Quelle cruauté, ma chère bonne, si vous ne pouviez pas voir cet hiver ce pauvre enfant! N'est-ce pas dix-huit ans qu'il a ce mois-ci? Les Allemands sont fâcheux avec leur guerre d'hiver.

Nous passons ici fort tranquillement nos jours, vous n'en doutez pas, mais fort vite; c'est ce qui surprend : de l'ouvrage, de la promenade, de la conversation, de la lecture; tout cela vient à notre secours. A propos de livres, vous dites des merveilles des derniers de M. Nicole; j'en ai lu des endroits qui m'ont paru très-beaux : le style de l'auteur *éclaire*, comme vous dites, et nous fit rentrer dans nous-mêmes d'une manière qui découvre la beauté de son esprit et la bonté de son cœur, car il ne gronde point mal à propos, qui est la plus mauvaise chose du monde, et qui fait le moins ce qu'on veut. Je ne l'achetai point alors, c'était ce carême dernier; je me contentai du bon Le Tourneux[1]. Nous lisons un traité de ce saint homme de Port-Royal[2], *de la Prière continuelle*, qui est une suite de certains ouvrages de piété, qui sont fort beaux. Mais, mon enfant, celui-ci, qui est bien plus gros, est si spirituel, si lumineux, si saint,

---

[1] Nicolas Le Tourneux, confesseur de Port-Royal, si connu par le livre de l'*Année chrétienne* et par un grand nombre d'autres ouvrages importants. (P.)
[2] Jean Hamon, médecin de Port-Royal. (P.)

qu'encore qu'il nous passe cent pieds par-dessus la tête, il ne laisse pas de nous plaire et de nous charmer. On est bien aise de voir qu'il y ait eu et qu'il y ait encore des gens au monde à qui Dieu communique son saint esprit et sa grâce avec une telle abondance; mais, mon Dieu! quand en aurons-nous quelque étincelle, quelque degré? Quelle tristesse de s'en trouver si loin et si près d'une autre chose! Ah, fi! ne parlons point de ce malheur; il en faut soupirer et gémir, et s'en humilier cent fois par jour.

Il y a un mois que la nouvelle de la défaite de M. de Schomberg roule en ce pays : elle fut mandée de Saint-Malo à M. de Louvois; mais comme elle n'a point été confirmée par un courrier à la reine d'Angleterre, on la croit fausse[1]. J'embrasse ma très-aimable Comtesse.

MADAME DE SÉVIGNÉ *belle-fille*.

J'ai vu, ma chère sœur, tout ce que vous dites pour M. de Sévigné et pour moi. Il est demeuré à Rennes, et j'ai eu assez d'esprit pour ne pas balancer un moment à me rendre auprès de madame de Sévigné. Je suis sûre que vous ne désapprouverez pas mon goût, et que cette préférence ne me mettra point mal avec vous. Je ne vous parlerai point de la députation, nous avons épuisé cette matière : nous soutenons si bien cette petite disgrâce, que cela fait voir que nous étions dignes de ce que nous espérions. Je suis ravie, ma chère sœur, que notre chambre soit toute prête à Grignan ; je vous embrasse très-tendrement; ne le voulez-vous pas bien? Si j'osais, j'embrasserais aussi M. de Grignan ; mais l'amitié que j'ai pour lui est tellement vive, que je fais scrupule de tout.

---

[1] Le bruit courut en France que le roi Jacques avait battu l'arrière-garde de M. de Schomberg; mais ce bruit était faux. Il fut obligé d'abandonner l'Irlande parce qu'une épidémie ravageait son armée.

MADAME DE SÉVIGNÉ.

En vérité, je reprends la plume à regret, car elle disait fort bien ; ce n'est que pour vous embrasser encore une fois.

1115. — A LA MÊME.

Aux Rochers, dimanche 30 octobre 1689.

Parlons de la douleur de toutes vos séparations ; il y a longtemps que je les sens pour vous, et que j'ai dit que vous éprouveriez bien le malheur d'avoir eu une si bonne compagnie ; mais vous avez changé d'avis. Je vous mandai cet été que M. le chevalier pourrait passer son hiver à Avignon ou à quelque autre lieu de Provence, pour jouir de votre beau soleil, et mettre un hiver si gracieux au bout des eaux de Balaruc, comme font bien des gens qui craignent les froids de Paris : vous me renvoyâtes bien loin, et vous me dites que c'était lui souhaiter le pis qui lui pût arriver ; que s'il y demeurait, ce serait signe qu'il serait trop malade pour s'en retourner ; que sans cela il irait revoir ses amis et le monde. Dites-moi donc ce qui est arrivé, qui vous fait croire aujourd'hui qu'il ferait bien de passer l'hiver en Provence ; car, pour moi, je suis persuadée, comme vous, que les eaux n'ayant pas trop réussi, il passera bien tristement son hiver à Paris, dans cette petite chambre, avec votre beau portrait, qui ne dit pas un mot, quelque chose qu'on puisse lui dire ; et je pense que si Dieu veut qu'il soit malade, et qu'il crie les hauts cris, en ce cas il doit vous regretter infiniment, car il n'est pas homme qui s'accommode des consolations médiocres. Il faut espérer un état plus doux ; pour moi, j'eusse opiné à tâter du climat de Provence, cette année seulement, puisqu'il y était tout porté. Vous me manderez comme toutes vos séparations se seront faites.

Vous avez M. d'Arles, vous lui avez donné ma lettre : je suis plus aise que jamais de lui avoir dit librement mon sentiment sur son abdication. Il s'était vanté de l'approbation de madame de Vins; mais elle me mande qu'il lui a caché cette résolution, croyant bien qu'elle l'improuverait à cause de M. de Grignan, et plusieurs choses encore sur ce ton: c'est donc ainsi que madame de Vins et M. de Pomponne l'approuvent. Vous ne m'avez point appris cette réponse du roi, dont vous étiez si curieuse; pour moi, je ne me dédis point de tout ce que j'ai dit sur ce sujet.

On assure que la première chose que M. de Chaulnes a faite le lendemain de l'exaltation, ç'a été de rendre Avignon. Mon Dieu, ma fille, que cette pensée me touche et me trouble! c'est ma seule peine, et elle ne peut être mieux fondée que sur l'état où vous allez être. Quand je réfléchis et parle sur ce sujet, ce sont mes véritables affaires, je n'en connais point d'autres. Mais il faut épargner cette amertume dans les lettres, elle ne ferait que renouveler celle de votre cœur; cela échappe quelquefois. On dit que M. de Lorraine va mettre ses troupes en quartier d'hiver : nous en ferons autant; et si cela est, vous reverrez bientôt votre cher enfant: je vous souhaite cette consolation.

La prise de Bonn et la mort du baron d'Asfeld [1] ont donné du chagrin : le roi et M. de Louvois l'ont regretté, et loué hautement comme un homme capable de tout, et des plus grandes négociations. Celles de M. de Chaulnes pourraient être plus longues qu'on ne pense, étant le seul qui puisse inspirer à sa sainteté le véritable désir de donner la paix aux princes chrétiens; sa sainteté n'aime point du tout le cardinal d'Estrées, que l'on croit qui reviendra à

---

[1] Frère aîné du maréchal et de l'abbé d'Asfeld. Il commandait dans Bonn, où il fit une très-vigoureuse défense, et soutint un assaut où il fut blessé à mort : il se rendit le 12 octobre, et fit une capitulation honorable après vingt-sept jours de tranchée ouverte, et un blocus de plus de trois mois, pendant lequel les ennemis avaient ruiné cette ville par le canon et par les bombes avant que de l'assiéger dans les formes. (P.)

la cour. Nous verrons ce que Dieu a réglé : *Laissons-le faire*, dit le saint évêque d'Angers (*Henri Arnauld*), qui vient de faire sa visite à quatre-vingt-douze ans, avec le même bon esprit qu'autrefois. Adieu, ma chère enfant. Pourquoi dites-vous que vous n'êtes plus belle? pourquoi êtes-vous allumée? pourquoi votre sang est-il en colère? Le mien en est ému. Vous êtes trop vive, vous êtes trop sensible ; vos nuits se sentent de l'agitation des jours : tâchez de vous tranquilliser ; servez-vous de votre courage, de votre philosophie, de votre christianisme, pour soutenir le fardeau des peines que la Providence vous destine ; elle aide elle-même à les soutenir. Votre belle-sœur vous dit mille choses honnêtes et tendres : une de ses folies, c'est de me faire parler de vous. J'embrasse M. de Grignan. Je ne sais plus où j'en suis des autres : je crains bien qu'à l'arrivée de cette lettre tous les oiseaux ne s'en soient envolés. Nous avons eu ici quelque temps votre soleil : vous aviez nos pluies ; mais depuis deux jours je crois que tout retourne à sa place ; ainsi, vous avez beau temps. Pauline m'a écrit une lettre charmante ; elle me dit audacieusement qu'*elle ne craint point de détruire*, qu'au contraire, elle prétend surpasser les louanges que Coulanges lui donne, et qu'elle apprend l'italien, que vous êtes sa maîtresse, qu'elle lit le *Pastor fido* ; et puis me fait une question fort plaisante, la friponne! Vraiment, je la renvoie bien chez ses parents.

1116. — A LA MÊME.

Aux Rochers, mercredi 2 novembre 1689.

Je reçois toutes vos lettres, ma fille, mieux que quand il faisait beau. Cependant le ciel de votre Provence est dans un désordre qui fait peur ; vous n'êtes point accoutumée à ces déluges ; vous me représentez votre château dans un état qui me donne beaucoup de peine, et si vous n'avez pas sauvé tous vos beaux meubles, et surtout celui de votre cabinet, digne de Versailles, je serai bien affligée. Nous commençons à sentir les pluies ; mais comme il y a encore de beaux rayons de soleil, j'en profite avec plaisir, parce que ce terrain est aussi sec et aussi agréable que celui de notre pauvre Livry : ainsi, je me promènerai souvent. Le commencement de votre lettre dit de grandes choses en peu de mots : Ottobon, *pape*; le comtat, *rendu*; le roi et M. de Chaulnes, *triomphants*; et madame de Grignan, *ruinée*; voilà l'endroit qui me fait bien du mal, et qui n'est que trop sensible à mon cœur; il faudra tâcher de mettre au moins une espérance à la place de cette solide consolation que Sa Majesté vous avait donnée. Si le temps d'y travailler était à la fin de l'année qui vient, et que vous vinssiez tous deux à Paris, ce serait bien mon compte, car la chevalerie se ferait en même temps. Mais je ne comprends point la pensée de M. de Grignan, *seul à Pâques* : j'entends mieux celle de revenir passer l'hiver à Grignan, après l'assemblée, malgré la bise, qui devient plus intraitable en ce temps-là : cela s'accommoderait du moins avec la santé de M. le chevalier et avec vos affaires. Enfin, ma belle, vous êtes tous sages, votre conciliabule est assemblé, vous prendrez les bonnes résolutions : il faut s'en fier à de si bonnes têtes. J'ai grande envie que M. d'Arles vous ait dit ses raisons ; je veux aussi qu'il voie ma lettre [1] : nous sommes en assez bon ménage pour que je puisse lui dire mon sentiment sur un sujet dont il me parle le premier. Ne lui laissez point mettre, je vous prie, madame de Vins au nombre de ceux qu'il a consultés, et qui l'approuvent. Vous avez trouvé les propositions de mes amies bien aimables [2] : vous avez raison, elles l'étaient fort ; mais c'est assez d'avoir eu le plaisir de voir leur cœur, leur amitié ; car, du reste, c'eût été faire peu d'honneur à mes premières

---

[1] *Voyez* la lettre du 26 octobre.
[2] *Voyez* la lettre du 12 octobre.

résolutions, que de les changer, et de vouloir m'accabler encore d'une dette de mille écus. En vérité, ma fille, il ne fallait faire sur cela que ce que j'ai fait, c'est-à-dire sentir leur bonté, et en avoir beaucoup de reconnaissance. Si je vous faisais une gazette de l'état de ma santé en détail, vous seriez persuadée que je tiendrai la parole que j'ai donnée à madame de La Fayette. Vous verriez dans l'article *de la vessie*, que tout ce pays est dans une parfaite tranquillité; que les peuples sablonneux, qui avaient fait autrefois quelques entreprises, font à présent leurs efforts en d'autres pays lointains; qu'on a reçu des lettres des extrémités de ce royaume, qui portent que les jambes ne furent jamais, ni mieux faites, ni plus en état de servir; que les mains qui sont sur les frontières ne sont plus sujettes aux fantaisies des nerfs leurs voisins, ni aux vapeurs qui leur donnent du secours; qu'enfin cet état serait un pays parfait, si l'on y pouvait trouver la fontaine de Jouvence : voilà tout le malheur. Après cette ridicule gazette que vous m'avez demandée, je crois que vous devez avoir l'esprit en repos de ma santé.

Il me paraît que vous faites une réparation à l'esprit de M. de Chaulnes; vous trouvez qu'il l'a si bon à Rome, que vous devez croire qu'il rêvait à Grignan à toutes ces grandes affaires; ainsi le voilà rétabli dans votre estime à cet égard : il faut qu'il le soit aussi sur le sujet des députations. Il n'avait pas tort de les donner quinze ans durant, sans en parler au roi, comme avait toujours fait le maréchal de La Meilleraie[1]. Cela est changé depuis quatre ou cinq ans, comme tout le reste. Quelles couleuvres n'a-t-il point avalées! vous l'avez vu. Il sait fort bien que ses bons amis ont détourné le chemin des députations; il le sent, et il a toujours dit à mon fils[2], hormis cette année,

---

[1] Il était gouverneur de Nantes et de Brest, et lieutenant général de la haute et basse Bretagne. (P.)
[2] M. de Sévigné avait quitté la cour en se retirant du service. (P.)

qu'il fallait présentement être courtisan, parce que les temps sont changés. Pour cette année, il avait cru que la noblesse de Bretagne et celui qui la commande pouvaient être considérés. Il avait raison de croire, au moins, que sa recommandation pourrait y faire quelque chose, soit en écrivant de la province, où il servait agréablement, soit en partant pour Rome. Sa timidité ou l'impossibilité de parler de Bretagne, l'a empêché de proposer la députation au roi ; il n'a fait que la recommander à M. de Lavardin, et en écrire au maréchal d'Estrées : que sais-je encore, s'il n'a pas compris qu'il trouverait M. de Coëtlogon sur son chemin, et s'il n'a pas craint de se commettre ? Pour moi, je crois que voilà le fond du sac. Il est tellement vrai que l'on ne songe qu'à faire plaisir à la ville de Rennes, que par une conduite inouïe, et dont je suis fort aise, on a donné la députation du clergé à M. de Rennes par une lettre de cachet : c'est une sorte de paquet qui n'était jamais entré dans la Bretagne pour une telle chose ; car on suit le rang des évêques, et c'était cette année le tour de M. de Vannes ou de M. de Tréguier, qui sont si étonnés qu'ils ne savent où ils en sont : mais c'est assez d'être M. de Rennes ; il en est tout étonné aussi, et demande s'il est bien vrai que ce paquet soit pour lui, car on n'en a jamais envoyé pour une députation. Jugez si le gouverneur de Rennes ne devait pas l'obtenir avec plus de justice. Madame de Chaulnes est si surprise de tout cela, qu'elle se rejette à Rome, et fait fort bien. Le roi lui dit la semaine passée : « Madame, M. de Chaulnes n'a pas été longtemps à Rome « sans faire parler de lui ; il y a trouvé encore de bons amis, « il y a été fort bien reçu. » Elle lui répondit : « Sire, quand « on porte les ordres de Votre Majesté, on est toujours « bien reçu. » Toute la cour pensa l'étouffer de compliments et d'amitiés ; j'espère que vous lui aurez écrit. Je crois comme vous, ma chère enfant, que M. de Chaulnes demeurera là pour un autre conclave, ou plutôt pour terminer avec ce pape, qui l'aime, les grandes choses qu'ils ont à traiter ensemble, et celles qu'il a dessein de lui inspirer, ou dans lesquelles il veut tâcher de le confirmer pour la paix générale ; c'est cela qui serait un beau coup de filet. Si madame de Chaulnes et madame de Kerman étaient à Rome, elles seraient bien propres à le seconder [1]. Mais ce pape hait autant le cardinal d'Estrées [2], qu'il aime l'ambassadeur, et l'on croit que cette éminence reviendra en France : si cela est, le retour de M. de Chaulnes en sera reculé. Je suis affligée, comme vous, que ce dernier pape, qui nous laissait Avignon, n'ait pas autant vécu que M. d'Angers, que M. d'Arles [3] : mais cette longue vieillesse vous eût été trop bonne ; Dieu ne l'a pas voulu. Je vous avais mandé que M. de Chaulnes était entré, comme ambassadeur dans Rome, *al dispetto* de l'ambassadeur d'Espagne, qui avait travaillé auprès des cardinaux pour l'empêcher ; mais de cinquante-six voix, il n'en eut que cinq.

Je ne donne point la mienne à M. de La Garde pour prêcher ni pour gronder : je sais bien que Jésus-Christ, saint Paul et saint Augustin, ont prêché et exhorté : c'était à eux à le faire ; ce dernier en dit de si bonnes raisons. Mais un pauvre pécheur revenu depuis trois jours d'un état pire que les nôtres devrait se tenir dans le silence, pénétré de la miséricorde de Dieu sur lui, uniquement occupé de son bonheur, et de la sensible reconnaissance qu'il doit à son sauveur de l'avoir séparé et distingué entre tant d'autres, sans aucun mérite, et par une grâce toute gratuite. Voilà de quoi son cœur doit être plein ; et si la charité lui fait prendre intérêt à son prochain, que ce soit en gémissant devant Dieu, et en demandant pour les autres les mêmes grâces dont il a été comblé. Telle était madame de Longueville, cette pénitente et sainte princesse : elle n'oubliait

---

[1] *Voyez* la lettre du 22-25 octobre.
[2] Le cardinal d'Estrées avait traversé son élection de tout son pouvoir.
[3] Ces deux prélats ont vécu, l'un quatre-vingt-quinze, et l'autre quatre-vingt-six ans.

point son état, ni les abîmes dont Dieu l'avait tirée; elle
en conservait le sentiment pour fonder sa pénitence, et sa
vive reconnaissance envers Dieu. C'est ainsi que l'on conserve l'humilité chrétienne, et que l'on fait honneur à la
grâce de Jésus-Christ. Cela n'empêche pas les réflexions,
les conversations chrétiennes avec ses amis; mais point de
sermon, point de gronderies, cela révolte et fait qu'on se
souvient, et qu'on les renvoie à leur vie passée, parce qu'on
voit qu'ils l'ont oubliée. Je suis étonnée que les gens de
bon esprit tombent dans cette injustice; mais il ne faudrait
s'étonner de rien, car que ne trouve-t-on point dans son
chemin?

Notre marquis me paraît un petit homme qui sera bientôt en quartier d'hiver, comme les autres, et qui pourra
vous aller voir : je le souhaite, ma chère enfant, c'est la
plus grande consolation que vous puissiez avoir : j'ai bien
envie de l'embrasser, aussi bien que ma chère comtesse. Je
suis fort aise que ce comte soit engraissé : je le voyais toujours maigre, et j'en étais en peine. La peinture que vous
me faites de vos orages est tellement belle et poétique, que
mon imagination en a été réjouie.

1117. — A LA MÊME.

Aux Rochers, dimanche 6 novembre 1689.

Monsieur de Chaulnes m'écrit fort tendrement et fort
plaisamment : il me mande qu'il pourrait se vanter d'avoir
fourni une assez belle carrière, sans la douleur mortelle
qu'il a d'avoir été contraint d'offrir au pape le charmant
comtat; qu'il le fit de si mauvaise grâce, qu'il crut que sa
sainteté le refuserait; mais qu'il fut assez malheureux pour
être trompé, et que le pape le reçut, au contraire, avec un
plaisir qui lui renouvela la bonne opinion qu'il avait déjà
de ce présent. Enfin, ma fille, voilà qui est fait : *Dieu vous
l'avait donné, Dieu vous l'a ôté;* il faut soutenir cette pri-

vation comme tant d'autres. Je veux vous dire encore une fois que si vous êtes juste, vous comprendrez que ce duc ne nous a point trompés. Il nous disait, avant ces derniers états, que les choses avaient bien changé, qu'il n'était plus le maître comme autrefois, qu'il fallait venir un peu montrer son visage à la cour : je vous ai dit sur quoi il se fondait présentement. Il avait quelque raison de croire qu'au moins cette année sa sollicitation devait être aussi bonne que celle d'un autre. Il en parla ainsi à M. de Rennes en passant à Malicorne, et je ne saurais douter de l'envie qu'il avait de me faire plaisir et à mon fils. Il ne crut pas à Versailles devoir parler de la Bretagne : il a dit un mot à M. de Lavardin, il a écrit à M. le maréchal d'Estrées, madame de Chaulnes à M. de Croissy, et M. de Cavoie a fait ce que vous savez. L'ambassadeur est heureux que tout le dégoût qu'il aurait pu avoir là-dessus soit caché et confondu dans son absence, et nous ait fait en ce pays le même honneur ; car tout le monde à Rennes regarde mon fils comme le député que voulait faire M. de Chaulnes ; et M. de Coëtlogon, comme celui qu'a fait son voyage de Rome : ainsi, nous n'avons aucun sujet de nous plaindre, nous en sommes bien éloignés aussi. Je vous avoue que je ne connais plus ni M. le chevalier, ni vous, ni vous autres, messieurs les grands seigneurs, ni messieurs les gouverneurs de province, de trouver que c'est une belle chose d'avoir ôté au gouverneur de Bretagne le beau droit de nommer les députés sans aucune dépendance, et de dire que M. de Chaulnes faisait le roi : vraiment, il aurait eu grand tort de ne le pas faire, puisque tous les autres l'avaient fait. Depuis notre mariage de la duchesse Anne avec Charles VIII, cette belle et grande province avait bien d'autres prérogatives. M. de Chaulnes a suivi quinze ou seize ans les dernières traces du maréchal de La Meilleraie. Trouvez-vous bien noble et bien juste de se faire un mérite de dégrader ce beau gouvernement? N'est-ce pas l'intérêt commun des grands seigneurs, des grands gouverneurs? ne doivent-ils point se mirer dans cet exemple? J'en connais deux ou trois qui l'ont vivement senti par rapport à eux, et ce ne peut pas être un de ce corps qui se soit fait un tel divertissement. Hélas! ces pauvres gouverneurs, que ne font-ils point pour plaire à leur maître? avec quelle joie, avec quel zèle ne courent-ils point à l'hôpital pour son service! Comptent-ils pour quelque chose leur santé, leurs plaisirs, leurs affaires, leur vie, quand il est question de lui obéir et de lui plaire? Et on leur plaindra un honneur, une distinction, une occasion de faire plaisir à des gens de qualité dans une province? Et pourquoi veulent-ils être aimés et honorés, et faire donc les rois? N'est-ce pas pour le service du vrai roi? est-ce pour eux? Hélas! ils sont si passionnés pour sa personne, qu'ils ne souhaitent que de quitter ces grands rôles de comédie, pour le venir regarder à Versailles, quand même ils devraient n'en être pas regardés, et on leur plaindra des grandeurs dont ils font un si bon usage! Mais, mon enfant, est-il possible que vous ne pensiez point comme moi? Monsieur de Grignan, venez donc à mon secours, soutenez-moi, c'est votre affaire: si vous m'abandonnez, je vous souhaiterai toutes sortes de dégoûts dans votre Provence, et je louerai et admirerai ceux qui, par leur industrie, sauront vous mettre au rang des autres. Je ne veux plus parler; pourquoi aussi me faites-vous dire ce que je pense? C'est à vous, au moins, que je me fie; car ailleurs je ne trouve rien de si joli que de savoir ainsi mettre les grands à la raison. M. de La Rochefoucauld et M. de La Feuillade ne me feraient pas mon procès sur ce que je pense là-dessus.

Parlons de nos états. Le Saint-Esprit vint dans une valise, dit Fra-Paolo, au concile de Trente; la députation est venue dans une lettre de cachet à M. de Rennes: ces voitures sont également extraordinaires. M. le maréchal d'Estrées ne veut pas que mon fils le quitte d'un moment;

il ne connaît que lui, il ne parle qu'à lui, il fait ses visites avec lui ; enfin il connaît si peu la Bretagne, que s'il n'y avait trouvé un commensal de la marquise d'Uxelles, il aurait été dans le dernier embarras. Il fait une chère épouvantable, ce maréchal ; il surpasse M. de Chaulnes : ce sont deux tables de dix-huit personnes matin et soir, de la belle vaisselle, toute neuve, toute godronnée au fruit ; enfin, c'est à qui pis fera, à qui pis dira ; il y a vingt tables quasi de cette furie ; et l'opéra d'*Atys*, que du Mesnil rend agréable, et des comédiens.

Que je suis fâchée, ma fille, de la mauvaise santé de M. le chevalier ! quelle cruauté que cette fièvre ! mon Dieu ! que je le plains ! Il fait bien de ne point venir à Paris dans cet état ; que j'y aurais été décontenancée sans vous et sans lui ! votre séjour en Provence a bien assuré le mien ici. Voici la lettre de madame de La Fayette, et celle de madame de Lavardin : pour celle de madame de Chaulnes, c'était un volume, elle ne finissait point ; d'autant plus qu'étant persuadée que c'est son absence qui me fait passer l'hiver aux Rochers, au lieu de Rennes, elle met sur elle tout ce qui pourrait m'y arriver ; et elle avait une si sincère envie de me faire tomber du ciel ces mille écus, qu'elle ne se lassait point de me conjurer de partir : mais, ma fille, voilà qui est fait, je me trouve très-bien ici, surtout quand vous êtes à Grignan.

On me mande que le pape a assemblé ses amis pour finir l'affaire des franchises avec la France et avec toutes les couronnes, et une autre congrégation pour prendre les moyens de faire la paix générale dans la chrétienté. On croit que le cardinal d'Estrées reviendra, et que le cardinal de Bouillon pourrait bien demeurer pour les affaires de France. Moi, je suis persuadée que M. l'ambassadeur n'est pas prêt de revenir.

Sainte-Marie, mon vieux ami, lieutenant de roi de Saint-Malo, m'est venu voir. Il m'a dit qu'il vous avait écrit pour une sollicitation; je vous conjure, qu'il soit content de vous : c'est un homme qui se mettrait en pièces pour moi. Tout le monde l'aime en ce pays; il est la consolation de tous les exilés, de tous les prisonniers de Saint-Malo; en un mot, un petit Artagnan[1], qui est fidèle au roi et humain à ceux qu'il est obligé de garder. Il a mille bonnes qualités; il dit que c'est moi qui les lui ai données. Vous vous souvenez comme je l'ai converti, en lui donnant ma foi et ma parole que notre religion était meilleure que celle de Calvin. Je plaindrais bien M. de La Garde, s'il avait oublié son premier état, auquel l'humilité chrétienne est attachée, aussi bien que la reconnaissance envers Dieu. M. Nicole est tout divin.

Mon fils est toujours à Rennes; sa femme a des soins infinis de me divertir. M. de Lauzun s'en va romanesquement en Irlande avec six mille hommes. Conservez-vous, ma très-chère, et aimez-moi avec cette tendresse qui est faite tout exprès pour nous.

1118. — A LA MÊME.

Aux Rochers, mercredi 9 novembre 1689.

Monsieur d'Arles a donc passé au travers de ces feux du Tasse, de ces grands fantômes, de ces hommes armés, car tout cela défendait le passage[2], et n'a rien trouvé que des landes sèches et stériles, voilà qui est bien triste. Pour moi, j'espérais que nous y trouverions du bois pour faire la charpente de notre dernier étage, et qu'ainsi M. d'Arles verrait son appartement habitable, et M. de Grignan se-

---

[1] M. d'Artagnan, officier des mousquetaires, avait conduit Fouquet à Pignerol, en 1633, et Lauzun à la même citadelle, en 1671. (*Voyez* les *Mémoires de* MADEMOISELLE, tome VI, page 115.)

[2] *Voyez* le chant XIII de la *Jérusalem délivrée* du Tasse. L'imagination de madame de Sévigné était si riante, son esprit était si juste, si orné, que l'excellent usage qu'elle faisait de ses lectures n'a rien de surprenant. Mais ce qui n'est pas ordinaire, c'est qu'une mère soit assurée, comme l'était madame de Sévigné, de trouver dans une fille digne d'elle autant d'esprit et autant de goût qu'il en fallait pour bien entendre toute la finesse de certaines applications. (P.)

rait hors de la nécessité de monter dans les gouttières, chose dont il me paraît désabusé depuis longtemps. Ainsi, ma belle, tout serait fini; mais comment peut faire M. de Carcassonne de résister à la vivacité de M. d'Arles, qui prend le lièvre au corps en lui disant : Donnez-moi quatre cents écus, et rendormez-vous, et laissez-moi faire? Pour moi, je le crois en léthargie; il y a de la vapeur épaisse à ne pas répondre un seul mot à de si fortes raisons, et il faut assurément qu'on le secoue davantage, et qu'on le tourmente pour le réveiller. Je crois que M. d'Arles recevra à Grignan la lettre que je lui écris : répondra-t il bien aisément sur cette noble fierté que je blâme, et qui lui fait sentir personnellement une préférence de siége [1], qui ne regarde que son bénéfice, et qui déshonore aussi peu l'abbé de Grignan, qu'elle honore l'abbé de Cosnac? Enfin, ma fille, ce sont des tours d'imagination, où l'on ne saurait que faire.

J'ai trouvé la lettre que vous écrit M. de Chaulnes fort jolie; il vous paye de raison : vous voyez qu'il a fait ce qu'il a pu. Mais le moyen de se résoudre à ne vous jamais voir? C'est ce qu'il a décidé; j'entre dans son sentiment. Madame de Chaulnes m'a envoyé, mais pour moi seule, dit-elle, une petite relation d'une conversation qu'a eue l'ambassadeur avec le pape : je trouve une présence d'esprit dans la réponse que lui fit le Saint-Père, et une vivacité qui m'a surprise, et qui fait bien voir qu'il a tout son esprit, et qu'il vivra encore bien longtemps. Je vous envoie cette relation; peut-être serez-vous bien aise de l'avoir. Cette duchesse me mande qu'elle souhaite que vous pardonniez à son mari le mal qu'il vous a fait, et que les armées prennent le chemin de vous envoyer bientôt votre enfant. Elle est affligée de la douleur de madame de Soubise, qui a enfin perdu le sien [2] après des souffrances

---

[1] Le fauteuil au lieu du banc.
[2] Louis prince de Rohan, mestre de camp d'un régiment de cavalerie,

incroyables; et de madame de Guénégaud, qui a non-seulement perdu son cadet à Bonn, mais son fils aîné, qu'elle aimait plus que sa vie; elle n'a plus que l'abbé de Guénégaud, et un autre, qui est prêtre aussi. Ainsi nous avons souvent des prévoyances pour l'avenir qui nous font des peines inutiles, parce que Dieu nous en prépare d'autres.

Je n'ose vous parler des magnificences de Rennes, de peur de vous donner une indigestion, car ce sont des festins : le même jour dîner chez M. de La Trémouille, souper chez le premier président; dîner chez M. de Pommereuil, souper chez M. de Rennes; dîner chez M. de Coëtlogon, souper chez M. de Saint-Malo; ainsi tous les jours; comment vous en portez-vous? Il y a vingt tables de cette force : *Tu manges tout mon bien* [1]. Mon fils mande à sa femme, je crois par honnêteté, ne voulant pas qu'elle croie que c'est pour moi qu'elle est ici, que toutes ses amies la regrettent fort, et qu'il est bien fâché que sa délicate poitrine l'empêche de prendre part à tous ces plaisirs. Elle lui répond en colère qu'elle se trouve offensée de ce discours; que ce n'est point sa santé qui l'a fait venir ici; qu'elle connaît la vie des états; que c'est uniquement pour le plaisir d'être avec moi, ce qu'elle préféré à toutes choses; que si elle avait la poitrine du meilleur porteur de chaise de Rennes, elle en ferait autant; et tout cela si naturellement, que je lui en suis très-obligée, sans qu'il me reste aucun scrupule de la voir ici. Nous lisons fort, et le temps se passe si vite, que ce n'est pas la peine de se tant tourmenter, au moins jusqu'à celui que je pourrai vous embrasser; car pour celui-là, j'avoue que je le souhaite ardemment. Adieu; il fait le plus beau temps du monde; je crois que le vôtre est encore plus charmant :

---

mort le 5 novembre, d'une blessure qu'il avait reçue au mois de juillet, près du camp de Lessine en Flandre. (P.)

[1] Mot d'Harpagon à maître Jacques. *Voyez* l'Avare de Molière, acte III, scène V.

nous sentons l'été de Saint-Martin, et vous, la canicule.
J'embrasse et je baise mon aimable fille des deux côtés.

1119. — A LA MÊME.

Aux Rochers, dimanche 13 novembre 1689.

Je n'ai point reçu votre lettre; c'est toujours une tristesse pour moi, quoique je me sois mise au-dessus de la crainte que ce retardement me donnait autrefois : c'est la fantaisie de la poste, il n'y a qu'à la souffrir ; mais comme je suis toujours à Grignan avec vous, je perds la suite de la conversation : c'est ce qui me fâche. Je ne sais si vous allez à l'assemblée avec M. de Grignan, ou si vous demeurez à votre château. Je suis en peine de la santé de M. le chevalier, et de l'effet du quinquina, redonné dans sa dose ordinaire : sa chaleur contre celle du sang du chevalier me fait souvenir de ce qu'on dit quelquefois, *quand brave rencontre brave, brave demeure.* Nous espérons aussi que ce brave quinquina fera demeurer tout court ce brave sang; Dieu le veuille! il est bien difficile à dompter.

Dites-moi donc ce que vous avez fait de madame Reinié[1] : parle-t-elle encore ? avec quoi l'avez-vous fait taire ? Je ne veux point me lâcher la bride à vous parler de mon amitié tendre et sensible, de tout l'intérêt vif que je prends à tout ce qui vous touche de près ou de loin : comme tout cela se trouve naturellement dans le premier rang de ce qui m'est cher et précieux, je le mets bien au-dessus de mes petites affaires, qui me paraissent de l'hysope en comparaison de vos grands cèdres. Le moyen de ne pas sentir tout ce que vous me dites sur ce voyage de Paris, dont vous enviez la proposition à mes amies? J'étais bien forte pour leur résister, quand vous étiez à Grignan : si vous aviez été à Paris, il n'eût point été besoin de leurs offres : vous rompiez toutes mes mesures, je le sens; mais les

---

[1] *Voyez* la lettre du 26 octobre.

ayant si bien prises sur les vôtres, il n'était pas aisé de me déranger. Voilà, ma chère enfant, de quoi je m'entretiens, et de quoi je subsiste, et de quoi je ne voulais pas vous parler, et dont je parle, en vous regardant comme la douceur et la consolation de la fin de ma vie; Dieu et sa providence surtout. On me mande la mort de l'évêque de Nîmes, si bon et si honnête homme : voilà encore notre Livry à donner ; je le souhaite à l'abbé Pelletier.

J'ai reçu une grande lettre de mon nouvel ami Guébriac, *loup-garou* [1]; je vous l'aurais envoyée, parce que son style, qui est naturel, serait assez aimable, sans qu'il me loue trop : de bonne foi, ma modestie n'a pu s'en accommoder. Il est si étonné d'avoir trouvé une femme qui a quelques qualités, quelques principes, et qui a eu dans sa jeunesse quelques agréments, qu'il semble qu'il ait passé une vie toujours agitée de passions dans un coupe-gorge où il n'y avait ni foi ni loi, et où l'amour régnait seul, dénué de toutes sortes de vertus : cela nous fait dire des choses plaisantes. Il me prie de lui donner ma protection auprès de vous, pour vous supplier, en M. Descartes, de le vouloir véritablement instruire de cette *Cour d'amour* [2] dont il a entendu parler, et qu'il a prise pour une fable. Il est homme de cabinet et curieux ; il veut savoir cette vérité de la gouvernante de Provence, et si l'on se venait plaindre à cette cour, si l'on rendait des sentences, si c'étaient les femmes qui jugeaient : vous avez de beaux esprits d'Arles,

---

[1] *Voyez* la lettre du 28 septembre.
[2] La cour d'amour n'était autre chose qu'une société de gens d'esprit des deux sexes, qui s'était formée en Provence vers la fin du onzième siècle. Ils se communiquaient leurs ouvrages, et ils s'entretenaient sur différentes matières, où l'amour avait toujours part. Les brouilleries et les jalousies des amants étaient l'objet le plus ordinaire de leurs jugements; on y faisait décider les disputes que les *tensons* faisaient naître sur ce sujet. Les *tensons* étaient une sorte de poésie que les *troubadours* et *trouvères* avaient mise en crédit, et où ils traitaient des questions curieuses et sur l'amour et sur les amants. Martial d'Auvergne donna dans la suite un recueil de pareils jugements, intitulé : *Arresta amorum*, et sur lesquels Benoît de Court, fameux jurisconsulte, fit paraître, en 1533, un savant commentaire en latin.

(P.)

et un M. le prieur de Saint-Jean à Aix, n'est-ce pas? qui vous dira la vérité de ce fait. Guébriac a trouvé cette feuille pour préface à un livre de *François Barberin* [1], qui en parle : je l'envoie à Pauline ; peut-être entendra-t-elle cette prose comme le *Pastor fido*. Voilà une bagatelle, dont vous donnerez le soin à quelqu'un, sans vous en inquiéter. Si vous étiez à Aix, Montreuil [2] ferait cette affaire pour son ancien ami, dont l'esprit est très-différent du sien ; mais enfin vous ferez, sans vous peiner, tout ce que vous voudrez.

Ce bel abbé de Rohan [3], si beau et trop beau, est présentement le chef de la maison de M. de Soubise ; et ses bénéfices à son cadet [4]. Nos états finirent hier ; mon fils reviendra : il vous en mandera lui-même des nouvelles. La dépense du maréchal a été tout auprès d'être ridicule, à force d'être excessive ; il y avait tous les jours soixante personnes à dîner et à souper chez lui, et un air de magnificence en toutes choses, dont M. de Chaulnes n'approchait pas ; il en aurait été bien fâché. Adieu, ma très-aimable chère, en voilà assez pour aujourd'hui. Comment vous portez-vous en détail? votre côté, vos coliques : une petite *gazette* ; la mienne est toujours comme vous l'avez lue [5]. Ma belle-fille vous embrasse, et continue ses soins pour moi.

1120. — A LA MÊME.

Aux Rochers, mercredi 16 novembre 1689.

Les voilà toutes deux ; celle du 3 était allée à Rennes, sans savoir pourquoi : cette faute vient de Paris ; je la reçus dimanche après avoir envoyé mes lettres. Je veux

---

[1] Poëte du quatorzième siècle, duquel sont descendus les Barberini qui ont donné à l'Église le pape Urbain VIII. (M.)
[2] Le poëte Montreuil ; il était secrétaire de M. de Cosnac, archevêque d'Aix.
[3] Hercules-Mériadec prince et duc de Rohan-Rohan, devenu l'aîné par la mort de Louis prince de Rohan, son frère. (P.)
[4] Armand-Gaston-Maximilien de Rohan, depuis évêque de Strasbourg, cardinal et grand-aumônier de France. (P.)
[5] *Voyez* la lettre du 2 novembre.

commencer par entrer dans le mouvement où vous êtes tous, et qui est si raisonnable, de savoir vitement si le compliment de madame de Maisons est bien fondé : elle nous a donné quelquefois d'assez méchantes nouvelles, je m'en souviens ; quelquefois de bonnes aussi. Mais quand nous espérons d'apprendre que le régiment de M. le chevalier tombera à son neveu, cela est si naturel et si aisé à croire, qu'il faudrait se faire violence pour en douter; et vous-même, qui êtes si habile à vous *dragonner*, vous aurez peine à trouver des sujets de désespoir dans une occasion où tout parle pour le marquis; des exemples, son nom, le mérite de père et d'oncle, le sien personnel, tout cela le met à la tête de cette belle troupe. Vous ne doutez pas, mon enfant, que je ne sois tout comme vous dans ce qui vous touche; vous ne sauriez trop m'en parler, ni trop me conter toutes vos pensées, ni tous vos raisonnements pour et contre, ni le dialogue de la crainte et de l'espérance : je suis de moitié de tout cela, c'est mon affaire, vous ne sauriez en douter. J'attends donc, comme vous, avec toute l'émotion que donne la véritable et tendre amitié.

Je sais maintenant ce qui est arrivé du moulin à paroles de madame Reinié. Je sais que vous êtes résolue d'aller à l'assemblée, et de revenir ensuite à Grignan. Me voilà instruite de la santé de M. le chevalier, à qui je demande pardon si je ne puis entrer dans son sentiment sur la démission de M. d'Arles. J'aurais fait valoir au roi cette *seconde place*, que je souffrirais par la seule raison de son service ; mais dans le fond je n'en aurais pas été émue : j'aurais été ravie d'y soutenir et d'y servir mon aîné. Plus je me sentirais Grignan, et au-dessus de M. d'Aix partout ailleurs, plus j'aurais été insensible à ce moment de l'assemblée, dont la prérogative d'un archevêché sur l'autre fait la différence dans cette seule occasion [1]. Je vous avoue

---

[1] L'archevêque d'Aix est premier procureur-né du pays de Provence

enfin que c'est là mon sentiment, et que je croyais que, par noblesse même et par hauteur, ce serait celui de M. le chevalier. Je me suis trompée; mais, quelque estime que j'aie de son bon esprit, je ne changerai pas. Je loue d'ailleurs M. l'archevêque d'avoir le courage d'achever son bâtiment, et je l'admire d'avoir obtenu quatre cents écus de M. de Carcassonne.

Votre belle-sœur me prie de vous dire qu'elle se trouve trop heureuse d'avoir su vous plaire, comme elle a fait, en suivant son inclination dans une chose qu'elle a faite avec tant de plaisir. Vous augmentez bien par votre approbation la joie qu'elle a eue de faire ce qu'elle appelle son devoir. Elle n'a point senti l'absence de son mari; il était si près d'elle, elle avait si souvent de ses nouvelles, elle savait si bien qu'elle l'aurait bientôt, que nul chagrin n'a troublé la belle action qu'elle a faite. Vous parlez sur tout cela avec une amitié si naturelle et si tendre, que toute ma tendresse en est renouvelée.

Voilà donc votre comtat rendu. Je voudrais que cette principauté d'Orange, qui se donne si sincèrement au roi, vous pût récompenser de ce que vous avez perdu; mais il y a longtemps qu'elle est dans votre gouvernement, sans que vous en soyez mieux. Je suis ravie que vous ayez écrit à madame de Chaulnes. Ne trouvez-vous pas jolie la petite conversation qu'elle m'a envoyée, et que vous avez? On me mande que Coulanges est le favori du pape, que M. de Chaulnes fait faire un carrosse d'audience, et qu'il tient une table comme aux états; voilà un air d'établissement.

A propos, nos états finirent lundi : on a donné dix mille écus au maréchal d'Estrées; il les a dépensés et au delà. Les députations à M. de Rennes[1], à M. de Coëtlogon; *le reste ne vaut pas l'honneur d'être nommé.* Votre frère

---

et en cette qualité il préside toujours à l'assemblée des états qui s'y tiennent tous les ans à Lambesc, petite ville à trois lieues d'Aix. (P.)

[1] Jean-Baptiste de Beaumanoir, évêque de Rennes.

sera ici demain; il m'amène l'abbé Charrier, et mon fermier du Buron, qui est un gros monsieur, qui a part dans les fermes; madame de Marbeuf et encore d'autres : nous avons plus de peur de tout ce monde que de notre solitude. Assurément mon fils se donne la liberté de citer assez souvent les bons frères qui ordonnent le lit à part dans la canicule; les romans sont dans la grande règle en comparaison de ce fou de livre. Je ne veux rien dire sur les goûts de Pauline pour les romans : je les ai eus avec tant d'autres personnes, qui valent mieux que moi, que je n'ai qu'à me taire. Il y a des exemples des effets bons et mauvais de ces sortes de lectures : vous ne les aimez pas, vous avez fort bien réussi; je les aimais, je n'ai pas trop mal couru ma carrière: *tout est sain aux sains*, comme vous dites. Pour moi, qui voulais m'appuyer dans mon goût, je trouvais qu'un jeune homme devenait généreux et brave en voyant mes héros, et qu'une fille devenait honnête et sage en lisant Cléopâtre. Quelquefois il y en a qui prennent un peu les choses de travers; mais elles ne feraient peut-être guère mieux, quand elles ne sauraient pas lire. Ce qui est essentiel, c'est d'avoir l'esprit bien fait; on n'est pas aisée à gâter: madame de La Fayette en est encore un exemple. Cependant il est très-assuré, très-vrai, très-certain que M. Nicole vaut mieux. Vous en êtes charmée : c'est l'éloge de son livre; ce que j'en ai lu chez madame de Coulanges me persuade aisément qu'il vous doit plaire. Vous serez bien heureuse et bien digne d'envie, si Dieu se sert de cet aimable livre pour donner son amour : j'en retire au moins la grâce d'être persuadée qu'il n'y a que cela de véritablement souhaitable en ce monde. Cela supposé, je vous conjure, ma chère Pauline, de ne pas tant laisser tourner votre esprit du côté des choses frivoles, que vous n'en conserviez pour les solides, dans lesquelles je comprends les histoires; autrement votre goût aurait les pâles couleurs. Nous lisons l'histoire de l'Église de M. Godeau [1] : vraiment, c'est une très-belle chose ; quel respect cela donne pour la religion ! Avec *Abbadie,* on serait toute prête à souffrir le martyre. Chaque chose a son temps : *Corisque* [2] est bien jolie et bien friponne, *altri tempi, altre cure.* Aimez-moi toujours, ma chère ; mais ne mesurez jamais les autres amitiés à la vôtre : vous avez un cœur du premier ordre, dont personne ne peut approcher.

1121. — A LA MÊME.

Aux Rochers, dimanche 20 novembre 1689.

Vous me tirez d'une grande peine en m'apprenant que voilà votre marquis colonel du bon et beau régiment de son oncle ; rien ne saurait être plus avantageux pour lui ; à dix-huit ans, il serait difficile d'être plus avancé. Mais voilà vos inquiétudes bien dissipées, et voilà le dialogue de la crainte et de l'espérance bien heureusement fini. Je vous défie avec toute votre industrie de trouver à regratter là-dessus : il n'est plus question, ma chère Comtesse, que de soutenir cette place, qui emporte plus de dépense que celle de capitaine. Il faut payer M. le chevalier ; combien est-ce ? Il faut espérer que vous aurez permission de vendre votre belle compagnie, l'ouvrage de vos mains [3]. Enfin, ma fille, les biens et les maux sont mêlés, les honneurs augmentent la dépense : on serait bien fâché que cela ne fût pas, on est bien embarrassé quand cela est ; voilà parfaitement le monde. Votre colonel ne viendra-t-il point vous voir ? Il me semble qu'il en aurait le temps. J'ai bien envie de lui écrire, et de pouvoir mettre le dessus de sa lettre à ma fantaisie. Vous êtes donc ordinairement cent à Grignan, et quatre-vingts dans les grands retranchements ; je trouve qu'on ne fait pas grand scrupule

---

[1] Antoine Godeau, évêque de Grasse et de Vence.
[2] Personnage du *Pastor fido.*
[3] *Voyez* la lettre du 5 janvier.

de peser sur vous. Je vous approuve de n'avoir point été à Lambesc exposer votre beauté et la jeunesse de Pauline à la fureur de la petite vérole; c'est un mal qu'on ne saurait trop éviter. Vous m'avez donné une si terrible idée de la bise de Grignan pendant l'hiver, que j'en suis effrayée. Je crois que M. de Grignan se résoudra difficilement à ne point passer ces trois mois à sa bonne ville d'Aix : il faut quelquefois céder à l'impossibilité; mais que cette pensée est triste! et que c'est un grand malheur de se trouver si épuisée, quand on aurait si grand besoin de ne pas l'être! Voilà des objets bien sensibles, et sur lesquels je vous souhaite, comme à moi, tout le courage nécessaire. M. le chevalier vous donnera du sien; il en a tant dont sa goutte lui ôte l'usage, qu'il en a de reste, et le doit donner à ses bons amis. Mandez-moi toujours bien tous vos desseins et les siens.

Madame de Chaulnes me mande qu'elle a reçu de vous une fort jolie lettre. Madame de Lavardin était affligée, M. de Châlons se mourait, et sa sainte mère [1] était abîmée de douleur au pied du crucifix. M. de Senlis (*M. Sanguin*) et Villeneuve et tous les Sanguin sont dans la joie; ils ont notre petite abbaye (*de Livry*); ils ont donné un prieuré pour se libérer de la pension. Cela leur convient si fort, qu'il me semble qu'elle est moins loin de moi, que si elle était à un autre; ce sont tous nos anciens voisins.

Mon fils est enfin revenu des états; il est fort aise d'être avec nous. Madame de Marbeuf est ici pour quelque temps, et l'abbé de Quimperlé (*Charrier*), qui ne songe qu'à me rendre service. Nous attendons notre fermier, avec qui nous ferons un beau compte sans argent. M. le comte d'Estrées [2] a soupé et couché ici; il est parti ce matin pour

---

[1] Louise Boyer, duchesse de Noailles, mère de Louis-Antoine de Noailles, évêque de Châlons-sur-Marne, puis archevêque de Paris et cardinal. (P.)
[2] Victor-Marie, puis duc d'Estrées, vice-amiral et maréchal de France. (P.)

Paris; je l'ai trouvé fort joli, fort vif : son esprit est si noble, et si fort tourné sur les sciences, et sur ce qui s'appelle les belles-lettres, que s'il n'avait une fort bonne réputation, et sur mer, et sur terre, demandez à M. le chevalier, je le croirais du nombre de ceux que le bel esprit empêche de faire leur fortune. Mais il sait fort bien ajuster l'un et l'autre aux dépens de ses nuits; car il les passe à lire : c'est trop. Je voudrais que notre marquis eût seulement la moitié de cette inclination; ce serait assez. C'était un plaisir d'entendre ce comte causer avec mon fils, et sur les poëtes anciens et modernes, et sur l'histoire, la philosophie, la morale; il sait tout, il n'est neuf sur rien : cela est joli. Les ignorants furent frondés, et les G. et les comtes de R. et de R. et leurs bons mots; cela nous fit fort rire : cette soirée fut agréable. Madame de Marbeuf vous fait mille tendres compliments; l'abbé Charrier dix mille respectueux. Votre M. d'Aix a une abbaye de six mille livres de rente qui était à l'abbé de Soubise; il vous dira qu'elle en vaut douze : rabattez la moitié. Je vous quitte, ma très-aimable; votre frère veut vous écrire. Parlez-moi de votre *gazette* de santé; c'est cela qui est la source de mon repos, comme vous dites que la fontaine de Jouvence chez moi serait la source du vôtre; voilà une pensée que je trouve digne de votre amitié.

1122. — DE MONSIEUR DE SÉVIGNÉ A LA MÊME.

Aux Rochers, dimanche 20 novembre 1689.

Me revoilà, ma belle petite sœur, auprès de maman mignonne, ravi de la retrouver en parfaite santé, ravi de me revoir en repos aux Rochers, et hors de la frénésie des états, et ravi encore de rentrer en commerce avec vous. Ma mère m'a gardé toutes vos lettres, qui ont encore pour moi les grâces de la nouveauté; en sorte que je ne sais que depuis un jour tout ce que vous avez pensé sur mon sujet. Je ne vous ferai ni compliments, ni remerciements sur ce que vous avez écrit à ma mère et à moi, puisque vous savez à quel point je suis sensible aux marques de votre amitié. J'ai été tout consolé de n'avoir pas la députation, dès que j'ai vu que je n'avais pas été abandonné de M. de Chaulnes, comme je le croyais. Vous savez que je me suis toujours plaint des contre-temps; celui qui m'est arrivé cette année est tel, qu'il était impossible de le prévoir, car il est certain que des trois puissances de la province, il n'y en a aucune qui ne fût vivement pour moi et dont les intérêts ne fussent liés avec les miens au sujet de la députation; en sorte que c'était bien plus leur affaire que la mienne de la faire réussir. M. de Chaulnes, M. le maréchal d'Estrées, et M. de Lavardin, se sont également opposés à M. de Seignelai, à M. de Cavoie, et aux Coëtlogon; et tous trois voulaient ôter à leurs ennemis le plaisir de faire un député, et en avoir un qui le fût de leur main. J'étais le seul sur qui tous trois pussent jeter les yeux; c'était en effet leur dessein. Le maréchal d'Estrées a espéré tant qu'il a pu; il m'a défendu de me retirer des états, tant qu'il a espéré; il a reçu enfin cet ordre qu'il craignait tant, et qui était cependant inévitable depuis plus de quatre mois, à ce que j'ai appris. Vous croyez bien qu'étant ainsi avec lui, je n'ai pas eu de désagrément pendant les états. Je vous dis ceci en confidence; car il ne serait pas à propos de publier l'extrême envie qu'avait le maréchal d'Estrées que M. de Seignelai et les amis de ce ministre ne réussissent point dans cette occasion, quoique la mésintelligence qui est entre eux et lui soit connue de tout le monde.

J'ai appris avec joie qu'enfin je vais être oncle d'un *colonel*, et peut-être serai-je au premier jour grand-oncle, non pas à la vérité d'un officier si considérable : je m'en consolerai, puisque cet affront ne peut m'arriver, qu'il ne tire à conséquence pour vous. Adieu, ma très-belle petite sœur; je vais reprendre mon train ordinaire auprès de ma mère, l'amuser, lui lire des histoires, avoir soin de sa santé, et je n'aurai pas beaucoup de mérite auprès de vous, pour peu qu'elle continue, comme elle est à l'heure que je vous parle.

1123. — DE MADAME DE SÉVIGNÉ A LA MÊME.

Aux Rochers, mercredi 23 novembre 1689.

Que je suis ravie, ma chère enfant, que vous ayez fait une petite course à Livry[1]! vous y avez tant de fois passé cette fête, que si vous m'y aviez trouvée, vous n'y auriez rien trouvé de changé, pas même tous ces Sanguin que nous y avons tant vus autrefois, et qui en sont présentement les maîtres; et tous nos vieux meubles, qui sont passés d'abbé en abbé, et qui demeureront longtemps en l'état où vous les connaissez; car cette abbaye va devenir un patrimoine dans cette famille. Vous avez un temps charmant; nous l'avons de même ici, un beau soleil, une douceur. Madame de Marbeuf est contrainte de se promener, quoiqu'elle ne marche pas comme moi. Nous avons été deux jours, l'abbé Charrier et moi, à compter avec notre *monsieur* le fermier : il est fort honnête homme; mais comme celui qui l'a précédé a ruiné notre terre, ce ne sont que réparations et abîmes; je ne toucherai jamais rien des mille pistoles qu'il me doit; il y a deux ans que le revenu est employé à remettre tout en état. Ce sont d'étranges mécomptes; mais soyez-en consolée, ma fille, comme moi: cela ira mieux à l'avenir. J'approuve infiniment que vous n'ayez point été à Lambesc, dans l'air de la petite vérole; c'est la chose du monde qu'on doit le plus éviter. Je ne serai point étonnée si M. le chevalier, avec ses douleurs, à quoi l'air de Paris est si contraire, prend

---

[1] Madame de Grignan avait songé qu'elle faisait la Saint-Martin à Livry. (P.)

l'occasion de passer un hiver sous votre beau soleil, s'y trouvant tout porté : je m'étonnais plutôt que même en se portant bien après Balaruc, il ne voulût pas confirmer l'effet de ces bains par la douceur d'un climat qui fait la consolation de tous les pauvres goutteux ; ainsi, mon enfant, je suis bien loin de comprendre qu'il prenne le parti de vous quitter, seule comme vous êtes, et de quitter ce beau climat.

J'ai reçu des compliments de l'abbé Bigorre sur le régiment du marquis. Je viens d'écrire à ce jeune colonel, et la composition de cette lettre m'a donné assurément moins de peine que votre réponse à madame de Vaudemont ne doit vous en avoir coûté ; si l'absence, jointe à un plus grand éloignement, a redoublé et augmenté la pompe de vos galimatias, vous avez grande raison d'être tout essoufflée, de vous essuyer et de dire *houf*, comme M. de La Souche[1] ; mais vous ne seriez pas seule à vous essuyer, si quelqu'un entreprenait de vous entendre[2] : c'est pour badiner, au moins, que je dis tout ceci ; car Dieu m'a toujours fait la grâce de vous entendre parfaitement. Vous vous amusez à bâtir, à finir tous vos hôtels, si commodes et si différents de ces autres bâtiments si fastueux et si mal finis ; il y a bien plus de raison à ce que vous faites. Vous me demandez ce que nous lisons : dès qu'on a le moindre monde, on ne lit plus ; mais avant les états nous avions lu avec mon fils de petits livres d'un moment : *Mahomet II*, qui prend Constantinople sur le dernier des empereurs d'Orient ; cet événement est grand, et si singulier, si brillant, si extraordinaire, qu'on en est enlevé : il n'y a que

---

[1] Arnolphe, ou M. de La Souche, dans l'*École des Femmes*, acte II, scène VI.

[2] Madame de Sévigné fait ici en passant la critique des lettres trop étudiées, et par conséquent peu naturelles ; et que n'aurait-elle point dit si elle avait prévu qu'un jour tous les différents styles fourniraient de fréquents exemples de ce même défaut, et qu'à force de vouloir mettre de l'esprit et du neuf partout, on se donnerait bien de la peine pour se rendre inintelligible ? (P.)

deux cent trente-six ans ; *la Conjuration du Portugal*, qui est fort belle ; *les Variations* de M. de Meaux ; un tome de l'*Histoire de l'Église* : le second est trop plein du détail des conciles, il pourrait ennuyer ; *les Iconoclastes* et *l'Arianisme* de Maimbourg : on hait l'auteur ; son style n'est point agréable ; il veut toujours pincer quelqu'un, et comparer Arius, et une princesse et un certain courtisan, à M. Arnauld, à madame de Longueville et à Tréville. Mais au travers de ces sottises, ces endroits de l'histoire sont si parfaitement beaux, ce concile de Nicée si admirable, qu'on le lit avec plaisir ; et comme il nous a conduits jusqu'à Théodose, nous allons nous consoler de tous nos maux dans le beau style de M. Fléchier[1]. Nous voltigeons sur d'autres livres, nous avons un peu retâté d'*Abbadie*, et nous l'allons reprendre avec mon fils, qui le sait lire en perfection. Ainsi, ma très-chère, nous ne passons le temps que trop vite ; il est présentement de grande importance pour moi. Si j'avais trouvé *cette source de votre repos*, je n'ai jamais rien vu de si joliment dit ; si je l'avais trouvée, je jetterais le temps à pleines mains, comme autrefois. Je suis plus touchée de celle que vous avez perdue, en perdant *le comtat* ; j'espérais qu'elle vous durerait plus longtemps. C'était, comme vous dites, *une source de justice* ; je voudrais qu'elle eût tenu à la santé de ce pape-ci, on ne parle que de sa bonne constitution et de sa vivacité.

J'avais lu par les chemins la vie du duc d'Épernon, qui m'a fort divertie. Vous me manderez des nouvelles de Lambesc : hélas ! cette pauvre madame du Janet sera-t-elle bien affligée ? Pourquoi son mari ne demeurait-il pas paisiblement chez lui ? qu'allait-il faire *dans cette maudite galère ?* La vie d'un homme est peu de chose ; cela est bientôt fait dans toutes ces histoires, cela va si vite ; et tous plus jeunes que moi. *Ne parlons point de cela*, ma chère

---

[1] Esprit Fléchier, évêque de Nîmes, auteur d'une *Vie de Théodose*. (P.)

enfant, il ne faut qu'y penser. Mon fils vous fait mille amitiés, et sa chère femme, et madame de Marbeuf; et l'abbé Charrier mille compliments. Je suis bien obligée à cet abbé : il se charge de toutes mes affaires de Basse-Bretagne, qui ne sont pas petites, et que je ne pourrais point faire de Paris; et après tout cela, ma fille, je ne demande que la sensible joie de vous revoir et de vous embrasser de tout mon cœur.

1124. — A LA MÊME.

Aux Rochers, dimanche 27 novembre 1689.

Je n'ai point reçu votre lettre, j'en ai toujours du chagrin sans en avoir d'inquiétude; je m'accoutume aux manières de la poste. Je suis bien de l'avis de M. Courtin; votre présence serait très-nécessaire à la cour pour votre fils : rien n'est si vrai, et c'est une des raisons qui fait murmurer contre l'impossibilité; c'est la cause de tous les dérangements et de tous les abîmes. Vous souvenez-vous quand nous disions quelquefois : Il n'y a rien qui ruine comme de n'avoir point d'argent? Nous nous entendions bien. Mais ce petit colonel ne vous ira-t-il point voir? qu'est-ce qui peut l'en empêcher, après avoir fait son remerciement et sa cour un peu de temps? Vous m'instruirez là-dessus; vous ne me sauriez jamais trop parler sur tout ce qui vous touche : ce sont mes véritables intérêts.

Je serais bien aise aussi de savoir des nouvelles de Lambesc, et quelle humiliation M. d'Arles aura soufferte par ce bras de bois qui est sur son banc, et qui me parait ne pas le toucher : je suis toujours dans le même sentiment. J'oubliai de mettre mercredi dans votre paquet un billet de consolation que j'écris à cette pauvre madame du Janet : je l'ai envoyé à Paris, il vous reviendra par Poirier. Je me sens des ménagements pour la Provence, qui me font croire que j'y retournerai quelque jour. Madame de La

Fayette me mande comme elle se fait brave pour la noce de son fils. Elle a mis sa petite chambre en cabinet; elle m'envoie son idée, envoyez-moi la vôtre : je ne sais comment vous êtes habillée, ni Pauline ; si je vous voyais passer, je ne vous reconnaîtrais pas.

Nous lisons la vie de Théodose ; mon fils la fait encore valoir, car vous savez comme mes enfants savent lire. C'est en vérité la plus belle chose du monde, et d'un style parfait ; mais un tel livre ne nous dure que deux jours. Je l'avais lu, il m'a été nouveau. Je serais fâchée, par exemple, que Pauline n'eût point de goût pour une si belle vie : les romans ne doivent pas gâter ces sortes de beautés, ou ce serait mauvais signe. Madame de Marbeuf s'accommode de nos lectures, et nous nous accommodons de son jeu quand il y a des acteurs : c'est une très-bonne et généreuse femme, qui sait aimer et qui vous adore. L'abbé Charrier est allé faire un petit tour à un bénéfice qu'il a auprès de Vitré ; il reviendra. Vraiment, j'admire quelquefois les bontés de la Providence pour moi : il m'est si nécessaire dans les affaires que j'ai en Basse-Bretagne, que s'il était présentement à Lyon, comme il devrait y être naturellement, je ne sais ce que je ferais.

Madame de Chaulnes a reçu un bref de son ami le pape, le plus obligeant du monde. Les papes n'ont guère accoutumé de dire qu'ils doivent leur exaltation à quelqu'un : vous verrez que celui-ci ne marchande pas à dire qu'il la doit à M. l'ambassadeur, selon les intentions du roi. Je vous envoie une copie de ce bref : mon fils dit qu'il est mal traduit ; mais le sens en est bon. L'abbé Bigorre m'a envoyé le portrait du Saint-Père ; je ne doute pas qu'il ne vous l'envoie aussi : c'est une physionomie qui promet une longue vie. Si notre comtat eût été sur cette vie, il nous aurait duré longtemps ; mais ce *malingre* mourir au bout de l'an ! Vous faisiez pourtant un si bon usage de cette *source de toute justice*, que je croyais que le ciel vous la conserverait ; mais nous ne savons point les secrets de ce pays-là : ce qui est sûr, c'est qu'il faut s'y soumettre. Coulanges a fait son compliment au pape en italien ; il était du cortége de la première audience, où M. l'ambassadeur était suivi par les rues de cent cinquante carrosses et d'une infinité de monde. Ce fut une très-belle chose ; et, après avoir reçu du pape toutes sortes de bontés paternelles en public, il fut enfermé deux heures avec Sa Sainteté ; ce qui fut dit est le secret que nous ne savons pas encore. Coulanges fit donc son petit compliment ; le Saint-Père lui répondit honnêtement et gaiement : il lui dit qu'il avait entendu parler de madame de Coulanges, et qu'il fallait qu'elle allât à Rome avec madame de Chaulnes ; cela ne tombera pas à terre.

Une jolie fille dit l'autre jour à Rennes une folie qui ressemble tout à fait aux épigrammes de madame de Coulanges. Vous connaissez M. de La Trémouille, et sa belle taille, et sa laideur : il regardait une autre jolie personne, dont il faisait l'amoureux, et tournait le dos à celle-ci ; au lieu d'en être embarrassée, elle dit vivement : *c'est à moi qu'il veut plaire, assurément*. N'est-ce pas là madame de Coulanges ? Mais cela est joli par tout pays, quand cela se dit naturellement. Ma chère enfant, voilà bien des bagatelles dont je vous entretiens : nous aurions des choses plus solides à dire, mais elles sont tristes, et nous sommes bien loin ; vous savez comme j'y suis sensible : en voilà assez pour un jour où je ne réponds à rien. Mandez-moi combien les maréchaux de camp vendent leurs régiments ; car le roi a tout réglé. Adieu, ma très-chère et très-aimable ; parlez-moi un peu de votre santé en détail, en *gazette* ; car vous avez des pays, hélas ! où il s'est fait autrefois de grands ravages : rendez-m'en compte ; je ne pense point à ces temps-là sans émotion, ni sans reconnaissance envers Dieu.

1125. — A LA MÊME.

Aux Rochers, mercredi 30 novembre 1689.

Que je vous suis obligée de m'avoir envoyé la lettre de M. de Saint-Pouanges! c'est un plaisir d'avoir vu, ce qui s'appelle vu, une telle attestation de la sagesse et du mérite de notre marquis, faite exprès pour ce siècle-ci. Vous n'y êtes pas oubliée. Je suis ravie d'avoir lu cette lettre, et je vous la renvoie avec mille remerciements. Pour moi, je crois que vous aurez permission de vendre la compagnie du marquis, et j'attends encore cette joie.

Je m'intéresse toujours à ce qui regarde M. le chevalier, non parce qu'il s'amuse à lire et à aimer mes lettres : je prends, au contraire, la liberté de me moquer de lui ; mais parce qu'effectivement sa tête est fort bien faite, et s'accorde à merveille avec son cœur. Mais d'où vient, puisqu'il aime ces sortes de lectures, qu'il ne se donne point le plaisir de lire vos lettres avant que vous les envoyiez? Elles sont très-dignes de son estime ; quand je les montre à mon fils et à sa femme, nous en sentons la beauté. Mon ami Guébriac tomba l'autre jour sur l'endroit de la Montbrun; il en fut bien étonné : c'était une peinture bien vive et bien plaisante. Enfin, ma fille, c'est un bonheur que mes lettres vous plaisent ; sans cela, ce serait un ennui souvent réitéré. M. de Grignan ne vint donc point à mon secours dans celle où je parlais du beau chef-d'œuvre d'avoir ôté la nomination des députés au gouverneur de Bretagne, à ce bon faiseur de pape. Je suis assurée que M. le chevalier et vous-même n'avez pu vous empêcher de trouver intérieurement que je disais vrai ; le sang qui roule si chaudement dans les veines du chevalier ne saurait être glacé pour l'intérêt des grands seigneurs et des gouverneurs de province. Je veux espérer aussi qu'il sera revenu dans mon sentiment sur l'orgueil mal placé de M. *l'archevêque* d'Arles; car ce n'est pas

M. l'*archevêque*[1]; mais je me flatte peut-être vainement de tous ces retours : j'aimerais pourtant cette naïveté; si elle était jointe à tant d'autres bonnes choses, et que ce fût en ma faveur, j'en serais toute glorieuse. Parlons de sa goutte et de sa fièvre; il me paraît que cela devient alternatif : sa goutte en fièvre, ou sa fièvre en goutte, il peut choisir; et je crois que c'est, comme vous dites, celle qu'il a qui paraît la plus fâcheuse; enfin, c'est un grand malheur qu'un tel homme soit sur le côté.

Vous avez donc été frappée du mot de madame de La Fayette, mêlé avec tant d'amitié[2]. Quoique je ne me laisse pas oublier cette vérité, j'avoue que j'en fus tout étonnée; car je ne me sens encore aucune décadence qui m'en fasse souvenir. Je ne laisse pas cependant de faire souvent des réflexions et des supputations, et je trouve les conditions de la vie assez dures. Il me semble que j'ai été traînée, malgré moi, à ce point fatal où il faut souffrir *la vieillesse*; je la vois; m'y voilà, et je voudrais bien au moins ménager de ne pas aller plus loin, de ne point avancer dans ce chemin des infirmités, des douleurs, des pertes de mémoire, des *défigurements* qui sont près de m'outrager, et j'entends une voix qui dit : Il faut marcher malgré vous, ou bien, si vous ne voulez pas, il faut mourir, qui est une autre extrémité à quoi la nature répugne. Voilà pourtant le sort de tout ce qui avance un peu trop; mais un retour à la volonté de Dieu, et à cette loi universelle où nous sommes condamnés, remet la raison à sa place, et fait prendre patience. Prenez-la donc aussi, ma très-chère, et que votre amitié trop tendre ne vous fasse point jeter des larmes que votre raison doit condamner.

Je n'eus pas une grande peine à refuser les offres de mes

---

[1] *Voyez* la lettre du 16 novembre.
[2] Madame de La Fayette écrivait à madame de Sévigné le 8 octobre précédent : « Vous êtes vieille, vous vous ennuierez; votre esprit deviendra « triste, et baissera, etc. »

amies : j'avais à leur répondre, *Paris est en Provence*, comme vous, *Paris est en Bretagne* ; mais il est extraordinaire que vous le sentiez comme moi. Paris est donc tellement en Provence pour moi, que je ne voudrais pas être cette année autre part qu'ici. Ce mot, *d'être l'hiver aux Rochers*, effraye. Hélas! ma fille, c'est la plus douce chose du monde ; je ris quelquefois, et je dis : C'est donc là ce qu'on appelle passer l'hiver dans des bois. Madame de Coulanges me disait l'autre jour : Quittez vos *humides* Rochers ; je lui répondis : *Humide* vous-même ; c'est Brevannes[1] qui est humide, mais nous sommes sur une hauteur ; c'est comme si vous disiez, Votre humide Montmartre. Ces bois sont présentement tout pénétrés du soleil, quand il en fait ; un terrain sec et une place *Madame*, où le midi est à plomb ; et un bout d'une grande allée, où le couchant fait des merveilles ; et quand il pleut, une bonne chambre avec un grand feu, souvent deux tables de jeu, comme présentement ; il y a bien du monde, qui ne m'incommode point, je fais mes volontés ; et quand il n'y a personne, nous sommes encore mieux, car nous lisons avec un plaisir que nous préférons à tout. Madame de Marbeuf nous est fort bonne ; elle entre dans tous nos goûts ; mais nous ne l'aurons pas toujours. Voilà une idée que j'ai voulu vous donner, afin que votre amitié soit en repos.

Ma belle-fille est charmée de tout ce que vous dites d'elle ; je ne lui en fais point un secret, et il n'y a point de douceurs et de remerciements qu'elle ne vous rende pour les louanges que vous lui donnez. J'en donne beaucoup à l'amitié que M. Courtin vous témoigne ; c'est un ami de conséquence, qui ne craint pas de parler pour vous : mais le temps est peu propre à demander des grâces et des gratifications, quand on demande partout des augmentations considérables. Dites-moi quelles pensions sont retranchées ;

---

[1] Madame de Coulanges y avait une petite maison de campagne.

serait-ce sur M. de Grignan et sur un menin? J'en serais
au désespoir. Vous allez voir M. du Plessis; il m'écrit et
me fait comprendre que son ménage n'est pas heureux, et
qu'au lieu d'être à son aise et indépendant, comme il l'espérait, il n'a pensé qu'à sortir de chez lui : ainsi, le voilà
avec M. de Vins et en Provence pour deux mois; il vous
contera ses douleurs. Il me paraît que c'est sur l'intérêt
qu'il a été attrapé; j'en suis fâchée. Mandez-moi ce qu'il
vous dira. Vous devriez bien m'envoyer la harangue de
M. de Grignan ; puisqu'il en est content, j'en serai encore
plus contente que lui. Mandez-lui comme je l'appelais à
mon secours; et dans quelle occasion. Vous m'épargnez
bien dans vos lettres, je le sens; vous passez légèrement
sur des endroits difficiles, je ne laisse pas de les partager
avec vous. C'est une grande consolation pour vous d'avoir
M. le chevalier; c'est le seul à qui vous puissiez parler
confidemment, et le seul qui soit plus touché que vousmême de ce qui vous regarde; il sait bien comme je suis
digne de parler avec lui sur ce sujet : nous sommes si fort
dans les mêmes intérêts, qu'il n'est pas possible que cela
ne fasse pas une liaison toute naturelle. Je dis mille douceurs à ma chère Pauline; j'ai très-bonne opinion de sa
petite vivacité et de ses révérences. Vous l'aimez, vous
vous en amusez, j'en suis ravie; elle répond fort plaisamment à vos questions. Mon Dieu! ma fille, quand viendra
le temps que je vous verrai, que je vous embrasserai de
tout mon cœur, et que je verrai cette petite personne?
J'en meurs d'envie; je vous rendrai compte du premier
coup d'œil.

1126. — A LA MÊME.

Aux Rochers, dimanche 4 décembre 1689.

Je vous remercie de votre lettre du 24 novembre ; elle
est toute pleine de confiance et d'amitié, et me répond sur

ce que je voulais savoir. Votre frère ne voit de mes lettres que ce que je veux lui montrer, et quand il me les demande, je lui dis : *Mon fils, il n'y a rien qui puisse vous divertir.* Il n'y pense plus ; vraiment celle-ci est bien de ce nombre. Il y avait ici, l'autre jour, des gens de bon sens, qui à propos de ce régiment de votre fils, qu'ils avaient vu dans une gazette à la main, se mirent à dire tout de suite que ce jeune colonel ne coûterait guère ni à père ni à mère, et que ses deux oncles[1], si grands seigneurs, fourniraient bien à sa dépense ; je fis une grimace intérieure, et je les laissai croire ce qui devrait être. Pour M. le chevalier, vous ne sauriez me surprendre en me parlant de son amitié et de sa bonté ; cela est admirable. C'est donc lui qui vous veut donner de quoi le payer : le tour est rare ; mais la difficulté, c'est de trouver l'argent, quoique l'hypothèque soit bonne. Pourquoi M. de La Garde ne vous ferait-il point trouver cette somme si médiocre ? Ma chère enfant, j'en veux à tout le monde : je trouve que l'on ne fait point son devoir. Plût à Dieu avoir encore quelque petite somme portative ! il me semble que je vous l'aurais bientôt donnée ; mais je n'ai que de vilaines terres, qui deviennent des pierres au lieu d'être du pain. Je ne suis donc bonne qu'à discourir, à trouver à redire à ce qui est mal, à vous plaindre, à sentir vivement vos douleurs, et du reste, hélas ! vous le voyez, et *vous ne voyez rien, ni moi non plus.* Je vous conjure de me dire la suite de tous ces chapitres si pressants et si importants ; ne craignez point de m'affliger : je suis encore plus affligée quand je suis toute seule, et que je ne sais qu'en gros de quoi il est question. Votre assemblée ne dure donc plus que quinze jours, et nos états trois semaines ; ils deviendront encore plus courts, car il n'est plus question que du don gratuit. M. d'Aix doit être bien content que M. d'Arles lui quitte la place : appelle-

---

[1] L'archevêque d'Arles et l'évêque de Carcassonne.

t-on cela de l'orgueil? C'en est un au moins, qui contente fort celui de M. l'archevêque d'Aix. Ces deux orgueils, dont l'un demeure, et l'autre s'en va, s'accommoderont fort bien ensemble. Si M. d'Ales croit avoir attrapé M. d'Aix, il est toujours sûr de confondre ses ennemis à ce prix-là. Je ne sais si je serai en humeur d'écrire à M. d'Aix, sur son abbaye; elle n'est pas meilleure que mon compliment. Dites-moi bien la suite de tout ceci, et quand vous aurez trouvé de l'argent pour payer M. le chevalier de son propre bien : ah! que je comprends ce sentiment! Je ne suis pas trop contente du sage La Garde; je ne trouve pas qu'il pratique bien la générosité et la reconnaissance; je voudrais que ces vertus eussent leur semaine aussi bien que les autres. Mandez-moi aussi quand vous aurez la permission de vendre la compagnie du marquis.

Mais n'êtes-vous pas trop aimable de former l'esprit et d'être la maîtresse à danser de Pauline? Vous valez mieux que Désairs; elle n'a qu'à vous regarder et à vous imiter. Est-elle grande? a-t-elle bonne grâce? Je la remercie de ne m'avoir point confondue avec toutes les autres grand'mères qu'elle hait : je suis sauvée, Dieu merci. J'aime fort le régime et le préservatif que son confesseur lui a fait prendre contre le *Pastor fido*; c'est justement comme la rhubarbe ou le cotignac que j'ai vu prendre à Pomponne, à madame de Pomponne, avant le repas; mais ensuite elle mangeait des champignons et de la salade, et adieu le cotignac; à l'application, ma chère Pauline. Mais n'adorez-vous point votre chère maman? ne vous trouvez-vous pas trop heureuse de la voir, de la regarder, de l'écouter, de l'entendre? Tous ces mots ont des degrés. Je ne sais, ma belle, où est M. de Grignan, ni vous, ni M. le chevalier : vous m'avez parlé d'un voyage à Lambesc; l'air de la petite vérole me déplaît toujours. Faites mes amitiés, comme vous le pourrez; recevez celles de mon fils; sa femme ne veut vous écrire que quand vous aurez la permission de vendre votre compagnie : elle va au solide; elle est ravie de votre amitié et de votre approbation. Madame de Marbeuf est encore ici, et l'abbé Charrier; cette compagnie est justement comme il nous la faut; ils vous font cent mille compliments. Nous avons de beaux jours, nous nous promenons; j'ai votre casaque, que j'aime, qui me fait honneur et profit. On l'admire, on la loue : *c'est un présent de ma fille.* Ne vous représentez point que je sois dans un bois obscur et solitaire, avec un *hibou* sur ma tête; ce n'est point ce qu'on pense : rien ne se passe plus insensiblement qu'un hiver à la campagne; cela n'est affreux que de loin. Ma santé est toujours admirable; parlez-moi de la vôtre en détail.

1127. — A LA MÊME.

Aux Rochers, mercredi 7 décembre 1689.

Je vous l'ai mandé, ma chère enfant, quand on est une fois rangé à la campagne, les mois de novembre et de décembre n'y sont point difficiles à passer. Cependant votre bise me fait une peur extrême : nous n'avons point ici de ces sortes de tempêtes. Je voudrais que vous ne perdissiez rien de la bonne compagnie que vous avez présentement, et que si la santé de M. le chevalier doit être mauvaise cet hiver, il le passât avec vous plutôt que dans sa petite chambre à Paris : ce serait une consolation pour vous et pour lui. Vous voilà donc résolue de passer l'hiver à Grignan, quittant la partie encore à M. d'Aix, et faisant voir les raisons qui vous empêchent de tenir votre cour à Aix, trois ou quatre mois, comme avait accoutumé de faire M. de Grignan. Mais n'espérez-vous point de voir votre fils cet hiver? Qui peut l'en empêcher? Vous en seriez ravie; je crains, comme vous, que vous n'ayez pas permission de vendre sa compagnie; cette nouvelle traîne trop. Nous admirions l'autre jour, mon fils et moi, comme vous avez pressé et précipité heureusement sa vie, pour le faire tomber à propos dans l'état où il fallait qu'il fût pour avoir le régiment de son oncle ; tout cela était bien compassé, et M. de Grignan a tout couronné en lui faisant faire la première campagne de Philisbourg, qui vous a tant coûté de larmes. L'académie, les mousquetaires, la compagnie même de chevau-légers, n'eussent point tant fait pour lui que ces trois siéges avec MONSEIGNEUR, et cette contusion si joliment et si froidement reçue ; enfin, tout est à souhait jusqu'ici : Dieu soutienne et conduise le reste !

Madame de Vins m'a écrit sur ce régiment : elle en est ravie comme une vraie amie ; elle me mande que M. de Vins a emmené M. du Plessis : je le savais et je vous l'avais mandé. Vous le verrez : il vous dira ses ennuis. Il m'en a dit assez pour me faire voir qu'il a été trompé : c'est dommage ; mais il ne faut pas se marier si légèrement. Nous avons depuis six jours un temps affreux. Il y a deux tables de jeu dans ma chambre à l'heure que je vous parle, madame de Marbeuf, l'abbé Charrier et d'autres : cela est fort bien. Quand ils seront partis, nous retrouverons nos livres avec plaisir. Ma santé est toujours parfaite ; vous me parlez en l'air de la vôtre : comment vont les épuisements, votre côté, vos coliques, enfin toute votre personne ? Êtes-vous belle ? car c'est cela qui décide. Adieu, trop chère et trop aimable ; croyez-moi, on n'a jamais vu une si naturelle inclination que celle que j'ai pour vous.

1128. — A LA MÊME.

Aux Rochers, dimanche 11 décembre 1689.

Je commence par m'écrier sur le denier *six* ; je n'en avais point entendu parler depuis l'emprunt que fait le fils de l'avare dans la comédie de Molière. Je crois que vous avez voulu dire *six et quart* pour cent, qui est un denier dont j'ai entendu parler en Provence : cela revient, ce me semble, au denier *seize* ; mais le denier *six* est si usuraire, que je ne crois pas qu'un notaire en voulût faire un contrat ; c'est pour dix mille francs, seize cent soixante-six livres treize sous : cela n'est point dans l'usage ordinaire des emprunts. Enfin, ma fille, j'ai besoin d'un éclaircissement là-dessus ; car je ne puis vous croire au premier mot. Je conviens avec vous de toutes les raisons qui vous pressent plus que tous les sergents du monde, de payer M. le chevalier non-seulement d'une partie, mais des deux mille pistoles[1] : rien n'est plus juste, je suis toute conforme à vos sentiments sur ce point.

J'ai trouvé plaisant, comme vous, tout ce que nous avons pensé et senti sur notre petite abbaye. Ce tour d'imagination tout pareil est une chose rare : vous l'appellerez enfance, folie, faiblesse, tout ce que vous voudrez ; mais il est vrai que ces Sanguin, ce Villeneuve, l'idée du vieux Pavin[2], ces anciennes connaissances se sont tellement confondues avec notre jardin et notre forêt, qu'il me semble que c'est une même chose, et que non-seulement nous la leur avons prêtée, mais qu'elle est encore à nous par l'assurance d'y trouver encore nos meubles et les mêmes gens que nous y voyions si souvent. Enfin, mon enfant, nous étions dignes de cette jolie solitude par le goût que nous avions et que nous avons encore pour elle.

Vous me louez trop de la douce retraite que je fais ici ; rien n'y est pénible que votre absence. S'il est bon quelquefois de faire valoir cette retraite pour donner du courage à de certaines gens, j'y consens ; mais sans cela vous oubliez que Paris est en Provence pour moi, que tout m'est égal, que je ne pouvais pas mieux prendre mon temps, et que ce n'est pas de ce voyage-ci que je mérite des louanges, mais de celui où je vous laissai à Paris, que la bienséance, la politique d'une mère, et les derniers ordres du

---

[1] C'est-à-dire du prix du régiment. (P.)
[2] Denis Sanguin de Saint-Pavin un des poëtes les plus agréables de son temps, mort en 1670. (P.)

bon abbé pour rendre à mon fils les terres dont j'avais joui, me forcèrent de faire, il y a cinq ou six ans[1], c'est celui-là qui me fit une véritable peine, parce que je vous quittais, et j'en fus bien punie par être noyée[2] et un an mal à la jambe. Présentement, ma belle, je dors pour la dépense, c'est-à-dire un demi-sommeil, car j'ai toujours ma maison et mon petit ménage à Paris, et je ne suis point à charge ici; mais tout cela est si médiocre, que je trouve le moyen de laisser passer quelques sommes qui soulagent mon cœur, et font l'usage que vous dites de toutes ces belles vertus dont vous faites tant de bruit. Quand j'aurai mis l'ordre que j'espère mettre dans mes affaires de Bretagne, je ne penserai plus qu'à vous aller trouver; je passerai par Paris, qui est le théâtre des nations, et peut-être qu'en ce temps vous penserez à y venir. Enfin, nous verrons ce que la Providence ordonnera de nos desseins: il faut vivre au jour la journée jusqu'à l'automne de 90. Voilà une année qui me surprend. Pour le voyage de mon fils et de sa femme à Bourbon, il me paraît une vision. Voilà, ma chère enfant, tout ce que je puis vous dire aujourd'hui.

Mon petit colonel m'a écrit, et à son oncle, et à sa *cousine*, pour nous donner part de son exaltation. Il n'avait point encore reçu notre lettre de compliment: il nous avoue joliment qu'il est ravi de se trouver à la tête d'une si belle troupe, et de pouvoir dire, *mon régiment*; que cela est un peu jeune, mais qu'il n'a que dix-huit ans; il nous parle de la manière dont ses dernières années ont été pressées. Je vous l'enverrais, cette lettre, sans que je l'aime. Il semble que d'être *la bonne* d'un colonel vous fasse plus de peur pour moi, que de l'être d'un capitaine de cavalerie: votre tendresse va trop loin, ma chère Comtesse; j'ai plus de courage que vous, et je voudrais l'être d'un colonel bien marié, quand il devrait avoir un enfant au bout

---

[1] *Voyez* la lettre du 15 septembre 1684, et les suivantes.
[2] *Voyez* la lettre du 1ᵉʳ août 1685.

de l'an. J'en serais ravie ; il faut accoutumer son imagination à tout ce qu'il y a de pis : il y a sur ce sujet dans vos lettres certains endroits si tendres et si naturels, que j'en suis touchée d'une sensible reconnaissance, et d'une tendresse qu'il n'est pas bien aisé de vous représenter : il faut dire, comme vous dites quelquefois si bien, *Dieu le sait.*

Je vous ai parlé de madame de Coulanges ; mais je n'ai pas si bien dit que vous. Il est vrai que les indulgences ne doivent plus manquer à ce péché de madame de Coulanges : elle fera de ce nouvel ami (*Alexandre VIII*) tout ce qu'on en peut faire, et ce sera pendant quelque temps *la meilleure pièce de son sac;* mais je vous rends vos paroles : *elle est mon amie, vous le savez bien : vous ne me trahirez pas.* Madame de La Fayette me mande que madame de Coulanges est tout à fait dans la bonne voie, et qu'elle tâchera de s'y mettre aussi, quand son fils sera marié. Mandez-moi, ma chère Comtesse, comment vous vous accommoderez de passer l'hiver dans votre château, sur votre montagne, avec votre ouragan ; cela fait frémir. M. de Grignan aura grand regret à la douce société de madame d'Oppède. Pour moi, je suis tout doucement terre à terre dans ces bois ; je suis quelquefois huit jours sans sortir de mon appartement : quand il pleut, quand il fait un vent de tempête, je ne songe pas à sortir ; quand il fait beau, on est comme en été par la beauté du terrain ; depuis deux jours, le soleil est chaud et brille partout ; il fait doux : voilà le temps où je me promène ; enfin, vous approuveriez ma conduite, n'est-ce pas tout dire ?

Nous avons eu depuis trois semaines une bonne et commode compagnie ; c'est l'abbé Charrier et madame de Marbeuf. Ils s'en vont demain ; ils vous font encore mille et mille compliments : j'eusse bien voulu que vous eussiez répondu aux premiers ; mais vous ne pensiez pas qu'ils dussent être si longtemps ici. Le jeu réjouit toute une maison : je crains bien que le vôtre ne vous ait coûté de l'argent, et à M. de Grignan, par la connaissance que j'ai de votre malheur.

J'ai été surprise que votre Provence ait tant augmenté son présent au roi : quand M. de Grignan entra dans sa charge elle ne donnait que cent mille écus; elle a donné cinq cent mille francs dès la première année. On nous a envoyé de Paris un édit du roi pour la tontine[1]. Sa Majesté, MONSEIGNEUR et MONSIEUR ont envoyé tous leurs meubles d'argent à la monnaie; cela fait beaucoup de millions, et redonnera de l'espèce qui manquait. Vous calculez dans votre désordre, ma fille, et vous tournez votre thème en plusieurs façons; c'est un coin du bon esprit du pauvre *bien bon* : il est toujours bien mieux de savoir ce qu'on fait, que de vivre en aveugle, et en sourd, et en muet. A propos de sourd, je vous prie que M. le chevalier craigne autant que moi cette sorte de mal de famille[2]. A propos encore de famille, M. de Lamoignon a la survivance de la charge de M. de Némond; c'est celle de feu M. le premier président. C'est le roi qui a fait ce miracle; car *Guillaume* croyait que le mot de survivance le ferait mourir. Je suis ravie que notre aimable voisin[3] ait enfin retrouvé cette place, et ne meure pas dans la sienne.

Votre enfant est dans un étrange lieu, *Kaysers-Lautern*[4]; quand ce serait un mot breton, ce ne serait pas pis. Il nous mande qu'il va se mettre à lire; il le faut, ma fille; c'est une vilaine chose que d'être ignorant : puisqu'il aime la guerre, il doit aimer tout naturellement les histoires

---

[1] Le roi venait de créer 1,400,000 liv. de rentes viagères sur l'hôtel de ville. (*Voyez* le *Journal de Dangeau*, 1er décembre 1689.)

[2] Madame de Rochebonne, sœur de messieurs de Grignan, était très-sourde.

[3] Chrétien-François de Lamoignon, fils de Guillaume de Lamoignon, premier président au parlement de Paris, était alors avocat général, et fut ensuite président à mortier au parlement de Paris. (P.)

[4] Ville d'Allemagne, dans le Bas-Palatinat, sur la petite rivière de Lauter. (P.)

qui en parlent. Conseillez-lui d'employer utilement le temps qu'il sera dans cette étrange ville. Mais ne vous ira-t-il point voir? Je le souhaite fort pour votre satisfaction et pour son intérêt. Je serai aussi étonnée que vous si nous le revoyons comme un brûleur de maisons, avec un ton de commandement. *Dieu le conserve!* Je vous embrasse avec une véritable tendresse, et je fais tous mes compliments, toutes mes amitiés, toutes mes embrassades, comme il vous plaira de les distribuer.

MONSIEUR DE SÉVIGNÉ.

Je suis bien de votre avis, ma très-chère petite sœur : je vous assure que je ne songe plus à la députation, dès que pour l'avoir il faut redevenir ou courtisan ou guerrier. Il n'était pas encore bien établi que pour arriver à cette dignité, l'une de ces deux qualités fût absolument nécessaire; et du moment qu'elle l'est, je ne songe plus qu'à me tirer de la place[1] où l'on m'avait mis, et je rentre dans ma retraite plus profondément que jamais. Mais je ne renonce pas au plaisir de vous aller voir, dont je suis plus impatient que je ne puis vous l'exprimer. Madame de Mauron[2] parle, comme d'une chose résolue, de faire un voyage à Bourbon, et d'y mener sa fille et moi; ce voyage n'est point encore dans les projets de ma mère : nous verrons comme la Providence les arrangera aussi bien que les nôtres. Je suis très-aise que vous soyez contente de votre belle-sœur; je vous assure que j'ai fort envié le plaisir qu'elle avait de tenir compagnie à ma mère, et que je l'aurais préféré de bon cœur à la *forcenerie* des états. Nous avons fait nos compliments au nouveau colonel, qui nous a écrit aussi fort joliment pour nous donner part de sa nouvelle dignité : il en paraît entêté comme

---

[1] Il était colonel d'un régiment de la noblesse de l'arrière-ban.
[2] Belle-mère de M. de Sévigné. (P.)

un homme de son âge doit l'être. Dieu sait combien je lui souhaite de prospérités; je lui en souhaite autant que de santé à M. son père, que j'embrasse très-tendrement, et vous aussi, ma très-belle petite sœur.

1129. — A LA MÊME.

Aux Rochers, mercredi 14 décembre 1689.

Si M. le chevalier lisait vos lettres, ma chère Comtesse, il n'irait pas chercher, pour se divertir, celles qui viennent de si loin. Ce que vous me mandiez l'autre jour sur Livry, que nous prêtons à M. Sanguin, lui permettant même d'y faire une fontaine; tout cet endroit, celui de madame de Coulanges, et dans vos amitiés même, tout est si plein de sel, que nous croyons que vous n'avez point d'autre poudre pour vos lettres. J'admire la gaieté de votre style au milieu de tant d'affaires épineuses, accablantes, étranglantes. Vraiment, c'est bien vous, ma chère enfant, qu'il faut admirer, et non pas moi; je suis seule comme une violette, aisée à cacher; je ne tiens aucune place, ni aucun rang sur la terre, que dans votre cœur, que j'estime plus que tout le reste, et dans celui de mes amis. Ce que je fais est la chose du monde la plus aisée. Mais vous, dans le rang que vous tenez, dans la plus brillante et la plus passante province de France, joindre l'économie à la magnificence d'un gouverneur, c'est ce qui n'est pas imaginable, et ce que je ne comprends pas aussi qui puisse durer longtemps, surtout avec la dépense de votre fils, qui augmente tous les jours. Comme ces pensées troublent souvent mon repos, je crains bien qu'étant plus près de cet abîme, vous ne soyez aussi plus livrée à ces tristes réflexions : voilà, ma chère Comtesse, ma véritable peine; car pour la solitude, elle ne m'attriste point du tout. Notre bonne et commode compagnie s'en est allée; j'ai chassé en même temps mon fils et sa femme : l'un devait aller chez sa tante, l'autre à une visite pressée. Je les ai envoyés tous deux chacun de leur côté; j'en suis ravie, nous nous retrouverons dans deux jours; nous en serons plus aises. Et même je ne suis point seule : on m'aime en ce pays; j'eus hier deux hommes de très-bonne compagnie, *molinistes*[1] : je ne m'ennuyai point. J'ai mes lectures, des ouvriers, un beau temps; si ma chère fille était un peu moins accablée, avec l'espérance de la revoir qui me soutient, que me faudrait-il?

J'ai écrit au marquis, quoique je lui eusse déjà fait mon compliment; je le prie de lire, dans cette vilaine garnison où il n'a rien à faire; je lui dis que puisqu'il aime la guerre, c'est quelque chose de monstrueux de n'avoir point envie de voir les livres qui en parlent et de connaître les gens qui ont excellé dans cet art. Je le gronde, je le tourmente; j'espère que nous le ferons changer : ce serait là première porte qu'il nous aurait refusé d'ouvrir. Je suis moins fâchée qu'il aime un peu à dormir, sachant bien qu'il ne manquera jamais à ce qui touche sa gloire, que je ne le suis de ce qu'il aime à jouer. Je lui fais entrevoir que c'est sa ruine : s'il joue peu, il perdra peu : mais c'est une petite pluie qui mouille; s'il joue mal, il sera trompé : il faudra payer; et s'il n'a point d'argent, ou il manquera de parole, ou il prendra sur son nécessaire. On est malheureux aussi parce qu'on est ignorant; car, même sans être trompé, il arrive qu'on perd toujours. Enfin, ma fille, ce serait une très-mauvaise chose, et pour lui, et pour vous, qui en sentiriez le contre-coup. Le marquis serait donc bien heureux d'aimer à lire, comme Pauline, qui est ravie de savoir et de connaître. La jolie, l'heureuse disposition! on est au-dessus de l'ennui et de l'oisiveté, deux vilaines bêtes. Les romans sont bientôt lus : je voudrais que Pauline eût quelque ordre dans le choix des histoires,

---

[1] Contre-vérité. *Voyez* ci-après la lettre du 15 janvier 1690.

qu'elle commençât par un bot, et qu'elle finît par l'autre, pour lui donner une teinture légère, mais générale, de toutes choses. Ne lui dites-vous rien de la géographie? Nous reprendrons une autre fois cette conversation. *Davila*[1] est admirable; mais on aime mieux quand on connaît un peu ce qui conduit à ce temps-là, comme Louis XII, François Ier, et d'autres. Ma fille, c'est à vous à gouverner et à rectifier; c'est votre devoir, vous le savez. Pour le reste, je me doutais bien que dans très-peu de temps vous la rendriez très-aimable et très-jolie; de l'esprit, et une grande envie de vous plaire : il n'en faut pas davantage.

Vous me dites que vous attendez M. de Vins à dîner : si vous n'avez point été avertie, vous aurez été bien étonnée de voir M. du Plessis derrière lui; il vous aura conté ses douleurs; il m'en a dit une partie, et fait espérer l'autre. Il me paraît trompé et dupé sur le bien, et une si grande envie de quitter cette *Dorimène*, que je pourrais deviner cette autre partie, quoiqu'il m'ait fort assuré que l'honneur est sain et sauf; Dieu le veuille! Voilà toujours une grande sottise : il y a des choses qu'il faut faire sérieusement et avec connaissance de cause, comme de se marier, par exemple. M. de La Fayette[2] le fut avant-hier matin, lundi 12; il devait revenir dîner chez sa mère, et souper et coucher chez M. de Marillac : en supposant donc, comme je le crois, qu'il y a une jeune comtesse de La Fayette, songez que vous entendrez dire à votre enfant : J'ai dansé toute la nuit avec madame de La Fayette, j'ai joué au volant et à mille petits jeux, j'ai couru avec cette petite folle de madame de La Fayette; votre imagination sera bien étonnée. Elle est fort éveillée et fort jolie, cette

---

[1] Auteur d'une histoire des guerres civiles de France, qui contient tout ce qui s'est passé de mémorable depuis la mort de Henri II, en 1559, jusqu'à la paix de Vervins, en 1598. (P.)

[2] René-Armand marquis de La Fayette, brigadier d'infanterie, épousa Jeanne-Madeleine de Marillac; il mourut à Landau, en août 1694, un an après sa mère, sans laisser de postérité. (M.)

jeune comtesse, et le marquis est son premier ami. La nôtre approuve et veut imiter tout ce que fait M. le chevalier ; elle l'aime, elle l'estime, elle fait tous les frais de l'amitié ; mais la misérable goutte du chevalier le rend glorieux et comme insensible à toutes les avances de mon amie. Voilà bien de la causerie, ma chère belle ; mais je suis assurée que vous le voulez bien, et que vous n'êtes pas fâchée de m'avoir divertie cet après-dîner. Je vous recommande votre santé et suis à vous, comme vous dites ; Dieu le sait !

1130. — A LA MÊME.

Aux Rochers, dimanche 18 décembre 1689.

Noble dame, n'ai-je pas bien fait de vous envoyer le poulet apostolique du Saint-Père à madame de Chaulnes[1] ? Vous me faites apercevoir qu'il ne fait nulle mention du Saint-Esprit dans l'élection des papes ; je n'y avais remarqué que le sincère aveu qu'il fait de devoir son exaltation à la France et à M. l'ambassadeur : cela seul, avec les louanges et l'amitié dont il honore notre duchesse, me paraissait digne d'attention. Pour le Saint-Esprit, je ne crains point qu'il s'offense d'être si peu célébré dans le conclave ; il sait bien, et nous aussi, que c'est toujours lui qui les fait : oui, assurément, nous autres disciples de la Providence, nous ne prenons point le change, et nous savons par combien de routes, par combien de mains, et par combien de volontés, il fait toujours ce qu'il a résolu. J'ai fort bonne opinion de la lettre que vous écrivez à M. Pelletier, sans en savoir le détail ni le sujet ; et je suis assurée que vous faites un fort bon usage de ce Saint-Esprit qui vous a ôté le comtat. Votre enfant me paraît un officier de grande conséquence ; sa place est digne d'envie, et surpasse ce que vous pouviez espérer à l'âge qu'il a. Tous les

---

[1] *Voyez* la lettre du 27 novembre.

arrangements ont été si justes, si bien compassés, qu'il n'y a pas eu un moment de perdu; nul contre-temps, toutes les circonstances agréables; enfin, ma belle, si vous n'êtes pas contente, je ne sais ce qu'il vous faut, et cette compagnie que vous allez vendre me semble couronner l'œuvre. Je vois bien que le marquis demeurera à Kaysers-Lautern : ces guerres d'hiver avancent quelquefois autant que des campagnes : on fait parler de soi. Le voisinage de Mayence est un poste de confiance : vous avez écrit dans ce sens, puisque vous faites scrupule du courage que vous témoignez du coin de votre feu. C'est d'être avec M. le chevalier que vous vient cette humeur martiale : le pauvre homme me paraît bien les pattes croisées : aussi bien que ce lion dont vous fîtes si bien votre cour à M. le Prince, il a donc aussi les pattes croisées; mais je suis persuadée que dans cet état un hiver en Provence, à votre beau soleil, lui fera tous les biens du monde. Je sais du moins que les derniers qu'il a passés à Paris ont été bien cruels. Nous n'avons pas sujet de nous plaindre du nôtre jusqu'ici; point de neige, point de verglas; un beau soleil : je me promène tous les jours; rien n'est défiguré dans ces bois : tout y est si bien planté, si bien rangé, qu'il semble que les feuilles ne soient tombées que pour faire que le soleil éclaire toutes ces allées, et qu'on s'y puisse promener. Je chantais l'autre jour :

> Pour qui, cruel hiver, gardes-tu tes rigueurs?

J'étais ravie de savoir que ce n'était pas pour vous : *mais attendons la fin;* car *du bout de l'horizon* vous savez qu'il peut *venir avec furie le plus terrible des enfants du Nord*[1]; vous n'en savez que trop de nouvelles : il vous a fait des ravages terribles; mais enfin, sous le nom de bise, jouissez toujours de son absence; c'est autant de pris.

---

[1] Allusion à la fable *du Chêne et du Roseau.*

Vous me représentez, à la suite d'une promenade, une débauche de sommeil qui m'a fait grand plaisir; car dans la quantité de pensées propres à vous agiter, je crains toujours que vous ne soyez éveillée à quatre heures du matin, comme je vous ai vue quelquefois; cette chaleur de sang serait bien mauvaise en Provence : je ne puis trop vous recommander votre santé, si vous aimez la mienne, qui est toujours parfaite.

Je me doutais bien que M. du Plessis vous surprendrait derrière M. de Vins : je vous attendais là pour être attrapée; mais la barbe faite, avec de grosses bottes crottées, est un désassortiment tout à fait ridicule. Il m'écrit de Grignan; il est charmé de vos bontés, de vos grandeurs, et de l'agrément de votre petite Pauline. Ah! que toute sa personne est assaisonnée! que sa physionomie est spirituelle! que sa vivacité lui sied bien! que ses yeux sont jolis, bleus avec des paupières noires! une taille libre, adroite; pour moi, je la crois touchante ou piquante, je ne sais pas bien lequel, je vous prie de me le dire.

Que dites-vous de l'exemple que donne le roi de faire fondre toutes ses belles argenteries? Notre duchesse du Lude est au désespoir : elle a envoyé la sienne; madame de Chaulnes, sa table et ses guéridons; et madame de Lavardin, sa vaisselle d'argent qui vient de Rome, persuadée que son mari n'y retournera pas : voyez si vous avez quelque chose à faire sur ce sujet. Je vous envoie une lettre de M. du Plessis, afin de fixer votre imagination : ne faites point semblant de l'avoir vue, ne lui en parlez point; mais renfermez-vous à faire tomber la tromperie sur l'intérêt, et non pas *sur la vache et le veau*. Le pauvre homme me fait grand pitié : c'est un mal bien dangereux que celui d'être sujet à se marier : *j'aimerais mieux boire*.

Pour ma lettre à madame du Janet, je ne comprenais pas pourquoi elle me revenait; la raison en est admirable : je garderai cette lettre pour la première fois que son mari mourra; car je ne saurais lui dire autre chose. Vous me grondez de prendre ce que vous me mandez trop au pied de la lettre; cependant qui pourrait douter qu'un homme en Provence, où vous êtes, pût se bien porter, quand vous m'assurez qu'il est mort? J'y prendrai garde une autre fois de plus près. Je vous ai corrigée, au moins, sur les commissions : je les fais dans le moment, et ce n'est pas comme du pauvre Janet, où il n'y a qu'une lettre de perdue. Ma chère enfant, je vous recommande ces temps difficiles; donnez-vous du repos, si vous m'aimez. Mon fils et sa femme sont revenus, chacun de leur côté; ils me paraissent si aises de me retrouver ici, que c'est eux que je plains de m'avoir quittée. Ma belle-fille a mal à la tête, elle a versé dans son petit voyage, elle s'est cognée; et deux de ses belles juments, qu'on avait dételées, se sont échappées. On ne sait encore où elles sont : mon fils en est en peine. Voilà un petit ménage affligé. Ils vous parleront mercredi.

1131. — A LA MÊME.

Aux Rochers, mercredi 21 décembre 1689.

Je recommence, ma chère Comtesse, à l'endroit où je vous quittai dimanche. Les belles petites juments étaient échappées; elles coururent longtemps, comme fait la jeunesse, quand elle a la bride sur le cou. Enfin, l'une se trouve à Vitré, dans une métairie : ceux de Vitré furent étonnés de voir la nuit cette petite créature, tout échauffée, tout harnachée, et voulaient lui demander des nouvelles de mon fils. Vous souvient-il du cheval de *Rinaldo*, qu'*Orlando* trouva courant avec son harnois, sans son maître? Quelle douleur! il ne savait à qui en demander des nouvelles : enfin, il s'adresse au cheval, *Dimmi. caval gentil, che di Rinaldo, il tuo caro signore, è divenuto*. Je ne sais pas bien ce que *Rabicano* répondit; mais je vous assure que les deux petites bêtes sont dans l'écurie, fort gaillardes, au grand contentement *del caro signore.*

MONSIEUR DE SÉVIGNÉ.

Il est vrai que c'est un assez grand contentement que ces deux petites juments soient en bonne santé dans l'écurie; et plus grand encore que votre belle-sœur, après avoir eu deux jours la tête fort étonnée, soit aussi tout à fait remise de sa chute : ces petits accidents sont bons pour faire sentir le bonheur d'en être sorti. Je trouve, ma très-belle petite sœur, que vous n'êtes pas assez touchée de la grâce que le roi vous a faite de vous donner votre compagnie à vendre. Voilà votre fils colonel, sans qu'il vous en coûte presque rien : il aura un bon quartier d'hiver, et comme capitaine, et comme colonel; en attendant quelqu'un qui veuille bien lui donner douze mille francs : il me semble que voilà tout ce que vous pouviez souhaiter sur ce sujet. Mais que pouviez-vous aussi désirer de plus avantageux pour Pauline, que de la voir honorablement établie dans votre terre d'Avignon, avec un amant qui l'adore, et qui a été le premier à chanter ses louanges et à faire voler son nom jusque dans les pays étrangers. Adieu, ma très-belle petite sœur.

MADAME DE SÉVIGNÉ *belle-fille.*

Je vous jure, ma chère sœur, que je ne quitterai plus madame de Sévigné; je tombe, je culbute, je me casse la tête dès que je ne suis plus sous sa protection : mais je suis bien plus sensible aux prospérités de mon joli *cousin* (*son neveu*) qu'à mes petits malheurs. Je souhaite à Pauline des jours filés d'or et de soie; mais avec un autre que son amant de Rome.

MADAME DE SÉVIGNÉ *continue.*

Coulanges m'a écrit une fort grande et fort jolie lettre; il vous aura écrit en même temps. Il m'a envoyé des couplets que j'honore : car il y nomme tous les beaux endroits de Rome, que j'honore aussi : il est gai, il est content, il est favori de M. de Turenne[1]; comment vous fait ce nom? Il est amoureux de Pauline; il demande permission au pape de l'épouser, et le prie de lui donner Avignon, qu'il veut faire rentrer dans votre maison; elle s'appellera *comtesse d'Avignon*. Enfin, il dit que la vieillesse est autour de lui : il se doute de quelque chose par de certaines supputations; mais il assure qu'il ne la sent point du tout, ni au corps, ni à l'esprit; et je vous avoue à mon tour que je me trouve quasi comme lui, et ce n'est que par réflexion que je me fais justice.

Je suis plus en peine de votre santé que de la mienne. D'où vient, ma chère enfant, que vous avez des coliques qui vous obligent à garder le lit? Vous n'étiez point si mal à Paris; ces eaux que Pauline a prises cet été ne seraient-elles point bonnes? J'ai ouï dire à Bourdelot que les eaux de Forges, et des rafraîchissements qui font couler, sont cent fois plus salutaires que les remèdes chauds, qui épaississent le sang, et mettent du chaud sur la chaleur. Voilà des réflexions dont vous vous moquerez peut-être; mais songez-y, vous qui raisonnez mieux que les médecins, songez aussi au café; ne croiriez-vous pas qu'il vous fût contraire? C'est ce que mon amitié et mon ignorance, qui n'a pour elle que l'expérience, vous présente.

Je suis fort aise que M. le chevalier vous demeure cet

---

[1] Louis de La Tour, prince de Turenne, mort le 9 août 1692, des blessures qu'il avait reçues le jour précédent, au combat de Steinkerque. Il était à Rome en 1689. (P.)

hiver; vous avez besoin de cette consolation. Ce n'est point parce qu'il voit mes lettres : c'est un goût de malade; ce n'est donc point pour lui faire ma cour; mais il a fait précisément de ses cent mille francs ce qu'il en devait faire : c'était l'intention des fondateurs, de lui donner le moyen de pousser sa fortune, et de faire un bon usage des dispositions qu'il avait pour la guerre. Il a rempli tous ses devoirs de ce côté, et pour la réputation au delà de ce qu'on pouvait souhaiter : cela soit dit sans le fâcher. Il a retrouvé autant de bien qu'il en avait mangé, et beaucoup moins qu'il n'en mérite; mais enfin il n'en serait pas demeuré là, si Dieu ne l'arrêtait tout court au milieu de sa course; et c'est de la tristesse de sa destinée qu'il faut plaindre le marquis : car si elle eût été aussi loin qu'elle devait aller, notre enfant se serait fort bien passé de tous les autres secours. Mais il faut revenir à Dieu et se soumettre, et prendre sur vous comme vous faites.

Monsieur le chevalier, je vous demande mille pardons de tout ce que je prends la liberté de dire; pourquoi lisez-vous mes lettres ? *Est-ce que je parle à vous ?*

Que dites-vous de tous ces beaux meubles de la duchesse du Lude, et de tant d'autres qui vont, après ceux de Sa Majesté, à l'hôtel des monnaies ? Les appartements du roi ont jeté six millions dans le commerce; tout ensemble ira fort loin. Madame de Chaulnes a envoyé sa table avec ses deux guéridons et sa belle toilette de vermeil. L'abbé Bigorre m'a envoyé l'édit et le rehaussement des monnaies : ah ! c'est cela qui vous enrichira, supposé que vos coffres soient pleins. Je viens d'écrire à M. de Lamoignon : j'avais voulu faire cette chicane, et me contenter d'un compliment; mais je m'en suis repentie.

Pour nos lectures, elles sont délicieuses. Nous lisons Abbadie[1] et l'*Histoire de l'Église*; c'est marier le luth

---

[1]. Auteur de *la Vérité de la Religion chrétienne*, ouvrage qui a mérité les éloges de madame de Sévigné.

à la voix. Vous n'aimez point ces gageures : je ne sais comme nous pûmes vous captiver un hiver ici. Vous voltigez, vous n'aimez point l'histoire, et on n'a de plaisir que quand on s'affectionne à une lecture, et que l'on en fait son affaire. Quelquefois pour nous divertir, nous lisons *les Petites Lettres (de Pascal)* : bon Dieu, quel charme! et comme mon fils les lit! Je songe toujours à ma fille, et combien cet excès de justesse de raisonnement serait digne d'elle; mais votre frère dit que vous trouvez que c'est toujours la même chose. Ah, mon Dieu! tant mieux; peut-on avoir un style plus parfait, une raillerie plus fine, plus naturelle, plus délicate, plus digne fille de ces dialogues de Platon, qui sont si beaux? Et lorsque après les dix premières lettres, il s'adresse aux révérends pères (*Jésuites*), quel sérieux! quelle solidité! quelle force! quelle éloquence! quel amour pour Dieu et pour la vérité! quelle manière de la soutenir et de la faire entendre! C'est tout cela qu'on trouve dans les huit dernières lettres, qui sont sur un ton tout différent. Je suis assurée que vous ne les avez jamais lues qu'en courant, grappillant les endroits plaisants; mais ce n'est point cela, quand on les lit à loisir. Adieu, ma très-aimable; mandez-moi si le marquis n'aura pas un bon quartier d'hiver : c'est une consolation. Je crois que M. le chevalier n'abandonne pas tout à fait son régiment, et que M. de Montégut donne des conseils salutaires au jeune colonel.

1132. — A LA MÊME.

Aux Rochers, samedi pour le dimanche jour de Noël 1689.

Je vous souhaite les bonnes fêtes, plus de justice l'année qui vient que vous n'en avez eu pour moi dans la fin de celle-ci. Comment voulez-vous, en effet, que je devine l'état de M. de La Garde, si vous ne me le dites? Je ne sais que depuis trois jours qu'il ne touche plus les dix-huit mille francs de ses pensions; je vous ai mandé que j'en étais affligée et surprise. Vous y ajoutez aujourd'hui que sa terre de dix mille livres de rente ne lui en vaut plus que deux : voilà une grande extrémité. Comment pouvais-je imaginer de telles diminutions, moi qui ai toujours vu M. le chevalier lui faire toucher et lui envoyer de grosses sommes de ses pensions? Je ne sais point qu'elles soient retranchées; je crois que sa terre lui vaut dix mille livres de rentes : je mets tout cela ensemble, et je dis, avec le peu de dépense qu'il fait, voilà un homme bien riche, bien à son aise; il pourrait bien faire prêter quelque argent à ma fille, pour le donner à son ami le chevalier de Grignan; cette pensée n'est ni injuste ni ridicule, quand on ne sait point ce qui est arrivé à ce pauvre homme. Voilà comme j'ai vu les choses, ayant bonne opinion encore de vos terres de Provence en comparaison des nôtres. Il faudrait que je fusse folle, et l'injustice même, pour vous avoir mandé ce que vous me reprochez, si j'avais su ce que je n'apprends que par vos deux dernières lettres. Voilà qui change entièrement mes pensées; je ne suis touchée présentement que de la véritable part que je prends à un état si affligeant, et de l'admiration que méritent tant de courage et tant de résignation à la volonté de Dieu. Vous me dépeignez un véritable saint, une vertu toute chrétienne, et qui augmente infiniment l'estime que j'ai toujours eue pour lui. Il n'y eut jamais une si aimable dévotion que la sienne; et si j'ai un jour le bonheur de le voir, j'en aurai une joie sensible; mais encore une fois, le moyen de deviner? Vous me l'aviez encore représenté avec l'inquiétude de vouloir vendre sa terre. Enfin, je serais plus digne d'être grondée qu'on ne le saurait dire, si j'avais parlé comme j'ai fait, sachant ce que vous venez tout à l'heure de m'apprendre. Vous avez mal rangé vos dates, ma chère enfant ; vous avez cru que les oiseaux portaient vos dernières lettres, ou vous avez oublié combien nous sommes loin l'une de l'autre. Faites-moi donc un peu de justice, et croyez que je n'aurais pas fait un si grand tort à la vertu et à l'état de M. de La Garde. Je prends cette occasion pour lui souhaiter les bonnes fêtes, et l'assurer bien sincèrement de mon ancienne amitié; il y a longtemps que je ne lui avais rien dit de particulier. Je vous trouve heureuse d'être une consolation à sa retraite; il vous en est une aussi. Je le croyais quasi toujours à La Garde. Je comprends qu'on aime cette compagnie; mais quand vous me dites que vous vous accommodez mieux de la mauvaise que de rien, et que vous voulez que votre château soit plein, je ne vous connais plus.

Vous me faites une pitié extrême de la goutte de M. le chevalier. Balaruc ne l'a donc pas soulagé ? Voilà une grande tristesse : je lui souhaite une partie de la résignation de M. de La Garde; dites-lui combien je suis affligée de son état. Parlez-moi de votre santé : j'ai passé trop vite sur cette colique qui vous a fait garder le lit; serait-ce cette colique qui ne fait point de peur, quoiqu'elle soit douloureuse? Une petite réponse, je vous en prie.

Coulanges m'a écrit les mêmes folies qu'à vous; et j'ai approuvé qu'en épousant Pauline il fît rentrer dans votre maison cette belle terre d'Avignon, que vous avez si longtemps possédée : ah! qu'elle vous eût été bonne encore sept ou huit ans! On dit que le pape veut que le roi fasse publier qu'il désavoue l'assemblée de 82, où il y avait deux Grignans, où l'on parla de l'infaillibilité; ce serait une étrange affaire. Ce n'est pas de l'abbé Bigorre que cette nouvelle me vient; j'attends de ses lettres avec impatience. L'hôtel de La Rochefoucauld est à demi brûlé, le grand appartement, bien des meubles et des papiers. Madame de Lavardin en est affligée, et me mande aussi que madame de La Fayette est dans une si cruelle bouffée de colique et de mal de côté, qu'elle fait pitié : c'est une déplorable santé. Je tiens celle de M. de La Trousse fort mauvaise quoi que l'on en dise.

Je salue et j'embrasse M. de Grignan ; il y a longtemps que je ne l'ai vu. Il ne devait pas moins à son *Alcine*[1] qu'une visite dans son château enchanté ; je souhaite qu'elle y passe l'hiver, afin qu'il n'ait point de regret à Aix. Nous sommes seuls ici, avec des lectures si charmantes, que je vous plains de n'aimer point à lire ; car je vous avertis, ma très-chère, que vous n'aimez point à lire, et que votre fils tient cela de vous : je vous dis cette injure pour me venger de celle que vous m'avez faite.

Quand votre fils sera à Paris et à Versailles, il saluera le roi, tous les ministres, toute la cour. Mon Dieu ! quelque estime que j'aie pour lui, je lui souhaiterais un oncle seulement ce premier hiver ; mais Dieu ne le veut pas. Je le loue de sa docilité ; il nous a écrit fort joliment aussi de la joie toute naturelle de dire *mon régiment* ; en vérité, cette place est bien agréable à dix-huit ans : j'en fais mes compliments à M. de Grignan ; c'est lui qui en est cause par cette première campagne de Philisbourg. Parlez-moi de ce cher Comte, que j'ai réclamé dans mes lettres, et qui m'a abandonnée. Mais, ma fille, votre cher enfant n'ira-t-il point vous voir ? Mandez-moi quand vous aurez vendu votre compagnie. Mon fils vous fait mille amitiés ; il est admirable à lire infatigablement, et ne se lassant jamais de ce qui est beau, quoiqu'il l'ait lu et relu. Votre belle-sœur a *une souris*[2] qui fait fort bien dans ses cheveux noirs : la plaisante folie ! Adieu, c'en serait une d'écrire plus longtemps ; il faut songer à sa conscience, lire M. Le Tourneux, et se recueillir. Je vous embrasse, ma très-chère, avec toute la tendresse que vous savez.

---

[1] Madame d'Oppède. *Voyez* la lettre du 12 décembre.
[2] C'était le nom d'un ornement de la coiffure.

1133. — A LA MÊME.

Aux Rochers, mercredi 28 décembre 1689.

Nous avons eu ici les plus beaux jours du monde jusqu'à la veille de Noël : j'étais au bout de la grande allée, admirant la beauté du soleil, quand tout d'un coup je vis sortir du couchant un nuage noir et poétique, où le soleil alla se plonger, et en même temps un brouillard affreux, et moi de m'enfuir. Je ne suis point sortie de ma chambre, ou de la chapelle jusqu'à aujourd'hui que la colombe a apporté le rameau : la terre a repris sa couleur, et le soleil ressortant de son trou fera que je reprendrai aussi le cours de mes promenades; car vous pouvez compter, ma très-chère, puisque vous aimez ma santé, que quand le temps est vilain, je suis au coin de mon feu, lisant, et causant avec mon fils et sa femme. N'avez-vous point remarqué comme nous, que les jours n'ont point été si courts qu'à l'ordinaire? Il y a trois ou quatre ans que je l'entends dire à Paris. L'abbé Têtu en avait parlé à l'Observatoire, et disait qu'à cinq heures la nuit était fermée autrefois, et qu'à présent on lisait encore à cinq heures. Nous avons tellement éprouvé cette vérité ici, où rien ne nous distrait, que tous les jours à cette heure-là mon fils lit encore, et le jour ne finit qu'à cinq heures et demie : voilà, ma chère enfant, un vrai discours pour remplir une lettre sans réponse. *Beaulieu* me mande qu'on attend notre marquis; je suis curieuse de savoir mille détails qui le regardent, et de confronter la différence d'un colonel avec notre petit mousquetaire.

On m'avait mandé mille nouvelles de Rome, toutes fausses, selon les divers intérêts et la malice de chacun. Le courrier est enfin arrivé; et au lieu de toutes ces prophéties, vous verrez que le pape consent à l'union de l'abbaye de Saint-Denis à Saint-Cyr, et donne le *gratis*, qui est de cent quatre-vingt mille livres : voilà une douceur qui ne sera pas peu sensible, qui embarrassera ceux qui veulent croire que l'ambassadeur est la dupe, et que le cardinal d'Estrées a raison de se défier de la bonne volonté du Saint-Père. Le commencement est pour nous : nous verrons la suite. Je jette quelquefois dans votre paquet les petits billets de l'abbé Bigorre, qui sait très-bien les nouvelles de Rome ; je crois que vous y consentez.

Madame de Coulanges me mande que la nouvelle madame de La Fayette était magnifiquement sur son lit dans une belle maison, la salle parée d'une belle tapisserie de garde des sceaux ; le lit de la chambre ajusté avec un vieux manteau de l'ordre[1], et une très-belle tapisserie avec les armes ornées de bâtons de maréchal de France, et du collier de l'ordre ; beaucoup de miroirs, de chandeliers, de plaques, de glaces et de cristaux, suivant la mode présente ; beaucoup de domestiques, de valets de chambre, de livrées ; de beaux habits à la petite mariée ; enfin, un si bon air dans cette maison et dans ces nouvelles familles, que notre madame de La Fayette doit être parfaitement contente d'avoir mis son fils dans une si grande et si honorable alliance. La pauvre femme était très-malade, pendant ce temps, d'une colique cruelle qui l'a jetée dans une grande faiblesse, ayant été saignée deux fois. Enfin, Croisilles me mande que la fièvre l'a quittée, et que ses amis et amies commencent à respirer.

J'ai une grande envie, ma chère enfant, de recevoir vendredi de vos nouvelles, et de celles de M. le chevalier, que vous m'avez représenté avec des douleurs intolérables : c'est toujours une grande scène pour moi que tout ce qui se passe dans votre château de Grignan. Je vous trouve heureuse d'avoir, cet hiver, une si bonne compagnie ; je

---

[1] Michel de Marillac, trisaïeul de Marie-Madeleine de Marillac, marquise de La Fayette, fut garde des sceaux de France ; et Louis de Marillac, frère du garde des sceaux, était maréchal de France. (P.)

crois ce séjour convenable à vos affaires. Vous n'aviez point encore passé d'hiver à Grignan : vous ne sentirez point les fureurs de la bise au milieu de toute votre famille. Je reviens aux grandes erreurs dans lesquelles vous me laissiez sur le sujet de ce saint La Garde. Je le croyais avec vingt-huit mille livres de rentes bien venantes : sa terre *dix*, ses pensions *dix-huit*; dans une extrême abondance : je trouvais qu'en cet état on peut bien donner du secours à ses intimes amis; dans une occasion si importante; j'étais même un peu chagrine de cette envie de vendre sa terre. Et enfin de toute cette idée il faut revenir à des pensions non payées, et à une terre qui ne vaut plus rien : on ne peut pas tomber de plus haut ni revenir de plus loin. Je vous ai dit mon repentir d'avoir si mal jugé ; j'aime, j'honore et j'admire le courage et la vertu de ce saint disciple de la Providence. Mandez-moi si plusieurs pensions ont été retranchées, et s'il n'y a point d'espérance que l'on les remette quelque jour : ce temps-ci est difficile à passer.

La belle duchesse du Lude a fait mettre tous ses beaux meubles d'argent en pièces et en morceaux chez elle : *Beaulieu* les a vus ; mais comme les morceaux en sont bons, elle en a touché vingt-sept mille écus, et s'est remeublée de toutes sortes de meubles de bois, de miroirs, de glaces ; enfin, pour deux mille écus de cette sainte pauvreté. Ces Rochefoucauld furent toute la nuit dans leur jardin pendant le feu, et le lendemain l'abbé de Marsillac et ses sœurs étaient dans un enrouement et une tousserie pitoyables; ils ont perdu pour vingt mille écus. Voilà bien des choses sans suite que je vous conte ; je dirai mieux dimanche, car je parlerai de vous et de tout ce que vous me manderez : en attendant, je pense fort souvent à ma chère fille, et je compte qu'elle m'aime.

1134. — A LA MÊME.

Aux Rochers, dimanche 1ᵉʳ de l'an 1690.

Je n'ai point encore reçu le paquet du samedi 17, qui répondait à celui du 7 : je sais très-bien mon compte, et l'on ne saurait me tromper sans me faire un grand tort et un véritable chagrin ; car c'est la suite d'une conversation que l'on interrompt. J'espère que cette lettre me reviendra ; cela arrive souvent. En attendant, j'ai beaucoup à répondre sur l'histoire tragique et surprenante que vous me contez du pauvre Lausier. Votre récit a toute la force de la rhétorique ; il suspend l'attention, il augmente la curiosité, et conduit à un événement si triste et si surprenant, que j'en fus tout émue, et fis un cri qui fit peur à mon fils. Il vint voir ce que j'avais à crier ; il lut cet endroit de votre lettre : il fut touché des mêmes sentiments que moi, et se mit à crier comme j'avais fait, et même un peu plus, car il connaissait fort ce brave et honnête homme, et nous admirâmes ce que c'est que l'incertitude de l'heure et de la manière de notre mort. Toutes les circonstances de celle-ci conduisent à un étonnement particulier : ces périls continuels où il était exposé, ce dernier siége de Mayence où il était entré si romanesquement, le bonheur d'en être échappé, cette force de tempérament, cette conversation où il se moque de celle du doyen, ce rendez-vous que M. de Noailles lui avait donné, et auquel il manque par le trait de la main de Dieu, qui le frappe dans la rue, sans qu'aucun remède puisse le secourir, entre les bras de ses deux frères, qui l'aimaient, et au milieu de la joie qu'ils avaient de le revoir : tout cela est si touchant et si marqué, qu'encore que ce ne soit pas la première mort subite dont on ait entendu parler, on croit n'en avoir jamais entendu une si surprenante ; et en quelque lieu qu'on fût, elle serait digne d'attention : mais nous avons les mêmes raisons que vous pour en être occupés, et pour revenir de tous chemins à ce triste événement. Je m'en vais en écrire à ses pauvres frères : on ne fait autre chose; nous comptons que c'est le troisième frère qu'ils perdent.

Vous avez eu un temps bien charmant au milieu de votre hiver ; temps où M. le Comte ne peut s'empêcher d'aller à la chasse, temps où vous quittez vos malades, temps où vous préférez le plaisir de vous promener à celui de m'écrire : ah, que vous faites bien ! il ne faut point perdre ces jours enchantés. Nous en avons eu d'horribles ; c'était un temps à garder le coin de son feu, temps à ne pas mettre le nez dehors, temps à ne voir goutte du brouillard, sans préjudice du verglas et de la gelée, temps, enfin, tout contraire au vôtre, et où pourtant mon fils avait cinq ou six de ses voisins, qui jouaient et faisaient du bruit dans cette chambre. Mais voilà les beaux jours qui font mine de revenir, aussi bien que de croître : ils sont plus doux quelquefois au mois de février et de mars qu'au mois de mai, dont nous avons été si souvent la dupe à Livry. Vous avez eu M. de Carcassonne : il avait raison d'être surpris qu'un homme avec qui il venait de déjeûner, et qui se portait aussi bien que lui, fût tombé mort. M. le maréchal de Villeroi, dans un cas bien différent, ne voulait point croire que M. de Genève[1] fût saint et canonisé, parce qu'il avait dîné vingt fois avec lui à Lyon.

Les intérêts du denier *dix-huit* de Languedoc ne sont point excessifs : je me doutais bien que ce denier *six* devait être expliqué[2] : on ne le connaît point ici. On sent en mille rencontres la nécessité et la disette d'argent : il y a des temps où l'on trouve en un moment des marchands pour une marchandise comme celle que vous avez à vendre[3]; présentement, si on trouve des marchands, ces marchands n'ont point de quoi payer. Je souhaite que vous ne trou-

---

[1] Saint François de Sales. (P.)
[2] *Voyez* le commencement de la lettre du 11 décembre 1689.
[3] La compagnie du marquis de Grignan.

viez point ces embarras : mandez-moi quand vous aurez conclu ce marché, et si le marquis a un bon quartier d'hiver. J'ai bien envie d'apprendre comme il se démêlera de tous les devoirs de Paris et de la cour; car vous y avez nombre d'amis qu'il doit voir. J'ai mandé à *Beaulieu* de me bien conter tout ce qu'il dira, fera, et comme il est de sa petite personne.

Je comprends l'abondance des paroles vaines et vagues dont vous honorâtes l'adieu de madame l'abbesse. Que je suis aise qu'elle n'ait point emmené Pauline! je songe souvent à cette aimable et jolie personne, avec tendresse.

1135. — A LA MÊME.

Aux Rochers, mercredi 4 janvier 1690.

La voilà revenue cette lettre du 17 : elle était allée faire un petit tour à Rennes; elle remplit le vide qui me faisait perdre le fil de la conversation; j'aurais perdu aussi la plus belle instruction du monde sur cette *Cour d'amour*, dont mon nouvel ami eût été au désespoir. Sa curiosité sera pleinement satisfaite; il avait reçu sur ce sujet mille autres rogatons qui ne valaient rien. Ah! que cet Adhémar[1] est joli! mais aussi qu'il est aimé! Sa maîtresse devait être bien affligée de le voir expirer en baisant sa main[2];

---

[1] « Guilhem Adhémar estoit gentil-homme provençal, grandement aimé « et prisé de l'empereur Frédéric pour son savoir et vertu. On estime qu'il « fut fils de Gérard, auquel Frédéric, empereur, avoit inféodé la place « de Grignan. Il fut bon poëte en langue provençale. — Il trépassa à Gra-« zignan, en l'an 1190..... On a écrit de lui qu'il fut l'inventeur d'un jeu à « l'oreille pour avoir commodité aux amoureux de descouvrir leur amour « sans soupçons des assistants. » (*Nostradamus, Vies des anciens poëtes provençaux*, pages 45 et 46.)

[2] « La comtesse de Die, dame fort sage et vertueuse, de grande beauté « et honnête maintien, docte en la poésie et en rhithme provençale..... fut « amoureuse de Guilhem Adhémar.. .. à la louange duquel elle a écrit plu-« sieurs belles chansons, en l'une desquelles elle montre qu'il devoit être « un fort beau et vertueux gentil-homme, et bon chevalier, car étant elle « issue de noble et illustre maison, elle dit qu'une dame, avant que mettre « son amour et son cœur à un chevalier, se doit bien aviser : car elle en a

je doute, comme vous, qu'elle ait pris le parti de se faire
*monge*¹ : je trouve toute cette relation fort jolie; c'est un
petit morceau de l'ancienne galanterie, mêlé avec la
poésie et le bel esprit, que je trouve digne de curiosité.
On trouve partout vos Adhémar, vos Castellane, et la
place de Grignan plus considérable du temps de Frédéric Ier que du temps de Louis XIV. Mon fils a été fort
aise de lire cette relation, et sa femme encore plus ; j'en
remercie le prieur de Saint-Jean², et vous, ma très-chère
enfant.

Il y avait encore dans le même paquet une lettre du marquis, qui nous a paru trop jolie : mon fils et sa femme voulaient le baiser, le voulaient embrasser; ils souhaitaient
surtout qu'il reçût votre permission d'aller à Paris; nous
ne croyons pas possible qu'on puisse le refuser. Son style
tout naturel, tout jeune, sans art; un peu répété par la
grande envie d'obtenir; toutes ses petites raisons rangées
sans exagération, mais mises simplement dans leur jour et
dans leur place; ce que disent ses amis sur sa demeure à
Kaisersloutre; cette envie si juste et si naturelle de venir
un peu montrer un colonel de dix-huit ans; et tout cela

« choisi un entre mille qui est preux, vaillant et adroit aux armes. Le che-
« valier Adhémar prisoit tellement les œuvres de cette comtesse, qu'il les
« portoit ordinairement avec lui, et quand il se trouvoit en compagnie des
« chevaliers et des dames, il chantoit quelques couplets des chansons de sa
« comtesse.... On trouve parmi les chansons de cette magnanime comtesse,
« que le chevalier Adhémar se trouvant malade extrêmement de l'amour
« de cette comtesse, comme transporté de son sens, parce qu'on lui avoit
« rapporté qu'elle devoit épouser le comte d'Embrunois; elle, sachant sa
« maladie, le vint visiter avec sa mère. Le chevalier, qui n'avoit qu'à rendre l'esprit, lui prînt la main, la baisa, et en soupirant rendit l'esprit. Les
« deux dames comtesses, toutes éplorées de cette piteuse mort, en furent
« tellement déplaisant, que la jeune comtesse en demeura toute sa vie en
« mortel regret, et ne se voulut jamais marier, ains se rendit religieuse à
« Tarascon, et là composa et mit par écrit plusieurs belles œuvres. La mère
« de la comtesse fit mettre le chevalier Adhémar en sépulture, et lui fit
« bâtir et dresser un riche mausolée, auquel fit entailler les hauts faits et
« gestes du chevalier, ensemble certains hiéroglyphes égyptiens d'un merveilleux artifice; et la comtesse religieuse décéda de douleur le même an,
« qui fut 1193. » (*Vies des poëtes provençaux*, pages 47 et 48.)

¹ *Monge*, mot provençal, qui veut dire religieuse.
² L'abbé Viani, prieur de l'église de Saint-Jean à Aix.

soumis, d'une manière touchante, à ce qu'il vous plaira d'en ordonner, nous a fait venir les larmes aux yeux d'amitié et de tendresse pour ce petit garçon, et nous a paru la plus éloquente chose du monde. Mais ce qui est solidement bon, c'est cette assurance qu'il nous donne, de préférer toujours la gloire à ses plaisirs; que s'il y avait la moindre chose à faire, il ne penserait pas à quitter. Et l'on voit qu'il dit vrai ; il n'y a rien à rabattre, rien n'est encore corrompu dans son cœur : tous ses sentiments sont neufs, toutes ses paroles ont leur force, la vérité règne dans tout ce qu'il dit. Nous ne saurions assez louer cette lettre, que je vous garderai soigneusement, ni assez estimer et approuver celui qui l'a écrite. Je le crois à Paris, où j'ai fort envie de savoir comme il se gouvernera, et encore plus à Versailles. Ah, mon Dieu! voilà où ce cher oncle serait bien nécessaire; mais Dieu ne le veut pas. Jamais une goutte n'a été si violente et si cruelle : quelle tristesse! N'a-t-il pas raison de regretter tout ce qu'il perd, et ce qu'il fait perdre à sa famille, car il n'est pas inhumain ; et quelle patience pour souffrir sans cesse des maux insupportables, que vous ne sauriez comparer qu'à ceux de l'enfer, mais qui sont bien propres à mériter le paradis, s'ils sont regardés comme donnés par celui qui est le maître de toutes choses, et à qui nous devons être soumis!

Mais, mon enfant, pendant que nous sommes sur la tristesse, je vous dirai que les grosses larmes me sont tombées des yeux, quand je me suis représenté le spectacle de ce pauvre doyen[1], pénétré de douleur, le cœur saisi, disant la messe pour ce frère que voilà dans l'église tout vif encore, mais tout mort dans ce cercueil, qui saigne de tous côtés. Ah! mon Dieu! quelle idée! le sang coule-t-il d'un corps mort? Oui, puisque vous le dites. Voilà donc ce sang, hélas! qui ne demande pas *justice*, mais une grande *misé-*

---

[1] Le doyen de la collégiale de Grignan.

ricorde; et ce pauvre doyen, persuadé de sa religion, qui offre ce grand et saint sacrifice pour un pécheur dont le salut lui est cher, et dont la manière de mourir est affligeante; qui demande en tremblant miséricorde pour celui qui n'a pas eu le loisir de la demander un seul moment. Ma fille, je ne soutiens pas cette pensée; je crois qu'il n'y a que la distraction et la dissipation qui puissent empêcher qu'elle ne fasse le même effet à tout le monde. Plus ce pauvre doyen a de foi, plus il est à plaindre; mais il serait bien plus à plaindre, s'il était au-dessus de la crainte des jugements de Dieu. Je me suis souvenue de la manière d'enterrer des Feuillantines : toutes ces saintes filles se prosternèrent trois fois, avant que de jeter ma pauvre cousine dans sa fosse; et par des cris et des prières touchantes, elles demandaient à Dieu qu'il eût pitié de cette misérable pécheresse; hélas! quelle pécheresse! Mademoiselle de Grignan y était; nous pensâmes tous fondre en larmes. Mais quelle fantaisie de dire tant de choses inutiles, et sur quel ton lugubre! je vous en fais mille excuse.

Mon enfant, je reviens à vous. Je croyais que ce mot *Molinistes* souligné[1] vous ferait entendre le contraire; j'étais un peu trop fine. Ces deux hommes qui vinrent me voir étaient de très-bonne compagnie; nous ne disputâmes point du tout, nous étions d'accord, et nous eûmes le plaisir de traiter et de célébrer les plus grandes, les plus importantes et les plus anciennes vérités de notre religion. Nous lisons toujours *Abbadie* et *l'Histoire Ecclésiastique* : cette dernière est l'effet de la persuasion de l'autre. Cela est divin, et réchauffe la foi. Pauline n'en est pas là. Que c'est un joli bonheur que celui de Pauline de ne point rougir! ç'a été, comme vous dites, le vrai rabat-joie de votre beauté et celui de ma jeunesse : j'ai vu que sans cette ridicule incommodité je ne me fusse pas donnée tout entière

---

[1] *Voyez* la lettre du 25 novembre.

pour une autre. C'est une persécution dont le diable afflige l'amour-propre. Enfin, mon enfant, vous en quittiez le bal et les grandes assemblées, quoique tout le monde vous élevât toujours à la dignité *de beauté;* mais votre imagination était si frappée, que vous étiez hors de combat. La pauvre Pauline ne sentira pas beaucoup ce petit avantage : il me semble même qu'on ne rougit plus comme en ce temps-là.

Beaulieu a été chez M. de La Trousse de ma part : il me mande qu'il prit son temps; que ses gens lui dirent qu'il n'avait qu'à entrer, mais qu'à la porte il entendit qu'il disait : *Qu'il n'entre pas; qu'on lui dise que je remercie madame de Sévigné de son compliment;* et fût renvoyé. Ma fille, tout ce que dit *Beaulieu* là-dessus, lui qui est bien reçu partout, à qui l'on demande en détail de mes nouvelles : comme il est offensé, comme il est en colère, comme il dit que c'est le *Saint-Esprit* qui le rend glorieux; mais qu'il ne fallait donc pas envoyer tous ses mulets et tout son train dans notre écurie pour y mettre le feu, comme chez M. de La Rochefoucauld ; tout ce qu'il écrit là-dessus est la plus plaisante et la plus naturelle chose du monde, et l'a tellement grippé, que je ne sais point du tout comme se porte M. de La Trousse.

Je vous jette toujours mes petits billets de l'abbé Bigorre, quoique la marquise d'Uxelles et beaucoup d'autres vous instruisent; cela ne saurait déplaire. Vous m'avez insensiblement engagée à conter à mon fils la consultation que vous fîtes avec Alliot sur *le soufre nerval;* il en est profondément touché, et va vous en dire son sentiment; pour moi, je ne puis jamais oublier cette scène.

MONSIEUR DE SÉVIGNÉ.

Assurément, ma petite sœur, il aurait pu vous arriver accident, si vous aviez eu à parler souvent de *Kaysersloutre.*

Je ne sais pourquoi ma mère m'avait caché votre aventure avec M. Alliot ; jamais rien ne m'a tant réjoui [1]. Cette parole qui sort sérieusement de la bouche d'une femme qui consulte avec empressement sur la santé de son mari, se présente à moi d'une manière que je ne puis vous exprimer, et à quoi rien ne peut être comparé que le récit plein de gravité que ma mère fit, chez feu MADAME, de ce bal où M. de Montmouth avait été ; jamais rien ne nous a tant réjouis. Votre belle-sœur, en voulant répéter le nom de ce remède spécifique à tant de maux, l'appelle du *soufre nerveux*; vous ne sauriez disconvenir que celui-là ne soit meilleur que tous les autres. Ah! que je suis fâché qu'il soit entièrement hors d'usage pour M. le chevalier de Grignan! que je le plains! Je vous prie, ma très-belle petite sœur, de lui faire mille compliments pour moi, et d'embrasser à mon intention M. de Grignan et la gracieuse Pauline ; ne puisse pas en user ainsi avec elle de deux cents lieues? Adieu, ma petite sœur. Ma mère se porte parfaitement bien ; nous la gouvernerons de manière que vous n'aurez qu'à continuer et qu'à nous imiter, quand elle sera avec vous. Je fais mille et mille sincères compliments au très-sage, très-illustre et *très-heureux* La Garde.

MADAME DE SÉVIGNÉ *continue.*

Et moi aussi, ma chère enfant. Les chagrins et les infirmités dont il est accablé ne m'empêchent pas de le croire *heureux,* quand je pense à l'usage qu'il en fait. Je le conjure de m'honorer toujours de son amitié. La diminution du revenu de sa terre m'étonne ; elle est pis que les nôtres, quoiqu'elles soient fort mal. Les vôtres sont-elles tombées dans cette extrémité? mandez-le-moi. Faites-moi comprendre aussi que quand M. de Grignan est avec vous,

---

[1] La langue avait tourné à madame de Grignan, et un mot étrange lui était échappé pour un autre. (M.)

vous soyez cent ou quatre-vingts dans votre solitude. Vous dites qu'il faut à vos affaires un autre remède que celui d'être à Grignan, et j'en suis persuadée comme vous. Ma santé est parfaite, songez à la vôtre. Je ne serais guère étonnée, si depuis un mois vous ne faisiez que vous éveiller avant le jour : ce serait à six heures et demie ou sept heures; j'en serais contente pour vous comme pour moi : mais à quatre ou cinq heures, c'est ce que j'appelle ne point dormir et s'échauffer le sang. Je crois en effet que c'est la bise qui vous demande : Que faites-vous là dans mon palais, dont je suis en possession? que n'êtes-vous à Paris, à Versailles, à Aix? La fumée qu'elle jette dans vos appartements est bien cruelle. M. de Carcassonne me paraît militaire comme l'archevêque Turpin[1].

La pauvre madame de La Fayette n'a point encore senti la douceur de son nouveau petit ménage : elle n'est pas encore hors de cette colique; c'est Croisilles qui m'écrit au lieu d'elle : sa mauvaise santé l'empêche bien d'être sensible à la douceur de la vie. C'est une femme aimable, estimable, et que vous aimiez dès que vous aviez le temps d'être avec elle et de faire usage de son esprit et de sa raison; plus on la connaît, plus on s'y attache. Nous avons bien ri et bien fait des folies avec sa sagesse; vous en souvient-il? Quand elle parle de vous et de ces temps-là, elle vous met au-dessus de tout ce qu'elle connaît d'esprit et d'agréments; mais elle est trop malade, il n'y a point de raison.

Madame de Motteville[2] est morte; n'écrirez-vous point à son frère? Je ne saurais blâmer M. d'Aix de tout ce qu'il

---

[1] Moine de l'abbaye de Saint-Denis, dont le nom ne se trouve pas dans le Pouillé des bénéfices de Reims. On a attribué à cet être imaginaire une chronique fabuleuse qui porte son nom. C'est le recueil de tous les contes populaires répandus sur Charlemagne au neuvième et au dixième siècle.

[2] Madame de Motteville mourut à Paris, le 29 décembre 1689; c'est elle qui nous a laissé des mémoires pleins d'intérêt sur Anne d'Autriche. Voltaire vante avec raison la noble sincérité avec laquelle ils sont écrits. (A. G.)

dit pour s'excuser de ne point aller à Grignan, quand il est à la porte : *qu'il est un malheureux, qu'il le faut plaindre ;* hé bien ! il a raison. Mais si vous pouvez être contents de lui, je vous conseille de l'être ; c'est un mauvais parti que d'avoir toujours des ennemis dont on fait ses plaintes à la cour. Adieu, ma chère enfant ; je vous aime comme le mérite votre amitié et toute votre personne, qui est entièrement selon mon goût.

A MONSIEUR DE GRIGNAN.

Bonjour, mon cher Comte ; vous voilà donc dans votre château, qui était autrefois une place dont Frédéric[1] inféodait les gens. Il y a longtemps que la première pierre est mise ; M. l'archevêque a dessein d'y mettre la dernière. N'êtes-vous point fâché de n'être point à Aix avec *Chimène ?* Non, car vous l'avez vue sur la montagne de Psyché. Vous êtes en si bonne compagnie, que vous oublierez la bise et ses fureurs ; mais je vous conjure que le marquis vienne vous voir ce carême. Mon fils vous adore toujours, et sa femme a une vraie galanterie avec votre portrait : elle mandait l'autre jour à ma fille : « Je ne veux « dire aucune douceur à M. de Grignan ; je me sens une « telle faiblesse pour lui, que je me fais scrupule de tout. » Voilà comme vous êtes dans ce petit coin du monde.

1136. — DE M. DE CORBINELLI AU COMTE DE BUSSY.

A Paris, ce 6 janvier 1690.

Je vous souhaite cette année, Monsieur, aussi heureuse que vous le méritez, et je vous supplie de croire que la ré-

---

[1] L'empereur Frédéric Ier, dit *Barberousse*, possédait encore au milieu du douzième siècle le royaume d'Arles qui, dans le dixième, avait été réuni à la Bourgogne transjurane, et un siècle après à l'empire d'Allemagne. C'est à ce titre qu'il pouvait exercer à Grignan les prérogatives de la suzeraineté. On sait que la réunion de toute la Provence à la France date de 1480. (A. G.)

volution de mille siècles me trouverait dans ce sentiment.
Je dis la même chose à madame de Coligny. J'ai lu avec
plaisir les réflexions que vous faites sur les affaires publiques. Je voudrais que le roi eût vu la lettre que vous m'écrivez. J'ai trouvé le livre des *Pensées ingénieuses*, du père
Bouhours, excellent; mais sans vous il ne le serait pas
tant de la moitié[1]. Madame de Sévigné ne reviendra que
l'été prochain. Je dinai hier chez M. de Lamoignon, avec
Despréaux, Racine, et deux fameux jésuites. On y parla
des ouvrages anciens et modernes; on opposa le seul Pascal à Cicéron, à Sénèque, et au divin Platon. La conversation eût été digne de vous. Pour moi, j'opposai *Fra-Paolo* à tous ces gens-là, et je n'en veux rien rabattre :
bien des connaisseurs sont de mon sentiment.

1137. — DE MADAME DE SÉVIGNÉ A M. DE COULANGES.

Aux Rochers, le 8 janvier 1690.

Quelle triste date auprès de la vôtre, mon aimable cousin! elle convient à une solitaire comme moi; et celle de
Rome à celui dont l'étoile est errante et libertine, *et qui
promène son oisiveté aux deux bouts de la terre*[2]. La jolie
vie! et que la fortune vous a traité doucement, comme
vous dites, quoiqu'*elle vous ai fait querelle*. Toujours
aimé, toujours estimé, toujours portant la joie et le plaisir avec vous, toujours favori et entêté de quelque ami
d'importance, un duc, un prince[3], un pape; car j'y veux
ajouter le Saint-Père pour la rareté; toujours en santé,
jamais à charge à personne, point d'affaires, point d'ambition; mais surtout quel avantage de ne point vieillir!
voilà le comble du bonheur. Vous vous doutez bien à peu

---

[1] Le père Bouhours a fréquemment cité les pensées de Bussy-Rabutin.
(M.)
[2] Allusion à un couplet de Coulanges.
[3] Le prince de Turenne.

près de certaines supputations de temps et d'années; mais ce n'est que de loin, cela ne s'approche point de vous avec horreur, comme de quelques personnes que je connais. C'est pour votre voisin que tout cela se fait, et vous n'avez pas même la frayeur qu'on a ordinairement quand on voit le feu dans son voisinage. Enfin, après y avoir bien pensé, je trouve que vous êtes le plus heureux homme du monde. Ce dernier voyage de Rome est, à mon gré, la plus agréable aventure qui vous pût arriver; avec un ambassadeur adorable, dans une belle et grande occasion, revoir cette belle maîtresse du monde, qu'on a toujours envie de revoir! J'aime fort les couplets que vous avez faits pour elle, on ne saurait trop la célébrer; je suis assurée que ma fille les approuvera : ils sont bien faits, ils sont jolis, nous les chantons. Je suis ravie de tout ce que vous me mandez de Pauline[1], que vous avez vue en passant à Grignan; je n'ai jugé favorablement d'elle que sur vos louanges, et sur la lettre toute naturelle que vous avez écrite à madame de Chaulnes, et qu'elle m'a envoyée. Ah! que j'aimerais à faire un voyage à Rome, comme vous me le proposez! Mais ce serait avec le visage et l'air que j'avais il y a bien des années, et non avec celui que j'ai présentement : il ne faut point remuer ses vieux os, surtout les femmes, à moins que d'être ambassadrice. Je crois que madame de Coulanges, quoique jeune encore, est de ce sentiment; mais dans ma jeunesse j'eusse été transportée d'une pareille aventure. Ce n'est point la même chose pour vous; tout vous sied bien : jouissez donc de votre privilége, et de la jalousie que vous donnez pour savoir à qui vous aura. Je ne m'amuserai point à raisonner avec vous sur les affaires présentes; toutes les prospérités de M. le duc de Chaulnes m'ont causé une joie sensible. Vous craignez justement ce qu'appréhendent ses amis; c'est que

---

[1] Mademoiselle de Grignan, depuis marquise de Simiane. (P.)

étant seul capable de remplir la place qu'il occupe avec tant de succès et de réputation, on ne l'y laisse trop longtemps. Cet appartement dans votre nouveau palais donne de nouvelles craintes; mais faisons mieux, n'avançons point nos chagrins; espérons plutôt que tout se tournera selon nos désirs, et que nous nous retrouverons tous à Paris. J'ai été transportée de votre souvenir, de votre lettre, de vos chansons; écrivez-moi par les voies douces et commodes; je prends la liberté d'envoyer celle-ci par madame l'ambassadrice; et je fais bien plus, mon cher cousin, car, sous votre protection, je prends la liberté aussi d'embrasser avec une véritable tendresse, sans préjudice du respect, mon cher gouverneur de Bretagne et M. l'ambassadeur. Toutes ses grandes qualités ne me font point de peur; je suis assurée qu'il m'aime toujours. Dieu le conserve et le ramène! voilà mes souhaits pour la nouvelle année. Adieu, mon très-cher, je vous embrasse; aimez-moi toujours, je le veux, c'est ma folie, et de vous aimer plus que vous ne m'aimez; mais vous êtes trop aimable, il ne faut pas compter juste avec vous.

1138. — DE MADAME DE SÉVIGNÉ A MADAME DE GRIGNAN.

Aux Rochers, dimanche 8 janvier 1690.

C'est entre vos mains, ma chère belle, que mes lettres deviennent de l'or : quand elles sortent des miennes, je les trouve si grosses et si pleines de paroles, que je dis : Ma fille n'aura pas le temps de lire tout cela; mais vous ne me rassurez que trop, et je ne pense pas que je doive croire en conscience tout ce que vous m'en dites. Enfin, prenez-y garde; de telles louanges et de telles approbations sont dangereuses; je ne vous cacherai pas, au moins, que je les aime mieux que celles de tout le reste du monde. Mais raccommodons-nous, il me semble que nous sommes un peu brouillées : j'ai dit que vous aviez lu superficiellement les *Petites lettres*; je m'en repens : elles sont belles, et trop dignes de vous pour avoir douté que vous ne les eussiez toutes lues avec application. Vous m'offensez aussi en croyant que je n'ai point lu *les imaginaires*[1]; c'est moi qui vous les prêtai; ah! qu'elles sont jolies et justes! Je les ai lues et relues : sur ces offenses mutuelles, nous pouvons nous embrasser; je ne vois rien qui nous empêche de nous aimer. N'est-ce pas l'avis de M. le chevalier, puisqu'il est notre confident? Je suis, en vérité, ravie de sa meilleure santé; ce sentiment est bien plus fort que mes paroles. Mais revenons à la lecture; nous en faisons ici un grand usage. Mon fils a une qualité très-commode; c'est qu'il est fort aisé de relire deux fois, trois fois, ce qu'il a trouvé beau : il le goûte, il y entre davantage, il le sait par cœur. Cela s'incorpore; il croit avoir fait ce qu'il lit ainsi pour la troisième fois. Il lit *Abbadie* avec transport, et admirant son esprit d'avoir fait une si belle chose : dès que nous voyons un raisonnement bien conduit, bien conclu, bien juste, nous croyons vous le dérober de le lire sans vous; ah! que cet endroit charmerait *ma sœur*, charmerait *ma fille*! Nous mêlons ainsi votre souvenir à tout ce qu'il y a de meilleur, et il en augmente le prix. Je vous plains de ne point aimer les histoires; M. le chevalier les aime, et c'est un grand asile contre l'ennui. Il y en a de si belles; on est si aise de se transporter un peu en d'autres siècles; cette diversité donne des connaissances et des lumières C'est ce retranchement de livres qui vous jette dans les *Oraisons* du père Coton[2], et dans la disette de ne savoir plus que lire. Je voudrais que vous n'eussiez pas donné le dégoût de

---

[1] Ces lettres sont de Nicole; elles donnèrent lieu à Racine d'en écrire deux, qu'on lit encore avec plaisir, et qui montrent toute l'étendue de son esprit. C'est après avoir combattu les jansénistes, qu'il devint lui-même un janséniste très-zélé.
[2] Pierre Coton, jésuite célèbre, confesseur de Henri IV; il avait de l'influence sur le roi.

l'histoire à votre fils; c'est une chose très-nécessaire à un petit homme de sa profession. Il m'a écrit de *Kaysersloutre* : mon Dieu, quel nom! Il ne me paraît pas encore assuré de venir à Paris, il me dit mille amitiés fort jolies, fort bien tournées, il me remercie des nouvelles que je lui mandais, il me conte tous les petits malheurs de son équipage. J'aime passionnément ce petit colonel.

Notre abbé Bigorre me prie fort de ne croire que lui sur les nouvelles de Rome. C'est un déchaînement de dire que le Saint-Père est *espagnol*, et que l'ambassadeur est la dupe; nous le verrons, cela ne se peut cacher; *cette aigle éployée* nous fera voir de quel côté elle prend son vol. Pour moi, je prendrais patience, si votre Avignon vous revenait; quelle joie de marier Pauline avec ce beau nom! Cependant, il faut que le bien particulier cède au bien public.

J'ai envie de vous demander comment se porte M. de La Trousse; vous savez que *Beaulieu* n'a pu m'en instruire. En récompense, je vous dirai que Corbinelli est plus mystique que jamais; il est au delà de sainte Thérèse; il a découvert que ma grand'mère[1], dans la cime de son âme, était toute distillée dans l'oraison; il m'a fait acheter un livre de Malaval[2], où mon fils ni moi n'entendons pas un mot. Enfin, il est toujours tel que vous le connaissez : il ne m'écrit point, ce goût nous est passé. Je sais de ses nouvelles; et comme j'ai assez d'écritures, nous sommes convenus de ce silence, sans préjudice de notre amitié prescrite; vous savez qu'on ne s'en peut dédire.

Pour les santés délicates, elles méritent qu'on y prenne confiance; je vous avoue sincèrement qu'après les états

---

[1] Jeanne-Françoise Frémiot, baronne de Chantal, aujourd'hui sainte Chantal. (P.)
[2] *Voyez* la lettre du 11 septembre 1689.

où j'ai vu mademoiselle de Méri, je la crois immortelle, et qu'ayant confiance à la sagesse et à l'application de madame de La Fayette pour la conservation de sa personne, il me semble qu'elle sortira toujours de tous ses maux : Dieu le veuille ; c'est une aimable amie, et bien digne d'être aimée et estimée. Parlons de ma santé, c'est celle-là qui vous fait trembler : Dieu me la donne jusqu'à présent d'une perfection qui me surprend moi-même, et qui me ferait peur si je m'observais autant que vous m'observez. J'étais avant-hier dans ces belles allées ; il y faisait beau comme au mois de septembre : je ne perds pas ces beaux jours. Quand le temps commence à changer, je demeure dans ma chambre : voilà sur quoi je ne suis plus la même ; car autrefois c'était un sot vœu de sortir tous les jours. Je crains déjà le départ de M. le chevalier et de M. de La Garde. Expliquez-moi un peu plus comme on a retranché la pension de ce dernier ; cesse-t-on de payer sans dire pourquoi ? Un pauvre homme, accoutumé à cette douceur, demeure-t-il à sec sans qu'on lui dise un mot ? Je suis incommode ; mais il y a des choses sur quoi il faut un peu d'explication. Notre bon Berbisi[1] m'écrit des merveilles de vous et de vos grandeurs : un président et deux conseillers du parlement de Dijon ont été en Provence ; ils ont été affligés de ne vous point voir ; mais ils ont rapporté toutes vos louanges à notre bon président, qui vous est entièrement dévoué. Ma belle-fille est à Rennes pour quelques jours, à la prise d'habit d'une parente ; elle en est assez fâchée. Elle a porté sa toilette (*à la Monnaie*), pour faire comme les autres. Votre frère me prie de vous faire mille amitiés. Je viens d'écrire à Coulanges ; il est entêté du prince de Turenne : Monsieur le chevalier, ne vous fâchez point ; c'est pour dégrader ce nom, que je ne dis pas

---

[1] Président à mortier au parlement de Dijon. La bisaïeule de madame de Sévigné était *Berbisi*, et mère de Jeanne-Françoise Frémiot, baronne de Chantal. (P.)

M. de Turenne tout court[1]. J'embrasse chèrement ma très-aimable Comtesse.

1139. — A LA MÊME.

Aux Rochers, mercredi 11 janvier 1690.

Quelles étrennes, bon Dieu! quels souhaits! en fût-il jamais de plus propres à me charmer, moi qui en connais les tons, et qui vois le cœur dont ils partent! Je m'en vais vous dire un sentiment que je trouve en moi; s'il pouvait payer le vôtre, j'en serais fort aise, car je n'ai pas d'autre monnaie : au lieu de ces craintes si aimables que vous donnent toutes ces morts qui volent sans cesse autour de vous, et qui vous font penser à d'autres, je vous présente la véritable consolation et même la joie que me donne souvent l'avance d'années que j'ai sur vous : vous savez que je ne suis pas insensible à la tristesse de ces états, mais je le suis encore moins à la pensée que les premiers vont devant, et que vraisemblablement et naturellement je garderai mon rang avec ma chère fille; je ne puis vous représenter la véritable douceur de cette confiance. Que n'ai-je point souffert aussi dans les temps où votre mauvaise santé me faisait craindre un dérangement! Ce temps a été rigoureux : ah! n'en parlons point, *ne parlons point de cela :* vous vous portez bien, Dieu merci, toutes choses ont repris leur place naturelle; *Dieu vous conserve!* Je pense que vous entendez mon ton aussi, et que vous me connaissez.

Je viens à M. le chevalier : je n'ai point de peine à croire que le climat de Provence lui soit meilleur l'hiver que celui de Paris. Tous ceux qui, comme des hirondelles, s'en vont chercher votre soleil, en sont de bons témoins.

---

[1] On sait que Louis XIV avait donné le titre de prince au vicomte de Turenne. La noblesse fut fort choquée de cette préférence. On le fut encore plus quand lui-même affecta depuis ce temps de refuser le titre de maréchal de France, et de ne prendre que celui de prince; tant l'orgueil nobiliaire peut rétrécir les plus belles âmes. (A. G.)

Mais en me réjouissant de ce qu'i sent cette différence, je m'afflige qu'il ait perdu mille écus de rente; et par où? et comment? son régiment lui valait-il cela? il le vendra donc au marquis? Mais l'argent qu'il en recevra, en lui payant des dettes ne diminuera-t-il pas aussi des intérêts? Faites-moi ce calcul, qui m'inquiète : je ne saurais me représenter M. le chevalier de Grignan à Paris, sans son petit équipage, si honnête, si bien troussé; je ne le verrai point à pied, ni mendier des places pour Versailles; cela ne peut point entrer dans ma tête : cet article est *interloqué*. Ah! que ce mot de chicane est joliment placé! Je ne m'en tiens pas non plus à vos soixante-quatre personnes sans les gardes : vous me trompez : ce n'est pas là votre dernier mot; il me faut une démonstration de mathématiques.

Pour Pauline, je crois que vous ne balancez pas entre le parti d'en faire quelque chose de bon ou quelque chose de mauvais. La supériorité de votre esprit vous fera suivre facilement la bonne route : tout vous convie d'en faire votre devoir, et l'honneur, et la conscience, et le pouvoir que vous avez en main. Quand je pense comme elle s'est corrigée en peu de temps pour vous plaire, comme elle est devenue jolie; cela vous rendra coupable de tout le bien qu'elle ne fera pas. Pour vos lectures, ma chère enfant, vous avez trop à parler, à raisonner, pour trouver le temps de lire : nous sommes ici dans un trop grand repos, et nous en profitons. Je relis même avec mon fils de certaines choses que j'avais lues en courant à Paris, et qui me paraissent toutes nouvelles. Nous relisons aussi, au travers de nos grandes lectures, des *rogatons* que nous trouvons sous notre main; par exemple, toutes les belles oraisons funèbres de M. Bossuet, de M. Fléchier, de M. Mascaron, du père Bourdaloue : nous repleurons M. de Turenne, madame de Montausier, M. le Prince, feue Madame, la reine d'Angleterre; nous admirons ce portrait de Cromwell[1]; ce sont des chefs-d'œuvre d'éloquence qui charment l'esprit : il ne faut point dire : Oh! cela est vieux; non, cela n'est point vieux, cela est divin. Pauline en serait instruite et ravie : mais tout cela n'est bon qu'aux Rochers. Je ne sais quel livre conseiller à Pauline : Davila est beau en italien : nous l'avons lu; Guichardin est long; j'aimerais assez les anecdotes de Médicis[2], qui en sont un abrégé; mais ce n'est pas de l'italien. Je ne veux plus nommer Bentivoglio[3] : qu'elle s'en tienne à sa poésie, ma fille; je n'aime point la prose italienne; le Tasse, l'Aminte, le *Pastor fido*, la *Filli di Sciro*[4]; je n'ose dire l'Arioste, il y a des endroits fâcheux; et du reste, qu'elle lise l'histoire; qu'elle entre dans ce goût qui peut si longtemps consoler son oisiveté : il est à craindre qu'en retranchant cette lecture, on ne trouve plus rien à lire. Qu'elle commence par la vie du grand Théodose; et qu'elle me mande comme elle s'en trouvera. Voilà, mon enfant, bien des bagatelles : il y a des jours qu'on destine à causer sans préjudice des choses sérieuses, à quoi l'on prend toujours un très-sensible intérêt. Adieu, ma très-aimable; nous vous souhaitons toute sorte de bonheur cette année, et *quanto va*.

1140. — A LA MÊME.

Aux Rochers, dimanche 15 janvier 1690.

Vous avez raison, je ne puis m'accoutumer à la date de cette année; cependant la voilà déjà bien commencée; et vous verrez que de quelque manière que nous la passions, elle sera, comme vous dites, bientôt passée,

---

[1] *Voyez* Bossuet, *Oraison funèbre de la reine d'Angleterre.*
[2] *Les Anecdotes de Florence, ou l'Histoire secrète de la maison de Médicis*, par Varillas; La Haye, 1687.
[3] Gui Bentivoglio, cardinal, auteur de l'*Histoire des Guerres Civiles de Flandre* et de plusieurs autres ouvrages. (P.)
[4] Pastorale italienne du comte Guidubaldo de Bonarelli.

et nous trouverons bientôt le fond de notre sac de mille francs [1].

Vraiment vous me gâtez bien, et mes amies de Paris aussi : à peine le soleil remonte du saut d'une puce, que vous me demandez de votre côté, quand vous m'attendrez à Grignan ; et mes amies me prient de leur fixer, dès à cette heure, le temps de mon départ, afin d'avancer leur joie. Je suis trop flattée de ces empressements, et surtout des vôtres, qui ne souffrent point de comparaison. Je vous dirai donc, ma chère Comtesse, avec sincérité, que d'ici au mois de septembre je ne puis recevoir aucune pensée de sortir de ce pays ; c'est le temps que j'envoie mes petites *voitures* à Paris, dont il n'y a eu encore qu'une très-petite partie ; c'est le temps que l'abbé Charrier traite de mes lods et ventes, qui est une affaire de dix mille francs. Nous en parlerons une autre fois ; mais contentons-nous de chasser toute espérance de faire un pas avant le temps que je vous ai dit. Du reste, je ne vous dis point que vous êtes mon but, ma perspective, vous le savez bien, et que vous êtes d'une manière dans mon cœur, que je craindrais fort que M. Nicole ne trouvât beaucoup à y *circoncire* ; mais enfin telle est ma disposition. Vous me dites la plus tendre chose du monde, en souhaitant de ne point voir la fin des heureuses années que vous me souhaitez. Nous sommes bien loin de nous rencontrer dans nos souhaits ; car je vous ai mandé une vérité qui est bien juste et bien à sa place, et que Dieu sans doute voudra bien exaucer, qui est de suivre l'ordre tout naturel de la sainte Providence : c'est ce qui me console de tout le chemin laborieux de la vieillesse ; ce sentiment est raisonnable, et le vôtre trop extraordinaire et trop aimable.

Je vous plaindrai quand vous n'aurez plus M. de La Garde et M. le chevalier : c'est une très-parfaitement bonne

[1] Madame de Sévigné comparait les douze mois de l'année à un sac de mille francs, qui finit presque aussitôt qu'on a commencé d'y puiser. (P.)

compagnie; mais ils ont leurs raisons, et celle de faire ressusciter la pension d'un homme qui n'est point mort me paraît tout à fait importante. Vous aurez votre enfant, qui tiendra joliment sa place à Grignan ; il doit y être le bienreçu par bien des raisons, et vous l'embrasserez aussi de bon cœur. Il m'a écrit encore une jolie lettre pour me souhaiter une heureuse année. Il me paraît désolé à Keysersloutre : il dit que rien ne l'empêche de venir à Paris, mais qu'il attend les ordres de Provence; que c'est ce ressort qui le fait agir. Je trouve que vous le faites bien languir. Sa lettre est du 2 ; je le croyais à Paris. Faites-l'y donc venir, et qu'après une petite apparition, il coure vous embrasser. Ce petit homme me paraît en état que si vous trouviez un bon parti, Sa Majesté lui accorderait aisément la survivance de votre très-belle charge. Vous trouvez que son caractère et celui de Pauline ne se ressemblent nullement; il faut pourtant que certaines qualités du cœur soient chez l'un et chez l'autre; pour l'humeur, c'est une autre affaire. Je suis ravie que ses sentiments soient à votre fantaisie. Je lui souhaiterais un peu plus de penchant pour les sciences, pour la lecture; cela peut venir. Pour Pauline, cette dévoreuse de livres, j'aime mieux qu'elle en avale de mauvais, que de ne point aimer à lire; les romans, les comédies, les Voiture, les Sarrasin, tout cela est bientôt épuisé. A-t-elle tâté de Lucien? est-elle à portée des *Petites Lettres?* Ensuite il faut l'histoire; si on a besoin de lui pincer le nez pour lui faire avaler, je la plains. Quant aux beaux livres de dévotion, si elle ne les aime point, tant pis pour elle; car nous ne savons que trop que même sans dévotion on les trouve charmants. A l'égard de la morale, comme elle n'en ferait pas un si bon usage que vous, je ne voudrais point du tout qu'elle mît son petit nez ni dans *Montaigne*, ni dans *Charron*, ni dans les autres de cette sorte; il est bien matin pour elle. La vraie morale de son âge, c'est celle qu'on apprend dans les bonnes conversations, dans les fables, dans les histoires, par les exemples; je crois que c'est assez. Si vous lui donnez un peu de votre temps pour causer avec elle, c'est assurément ce qui serait le plus utile. Je ne sais si tout ce que je dis vaut la peine que vous le lisiez : je suis bien loin d'abonder dans mon sens.

Vous me demandez si je suis toujours une petite dévote qui ne vaut guère; oui, justement, voilà ce que je suis toujours, et pas davantage, à mon grand regret. Tout ce que j'ai de bon, c'est que je sais bien ma religion, et de quoi il est question; je ne prendrai point le faux pour le vrai; je sais ce qui est bon et ce qui n'en a que l'apparence; j'espère ne m'y point méprendre, et que Dieu m'ayant déjà donné de bons sentiments, il m'en donnera encore : les grâces passées me garantissent en quelque sorte celles qui viendront. Ainsi je vis dans la confiance, mêlée pourtant de beaucoup de crainte. Mais je vous gronde de trouver notre Corbinelli *le mystique du diable*; votre frère en pâme de rire; je le gronde comme vous. Comment, *mystique du diable!* un homme qui ne songe qu'à détruire son empire, qui ne cesse d'avoir commerce avec les ennemis du diable, qui sont les saints et les saintes de l'Église! un homme qui ne compte pour rien son chien de corps, qui souffre la pauvreté *chrétiennement*, vous direz *philosophiquement*; qui ne cesse de célébrer les perfections et l'existence de Dieu; qui ne juge jamais son prochain, qui l'excuse toujours; qui passe sa vie dans la charité et le service du prochain; qui est insensible aux plaisirs et aux délices de la vie; qui enfin, malgré sa mauvaise fortune, est entièrement soumis à la volonté de Dieu! Et vous appelez cela *le mystique du diable!* Vous ne sauriez nier que ce ne soit là le portrait de notre pauvre ami : cependant il y a dans ce mot un air de plaisanterie, qui fait rire d'abord, et qui pourrait surprendre les simples. Mais je résiste, comme vous voyez, et je soutiens le fidèle admirateur de sainte

Thérèse, de ma grand'mère (*sainte Chantal*), et du bienheureux Jean de la Croix [1].

A propos de Corbinelli, il m'écrivit l'autre jour un fort joli billet; il me rendait compte d'une conversation et d'un dîner chez M. de Lamoignon : les acteurs étaient les maîtres du logis, M. de Troyes, M. de Toulon, le père Bourdaloue, son compagnon, Despréaux et Corbinelli. On parla des ouvrages des anciens et des modernes; Despréaux soutint les anciens, à la réserve d'un seul moderne, qui surpassait, à son goût, et les vieux et les nouveaux. Le compagnon du Bourdaloue, qui faisait l'entendu, et qui s'était attaché à Despréaux et à Corbinelli, lui demanda quel était donc ce livre si distingué dans son esprit? Despréaux ne voulut pas le nommer; Corbinelli lui dit : « Monsieur, je vous conjure de me le dire, afin que je le lise toute la nuit. » Despréaux lui répondit en riant : « Ah, monsieur! vous l'avez lu plus d'une fois, j'en suis assuré. » Le jésuite reprend avec un air dédaigneux, *un cotal riso amaro*, et presse Despréaux de nommer cet auteur si merveilleux. Despréaux lui dit : « Mon père, ne me pressez point. » Le père continue. Enfin, Despréaux le prend par le bras, et le serrant bien fort, lui dit : « Mon père, vous le voulez : eh bien! morbleu, c'est Pascal. — Pascal! *dit le père, tout rouge, tout étonné*; Pascal est beau autant que le faux peut l'être. — Le faux! *reprit Despréaux*, le faux! sachez qu'il est aussi vrai qu'il est inimitable; on vient de le traduire en trois langues. » Le père répond : « Il n'en est pas plus vrai. » Despréaux s'échauffe, et criant comme un fou : « Quoi, mon père! direz-vous qu'un des vôtres n'ait pas fait imprimer dans un de ses livres, qu'*un chrétien n'est pas obligé d'aimer Dieu* [2]? Osez-vous dire

---

[1] C'était un prince espagnol, ami intime de sainte Thérèse, théologien spiritualiste si sublime ou si nébuleux, qu'on a regardé comme un excès de vanité dans son traducteur la prétention de l'avoir compris. (A. G.)

[2] C'est ici une de ces fameuses disputes que Despréaux disait avoir soutenues en plus d'un endroit au sujet de l'amour de Dieu, et peut-être celle qui

« que cela est faux? — Monsieur, *dit le père, en fureur*, il
« faut distinguer. — Distinguer! *dit Despréaux*, distin-
« guer, morbleu, distinguer! distinguer si nous sommes
« obligés d'aimer Dieu! » Et prenant Corbinelli par le bras,
il s'enfuit au bout de la chambre; puis revenant, et courant
comme un forcené, il ne voulut jamais se rapprocher du
père, s'en alla rejoindre la compagnie qui était demeurée
dans la salle où l'on mange : ici finit l'histoire, le rideau
tombe. Corbinelli me promet le reste dans une conversation; mais moi qui suis persuadée que vous trouverez cette
scène aussi plaisante que je l'ai trouvée, je vous l'écris, et
je crois que si vous la lisez avec vos bons tons, vous en
serez assez contente. Ma fille, je vous gronde d'être un seul
moment en peine de moi, quand vous ne recevez pas mes
lettres : vous oubliez les manières de la poste, il faut s'y
accoutumer; et quand je serais malade, ce que je ne suis
point du tout, je ne vous en écrirais pas moins quelques
lignes, ou mon fils ou quelqu'un, enfin vous auriez de mes
nouvelles; mais nous n'en sommes pas là.

On me mande que plusieurs duchesses et grandes dames
ont été enragées, étant à Versailles, de n'être pas du souper du jour des Rois : voilà ce qui s'appelle des afflictions.
Vous savez mieux que moi les autres nouvelles. J'ai envoyé le billet de Bigorre à Guébriac, qui vous rend mille
grâces : il est fort satisfait de votre *Cour d'amour*[1]. Je trouve
Pauline bien suffisante de savoir les échecs; si elle savait
combien ce jeu est au-dessus de ma portée, je craindrais
son mépris. Ah, oui! je m'en souviens, je n'oublierai jamais
ce voyage; hélas! est-il possible qu'il y ait vingt et un ans?
Je ne le comprends pas, il me semble que ce fut l'année
passée, mais je juge par le peu que m'a duré ce temps ce
que me paraîtront les années qui viendront encore.

---

lui fit naître l'idée de son épître à l'abbé Renaudot, qu'il ne composa qu'en
1695. (*Voyez* l'Épître XII de Despréaux et la dixième *Lettre provinciale*. (P.)
[1] *Voyez* la lettre du 15 novembre.

MONSIEUR DE SÉVIGNÉ.

Je suis fort de votre avis, ma belle petite sœur, sur *le mystique du diable;* j'ai été frappé de cette façon de parler, je tournais tout autour de cette pensée, et tout ce que je disais ne me contentait point. Je vous remercie de m'avoir appris à expliquer, en si peu de mots et si juste, ce que j'avais depuis longtemps dans l'esprit. Mais ce que j'admire le plus dans *ce mystique,* c'est que sa tranquillité dans cet état est un effet de sa dévotion : il ferait scrupule d'en sortir, parce qu'il est dans l'ordre de la Providence, et qu'il y aurait de l'impiété à un si simple mortel de prétendre aller contre ce qu'elle a résolu : sur cela, ne croyez point qu'il aille jamais à la messe, la délicatesse de sa conscience en serait blessée. Puisque vous avez enfin permis à Pauline de lire les *Métamorphoses,* je vous conseille de n'être plus en peine au sujet des mauvais livres qu'on pourrait lui fournir. Toutes les jolies histoires ne sont-elles point de son goût? Il y a mille petits ouvrages qui divertissent et qui ornent parfaitement l'esprit. Ne lirait-elle pas avec plaisir de certains endroits de l'histoire romaine? A-t-elle lu l'histoire du triumvirat? les Constantin et les Théodose sont-ils épuisés? Ah! que je plaindrai son esprit vif et agissant, si vous ne lui donnez de quoi s'exercer ! Comme elle a, ainsi que son oncle, la grossièreté de ne pouvoir mordre aux subtilités de la métaphysique, je l'en plains; mais ne vous attendez pas que je l'en blâme ni que je l'en méprise ; j'ai des raisons pour ne pas le faire. Adieu, ma très-aimable petite sœur.

1141. — A LA MÊME.

Aux Rochers, mercredi 18 janvier 1690.

Vous craignez trop pour une santé qui n'a jamais été si parfaite qu'elle est; mais c'est cela même qui vous fait peur et qui vous fait trouver plus de sûreté dans la délicatesse des autres. Ma pauvre enfant, nous sommes tous mortels : mais j'admirais l'autre jour avec quelle vérité vous me disiez que ce n'était jamais par rapport à vous que vous craigniez cette mort, où nous sommes tous condamnés, que vous ne vous reveniez point dans l'esprit; cela est si extraordinaire, qu'après vous avoir admirée, je crains cette inapplication à vous, et vous conjure de songer à votre conservation, en faveur de ceux qui sont ravis d'avoir tant d'avance sur vous, parce que vous ne sauriez jamais les atteindre : ma pensée est plus juste et plus naturelle que la vôtre.

Serait-il possible que vous ne trouvassiez point de marchands pour cette compagnie! ce serait un grand embarras pour vous, pour M. le chevalier, et une grande marque de l'extrême misère. M. de Pomponne m'écrivit, comme un bon ami, au commencement de cette année; il me mandait qu'il ne doutait quasi point que je ne passasse ici l'hiver, les raisons pour y demeurer n'ayant jamais été plus fortes. Cependant il y a des bornes à tout, et j'en voudrais bien voir au soin que vous êtes obligée de prendre de *vos coqs d'Inde* : c'est grand dommage d'être si bons pour être ailleurs, et d'être obligés d'être là : avouons donc que ce temps-ci est fâcheux. J'ai bien envie que vous ayez votre enfant; vous l'avez laissé languir trop longtemps dans ce diantre de lieu si difficile à écrire [1] : qu'il vienne droit à vous; il s'en retournera avec M. le chevalier. Quand je voyais ce dernier disposer de lui cet hiver comme un autre homme, prendre des temps et des mesures pour partir, j'admirais qu'il eût oublié ce que c'est pour lui que l'hiver, et je me doutais qu'il ne serait pas longtemps sans s'apercevoir qu'il avait compté sans consulter la goutte. Il me fait une pitié que je me garderai

---

[1] Kayserslautern, ville d'Alsace dans le bas Palatinat. Les Français la prirent en 1688. (P.)

bien de lui dire. Je comprends que les devoirs d'une maîtresse de maison vous détournent quelquefois de la qualité de *sa garde*; mais il faut remplir ses devoirs de tous côtés : c'est ce que vous faites fort bien. Je vous trouve fort heureuse d'avoir M. de La Garde; vous lui contez bien des choses que vous ne sauriez dire qu'à lui; c'est une grande douceur. Je le conjure de croire que les seules erreurs où vous m'aviez laissée m'ont fait murmurer injustement : c'est un mérite que j'aime et que je révère il y a longtemps. Je voudrais bien que par hasard vous eussiez gardé la lettre que je vous écrivais sur cette députation, et où j'apostrophais M. de Grignan pour me soutenir : je vous prierais de lui montrer cet enthousiasme. Je disais vrai cependant; et j'admire que vous puissiez trouver que si vous étiez à la place du roi, vous voudriez ôter cette nomination au gouverneur de Bretagne. Vous voyez pourtant que depuis Charles VIII aucun roi n'y avait pensé ; et sans un ennemi qui se veut distinguer par cette offense, on ne songeait point à venir demander au roi le nom de celui que toute la Bretagne destine en pleins états pour venir rendre ses hommages à Sa Majesté. Est-ce une chose bien naturelle qu'un gouverneur dans sa province ne choisisse point les députés ? Les autres gouverneurs de Languedoc et d'ailleurs en usent-ils ainsi ? Pourquoi faire cette distinction à l'égard de la Bretagne, toujours toute libre, toute conservée dans ses prérogatives, aussi considérable par sa grandeur que par sa situation ? Enfin, notre grande héritière [1] ne méritait-elle pas bien que son contrat de mariage fût fidèlement exécuté ? Pour moi, je ne vois pas le tort que faisait au service du roi cette conduite, pareille à celle des autres provinces : si j'étais à la place de Sa Majesté, j'aimerais mieux que l'on fît comme on a tou-

---

[1] Anne, duchesse de Bretagne, fille et héritière du duc François II, et de Marguerite de Foix, épousa Charles VIII, roi de France, en premières noces, et en secondes Louis XII, successeur de Charles VIII. (P.)

jours fait, et que le gouverneur choisit en Bretagne un
Breton pour venir faire les compliments de sa province.
Mais M. de Grignan m'abandonne, et vous, ma fille ; c'est
en vérité ce que je n'eusse jamais cru, vous qui êtes en
place de sentir ces dérangements ; je croyais que vous feriez comme MM. de La Rochefoucauld, etc. Mais on étrangle mon affaire, on ne la regarde pas, on me juge sans
miséricorde, on m'ôte mon principal juge ; je vais m'in-
scrire en faux contre l'arrêt du parlement de Toulouse ;
voilà comme disait Buri : oh ! je vais m'en venger tout à
l'heure : voici le fait. Il y a une personne qui a beaucoup
d'esprit assurément ; mais elle l'a si délicat et si dégoûté,
qu'elle ne peut lire que cinq ou six ouvrages sublimes,
exquis et d'un goût distingué. Elle ne peut pas souffrir
tous les livres d'histoire : grand retranchement, et qui fait
la subsistance de tout le monde ; elle a encore un malheur,
c'est qu'elle ne peut pas relire deux fois ces livres choisis
qu'elle estime uniquement. Cette personne dit qu'on l'outrage quand on dit qu'elle n'aime point à lire ; autre procès à juger. Mais à propos de livres, ma chère Pauline,
j'ai trouvé votre fait : c'est la vie du pape Sixte-Quint en
italien ; je l'ai lue avec bien du plaisir : voilà ce qui m'est
revenu dans l'esprit. N'est-il pas vrai, ma fille, que ce livre la divertira ? Mon Dieu, que je crois cette petite personne jolie et plaisante ! que j'ai d'envie de la voir !

Nous avons depuis quinze jours un vent de tempête qui
nous désole ; je ne me promène point, et le jour que je vis
périr dans ce nuage épais le soleil qui avait brillé tout le
jour, pouvais-je mieux faire pour votre service que de m'enfuir comme je fis ? Vous êtes une ingrate, si par reconnaissance vous ne conservez votre santé. Voilà un remerciement de mon bon abbé Charrier : s'il n'avait voulu
vous écrire que comme à moi, vous aimeriez ses lettres

Voyez la lettre du 28 décembre 1689.

naïves et naturelles; mais votre esprit sublime l'a embarrassé dans *un soleil*, dans *un atome*. Ne laissez pas d'y répondre, payez pour moi, et assurez-le que *votre soleil* aura toujours beaucoup de considération pour *son atome*, que vous verrez toujours en lui le fils de son père, et un homme à qui votre mère est fort obligée.

Votre frère ne voit de vos lettres que les endroits que je veux bien lui montrer : je n'ai qu'à lui dire. Il n'y a rien qui puisse vous divertir; il n'y pense plus. Sa femme est encore à Rennes, prisonnière à cause des grandes eaux; elle en est au désespoir. Nous ne comparons point notre soleil au vôtre; nous savons notre degré, et que vos jours ne sont ni si longs ni si courts que les nôtres. Adieu, ma chère belle; il me semble que vous savez, que vous sentez combien je vous aime, et que je ne dois point vous le dire : cependant on ne peut quelquefois s'en empêcher.

1142. — A LA MÊME.

Aux Rochers, dimanche 22 janvier 1690.

Mon Dieu, que votre état est violent! qu'il est pressant! et que j'y entre tout entière avec une véritable douleur! Mais, ma fille, que les souhaits sont faibles et fades, dans de pareilles occasions! et qu'il est inutile de vous dire que si j'avais encore, comme j'ai eu, quelque somme portative qui dépendît de moi, elle serait bientôt à vous! Je me trouve en petit volume accablée et menacée de mes petits créanciers, et je ne sais même si je pourrai les contenter, comme je l'espérais; car je me trouve suffoquée par l'obligation de payer tout à l'heure cinq mille francs de lods et ventes des terres de madame d'Acigné, que j'ai achetées, pour n'en pas payer dix, si j'attendais encore deux ans. Ainsi, me voilà; mais ce n'est que pour vous dire la douleur que me donne mon extrême impossibilité. Votre

frère m'a paru sensible à votre peine, et je suis sûre qu'il
ferait mieux son devoir que vos riches prélats, si le temps
était comme autrefois, c'est-à-dire qu'on trouvât à emprunter. Il veut vous parler lui-même, et vous dire comme
il pense sur ce qui vous regarde. Je lui ai fait voir aussi
l'embarras où se trouve assurément votre jeune colonel ;
il m'en avait parlé le premier, il y a quelque temps, plai-
gnant et regrettant, tout comme nous, que M. le chevalier ne
conduisît point ses premières années ; rien n'eût été si bon
qu'un tel maître. Enfin, ma très-chère, il n'y a que Dieu
qui puisse arrêter une si grande quantité de choses fâcheuses
dans les bornes de la résignation où vous me paraissez.
Pour revenir à mon fils, il était en peine de voir un jeune
enfant de dix-sept à dix-huit ans à la tête d'une si grosse
troupe. Il se souvient assez du temps passé, pour savoir
que c'est une affaire à cet âge que de commander d'anciens
officiers ; et ce n'en eût pas été une, s'il avait eu son oncle
pour l'établir : cet endroit est très-fâcheux et très-délicat.
Ne pourriez-vous point lui donner quelque bonne tête pour
le conseiller un peu ? car enfin il est seul, et ne peut pas
savoir, à son âge, un métier qui demande de l'expérience
plus que tout autre. Je vous ai exhortée à faire venir le
marquis droit à Grignan ; que fera-t-il d'un camarade à
Paris et à Versailles, où l'on voudra le mettre de tout ?
Vous imaginez-vous qu'il se démêle bien et de sa cour et
de tous les devoirs qu'il sera obligé de rendre ? Je lui fais
tort peut-être ; mais il est bien jeune et peu accoutumé à
cette sorte de manège. Enfin, je le trouve accablé de bien
des choses plus fortes que lui. Je donne la plume à mon fils,
et puis je reprendrai.

MONSIEUR DE SÉVIGNÉ.

Voici l'oncle maternel, ma très-chère petite sœur, qui
vous écrit lui-même, et qui vous assure avec toute sorte

de sincérité que s'il avait le bien qu'il devrait avoir, c'est-à-dire si les terres étaient du bien, et n'étaient pas purement des chansons, des illusions, etc., vous verriez par des marques essentielles combien je m'intéresse à ce qui vous touche. Mais, ma très-belle, je ne suis entouré que de gens que je puis faire mettre en prison, qui m'en prient tous les jours, qui sont logés dans les lieux qui m'appartiennent, qui prient Dieu pour moi, à ce qu'ils disent, et qui m'assurent en même temps que pour de l'argent je n'y dois pas songer. Voilà mon état; cependant si, par quelque aventure fort possible, il m'arrivait un remboursement d'une certaine somme dont on me parle, soyez persuadée que j'en ferais un usage qui serait capable de réveiller les oncles paternels, qui, au milieu de quarante et cinquante mille livres de rente, vous voient gémir sans faire autre chose que prier Dieu pour vous, comme mes fermiers prient Dieu pour moi. Eh, mon Dieu! que ne négligent-ils un peu des bâtiments qu'ils quitteront plus tôt qu'ils ne pensent, et que ne songent-ils à aider le seul soutien de leur maison dans l'avenir? Si je parlais davantage sur ce sujet, je serais en colère; je le quitte pour vous dire que votre enfant me paraît bien jeune, bien neuf, bien peu fait, pour soutenir un aussi grand fardeau que celui dont il est chargé : un régiment de douze compagnies à dix-huit ans. Sera-t-il doux, on lui passera la plume par le bec; sera-t-il rigoureux et hautain, mais qu'il prenne garde d'avoir raison invinciblement, car d'user d'autorité et d'avoir tort fait retomber dans de grandes humiliations. S'il est obligé de faire quelque action de rigueur, c'est une grande extrémité ; s'il évite cette extrémité, les conséquences en sont dangereuses, surtout avec *des moustaches* et *des chamois*. Enfin, je le plains; il est avancé de trop bonne heure, et cet avancement fait son malheur : il fallait, ou que M. le chevalier pût garder encore son régiment, ou que la Providence eût permis qu'il fût en état de servir, et de veiller par conséquent à la conduite de ce joli enfant ; tous ces monstres, tous ces *dragons* disparaissaient dès lors, et ce n'étaient plus que des lis et des roses. Je souhaite, ma très-belle, qu'il vous arrive bientôt quelque sujet de joie que je puisse partager avec vous, comme je partage vos peines en ce moment. Je ne perdrai, je vous assure, nulle occasion de les adoucir, s'il m'est possible ; et j'y mettrai plus d'empressement que d'autres n'y mettent de froideur, et peut-être de répugnance.

MADAME DE SÉVIGNÉ.

Je trouve que mon fils dit bien. Cette place, qui a fait le sujet de notre joie, vous jette dans de grands embarras pour la soutenir. Mais, ma très-chère, songez, car il y a des temps que l'on ne saurait rien ménager, que Bourbilly est à vous[1] : c'est un petit morceau qu'il était bon de garder pour la soif ; mais vous ne sauriez être plus altérée que vous l'êtes présentement. Avez-vous ménagé le bon président de Berbisi[2] ? écrivez-lui ; peut-être qu'il vous fera trouver de l'argent sur cette hypothèque : mes signatures ne vous manqueront pas. Voilà tout ce que je puis vous dire, et la seule vue que je suis en état de vous donner. Vous avez beau me parler de votre santé, il est impossible que vous dormiez avec tous ces *dragons*, et que votre sang ne se mette en colère et ne fasse des ravages cruels : j'en suis tout à fait en peine, et je plains aussi M. le chevalier ; quel état, et quel *surtout* que ce rhumatisme ! M. de Grignan me paraît la grande santé. Il est vrai que je croyais M. de La Garde chez lui, occupé de ses ouvriers ; comment aurais-je pu deviner son état ? à moins que de le dire, cela ne s'imagine point. C'est cependant à cette circonstance que vous devez la douceur et la consolation de votre société :

[1] Terre située en Bourgogne, dont Madame de Sévigné n'avait que l'usufruit. (P.)
[2] Président à mortier au parlement de Dijon, et proche parent de madame de Sévigné. (P.)

quoique vous soyez tous tristes, c'est un soulagement que de l'être ensemble. Je voudrais que vous pussiez savoir combien je sens, quoiqu'à deux cents lieues de vous, vos peines. Mais qu'on écrit ridiculement quand on est si loin! Je vous mande souvent des folies par le plaisir de causer avec vous, et je ne devine point que vous êtes entourée et accablée de mille sujets de tristesse; j'en suis véritablement honteuse. Madame de La Fayette me parle de vous et de M. le chevalier dans tous ses billets; elle ne se porte point bien, elle me prie de vous dire ses maux, et qu'elle n'a pas laissé d'être ravie du régiment de votre enfant. Sa petite belle-fille a été approuvée à Versailles, même de Sa Majesté; elle ne se mêle plus de rien, elle sent la douceur et le soulagement de cette nouvelle famille.

Si vous aviez vu la réponse de M. d'Aix, vous la trouveriez bien sérieuse, et d'un style qui ne lui ressemble point du tout, ni à la lettre que je lui avais écrite. La destinée de cet homme qui voulut mourir opiniâtrément au pied d'un arbre est affreuse; c'est du désespoir : il était arrêté là, comme par un pacte; votre récit ne me fit point crier, il m'étonna, et me toucha d'une manière convenable au sujet. Vous êtes bien cruelle de vous souvenir de Montfermeil; c'est sans contredit le plus ridicule endroit de ma vie; n'en avez-vous point quelque autre dans l'imagination? Chassez celui-là, je vous prie; c'était un sort qu'on avait jeté sur moi. Adieu, ma très-chère et très-aimable; je suis toute triste de vous : et le moyen d'être autrement? deux ans sans le revenu de votre charge, et tout ce que vous avez à soutenir, et vos arrérages, et Paris, et enfin tout. Ce grand édifice valait bien la peine d'être entretenu, plutôt que d'en faire de nouveaux. Mandez-moi quand vous aurez trouvé un marchand pour votre compagnie. Vous dites que vous ne savez point de nouvelles : la marquise d'Uxelles n'écrit-elle pas toujours à M. de La Garde?

1143. — A LA MÊME.

Aux Rochers, mercredi 25 janvier 1690.

Que je vous plains, mon enfant, de lire de si mauvaises choses ! je vous plaindrais encore plus si vous les *reteniez* ! il serait beau que vous fissiez comme à Sainte-Marie[1]. J'ai su que les deux juments de M. de Sévigné avaient couru les champs ; cela nous avertit qu'il ne faut point laisser de jeunes personnes la bride sur le cou : sœur Pauline, voilà votre fait. J'ai appris que le soleil se coucha dans un furieux nuage le 24 de décembre, chose étrange ! et que le brouillard fut fort épais ; cela nous avertit, mes sœurs, qu'il ne faut point se promener en cette saison. Voilà ce qui me revient dans l'esprit de cette belle lecture, et toute la morale qu'on peut en tirer.

Je trouve qu'il y a de l'aveuglement à votre goût ; le mien est plus juste, quand j'aime votre style : on peut dire, sans vous louer fadement, qu'il est parfaitement bon, et que personne ne saurait mieux écrire ; je m'y connais, et n'en dis pas davantage, à cause de vos menaces. Vous m'avez jeté fort à propos vos vers à la tête, pour m'amuser et m'empêcher de voir la petitesse de votre lettre. Je trouve ces vers fort jolis, fort galants, sur un sujet nouveau : mon fils est tout à fait de cet avis ; nous en enverrons une copie à notre ami Guébriac, qui en sera charmé ; il l'a été de votre *Cour d'amour*. Encore un mot de nos lectures : nous lûmes hier le onzième livre du premier tome de la *Perpétuité de la Foi* de M. Arnauld ; il répond à quelques injures et accusations du ministre Claude. Bon Dieu ! quelle justesse de raisonnement ! quelle harmonie ! Comme cela étrangle son homme à tout moment ! Nous pensions à vous, trouvant que vous seriez transportée,

---

[1] Mademoiselle de Sévigné étant au couvent des Filles de Sainte-Marie conservait les lettres de sa mère. (M.)

que ce livre était digne de vous; et ce fut son éloge.

Je vous mandai la dernière fois la vue que j'avais pour vous tirer de l'oppression où vous êtes; c'est une pensée qui doit vous être naturelle, et dont vous ferez l'usage que vous trouverez à propos : vous savez si je me ferai prier quand vous aurez besoin de ma signature. Notre marquis doit être à Paris du dimanche 22. On me mande qu'il sera surpris de trouver en arrivant un ordre de Provence pour vous aller trouver; mais j'ai assez bonne opinion de lui pour croire qu'il sera fort aise de vous aller voir; et quand cela ne serait pas tout à fait, et que dix-huit ans lui donneraient quelque regret à carême-prenant, je ne laisserais point par cette même raison de dix-huit ans de trouver fort à propos qu'il aille un peu instruire sa belle jeunesse dans le milieu de sa famille : il est dans une place où il n'est plus permis d'être enfant, et je me défie qu'il ne se mêle encore un peu de cette qualité avec celle de colonel. Il n'est pas *cuit*, comme dit madame de La Fayette; encore un petit bouillon au coin de votre feu lui fera tous les biens du monde; et si Dieu veut qu'il retourne à Paris avec M. le chevalier, ce sera un très-grand bonheur pour lui. Ne le pensez-vous pas de même? Vous aurez une extrême joie d'embrasser cet enfant, et vous avez raison. Vous ne m'avez rien dit de la santé de M. le chevalier; c'est peut-être bon signe. Je veux me réjouir avec lui de ce qu'après neuf filles, M. de Beauvilliers a eu l'esprit de faire enfin un garçon; il a suivi le conseil que vous donniez à Guitaud : s'il se fût dépité, et qu'il eût changé de carte, il n'aurait pas eu un héritier : que cette folie est plaisante! Il nous en vint hier au soir une autre de vous, qui fit rire mon fils de tout son cœur. Ce fut quand on dit un moment que d'Ormesson serait chancelier; vous lui dites : « Mon « frère, je veux que ma mère l'épouse; elle sera la chan- « celière *Seguier*; nous irons à *Chaville*. » On ne saurait expliquer cette folie; mais elle fait rire à pâmer. Cet endroit fera un bel effet dans *les retenues*[1] de vos lectures : je vous défie de le dire, et d'en tirer aucun profit pour *la communauté*. Je reviens à M. de Beauvilliers; si vous ou M. le chevalier avez encore à lui écrire, il me semble qu'un compliment que vous auriez reçu de Bretagne, et qui lui témoignerait ma joie, serait un chemin bien naturel, et le plus court, selon les supputations que nous faisons quelquefois. Adieu, ma chère belle; Dieu conduise cette lettre, et qu'elle arrive dans un temps où votre cœur soit un peu à son aise! Il a neigé extrêmement depuis deux jours; c'est la première fois que je me suis doutée que nous fussions en hiver. Ma belle-fille est encore à Rennes, assiégée par les neiges.

1144. — A LA MÊME.

Aux Rochers, dimanche 29 janvier 1690.

Je n'ai point reçu de vos lettres : j'en suis triste et fâchée, sans en être surprise; je le suis bien plus, quand je vois arriver les courriers par un si effroyable temps. Les eaux ont été si grandes, que ma belle-fille, lasse d'être arrêtée à Rennes, se hasarda de revenir ici, et fut assez hardie pour passer une fort grande eau sur un cheval qui nagea plusieurs pas. Au lieu d'être bien reçue, après cette belle action, elle fut bien grondée : elle jouait à se noyer; et nous, qui savons ce que c'est, nous ne pouvons lui pardonner. Elle espère que ce péril où elle s'est exposée lui servira pour se raccommoder avec vous de m'avoir encore quittée trois semaines de suite; mais elle en était si fâchée, que cela seul mériterait quelque considération. Il y a dix ou douze jours que nous ne sortons point; mais s'il fait seulement deux jours de beau temps, nous retrouverons ces allées sèches comme à Livry.

J'ai su plus tôt que vous que votre enfant était arrivé à

---

[1] *Voyez* la lettre précédente.

Paris en bonne santé. S'il est vrai que le marquis attende votre réponse pour se rendre à Grignan, le carnaval sera passé. Je vous envoie ce que m'écrit *Beaulieu* : comme cette sottise nous a fait rire, nous espérons qu'elle fera le même effet auprès de vous. Voilà encore des vers contre le jeu : mais je trouve toujours, à l'honneur de Dangeau, qu'il est excepté de cette règle quasi générale. Je voudrais bien que vous eussiez trouvé un marchand pour votre compagnie; on dit toujours qu'il y a des occasions où l'on ne s'aperçoit point qu'il n'y ait plus d'argent en France; pour moi, qui commence à croire le contraire, je souhaite qu'on ne s'en aperçoive point dans celle-ci. M. d'Arles serait bien heureux de n'en point trouver pour bâtir : son conseil de conscience est bien large et bien commode, s'il approuve ce dernier emprunt. On pourrait plutôt, ce me semble, dispenser de la résidence; mais ce qui sera parfait, et que j'espère des bonnes têtes de ce pays-là, c'est que l'archevêque accordera l'un et l'autre : il bâtira, et ne résidera point; il empruntera, et ne rendra point. Ah! fi, comme vous dites, des mauvaises têtes, cela gâte tout, et ruine même la société. Il n'a tenu qu'à vous que je n'aie plus tôt rendu justice à M. de La Garde; je vous en gronde : vouliez-vous que j'eusse le don de deviner? Je raisonnais juste sur ce qui paraissait. Conservez-moi l'amitié de ce bon et saint homme : vous y êtes obligée. Vous ne m'avez point dit à quel jeu s'est ruiné le trésorier de votre province; car pour notre pauvre d'Harouïs[1], ç'a été par la passion outrée de faire plaisir à tout le monde; c'était sa folie : il trouvait de l'impossibilité à refuser. Je ne l'excuse pas; mais cela fait voir, au moins, que les meilleures choses du monde sont mauvaises quand elles ne sont point réglées par le jugement; et ce défaut est si rare, que jamais il ne se trouvera une déroute pareille, ni fondée sur un tel abus

---

[1] Trésorier général des états de Bretagne. (P.)

de la vraie générosité. Vous êtes bien sage, ma fille, d'être demeurée à Grignan ; c'est cela qui s'appelle avoir consulté son conseil de conscience. Ceux qui ont volé madame de La Fayette n'ont pas consulté le leur : on a pris à ma pauvre amie, encore au lit les après-dînés et languissante, cinq cents écus en louis d'or, qui étaient dans un petit cabinet, où personne n'entre que ses deux filles, son valet de chambre et son laquais. Elle n'en peut soupçonner aucun : ils ont tous été interrogés ; point de nouvelles. Et elle demeure au milieu de ces quatre personnes ; c'est ce qui fait son plus grand embarras, car la perte de cet argent ne lui fera pas une grande incommodité : ses enfants sont en état de le remplacer bien vite. Mais de se voir servie par quelqu'un qui a pris si familièrement une telle somme, cela trouble une personne déjà accablée par tant de maux. J'ai su que M. de La Trousse ne sortait point de sa chambre ; appelle-t-on cela être guéri ? *Beaulieu* célèbre l'honnêteté du marquis ; il n'a pas encore pardonné à M. de La Trousse. M. du Bois[1] m'a envoyé son livre *de la Véritable Religion, et des Mœurs de l'Église catholique*, traduit de saint Augustin. Le nom de ce saint et la réputation du traducteur nous le feront lire, quoique après *Abbadie*, *Pascal*, et l'*Histoire de l'Église*, on soit prêt à souffrir le martyre ; du moins nous le croyons, tant notre esprit est convaincu.

Je vous souhaite autant de santé qu'à moi : toutes mes petites ridicules incommodités ont disparu ; elles reviendront quand il plaira à Dieu, mais je vous dis l'état où je suis présentement. Nous avons ici de bon lait et de bonnes vaches ; nous sommes en fantaisie de faire bien écrémer ce bon lait, et de le mêler avec du sucre et de bon café : ma chère enfant, c'est une très-jolie chose, et dont je recevrai une grande consolation ce carême. Du Bois l'approuve pour la poitrine, pour le rhume ; et c'est, en un mot, ce lait

---

[1] Philippe Goibaud-du-Bois, de l'Académie Française, auteur de plusieurs traductions de saint Augustin et de Cicéron. (P.)

cafeté ou ce café *laité* de notre ami Alliot. Voilà toute la pauvre causerie que peut faire une personne qui ne vous répond point, et *qui ne voit guère*, comme le pigeon de La Fontaine[1]. Mais, ma chère Comtesse, je pense beaucoup à vous, j'en suis bien occupée; je suis bien sensible à ce qui vous touche, je suis toujours autour de vous à Grignan. Je fais mes amitiés, mes compliments à tous les habitants. Je garde M. le chevalier, je le plains : je fais de tristes réflexions sur son état, j'en sens toutes les conséquences; je cause avec ce Comte, que j'aime plus qu'il ne s'aime lui-même; je m'amuse avec Pauline; je réfléchis avec M. de La Garde; je donne quelques coups de patte aux prélats; je soupire encore avec M. le doyen; j'attends mon marquis; et sur le tout j'aime passionnément ma chère fille; je loue sa bonne tête, sa bonne conduite, et je lui souhaite la continuation de son courage.

1145. — A LA MÊME.

Aux Rochers, mercredi 1ᵉʳ février 1690.

Nous voici dans un vilain train de neiges, de pluies et de vents terribles; mais au sortir de ces tempêtes nous trouverons de grands jours et de beaux jours. Ce qui tue, c'est que le temps a beau courir bien vite, et trop vite, vous ne sauriez attraper vos revenus : bon Dieu! quel horrible mécompte, 90 et 91[2], et tant que les yeux peuvent aller[2]! Jamais il ne fut telle dissipation : on est quelquefois dérangé; mais de s'abîmer et de s'enfoncer à perte de vue, c'est ce qui ne devrait point arriver. On ne saurait parler de loin sur un tel sujet, car il faudrait des réponses; mais on peut bien en soupirer, et quelque douleur qu'on en res-

---

[1] *Voyez* La Fontaine, fable des *Deux Pigeons*, livre IX, fable 2.
[2] M. de Grignan avait été obligé, pour l'arrangement de ses affaires, de céder les années 90 et 91 du revenu de sa charge, et il s'était retiré à Grignan pour y demeurer pendant l'hiver, au lieu de passer cette saison à Aix et à Marseille, ou de faire un voyage à la cour. (P.)

sente, on ne voudrait pas vivre dans l'ignorance : il me faut, comme vous dites, la carte et la clef de vos sentiments; il faut que j'entre dans vos peines, l'amitié le veut ainsi. Je comprends combien l'unique remède, qui peut vous être bon, est mauvais, et pour vos affaires de la cour, et pour votre réputation dans la province : vous savez mieux qu'un autre que ce n'est point ainsi qu'il faudrait faire sa charge, si on pouvait faire autrement, et que ce n'est point en se cachant dans son château que l'on passerait l'hiver tout entier, sans voir par où l'on pourrait en sortir. Vous êtes bien heureuse, comme vous disiez l'autre jour, que les malheurs de vos pauvres amis adoucissent les vôtres : c'est un grand soulagement que d'en pouvoir parler, que de s'en consoler ensemble; mais je sens fort bien que dans l'état où vous êtes, il est entièrement impossible de lire; c'est aussi en badinant que je vous tourmente là-dessus : le moyen, en effet, de s'occuper des règnes passés, quand on souffre actuellement des maux sensibles? Je connais cet état; on relit vingt fois la même page, et je vous assure que bien que mon fils lise parfaitement, j'ai de si grandes distractions, et je fais de si fréquents voyages en Provence, qu'il ne m'est nullement difficile de savoir ceux que vous feriez, si vous vouliez vous opiniâtrer à quelque lecture. Tout ce que j'admire, c'est que Dieu vous conserve votre santé parmi tant de peines accablantes. Que je vous plains! et que l'état de vos affaires est préjudiciable à l'établissement de votre pauvre enfant! Le voilà enfin à Paris; il est vrai qu'il a été un peu *lendore* sur son départ de cette garnison. Mais le voilà faisant la cour à Versailles; on me mande qu'il espère vendre sa compagnie : cette raison est bonne. J'ai toujours quelque peine de me le représenter tout seul dans ces pays-là; je crois qu'après un peu de séjour, il ne songera qu'au plaisir de vous aller voir. Continuez, ma belle, à me parler de vous, sans craindre que cela m'ennuie; mon amitié s'accommode mieux de par-

10.

tager vos peines que de les ignorer. Vous vous promenez dans vos bâtiments, et vous vous exposez à la bise et au soleil aussi imprudemment que si vous n'aviez pas *la sagesse*[1] à votre côté. J'ai fait voir à mon fils la feuille qui parle de lui; il vous en remercie, il vous répond mille amitiés et mille folies sur un endroit où il est question de sa femme; mais je ne suis pas payée pour m'amuser à vous en entretenir. Rien n'est si plaisant que ce que vous dites sur la mort du marquis d'Alluie, et les conséquences que vous en tirez pour aller à l'assaut; si j'en avais autant écrit, vous en feriez grand bruit, et ce serait une des belles *retenues* de la Visitation[2]. J'aime fort la lettre de Pauline; je n'ai pas le temps d'y répondre aujourd'hui. Vous riez de m'entendre dire que je suis pressée : il est vrai que le loisir ne me manque pas ordinairement; mais nous avons ici deux hommes qui ont bien de l'esprit[3] : l'un a été dix ans avec M. d'Alet, l'autre est avocat : nous voulons consulter celui-ci sur une affaire. Ces deux hommes seraient bons à Paris, je m'en vais les entretenir. C'est aujourd'hui que le parlement de Rennes est rentré dans son beau palais, et que toute la ville est dans les cris et les feux de joie. Je fais réponse à ma chère petite d'Adhémar[4] avec une vraie amitié. La pauvre enfant! qu'elle est heureuse, si elle est contente! Cela est sans doute; mais vous m'entendez bien.

1146. — DU COMTE DE BUSSY, DE M. D'AUTUN, ET DE MESDAMES DE TOULONGEON ET DE COLIGNY, A MADAME DE SÉVIGNÉ.

A Autun, ce 6 janvier 1690.

Une partie de vos amis et de vos parents, Madame, se trouvant ensemble pour faire les Rois, après vous y avoir

---

[1] C'est-à-dire M. de La Garde. (P.)
[2] *Voyez* la lettre du 25 janvier.
[3] *Voyez* la lettre du 14 décembre.
[4] Marie-Blanche, fille aînée de madame de Grignan. Elle était religieuse aux dames de Sainte-Marie à Aix. (P.)

souhaitée, se sont proposé de vous écrire. Pour vous parler sincèrement, ce sont gens qui ont quelque réputation d'esprit, et c'est à cause de cela qu'ils sont bien aises de vous entretenir, ne pouvant ailleurs mieux trouver leur compte. Le nombre des agresseurs ne vous fera pas peur, Madame; car vous avez déjà vu, et vous êtes encore sur le point de le revoir, qu'une seule tête qui pense bien, qui prend de justes mesures, et qui, après cela, n'est contrariée de personne, vaut mieux que des confédérés.

Premièrement, Madame, nous sommes en peine de savoir si vous êtes de retour de Bretagne à Paris. Nous savons que vous y êtes allée avec madame de Chaulnes, et que vous en deviez revenir avec elle; cependant il nous est revenu que cette duchesse devait aller trouver son mari : pas un de nous n'a cru que vous la voulussiez suivre en ce voyage, sachant, comme nous faisons, qu'un méchant homme n'amende point pour aller à Rome; et que

> Rarement à courir le monde
> On devient plus homme de bien.

Nous avons pensé qu'une femme de votre vertu y avait encore moins affaire que lui; mais enfin nous voudrions savoir ce que vous êtes devenue, car nous sommes gens pleins de curiosité pour les affaires du monde et encore plus pour les vôtres.

Avez-vous été bien aise de l'augmentation des monnaies? c'est-à-dire, en bon français, votre bourse était-elle bien garnie quand on a publié l'édit[1]? La belle Madelonne passera-t-elle l'hiver à Paris? Vous ne sauriez nous parler de choses plus considérables pour nous que de ces deux choses-là, ni auxquelles nous nous intéressions davantage.

---

[1] Le roi venait d'ordonner que toute la monnaie serait refondue; la valeur de l'écu avait été portée à 3 liv. 6 sous, au lieu de 3 liv. 2 sous; et le louis d'or, ou pistole, avait été porté de 11 liv. 12 sous à 12 liv. 10 sous. (*Mémoires de Dangeau*, tome Ier, page 299.)

Pour vous parler maintenant de la vie que nous faisons, Madame, nous vous dirons que la plus grande partie de nous fait bonne chère, et que nous nous en sentons tous ; qu'après cela, l'on se quitte pour songer chacun à ses affaires ; mais qu'on ne passe pas un jour sans se rassembler pour avoir de petites conversations sur les nouvelles du monde, ou sur quelque sujet de morale ou de religion, que l'on ne traite pas scolastiquement. Les étrennes nous ont occupés quelque temps ; on s'en est donné réciproquement, où la façon a été plus considérable que la matière.

Il faut dire la vérité, Madame, c'est passer doucement la vie ; mais le mal est qu'on la passe, et que plus elle est douce, plus elle paraît courte. Cependant il faut prendre notre parti et travailler à quelque chose de plus solide que tous nos amusements. Nous y sommes bien résolus ; les uns prennent pourtant les affaires plus à cœur que les autres. Il y en a parmi nous qui ne se pardonnent rien, il y en a de plus indulgents : vous connaissez les sévères, Madame, sans qu'on vous les nomme, vous connaissez les relâchés ; mais quoiqu'ils diffèrent de sentiments pour les moyens de se sauver, ils s'accordent tous sur l'amitié, la tendresse, l'estime et le respect qu'ils ont pour vous.

1147. — DE MADAME DE SÉVIGNÉ AU COMTE DE BUSSY [1].

Aux Rochers, ce 5 février 1690.

Cette date vous représente d'abord un désert, une solitude. Mon fils y passe une partie de sa vie avec son épouse ; ils ont tous deux bien de l'esprit. C'est en ce lieu que votre lettre m'a trouvée. Mais, mon cousin, avant que de vous rendre compte de ce que je fais, il faut que je commence par l'Église, et que je rende mille grâces à notre prélat (*M. d'Autun*) de l'honneur de son souvenir. J'en ai été véritablement

---

[1] C'est la réponse à la lettre du 6 janvier.

touchée : j'avais pensé plusieurs fois à lui, je l'avais même écrit à M. l'abbé de Roquette, qui est venu à nos états, mais j'en étais demeurée là; et me trouvant trop loin pour me faire entendre, je me contentais de conserver dans mon cœur tous les sentiments d'estime et de respect qu'on a infailliblement pour lui dès qu'on a l'honneur de le connaître. Dans cette disposition, son nom me sauta aux yeux en ouvrant votre lettre. Je vous laisse à juger, Monseigneur, quelle joie et quelle reconnaissance m'a données un souvenir si précieux.

Après que notre prélat a vu cet endroit, je suppose qu'il n'a pas le temps d'écouter le reste de cette lettre, et qu'étant passé dans son cabinet pour des affaires importantes, je puis vous parler avec notre liberté ordinaire. Je ne vois auprès de vous que madame de Toulongeon et ma nièce, qui ne me font nulle peur, et la dernière personne dont je suis si sotte que je n'ai pu ni deviner ni connaître son nom[1]. Peut-être que si vous me la nommiez, je ferais un grand cri, et je demanderais pardon; mais enfin je vous avoue que d'ici je ne sais qui c'est. Je ne laisserai pas de vous dire que je vous trouve en très-bonne compagnie, et dans une telle société il n'y a nul chapitre que vous ne puissiez traiter aussi bien que dans Paris. Nous avons aussi quelquefois de fort bonnes conversations ici.

Je vins en ce pays, comme vous savez, avec madame la duchesse de Chaulnes, il y a dix mois. J'étais souvent avec elle à Rennes, et elle me fit faire un fort joli voyage en Basse-Bretagne. Ce fut là où M. le duc de Chaulnes reçut ordre du roi de retourner incessamment à la cour, et puis à Rome. Cela renversa tous nos projets d'aller voir la flotte à Brest. Nous revînmes fort tristes à Rennes, et le 20 d'août ils partirent pour Paris. Madame de Chaulnes me vint dire adieu ici, où elle coucha, et m'y laissa avec douleur. J'es-

---

[1] L'abbé Senault.

pérais qu'elle me ramènerait comme elle m'avait amenée ; la Providence en avait disposé autrement.

Vous savez le reste de ce qui regarde le voyage de Rome ; et pour moi, je suis restée ici avec une partie de ma famille, dans une belle maison, au-milieu de mes affaires ; car j'ai deux terres en ce pays. Je n'ai rien gagné au rehaussement des monnaies : je n'ai point eu de vaisselle d'argent à revendre. La belle Madelonne est dans son château de Provence, et moi fort paisiblement dans celui-ci. Je crois que je retournerai à Paris à la fin de l'été. Voilà ma vie et mon projet, et Dieu sur tout.

Il n'y a rien que je souhaitasse plus fortement que d'être dévote, et occupée de la seule grande affaire que nous avons tous à faire. Nous faisons des lectures toutes divines ; mais j'avoue qu'encore que mon esprit soit parfaitement convaincu de toutes les grandes vérités, mon cœur n'est pas touché comme je le voudrais, et cet état nous fait sentir le besoin que nous avons de la grâce du Seigneur. J'ai envie d'en demeurer là, mon cher cousin : puis-je finir à un plus bel endroit ? Tout paraîtrait frivole après cela. Cependant le bon Dieu trouvera bon, s'il lui plaît, que je vous dise encore un mot de mon amitié, qui ne s'est point relâchée, et qui durera autant que ma vie. Il me semble que je n'ai pas assez embrassé les deux aimables dames qui sont auprès de vous.

1148. — DU COMTE DE BUSSY A MADAME DE SÉVIGNÉ.

A Chaseu, ce 5 mars 1690.

Votre lettre du 5 février m'a fait un grand plaisir, Madame ; mais je l'ai trop attendue : ce n'est pas votre faute, c'est celle de la fortune, qui nous sépare de trop loin. Je n'ai pas ici ma fille de Coligny ; il y a deux mois qu'elle est en Auvergne, pour recueillir la succession qui est échue à son fils par la mort du comte de Dalet, son beau-père. Je l'attends le 15 de ce mois. Je voudrais que vous fussiez aussi près de revoir la belle Madelonne ; cependant vous ne souffrez pas tant de son absence que moi de celle de ma fille, car monsieur votre fils et madame votre belle-fille, qui ont de l'esprit, vous remplacent la Provence ; mais je ne suis pas si heureux : la solitude m'accommoderait mieux que la compagnie que j'ai. Le voisinage de ma petite belle-sœur (*Madame de Toulongeon*) me tire d'affaire de temps en temps ; je recueille avec elle ce que j'ai semé, car je lui ai donné de l'esprit, et elle me le rend avec usure.

Quand votre lettre est arrivée, ma chère cousine, M. d'Autun (*M. de Roquette*) était à Lyon, à une assemblée du clergé. Il vient d'en revenir : je lui ai envoyé votre lettre, qui lui a fait un grand plaisir ; il me mande qu'il va vous écrire. Le nom qui vous est inconnu dans la lettre que nous vous écrivîmes est celui de l'abbé Senault, un des neveux de M. d'Autun, fort honnête garçon.

Je m'en vais à ce Pâques-ci faire un tour à Versailles : il me paraît honnête à moi d'offrir au roi mes services dans la conjoncture présente, quand je saurais encore plus assurément que je ne fais qu'il ne me prendra pas au mot ; c'est toujours un acte de mes diligences. Je vous écrirai de ce pays-là.

Comme vous vous représentez à nous, il y a de la tiédeur dans votre fait, ma chère cousine ; mais qui est-ce qui n'en a point ? Il n'y a que les impies et les saints ; et il vaut encore mieux être comme nous, que dans l'extrémité du vice, ne pouvant parvenir à celle de la vertu ; on a beau dire, je ne pense pas que Dieu nous revomisse.

Je ne vous parle pas des nouvelles du monde : cela m'engagerait à de trop grands raisonnements ; je vous dirai seulement que le marquis de Bussy vient de partir d'ici pour se rendre promptement à Mont-Royal, où est le régiment de Mélac. Son frère l'abbé vient de soutenir en Sorbonne des thèses avec l'approbation générale, et surtout du père La Chaise, ayant traité le chapitre de *la grâce* comme la Société (*la compagnie de Jésus*) le pouvait souhaiter. Il ne sera pas en âge compétent qu'il ne soit mitré [1].

Adieu, ma très-chère cousine; ayez soin de votre santé, et pour cela tenez-vous l'esprit gai ; voilà comme j'en use. Il y a longtemps que je serais mort si j'avais pris les affaires à cœur ; la raison m'a beaucoup aidé, le tempérament encore plus. Ces deux choses me paraissent assez bonnes en vous, et c'est ce qui me fait compter pour vous sur une longue vie, et de vous entretenir, de vous écrire et de vous aimer encore trente ans durant ; après cela, ma chère cousine, je veux bien vous aller attendre en paradis.

1149. — DE MADAME DE SÉVIGNÉ A MADAME DE GRIGNAN.

Aux Rochers, dimanche gras 5 février 1690.

J'admire toujours qu'au travers de tout ce que je sais de la tristesse de vos pensées, vous puissiez écrire aussi librement, aussi plaisamment, aussi follement que vous faites. Votre frère est pâmé de tout ce que vous dites de Corbinelli ; et je trouve, comme lui, trop plaisante la comparaison que vous faites des mystiques avec les faux monnayeurs : les uns, à force de s'alambiquer l'esprit, font des hérésies ; et les autres font de la fausse monnaie à force de souffler : s'ils méritent également la potence, je dis qu'avec votre sainte Thérèse vous serez au pied de celle où mon ami sera pendu. Mais voici une querelle : c'est que je m'inscris en faux contre la lettre où vous assurez que j'ai dit que les *Imaginaires* [2] étaient *jolies* ; je n'ai jamais dit ce mot [3].

[1] L'abbé de Bussy devint évêque de Luçon en 1725.
[2] Dix-huit lettres de M. Nicole, appelées *Imaginaires et Visionnaires*, qui, sans avoir tout l'agrément des *Petites Lettres*, les égalent peut-être en éloquence et en solidité. (P.)
[3] Madame de Sévigné s'était cependant servie de cette expression. (*Voyez* la lettre 1158.) (M.)

C'est *une supposition ; ce* sont *des subtilités du sieur comte de Grignan,* comme disait l'avocat qui plaida l'inscription de la Bury. Oui, je le soutiens, je n'ai point dit le mot de *jolies* ; c'est une supposition de la *dame comtesse de Grignan* : j'ai dit *belles* et *très-belles.* La justesse de leur raisonnement emporte cette louange, et c'était assez que vous les eussiez louées pour m'en donner cette idée. Ainsi vous voyez la mauvaise foi ; mais je les relirai, et en tout cas le *grand conseil* ne me manquera pas.

Je suis contente de vos réponses à toutes mes questions, et je serais bien fâchée d'avoir la même aversion que vous pour relire : je lis et relis vos lettres avec tous les sentiments qu'elles méritent, selon les divers sujets ; et quelquefois vous dites des choses si plaisantes, qu'il faut rire, comme si on n'avait point le cœur navré ; enfin, je préfère cette lecture à tous les plus beaux livres du monde. Vous êtes étonnée que je ne pense à quitter ce pays qu'au mois de septembre, mais songez que je suis présentement dans le fort de mes affaires de Basse-Bretagne, et que le soleil, qui remonte tous les jours, me fait toucher au doigt ce temps.

Vous me donnez envie de vous conter des folies, tant vous entrez bien dans celles que je vous mande ; mais vous riez trop timidement du *distinguo*[1] ; qu'avez-vous à craindre ? n'ont-ils pas assez de bénéfices ? J'entends votre réponse : le crédit *des autres*[2] va sur tout ; hé bien ! je le veux ; mais faites au moins comme le père Gaillard, et comme chez notre voisin (*M. de Lamoignon*), où le récit fut trouvé plaisant au dernier point. Enfin, ma chère bonne, vous aurez votre enfant, pourvu néanmoins que ce voyage du roi à Compiègne ne trouble point celui de Provence. Il fait sa cour ; j'ai bien envie de recevoir de ses nouvelles. Il a été voir joliment madame de La Fayette ;

---

[1] Du jésuite qui disputait avec Boileau. *Voyez* la lettre du 15 janvier.
[2] Des jésuites.

il a été voir madame de Chaulnes : peut-on mieux faire? Je voudrais bien qu'il n'oubliât point madame de Lavardin, puisque vous aimez mes amies. J'ai entendu louer excessivement à votre *mystique* (*Corbinelli*) le livre de la *Fausseté des Vertus humaines* : il l'avait vu en manuscrit; il était ami de M. Esprit[1], et le consultait sur ses ouvrages. Il vous a dit mille fois que ce livre était excellent; mais vous ne l'écoutiez pas, non plus que les louanges de Rochon : l'heure de ces deux goûts n'était pas encore venue; il y a des temps pour tout. Je lirais bien volontiers ce livre sur sa parole. Nous venons de lire l'histoire de la prise de Chypre : la belle et l'agréable histoire! Je craindrais seulement que Pauline ne fût pas assez instruite des affaires de l'Europe; mais si elle l'était, elle serait charmée de cette lecture. C'est un parent de M. le contrôleur général[2] qui l'a traduite; mon fils l'a expédiée en quatre jours. Nous recommençons aujourd'hui notre carnaval, qui consiste à rassembler cinq ou six hommes et femmes de ce voisinage : on jouera, on mangera; et si notre soleil se remontrait, comme il fît hier, je me promènerais avec plaisir. On entend déjà les fauvettes, les mésanges, les roitelets, et un petit commencement de bruit et d'air du printemps : ce mois-ci est souvent plus doux que mai, à cause de votre bise qui nous tourmente. Il faut donc, malgré qu'on en ait, comprendre votre calcul de quatre-vingts personnes; je veux croire que s'il y en avait trop, M. le chevalier et M. de La Garde vous conseilleraient d'ôter le superflu, car dans ces années du siècle de fer pour vous il faut aller doucement, pour ne pas creuser au moins de nouveaux abîmes. Je vous plaindrai beaucoup quand vous n'aurez plus ces deux Grignans; c'est une solide con-

---

[1] Jacques Esprit, de l'Académie Française, auteur du livre de la *Fausseté des Vertus humaines*, livre qui n'est qu'un pesant commentaire des tristes maximes de La Rochefoucauld. (A. G.)

[2] M. de Pontchartrain avait succédé à Le Pelletier.

solation que leur société et leur conseil. Je craindrais, comme vous, pour M. de La Garde, la glu du faubourg Saint-Jacques [1] : sur cela, il n'y a rien à faire ni à prévoir, c'est l'affaire du Saint-Esprit. Je veux savoir qui est cette *maîtresse* de mon fils, que M. de Grignan a nommée si naturellement de ce nom, qu'elle ne méritait peut-être pas ; car nous l'assurons qu'il a cru être amoureux, et qu'il ne l'a jamais été. Je vous réponds qu'il ne connaît le véritable attachement du cœur que depuis qu'il est marié, ce qui fait le bonheur de sa femme et le sien.

MONSIEUR DE SÉVIGNÉ.

Ah! me voilà justement arrivé comme on parle de moi : je prends la plume, et j'interromps le discours, qui me paraît toujours trop long quand j'en suis le sujet. Je commence par vous dire, ma petite sœur, que toutes vos réflexions sur le *mystique du diable* sont charmantes : il néglige tout ce que le vulgaire appelle les premiers devoirs, va de plein vol se loger dans le septième appartement de sainte Thérèse, où il distille et souffle tout de son mieux : il en est encore à la fausse monnaie ; nous verrons s'il parviendra un jour à la pierre philosophale. Quelle était donc cette *maîtresse* que M. de Grignan prenait la liberté de nommer si familièrement devant M. d'Auch? Ne l'aviez-vous point dans l'esprit, quand vous écriviez que votre belle-sœur était allée faire un diable ou un ange, en allant faire prendre l'habit à une de ses cousines ? Laissons les choses comme elles sont; ne parlons ni d'anges ni de diables : les anges sont fort bien au ciel, le diable est aussi

---

[1] Ce quartier était principalement habité par des personnes plongées dans la plus haute dévotion, qui auraient enlevé M. de La Garde à sa famille comme à toutes les affections humaines, suivant les principes des jansénistes.

fort bien où il doit être. Laissons en paix de pauvres personnes qui font pénitence de notre malice à tous.

MADAME DE SÉVIGNÉ *continue.*

Voilà justement comme la chose s'est passée : on m'enlève ma plume, on me la rend, et je n'ai quasi plus qu'à vous embrasser de tout mon cœur, à vous remercier toujours des amitiés que je trouve dans vos lettres, si aimables et si naturelles. Je n'ai point fait d'injustice à votre cœur, j'en sais le prix et la perfection, et si je vous ai donné un moment de chagrin, vous devez me le pardonner. Vous me paraissez changée pour M. du Plessis[1] ; mandez-moi pourquoi, car je ne trouve point qu'il ait fait d'autre sottise que celle de se marier : c'est une chose qui ne se communique point, et qui ne l'empêcherait pas de bien élever votre second fils. Démêlez-moi donc ce qui vous fait changer d'avis ; cela tirerait à conséquence pour madame de Vins. Le pauvre abbé de Pile est mort dans votre pays : il était allé prendre des eaux de Digne, pour des vapeurs qui n'étaient pas guérissables.

Mon cher Comte, vous me gâtez, vous me perdez, vous me louez, vous me ferez devenir une sotte femme, pleine de vanité, c'est tout dire. Nous vous aimons trop ici ; mon fils se passerait bien que sa femme fût si entêtée de vos perfections : nous lui contons innocemment vos airs, vos tons et vos manières, qu'elle n'entend que trop bien. Pour moi, je serais bien obligée à quelqu'un qui m'ôterait la moitié de la sensibilité que j'ai pour vos intérêts.

---

[1] Il avait été de l'Oratoire, avant que de prendre soin de l'éducation du marquis de Grignan. Madame de Vins avait jeté les yeux sur lui pour celle de son fils. (P.)

1150. — A LA MÊME.

Aux Rochers, mercredi des cendres 8 février 1690.

Toute chose cessante, ma fille, dites-moi tout à l'heure d'où vient que vous avez encore madame Reinié? Est-ce que vous la faites venir parler à vous, comme de la rue Saint-Honoré à l'hôtel de Carnavalet? ou si le voyage de Paris à Grignan lui paraît comme celui de Paris à Livry? Je ne puis rien imaginer qui ait pu l'obliger à faire ce second voyage. La pauvre personne! vraiment je ne m'étonne pas qu'elle ait mal *tout partout*[1]. Mon Dieu! que Pauline est jolie! qu'elle est plaisante! que sa petite vivacité, que je vois d'ici, est aimable et divertissante! Sans vouloir louer la qualité de contrefaire, il faut avouer que c'est la chose du monde qui réjouit le plus parfaitement : comme je suis persuadée que Pauline n'en fera point un mauvais usage, et que ce plaisir ne sera que pour sa famille, je suis fort aise qu'elle ait ce talent, et j'espère bien en avoir ma part, toujours sous-entendu *si Dieu le veut*. Son frère est assez bon singe aussi; mais il a bien d'autres affaires; il est occupé de son équipage; vous verrez ce que l'abbé Bigorre m'en mande, et combien il songe peu au carnaval : il est, en vérité, d'une sagesse et d'une solidité qui surprend. Il mange chez La Poirier, sans aucune façon, ni aucun excès de bonne chère ; je voudrais qu'il allât quelquefois chez madame de Coulanges, qui est seule; elle en serait ravie. Mais que dites-vous de cette compagnie qu'on ne trouve point à vendre? est-il possible qu'une si bonne marchandise ne vous soit point enlevée? cela fait voir que c'est tout de bon qu'il n'y a point d'argent. Comment faites-vous donc pour l'équipage de votre enfant? quelle augmentation de dépense, et dans quel temps de

---

[1] Expression favorite de madame Reinié. (P.) *Voyez* la lettre de 26 octobre 1689.

sécheresse ! cela force l'imagination. Je vous ai mandé tout ce que j'ai pensé sur ce sujet. Je crois que le marquis pourra vous aller voir ; le voyage du roi à Compiègne n'est que pour la revue de sa maison. Je sais que la plus forte manière de faire voir qu'on ne paye point une pension, c'est de ne la point payer ; mais ce que je demandais, c'est si c'était un mal général, car vous savez qu'on ne veut pas être seul misérable. Si vos chemins sont aussi gâtés en vos pays que dans celui-ci, je plains M. de La Garde : tout commerce est quasi rompu dans cette province.

Mais, ma chère Comtesse, comment vous portez-vous ? Je vous ai laissée vous mitonnant dans votre lit, faisant la mignonne, souhaitant qu'on vous garde à votre tour ; vous ne voulez pas me donner d'autre idée : cependant, ces coliques sont douloureuses, c'est une vraie maladie, vous avez mal *tout partout,* comme madame Reinié. Pauline est bien plaisante de se faire une tristesse de ce verset du *miserere* ; c'est, en effet, une chose fâcheuse à dire, *que sa mère l'a conçue dans le péché* ; l'affaire est digne de réflexion, et tire à de grandes conséquences. Je vois que cette petite imagination a bientôt fait ses rapports, et bien juste. Chacun a sa part et sa différente sorte d'esprit : si on y mettait soi-même les doses, on y mettrait de tout ; mais il faut se résigner sur cela comme sur le reste. Je trouve que le marquis est bien partagé, et surtout qu'il a du bon et du solide. Pour vous, ma chère belle, qui en avez reçu de tant de façons, vous seriez obligée en conscience d'en communiquer, si cela dépendait de vous. Mais que n'est-il permis de troquer et de faire un commerce sur ce point ? on changerait ce qu'on en a de trop d'un côté, pour en acquérir de l'autre ; ce régalement ferait de grandes perfections ; c'est dommage que ce n'est pas la mode, et que Dieu n'a pas été de cet avis. M. de Grignan trouverait un grand débit de son esprit de justesse et d'agrément. Il est certain qu'il a joué à nous brouiller ensemble ; ce qu'il me disait de vous est tellement vraisemblable, que je le croyais vrai.

Mais voici un sujet de brouillerie plus sérieux : vous dites que j'ai relu trois fois les mêmes romans, cela est offensant; ce sont de vieux péchés qui doivent être pardonnés, en considération du profit qui me revient de pouvoir relire aussi plusieurs fois les plus beaux livres du monde, les Abbadie, Pascal, Nicole, Arnauld, les plus belles histoires, etc. Il y a plus de bien que de mal à cette qualité docile, qui fait honneur à ce qui est bon, et qui est si propre à occuper agréablement certains temps de la vie. Enfin, ma fille, je vous la souhaiterais cette qualité; mais embrassons-nous : pourquoi nous charger d'une querelle qu'il faudra aussi bien qui finisse à Pâques? faisons la chose de bonne grâce. Je demande à Pauline comme elle a passé son carnaval; car elle est dans l'âge où carême-prenant se fait sentir. Il y a eu ici des personnes bien raisonnables et bien commodes pour moi; on jouait sans cesse, et j'avais ma liberté. Mais hier, sans avoir vu aucun mouvement, ma belle-fille sortit un moment avant souper, et tout d'un coup celui qui sert sur table entre déguisé fort joliment, et nous dit qu'on a servi. Nous passons dans la salle, que nous trouvons éclairée, et ma belle-fille toute masquée, au milieu de tous ses gens et les nôtres, qui étaient aussi en mascarade; ceux qui tenaient les bassins pour laver, ceux qui donnaient les serviettes, tous les officiers, tous les laquais; c'était une troupe de plus de trente, si plaisamment fagotés, que la surprise se joignant au spectacle, ce fut un cri, un rire, une confusion qui réjouit fort notre souper; car nous ne savions qui nous servait ni qui nous donnait à boire. Après souper, tout dansa : il y eut des *sonnoux*, on dansa tous les passe-pieds, tous les menuets, toutes les courantes de village, tous les jeux des *gars* du pays. Enfin, minuit sonna, et nous voilà en carême : vous souvient-il, ma très-aimable, des mardis gras que nous avons passés ensemble, et où nous nous couchions si avant dans le carême? Je suis charmée de vous retrouver dans tous les temps de ma vie, et c'est toujours avec une tendresse sensible. Adieu; tout vous aime ici, j'aime et honore tout ce qui est là.

1151. — A LA MÊME.

Aux Rochers, dimanche 12 février 1690.

Je voudrais bien, ma chère Comtesse, que vous eussiez relu votre dernière lettre, et qu'elle vous eût paru comme à nous : les folies de Pauline vous auraient divertie une seconde fois; vous les contez si plaisamment, qu'elle n'y perd rien du tout. On voit une petite imagination qui va, qui brille, qui fournit à tout, et qui, avec les grâces de sa jolie personne, ne frappe jamais à faux. Mon fils en est amoureux : il s'en fait une idée charmante et préférable aux plus grandes beautés; il la veut voir, il veut son portrait; et depuis l'endroit où vous parlez de ce carnaval qu'elle sent dans la moelle de ses os, il commence à rire de ce ton que vous connaissez, et lisant, et pâmant toujours, il arrive à bon port sans s'interrompre. Vous souvient-il quand votre frère lisait cette comédie de votre fils et de Sanzei? On ne pouvait s'empêcher d'en rire en le regardant. Il est donc entré, et sa femme, comme moi, dans cette jolie scène, sentant les beaux endroits; souffler le bassinet, l'épée demeurée par hasard dans la garnison; ce jeune officier qui était pourtant à la bataille de Rocroi[1], où il se distingua si agréablement par tuer le trompette qui avait éveillé M. le Prince trop matin; madame D..., son portrait, M. de Grignan : avouez, ma fille, que tous ces différents sujets, mis en œuvre par la vivacité de Pauline, ne pouvaient rien composer que de fort plaisant. Elle vous fait

---

[1] Gagnée par le grand Condé, le 19 mai 1643. (P.)

faire votre carnaval, malgré vous. Nous avons une grande confiance au goût de M. de Grignan ; son rire doit attirer celui des plus délicats ; la suspension de la goutte de M. le chevalier, qui trouve que minuit est la plus belle heure du jour, et votre rire qui vous fait malade ; franchement, ce sont de grandes approbations pour Pauline.

MONSIEUR DE SÉVIGNÉ.

Et moi, que puis-je dire après cela, ma petite sœur ? voilà précisément tout ce qui me passait par la tête. J'ai ri aux larmes de cette peinture que vous nous faites vous-même avec tant d'imagination et de vivacité. Cette gaieté, qui consiste pour tout emportement, à manger du boudin, au lieu de manger du bœuf, et à danser des danses qu'on ne sait point, est si fort de l'âge de Pauline, qu'on voit bien que cela est représenté au naturel. Mais puisque ma mère a dit tout ce que je pensais sur les différentes scènes que cette jolie personne a jouées devant vous, et que je ne ferais que rabattre pauvrement ce qu'elle dit très-agréablement, je vais vous dire très-fortement ce qu'elle n'a fait qu'effleurer bien légèrement : c'est que du plus grand sérieux du monde je vous conjure, et votre belle-sœur aussi, de nous envoyer, quand vous le pourrez, le portrait de Pauline. Il passe souvent des peintres qui viennent de Rome ; il peut y en avoir de bons à Aix ; enfin, nous vous demandons ce plaisir avec toute sorte de tendresse et d'empressement. Toute personne qui décompose le sérieux de M. de Grignan au point que vous le représentez, et qui suspend le supplice du malheureux *Sisyphe*, ne me paraît pas une mortelle. Mais pendant que ce capitaine, tantôt jeune homme et tantôt vieux officier, contait ses prouesses et ses bonnes fortunes, que disait M. de La Garde ? N'était-il pas ému comme les autres ? Vous ne sauriez imaginer combien nous sommes entêtés des charmes de Pauline ;

parlez-nous-en toujours. Elle était si petite quand je l'ai vue, qu'en vérité j'ai besoin que vous me disiez comme elle est aujourd'hui ; ne connaissez-vous personne qui puisse m'en donner quelque idée ? aidez-nous enfin, ma belle petite sœur, en ce que vous pourrez à cet égard.

MADAME DE SÉVIGNÉ.

Vous voyez que je n'ai point exagéré l'entêtement de mon fils ; il vous le dit lui-même. Je suis assez curieuse aussi de savoir où était M. de La Garde ? était-il couché ? faisait-il scrupule de voir cette comédie ? Il est pourtant le premier admirateur de Pauline. Pour ce portrait que mon fils demande avec tant d'empressement, je vous conseille de ne rien forcer ; ce sera quand vous irez à Paris ou à Aix. La mesure sera celle du vôtre de Ferdinand ; il figurerait avec celui de madame d'Enrichemont. Je trouve le pauvre marquis chargé de toutes les affaires de la maison ; j'aurais eu peur qu'il ne les mît à terre, sans l'assistance de Vaille, qui connaît tout le monde, qui le soulagera et le conduira fort bien chez les ministres. Il lui aiderait bien aussi à vendre sa compagnie ; c'est un vrai secours que celui d'un tel homme. Enfin, ma fille, tout réside, comme vous le dites, sur une tête de dix-huit ans, pendant que toutes les autres, qui sont en quantité, sont incapables d'agir par différentes raisons ; Dieu le veut ainsi. Ce sera une chose fâcheuse, si le marquis ne peut aller à Grignan, et y puiser à la source de tous les bons conseils, dont il n'est pas possible qu'il n'ait besoin. J'ai une grande attention à toute cette suite, et à la réponse qu'on vous fera de la cour : je ne sais si je m'en souviens, mais il me semble que cette proposition ne plaisait point. Quoi ! M. d'Aiguebonne veut encore être battu ! Ce serait le dernier degré de gloire pour le marquis, si ce coup de grâce lui était destiné. Il faudrait, en ce cas, faire figurer le bon Rochon avec

Vaille; mais je ne crois point que M. de Lamoignon vous fasse prendre ce parti: il vous conseillera des *lettres d'État*, jusqu'à ce que vous veniez vous-même achever ce que vous avez si bien commencé. Voilà mon opinion; en tous cas, mandez-moi bien sincèrement vos desseins, ils sont pour moi de la dernière importance.

Je vous gronde de vous inquiéter quand mes lettres n'arrivent pas à point nommé : pourquoi croyez-vous plutôt que je suis malade, que de comprendre que toutes les rivières sont débordées? Tout l'hôtel de La Rochefoucauld est délogé, persécuté par l'eau, après l'avoir été par le feu; tout ce bas étage est un étang. L'eau est dans notre rue jusque chez M. Le Jai : ainsi, ma fille, il faut s'étonner quand les courriers arrivent. Mais vraiment tout ce que vous me dites là-dessus est si tendre, si naturel, si plein d'amitié; il y a un caractère de vérité dans toutes vos paroles, si touchant pour moi, qu'après avoir voulu vous corriger de vos inquiétudes, je suis contrainte de vous avouer que j'y trouve un plaisir bien sensible. Je ne sais pourquoi vous ne voulez faire aucun usage de la proposition de Bourbilly? J'entends la délicatesse de votre amitié; mais bien loin d'avoir quelque chose de funeste, et qui vous fasse penser à l'avenir, cela me ferait une vraie satisfaction en me faisant jouir pendant ma vie de la commodité que vous en pourriez recevoir; d'autant plus que m'en réservant le revenu, qui, par le malheur des temps, m'est nécessaire, je ne vois point pourquoi, dans une occasion pressante, vous ne vous tourneriez point de ce côté-là, surtout ayant le bon Berbisi pour correspondant. Adieu, ma belle; je suis persuadée que personne ne sait aimer comme vous; je dirais, si ce n'est moi, mais la tendresse de la maternité est si naturelle, et celle des enfants si extraordinaire, que quand je fais ce que je dois, vous êtes un prodige. Je crois pourtant qu'il y a une dose de tendresse dans mon cœur qui tient à votre personne, dont les autres mères ne tâtent pas; ce qui me faisait dire il y a quelque temps que je vous aimais d'une amitié faite exprès pour vous.

Le maréchal d'Estrées s'en va pour deux mois; il verra son frère le cardinal; il mariera tous ses enfants, disent nos Bretons; enfin nous n'aurons point de gouverneur. Je suis comme M. de Grignan, je voudrais que M. de Chaulnes vous mandât autre chose que des bagatelles; il y a bien des degrés entre vous chercher par mer et par terre, et les secrets de l'ambassade. Je gronderais Coulanges de quitter ce bon duc; cependant si son voyage était si long, il pourrait bien faire cette incivilité.

1152. — A LA MÊME.

Aux Rochers, mercredi 15 février 1690.

Il semblait, ma chère belle, qu'on n'avait d'attachement que pour vous, qu'on ne songeait qu'à vous plaire, et cependant il est sûr qu'on avait dessein de plaire à d'autres : rien n'est plus aisé que de tromper ceux dont on n'est pas observé. Il faut avouer qu'on est bien honteuse quand on a marqué des sentiments de repentir, croyant mourir, et qu'on se retrouve tout en vie, et non-seulement en vie, mais avec toutes les passions qu'on voulait croire éteintes. C'est assurément un grand embarras, et ce qui doit faire craindre pour toutes les morts, dont nous ne saurions voir ce qui serait arrivé si la santé était revenue : mais Dieu le voit, c'est assez[1]. On est souvent obligé de revenir à ce centre de toutes choses : n'êtes-vous pas toute plongée, mon enfant, dans le milieu des impossibilités dont vous êtes entourée? Tout de bon, je vous admire; mais je ne veux point souffrir que vous fassiez de comparaisons de mes peines aux vôtres; je dois oublier mon état pour sentir

---

[1] Tout le commencement de cette lettre tient à des particularités de position et de société trop intimes pour qu'on puisse les pénétrer; mais sans les comprendre, on doit en conclure des confidences qui témoignent l'entière confiance de la fille pour la mère. (A. G.)

uniquement ce qui vous touche, et je le fais aussi. Tout est violent et violenté dans vos affaires; tout est pressé, tout est nécessaire, tout est exposé aux yeux du public; et je ne vous trouverais guère plus à plaindre si on vous condamnait sur-le-champ à faire de rien quelque chose. Voilà ce qui me serre le cœur et qui m'occupe; je ne songe nullement à moi, car ce n'est rien, je ne suis obligée à rien; je me trouve dans un petit dérangement, un peu d'absence raccommode tout. Une retraite honnête, agréable, convenable, qui serait bonne au salut comme aux affaires, si je savais en profiter, qui se trouve heureusement dans le temps que vous êtes en Provence : avouez, ma très-aimable, que je ne dois point sentir d'autres maux que ceux que vous souffrez. Ainsi, ma chère enfant, redressez vos pensées, et ne songez à moi que pour m'aimer; il y a longtemps que je suis payée, et au delà, par votre amitié sincère et par votre parfaite reconnaissance.

Je vous conjure de me donner la suite du roman, où je trouve que Pauline fait un fort bon personnage, puisqu'elle est bien avec la *princesse* sa mère, et qu'elle couche dans sa chambre. Ce fut une belle circonstance à son voyage de toute la France, que d'oublier l'Italie : nous la prions, la première fois qu'elle ira à Rome, de ne pas oublier de voir Paris en chemin faisant.

Beaulieu me mande que la compagnie est vendue, et le marquis m'écrit une petite lettre toute pleine d'amitié : il me paraît accablé de bien des affaires; et moi, toujours à regretter cet oncle, qui même ne se trouve pas à Paris dans un temps où il lui ferait tant de bien. Ce serait un malheur que le marquis ne pût pas aller en Provence. Vous avez vu par cette lettre de madame de La Fayette comme le pauvre M. de Montausier, après avoir été *esprit et corps*, penche présentement à n'être plus que *corps*[1] : cela me

---

[1] M. de Montausier mourut le 17 mai suivant, à l'âge de quatre-vingts ans. (P.)

paraît fort bien dit. Hélas! cette chute de notre pauvre abbé, c'était justement n'être plus que *corps*. Vous louez tellement mes lettres au-dessus de leur mérite, que si je n'étais fort assurée que vous ne les refeuilleterez ni ne les relirez jamais, je craindrais tout d'un coup de me voir imprimée par la trahison d'un de mes amis. Voiture et Nicole, bon Dieu, quels noms! et qu'est-ce que vous dites, ma chère enfant?

Corbinelli, à qui je n'ai point dit votre méchanceté, vous écrira par le marquis; il va dîner avec lui chez madame de Coulanges; il est toujours content de son esprit. M. du Bois me mande qu'il vous a envoyé son livre.

Mais écoutez un miracle : la maréchale de La Ferté [1] est tellement convertie, qu'on ne saurait l'être plus sincèrement : elle est entre les mains des bons ouvriers, elle ne trouve rien de trop chaud. Ninon en est étonnée, ébranlée : le Saint-Esprit souffle où il lui plaît; mais qu'il se répandait bien abondamment dans les quatre premiers siècles sur cette naissante Église! quelle infinité de martyrs! Cette histoire de votre évêque de Grasse est tout à fait belle. Quels papes en ce temps-là! tous martyrs. Quels évêques! où en trouver aujourd'hui qui leur ressemblent?

On assure que le comte d'Estrées épouse mademoiselle de Croissi, et mademoiselle d'Estrées M. de Torci [2] : voilà un beau mélange; c'est, je crois, pour cela que le maréchal d'Estrées est parti. Vous aurez le cardinal son frère dans votre Provence; mais vous ne le verrez pas. Il fait

---

[1] Ce n'est pas seulement la chronique scandaleuse de Bussy qui a fai[t] connaître cette maréchale, digne sœur de la fameuse comtesse d'Olonne les *Lettres originales* de MADAME prouvent que cette satire n'avait poin[t] chargé son portrait. Il faut avouer que madame de Sévigné n'était pas just[e] de mettre à côté d'une telle femme Ninon, qui non-seulement n'avait ja[mais] trompé ni déshonoré un mari, mais qui même resta toujours fidèle [à] l'amant qu'elle aimait. (A. G.)

[2] Ces deux mariages n'eurent point lieu. (P.)

un temps délicieux, tous les oiseaux sont en campagne; je me promène, et je relis vos lettres avec une extrême tendresse; je serais bien fâchée de n'aimer point à relire.

1153. — A LA MÊME.

Aux Rochers, dimanche 19 février 1690.

Si vous me voyiez, ma chère belle, vous m'ordonneriez de faire le carême; et ne me trouvant plus aucune sorte d'incommodité, vous seriez persuadée, comme je le suis, que Dieu ne me donne une si bonne santé, que pour me faire obéir au commandement de l'Église. Nous faisons ici une bonne chère : nous n'avons pas la rivière de Sorgue[1], mais nous avons la mer; en sorte que le poisson ne nous manque pas. Il nous vient toutes les semaines du beurre de la Prévalaie; je l'aime et le mange comme si j'étais Bretonne : nous faisons des beurrées infinies : nous pensons toujours à vous en les mangeant; mon fils y marque toujours toutes ses dents, et ce qui me fait plaisir, c'est que j'y marque encore toutes les miennes. Nous y mettrons bientôt de petites herbes fines et des violettes; le soir, un potage avec un peu de beurre, à la mode du pays, de bons pruneaux, de bons épinards; enfin, ce n'est pas jeûner, et nous disons avec confusion : *Qu'on a de peine à servir la sainte Église!* Mais pourquoi dites-vous du mal de mon café avec du lait? C'est que vous haïssez le lait : car sans cela vous trouveriez que c'est la plus jolie chose du monde. J'en prends le dimanche matin par plaisir. Vous croyez le dénigrer en disant que cela est bon pour faire vivoter une pauvre pulmonique : vraiment, c'est une grande louange, et s'il fait vivoter une mourante, il fera vivre fort agréablement une personne qui se porte bien. Voilà le chapitre du carême vidé.

---

[1] La rivière de Sorgue est fort poissonneuse, et coule dans le comtat Venaissin. (P.)

Disons un mot des sermons : que je vous plains d'en entendre si souvent de si longs et de si médiocres! C'est ce que M. Nicole n'a jamais pu gagner sur moi que cette patience, quoiqu'il en ait fait un beau traité. Quand je serai aussi bonne que M. de La Garde, si Dieu me fait cette grâce, j'aimerai tous les sermons ; en attendant, je me contente des évangiles expliqués par M. Le Tourneux : ce sont les vrais sermons, et c'est la vanité des hommes qui les a chargés de tout ce qui les compose présentement. Nous lisons quelquefois des Homélies de saint Jean Chrysostôme ; cela est divin, et nous plaît tellement, que pour moi j'opine à n'aller à Rennes que pour la semaine sainte, afin de n'être point exposée à l'éloquence des prédicateurs qui s'évertuent en faveur du parlement. Je me suis souvenue du jeûne austère que vous faisiez autrefois le mardi gras, ne vivant que de votre amour-propre, que vous mettiez à toutes sauces, hormis à ce qui pouvait vous nourrir ; mais en cela même il était trompé, car vous deveniez quelquefois couperosée, tant votre sang était échauffé ; vous contempliez votre essence, comme un coq en pâte ; que cette folie était plaisante! Vous répondiez aussi à La Mousse, qui vous disait : *Mademoiselle, tout cela pourrira.* Oui, monsieur, *mais cela n'est pas pourri.* Bon Dieu! qui croirait qu'une telle personne eût été capable de s'oublier elle-même au point que vous avez fait, et d'être une si habile et admirable femme? il faudrait présentement vous redonner quelque amour, quelque considération pour vous-même : vous en êtes trop vide, et trop remplie des autres. Un équipage, des chevaux, des mulets, de la subsistance ; enfin, vivre au jour la journée ; mais entreprendre des dépenses considérables, sans savoir où trouver le nerf de la guerre, mon enfant, cela n'appartient qu'à vous ; mais je vous conjure de songer à Bourbilly : c'est là que vous trouverez peut-être du secours, après l'avoir espéré inutilement d'ailleurs.

Madame de Chaulnes me mande que le marquis est fort joli, qu'il la va voir; elle ne croit pas qu'il ait le temps d'aller en Provence. Je crois la compagnie vendue; je l'ai su plus tôt que vous. Il est vrai que votre enfant est un bon gros garçon; mais il n'est point noir comme Boufflers : je ne puis souffrir cette comparaison, si ce n'est à courir le grand galop dans le chemin de la fortune. Ce marquis devrait bien vous faire un peu plus en détail le récit de son premier voyage de Versailles; c'est ce qu'on veut savoir, et si le roi ne lui a point fait quelque mine, ou dit quelque parole : c'est dans ces occasions qu'un père ou un oncle auraient été d'un grand secours. Voilà mon petit billet de l'abbé Bigorre : il nous fait plaisir; car il mande les nouvelles plus exactement que les autres. Si les femmes et les courtisans qui trouvent que M. de Chaulnes est bien longtemps à pacifier toutes choses étaient instruits de tout ce qui s'est fait depuis dix-huit ans contre Rome, ils penseraient que si l'ambassadeur en vient à bout, ce sera un chef-d'œuvre d'adresse et de bonheur. Il y a quinze ou seize chefs dont notre loisir nous a donné quelque connaissance, et qui sont à peu près de la même force que la suppression des filles de madame de Mondonville [1] : M. de Grignan sait bien ce que c'est. Mais on n'a pas le temps d'examiner ces bagatelles; on a plus tôt fait de blâmer, et de juger, et de s'impatienter. M. le cardinal d'Estrées est arrivé : je ne sais s'il prendra le parti de paraître ennemi de l'ambassadeur; nous verrons. Il passa au travers de Paris pour aller à Versailles, et envoya un gentil-homme à madame de La Fayette : il est fort son ami. Les vers de votre Adhémar sont très-jolis; ceux du jeu médiocres, et bons, comme vous dites, pour des bouts rimés. En voilà de la Scudéry pour Coulanges; qu'en pen-

---

[1] Jeanne de Juliard, veuve de M. de Turles, seigneur de Mondonville, était fondatrice de la congrégation des *Filles de l'Enfance,* qui fut supprimée par un arrêt du conseil de 1686. (P.)

sez-vous? On dit que c'est son adieu [1], et qu'elle s'en va doucement avec M. de Montausier. Il faut songer à ce voyage, ma chère enfant, quand on a déjà tant vécu; rien n'y fait mieux penser que de lire, et de voir mourir une infinité de gens plus jeunes que soi : enfin, c'est la commune destinée. Mais que celle de B.... est bizarre de s'abimer à force de prêter à usure! La déroute de notre pauvre d'Harouïs est bien plus aisée à comprendre : passionné de faire plaisir à tout le monde, sans mesure, sans raison ; cette passion offusquant toutes les autres, et même la justice : voilà un autre prodige, mais c'est mourir d'une plus belle épée. Vous connaissez le livre de M. du Bois; votre goût est exquis. Cette lecture confirme encore la vérité de notre religion ; je le trouve fort beau; je ne suis pas encore *aux Mœurs de l'Église*. Je ne remercierai point M. du Bois, il est trop heureux que vous approuviez son livre; mais je remercierai M. de Grignan de la bonté qu'il a de vouloir bien demeurer avec vous et avec son aimable famille. Pour moi, j'y suis toujours, comme je vous ai dit; et j'y pense sans cesse dans ces bois, où le soleil brille comme en Provence, et où je relis vos lettres avec tant de plaisir.

1154. — A LA MÊME.

Aux Rochers, mercredi 22 février 1690.

C'est un chef-d'œuvre en sa manière, que la lettre que vous avez écrite à l'abbé Charrier : elle était vraiment difficile, car le sujet vous manquait un peu; mais vous avez si bien employé l'abbé de Kimperlé, madame de Sévigné, le fils de M. Charrier, et madame de Grignan, qu'il n'y a pas un mot qui ne porte, et qui n'y soit nécessaire. Je suis persuadée que vous n'avez point senti toute la justesse de ce billet, il vous est échappé; mais je lui rends l'honneur

---

[1] Mademoiselle de Scudéry ne mourut qu'en 1701, à l'âge de quatre-vingt quatorze ans. (P.)

qui lui est dû, je suis ravie; il ne pouvait venir plus à propos pour m'aider à remercier ce bon abbé d'une affaire très-importante qu'il vient de terminer pour moi en Basse-Bretagne : je croyais le payer en lui envoyant votre aimable lettre.

Parlons de vous, ma chère belle : vous ne me dites plus rien *du premier ministre*; cette affaire doit pourtant avoir de la suite. Comment avez-vous fait pour l'équipage de votre enfant? Je sais plus tôt que vous que sa compagnie est vendue. Je ne crois point qu'il ait le temps de vous aller voir; j'en suis affligée pour vous et pour lui. On me mande que c'est un gros garçon, et qu'il ne faut pas songer à la taille de son père. On m'en dit du bien : il est honnête, il est joli; mais c'est un malheur, qu'à ce premier avénement à la cour, à ce premier coup d'œil, le petit colonel n'ait été soutenu d'aucun des siens : pour moi, je crois qu'ayant vu qu'il était chargé de tout, il aura fait des merveilles.

M. de Chaulnes m'écrit de Rome une grande lettre d'amitié, et se plaint que je l'abandonne bien dans sa solitude; je lui mande que c'est que je n'ai pas le loisir de lui écrire, que je suis accablée d'affaires, et autres sottises. Vous verrez par mon petit billet de Bigorre que nous avons lieu d'espérer l'heureux succès de ces grandes et difficiles négociations, et que ce qu'on pourrait appeler impossibilité à l'égard d'un ambassadeur moins accoutumé que celui-ci aux manières de Rome s'aplanira infailliblement en sa faveur; vous verrez au moins que le roi est content, et qu'il paye bien son ambassadeur. Le cardinal d'Estrées a vu madame de La Fayette : il revient de Turin, cela fait un grand sujet de conversation; mais je crois que Rome n'aura pas été oubliée. On dit que cette Éminence parle du pape, et qu'il ne prononce pas le nom de M. de Chaulnes; cela me paraît difficile comme de jouer à ce jeu où il ne faut dire ni oui ni non.

Est-il vrai que M. du Plessis soit retourné à Paris? Vous ne m'avez point dit ce qui vous a fait changer sur son sujet : j'ai vu que vous en étiez contente. Vous êtes trop aimable des soins et des attentions que vous avez pour votre maman : je me porte toujours très-bien, la sobriété du carême est salutaire. Envoyez-nous de vos belles truites de Lisle[1], nous vous enverrons d'un beurre qui vous réjouira le cœur. Je fais mille amitiés à M. de Grignan; je me flatte que s'il était ici, il serait tenté de marcher par la diversité des allées qui l'amuseraient. Adieu, très-chère; je ne puis vous dire combien je vous aime, ni combien votre amitié est nécessaire à la douceur de ma vie.

1155. — A LA MÊME.

Aux Rochers, dimanche 26 février 1690.

Je n'eusse jamais cru pleurer comme j'ai fait le pauvre La Chau; mais il n'est pas possible de lire ce que vous mandez de la douleur si vive et si naturelle de sa pauvre femme, sans avoir le cœur touché et en même temps les larmes aux yeux. Voilà vraiment un malheur bien marqué, et une destinée que rien ne pouvait empêcher. Cet homme est pressé, il veut arriver; on lui conseille de ne se point exposer; on lui dit de bonnes raisons, on veut au moins le détourner de se mettre dans ce petit bateau : non, il n'écoutera rien, il faut qu'il aille, il faut qu'il soit juste au rendez-vous : la mort l'attend sur le Rhône, à un certain endroit; il s'y trouvera, il faut qu'il y périsse. Mon Dieu! ma chère enfant, que tout cela est bien arrangé ! Tout le monde se retrouve dans cet accident et dans la douleur de cette femme : comme nous sommes exposés à de pareilles détresses, c'est notre intérêt qui nous fait pleurer, quand

---

[1] Petite ville du comtat Venaissin.

nous croyons pleurer le malheur des autres. Le christianisme veut que l'on pense d'abord au salut de ce pauvre homme, mais sa femme sera fâchée ensuite d'avoir perdu quatre mille francs : si le corps mort ne reparaît point, ou que la furie du Rhône l'ait jeté au delà d'Arles, en des bords écartés, la Providence disposera de cet or cousu dans cet habit mouillé, comme du reste.

Je loue fort la résolution de ne point faire venir votre marquis, c'est le plus sûr : ce voyage est une dépense, une fatigue uniquement pour contenter votre tendresse; prenez encore tout cela sur vous, avec tant d'autres choses, et attendez plutôt qu'il soit brigadier ou maréchal de camp, que de le faire courir présentement. *Beaulieu* me mande qu'il est accablé d'affaires, et qu'il s'y donne tout entier. Est-il possible qu'il ait vu madame de La Fayette avant madame de Vins? Je le blâme tout à fait, et j'en suis jalouse comme vous; car très-souvent je me trouve à votre place : toutes sortes de raisons doivent le faire courir chez madame de Vins : elle m'écrivit l'autre jour qu'elle avait une vraie envie de le voir, et d'observer la différence et le passage de l'enfance à la jeunesse. Il a été chez madame de Lavardin; il aura le temps d'y retourner.

Voilà donc un voyage tout précipité de M. de Grignan : il est bien difficile que ces courses n'arrivent souvent, quand on commande seul dans une province, soit pour le service du roi, soit pour conserver l'honneur de sa charge. Vous n'êtes jamais bien entrée dans cet intérêt que pour M. de Grignan, cela est assez naturel; mais cet exemple devait s'étendre plus loin. Parlons de M. le cardinal de Forbin[1] : le courrier qui a porté la nouvelle de sa promotion est arrivé en sept jours; M. de Beauvais fut trans-

---

[1] Toussaint de Forbin de Janson, évêque de Beauvais, fut compris dans la promotion des onze cardinaux que fit Alexandre VIII en février 1690. Innocent XI avait refusé de le nommer, disant qu'il avait travaillé à faire venir les Turcs en Hongrie et en Pologne.

porté de joie. Le roi est content au dernier point de son ambassadeur : il y a bien de l'apparence qu'il fera tous les miracles qui sont à faire à Rome. Madame de Chaulnes m'écrit d'un style triomphant; elle est gaillarde, elle a raison. Il faut cependant écrire à ce nouveau cardinal ; c'est ce que je viens de faire; je suis persuadée que vous n'y manquerez pas. *Point d'ennemi,* ma chère enfant : faites-vous une maxime de cette pensée, qui est aussi chrétienne que politique; je dis non-seulement *point d'ennemis,* mais *beaucoup d'amis :* vous en avez senti la douceur dans votre procès. Vous avez un fils, vous pouvez avoir besoin de tel que vous ne croyez pas qui puisse jamais vous servir. On se trompe; voyez comme madame de La Fayette se trouve riche en amis de tous côtés et de toutes conditions; elle a cent bras, elle atteint partout. Ses enfants savent bien qu'en dire, et la remercient bien tous les jours de s'être formé un esprit si liant : c'est une obligation qu'elle a à M. de La Rochefoucauld, dont sa famille s'est bien trouvée. Je suis sûre que depuis quelques années vous êtes dans ce sentiment.

Vous m'expliquez parfaitement madame Reinié : la plaisante chose de quitter ainsi Paris, son mari, toutes ses affaires, pour s'en aller trois ou quatre mois courir *tout partout* dans la Provence, demander de l'argent, n'en point recevoir, se fatiguer, s'en retourner, faire de la dépense, et de plus gagner un rhumatisme; car *figurez-vous qu'elle a des douleurs* TOUT PARTOUT; et tellement qu'à la fin vous en êtes défaite.

J'aime fort l'amitié de Pauline pour M. Nicole; c'est signe qu'elle le lit avec attention : ce goût me donne la meilleure opinion du monde de son esprit; j'aime aussi la colère où elle est que les évêques ne se battent pas à qui l'aura. Mais, ma belle, par votre foi, pensez-vous qu'il n'y ait qu'à nous donner un premier tome du roman *de la princesse, de l'infante, du premier ministre,* aussi joli que celui que nous avons vu[1], et puis nous planter là? Je ne le souffrirai point; je veux absolument savoir ce qu'est devenue cette bonne et juste résolution *de la princesse* : j'ai bien peur qu'elle ne soit évanouie par la nécessité des affaires, par le besoin qu'on a *du ministre,* par le voyage précipité, par l'impossibilité de ramasser *les feuilles de la Sibylle* follement et témérairement dissipées et jetées en l'air pendant dix ans. Enfin, je crains que toutes vos bonnes intentions ne servent de rien, comme je l'ai vu tant de fois depuis vingt ans : il faut une suite à cette histoire, qui n'est que trop sérieuse par rapport à vos affaires. Il faut que je sache aussi le succès du voyage de M. Prat auprès de l'amant forcené de la princesse *Truelle.* Je voudrais bien savoir qui étaient ces confidents *du premier ministre* et *de la favorite,* qui recevaient les courriers. Dites-moi si vous êtes toujours contente de *Flame*[2] : c'est un personnage bien considérable dans votre grande maison. Je vous demande des nouvelles du voyage de ce Comte; et si le trésorier fera selon ses intentions : voilà, ma très-chère, bien des questions; je vous en fais des excuses. Vous êtes trop aimable d'aimer mes lettres : quand vous en recevez trois à la fois, vous dites que vous êtes riche; mais quelle fatigue! elles sont d'une longueur qui devrait vous empêcher d'y répondre si exactement. Adieu, ma chère belle. Comment vous portez-vous du carême? pour moi, je m'en trouve fort bien. J'ai pris ce matin du tripotage de café avec du lait; je n'en suis point encore dégoûtée, non plus que des sermons, car nous ne tâtons que de ceux de M. Le Tourneux et de saint Jean Chrysostome. Nous avons un fort aimable temps, plus d'hiver, une espérance de printemps qui vaut mieux que le printemps.

---

[1] C'était une relation, en forme de *roman*, de ce qui se passait dans l'intérieur de la maison de M. de Grignan. (P.)
[2] Maître d'hôtel de M. de Grignan. (P.)

1156. — DE MADAME DE SÉVIGNÉ A M. DE COULANGES.

Aux Rochers, le 18 mars 1690.

Je fais courir cette feuille après trois autres que je vous écrivis, il y a trois jours, pour vous dire, mon cher cousin, que je suis bien imparfaite; c'est une vérité que je veux établir à Rome comme à Paris. J'ai lu plusieurs fois votre aimable lettre; la dernière fut en me promenant dans ces bois : le silence me fit trouver encore plus de goût à vos chansons, à votre prose, à votre sérieux, à votre badinage. Je fis réflexion à cette vie de Rome, si bien mêlée de profane et de *santissimo*; à ces beaux jardins, *où l'art et la nature font éclater leurs miracles divers*[1]. Je songeai à cette boule[2], où vous étiez grimpé avec vos jambes de vingt ans, et à l'avantage qu'ont les hommes au-dessus des femmes, dont tous les pas sont comptés et bornés; et combien je me promènerais de jours et d'années dans le plain-pied de nos allées, sans me trouver jamais dans cette boule. Je trouve le madrigal de mademoiselle de Scudéry très-joli, très-flatteur; et puis je vous trouve heureux d'avoir l'abbé de Polignac (*depuis cardinal*) dans votre société; je suis ravie de son souvenir. C'est un des hommes du monde dont l'esprit me paraît le plus agréable; il sait tout, il parle de tout; il a toute la douceur, la vivacité, la complaisance, qu'on peut souhaiter dans le commerce. Je crois vous en avoir parlé autrefois de cette manière, du temps que nous traitions ensemble le mariage de son frère avec mademoiselle de Grignan[3]. Au retour de ma promenade, je vous écrivis avec bonne intention de vous parler de lui, et je l'oubliai; que dites-vous de cette misère, mon pauvre Cou-

---

[1] Allusion à une chanson que Coulanges fit sur cet air, pour célébrer les beaux jardins de Rome. (M.)
[2] La boule qui surmonte la coupole de l'église de Saint-Pierre de Rome.
[3] Françoise-Julie Adhémar de Monteil, depuis marquise de Vibraye. (P.)

langes? Il ne faut plus se fier à rien, et moins à soi-même qu'aux autres; depuis ce jour, je me gronde, je me fais froid, je ne veux plus me promener seule; je me trouve indigne de ma confiance, et n'ai trouvé de consolation qu'à vous prier de me raccommoder avec moi, en disant à cet aimable abbé de quelle manière je l'oublie, et de quelle manière je me souviens de lui. Voilà ce que j'avais à vous dire, en vous conseillant d'en faire votre ami plutôt que votre rival, et de m'aimer toujours autant que je vous aime, si vous le pouvez.

1157. — DE MADAME DE SÉVIGNÉ A MADAME DE GRIGNAN.

Aux Rochers, ce 26 avril 1690.

Enfin, voilà cette pauvre dauphine[1] morte bien tristement, bien salement. La Troche m'en mande mille détails qu'on aime à savoir; comme elle veut répondre à votre lettre, peut-être vous en dira-t-elle quelque chose. Le roi et MONSIEUR la virent mourir; elle demanda mille pardons au roi de son peu de complaisance; elle voulut baiser sa main, il l'embrassa. Les sanglots l'avaient empêché de parler à M. le dauphin, qui ne fut pas longtemps dans la chambre. En bénissant ses enfants, elle dit : « Et vous « aussi, mon petit Berry, quoique vous soyez cause de ma « mort. » Et il se trouve que cela n'est pas et qu'elle n'avait aucun mal dans tous ces lieux-là : je voudrais qu'on pût lui dire combien elle s'est trompée. Le roi et toute la cour sont à Marly, pour quinze jours. Elle a donné quarante mille livres à Bessola, et l'a fort recommandé au roi; un diamant à MADAME, une bague de cinquante louis à la maréchale de Rochefort. On ne porte le deuil que six mois. Je suis folle, ma pauvre bonne, de vous dire toutes

---

[1] Marie-Anne-Christine-Victoire de Bavière, épouse de Louis, dauphin de France, mourut le 20 avril 1690, à sept heures et demie du soir. (*Voyez les Mémoires de Dangeau*, tome Ier, page 511.)

ces choses, qu'on vous mande comme à moi. J'ai été accablée de lettres sur cette mort; il me semblait que tous mes amis et amies eussent peur que je ne l'ignorasse, c'était comme une conspiration. Je ne sais qui sera chargé de son oraison funèbre[1]; pour moi, je n'y trouve que trois points : M. le duc de Bourgogne, M. le duc d'Anjou, M. le duc de Berry, et c'est un assez grand panégyrique pour une dauphine.

Madame de Sévigné, étant encore restée aux Rochers pendant sept mois, a dû écrire à madame de Grignan beaucoup d'autres lettres; on n'en a conservé que trois, qui se trouvent dans la collection de M. le marquis Garnier. Elles n'ont pu être comprises dans cette édition, parce qu'elles ont été imprimées séparément et forment une propriété particulière.

1158. — DU COMTE DE BUSSY A MADAME DE SÉVIGNÉ.

A Paris, le 31 mai 1690.

Il y a six semaines que je suis en ce pays-ci, Madame, c'est-à-dire à Paris en passant et d'ordinaire à Versailles; il y a pourtant huit jours qu'une colique me ramena ici. J'ai été chercher deux fois notre ami Corbinelli sans le trouver; mais il faut vous entretenir de ma fille et du sujet de mon voyage.

Premièrement, je vins descendre chez ma fille de Montataire[2], qui vient d'aller en Picardie avec son mari et son frère l'abbé pour un reste de l'affaire de Manicamp; ils en reviendront dans quinze jours. Pour votre nièce de Coligny qui a hérité des terres de Dalet et de Malintras par la mort de son beau-père, elle vient d'arriver ici sous le nom de la *comtesse de Dalet*. Voici les raisons qui lui ont fait prendr

---

[1] Ce fut Fléchier, évêque de Nîmes.
[2] Marie de Rabutin, marquise de Montataire. Saint-Simon dit qu'elle et son mari étaient de grands chicaneurs.

ce nom : Depuis trois cents ans les aînés de la maison de Langheac se sont toujours appelés les comtes de Dalet, et cela est tellement établi dans cette famille que si son mari vivait, il aurait pris ce nom-là. De plus, il y a une petite Lassai qui a quinze ans et qui vient d'épouser Coligny, fils de Coligny de Hongrie; il serait désagréable à votre nièce que pour les différencier l'une de l'autre on dit : Est-ce la vieille? Est-ce la jeune? MADEMOISELLE (*de Montpensier*), en apprenant ce changement, me disait hier cette raison. Votre nièce a même trouvé un exemple de pareille chose en arrivant ici. La comtesse de Carouges, devenue veuve depuis six mois, avait pris le nom de comtesse de Tillières à la mort de son beau-père, qui vient d'arriver.

Pour revenir donc à cette nouvelle comtesse de Dalet, je vous dirai qu'elle est venue ici mettre le comte de Dalet, son fils, au collége de Louis le Grand. Pour moi, je suis venu offrir mes services au roi, dans un temps où je vois que les arrière-bans deviennent des troupes réglées. Il me reçut agréablement, sans me prendre au mot; car où me mettre? toutes les places sont occupées par des officiers de la couronne, et par des gens de bureau. Sa Majesté a trop d'honnêteté pour me dégrader en me faisant obéir à quelqu'un d'eux, moi le plus ancien lieutenant général des armées de France. Mais je voudrais bien, chemin faisant, l'obliger de reconnaître mes bonnes volontés par quelque petite grâce, qui, sans lui faire mettre la main à la bourse, ne laissât pas de m'accommoder; c'est à quoi je travaille, et si Dieu le veut, cela sera; si non, j'y consens. Jamais vous n'avez ouï parler d'une résignation pareille à la mienne : cela est bon pour la santé, aussi bien que pour le salut. Si je vous voyais, ma chère cousine, je vous dirais les moyens dont je me sers pour parvenir à mes fins; je ne puis vous les écrire.

Pour vous parler maintenant des affaires générales, je vous dirai que je vis agoniser la pauvre madame la dauphine; que le roi pleura fort en ce moment; mais que si je voulais être longtemps regretté par quelqu'un, je ne voudrais pas que ce *quelqu'un-là* eût toutes les affaires de l'Europe sur les bras. Rien ne fait tant oublier les morts que les vivants. Croyez bien, ma chère cousine, que si les courtisans d'Alexandre penchaient la tête pour se conformer à ses manières, ils ne pleuraient pas devant lui quand il n'était pas triste.

Monseigneur est arrivé en bonne santé sur le Rhin, bien résolu de battre son beau-frère [1], et je crois que cela pourrait bien arriver; car un prince à qui la Providence ôte à point nommé un ennemi de dessus les bras, comme M. de Lorraine [2], doit attendre d'elle toutes sortes de prospérités. M. de Luxembourg a passé l'Escaut pour faire contribuer, ou pour brûler tout ce qui ne voudra pas le faire.

On croit que l'accommodement de M. de Savoie se fera [3]; qu'il nous donnera la citadelle de Turin et Verrue, trois régiments d'infanterie et deux de dragons, faisant quatre mille hommes; qu'après cela Catinat entrera dans le Milanais pour y faire ce que M. de Luxembourg va faire en Flandre.

Les affaires d'Irlande vont assez bien; il n'y a que le roi Jacques qui gâte tout, et qui montre tous les jours par sa conduite qu'il mérite ses disgrâces.

Mandez-moi ce que vous faites, quand vous reviendrez ici, c'est-à-dire la belle Madelonne; car je crois que vos mesures sont prises pour n'y pas revenir l'une sans l'autre. Adieu, ma chère cousine; la comtesse de Dalet, son fils et moi vous embrassons mille fois.

---

[1] L'électeur de Bavière.
[2] Charles V, duc de Lorraine. Ce prince, qui commanda avec gloire les armées de l'empereur, mourut dans un petit village comme il se rendait à Vienne.
[3] Louis XIV continuait de traiter la Savoie comme une province conquise.

1159. — DU MÊME A LA MÊME.

A Versailles, ce 2 juin 1690.

Je vous écrivis de Paris avant-hier, Madame, je vous écris aujourd'hui de Versailles; c'est que je parlai hier de vous toute l'après-dînée avec un de vos amis et des miens, qui m'est d'une grande ressource dans ce pays-ci. C'est Termes, Madame; il y a longtemps que nous nous connaissons, mais nous n'avions jamais parlé de vous. Je me mis sur votre chapitre, et que ne lui dis-je point! Il me laissa tout dire, et quand il me crut épuisé, il me conta les huit jours qu'il fut aux Rochers et la suite du commerce qu'il a eu à Paris avec vous; il me témoigna même l'obligation qu'il vous avait de la manière dont vous aviez parlé de lui quand il était à la Bastille, et de ce que vous fîtes taire mademoiselle de Méry, qui n'en parlait pas si bien, quoiqu'elle dût être dans ses intérêts plus que vous. Après être convenu avec moi que vous étiez la femme de France du plus agréable commerce, il me dit mille biens de la belle Madelonne, et il vous définit si bien toutes deux, que je connus qu'il vous avait fort examinées. Il faut dire la vérité, Madame, c'est un joli cavalier que Termes; il y a vingt ans que c'était un dangereux rival, mais de l'heure qu'il est, c'est un des plus honnêtes hommes de France.

Il n'y a rien de nouveau ici que la mort de Calvo[1], qui laisse vacant le gouvernement d'Aire et dix mille écus de pension du roi.

Sa Majesté nous a conté ce matin, à son lever, qu'un des cadets qui sont à Luxembourg, amoureux d'une fille pour l'épouser, était mort de regret de ne l'avoir pas pu.

---

[1] M. de Calvo mourut le 29 mai 1690. Il s'était singulièrement distingué par sa belle défense de Maestricht, en 1676.

1160. — DE MADAME DE SÉVIGNÉ AU COMTE DE BUSSY.

Aux Rochers, ce 22 juin 1690.

J'ai reçu deux de vos lettres, mon cousin, une grande de Paris, et une petite de Versailles. J'aurais fait réponse à la première si j'avais su où l'adresser ; car le cœur me disait, je ne sais pourquoi, que vous n'étiez point chez votre gendre de Montataire. Enfin, je sais maintenant où vous prendre, et je m'en vais répondre à tout. Je commence par approuver extrêmement le changement de nom de ma nièce. Il y a des exemples ; mais s'il n'y en avait point, je voudrais qu'elle fût la première à le donner. Toutes les raisons que vous dites sont très-bonnes, celle sur laquelle MADEMOISELLE appuie doit décider : toutes les fois que ce qui nous distingue n'est pas à notre avantage, il faut quitter la partie, et laisser à cette Coligny de quinze ans son beau nom, en lui ôtant le plaisir d'y en ajouter encore un plus beau, qui serait celui de jeune. Soyons donc madame la comtesse de Dalet[1] ; ce nom est beau et bon : ma nièce est bien heureuse d'en avoir à choisir, et à changer de cette beauté. Si j'avais en mon particulier à souhaiter quelque chose en cette rencontre, ce serait que, pour la facilité de la prononciation, vous voulussiez me permettre, comme faisait ma vieille amie mademoiselle d'Estaing, de manger l'article, et au lieu de faire dire rigoureusement, *madame la comtesse de Dalet*, vous voulussiez bien vous contenter de *la comtesse d'Alet*.

Ma chère nièce, si je puis obtenir cette grâce, personne ne soutiendra mieux que moi la justice de ce changement, où le public s'oppose toujours, et je vous en serai très-

---

[1] C'est le nom d'une de ses terres que prit alors madame de Coligny, qui apparemment voulait éviter également de prendre le nom de son second mari, M. de La Rivière, et de garder celui du premier, lequel n'était d'ailleurs qu'un nom de terre. (A. G.)

obligée. Pour parler sérieusement, rien ne pouvait être mieux : voilà votre fils dans le nom naturel de sa maison ; il en a les terres ; quand on est d'une aussi grande naissance, il ne faut rien déranger, et ne prendre le nom des mères [1] que quand on y est obligé, comme vous l'étiez. Vous devez, ce me semble, avoir beaucoup de plaisir et d'attention à l'éducation de ce joli garçon. Il doit être grand présentement ; et si vous et M. votre père ne lui avez donné de l'esprit, vous en répondrez au tribunal des honnêtes gens.

Je reviens à vous, mon cousin ; je suis sujette à m'égarer. Je ne suis point surprise que le roi ait reçu avec bonté les offres de vos services : il connaît bien le fond du cœur de ses Français, et ne doit pas douter du vôtre ; mais il n'y a plus de place pour vous que celle qu'il n'a pas plu à la Providence de vous donner. Je suis ravie que vous soyez dans la bonne maxime de vous soumettre à ses volontés : sans cette vue, les malheureux seraient des enragés, des forcenés ; et avec cette soumission, on demeure un fort honnête homme en ce monde-ci, et on a droit d'espérer un solide bonheur dans l'autre. Ainsi, mon cousin, on gagne beaucoup, et je suis tellement frappée de la nécessité de cette doctrine, que je vous en aime mieux d'être dans ces sentiments. Je souhaite cependant que vous obteniez ce que vous avez demandé. Je ne vous réponds rien sur toutes les nouvelles dont vous me parliez il y a quinze jours ; il est inutile et ridicule de raisonner de loin, d'un jour à l'autre les affaires changent. J'en use avec madame de Lavardin comme je fais avec vous, et je la paye ainsi de la bonté qu'elle a de m'écrire toutes les semaines.

Ma fille est en Provence avec son mari. Son fils est à la

---

[1] Gilberte d'Estaing, comtessse de Dalet, seconde femme du beau-père de madame de Coligny, morte le *lendemain de Pâques* 1687. (*Voyez* la lettre 917, tome V.)

gueule du loup, comme le vôtre : il est à la tête du régiment de Grignan. Cette place l'aurait contenté dans dix ans, jugez de la joie de l'avoir à dix-sept. Je suis tranquillement dans cette solitude, où j'ai eu l'honneur et le plaisir de voir M. de Termes. Ces endroits de la vie ne s'oublient point. Il y a bien ici des beautés présentement qui n'y étaient pas en ce temps-là, et il y en avait alors qui n'y sont plus. Je suis de votre avis sur ce que vous me dites de lui. Je le trouve, dans le passé et dans le présent, comme vous le trouvez. Quand j'ai pris son parti dans les occasions, j'étais juste et je le serai toujours pour lui. Je suis ravie qu'il se souvienne de moi agréablement, je suis bien de même pour lui. Vous êtes très-heureux d'être en si bonne compagnie; celle que j'ai ici ne vous déplairait pas. Mon fils a bien de l'esprit, et d'un esprit cultivé qui réveille le mien. Sa femme en a beaucoup aussi, surtout une intelligence vive qui surprend, et qui fait croire qu'elle a passé sa vie dans le monde, quoiqu'elle ne soit jamais sortie de cette province. Jugez si je puis être mieux. Cependant je compte d'être cet hiver à Paris, et de vous aimer toujours, mon cher cousin, par bien des raisons. En voici une :

Marie de Rabutin.

MONSIEUR DE SÉVIGNÉ.

Ma mère vous dit beaucoup de bien de moi, Monsieur; je n'en suis point fâché, parce que je suis à cent lieues de vous, et que rien ne vous empêchera de le croire si vous le voulez. Mais elle ne vous dit pas, Monsieur, que personne ne vous honore plus que je fais et ne souhaite plus ardemment que moi que la fortune vous rende enfin justice et vous fasse obtenir et jouir encore longtemps des grâces et des honneurs que vous méritez.

1161. — DU COMTE DE BUSSY A MADAME DE SÉVIGNÉ.

A Paris, ce 2 juillet 1690.

Il y a huit jours que j'ai reçu votre lettre, Madame ; mais j'étais à Versailles, avec une espèce de goutte qui, bien qu'elle ne m'ôtât pas la liberté d'écrire, m'ôtait celle d'écrire avec la gaieté d'esprit que je veux avoir avec vous. Je suis venu ici pour la reprendre, et j'espère d'y parvenir. Ma fluxion est fort diminuée, et à un homme de l'humeur dont je suis, un moindre mal est un bien. Votre lettre même, qui est plus vive que la précédente, m'anime et me convie à vous écrire gaiement ; j'ai trouvé plaisant l'endroit de votre lettre où vous me dites : « Je « ne savais où vous adresser ma lettre, car le cœur me di- « sait, je ne sais pourquoi, que vous n'étiez point chez « votre gendre de Montataire. » Jamais négative n'a été si affirmative que ce *je ne sais pourquoi*, et il est bien plus finement dit.

Votre nièce de Dalet est ravie de l'approbation que vous donnez à son changement, et la liberté qu'elle vous laisse de supprimer la particule *de* est la moindre chose, dit-elle, qu'elle voulût faire pour vous témoigner sa reconnaissance. Son fils est joli par sa taille et par sa figure ; je suis de votre avis pour lui faire prendre le nom de Langheac, qui est le sien. Je le menai l'autre jour à MADEMOISELLE, qui le trouva fort à son gré ; il a naturellement de l'esprit et un esprit naturel ; nous l'avons cultivé, c'est à la cour et au monde de l'achever de peindre.

Je n'ai encore rien fait pour mes affaires ; des paroles, et rien d'effectif, rien de solide : on ne se presse dans ce pays-ci que pour ce qui regarde les confédérés. J'ai toujours ma ressource, qui ne manquera pas au besoin, la résignation et la persévérance. Vous avez raison de ne rien répondre sur les nouvelles, qui ne sont plus souvent les mêmes quand vous les recevez, et j'ai raison aussi de laisser à madame de Lavardin[1] le soin de vous en informer.

Je vous trouve fort heureuse, ma chère cousine, d'être dans une agréable maison, à la campagne, avec M. votre fils et madame votre belle-fille; vous ne seriez pas si bien à Paris avec eux : vous jouissez, où vous êtes, plus tranquillement les uns des autres. Mais pour peu que votre bonheur soit complet, il ne faut pas que vous croyiez que vous seriez mieux ailleurs, et c'est un état où il est difficile de parvenir. Adieu, ma chère cousine; je voudrais bien être en *quart* avec vous trois aux Rochers pour huit jours; que ne dirions-nous pas!

A MONSIEUR DE SÉVIGNÉ.

Quand je crois madame votre mère sur le bien qu'elle me dit de vous, Monsieur, je n'ai aucun mérite à son égard par ma complaisance. Il y a longtemps que j'ai connu que vous aviez de l'esprit, et la retraite où vous êtes depuis quelques années vous a dû acquérir d'agréables connaissances. Il y a dix ans que vous étiez bon à voir quelquefois, vous êtes aujourd'hui bon à l'user, c'est-à-dire à tous les jours. Plût à Dieu que nous fussions voisins! Je comprends dans mon souhait madame votre mère aussi bien que madame votre femme; si cela était, je me consolerais plus aisément que je ne le fais des grâces et des honneurs qui me manquent et que vous me désirez. Je vous en remercie de tout mon cœur, et je suis assurément votre, etc.

---

[1] Madame de Lavardin aimait les nouvelles : madame de Sévigné l'appelle quelquefois la *Gazette*. (M.)

1162. — DE MADAME DE SÉVIGNÉ AU COMTE DE BUSSY.

Aux Rochers, ce 12 juillet 1690.

Je veux vous écrire, mon cousin, sur la bataille qu'a gagnée M. de Luxembourg[1], c'est un sujet de discourir fort naturel. Ne trouvez-vous pas que Dieu prend toujours le parti du roi, et que rien ne pouvait être ni plus glorieux à la réputation de ses armes, ni mieux placé que cette pleine victoire? Ces grandes nouvelles donnent toujours beaucoup d'émotion aux intéressés, ou qui ont peur de l'être. Le petit de Grignan, qui était dans le corps que commande M. de Boufflers, a pu être de ceux qui ont été détachés pour aller joindre M. de Luxembourg. J'ai encore deux ou trois jeunes gens à qui je prends intérêt. Jusqu'à ce que j'aie démêlé ce qu'ils sont devenus, le cœur me bat un peu, et puis je n'ai plus que la pitié générale pour tous ceux qui ont péri à cette bataille. Je suis très-fâchée de la mort du pauvre Jussac[2]; cette sorte de mort est non-seulement violente, mais encore violentée, car il était comme retiré, et madame de Montespan le fit venir par force à la cour, et puis à la guerre, où avec un tel prince, qui prend goût au métier et qui ne trouve rien de trop chaud, il ne devait pas apparemment faire de vieux os. Cela est arrivé comme je crois qu'il le prévoyait bien lui-même, et c'est dommage; dans de certains âges, le repos est ce qui convient le plus. J'ai été fâchée de Villarceaux : il y a des circonstances à sa mort qui me paraissent terribles. Je plains aussi les pauvres mères, comme madame de Sau-

---

[1] C'est la bataille de Fleurus près de Charleroi. Les Français y défirent l'armée hollandaise. Sur sept mille prisonniers, il y avait neuf cents officiers. On prit en outre deux cents drapeaux, toute l'artillerie et tout le bagage. Cependant trois mois après cette défaite le prince d'Orange se présenta avec une armée aussi forte. (A. G.)

[2] M. de Jussac, premier gentil-homme du duc du Maine, fut tué à côté du prince, qui s'exposa beaucoup dans cette occasion.

cour et madame de Calvisson. Pour les jeunes veuves, elles ne sont guère à plaindre; elles seront bien heureuses d'être leurs maîtresses ou de changer de maîtres. Je prends part à la gloire du roi, et au bon effet de cette nouvelle répandue dans l'Europe, dont nous sentirons les effets en plus d'un endroit. Je suis amie et servante de M. de Luxembourg et de madame sa sœur (*la princesse de Mekelbourg*), à qui je viens d'écrire. Enfin, mon cousin, vous voyez bien, par tout ce que je vous dis, que je n'ai pas manqué d'affaires depuis quatre ou cinq jours; et, en vérité, ces émotions sont nécessaires de temps en temps à la campagne; sans cela on oublierait aisément qu'on a une âme : le repos y est si grand qu'il vise à la léthargie. Dieu merci, me voilà bien ressuscitée, et jamais l'eau de la reine d'Hongrie n'a fait un plus grand effet.

Mandez-moi si monsieur votre fils y était. Il était bien dans le nombre de mes jeunes garçons où je prends intérêt. Après cet article, je veux vous souhaiter un heureux succès à l'affaire que vous demandez; il me semble que c'est l'élection de la noblesse de Bourgogne. Hélas! elle devrait s'offrir à vous sans être demandée; mais Dieu ne vous conduit pas, mon cher cousin, par les chemins agréables. Ils en seront plus sûrs; et après tout, la vie est bientôt passée. Si nous étions bien sages, nous n'aurions qu'une seule affaire en ce monde, qui serait celle de notre salut. Vous avez un ami tout parfait, tout admirable, que j'honore et que je révère infiniment, qui ne me dédirait pas de cette vérité. Il est inutile que je vous le nomme : je vous défie de le confondre avec les autres[1]. Je vous remercie, ma chère nièce, de votre complaisance. Je me doutais bien que pour une syllabe de plus ou de moins nous ne nous brouillerions pas. Si M. d'Autun est à Paris, je vous conjure de lui faire mes très-humbles compliments. Adieu,

---

[1] Le duc de Beauvilliers. — (*Note marginale de Bussy-Rabutin.*)

mes chers parents; je vous recommande l'un à l'autre et je vous embrasse tous deux de tout mon cœur. Mon fils vient de partir pour aller voir le maréchal d'Estrées, sans cela il vous dirait bien des choses; croyez, sur ma parole, qu'il est fort votre serviteur.

1163. — DU COMTE DE BUSSY A MADAME DE SÉVIGNÉ.

A Paris, ce 16 juillet 1690.

On ne parle déjà plus de la bataille de Fleurus, Madame, et voulez-vous savoir pourquoi? C'est qu'on parle d'une bataille navale gagnée par la flotte du roi sur les Anglais et sur les Hollandais[1]. Elle n'est pas si complète que la première : mais aussi ne coûte-t-elle pas si cher. Avez-vous jamais ouï parler de tant et de si longues prospérités, ma chère cousine? et ne trouvez-vous pas qu'il faut ajouter aux attributs de Louis le Grand, le Victorieux et le Bien-Servi, encore celui de Louis le Fortuné?

Les trois ou quatre jeunes gens à qui vous vous intéressez fort ou n'étaient pas à Fleurus, ou n'y ont point été blessés. Mon fils est à Mont-Royal, dans un corps que MONSEIGNEUR en retire pour le mettre dans son armée. Je suis d'accord avec vous, Madame, sur le sujet de Jussac, que quand on a interrompu la cour ou la guerre quelques années, il n'y faut plus retourner. J'en ai toujours vu de méchantes suites, surtout à la guerre, où quand on se sauve d'un coup de mousquet on succombe sous les fatigues que l'âge ne permet plus de supporter. Tout le monde plaint les Villarceaux père et fils; et sur ce sujet on remarque combien la Providence se joue de la conduite des hommes. Villarceaux le père refuse le cordon bleu, pour le faire avoir à son fils, et par cette action mérite l'estime géné-

[1] M. de Tourville remporta le 10 juillet une grande victoire navale sur les forces réunies de l'Angleterre et de la Hollande; suivant d'Avrigny, les ennemis perdirent dix vaisseaux. (A. G.)

râle. A la vérité, c'est ce cordon bleu qui fait tuer son fils. Il le montra pour s'attirer par là des égards et des respects de ceux qui l'avaient pris. Ceux-ci, disputant entre eux à qui aurait un prisonnier de cette conséquence, le tuèrent, ne se pouvant accorder. Je connais trois jeunes dames veuves de cette bataille avec lesquelles il faudrait se réjouir de la mort de leurs maris, et deux dames qu'il faudrait consoler de la vie des leurs, réchappés de leurs blessures. Les dieux d'hymen et d'amour sont incompatibles, il y a longtemps. Les Hollandais qui avouent notre victoire, car il y en a parmi eux qui n'en demeurent pas d'accord, disent que M. de Luxembourg s'est donné au diable pour gagner ce combat. Vous dites plaisamment, ma chère cousine, que ces grandes nouvelles sont de temps en temps nécessaires à la campagne, et que sans les émotions qu'elles donnent on y oublierait aisément qu'on a une âme; et que le repos qu'on y a est si grand, qu'il vise à la léthargie. Il est vrai que la scène y languit trop, et qu'on y mourrait si de pareils événements ne ranimaient. Pour ce qui me regarde, ma chère cousine, je vous dirai que je pars de la cour pour Chaseu, fort content du traitement que j'ai reçu du roi et de ses promesses. Il s'est passé en trois mois que j'ai presque toujours été à Versailles des choses dont le détail serait trop long à écrire, mais que je vous apprendrai un jour et que vous trouverez assez singulières. Vous vous moquerez peut-être de moi, ma chère cousine, quand vous saurez qu'à mon âge je me réjouis et que je compte sur les promesses qu'on me fait. Sur cela je vous dirai que si je voulais être fâché, j'en pourrais venir à bout, sans en aller chercher bien loin des sujets; mais que je veux être content; et, comme je vous ai déjà dit, ces sentiments contribueront à ma santé et à mon salut. Cet ami que vous honorez et que vous révérez tant les approuve, et, se portant fort bien, marche au ciel par des voies toutes contraires aux miennes; car il est comblé de grâces et de prospérités. Il faut dire la vérité, personne aussi n'en est plus digne.

M. d'Autun est ici : s'il me vient dire adieu, je n'oublierai pas de lui faire vos compliments. Trouvez bon aussi, ma chère cousine, que je fasse les miens à M. de Sévigné, et que je vous assure que personne, sans excepter lui, ne vous aime plus que je fais.

1164. — DE MADAME DE GRIGNAN A M. DE POMPONNE.

A Grignan, ce 18 juillet 1690.

Qu'il est aisé, Monsieur, de se représenter la sensible joie que vous donne la gloire que vient d'acquérir le chevalier de Pomponne! Quel bonheur qu'il soit échappé au péril qu'il a couru, et qu'au lieu de vous coûter des larmes, vous goûtiez le solide plaisir de l'estimer autant que vous l'aimez, et de le voir distingué et loué du roi et de toute la France! C'est une agréable lecture pour vous, Monsieur, que celle des relations et des gazettes, dans lesquelles vous voyez qu'il ne sera jamais parlé de la bataille de Fleurus sans que M. votre fils soit nommé avec l'éloge que mérite celui qui en a commencé le bonheur et donné l'exemple de la plus brillante valeur[1]. Je puis vous assurer, Monsieur, que je n'ai point encore lu cette action et tout ce qu'il a fait dans la suite de la bataille, sans avoir les larmes aux yeux, en songeant à ce que vous et madame de Pomponne sentiriez en l'apprenant. Je n'ai point songé à lui, car il a la mine de ne pas compter pour beaucoup de n'être point mort, et d'avoir fait tout ce qu'on peut faire de beau. Mais pour vous, Monsieur, qui en connaissez mieux le prix, trouvez bon que je vous dise que j'entre dans vos senti-

---

[1] Les lettres pour servir à l'histoire militaire de Louis XIV donnent au chevalier de Pomponne la gloire d'avoir préparé le succès de la bataille de Fleurus en emportant deux redoutes qui servaient de retranchement aux ennemis.

ments avec une tendresse qui vous ferait plaisir, et qui vous doit persuader à quel point je m'intéresse à ce qui vous touche et combien parfaitement je vous honore.

M. le chevalier de Grignan se fait un grand plaisir de parler de M. votre fils, comme il le mérite ; je me suis volontiers chargée de vous faire ses compliments. Je suis assurée que vous les croyez sincères, et que d'ailleurs vous êtes persuadé qu'il est bon juge des mérites de la guerre. M. de Grignan est si loin d'ici, Monsieur, que je ne vous dirai rien de lui, sinon que nous sommes, comme vous savez, dans les mêmes sentiments sur ce qui vous regarde.

La comtesse DE GRIGNAN.

1165. — DE MADAME DE SÉVIGNÉ AU COMTE DE BUSSY.

Aux Rochers, ce 15 août 1690.

Je reçus une lettre de vous quand vous partîtes de Paris, mon cousin, qui était une espèce d'adieu. Au travers de tout votre courage, et de la bonté de votre tempérament, qui se défait aisément de toute mélancolie, il me paraissait que n'ayant pas obtenu ce que vous demandiez à la cour, il vous en était resté au fond du cœur quelque léger chagrin. Il n'en fallait pas davantage pour m'en donner plus qu'à vous, à moi qui n'ai pas tant de force d'esprit. Je pense que dans une conversation nous aurions fait des réflexions que l'éloignement met hors de portée de faire.

Je viens de recevoir des lettres de Paris, parmi lesquelles on me mande que le prince d'Orange n'est pas mort[1], et qu'il n'y a que M. de Schomberg[2]. Nous aurions été plus aises de la mort de celui-ci, si on ne nous avait fait attendre

---

[1] Pendant huit jours on crut à Paris cette mort, et on en fit d'indécentes réjouissances, non pas par peur, comme l'ont écrit des auteurs étrangers et surtout des réfugiés. Les Français, alors gâtés par les succès, ne se doutaient point qu'on dût craindre un prince qu'ils avaient battu presque partout.
[2] Il fut tué à la bataille de la Boyne.

à l'autre; mais ce sera pour une autre fois. Les armées de Flandre sont si proches, qu'il semble qu'elles aient encore envie de se battre; celles d'Allemagne se regardent, le Rhin entre-deux. Il faut tout recommander au Dieu des batailles, qui sera le Dieu de la paix quand il lui plaira. C'est toujours là-haut que je consulte l'avenir, et que je tâche d'y conformer mes désirs. Adieu, mon cher cousin; adieu, mon aimable nièce.

1166. — DU COMTE DE BUSSY A MADAME DE SÉVIGNÉ.

A Chaseu, ce 13 septembre 1690.

Je n'ai point encore répondu à votre lettre du 13 août, Madame, parce que je ne la reçus qu'à la fin du mois, et que depuis la maladie du petit Dalet nous a fort occupés; il est à présent hors de péril.

Vous me mandez qu'au travers de mon courage et de la bonté de mon tempéramment, il vous a paru quelque léger chagrin de n'avoir pas eu ce que je demandais. Je vous répondrai, ma chère cousine, que pour être philosophe chrétien et d'un heureux tempérament, je n'en suis pas moins sensible; mais que ma résignation et ma fermeté me remettent bientôt en mon naturel. Cela me fait croire que vous avez deviné mon chagrin; vous avez cru que j'en avais, parce que j'en devais avoir, et que vous en auriez eu si vous aviez été en ma place. Je vous avoue que j'en ai eu d'abord un instant; mais je vous nie, ma chère cousine, qu'il vous ait paru. Le refus de ce que je demandais fut accompagné de si bonnes excuses et de si bonnes raisons de ne pouvoir faire ce que je demandais, que ces manières me parurent des grâces qui tireraient à conséquence, et en effet on n'en demeura pas là, et on passa jusqu'aux promesses de faire quelque autre chose qui me remplacerait ce que je demandais.

Ainsi, ma chère cousine, j'étais content du roi quand je

vous écrivis, et, comme je vous ai déjà dit, ce fut la chose que j'avais demandée et que je n'avais pas reçue, et non pas mes paroles, qui vous firent croire que j'étais fâché. Si vous n'avez pas brûlé ma lettre, vous pouvez voir que je dis vrai.

C'est du prince d'Orange encore plus que de M. de Lauzun qu'on peut dire [1] : *Je l'ai vu vif, je l'ai vu mort ; je l'ai vu vif après sa mort ;* mais enfin voilà qui est fait, on n'en doute plus, et tous les parieurs pour sa mort ont perdu.

Si MONSEIGNEUR n'a donné la bataille à son beau-frère (*l'électeur de Bavière*), il n'en est pas loin ; nous attendons à toute heure la nouvelle de quelque grande action de ce côté-là. Catinat vient d'en faire une belle contre M. de Savoie ; il mettra la robe en honneur [2].

1167. — DE MADAME DE SÉVIGNÉ A M. DE LAMOIGNON.

Aux Rochers, ce dimanche 27 août 1690.

La même raison, Monsieur, qui fait votre silence fait aussi le mien. Comment voulez-vous que j'attaque un homme qui a tous les jours des harangues à faire, et qui ne fait jamais ce qu'il veut? Je me flatte que vous voudrez lire mes lettres, et vous ne le pouvez pas ; ainsi, Monsieur, ce sont vos raisons qui font mon excuse. Mais que vous dites une grande vérité quand vous êtes persuadé que, malgré ces apparences, je ne vous oublie pas ! Non, certainement, Monsieur, je ne vous oublie pas ; on ne peut en être plus éloigné, ni vous honorer et, si j'ose dire, vous aimer d'une manière plus digne de vous, car il y a une certaine sorte d'attachement pour votre personne qui n'est fait que pour ceux qui en connaissent tout le mérite ; je prétends

---

[1] Bussy emploie les mêmes expressions dans le portrait qu'il fait de Lauzun, sous la date du 2 février 1689.
[2] Catinat était fils et petit-fils de conseillers au parlement de Paris. La bataille dont parle Bussy est celle de Staffarde, que Catinat gagna sur le duc de Savoie et le prince Eugène.

être de ce nombre, et en même temps je me donne une grande louange. Vous me la pardonnerez, Monsieur, aussi bien que la faute que je suis sur le point de faire, qui est d'oublier de prendre part à la joie que vous donne la victoire que M. de Carcassonne vient de remporter sur l'infatigable M. d'Aiguebonne[1]. N'était-ce pas votre affaire? N'était-ce pas sous vos étendards et par vos ordres que ce prélat combattait? N'est-ce pas vous qui avez inspiré à M. Talon ce grand amour de la justice, au préjudice de tous les droits de l'amitié de madame de Bury? Cette amende payée au roi et à M. de Grignan, n'est-ce pas le plus grand plaisir de la victoire? N'est-ce pas prendre le canon et le bagage, mettre les ennemis en fuite pour jamais, et coucher sur le champ de bataille? Voilà, Monsieur, l'idée que j'ai de votre triomphe. Jugez si dans mon cœur je n'en chante pas un *Te Deum*, et si je ne vous en donne pas toutes les louanges qui vous sont dues. J'y joins, Monsieur, mes très-humbles remercîments et mille compliments, si vous le trouvez bon, pour madame votre femme.

La marquise DE SÉVIGNÉ.

1168. — DE MADAME DE LA FAYETTE A MADAME DE SÉVIGNÉ.

A Paris, le 20 septembre 1690.

Vous avez reçu ma réponse avant que j'aie reçu votre lettre. Vous aurez vu par celle de madame de Lavardin et par la mienne que nous voulions vous faire aller en Provence, puisque vous ne veniez point à Paris; c'est tout ce qu'il y a de meilleur à faire : le soleil est plus beau, vous aurez compagnie, je dis même, séparée de madame de Grignan, qui n'est pas peu; un gros château, bien des gens :

---

[1] Il s'agit d'un procès. *Voyez* la lettre de Bussy, 26 août 1688, et celle de madame de Sévigné, 16 mars 1689.

enfin, c'est vivre que d'être là. Je loue extrêmement monsieur votre fils de consentir à vous perdre pour votre intérêt ; si j'étais en train d'écrire, je lui en ferais des compliments : partez tout le plus tôt qu'il vous sera possible ; mandez-nous les villes par où vous passerez, et à peu près le temps ; vous y trouverez de nos lettres. Je suis dans des vapeurs les plus tristes et les plus cruelles où l'on puisse être ; il n'y a qu'à souffrir, quand c'est la volonté de Dieu.

C'est du meilleur de mon cœur que j'approuve votre voyage en Provence ; je vous le dis sans flatterie, et nous l'avions pensé, madame de Lavardin et moi, sans savoir en façon du monde que ce fût votre dessein[1].

1169. — DE MADAME DE SÉVIGNÉ AU PRÉSIDENT DE MOULCEAU.

A Grignan, vendredi 10 novembre 1690.

Où pensez-vous que je suis, Monsieur ? N'avez-vous pas su que j'étais en Bretagne ? notre Corbinelli doit vous l'avoir mandé. Après y avoir été seize mois chez mon fils, j'ai trouvé qu'il serait fort joli de venir passer l'hiver ici avec ma fille. Ce projet d'un voyage de cent cinquante lieues parut d'abord un château en Espagne ; mais l'amitié l'a rendu si facile, qu'enfin je l'ai exécuté depuis le 3 d'octobre jusqu'au 24, que j'arrive au port de Robinet, ou je suis reçue à bras ouverts de madame de Grignan, avec tant de joie, d'amitié et de reconnaissance, que je trouvai que je n'étais pas venue encore assez tôt ni d'assez loin. Après cela, Monsieur, dites que l'amitié n'est pas une belle chose ! c'est elle qui me fait très-souvent penser à vous, et souhaiter de vous revoir encore une fois ici en ma vie. Nous y serons tout l'hiver et tout l'été : si vous ne trouvez

---

[1] C'est ce que madame de Sévigné appelait *l'approbation de ses docteurs.* (P.)

un moment pour nous venir voir; je croirai que vous m'avez oubliée. Vous ne reconnaîtrez pas cette maison, tant elle est embellie; mais vous y retrouverez les maîtres toujours tout pleins d'estime pour vous, et moi, Monsieur, avec une amitié capable de faire enrager notre *ami* (*Corbinelli*), et très-digne que vous fassiez cette visite.

1170. — DE MADAME DE SÉVIGNÉ AU COMTE DE BUSSY.

A Grignan, ce 15 novembre 1690.

Quand vous verrez la date de cette lettre, mon cousin, vous me prendrez pour un oiseau. Je suis passée courageusement de Bretagne en Provence. Si ma fille eût été à Paris, j'y serais allée; mais sachant qu'elle passerait l'hiver dans ce beau pays, je me suis résolue de le venir passer avec elle, jouir de son beau soleil, et retourner à Paris avec elle l'année qui vient. J'ai trouvé qu'après avoir donné seize mois à mon fils, il était bien juste d'en donner quelques-uns à ma fille; et ce projet, qui paraissait de difficile exécution, ne m'a pas coûté trop de peine. J'ai été trois semaines à faire ce trajet en litière et sur le Rhône. J'ai pris même quelques jours de repos; et enfin j'ai été reçue de M. de Grignan et de ma fille avec une amitié si cordiale, une joie et une reconnaissance si sincères, que j'ai trouvé que je n'ai pas fait encore assez de chemin pour venir voir de si bonnes gens, et que les cent cinquante lieues que j'ai faites ne m'ont point du tout fatiguée. Cette maison est d'une grandeur, d'une beauté et d'une magnificence de meubles dont je vous entretiendrai quelque jour. J'ai voulu vous donner avis de mon changement de climat, afin que vous ne m'écriviez plus aux Rochers, mais bien ici, où je sens un soleil capable de rajeunir par sa douce chaleur. Nous ne devons pas négliger présentement ces petits secours, mon cher cousin. Je reçus votre dernière lettre avant que de partir de Bretagne; mais j'étais si accablée d'affaires, que je remis à vous faire réponse ici. Nous apprîmes l'autre jour la mort de M. de Seignelai. Quelle jeunesse! quelle fortune! quels établissements! Rien ne manquait à son bonheur : il nous semble que c'est la splendeur qui est morte. Ce qui nous a surpris, c'est qu'on dit que madame de Seignelai renonce à la communauté, parce que son mari doit cinq millions. Cela fait voir que les grands revenus sont inutiles quand on en dépense deux ou trois fois autant. Enfin, mon cher cousin, la mort nous égale tous; c'est où nous attendons les gens heureux. Elle rabat leur joie et leur orgueil, et console par-là ceux qui ne sont pas fortunés. Un petit mot de christianisme ne serait pas mauvais en cet endroit; mais je ne veux pas faire un sermon, je ne veux faire qu'une lettre d'amitié à mon cher cousin, lui demander de ses nouvelles, de celles de sa chère fille, les embrasser tous deux de tout mon cœur, les assurer de l'estime et des services de madame de Grignan et de son époux, qui m'en prient, et les conjurer de m'aimer toujours : ce n'est pas la peine de changer après tant d'années.

1171. — DU COMTE DE BUSSY A MADAME DE SÉVIGNÉ.

A Chaseu, ce 19 novembre 1682.

Vous ne pouviez mieux faire, Madame, que d'aller en Provence, et de voir cette belle *Madelonne* sur les lieux. Après avoir séjourné seize mois en Bretagne, il était temps de vous dépayser. Je crois qu'en toute saison il fait meilleur en Provence, mais particulièrement l'hiver, et surtout pour nous autres gens de rhumatisme, c'est-à-dire gens d'arrière-saison, et en un mot qui avons cinquante ans passés[1]. Je voudrais bien m'aller chauffer avec vous auprès de la belle Comtesse. Il y a vingt ans que j'aurais dit

---

[1] Bussy avait alors soixante-douze ans, et Madame de Sévigné soixante-trois. (M.)

dans un madrigal : *m'aller chauffer à ses yeux*, ou, si vous voulez, *brûler à ses yeux* ; je ne dis plus aujourd'hui que *m'aller chauffer à son soleil*. Ce n'est pas qu'elle me trouvât encore de rhumatisme dans la tête, j'ai toujours une tête de Provence ; mais cela ne regarde que l'agrément des conversations.

Au reste, ma chère cousine, je ne suis pas surpris que vous ayez été bien reçue à Grignan. Il n'y a personne au monde qui ne fût ravi de passer sa vie avec vous, et par-dessus tout cela vous êtes une bonne mère aussi vive et aussi agréable qu'une sœur le pourrait être.

Vous avez fort bien fait de m'avertir de votre changement de pays ; je vous aurais écrit aux Rochers, on aurait renvoyé la lettre à Paris, pour la remettre à la poste de Provence, et avant qu'elle y fût arrivée vous seriez revenue à Paris : voyez combien votre avis nous sauvera de temps. Vous m'avez un peu fait attendre votre réponse, ma chère cousine ; vous pouviez m'écrire des Rochers que vous alliez à Grignan, mais vous avez voulu finement cacher votre marche.

Pour revenir maintenant à la mort de M. de Seignelai, je ne sais que vous en dire, vous m'avez tout pris ; cependant, j'ajouterai qu'il a donné deux cent mille francs par testament à sa femme, et cent mille écus à son dernier fils, et que toutes dettes payées il laisse quatre cent mille livres de rente. J'ai toujours eu des pressentiments qu'il ne vivrait pas longtemps, car je ne lui ai jamais rendu de visite ni même parlé à lui..... Je viens de faire compliment sur cette mort à mon ami Beauvilliers. Mais à propos de la cour, je me réservais toujours à vous dire tout ce qui s'y était passé sur mon sujet quand je vous reverrais à Paris, où je prétends aller cet hiver ; mais puisque je ne vous y trouverai pas, je vous en vais dire une partie. Vous savez, ma chère cousine, que j'offris mes services au roi en arrivant à Versailles, et qu'il me reçut agréablement ; mais vous ne savez pas que j'écrivis à madame de Maintenon, et que la prière que je lui fis de m'assister auprès du roi l'obligea de parler en ma faveur à Sa Majesté; car deux jours après cette lettre écrite, le roi fut changé du blanc au noir sur mon sujet. Il serait trop long de vous dire les raisons qui m'empêchèrent après cela de réussir dans le dessein que j'avais : il suffit que vous sachiez qu'au solide près je reçus tous les agréments imaginables de la part du maître et toutes les bonnes paroles de faire quelque chose pour moi.

Comme je fus prêt à partir de la cour, je voulus payer le roi de toute la bonne chère qu'il m'avait faite; et voici ce que je lui donnai en main propre, comme il allait chez madame de Maintenon, en lui disant : « Sire, j'ai tant « d'envie de servir Votre Majesté, de quelque manière « que ce soit, qu'en voici une nouvelle que je lui offre, « qui peut-être ne lui déplaira pas. » Le roi tendit la main, et en prenant mon mémoire il me dit : « Je le ver- « rai, Monsieur. »

DU COMTE DE BUSSY AU ROI.

« Sire,

« J'ai offert à Votre Majesté mes très-humbles services « en arrivant à la cour; si elle ne juge pas à propos de « m'employer à la guerre, j'ai d'autres services à lui offrir, « c'est d'écrire sa vie; et sans lui demander pour cela « autre chose que des *Mémoires*, j'y travaillerai chez moi, « et j'apporterai de temps en temps à Votre Majesté ce « que j'aurai écrit, pour qu'elle voie si elle en sera satis- « faite.

« Je sais bien, Sire, que des personnes d'esprit et de « mérite sont chargées de cet ouvrage; mais quand beau- « coup de gens écriront l'histoire de Votre Majesté, cela « n'en diminuera pas la gloire, et peut-être que mon

« nom, ma profession, le rang que j'ai tenu dans la guerre,
« ma manière d'écrire, et l'état même de ma fortune, don-
« neront du mérite à ce que j'aurai écrit.

« Il n'y a proprement que les princes, Sire, qui puis-
« sent bien écrire leur histoire; César, qui eut plus de loi-
« sir et moins d'ennemis sur les bras que vous, écrivit
« lui-même ses guerres, et ne s'en voulut fier à personne.
« L'empereur Cantacuzène écrivit sa vie aussi bien que
« celle de l'empereur Andronic, son prédécesseur. La prin-
« cesse Anne Comnène écrivit l'histoire de l'empereur
« Alexis, son père.

« Mais quand les princes ne se sont pas trouvés en état
« de travailler eux-mêmes à ces sortes d'ouvrages, ils y
« ont employé les principaux officiers de leurs armées;
« Ptolémée, un des capitaines d'Alexandre, et qui succéda
« à l'un de ses royaumes, fut l'historien de son maître;
« le sire de Joinville, sénéchal de Champagne, celui de
« saint Louis; Philippe de Comines, celui de Louis XI;
« MM. du Bellay, ceux de Louis XII; M. d'Aubigné, ce-
« lui de Henri IV; et moi, Sire, qui ai l'honneur d'avoir
« été mestre de camp général de votre cavalerie et d'être
« aujourd'hui le plus ancien lieutenant général de vos ar-
« mées, sans excepter les officiers de la couronne, je serai,
« s'il vous plaît, illustre aux siècles à venir par l'histoire
« que j'aurai écrite de Votre Majesté.

« Je me ferai le reste de mes jours un plaisir de m'oc-
« cuper d'un si grand sujet, et ce me sera une espèce de
« consolation de n'avoir pas les honneurs pour lesquels
« j'ai travaillé si longtemps, quand je songerai que la pos-
« térité en aura plus de foi pour tout le bien que j'aurai
« dit de vous.

« Il n'a pas tenu à moi, Sire, que je ne vous aie con-
« quis des villes, gagné des batailles et érigé des statues;
« mais si je suis assez heureux pour écrire votre vie, je
« vous rendrai un service qui ne vous coûtera pas tant

« que tout cela, et qui fera plus d'honneur à votre mémoire.

« Votre Majesté, Sire, dit que j'ai de l'esprit; je le
« croyais un peu de moi-même, mais votre témoignage
« me rassure contre l'amour-propre, dont je me défiais,
« et il fait que je n'en doute plus. Cela étant, Sire, ser-
« vez-vous-en au plus noble usage où l'esprit humain puisse
« être employé, qui est d'écrire les actions du plus grand
« prince que le ciel, à mon avis, ait jamais fait naître. »

Le lendemain à la même heure, et au même endroit, dès
que le roi me vit, il me dit : « Je reçois les offres que vous
« me faites; mais il faut attendre un autre temps où l'on
« soit moins occupé. » Je lui répondis que je serais toujours prêt, quand il lui plairait.

Lisez cette lettre et la relisez, ma chère cousine, elle
vous plaira encore plus la seconde fois que la première, et
je crois que vous trouverez qu'il n'y a personne en France
que moi qui ait droit de parler ainsi, ou qui, s'il le peut,
le puisse faire aussi noblement.

Pour vous expliquer maintenant pourquoi je disais au
roi qu'il avait dit que j'avais de l'esprit, il faut que vous
sachiez, ma chère cousine, que le jour que l'Académie vint
faire son compliment au roi sur la mort de madame la dauphine, nous nous trouvâmes une douzaine d'académiciens
à son dîner, comme vous pourriez dire M. de Paris (*M. de
Harlay de Champvallon*), le duc de Coislin, Dangeau,
l'abbé de Choisi, quelques autres et moi. Le roi, qui aime
à parler à M. de Vendôme, lui dit qu'il eût à songer à être
de l'Académie, lui qui se piquait d'avoir de l'esprit. —
« Moi, Sire, lui répondit-il, je ne m'en pique point, mais
« ces messieurs me feraient peut-être grâce; et puis je ne
« pense pas qu'il faille aussi avoir tant d'esprit pour
« cela. » — « Comment, lui répliqua le roi, il ne faut pas
« avoir tant d'esprit! Voyez M. l'archevêque[1], voyez

---

[1] M. de Harlay de Champvallon était doué d'un esprit très-brillant.

« M. de Bussy et ces autres messieurs, si ces gens-là n'ont
« guère d'esprit. »

1172. — DE MADAME DE SÉVIGNÉ AU COMTE DE BUSSY-
RABUTIN.

A Lambesc, ce 1er décembre 1690.

Je suis fort aise, mon cher cousin, que vous approuviez le trajet que j'ai fait de Bretagne en Provence : quand je n'y aurais cherché que le soleil, il mérite bien cette peine ; on ne peut venir de trop loin pour passer un hiver en ce pays-ci ; c'est assurément la plus agréable chose du monde. J'y trouvai la belle Madelonne, qui est une circonstance qui vaut bien pour moi toute la douceur du printemps.

Nous avons lu ensemble, admiré et approuvé les dernières offres que vous avez faites au roi. Le style en est noble, particulier pour vous, et ne peut convenir à nul autre ; vous avez fort bien rassemblé tout ce qui doit honorer l'emploi que vous demandez ; il me paraît si bon pour celui dont vous voulez parler, que ce devrait être lui, ce me semble, qui vous le devrait demander ; car, comme vous dites, quelque grand que soit le sujet, vous avez toutes les qualités nécessaires pour le rehausser encore et pour rendre incontestables toutes les merveilles que vous en direz. Je suis fâchée que la circonstance d'être bien malheureux soit la plus considérable ; il est fâcheux de prouver à nos dépens toutes les vérités que vous persuaderez aux siècles à venir. Cet endroit est neuf et surprend, et nous appréhenderions seulement qu'il ne fût capable d'empêcher les bonnes volontés, pour laisser à ce que vous diriez toute sa force, si nous n'étions persuadés que la justice l'emportera toujours sur l'intérêt particulier.

Enfin, mon cher cousin, vous me direz la suite de ce

commencement, dont je vous suis très-obligée de m'avoir instruite; personne assurément n'y prend tant d'intérêt que moi. Je crois que je vous ai porté malheur; mon cœur aurait été trop sensible à tous les honneurs qui devraient rehausser et faire briller notre illustre et vieille chevalerie. Dieu m'a voulu punir en vous humiliant; mais vous n'êtes pas humilié, votre courage vous soutient; c'est moi seulement qui suis faible et sotte.

Il y a longtemps que vous devez croire que le maître et tous ses courtisans sont persuadés que vous avez bien de l'esprit; si cette marchandise entrait dans le commerce, vous en auriez dû trafiquer pour avoir du bonheur et de la fortune; mais elle est souvent de contrebande. Quoi qu'il en soit, Dieu a conduit votre vie et vous fait la grâce d'être soumis à ses volontés : c'est tout ce que vous pouvez désirer présentement, et je croirais volontiers que cette résignation viendrait un peu de notre grand'mère (*sainte Chantal*).

Nous allons passer l'hiver à Grignan très-paisiblement. M. de Grignan ira à Paris quand il sera remis d'une fièvre et d'une colique très-violentes qu'il a eues depuis dix jours; il vous fait mille compliments, et ma fille bien des amitiés. Pour moi, mon cher cousin, vous savez comment je suis pour vous : il est trop tard pour changer. N'est-il pas vrai, ma chère nièce? Vous devez répondre pour moi et vous assurer aussi que je vous aimerai toute ma vie. Si vous voulez m'écrire quelquefois, vous mettrez la suscription de vos lettres à moi, *à Grignan par Montélimart*. Elles viendront, et me donneront beaucoup de joie.

1173. — DU COMTE DE BUSSY A MADAME DE SÉVIGNÉ.

A Chaseu, ce 10 décembre 1690.

Je viens de recevoir votre lettre du premier de ce mois, Madame, qui nous a fort réjouis, votre nièce et moi. Notre sang s'est ému en la recevant; mais notre proximité seule n'a pas fait notre émotion : nous avons de plus proches parents que vous de qui nous ne serions pas si aises de recevoir des nouvelles. C'est comme *agréable* encore plus que comme *cousine* que nous aimons à vous lire.

Je vous trouve effectivement fort heureuse de passer l'hiver en Provence, avec la belle Comtesse que vous aimez chèrement; je ne pense pas que si vous n'étiez qu'à cinquante lieues d'ici, je me pusse empêcher d'aller demeurer quinze jours avec vous deux. Madame de Dalet (*madame de Coligny*) dit qu'elle ne m'y laisserait pas aller seul.

Je crois, comme vous me le mandez, que les offres que j'ai faites au roi sont bien pensées et noblement écrites, et j'aurais presque envie de vous dire à toutes deux, de même que je le lui ai dit, que depuis votre approbation je suis plus hardi que je n'étais à m'estimer. Mais si j'ai en cela quelque mérite, ma chère cousine, on ne peut pas le mieux remarquer ni le louer avec plus d'esprit que vous ne le faites.

Vous me mandez que l'endroit où je dis au roi que ce me sera une espèce de consolation de n'avoir pas les honneurs pour lesquels j'ai travaillé si longtemps, quand je songerai que la postérité en aura plus de foi pour tout le bien que j'aurai dit de lui; que cet endroit, dites-vous, est neuf et surprenant, mais que vous craindriez qu'il ne fût capable d'empêcher les bonnes volontés du roi, pour laisser à ce que je dirais toute sa force; il est vrai, ajoutez-vous, que vous êtes persuadée que la justice l'emportera toujours dans son cœur sur son intérêt particulier.

Pour moi, ma chère cousine, je ne suis pas rassuré seulement par la même raison que vous; je crois encore que le roi craindra que la postérité ne trouve que l'ingratitude est capable de gâter la plus belle âme du monde; assez assuré qu'il est de la créance qu'auront les siècles à venir de la vérité de sa gloire. Je n'ai garde de vous supprimer la suite de tout ceci, s'il y en a; mais assurément il y en aura, car j'en ferai une moi tout seul, quand le roi ne voudrait pas en être de moitié. Si je n'ai d'autre pouvoir, au moins aurai-je celui de me plaindre.

Il est certain, ma chère cousine, que ma résignation n'est pas naturelle, à moi né vif, prompt et sensible. Il n'y a que Dieu qui puisse donner autant de patience que j'en ai; je crois que saint François de Sales et notre grand'mère de Chantal n'ont pas seulement demandé à Dieu toutes mes disgrâces, mais encore l'esprit de les souffrir comme je fais. Je ne vous plains pas, vous et la belle Madelonne, d'être demeurées seules à Grignan. Si vous perdez pour un temps la conversation d'un gendre agréable, il vous la remplacera par des nouvelles; et puis c'est une nouvelle scène. Je vous supplie qu'il sache que je suis bien son serviteur; et la belle Comtesse, que je ne laisserais pas de l'aimer fort quand elle ne serait pas votre fille. Pour ce qui nous regarde, vous et moi, ma chère cousine, je ne dis pas comme vous, qu'il est trop tard pour changer; car il se pourrait que cela voulût dire qu'on changerait si on y avait songé plus tôt. Pour moi, je ne change pas seulement parce que je me trouve bien comme je suis,

Chi ben sta non si muove;

Mais je commencerais à vous aimer, si j'étais encore à commencer :

Je le ferais encor si j'avais à le faire.

DE LA COMTESSE DE DALET.

Je suis ravie d'être la caution de mon père et de vous, ma chère tante; et en un besoin je payerais volontiers pour l'insolvable.

1174. — DE MADAME DE SÉVIGNÉ A M. DE COULANGES.

Lambesc, le 1ᵉʳ décembre 1690.

Où en sommes-nous, mon aimable cousin? Il y a environ mille ans que je n'ai reçu de vos lettres. Je vous ai écrit la dernière fois des Rochers par madame de Chaulnes; depuis cela, pas un seul mot de vous. Il faut donc recommencer sur nouveaux frais, présentement que je suis dans votre voisinage; que dites-vous de mon courage? Il n'est rien tel que d'en avoir. Après avoir été seize mois en Bretagne avec mon fils, j'ai trouvé que je devais aussi une visite à ma fille, sachant qu'elle n'allait point cet hiver à Paris; et j'ai été si parfaitement bien reçue et d'elle et de M. de Grignan, que si j'ai eu quelque fatigue, je l'ai entièrement oubliée, et je n'ai senti que la joie et le plaisir de me trouver avec eux. Ce trajet n'a point été désapprouvé de madame de Chaulnes ni de mesdames de Lavardin et de La Fayette, auxquelles je demande volontiers conseil; de sorte que rien n'a manqué au bonheur ni à l'agrément de ce voyage. Vous y mettrez la dernière main en repassant par Grignan, où nous allons vous attendre. L'assemblée de nos petits états est finie; nous sommes ici seuls, en attendant que M. de Grignan soit en état d'aller à Grignan, et puis, s'il se peut, à Paris. Il a été mené quatre ou cinq jours fort rudement de la colique et de la fièvre continue, avec deux redoublements par jour. Cette maladie allait beau train, si elle n'avait été arrêtée par les miracles ordinaires du quinquina; mais n'oubliez pas qu'il a été aussi bon pour la colique que pour la fièvre; il faut donc se remettre. Nous n'irons à Aix qu'un moment pour voir la petite religieuse de Grignan[1], et dans peu de jours nous serons pour tout l'hiver

---

[1] Marie Blanche d'Adhémar, religieuse aux Filles de Sainte-Marie. (P.)

à Grignan, où le petit colonel (*le marquis de Grignan*), qui a son régiment à Valence et aux environs, viendra passer six semaines avec nous. Hélas! tout ce temps ne passera que trop vite; je commence à soupirer douloureusement de le voir courir avec tant de rapidité : j'en vois et j'en sens les conséquences. Vous n'en êtes pas encore, mon *jeune cousin*, à de si tristes réflexions.

J'ai voulu vous écrire sur la mort de M. de Seignelai : quelle mort! quelle perte pour sa famille et pour ses amis! On me mande que sa femme est inconsolable, et qu'on parle de vendre Sceaux à M. le duc du Maine. O mon Dieu, que de choses à dire sur un si grand sujet! Mais que dites-vous de sa dépouille sur un homme que l'on croyait déjà tout établi[1]? Autre sujet de conversation; mais il ne faut faire à présent que la table des chapitres pour quand nous nous verrons. M. le duc de Chaulnes nous a écrit de fort aimables lettres, et nous donne une espérance assez proche de le voir bientôt à Grignan; mais auparavant il me paraît qu'il ne serait pas impossible d'envoyer enfin ces bulles si longtemps attendues, et trop tôt chantées; qui n'eût pas cru que l'abbé de Polignac les apportait[2]! Je n'ai jamais vu un enfant *si difficile à baptiser*; mais enfin, vous en aurez l'honneur, vous le méritez bien après tant de peines; venez donc recevoir nos louanges. Je n'ose presque vous parler de votre déménagement de la rue du Parc-Royal pour aller demeurer au Temple; j'en suis affligée pour vous et pour moi; je hais le Temple autant que j'aime la déesse (*madame de Coulanges*) qui veut présentement y être honorée; je hais ce quartier, qui ne mène qu'à Montfaucon; j'en hais même jusques à la belle vue dont madame de Coulanges me parle; je hais cette fausse

---

[1] M. de Pontchartrain, alors contrôleur des finances, et depuis chancelier de France en 1699.

[2] On attendait l'abbé de Polignac, qui était porteur non des bulles, mais d'articles préliminaires; sur quoi madame de Cornuel disait : Ce ne sont pas des bulles qu'il apporte, mais des préambules.

campagne, qui fait qu'on n'est plus sensible aux beautés de la véritable, et qu'elle sera plus à couvert des rigueurs du froid à Brevannes¹ qu'à la ruelle de son lit dans ce chien de Temple; enfin, tout cela me déplaît à mourir, et ce qui est beau, c'est que je lui mande toutes ces improbations avec une grossièreté que je sens, et dont je ne puis m'empêcher. Que ferez-vous, mon pauvre cousin, loin des hôtels de Chaulnes, de Lamoignon, du Lude, de Villeroi, de Grignan? Comment peut-on quitter un tel quartier? Pour moi, je renonce quasi à la Déesse; car le moyen d'accommoder ce coin du monde tout écarté avec mon faubourg Saint-Germain²? Au lieu de trouver, comme je faisais, cette jolie madame de Coulanges sous ma main, prendre du café le matin avec elle, y courir après la messe, y revenir le soir comme chez soi; enfin, mon pauvre cousin, ne m'en parlez point : je suis trop heureuse d'avoir quelques mois pour m'accoutumer à ce bizarre dérangement. Mais n'y avait-il point d'autre maison? et votre cabinet, où est-il? y retrouverons-nous tous nos tableaux? Enfin, Dieu l'a voulu, car le moyen, sans cette pensée, de vouloir s'en taire? Il faut finir ce chapitre, même cette lettre.

J'ai trouvé Pauline tout aimable, et telle que vous me l'avez dépeinte. Mandez-moi bien de vos nouvelles; je vous écris en détail, car nous aimons ce style, qui est celui de l'amitié. Je vous envoie cette lettre par M. de Montmort, intendant à Marseille, autrefois M. de Fargis, qui mangeait des tartelettes avec mes enfants; si vous le connaissez, vous savez que c'est un des plus jolis hommes du monde, le plus honnête, le plus poli, aimant à plaire et à faire plaisir, et d'une manière qui lui est particulière; en un

---

¹ Maison de campagne que madame de Coulanges avait en ce temps-là. (P.)

² A cause de madame de La Fayette, qu'elle allait voir souvent, et qui demeurait au faubourg Saint-Germain. (P.)

mot, il en sait assurément plus que les autres sur ce sujet ; je vous en ferai demeurer d'accord à Grignan, où je vais vous attendre, mon cher cousin, avec une bonne amitié et une véritable impatience.

1175. — DE MADAME DE GRIGNAN A M. DE COULANGES.

A Grignan, le 17 décembre 1690.

Oui, nous sommes ensemble, nous aimant, nous embrassant de tout notre cœur ; moi, ravie de voir ma mère venir courageusement me chercher du bout de l'univers, et du couchant à l'aurore : il n'y a qu'elle au monde capable d'exécuter de pareilles entreprises et d'être auprès de son enfant, *tout comme Niquée voyant son amant*[1]. Vous avez donc donné votre approbation à son voyage, mon cher cousin. Je vous en remercie ; je donne la mienne à votre retour, en récompense. Vous ne me mandez que vos espérances d'avoir votre congé, et M. le duc de Chaulnes m'en apprend la certitude ; les mains vides sont sans appas, et je voudrais bien qu'il apportât des bulles. Il me semble que c'est votre affaire autant que la sienne : la part que vous y avez prise par votre chanson célèbre vous engage à sortir honorablement de cette affaire. Ne vous chargez point de celle d'apporter un chien à Pauline : nous ne voulons aimer ici que des créatures raisonnables ; et de la secte dont nous sommes (*de Descartes*), nous ne voulons pas nous embarrasser de ces sortes de *machines*. Si elles étaient montées pour n'avoir aucune nécessité malpropre, à la bonne heure ; mais ce qu'il en faut souffrir nous les rend insupportables. Vous serez assez bien reçu, sans avoir besoin de faire des présents pour gagner le cœur de votre future épouse ; il vous est très-fidèle, et rien ne vous empêchera de finir la noce, que l'absence du père, qui médite un prompt départ,

---

[1] C'est-à-dire *Niquée dans sa gloire*.

et qui serait parti il y a six semaines sans une maladie assez considérable. Mais, mon cher cousin, songez-vous bien qu'à votre retour vous ne serez plus voisin de l'hôtel de Chaulnes, que vos tableaux sont dérangés, que vous ne pouvez jamais trouver à les remettre dans la perfection où ils étaient? J'ai eu une véritable peine de l'inconstance de madame de Coulanges; vous m'en consolez en me faisant envisager qu'elle pourrait vous faire trouver dans le Temple des sociétés délicieuses; mais, après tout, ni M. le cardinal de Bouillon ni MM. de Vendôme ne sont d'un grand secours dans cette grande maison, plus faite pour leurs équipages que pour eux; il faut donc chercher sa consolation dans le peu de temps que vous serez au Temple, et songer qu'au bout de trente-cinq ans[1] vous retournerez à Rome. Vous serez encore bien jeune en ce temps-là, si vous continuez. J'ai bien de l'impatience de voir toutes vos poésies de Rome; apportez-moi, si vous pouvez, celles de M. le duc de Nevers; elles sont d'un goût si relevé et si singulier, qu'on ne peut s'empêcher de blâmer le soin qu'il prend de les cacher si cruellement. Quoi! vous êtes admis dans les sacrés mystères de ce solitaire ménage! Je vous admire d'avoir osé attaquer le caprice du mari et la délicatesse de la femme; je savais bien qu'elle était adorable, mais je vous avoue que je ne croyais pas que ce fût pour vous, ni que les louanges que vous lui donnez lui convinssent. Il ne vous fallait pas une moins délicieuse société pour vous tenir lieu de tout ce que vous avez perdu en perdant M. le prince de Turenne et M. le cardinal de Bouillon. Le bruit court que ce dernier est plus triste à Paris qu'à Rome: son neveu et lui ont pourtant été bien reçus. N'avez-vous pas été bien affligé de M. de Seignelai? Il y a de belles réflexions à faire sur cette tragique destinée; son cabinet, mon cher cousin, est encore

---

[1] Madame de Coulanges avait fait un bail de trente-cinq ans. (P.)

plus dérangé que le vôtre. Que madame de Seignelai est à plaindre, et qu'elle a perdu de choses à quoi elle s'était attachée, et dont elle n'avait pas imaginé d'être jamais séparée ! Aussi n'est-elle pas consolable, à ce qu'on nous mande. Vous ne me direz pas, du moins par une lettre, tout ce que vous avez pensé sur cette mort : le public en dit assez. Je vous fais mes compliments sur ce que je viens d'apprendre que votre neveu (*le comte de Sanzei*) est capitaine de dragons ; j'y prends un véritable intérêt : c'est un chemin pour être colonel ; et quand il sera parvenu à ce degré, il sera plus à son aise. Adieu, mon cher cousin, jusques au revoir. J'échauffe mes chambres autant que je puis ; mais en sortant de Rome tout vous paraîtra à la glace, jusques à nos conversations, pour peu que vous en ayez eu avec M. et madame de Nevers. Je suis tout à vous, et vous embrasse. Tout ce qui est ici vous dit : *Ora pro nobis*[1]. Ma mère vous écrit.

MADAME DE SÉVIGNÉ.

Il n'y a pas de quoi glaner après ma fille ; elle a en vérité tout dit, et mieux que je n'eusse pu faire. Je ne vous dis plus que nous sommes ensemble, et que nous vous recevrons ensemble ; que je suis ravie d'avoir fait ce voyage, et que vous l'ayez approuvé, comme les bonnes têtes ; que la manière dont on m'a reçue et dont je suis aimée mériterait que je fusse venue encore de plus loin : je vous ai mandé toutes ces choses-là il n'y a pas dix jours. J'écrivis aussi à notre gouverneur ; je lui soutins qu'il était cause de ce voyage, en quittant notre Bretagne et en me donnant l'envie de venir au-devant de lui et d'avoir cet avantage sur madame de Chaulnes ; en sorte que je n'avais

---

[1] Allusion à ce que M. de Coulanges appelait *ses litanies*; c'était l'énumération qu'il faisait dans ses lettres de toutes les personnes qui étaient à Grignan. (P.)

pu y résister. Je vous disais aussi combien je hais ce *Temple* égaré, séparé, mal placé ; la déesse aura beau chanter : *Venez tous dans mon temple*[1], je n'irai pas souvent, quoique je le désire toujours. Enfin, mon intérêt sur cet éloignement de quartier me rend si injuste que j'en hais la belle vue, et cette campagne toujours étalée, qui conte tous les secrets et tous les charmes du printemps, comme toutes les horreurs de l'hiver ; en mille ans, vous ne me feriez pas aimer cette fausse campagne, et j'aimerais quasi autant me retirer, avant la fin du bail, dans ma terre de la Visitation[2], que d'y demeurer trente-cinq ans. Je n'ai donc plus qu'à vous dire, mon très-cher, que je n'ai point reçu cette lettre dont vous me parlez, où le cardinal de Bouillon et l'abbé de Polignac avaient écrit ; je la regrette fort : j'y aurais fait au moins une prompte réponse. Je me réjouis que Sanzei soit capitaine, il ira son chemin, je le souhaite, et que vous m'aimiez toujours. Je ne suis jamais surprise que vous soyez aimé ; mais j'admire votre bonheur de l'être de M. et de madame de Nevers : rien n'est meilleur, chacun en son espèce.

1176. — DE MADAME DE SÉVIGNÉ AU MÊME.

A Grignan, le 10 avril 1691.

Nous avons reçu une lettre, du 31 mars, de notre cher ambassadeur ; elle est venue en sept jours. Cette diligence est agréable, mais ce qu'il nous mande l'est encore davantage ; on ne peut écrire plus spirituellement. Ma fille prend le soin de lui répondre, et comme je la prie de lui envoyer le Saint-Esprit en diligence, non-seulement pour faire un pape[3], mais pour finir promptement toutes

---

[1] Allusion au premier vers de la scène VIII du Ier acte de l'opéra d'*Atys*.
[2] C'est-à-dire dans le lieu où elle avait dessein de se faire enterrer, si elle mourait à Paris. (P.)
[3] Alexandre VIII était mort le 2 février précédent.

sortes d'affaires, afin de nous venir voir. Elle m'assure qu'elle lui enverra la prise de Nice en cinq jours de tranchée ouverte par M. de Catinat, et que cette nouvelle fera le même effet pour nos bulles. Vous nous direz, mon cher cousin, si nous jugeons bien. Nous avons reçu cette épître de M. de Nevers au petit Le Clerc, de l'Académie; elle est accompagnée d'une de vos lettres : elles nous font toujours un plaisir extrême. Le paquet est venu fort doucement; nous ne savons pourquoi : il n'y a ni rime ni raison à la conduite des postes. Cette épître de M. de Nevers nous a paru jolie, fort agréable, *es de Lope*; enfin, tout ce qui vient de lui a un caractère si particulier et si bon qu'on ne peut souffrir les autres. Les deux derniers vers de la chanson qu'il a faite pour vous ont charmé ma fille, en qualité de cartésienne, en parlant des bons vins d'Italie :

> Sur la membrane de leurs sens
> Font des sillons charmants.

Il faudrait tout louer; par exemple, est-il rien de plus plaisant dans son épître que cette chanterelle humaine tirée au plus haut point; et cette autre extrémité de cent croches, en roulant en bas jusqu'au fond des abîmes? Cette peinture est tout à fait jolie, et cet opéra[1] dont il parle, très-bien ridiculisé. Ce que nous ne comprenons pas, c'est la raison pour quoi il a mis cette épître sous le nom de son fils, *cui bono?* Quelle finesse! un style qui lui ressemble comme deux gouttes d'eau, où l'on ne saurait se méprendre, sur un sujet qui ne blesse personne; si vous ne nous expliquez cela, nous en serons malades.

Mais parlons de votre affliction d'avoir perdu cet aimable ménage (*le duc et la duchesse de Nevers*), qui a si bien célébré votre mérite en vers et en prose, tandis que

---

[1] Cet opéra était du cardinal Ottoboni, neveu du pape, et qui se piquait d'être assez fort pour mettre sur le théâtre toute l'Écriture sainte et toute la mythologie.

vous avez si bien senti l'agrément de leur société. La douleur de cette séparation est aisée à comprendre; M. de Chaulnes ne veut pas que nous croyions qu'il la partage avec vous; il ne faut pas qu'un ambassadeur soit occupé d'autres choses que des affaires du roi son maître, qui, de son côté, prend Mons avec cent mille hommes, d'une manière tout héroïque, allant partout, visitant tout, s'exposant trop [1]. La politique du prince d'Orange, qui prenait tranquillement des mesures, avec les princes confédérés, pour le commencement du mois de mai, s'est trouvée un peu déconcertée de cette promptitude; il menace de venir au secours de cette grande place. Un prisonnier le dit ainsi au roi, qui répondit froidement : *Nous sommes ici pour l'attendre.* Je vous défie d'imaginer une réponse plus parfaite et plus précise. Je crois donc, mon cher cousin, qu'en vous mandant encore dans quatre jours cette belle conquête [2], votre Rome ne sera point fâchée de vivre paternellement avec son fils aîné. Dieu sait si notre ambassadeur soutiendra bien *l'identité du plus grand roi du monde,* comme dit M. de Nevers.

Revenons un peu terre à terre. Notre petit marquis de Grignan était allé à ce siège de Nice [3], comme un aventurier, *vago di fama*. M. de Catinat lui a fait commander plusieurs jours la cavalerie, pour ne le pas laisser volontaire; ce qui ne l'a pas empêché d'aller partout, d'essuyer tout le feu, qui fut fort vif d'abord, de porter des fascines au petit pas, car c'est le bel air; mais quelles fascines! toutes d'orangers, mon cousin, de lauriers-roses, de grenadiers!

---

[1] Le roi se tint assez longtemps à demi-portée du mousquet; une védette l'arrêta. — « Est-ce que tu ne connais pas le roi? lui dit-on. — Je le connais bien; mais ce ne devrait pas être lui qui vînt si avant. » (*Mémoires de Dangeau,* tome Ier, page 566; voyez aussi page 567.)

[2] La ville de Mons se rendit au roi le 9 avril, après seize jours de tranchée ouverte. (P.)

[3] Nice capitula le 2 avril; le siège ne dura que trois jours, parce que nos bombes firent sauter les magasins. (*Journal manuscrit de Dangeau,* 8 avril 1691.)

ils ne craignaient que d'être parfumés. Jamais il ne s'est vu un si beau pays ni si délicieux ; vous en comprenez les délices par ceux d'Italie. Voilà ce que M. de Savoie a pris plaisir de perdre et de ruiner : dirons-nous que c'est un habile politique? Nous attendons ce petit colonel, qui vient se préparer pour aller en Piémont ; car cette expédition de Nice n'est que *peloter en attendant partie :* il ne sera plus ici quand vous y passerez ; mais savez-vous qui vous y trouverez? Mon fils, qui vient passer l'été avec nous, et qui vient au-devant de son gouverneur sur les pas de sa mère.

A propos de mère et de fils, savez-vous, mon cher cousin, que je suis depuis dix ou douze jours dans une tristesse dont vous seul êtes capable de me tirer pendant que je vous écris? C'est de la maladie extrême de madame de Lavardin [1] la douairière, mon intime et mon ancienne amie ; cette femme d'un si bon et si solide esprit, cette illustre veuve, qui nous avait toutes rassemblées sous son aile, cette personne d'un si grand mérite est tombée tout d'un coup dans une espèce d'apoplexie ; elle est assoupie, elle est paralytique, elle a une grosse fièvre. Quand on la réveille, elle parle de bon sens; mais elle retombe. Enfin, mon enfant, je ne pouvais faire dans l'amitié une plus grande perte ; je la sens très-vivement. Madame la duchesse de Chaulnes m'en apprend des nouvelles, et en est très-affligée ; madame de La Fayette encore plus; enfin, c'est un mérite reconnu, où tout le monde s'intéresse comme à une perte publique : jugez ce que ce doit être pour toutes ses amies. On m'assure que M. de Lavardin en est fort touché ; je le souhaite : c'est son éloge que de regretter bien tendrement une mère à qui il doit en quelque sorte tout ce qu'il est. Adieu, mon cher cousin, je n'en puis plus; j'ai

---

[1] Marguerite-Renée de Rostaing ne revint de cette maladie que pour tomber en enfance. Elle mourut le 12 mai 1694. (*Journal de Dangeau*, à cette date.)

le cœur serré; si j'avais commencé par ce triste sujet, je n'aurais pas eu le courage de vous entretenir.

Je ne parle plus du Temple[1], j'ai dit mon avis; mais je ne l'aimerai ni ne l'approuverai jamais. Je ne suis pas de même pour vous, car je vous aime, et vous aimerai, et vous approuverai toujours.

MADAME DE GRIGNAN.

Il n'y a si bonne compagnie qui ne se sépare; celle de M. et de madame de Nevers vous abandonne, mon cher cousin. Hélas! que je vous plains! je me souviens pourtant qu'ils furent votre consolation à la perte que vous fîtes de M. le cardinal de Bouillon et de l'abbé de Polignac; comme vous les avez recouvrés, ne pourront-ils point à leur tour vous consoler de M. et de madame de Nevers? Pour moi, je crois qu'ils n'y manqueront pas dès que le conclave sera fini; car auparavant, le commerce qu'on veut établir avec le Saint-Esprit serait un peu troublé par le vôtre. Ma mère vous dit tout ce qu'il faut vous dire sur les vers de M. de Nevers; il est vrai qu'il a des expressions et des peintures d'une imagination trop plaisante : j'aimerais bien à réjouir la mienne d'un recueil de ses ouvrages. Mais que dites-vous de trouver à Grignan un si bon morceau de la Bretagne, ma mère et mon frère, que M. de Chaulnes a laissés aux Rochers et qu'il retrouvera à Grignan? Ils sont ravis d'espérer de lui en faire les honneurs; vous jugez bien ce que c'est pour moi qu'une telle compagnie; je veux croire qu'elle vous y arrêtera, et que, trouvant tant de parents sur votre chemin, vous ne pourrez vous résoudre à passer plus loin; je vous assure que je le souhaite fort, et que, sans prétendre vous tenir lieu de madame de Nevers, je ferai bien de tout mon mieux pour

---

[1] Il paraît que Coulanges n'habita pas longtemps le Temple; car en 1693 il demeurait rue des Tournelles.

vous amuser, et pour vous marquer combien vous êtes aimé et considéré dans ce château. Adieu, mon très-cher; votre maîtresse¹ vous attend avec une impatience tout amoureuse.

1177. — DE MADAME DE SÉVIGNÉ A M. DE COULANGES.

A Grignan, le 15 mai 1691.

Je sentais bien que je vous étais quelque chose de plus qu'à l'ordinaire, depuis que je suis ici; je ne savais pas bien précisément ce que c'était, mais vous me le dites : c'est justement que je suis votre voisine, mon cher cousin. J'aime passionnément cette nouvelle alliance; je l'avais sentie et mise dans le nombre des raisons agréables qui me forçaient d'y venir, mais je n'avais pas eu l'esprit d'en faire un nom. Vous êtes donc mon voisin tant que vous serez à Rome; car si jamais nous nous retrouvons dans Paris, surtout dans votre *Temple*, nous ne serons plus que cousins. Vous voyez que j'ai reçu toutes vos lettres, quelquefois vite, quelquefois bien lentement, sans que je puisse savoir pourquoi. Ma fille croit que vous n'avez point reçu quatre vers qu'elle fit sur le champ, dans la joie du gain de son procès, sur la *pimbêche* fureur de madame de Bury, parce que vous ne m'en dites rien. J'ai vu la petite feuille, qui marque toujours la profonde sagesse de notre duchesse de Chaulnes; je n'en suis point surprise.

Nous sommes aises d'avoir la réponse de du Charmel² à M. de Nevers; c'est une très-bonne et très-solide prose, et d'un homme content de son état. Les vers chrétiens de l'abbé Têtu sont fort beaux aussi, et d'un vrai pénitent. Pour moi, je ne suis point blessée qu'on se baigne dans la joie de la bonne conscience : quand on a reçu des grâces

---

¹ Mademoiselle de Grignan, depuis marquise de Simiane. (P.)
² *Voyez* la lettre du 15 août 1688.

de Dieu à pleines mains, comme M. du Charmel, et qu'on est pénétré de la reconnaissance d'une telle distinction, j'aime assez qu'on l'avoue, et qu'on en fasse honneur à la bonté de celui à qui on les doit. Cela se peut voir par un autre côté; mais ce n'est pas celui qui se présente à moi : ainsi, j'aime la manière naïve dont il peint la douceur et la tranquillité de son âme. A force de prêter ces beaux vers de M. de Nevers, qui ont attiré cette réponse, je les ai égarés; en sorte, mon cher cousin, que je vous prie de me les rapporter quand vous aurez fait un pape. J'approuve fort que vous demandiez votre congé dans le même temps; car si vous tardiez un moment, le nouveau pape mourrait encore, et, comme vous disiez, ce serait toujours à recommencer. Mais ces bulles, ne faut-il point que vous les apportiez? Enfin, de quelque manière que ce soit, vous serez les très-bien-venus.

Je vous ai mandé que nous attendons mon fils; il doit partir le 18 ou 20 de ce mois. Nous sommes fâchés de la longueur de votre conclave; cela vous empêche de voir et d'entendre le cardinal Le Camus, et de m'en parler; c'est l'homme du monde dont j'ai les plus grandes idées, et que je serais le plus aise de voir; j'en aurai au moins tout ce que vous en attraperez. Je crois que ma fille écrit à sa princesse infortunée [1]; je comprends aisément le débris de son premier visage : il ne serait point à cet excès si elle ne s'était point mise dans de si méchantes conditions, et qu'au lieu de tous ces Espagnols qui la tourmentent, elle se fût mise sous la protection d'un bon roi de France, victorieux partout, aimé du ciel, qui confond et qui dissipe d'une manière charmante tous ces grands politiques assemblés à La Haye autour de ce faux roi d'Angleterre. C'était pour saper et pour détruire cette grande puissance qu'ils étaient tous ensemble; et par l'événement ç'a été pour

---

[1] Madame la princesse de Vaudemont.

voir prendre de plus près la belle et importante ville de Mons. Je vous assure, mon cher cousin, que si M. et madame de Vaudemont ne s'étaient point attachés à tous ces gens-là, ils s'en porteraient mille fois mieux, et que la princesse ne serait point si maigre. Pour nous, qui chantons tous les jours des *Te Deum*, qui avons pris Nice et toute cette belle côte, nous nous portons fort bien; nous chantons la chanson italienne de M. de Nevers : notre musique la possède, et nous vous en régalerons à votre passage. Je prétends que vous me donnerez aussi toutes vos chansons, comme vous en avez donné quelques-unes à madame de...; car présentement elles sont éparpillées dans toutes vos lettres, comme les feuilles de la Sibylle; elles sont toujours d'un goût admirable pour nous, et vous vous êtes encore perfectionné en vous frottant à M. de Nevers. Personne ne sait mieux que nous les charmes et la beauté de sa maison de Frênes; elle manquait à votre bonheur : vous verrez quelles ressources de promenades différentes et d'agréments nouveaux.

DE MADAME DE GRIGNAN.

Vous n'avez qu'à vous imaginer, mon très-cher, que je vous dis les mêmes choses que ma mère, et vous trouverez que j'écris fort bien, et que le surplus ne serait pas fort délicieux, après qu'elle a traité si légèrement et si vivement tous les chapitres. Il faut pourtant que je vous dise deux mots sur le sujet de ma princesse (*madame de Vaudemont*). Quoi! ce n'est plus ce même joli visage dont j'ai gardé si précieusement le portrait? C'est dommage, en vérité, qu'il ait disparu. Voilà le beau chef-d'œuvre des Espagnols, de martyriser les gens, en sorte qu'ils ne sont plus connaissables. Je mets la contrainte dans laquelle vous me mandez que vit cette pauvre femme à Rome au rang des cruautés de l'inquisition. Elle m'a priée, en m'écrivant par vous, de lui faire réponse à Bruxelles : ce commerce est à peu près comme celui qu'on aurait à Québec; mais quoiqu'il ne soit pas fort prompt, je vous assure qu'il est fort tendre de ma part, et que je ne saurais m'empêcher d'entrer vivement dans les peines de cette aimable personne. Mais j'ai interrompu ma mère.

MADAME DE SÉVIGNÉ *continue.*

Je m'en vais donc achever ma lettre, en vous embrassant des deux côtés avec cette belle passion que vous savez que j'ai pour vous. Je salue avec un respect infini M. le cardinal de Bouillon; je suis très-humble servante de M. le cardinal de Janson. Je dis à M. l'abbé de Polignac tout ce que vous savez que je pense de lui. Vous distribuerez aux autres mes compliments comme vous le jugerez à propos.

1178. — DE LA MÊME A M. LE DUC DE CHAULNES.

A Grignan, le 15 mai 1691.

Mais, mon Dieu, quel homme vous êtes, mon cher gouverneur! on ne pourra plus vivre avec vous : vous êtes d'une difficulté pour le pas, qui nous jettera dans de furieux embarras. Quelle peine ne donnâtes-vous point l'autre jour à ce pauvre ambassadeur d'Espagne! Pensez-vous que ce soit une chose bien agréable de reculer tout le long d'une rue? Et quelle tracasserie faites-vous encore à celui de l'empereur sur les franchises? ce pauvre sbirre si bien épousseté en est une belle marque. Enfin, vous êtes devenu tellement pointilleux, que toute l'Europe songera à deux fois comme elle se devra conduire avec Votre Excellence. Si vous nous apportez cette humeur, nous ne vous reconnaîtrons plus. Parlons maintenant de la plus grande affaire qui soit à la cour. Votre imagination va tout droit à de nouvelles entreprises; vous croyez que le roi, non content de Mons et de Nice, veut encore le siége de Namur : point du tout; c'est une chose qui a donné plus de peine à Sa Majesté et qui lui a coûté plus de temps que ses dernières conquêtes : c'est la défaite des *fontanges* à plate couture. Plus de coiffures élevées jusques aux nues, plus de *casques*, plus de *rayons*, plus de *bourgognes*, plus de *jardinières* : les princesses ont paru de trois quartiers moins hautes qu'à l'ordinaire; on fait usage de ses cheveux comme on faisait il y a dix ans. Ce changement [1] a fait un bruit et un désordre à Versailles qu'on ne saurait vous représenter. Chacun raisonnait à fond sur cette matière, et c'était l'affaire de tout le monde. On nous assure que M. de Langlée a fait un traité sur ce changement, pour envoyer dans les provinces : dès que nous l'aurons, Monsieur, nous ne manquerons pas de vous l'envoyer; et cependant je baise très-humblement les mains de Votre Excellence.

Vous aurez la bonté d'excuser si ce que j'ajoute ici n'est pas écrit d'une main aussi ferme qu'auparavant : ma lettre était cachetée, et je l'ouvre pour vous dire que nous sortons de table, où, avec trois Bretons de votre connaissance, MM. du Cambout, de Trévigni, et du Guesclin, nous avons bu à votre santé en vin blanc, le plus excellent et le plus frais qu'on puisse boire; madame de Grignan a commencé, les autres ont suivi : la Bretagne a fait son devoir; à la santé de M. l'ambassadeur, à la santé de madame la duchesse de Chaulnes; *tope* à notre cher gouverneur, *tope* à la grande gouvernante : Monsieur, je vous fais raison; enfin, tant a été procédé, que nous l'avons portée à M. de Coulanges. C'est à lui de répondre.

---

[1] Ce changement ne dura pas.

1179. — DE LA MÊME A M. DE COULANGES.

A Grignan, le 25 juin 1691.

Mon cher Coulanges, hélas! vous avez la goutte au pied, au coude, au genou; cette douleur n'aura pas grand chemin à faire pour tenir toute votre petite personne; quoi, vous criez! vous vous plaignez! vous ne dormez plus! vous ne mangez plus! vous ne buvez plus! vous ne chantez plus! vous ne riez plus! quoi, la joie et vous ce n'est plus la même chose! Cette pensée me fait pleurer; mais pendant que je pleure, vous êtes guéri : je l'espère et je le souhaite. Ces jolis couplets que vous avez envoyés à madame de Nevers, malgré votre goutte, ne sont point assurément les derniers que vous aurez faits; ils sont très-dignes de vous en attirer d'autres. Vous devez avoir reçu nos lettres du 15 mai, qui vous auront fait voir qu'enfin, enfin, nous avons reçu toutes les vôtres; et même celle-ci répond à deux, car nous vous devons la réponse du 20 mai et du 12 juin. Voilà donc notre compte; je serais bien fâchée d'en avoir perdu aucune des vôtres; outre leur prix, que vous savez que j'estime, elles ont quasi toujours été accompagnées des ouvrages de M. de Nevers, dont j'ai fait un petit recueil, que je ne donnerais pas pour bien de l'argent. Je ne sais pourquoi vous ne recevez point nos lettres, et encore moins pourquoi vous ne faites point un pape. A voir comme vous vous y êtes pris d'abord, je croyais qu'il n'y eût rien au monde de si aisé; mais nous voyons, au contraire, qu'il n'y a rien de si difficile; je crois qu'à la fin il faudra que le Saint-Esprit s'en mêle; oh! dépêchez-vous donc de l'en prier, car nous avons une extrême envie de vous voir. M. de Chaulnes mande à ma fille que la chose du monde à quoi l'on songe le moins dans le conclave, c'est à faire un pape, et qu'il lui en mande par là tout le secret; toute sa lettre est parfaitement agréable. Mon fils avait une si forte envie d'obéir à ce duc, que sans ma fille je crois qu'il aurait péri dans cette entreprise, non point pour Rome, mais pour voir cet illustre ambasadeur, et vous aussi, mon cher cousin. Mais madame de Grignan a décidé en maîtresse de la maison, et en Provençale, qui connait mieux que nous la force du soleil d'Italie en ce temps-ci. Revenez donc nous voir, mon cher voisin, venez nous embrasser. Je consens à tout ce que fait madame de Coulanges pour son *Temple*; elle n'en aura pas si souvent notre encens, mais elle l'en estimera peut-être davantage. Vous dites tant que vous n'êtes pas le fait de votre jeune maîtresse, que si elle trouvait un autre mari, je crois qu'elle le prendrait. Dites à M. l'ambassadeur qu'il vous lise ce que je lui mande du charmant voyage que notre duchesse de Chaulnes a fait à Marly. Faites tous mes compliments, vous savez mieux que moi où il les faut faire.

1180. — DU COMTE DE BUSSY A MADAME DE SÉVIGNÉ.

A Chaseu, ce 20 mai 1691.

Qu'êtes-vous devenue, ma chère cousine? Je vous ai écrit le 10 décembre dernier, je n'ai pas ouï parler de vous depuis ce temps-là; pour moi, je n'ai bougé d'ici, où, à des rhumatismes près, je me suis assez bien porté. Si vous m'aviez fait réponse, mes réflexions ne m'auraient pas empêché de vous répliquer; le rhumatisme n'a pas été jusqu'à l'esprit. J'écrivis au roi le jour de l'an dernier, seulement pour entretenir les bonnes coutumes, car je ne lui demandais rien; au contraire, je lui *donnais* mille souhaits, et une partie de mes vœux a déjà été exaucée dans la prise de Mons.

Comme vous savez qu'il est difficile que je demeure sans rien faire, je m'occupe présentement à quelque chose de conséquence : je ne puis vous mander ce que c'est;

mais si vous venez à Paris cette année, je vous le dirai et je vous le montrerai. Avant que je sois en ce pays-là cela sera entre les mains des premières gens du monde [1].

Votre nièce de Dalet est en Auvergne depuis deux mois avec son fils ; elle vient de régler les payements de ce que lui devait son beau-frère de Langheac et leurs prétentions respectives. Enfin elle a mis un bon ordre à ses affaires en cette province-là. Je l'attends ici tous les jours ; après quoi nous irons, elle à Coligny et moi aux états de Bourgogne, et puis j'irai la rejoindre pour aller moi seul à Fontainebleau, le temps que le roi y sera, et elle à Chaseu. Madame de Bussy est ici, son fils aîné est en Allemagne. L'abbé est à Paris avec sa sœur de Montataire ; celle-ci démêle encore un reste de la succession de Manicamp.

Je vous conte tout ce qui regarde ma famille, ma chère cousine. Dites-moi maintenant des nouvelles de la vôtre : comment vous vous portez ; quand vous serez à Paris ; si la belle Madelonne y retournera avant vous ; si M. de Grignan est encore à la cour ; où est son fils, où est le commandeur [2] ; enfin tout ce qui concerne votre famille ; après cela mandez-moi des nouvelles de votre famille de Bretagne.

Adieu, ma chère cousine ; une autre fois nous parlerons les affaires du monde, je ne suis aujourd'hui que dans l'humeur de parler de mes enfants.

1181. — DE MADAME DE SÉVIGNÉ AU COMTE DE BUSSY.

A Grignan, ce 12 juillet 1691.

J'ai reçu votre lettre du 20 mai ; vous l'aviez adressée chez moi, à Paris, à la pauvre *Beaulieu*, que vous connaissiez. Sachez, mon cousin, que cette jeune femme et son mari, qui était un joli homme, sont morts tous deux

---
[1] Il s'agit du *Discours à ses Enfants sur le bon usage des adversités*, dernier ouvrage qu'il ait composé.
[2] Le chevalier de Grignan.

à six mois l'un de l'autre. Je regrette fort cette perte, car ils me servaient fort bien. Je n'ai pu m'empêcher de vous parler de ces pauvres gens-là. Aussi bien cette lettre est destinée à vous parler de moi, et à vous dire de mes nouvelles, dont vous voulez que je vous instruise en bonne amitié. Il y a huit mois que je suis ici. Je vous mandais le courage que j'avais eu d'y venir de Bretagne : je ne m'en suis pas repentie. Ma fille est aimable, comme vous le savez ; elle m'aime extrêmement. M. de Grignan a toutes les qualités qui rendent la société agréable. Leur château est très-beau et très-magnifique. Cette maison a un grand air ; on y fait bonne chère, et on y voit mille gens. Nous y avons passé l'hiver sans autre chagrin que d'y voir le maître de la maison malade d'une fièvre, dont le quinquina a eu toutes les peines du monde à le tirer, tout quinquina qu'il est. Enfin il est guéri. Il a fait un voyage à Aix, où l'on a été ravi de le revoir. D'un autre côté, mon fils est venu encore de Bretagne prendre des eaux en ce pays, où l[a] bonne compagnie, qu'il augmente fort par sa présence, lu[i] fait plus de bien que tout autre remède. Nous somme[s] donc ici tous ensemble. Il y a une jeune petite Grignan (*Pauline de Grignan*) que vous ne connaissez pas, qu[i] tient fort bien sa place. Elle a seize ans ; elle est jolie, ell[e] a de l'esprit ; nous lui en donnons encore. Tout cela en semble fait fort bien et trop bien ; car je trouve que le[s] jours vont si vite, et les mois et les années, que pour moi mon cher cousin, je ne puis plus les retenir. Le temps vol[e] et m'emporte malgré moi ; j'ai beau vouloir le retenir, c'es[t] lui qui m'entraîne ; et cette pensée me fait grand'peur[,] vous devinez à peu près pourquoi. Le petit Grignan [a] passé l'hiver avec nous ; il a eu la fièvre ce printemps ; [il] n'est que depuis quinze jours retourné à son régiment, qu[i] heureusement n'était pas à Coni [1]. Ainsi, on ne l'accuser[a] pas d'y avoir fui.

[1] M. de Bulonde, qui faisait le siége de Coni, trompé par un faux avis, l[e]

Il est encore dans les secrets de la Providence de savoir quand nous partirons pour Paris. On ne peut pas vous parler plus à bride abattue que je viens de faire de tout mon *moi*, comme dit M. Nicole : mais vous le voulez. Revenons à vous, mon cousin. Vous avez, je crois, été à vos états ; j'ai attendu à vous répondre qu'ils fussent finis. Je ne sais ce que vous faites, je m'en doute pourtant ; je serai fort aise d'en savoir davantage quand nous nous verrons. Vos garçons sont à leur devoir ; madame de Bussy se repose chez elle ; ma nièce de Coligny très-contente d'avoir donné ordre à ses affaires, c'est la source du repos. Ma fille est fort occupée de celles de sa maison, où elle fait des merveilles. Le chevalier de Grignan est à Paris, tout incommodé de la goutte. Vous avez dessein d'aller faire votre cour à Fontainebleau ; vous ferez fort bien. Vous seriez bien heureux de plaire à S. M. de quelque manière que ce pût être. Je reçus votre lettre du 10 décembre au mois de février ; elle était si vieille que je ne crus pas y devoir faire réponse : je vous en demande pardon, car je ne vous en aime pas moins. Voici donc une lettre toute propre à nous remettre sur les voies, et à reprendre le fil interrompu de notre commerce. Je vous plains d'avoir eu un rhumatisme ; je ne connais que trop ce mal. Nous avons vu la jolie épigramme de *Mons et Merveille*. Nous avons de bons correspondants à Paris. Il est question maintenant de vous faire les compliments de notre troupe. M. et madame de Grignan, la petite fille, qui sait votre mérite, mon fils, qui est votre ancien serviteur et admirateur, tout cela vous honore et vous assure de ses très-humbles services : pour moi, je ne puis jamais cesser de vous aimer.

J'ai vu ici M. de Larré, fils de notre pauvre ami Lenet,

---

bandonna précipitamment et en désordre. La douleur excessive qu'en avait montrée Louvois semble démentir ceux qui prétendaient alors que Bulonde n'avait fait que lui obéir et seconder son plan de prolonger la guerre. Ce général fut mis à la Bastille. (A. G.)

avec qui nous avons tant ri ; car jamais il ne fut une jeunesse si riante que la nôtre de toutes les façons. Il m'étonna en me contant comme son père avait dissipé tous ses grands biens, et qu'il n'en avait rien eu ; je ne le croyais pas.

J'embrasse ma chère nièce ; j'adresse cette lettre à madame de Montataire, ne sachant où vous prendre présentement. Vous me direz où vous serez jusqu'au temps de Fontainebleau. Adieu, mon cher cousin. Je demande pardon à votre bel esprit de cette lettre toute terre à terre ; mais il en faut quelquefois de cette façon.

1182. — DE LA MÊME A M. DE COULANGES.

A Grignan, le 24 juillet 1691.

Les bons comptes font les bons amis ; j'ai reçu toutes vos lettres, mon cher *voisin* [1], celle du 20 mai, celle du 4 juin dont vous étiez en peine, et cette dernière du 4 juillet, avec l'épître que M. de Nevers vous a envoyée de Gênes, et enfin tout ce qu'a fait ce duc, vrai fils d'Apollon et des Muses. Vous me demandez si je ne garde pas toutes ses œuvres : vraiment oui, je n'en ai perdu aucune ; elles ont fait notre divertissement, et tout celui des personnes qui passent ici, et qui en sont dignes. Cette dernière épître est d'une force que Pauline n'y entendait presque rien ; mais nous avons eu le plaisir de nous trouver capables de lui expliquer ce qu'elle n'entendait pas. Pour la description du dîner, elle est à la portée de tous les bons convives, et l'eau en est venue à la bouche de M. de Grignan, du chevalier de Saint-André [2], de mon fils, et de nous aussi,

---

[1] Il était à Rome, et à son retour il devait demeurer au Temple. (*Voyez* la clef de cette plaisanterie sous la date du 15 mai.)

[2] Bertrand-Antoine d'Albon, capitaine de carabiniers ; on l'appelait *chevalier de Saint-André*, pour le distinguer du marquis d'Albon, son frère aîné. (M.)

car je n'ai jamais vu un si bon repas ; je viens de le mettre parmi les autres merveilles de ce duc. Pour finir l'article des lettres, quand vous aurez reçu celle du 25 juin et celle-ci, vous les aurez toutes.

Venons maintenant à la vôtre, dont le commencement m'a pensé faire pleurer ; et le moyen de se représenter que vous êtes au lit, affligé de toutes les parties et les jointures de votre petit corps ; que vos nerfs sont affligés, que vous ne remuez ni pied ni patte? C'est pour nous faire mourir ; mais voir aussi qu'il sort de tout cela un couplet de chanson sur ce triste état, accompagné d'un autre couplet, le plus plaisant et le plus joli du monde, et sur une chose que vous voyez tous les jours, mon pauvre cousin, vous jugez bien que cela nous soutient le cœur, et nous fait voir que le principe de la vie n'est point attaqué. Cette goutte vous a donné seulement quelques pensées noires, et vous a fait entrer dans l'avenir par le côté le plus triste qui pût se présenter à vous; mais cet état si violent et si contraire à votre humeur n'a pas eu le loisir de faire aucune impression.

Malgré la Saint-Pierre passée et la prédiction des médecins, voilà donc un pape fait, et les cardinaux sortiront du conclave sans qu'il leur en coûte la vie; au contraire, ils retrouveront leur santé et leur liberté. Ce n'est pas la première fois que MM. de la Faculté se sont trompés. M. le duc de Chaulnes nous écrit une lettre du 15 par le courrier qui porte la nouvelle de l'exaltation ; il ne songe qu'à nous venir voir. Il sera quinze jours avec nous ; et quoique le pape[1] soit Napolitain, il prétend que l'affaire des bulles est si bien disposée que ce sera le coup de *partance* et le *boute-selle* pour venir à Grignan. Cette espérance nous donne bien de la joie, et abrège fort la part que je voulais

---

[1] Le cardinal Antioche Pignatelli fut élu pape le 12 juillet 1691. Ainsi fut terminé le conclave, qui avait duré cinq mois entiers. Le nouveau pape prit le nom d'Innocent XII. (P.)

prendre à tous vos tristes almanachs. Voilà qui est fait, mon cousin : vous êtes guéri, vous êtes parti, vous arrivez ici, je vous embrasse mille fois. Parlons un peu de la table du cabinet de M. l'ambassadeur, de ce chaos de lettres, de ces abîmes de poches, de cette confusion de papiers, qui fait que, comme dans l'enfer, quand une pauvre lettre y est une fois jetée, jamais elle n'en sort. Ce fut un beau miracle de retrouver la mienne; mais c'était celle de ma fille, dans laquelle j'avais écrit : elle a voulu s'offenser d'être ainsi perdue et confondue ; mais je l'ai apaisée le mieux que j'ai pu, en l'assurant que M. l'ambassadeur avait lu ce qu'elle lui mandait avec la dernière attention, et que c'était sur mon écriture qu'il n'avait pas daigné jeter les yeux. Et cela est vrai, puisqu'il disait que je ne lui avais point écrit. Elle répond : Mais puisque c'était ma lettre, pourquoi la jeter dans ce chaos? A cela je ne sais que répondre ; M. l'ambassadeur y pensera, s'il lui plaît. Il est vrai que mes pauvres lettres n'ont de prix que celui que vous y donnez en les lisant comme vous faites; car elles ont des tons, et ne sont pas supportables quand elles sont ânonnées ou épelées; quoi qu'il en soit, mon cher cousin, vous leur faites cent fois plus d'honneur qu'elles ne méritent.

1183. — DE MADAME DE COULANGES A M. DE COULANGES.

Paris, ce 25 juillet 1691.

Vous me paraissez très-peu édifié de tout ce que vous voyez à Rome, et vous avez, je crois, raison ; mais où vous ne l'avez pas, c'est de dire qu'il n'est pas bon pour la religion de voir de près toutes ces choses. Il ne faut pas confondre tant de rares merveilles, c'est-à-dire qu'il faut séparer la religion des abus. La religion est pure et sainte, mais les hommes ont des passions, et ils prennent le prétexte de la religion pour les satisfaire. Ces abus-là sont plus ordinaires où vous êtes, parce que les intérêts sont plus considérables ; ainsi, au lieu de dire : il est bien dangereux d'être à Rome pour conserver la foi, il faut admirer la corruption des hommes qui font servir les choses les plus saintes pour satisfaire leur ambition. La religion a raison, les hommes ont tort ; cela est bien ancien, et ne fait découvrir que ce que l'on a toujours vu. Saint Pierre serait encore plus étonné que vous, s'il était témoin de tout ce que vous voyez ; mais sa charité lui ferait plaindre les hommes sujets à tant de passions, et si peu appliqués à les vaincre par les sentiments que doit inspirer la religion.

M. de Louvois est mort subitement [1]. Quelle mort, mon Dieu ! et quel sujet de réflexions ! Mais elles se font dans l'imagination seulement ; car si elles passaient dans le cœur et dans la volonté, nous quitterions tous le monde comme Santenas, qui s'est fait moine à la Trappe. J'irai demain passer le jour chez madame de Louvois : il faut pleurer avec les malheureux, sans avoir ri avec eux pendant leur bonheur ; mais je ne les en plains pas moins, et je pense que je suis plus obligée à M. de Louvois de ce qu'il n'a rien

---

[1] La mort de Louvois a été l'objet de beaucoup de discussions. On a prétendu qu'il avait été empoisonné. Saint-Simon l'affirme, et son récit charge le roi de ce crime. Voltaire dit avec raison que cela répugne à toutes les idées qu'on s'est faites du caractère de Louis XIV. Ceux qui l'ont senti ont dit, les uns, que c'était une vengeance du duc de Savoie, les autres, que Louvois s'était empoisonné lui-même. Cette dernière opinion mérite d'être examinée. On est d'accord qu'il était à la veille d'une disgrâce, qu'il s'attendait à un traitement rigoureux, qu'il parlait de la mort comme préférable à cette chute, que c'était un homme violent et passionné, qu'aucun scrupule ne retenait. Avec toutes ces données, un suicide n'aurait rien d'invraisemblable. Mais il paraît que ce fait ne sera jamais éclairci ; et c'est un inconvénient auquel il est aisé de se résigner. Ce qu'il y a de certain, c'est que le roi cacha peu que cette mort venait à propos pour le tirer d'embarras ; ce qu'il y a de certain encore, c'est qu'en perdant cet homme qui avait fait tant de mal, on perdit beaucoup. L'épitaphe de Louvois qui parut alors représentait fort bien l'opinion publique :

> Ici gît sous qui tout pliait,
> Et qui de tout avait connaissance parfaite :
> Louvois, que personne n'aimait,
> Et que tout le monde regrette (A. G.)

fait pour moi, que je ne l'aurais été du contraire; du moins si l'on doit mesurer la reconnaissance sur le bonheur.

On ne peut tenir à trop peu de choses en ce monde, c'est trop que de tenir à soi. Toutes les places qu'occupait M. de Louvois sont presque remplies. Pour moi, je sens le plaisir de n'espérer ni de craindre dans la plupart des événements : les honneurs et les biens de ce monde ne méritent guère d'être recherchés; mais l'on parle souvent de cette façon, et l'on se conduit d'une autre.

Si vous aimiez autant la solitude que moi, je vous mènerais en lieu où elle ne serait point troublée; mais il faut remplir ses devoirs préférablement à suivre ses goûts, quand même ils seraient bons; ainsi, à votre retour, je vous logerai à Paris, au milieu de tous vos amis et amies, si vous le désirez. Pour moi, j'avoue que je crois me peu soucier du monde; je ne m'y trouve plus propre par mon âge; je n'y ai point, Dieu merci, de ces engagements qui y retiennent malgré qu'on en ait; j'ai vu tout ce qu'il y a à voir, je n'ai plus qu'une vieille figure à lui présenter, plus rien de nouveau à lui montrer ni à y découvrir. Eh! que veut-on faire de recommencer tous les jours des visites, se troubler d'événements qui ne nous regardent point; alerte sur les voyages de Marly, les traiter solidement; se retirer pour en parler avec un air de solidité qui fait rire les gens qui voient cela tel qu'il est? Mon cher Monsieur, il faudrait songer à quelque chose de plus solide. M. de Barillon, qui vient de mourir, en a été persuadé : Dieu lui a fait de grandes grâces; c'est ce qui doit consoler ses amis, dont en vérité je ne puis douter que je ne fusse du nombre. Hélas! on ne songe plus à la cour à M. de Louvois; ce qui fait qu'on en était si occupé fait qu'on l'oublie si tôt. C'est le monde, ce monde que je ne crois plus aimer : Dieu veuille que je ne me trompe pas!

Je meurs d'envie de m'en retourner à ma petite maison de Brevannes, qui me va échapper au premier jour; il faut être assez peu attaché à toutes choses pour soutenir les petits chagrins sans les sentir.

1184. — DE MADAME DE SÉVIGNÉ A M. DE COULANGES.

A Grignan, le 26 juillet 1691.

Je suis tellement éperdue de la nouvelle de la mort très-subite de M. de Louvois, que je ne sais par où commencer pour vous en parler. Le voilà donc mort, ce grand ministre, cet homme si considérable, qui tenait une si grande place ; dont *le moi*, comme dit M. Nicole, était si étendu ; qui était le centre de tant de choses : que d'affaires, que de desseins, que de projets, que de secrets, que d'intérêts à démêler, que de guerres commencées, que d'intrigues, que de beaux coups d'échecs à faire et à conduire ! Ah, mon Dieu ! donnez-moi un peu de temps ; je voudrais bien donner un échec au duc de Savoie, un mat au prince d'Orange ; non, non, vous n'aurez pas un seul, un seul moment. Faut-il raisonner sur cette étrange aventure ? Non, en vérité ; il y faut réfléchir dans son cabinet. Voilà le second ministre [1] que vous voyez mourir, depuis que vous êtes à Rome ; rien n'est plus différent que leur mort, mais rien n'est plus égal que leur fortune, et les cent millions de chaînes qui les attachaient tous deux à la terre.

Quant aux grands objets qui doivent porter à Dieu, vous vous trouvez embarrassé dans votre religion sur ce qui se passe à Rome et au conclave ; mon pauvre cousin, vous vous méprenez. J'ai ouï dire qu'un homme d'un très-bon esprit tira une conséquence toute contraire au sujet de ce qu'il voyait dans cette grande ville : il en conclut qu'il fallait que la religion chrétienne fût toute sainte et toute miraculeuse de subsister ainsi par elle-même au milieu de tant de désordres et de profanations ; faites donc comme lui, tirez les mêmes conséquences, et songez que cette

[1] M. de Seignelai était mort l'année précédente.

même ville a été autrefois baignée du sang d'un nombre infini de martyrs; qu'aux premiers siècles toutes les intrigues du conclave se terminaient à choisir entre les prêtres celui qui paraissait avoir le plus de zèle et de force pour soutenir le martyre; qu'il y eut trente-sept papes qui le souffrirent l'un après l'autre, sans que la certitude de cette fin leur fît fuir ni refuser une place où la mort était attachée, et quelle mort! Vous n'avez qu'à lire cette histoire, pour vous persuader qu'une religion subsistante par un miracle continuel, et dans son établissement et dans sa durée, ne peut être une imagination des hommes. Les hommes ne pensent pas ainsi : lisez saint Augustin dans sa *Vérité de la Religion*; lisez l'*Abbadie*,[1] bien différent de ce grand saint, mais très-digne de lui être comparé quand il parle de la religion chrétienne : demandez à l'abbé de Polignac s'il estime ce livre. Ramassez donc toutes ces idées, et ne jugez point si légèrement; croyez que, quelque manége qu'il y ait dans le conclave, c'est toujours le Saint-Esprit qui fait le pape; Dieu fait tout, il est le maître de tout, et voici comme nous devrions penser : j'ai lu ceci en bon lieu : *Quel mal peut-il arriver à une personne qui sait que Dieu fait tout, et qui aime tout ce que Dieu fait ?* Voilà sur quoi je vous laisse, mon cher cousin.

1185 — DE LA MÊME AU MÊME.

A Grignan, le 14 août 1691.

Venez çà que je vous embrasse, que je vous caresse, et que je vous dise que ma fille, dont vous estimez tant l'approbation, est charmée des deux petits couplets que vous avez faits sur le Saint-Père.

> Son nom [2], ses armes sont des pots,
> Une Caraffe était sa mère.

---

[1] Auteur d'un livre sur la *Vérité de la Religion chrétienne*.
[2] *Pignatello* en italien signifie *petit pot*; la maison des Pignatelli portait pour armes trois petits pots. Sa mère était de la maison *Caraffe*.

Je ne crois pas que rien puisse être si plaisamment imaginé, ni si bien mis en œuvre; nous en avons tous été ravis. Mais, mon cher cousin, M. le duc de Chaulnes, dans sa lettre du 20 juillet, ne nous dit pas un mot de M. de Louvois [1]; il me semble qu'on doit à cette mort quelques exclamations. Il espère beaucoup de ce nouveau pape, quoiqu'il ne soit pas l'œuvre de ses mains; tout notre intérêt, c'est qu'il nous donne des bulles, et que vous veniez bientôt nous revoir : il me semble que nous touchons ce jour du bout du doigt, tant le temps passe vite. Vous trouverez mon fils à Marseille, au-devant de vous; il doit bien cette civilité à notre gouverneur pour réparer de n'avoir pas été jusqu'à Rome.

J'ai bien envie de savoir comme vous aurez trouvé le retour de M. de Pomponne dans le ministère; nous en avons ici une très-sensible joie; M. et madame de Grignan n'en doutaient point, par un esprit tout prophétique : pour moi, je le désirais trop pour vouloir seulement les écouter; et quand madame de Vins manda cette nouvelle à ma fille, j'en fus si surprise et si transportée, que je ne savais ce que j'entendais; je compris, enfin, que c'était une vérité très-agréable pour moi et pour tout le monde; car vous ne sauriez croire l'approbation générale de ce retour. J'ai fait mes compliments à madame de Chaulnes et à notre ambassadeur sur le choix de M. de Beauvilliers; voilà encore un étrange homme, dont le roi augmente son conseil; cela est parfait, comme tout ce que fait le roi : il est le plus habile homme de son royaume, et travaille sans cesse, et suffit à tout; il n'y a qu'à prier Dieu qu'il le conserve. M. le dauphin entre dans tous les conseils; n'approuvez-vous pas encore cette conduite? C'est proprement l'associer à l'empire : il n'y a partout que des sujets d'admiration. Si votre bon pape voulait faire la paix,

---

[1] M. de Louvois était mort le 16 juillet; il n'est pas surprenant que M. de Chaulnes ignorât cette nouvelle à Rome le 20. (P.)

ce serait un ouvrage bien digne de lui, et qui nous mettrait en état de louer d'un esprit plus tranquille toutes les merveilles que nous voyons. Adieu, mon cher cousin; vous savez comme je suis tout à vous. MM. de Barillon et Jeannin [1] sont morts; nous mourrons aussi.

N. B. *Ici finissent les lettres de madame de Sévigné et de madame de Grignan à M. le duc de Chaulnes et à M. de Coulanges pendant le séjour que ces derniers firent à Rome.*

1186. — DE MADAME DE LA FAYETTE
A MADAME DE SÉVIGNÉ.

A Paris, le 19 septembre 1691.

Ma santé est un peu meilleure qu'elle n'a été, c'est-à-dire que j'ai un peu moins de vapeurs; je ne connais point d'autre mal : ne vous inquiétez pas de ma santé, mes maux ne sont pas dangereux; et quand ils le deviendraient, ce ne serait que par une grande langueur et par un grand desséchement; ce qui n'est pas l'affaire d'un jour. Ainsi, ma belle, soyez en repos sur la vie de votre pauvre amie; vous aurez le loisir d'être préparée à tout ce qui arrivera, si ce n'est à des accidents imprévus, à quoi sont sujettes toutes les mortelles, et moi plus qu'une autre, parce que je suis plus mortelle qu'une autre : une personne en santé me paraît un prodige. M. le chevalier de Grignan a soin de moi; j'en ai une reconnaissance parfaite, et je l'aime de tout mon cœur. Madame la duchesse de Chaulnes me vint voir hier; elle a mille bontés pour moi; mon état lui fait pitié. Ma belle-fille a eu une fausse-couche huit jours après être accouchée; il y a assez de femmes à qui cela ar-

---

[1] « M. Jeannin de Castille est mort à Paris depuis quelques jours; il avait été autrefois trésorier de l'épargne, et avait été officier de l'ordre (*greffier*); mais il n'en avait pas conservé le cordon, quand le roi l'obligea de s'en défaire. » (*Journal de Dangeau,* 1er août 1691.)

rive : c'est avoir été bien près d'avoir deux enfants; sa fille se porte bien : ils n'en auront que trop. Notre pauvre ami Croisilles[1] est toujours à Saint-Gratien; il me mande qu'il se porte fort bien à sa campagne; il faudrait que vous vissiez comme il est fait, pour admirer qu'il se vante de se porter fort bien : nous en sommes véritablement en peine, le chevalier de Grignan et moi. L'abbé Têtu est allé faire un voyage à la campagne; nous le soupçonnons, madame de Chaulnes et moi, d'être allé à la Trappe. La bonne femme madame Lavocat est bien malade; il y a aussi bien longtemps qu'elle est au monde. Je suis tout à vous, ma chère amie, et à toute votre aimable et bonne compagnie.

L'on vient de me dire que M. de La Feuillade[2] était mort cette nuit; si cela est véritable, voilà un bel exemple pour se tourmenter des biens de ce monde.

1187. — DE LA MÊME A LA MÊME.

A Paris, le 26 septembre 1691.

Venir à Paris pour l'amour de moi, ma chère amie! la seule pensée m'en fait peur. Dieu me garde de vous déranger ainsi; et quoique je souhaite ardemment le plaisir de vous voir, je l'achèterais trop cher si c'était à vos dépens. Je vous mandai, il y a huit jours, la vérité de mon état; j'étais parfaitement bien, et j'ai été, comme par miracle, quinze jours sans vapeurs, c'est-à-dire guérie de tous maux. Je ne suis plus si bien depuis trois ou quatre jours, et c'est la seule vue d'une lettre cachetée, que je n'ai point

---

[1] Frère du maréchal de Catinat. (P.)

[2] François d'Aubusson, duc de La Feuillade, pair et maréchal de France, gouverneur du Dauphiné, et père du dernier maréchal de ce nom. Louis XIV, loin de regretter sa perte, dit quelque temps après : « Cette année-là me fut « heureuse : je fus défait de trois hommes que je ne pouvais plus souffrir, « M. de Louvois, Seignelai et La Feuillade. » (*Mémoires de Choisy*, livre VI.)

ouverte, qui m'a ému mes vapeurs. Je ressemble comme deux gouttes d'eau à une femme ensorcelée; mais l'après-dîner je suis assez comme une autre personne : je vous écrivis, il y a un mois ou deux, que c'était ma méchante heure, et c'est à présent la bonne; j'espère que mon mal, après avoir tourné et changé, me quittera peut-être; mais je demeurerai toujours une très-sotte femme, et vous ne sauriez croire comme je suis étonnée de l'être; je n'avais point été nourrie dans l'opinion que je le pusse devenir. Je reviens à votre voyage, ma belle : comptez que c'est un château en Espagne pour moi, que de m'imaginer le plaisir de vous voir; mais mon plaisir serait troublé si votre voyage ne s'accordait pas avec les affaires de madame de Grignan et avec les vôtres. Il me paraît cependant, tout intérêt à part, que vous feriez fort bien de venir l'une et l'autre; mais je ne puis assez vous dire à quel point je suis touchée de la pensée de revenir uniquement à cause de moi. Je vous en écrirai plus au long au premier jour.

1188 — DE LA MÊME A LA MÊME.

A Paris, mercredi 10 octobre 1691.

J'ai eu des vapeurs cruelles, qui me durent encore, et qui me durent comme un point de fièvre qui m'afflige. En un mot, je suis folle, quoique je sois assurément une femme assez sage; je veux remercier madame de Grignan pour me calmer l'esprit; elle a écrit des merveilles pour moi à M. le chevalier de Grignan.

A MADAME DE GRIGNAN.

Je vous en remercie, Madame, et je vous prie d'ordonner à M. le chevalier de Grignan de m'aimer : je l'aime de tout mon cœur; c'est un homme que cet homme-là. Ramenez madame votre mère; vous avez mille affaires ici ; prenez garde de voir vos affaires domestiques de trop près, et que les maisons ne vous empêchent de voir la ville. Il y a plus d'une sorte d'intérêt en ce monde. Venez, Madame, venez ici pour l'amour des personnes qui vous aiment, et songez qu'en travaillant pour vous, c'est me donner en même temps la joie de voir madame votre mère.

A MADAME DE SÉVIGNÉ.

Mon Dieu! ma chère amie, que je serai aise de vous voir! vraiment je pleurerai bien; tout me fait fondre en larmes. J'ai reçu ce matin des lettres de mon fils l'abbé, qui était en Poitou, à deux lieues de madame de La Troche. Un gentil-homme d'importance, gendre de madame de La Rochebardon, chez qui madame de La Troche est actuellement, vint dire adieu à mon fils, et c'est là qu'il apprit la mort de La Troche[1], par la gazette, s'il vous plaît ; car je n'en avais point parlé à mon fils, qui me fait une peinture de la désolation de ce gentil-homme d'avoir à donner chez lui une telle nouvelle, ce qui m'a rejetée dans les larmes; j'y retombe bien toute seule. M. de Pomponne croyait madame de La Troche riche; je lui ai écrit, et il m'a mandé que la duchesse du Lude l'avait détrompé, et qu'ils avaient présenté un placet pour elle[2]. Croisilles sort d'ici; il m'est venu voir de Saint-Gratien : je lui ai fait vos compliments; il est fort bien. Ma petite-fille est louche comme un chien; il n'importe; madame de Grignan l'a bien été; c'est tout dire. Me voilà à bout de mon écriture, et tout à vous plus que jamais, s'il est possible.

[1] Tué au combat de Leuze, le 18 septembre 1691. M. de La Troche était lieutenant des chevau-légers de M. le dauphin. (P.)
[2] Madame de La Troche obtint du roi une pension de 2,000 francs. (*Journal manuscrit de Dangeau*, 6 décembre 1691.)

1189. — DU COMTE DE BUSSY A MADAME DE SÉVIGNÉ.

A Coligny, ce 9 août 1691.

L'absence de ses bons amis est un grand mal, Madame, surtout quand elle dure longtemps; mais quand avec cela le commerce est difficile, comme est celui de Provence ici, cela fait enrager. Je vous écris le 20 mai, vous me faites réponse le 12 juillet, et je la reçois le 8 août; voilà qui est bien languissant pour des gens aussi vifs que nous sommes. Je suis bien fâché de la mort du pauvre Beaulieu, quand ce ne serait que parce qu'elle est cause que j'ai attendu plus longtemps le plaisir de recevoir de vos nouvelles.

Au reste, ma chère cousine, la peinture que vous me faites de la vie que vous menez en Provence me donne une grande envie d'être avec vous. Je voudrais avoir eu une raison d'aller prendre les eaux, comme a eu M. de Sévigné; car vraisemblablement ce n'est pas pour un mal fort douloureux, puisque vous vous trouvez respectivement de bonne compagnie les uns aux autres. Je m'en vais vous dire aussi ce que j'ai fait depuis trois mois. J'ai passé tout le mois de juin auprès de M. le Prince : vous en savez la raison[1]. Il n'y a jamais eu tant de noblesse aux états de cette province que cette année. Le prince a eu pour moi tous les égards que je pouvais souhaiter, et huit jours avant qu'il partît de Dijon, je lui donnai le mémoire que je vous envoie. Comme je savais qu'il ne s'engageait pas de si loin, je lui dis en lui donnant ce mémoire que je le suppliais de le lire à son loisir, et que je ne lui en demandais de réponse que quand il lui plairait. Depuis que je le lui eus donné, il ne me dit rien sur ce sujet, mais il redoubla de caresses et d'agréables traitements : ainsi je crois que pourvu que

[1] M. le Prince était gouverneur de Bourgogne; il était venu présider les états de cette province.

je vive jusqu'en 1694[1], je serai élu; voilà toute mon ambition.

> Quand on n'a pas ce que l'on veut
> Il faut avoir ce que l'on peut.

Pendant le temps que nous avons fait notre cour au prince, qui, par parenthèse, a de l'esprit, après le roi, plus que toute la maison royale, il y avait huit ou dix bonnes tables ouvertes; nous avions des comédies, des promenades et des concerts tous les jours. Un jour que nous dînions chez l'abbé de Fontenay, élu du clergé, nous nous trouvâmes, l'évêque d'Autun, le président de Berbisy et moi, les uns auprès des autres; nous bûmes à votre santé; nous vous souhaitâmes fort, et, dans la chaleur de nos désirs, le prélat nous proposa de vous écrire et de vous mander, entre autres choses, qu'il vous anathématiserait si vous ne veniez à Bourbilly; le président, qu'il donnerait arrêt contre vous; et comme ils me pressèrent de dire ce que je ferais, moi je leur dis que je me servirais de prières et jamais de menaces contre vous, même en riant.

M. d'Argouges, notre intendant, fils du conseiller d'État, est un homme agréable, qui a fort bien fait l'honneur de la province à M. le Prince; sa femme, assez jolie, de fort bonne humeur, a de l'esprit. J'y soupais réglément tous les jours avec cinq ou six des plus jolies femmes de la ville et cinq ou six des plus honnêtes gens de la suite du prince. J'y manquai deux fois, parce que les veilles m'avaient fort enrhumé. L'intendante, qui ne se payait pas de mes raisons, proposa un soir, sur les deux heures après minuit, de venir faire un charivari à Briord et à moi, qui étions logés vis-à-vis l'un de l'autre. Ils vinrent donc avec quatre tambours et six trompettes à nos fenêtres, et après une heure de cette sérénade, ils se retirèrent sans avoir

---

[1] Bussy mourut le 9 avril 1693.

pu m'éveiller. Je l'appris le lendemain de M. le Prince, à qui on l'avait déjà conté. Voici ce que j'écrivis sur cela à l'intendante.

« Ce mardi matin 20 juin.

« Il y a vingt-cinq ans, Madame, que si vous aviez été
« au monde, faite comme vous êtes, vous n'auriez pas eu
« besoin de tambours ni de trompettes pour m'ôter le repos,
« et ce n'aurait pas été avec ces sortes d'instruments que
« j'aurais essayé de troubler le vôtre. Cependant, Madame,
« je vous avertis que vous avez perdu vos peines, car je
« n'ai jamais mieux dormi que cette nuit. »

Eh bien, ma chère cousine ! ce billet vous plaît-il ? Vos Provençaux, à soixante ans passés, en écrivent-ils d'aussi galants ? Ma foi ! il est bien vrai que bon cheval ne fut jamais rosse !

Je trouve comme vous que les jours, les semaines, les mois et les années vont fort vite ; mais cela ne me fait pas tant de peur qu'à vous : la nécessité de mourir m'en console ; si quelqu'un s'en sauvait, j'en serais au désespoir. La mort de M. de Louvois doit faire prendre patience à tout le monde. Il y a tant de choses à dire sur ce sujet qu'une lettre n'y peut suffire. Venez à Paris le plus tôt que vous pourrez. J'espère d'y être en octobre prochain ; si je vous trouve, comme je le souhaite, je vous montrerai des choses nouvelles, et la fortune d'ici là nous fournira de la matière à raisonner ensemble.

Je rends mille grâces à M. et à madame de Grignan de l'honneur de leur souvenir. J'aime la petite-fille qui a du goût pour moi, et je l'en estime davantage. Pour M. de Sévigné, il y a longtemps que je lui ai trouvé d'heureux commencements. Je crois que vous et lui l'avez bien achevé ; de sorte que ce que nous sommes l'un à l'autre, lui et moi, la reconnaissance de l'amitié, qu'il m'a toujours témoignée, et le mérite, que j'aime et que j'estime partout où je le rencontre, m'attachent fortement à lui. Pour vous, ma chère cousine, qui m'assurez que vous ne pouvez jamais cesser de m'aimer, vous m'obligez infiniment par cette assurance.

Je ne connais pas Larré; on dit qu'il a du mérite à la guerre. Son père (*Lenet*), avec qui nous avons tant ri, avait de l'esprit; point de jugement ni de probité; il était né sans biens, il en avait volé à Bordeaux, en servant feu M. le Prince; il en mangea une partie, et M. le Prince lui reprit l'autre. Adieu, ma chère cousine, mon bel esprit pardonne aisément votre lettre, toute terre à terre que vous la croyiez.

1190. — DE MADAME DE SÉVIGNÉ AU COMTE DE BUSSY.

A Grignan, ce 27 octobre 1691.

J'ai reçu, mon cher cousin, à la fin de septembre la lettre que vous m'écriviez de Coligny au mois d'août; notre commerce est si dégingandé, que, n'espérant point le mieux régler tant que nous serons si éloignés l'un de l'autre, je vous attends à la remise, c'est-à-dire à Paris et à Versailles, pour vous faire réponse. Cependant j'ai bien envie de ne me point amuser à cette exactitude, et de passer légèrement sur tout ce que vous me contez de vos états, sur vos espérances éloignées, sur votre lettre à l'intendante, et de venir tout d'un coup à ce qui me tient le plus au cœur, qui est la pension que le roi vous a donnée, dans un temps où vous aviez l'honnêteté de n'oser quasi lui demander. Cette circonstance m'a plu : car encore que la grâce soit considérable, il ne faut pas oublier les agréments dont elle est accompagnée. Je ne sais pas tout le détail, et je vous le demande; mais il me semble que j'entrevois que M. de Beauvilliers a bien fait en cette occasion le personnage d'un des plus honnêtes hommes du monde, et celui de bon ami, qui n'est pas moins estimable, et qui n'en saurait être séparé. Le cœur me disait que vous sentiriez tôt ou tard le prix d'une amitié si précieuse ; et j'ai une joie sensible de ne m'être pas trompée. Il faut aimer tout ce que Dieu fait. Il n'a pas voulu que votre fortune fût telle que selon toutes les apparences elle devait être ; il faut s'y soumettre, et je crains d'avoir été plus sensible que vous à cette privation. Il faut accepter et recevoir ce qu'il lui plaît de vous donner dans un temps où vos malheurs rendent ce bienfait digne de beaucoup de reconnaissance. Il faut donc remercier Dieu, le roi, et votre admirable ami : c'est ce que je fais intérieurement, mon cher cousin, avec tous les sentiments qui m'ont rendue trop sensible à tous les maux de votre vie. Voilà le compliment trop sincère que vous recevez de moi. En voici d'autres, qui pour n'être pas si intéressés n'en sont pas moins agréables ; c'est de M. de Grignan, c'est de ma fille, de mon fils, et de M. de Coulanges, qui revient de Rome. Ils vous assurent tous de leur joie et de la part qu'ils prennent à la vôtre. Pour moi, j'en ferai de tout particuliers, si cette douceur en répand sur tout le reste de votre vie, si vous êtes content, si elle vous met désormais à couvert des justes chagrins que vous aviez, et des peines humiliantes d'avoir toujours à demander, et enfin si vous passez dans un véritable repos ce que Dieu vous donnera de temps pour le servir. Je l'en remercie de tout mon cœur, et je vous souhaite sa grâce ; car après toutes les morts que nous avons vues depuis peu, et dont nous parlerions un an si nous voulions, il n'est pas possible de n'en pas souhaiter une chrétienne à ceux que l'on aime.

Voilà, mon cher cousin, tout ce que vous aurez de moi aujourd'hui. Nous disions que la dernière lettre que je vous écrivis était toute terre à terre : celle-ci commence de la même façon ; car pourquoi se réjouir que vous ayez un nouvel attachement pour ce corrupteur du genre humain, que Voiture a si bien décrit ? Mais elle finit d'une manière si relevée en vous souhaitant les biens éternels, que j'ai peur qu'on ne puisse m'accuser d'avoir donné dans le sublime.

Où est ma nièce de Dalet? Où est cette Marie de Rabutin (*madame de Montataire*)? Je les embrasse toutes deux, et j'adresse ma lettre chez cette dernière, ne croyant rien de plus naturel.

1191. — DU COMTE DE BUSSY A MADAME DE SÉVIGNÉ.

A Paris, ce 5 novembre 1691.

Pour répondre à votre lettre du 27 octobre, Madame, je vous dirai que pour peu que vous tardiez à venir ici, vous ne m'y trouverez plus, dont je serai bien fâché; mais enfin, ne voulant point passer l'hiver à Paris, je ne veux pas attendre le mauvais temps pour m'en retourner.

Vous me demandez le détail de ce qui s'est passé à Fontainebleau sur le sujet de ma pension; il est trop long pour vous le dire : il faut que je vous voie pour vous l'apprendre. Tout ce que je vous dirai, c'est que mon ami Beauvilliers n'y a aucune part; au contraire, c'était lui qui me décourageait et qui m'obligea de me désister le 15 octobre, parlant au roi; et je reçus la grâce le 16. Mais voulez-vous savoir de qui je la tiens? De Dieu, du père de La Chaise et de madame de Maintenon. Je ne sais pas si le roi y apporta de la résistance; mais je sais qu'il ordonna à M. de Pontchartrain de m'expédier mon brevet, et que quand je remerciai Sa Majesté, elle me dit les plus honorables paroles qu'elle pourrait dire à un prince du sang à qui elle ferait une grâce.

Mais ne cesserez-vous jamais, Madame, de reparler de la fortune que, suivant toutes les apparences, je devais faire? Je vous ai déjà dit plusieurs fois que les regrets en étaient passés, et que je ne trouve ni assez chrétien, ni d'un esprit comme le vôtre, de porter impatiemment les adversités et de se rafraîchir la mémoire de choses désagréables, surtout dans le temps où je reçois une grâce que je n'ai garde d'empoisonner par de fâcheuses idées. Laissons donc là toutes les pensées des malheurs passés ; ne songeons qu'aux grâces présentes et à en jouir longtemps. C'est cela qui est de bon sens, Madame, quand on ne laisse pas d'ailleurs de songer à la mort et à son salut.

Je reçois comme je dois les compliments de M. de Grignan, de la belle Comtesse, de M. votre fils et de M. de Coulanges. Pour vous, ma chère cousine, vous devez être contente sur mon sujet, si pour l'être il ne faut que bien savoir que je le suis. Oui, ma chère cousine, je le suis, en ne regardant même que moi ; mais je le suis encore bien davantage quand je regarde les morts de MM. de Louvois, de La Feuillade et de La Trousse, tous trois plus jeunes et mille fois plus heureux que moi. Je rends grâces à Dieu de toutes mes adversités, qui m'ont fait retourner à lui, et de ce qu'en me donnant le loisir de faire pénitence, il me donne le moyen d'achever ma vie commodément, et de soutenir le rang où il m'a mis dans le monde.

Votre nièce de Dalet *(madame de Coligny)* est à Clermont, où elle achève avec son beau-frère de Langheac les affaires qui lui restaient avec lui, qui étaient de toucher vingt mille francs qu'il lui devait. Votre filleule *(madame de Montataire)* est à Manicamp, où elle bâtit. Je l'attends ici à la Saint-Martin. Le marquis de Bussy arrivera ici d'Allemagne cette semaine ; son frère l'abbé est auprès de moi. Je ferai savoir aux dames l'honneur que vous leur faites de vous en souvenir, et je finirai cette lettre par vous dire, ma chère cousine, que personne ne vous aime plus chèrement que je fais.

1192. — DE MADAME DE LA FAYETTE A MADAME DE SÉVIGNÉ.

A Paris, le 24 janvier 1692.

Hélas, ma belle, tout ce que j'ai à vous dire de ma santé est bien mauvais; en un mot, je n'ai repos ni nuit ni jour, ni dans le corps ni dans l'esprit; je ne suis plus une personne, ni par l'un ni par l'autre; je péris à vue d'œil; il faut finir quand il plaît à Dieu, et j'y suis soumise. L'horrible froid qu'il fait m'empêche de voir madame de Lavardin. Croyez, ma très-chère, que vous êtes la personne du monde que j'ai le plus véritablement aimée [1].

1193. — DE MADAME DE SÉVIGNÉ AU COMTE DE BUSSY.

A Paris, ce 27 janvier 1692.

Nous sommes arrivés ici, mon cher cousin, à la fin de l'année, assez tôt pour faire que M. de Grignan ait été reçu chevalier, mais pas assez tôt pour avoir l'honneur et le plaisir de vous voir et de vous embrasser. Je me souvenais du vers de l'Opéra :

J'aurais beau me presser, j'arriverai trop tard.

En effet, vous étiez parti dans le temps que vous me l'aviez mandé, et je sais, par ma nièce de Montataire, que vous êtes dans vos châteaux, ou à Autun, jouissant en repos de la grâce que le roi vous a faite. Cette douceur vous était nécessaire; et quoi que je vous aie dit mal à

---

[1] Madame de La Fayette et M. de Bussy-Rabutin étant morts dans le cours des années 1693 et 1695, cette partie de la correspondance de madame de Sévigné finit naturellement après les quatre lettres suivantes. Il paraît aussi que madame de Grignan pendant ces mêmes années 1692 et 1693 était restée à Paris avec sa mère, et qu'elle ne la devança que de très-peu à Grignan. (A. G.)

propos et très-inutilement sur les comparaisons de ce qui pouvait être avec ce qui était, j'ai fort senti cette dernière disposition de la Providence, dont je devrais adorer tous les arrangements; faisant profession comme je fais d'être sa très-humble servante. C'est en vérité une sottise de me mêler quelquefois de retourner sur le passé. Je lui en demande pardon, à vous aussi.

Mandez-moi de vos nouvelles : quelle vie vous faites; si ma nièce de Dalet et madame de Toulongeon ne servent pas toujours à la rendre heureuse; si votre esprit ne se rétrécit point, comme dit M. Nicole, par l'éloignement des objets qui le mettent en mouvement. Nous trouvions, ma fille et moi, que nous étions un peu gâtées; mais nous commençons à nous remettre, et nos amis nous veulent bien reconnaître. Pour vous, mon cousin, je me réponds à moi-même de vous, et j'ai su qu'à Fontainebleau vous étiez fort bien; et quand vous n'êtes pas à la cour, je m'en fie bien à ma nièce de Dalet d'exercer votre vivacité en exerçant aussi la sienne. Je vous ai trop souvent recommandés l'un à l'autre pour craindre pour vous les deux accidents qui arrivent aux autres. J'ai senti la force du nom dans le plaisir que m'a fait ma nièce de Montataire de s'être enfin rendue dame et maîtresse de tout le bien de Manicamp. Il est donc vrai qu'il y a des grands procès qui finissent, et qu'une fille qui n'a été mariée qu'avec des prétentions, ce qui est la chose du monde qui donne le moins de subsistance, se trouve présentement un très-solide et un très-bon parti. J'ai su aussi que M. votre fils a eu une pension, et l'abbé un petit bénéfice, en attendant mieux; mon cœur a fait son devoir dans toutes ces occasions. Toute la cour est pleine de joie et de plaisirs pour le mariage de M. de Chartres et de mademoiselle de Blois [1]. Il y aura un

---

[1] Le soin que Louis XIV ne cessa d'apporter à l'élévation de ses enfants naturels a été une véritable tache à sa vie. Il ne trouva pas que ce fût assez d'en avoir placé deux dans les maisons de Conti et de Condé, il voulut en-

grand bal, où tous ceux qui disent qu'ils n'ont pas un sou font des dépenses de deux et trois cents pistoles. C'est ce qui fait qu'on ne croit point à leurs misères, qui sont pourtant bien véritables. Mais les Français ont des ressources dans leur envie de plaire au roi, qui ne trouveraient point de créance dans ce qu'on nous en pourrait dire, si nous ne le voyions de nos propres yeux. Nous verrons donc tous les jeunes et vieux courtisans parés selon leur âge, et toujours magnifiquement. Je ne vous parlerai point des bulles; nous sommes contents présentement qu'on en donne à tous ceux qui n'ont point été de l'assemblée du clergé de 1682. Ceux-là demeureront à être pourvus une autre fois. C'est toujours beaucoup qu'il y en ait trente qui vont faire leur devoir dans leurs diocèses; du moins il ne tiendra qu'à eux.

M. de Grignan et ma fille vous assurent de leurs très-humbles services. Ils ont ici une petite fille, qui, sans avoir la beauté de sa mère, a si bien mitigé et radouci l'air des Grignan, qu'elle est en vérité fort jolie. Vous en jugerez peut-être quelque jour. Je le souhaite, et que vous m'aimiez toujours autant que je vous aime. J'embrasse ma chère nièce (*de Dalet.*)

1194. — DU COMTE DE BUSSY A MADAME DE SÉVIGNÉ.

À Chaseu, ce 31 janvier 1692.

La gazette m'avait appris l'arrivée de M. de Grignan à la cour, et cela m'avait fait espérer, Madame, que vous ne seriez pas demeurées en Provence vous et la belle Comtesse; vous me faites grand plaisir de m'en assurer vous-même. J'eusse été bien plus aise que vous fussiez arrivées plus tôt; mais la Providence, comme vous dites, ne l'avait pas réglé ainsi. Ce sera pour l'automne que je ne

core que mademoiselle de Blois, fille de madame de Montespan, s'assit sur les premiers degrés du trône, en épousant le duc de Chartres. (M.)

vous manquerai pas, quand j'irai faire ma cour à Fontainebleau.

Je n'ai fait que passer à Bussy, et je n'ai point été à Autun, parce que l'évêque est à Paris ; je passe l'hiver à mon Chaseu, avec la tranquillité d'un philosophe chrétien, qui jouit de toutes les commodités de la vie. Vous êtes trop bonne de m'avoir demandé pardon de m'avoir grondé de n'être pas assez heureux. Si vous tombez quelquefois, ma chère cousine, personne ne se relève plus vite ni de meilleure grâce que vous.

Ma fille de Dalet est revenue depuis six semaines d'Auvergne, où elle a fait toutes les affaires qu'elle y avait avec son beau-frère de Langheac, c'est-à-dire qu'il l'a payée de vingt mille francs qu'il lui devait, outre les terres de Dalet et de Malintras qu'elle a bien affermées. Son fils est ici qui achève ses études pour entrer au mois de septembre à l'académie.

Je n'ai point vu les Toulongeon depuis mon retour en ce pays-ci ; ils sont à Autun, et je suis à bout de mes fleurettes pour la petite dame ; mais comme il faut toujours que je m'amuse, de peur que mon esprit ne rétrécisse (puisque *rétrécir* y a), voici à quoi il se mit hier au large. Il y a en ce pays-ci une jeune fille de la maison de Damas, qui n'est pas riche quoique héritière ; le petit comte de Dalet la trouve jolie ; depuis un an, il m'a prié quelquefois de lui faire des couplets de chanson pour elle. On vient d'accorder son mariage avec le comte de Ragny, qui le lendemain de la passation du contrat est parti pour Paris. Aussitôt je fis ce madrigal pour le petit comte, qui l'envoya à la demoiselle.

> Quand j'appris votre mariage,
> Iris, je n'eus pas le courage
> De m'en réjouir avec vous,
> Mais quand j'ai su que le futur époux
> S'abandonnait aux malheurs de l'absence,
> J'ai repris quelque espérance,

> Et sur cela je me suis dit :
> On ne sait qui meurt ni qui vit.

Je ne sais si je me flatte, mais cela ne me paraît pas encore d'un homme trop enrouillé ; vous en jugerez, ma chère cousine.

Les deux procès de Rouville et de Manicamp étaient les deux meilleurs procès du monde ; cependant pour les mettre à bout il fallait de l'argent, du crédit et des soins, et c'est ce qu'a fait ma fille de Montataire.

Je croyais que vous saviez la pension du marquis de Bussy ; il y a déjà du temps, car il y a déjà trois ans qu'il l'a, et les deux bénéfices de l'abbé. Je serais bien ingrat si je n'aimais le roi : mes enfants et moi jouissons de quinze mille livres de rente de ses bienfaits. Il m'eût fait plaisir et je puis dire justice de me donner autrefois des honneurs, mais je trouve aujourd'hui l'argent plus solide.

Les mariages des filles naturelles du roi avec ce qui est à la tête des légitimes de la maison royale sont des marques assurées de la grandeur de ce prince et du respect qu'on a pour lui. Quand je songe que mademoiselle de Blois pourra être reine de France, je ne trouve point d'exemple de pareille chose dans l'histoire.

Je suis très-humble serviteur de M. et de madame de Grignan et de la petite Grignan *mitigée* ; j'ai bien envie de la voir, mais j'achèterais chèrement le plaisir de passer huit jours avec vous ; je ne sais pas encore si j'aurais pu tout dire. Nous vous aimons toujours chèrement, votre nièce et moi ; je m'étonne que vous ne me disiez rien de notre ami Corbinelli ; il a pu vous dire que nous avons été deux heures ensemble à mon dernier voyage de Paris.

1195. — DE MADAME DE SÉVIGNÉ AU COMTE DE BUSSY.

A Paris, ce 12 avril 1692.

Je crois, mon cousin, que vous n'avez pas attendu ma réponse pour être assuré de mon approbation sur les jolis ouvrages que vous m'avez envoyés ; la vôtre vous répondait de la mienne, et ce serait un malheur pour moi si sur ce point nous avions deux avis différents. Le madrigal est fort galant; vous avez pris en volant le voyage du futur époux de cette jolie fille; cela vous a donné une agréable pensée. Pour le bout-rimé de ma nièce, il serait digne du gouverneur de M. le duc de Bourgogne : c'est tout ce qu'on peut dire sur l'éducation d'un jeune homme. On ne saurait lui donner de plus nobles et de plus solides leçons. Je m'en réjouis avec ce jeune garçon, qui a tant de beaux noms qu'il ne lui sera pas permis d'être médiocrement honnête homme avec une mère et un grand-père qui savent si bien comme il faut être. Je ne vous dis point que vous me paraissez l'un et l'autre avoir autant d'esprit que vous en eûtes jamais : vous le savez bien ; je souhaite que vous trouviez la même chose de ma fille et de moi. Si vous venez ici cet automne, mon cher cousin, j'aurai une véritable joie ; mais il se passera bien des choses entre ci et ce temps-là. Voilà des armées de tous côtés ; on dit que le tombeau de M. de Louvois fait des miracles, il fait voir un aveugle, qui est notre ami Choiseul, dont le public a une véritable joie, et il fait marcher des gens qui avaient des jambes rompues, qui sont le maréchal de Bellefonds et Montrevel. C'est en vérité un plaisir que de revoir de si bons sujets sur la scène ; celle-ci est grande, le roi sera lui-même à la tête de l'une de ses armées. Les dames qui doivent être de ce voyage sont déjà nommées; les ministres suivront aussi. Dieu veuille bien conduire cette guerre pour la gloire du roi et pour le bonheur de la France !

Je ne vous parle plus du mariage de M. du Maine et de mademoiselle de Charollais ; après celui de M. de Chartres, rien ne mérite notre attention. Je me réjouis, mon cher cousin, de la douceur que vous trouvez dans les bienfaits du roi ; cela donne une aisance à votre vie qui vous fait philosopher plus agréablement. Je ne vous dis rien du père Bouhours, vous ne savez pas le premier mot de toute la vérité de cette histoire. Le père Bourdaloue a prêché encore mieux que jamais à la Salpêtrière. Pour réparer ma faute de ne vous avoir rien dit de notre ami Corbinelli, le voilà qui vous en va parler lui-même.

MONSIEUR DE CORBINELLI.

Quoique je sois enrhumé, Monsieur, de manière à être bouché sur toutes les choses d'esprit, j'ai trouvé les vers que j'ai vus fort jolis ; mais il me semble que vous nous avez promis de nous faire voir votre discours sur les malheureux de mérite ; j'en meurs d'envie. Notre ami le père Bouhours m'a envoyé ce matin les *Nouvelles Remarques sur la Langue*. Je vous y ai trouvé très-agréablement cité, comme un homme dont l'autorité devait régler le langage. Je ne vous dis point de nouvelles. Il n'y en eut jamais tant sur les préparatifs de toutes parts à une campagne mémorable, et dont il n'y aurait que vous digne d'être l'historien, n'en étant pas le chef. Adieu, Monsieur. Si vous étiez tout ce que je voudrais, vous seriez peut-être au-dessus de tout ce que vous désirez [1]. Je suis très-obéissant serviteur de madame de Dalet.

---

[1] Il ne faut pas prendre ceci à la lettre, ni en savoir mauvais gré au philosophe Corbinelli. Il traitait Bussy en malade, dont l'orgueil humilié avait besoin de ces douceurs pour supporter les maux de la vie. Ces louanges ne sont pas des flatteries, mais des consolations. (A. G.)

1196. — DU COMTE DE BUSSY A MADAME DE SÉVIGNÉ.

A Chaseu, ce 17 avril 1692.

Je reçus hier votre lettre du 12, Madame : je commençais à être en peine de votre santé ; et quand je voulais me flatter sur cela, je pensais qu'après avoir été longtemps hors de Paris, les amis que vous y avez retrouvés ne vous laissaient pas le loisir d'écrire à vos amis de province. Pour moi, qui n'ai rien de meilleur à faire que de vous entretenir, je ne vous ferai pas attendre ma réponse. Je vous dirai donc, ma chère cousine, que je suis ravi que vous trouviez que je ne baisse point ; outre qu'il y a du plaisir d'avoir de l'esprit et d'en avoir la réputation, c'est un bon signe aux vieilles gens pour la santé ; quand la tête est encore bonne, cela tire à conséquence pour le corps.

Au reste, ma chère cousine, si vous souhaitez d'avoir notre approbation pour vous et pour la belle Comtesse, vous devez être contentes toutes deux. Personne au monde ne vous estime plus et ne vous aime plus tendrement que nous faisons, ma fille et moi. Vous savez que je ne suis pas flatteur ; la lettre que je viens de recevoir de vous nous plaît d'un bout à l'autre. N'allez pas croire que vos louanges nous aient aveuglés ou corrompus : je louerais une satire contre moi si elle était bien faite, et je condamnerais un panégyrique en ma faveur s'il ne valait rien.

J'irai cet automne à Fontainebleau et de là à Paris, quand vous serez encore en Provence. Jugez, ma chère cousine, si le plaisir de vous voir me fera changer de dessein ; j'en meurs d'envie, j'ai mille choses à vous dire et à vous montrer. En attendant, je vous dirai que je viens de faire une version du cantique de Pâques, *ô filii et filiæ*, car je ne suis pas toujours profane. Vivonne, le comte de Guiche, Manicamp et moi fîmes autrefois des *Alleluia* à Roissy, qui ne furent pas aussi approuvés que le seraient ceux-ci; aussi nous firent-ils chasser tous quatre[1]. Je dois cette réparation pour mes amis et pour moi à Dieu et au monde.

Ce n'est pas la mort de M. de Louvois qui a fait rentrer dans le service Bellefonds, Choiseul et Montrevel; c'est la plus grande guerre qu'aura jamais roi de France sur les bras qui fait revenir ces gens-là et qui en mettra bien d'autres dans l'emploi, si elle dure. Vous avez raison, ma chère cousine, de dire que la scène va être bien remplie; on me mande que l'armée de Flandre sera de cent mille hommes de pied et de cinquante mille chevaux; le roi la commandera en personne.

J'ai fait mon compliment à M. le Prince sur le mariage de mademoiselle de Charollais; il l'a fort bien reçu. Je ne sais qu'en gros la calomnie contre le père Bouhours; vous me ferez plaisir de m'en apprendre le détail.

A MONSIEUR DE CORBINELLI.

Pour un homme que le rhume accable, Monsieur, je ne vous trouve pas trop bouché. Le père Bouhours m'a envoyé ses *Nouvelles Remarques sur la Langue*; il me fait bien de l'honneur de citer mon autorité sur le langage.

Je crois cette campagne de conséquence; il y a, comme vous dites, de grands préparatifs de toutes parts. J'en serai l'historien en quelque endroit; pour un des acteurs, je ne le serai ni je ne voudrais l'être: je me porte bien, mais je ne conserverais pas cette santé dont je fais plus de cas que de tous les autres biens, si je rentrais dans le service. Adieu, Monsieur, soyez bien persuadé que je vous aimerai toujours de tout mon cœur.

---

[1] Ce sont les trop fameux *Alleluia*.

1197. — DE MADAME DE SÉVIGNÉ
A MADAME LA COMTESSE DE DALET [1].

A Paris, ce 31 octobre 1692.

Il m'est apparu, ma chère nièce, un fort joli garçon, bien fait, un air noble; et dans le peu de paroles qu'il a dites je parierais qu'il a bien de l'esprit, et que vous et mon cousin avez pris soin de son éducation et de former ses mœurs. Voilà le vrai âge de le mettre à l'académie; je n'ai pu l'y mener, je l'irai voir au premier jour. En attendant, je lui ai donné deux jolis camarades de fort bonnes maisons de Bretagne, fort sages et fils de deux personnes que j'aime fort, qui ont bien du mérite et qui sont venues loger tout auprès de l'académie pour être les gouverneurs de leurs enfants; ils le seront aussi du vôtre, quoiqu'il en ait un qui me paraît un fort honnête homme et qui sait vivre : il a été à la guerre et a fait plusieurs bonnes éducations. Vous êtes bien heureuse, ma chère nièce, d'avoir fait une si bonne rencontre; c'est une marchandise qu'on ne trouve pas bien aisément. J'aurai l'œil sur tout cela, et je vous en rendrai compte. Mandez-moi si les biens de votre enfant ne sont pas considérables, car il me semble qu'étant riche, d'un si grand nom, il doit être grand seigneur, et il faut tâcher de le marier sur ce pied-là.

Je reviens à mon pauvre cousin, dont la santé ne lui a pas permis de venir cet hiver à Paris. Vous avez fort bien fait, monsieur le Comte, de ne point apporter ici une santé languissante; vous vous remettrez par le repos de votre château, et vous nous retrouverez tous encore au printemps. Je loue fort ma chère nièce de ne vous point quitter; c'est dans ces occasions qu'on a besoin de sa famille, et dans cette famille de ceux qu'on aime le plus. Je vous conjure de me

---
[1] Madame de Coligny.

mander l'état d'une santé où je prends tant d'intérêt, par toutes sortes de raisons.

Adieu, ma chère nièce ; adieu, mon cher cousin, je vous recommande toujours l'un à l'autre et à tous deux de m'aimer comme je le mérite par l'amitié que j'ai pour vous.

Nulle recommandation n'est nécessaire à un nom comme celui de votre fils : il n'y a qu'à le nommer ; mais j'irai pour me faire honneur d'être sa tante.

1198. — DU COMTE DE BUSSY A MADAME DE SÉVIGNÉ.

A Chaseu, ce 2 décembre 1692.

Les petits contes ne vous déplaisent pas, ma chère cousine. En voici un que Théophile a écrit en latin, qui m'a paru assez bon pour être traduit et pour vous réjouir. Guéri, grâce à Dieu, de l'amour et de la fortune, je suis trop heureux de m'occuper de petites choses. Je trouve même qu'il n'y a que cela de bon pour la douceur de la vie ; car les bagatelles ne coûtent rien, ni au corps ni à l'âme ; et quoique je sois persuadé par mon expérience, et surtout depuis cinq ou six ans, que l'ouvrage du salut est seul capable de contenter le cœur, il faut que j'amuse encore mon esprit. Dieu, qui m'a fait naître gai, veut bien assurément que je me réjouisse, et surtout quand ce ne sera qu'aux dépens de Larisse et de Glison. Votre nièce est de mon avis. Elle et moi vous embrassons, et la belle Comtesse aussi, de tout notre cœur. Je recommande à notre ami Corbinelli de lire le latin de mon petit conte, et de vous faire valoir mon français [1].

---

[1] Ce conte est imprimé dans les Lettres de Bussy, tome II, page 288 ; mais il ne vaut pas la peine qu'on se donnerait à le chercher dans cette collection.

1199. — DE MADAME DE SÉVIGNÉ AU COMTE DE BUSSY.

A Paris, ce 10 décembre 1692.

Votre petit conte, mon cousin, est si modestement habillé, qu'on le peut louer sans rougir; mais les réflexions de votre lettre nous ont fait autant de plaisir que le conte. Vos raisonnements en douze lignes, justes, solides et badins, font bien reconnaître votre heureux caractère, et nous font dire avec notre ami Corbinelli que vos traductions honorent les originaux, mais qu'il n'appartiendra jamais à personne de vous traduire dignement : il n'y a qu'à vous souhaiter, et à ma chère nièce, de jouir longues années tous deux d'une vie si douce, qu'elle devrait faire envie même à ceux qui vous plaignent. N'est-il pas vrai, ma nièce? Vous ne m'en dédirez; et vous m'aimerez toujours tous deux, s'il vous plaît.

1200. — DE MONSIEUR DE COULANGES
A MADEMOISELLE DE GRIGNAN.

A Paris, ce 10 mai 1694.

Je me sens très-honoré, charmante Pauline, que vous ayez bien voulu vous adresser à moi pour me faire le confident de votre amitié pour madame la duchesse de Villeroi; elle a assurément reçu votre lettre avec tous les sentiments que vous pouvez désirer; et vous en auriez déjà la réponse sans la mort cruelle de madame de Barbesieux[1], qui a jeté dans une affliction sensible tous ses parents et tous ses amis. La petite duchesse[2] en a pensé mourir de

[1] Catherine-Louise de Crussol d'Uzès, morte le 4 mai 1694, de la petite vérole; on ne la fit point sortir du château de Versailles, malgré l'usage établi. Et d'un autre côté la duchesse d'Uzès, sa mère, ayant demandé avec instance que Duchesne, médecin des enfants de France, la vît, le roi ne voulut pas le permettre. (*Journal de Dangeau*, 26 avril et 1er mai 1694.) (P.)
[2] Marguerite Le Tellier, sœur de M. de Barbesieux, duchesse de Villeroi.

douleur, mais mourir au pied de la lettre; je la vis trois heures avec des vapeurs si terribles et si nouvelles pour elle, qu'elle nous fit peur. A l'heure qu'il est, sa douleur est dans les règles ordinaires; mais c'est une plaie que je crois qui saignera longtemps dans la famille. M. l'archevêque de Reims[1] dit qu'il ne conseillera jamais à M. de Barbesieux de se remarier, par l'impossibilité de trouver une femme aussi parfaite; mais pour moi, je lui conseillerai le contraire, s'il veut bien en prendre une[2] de ma main; car je connais un petit chef-d'œuvre, non pas en toutes richesses, méprisables et périssables, mais en toutes perfections rares et adorables, qui peut très-aisément lui faire oublier ce qu'il a perdu et le rendre le plus heureux de tous les hommes. Après avoir bien pleuré et lamenté trois jours dans sa petite maison de Lestang, il s'en retourna samedi au soir à Versailles et à son devoir. La duchesse de Villeroi est venue ici passer quelques jours auprès de sa mère[3]; pour moi, je m'en vais demain, avec mes faibles pieds, porter mes mauvais bras à Saint-Martin, où je serai quelque temps avec le cardinal de Bouillon; je voudrais bien que l'air de Saint-Martin pût remettre mes épaules dans leur devoir; mais il fait une sécheresse et un diable de vent tout propre à rendre malade, bien loin de guérir : avez-vous le même temps à Grignan? C'est enfin demain le départ de madame de Sévigné et de M. le chevalier de Grignan; voilà des hôtes qui ne vous déplairont assurément point : plût à Dieu que je pusse les accompagner! Mais ce qui est différé n'est pas perdu; je crois fermement encore que je m'y retrouverai quelque jour, dans l'admiration de toutes vos grandeurs; car ce chapitre

Son mari avait pris depuis son mariage le titre de duc; on l'appelait auparavant le *marquis d'Alincourt*. (*Journal de Dangeau,* 25 février 1694.) (P.)

[1] Charles-Maurice Le Tellier, oncle de M. de Barbesieux. (P.)

[2] C'est de Pauline de Grignan que M. de Coulanges veut parler, et la même à qui cette lettre s'adresse. (P.)

[3] Anne de Souvré, marquise de Louvois. (P.)

d'un côté, tous ces écussons en manteau ducal de l'autre, ce château magnifique, ces appartements si bien meublés, toutes ces tables dans la galerie, tout le monde qui va et vient, et ce Comte et cette Comtesse, qui remplissent si bien ce château, et qui y font si bonne chère à leurs amis, sont en vérité pour moi *la gloire de Niquée*, ni plus ni moins, et un séjour qui convient à tous mes goûts. Attendez-moi donc, adorable Pauline, et soyez persuadée que vous ne pouvez jamais voir arriver personne à Grignan qui vous honore et qui vous estime plus que je fais.

Je ne doute pas que madame de Coulanges ne vous dise elle-même des nouvelles de sa santé, qui est beaucoup meilleure qu'elle n'a été.

MADAME DE COULANGES.

Depuis que vous êtes partie, mademoiselle, rien ne fait du bruit ici que vos lettres ; mais je suis lasse que vous fassiez plus de bruit que de besogne : vous ne pouvez jamais savoir ce que c'est que de vous regretter, et vous êtes bien heureuse. Je vous fais des compliments sur la tragique mort de madame de Barbesieux ; j'en fais aussi à madame de Grignan ; et j'ai bien de la bonté de penser à elle, sans me plaindre de ce qu'elle m'ôte aujourd'hui madame de Sévigné. Je vous avoue que je ne m'imagine de consolation pour moi que d'aller à Grignan, où j'espère que vous me recevrez mieux que la première fois que je fis ce voyage : vous n'y parûtes point. Adieu, Mademoiselle, je vous serai sensiblement obligée si vous faites souvenir à M. et madame de Grignan de la manière dont je les honore. Je me réjouis avec vous de ce que je ne suis pas morte : vous auriez perdu une personne bien attachée à vos charmes.

1201. — DU MÊME A MADAME DE SÉVIGNÉ.

A Paris, ce 24 mai 1694.

Il y aura demain justement quinze jours que vous partîtes d'ici ; il est donc temps, ma très-aimable gouvernante, de vous écrire à Grignan, et de vous assurer que vous y êtes la très-bien venue. Nous avons eu de vos nouvelles de Moulins, et jusque là le voyage avait été heureux ; je souhaite qu'il ait continué de même, et qu'à l'heure présente, hors de toutes vos fatigues, vous jouissiez de la vue de tant de personnes que vous aimez, et de tous les charmes inséparables du château magnifique où vous êtes. Pour moi, je vous dirai que je partis pour Saint-Martin[1] le même jour que vous partîtes d'ici ; et comme vous n'êtes point ennemie des détails, je vous rendrai compte de tout ce que j'ai fait depuis ce temps-là. Je fus à Saint-Martin jusqu'au samedi, je ne vous dirai pas en toute joie et en toute liesse, car jamais je ne fus plus triste ni plus abattu, sans savoir pourquoi, ni de plus mauvaise compagnie. Saint-Martin aussi bien que le cardinal sont toujours pour moi d'un agrément sans pareil ; mais enfin cette épaule, ce bras gauche et cette main, qui ne sont point sans douleurs et qui me chicanent toujours, m'ont jeté dans une pesanteur et dans un abattement dont je ne reviens point ; c'est ce qui me fait résoudre de songer absolument à ma santé ; et pour cela depuis huit jours je me suis abandonné à la saignée et à beaucoup de médecines réitérées, dont je ne sens point encore tout l'effet que j'en attends ; mais il faut espérer que m'étant mis dans mon devoir, ma bonne nature s'y remettra aussi. Voilà donc où j'en suis, mon adorable gouvernante. J'ai été fort visité pendant tous mes remèdes, et je ne saurais trop courir,

---

[1] L'une des abbayes du cardinal de Bouillon ; elle était située auprès de Pontoise. (A. G.)

quand je me porterai bien, pour aller remercier tous les gens qui s'intéressent à ma santé. Je suis encore plus heureux qu'une infinité d'autres gens, accablés de fièvres, de pourpre, et de mille autres maux. M. de Harlay[1], gendre de M. le chancelier, est assez considérablement malade; la présidente Le Coigneux l'est aussi; mais qui l'est d'une très-cruelle de façon, c'est la pauvre mademoiselle de Sanzei, qui court risque de tomber dans le mal de la feue duchesse de Gramont, si Dieu n'y met la main. L'on prétend que les parfums et les jonquilles, dans un temps où ces odeurs sont mortelles, l'ont jetée dans l'état où elle est. On a jusqu'ici qualifié son mal d'un rhumatisme dans les entrailles; il n'y a sorte de remèdes qu'on ne lui ait faits, jusqu'à la saigner trois et quatre fois du pied en deux jours; enfin, elle est dans des agitations et des convulsions si violentes, qu'elle n'a plus de repos qu'en prenant de l'opium, dont on lui fait faire un trop fréquent usage; en un mot, les médecins paraissent bien empêchés pour remédier à un mal si extraordinaire. Madame de Coulanges vient d'envoyer Saint-Donnat à mademoiselle de Sanzei, et son retour nous apprendra ce qu'il faut espérer de la guérison de cette pauvre fille; le malheur est qu'il ne pourra pas la secourir longtemps, car il part incessamment. Madame de Poissy est accouchée d'un garçon : faites vos compliment à tout ce qui s'appelle Maisons et Lamoignon. On marie fort M. de Barbesieux par la ville; mais il est constant qu'il est encore si affligé qu'il ne songe point à se remarier; je veux toujours espérer, par tout ce que j'entends, qu'il préférera un mérite solide à tous les trésors périssables, quand il sera obligé d'en venir à de secondes noces. M. de Barillon épouse aujourd'hui mademoiselle Doublet. Le chevalier de Bezons[2] se maria aussi hier. Savez-vous

---

[1] Nicolas-Auguste de Harlay, seigneur de Bonneuil; il était cousin du premier président, et il avait épousé mademoiselle Boucherat, en 1670. (M.)
[2] Jacques-Bazin de Bezons, maréchal de France en 1709.

qui se marie encore, s'il n'est déjà marié? M. le marquis de Grignan, et l'on débite que c'est mademoiselle de Saint-Amand qu'il épouse ou qu'il a épousée; c'est à vous, Madame, à nous éclaircir sur ce fait; vous avez du moins un avantage, qu'on a très-bonne opinion de tout ce que vous ferez ou aurez fait; de bel et bon argent, et en quantité, voilà qui est un grand secours, dans le temps où nous sommes principalement. Tous les guerriers prennent congé dans la semaine prochaine; la solitude sera grande à Versailles et dans les bonnes maisons. M. et madame de Chaulnes s'en vont jeudi; eux et madame de Coulanges se sont raccommodés de fort bonne grâce; et il n'est plus question entre eux de la *pétoffe*, dont vous avez vu les commencements. Je m'en vais chez la maréchale de Villeroi, qui s'est fait saigner aujourd'hui du pied, par précaution seulement; et tous les Louvois ne manqueront pas de s'y trouver. Ce sera jeudi prochain la procession de la châsse de sainte Geneviève[1]; l'archevêque et madame de Lesdiguières n'ont pas été les plus forts pour l'empêcher cette année. Adieu, ma très-aimable, je vous embrasse avec une tendresse infinie.

---

[1] La disette des grains et l'espèce de famine qui avait affligé la France pendant l'année 1693 firent demander cette procession de la châsse de sainte Geneviève. Hénault, qui en parle, la place dans cette même année, et pourtant on voit ici qu'elle n'eut lieu qu'en 1694. C'est l'anachronisme le moins fâcheux qu'il pût commettre. Quant à madame de Lesdiguières, sa liaison avec l'archevêque de Paris, Harlai de Chanvalon, est bien connue, comme il l'est aussi que les femmes n'en pouvaient guère avoir d'édifiantes avec ce prélat. Il avait passé du siége de Rouen à celui de Paris. Entre autres vaudevilles qui couraient contre lui, nous en avons un fort long, dont chaque couplet finit par:

> Il fait tout ce qu'il défend,
> A Paris comme à Rouen. (A. G.)

1202. — DU MÊME A LA MÊME.

A Paris, le 23 juin 1694.

Il y a mille ans que nous n'avons eu de vos nouvelles ; à qui en avez-vous, ma chère gouvernante ? croyez-vous qu'elles nous soient indifférentes ? Non, en vérité ; nous vous aimons tendrement et tous les habitants de ce royal château où vous êtes. J'arrive de Versailles, où j'ai été huit grands jours à faire une fort jolie vie avec tous mes amis et amies. J'y ai laissé mademoiselle de Sanzei dans le doux et agréable chemin de la convalescence : elle vous est très-obligée de toute l'inquiétude que vous avez eue de son mal, qui a été fort douloureux, en vérité, et fort périlleux ; mais enfin jeunesse revient de loin ; et désormais, dans de certains temps principalement, elle ne s'abandonnera pas volontiers à tous les parfums dont elle est entourée, quoiqu'elle s'en prenne plus à une promenade qu'elle fit sur l'eau qu'aux jonquilles. Mais une bizarre aventure qui m'est arrivée à Versailles a été la mort de mon petit laquais qui chantait, et que bien connaissiez. J'arrivai à Versailles le jeudi au soir ; la nuit il fut pris d'une grosse fièvre et d'un grand mal de côté, et il lui survint encore tant de fâcheux accidents, qu'il mourut le lundi sur les dix heures du matin. Mais pourquoi ne serait-il pas mort ? M. le duc de Sully et M. de Rebenac sont bien morts. Madam de Verneuil et la duchesse du Lude, qui allaient à Sully leurs journées, n'ont été que jusqu'à Montargis ; et la du chesse (de Sully), qui avait pris la poste, est arrivée tou juste pour les derniers moments ; elles sont toutes de retour ici. La duchesse est à Saint-Denis, aux filles de Sainte Marie. Le fils unique de la belle madame du Fresnoi es mort aussi ; enfin l'on ne voit qu'enterrements, et l'on n parle que de gens malades. La princesse d'Enrichemont, maintenant duchesse régnante de Sully, a la petite vérole, et madame de Beringhen la rougeole; mais je suis bien moins en peine d'elles que de madame de Coulanges, qui a perdu son temps et son argent avec Saint-Donnat. Les douleurs de colique sont revenues de plus belle; l'enflure de son estomac et de son ventre est devenue si considérable, que la maladie dont elle est menacée n'étant point équivoque, elle s'est mise depuis trois jours, avec l'approbation de toutes les bonnes têtes qu'elle a consultées, entre les mains de Carette [1], qui lui fait prendre des médecines et des eaux de Saint-Mion, dans lesquelles elle fait tomber sept gouttes d'une liqueur qui fait tous les miracles dont vous avez entendu parler. Madame de Coulanges a été assez mal de ces remèdes les deux premiers jours, mais aujourd'hui elle se trouve beaucoup mieux; je souhaite fort, comme vous pouvez croire, que ce mieux continue, et que nous la tirions bientôt d'affaire. Vous ne sauriez croire combien son mal me donne de chagrin, et combien il m'envoie de tristes vapeurs à la tête, dont je ne me vante pas.

Vous apprendrez sans doute aujourd'hui par plus d'un endroit les nouvelles de Bretagne; la flotte ennemie s'est présentée devant Brest, et a voulu faire une tentative : mais douze cents hommes qui étaient descendus ont été si violemment repoussés, qu'on ne croit pas que la flotte hasarde une seconde descente; ils ont tous été tués ou noyés, et l'on prétend qu'un mylord considérable, chef de l'entreprise, y a péri tout des premiers. Langeron a fait des merveilles en cette occasion. Je ne doute pas que cette tentative des ennemis n'ait donné par plus d'une raison de l'inquiétude à nos amis [2], qui sont toujours à Saint-Malo; mais s'il est vrai que la flotte ait levé l'ancre comme on

---

[1] Charlatan italien, que La Bruyère peint sous le nom de *Carro-Carri*, dans le chapitre intitulé : *De quelques usages.*
[2] M. et madame de Chaulnes. (P.)

dit, ils n'auront point le dégoût de voir venir les troupes de Normandie à leur secours ; Dieu veuille qu'ils n'en aient aucun besoin, car, comme nous connaissons le mari et la femme, *le diable serait bien aux vaches.* L'abbé Têtu est toujours fort extraordinaire; il a loué une maison dans la rue Neuve-Saint-Paul. Voilà, ma belle gouvernante, toutes nos nouvelles, au moins les miennes; car je ne sais jamais que fort grossièrement le sujet de la pièce. La maréchale de Villeroi, qui est ici, sachant que je venais de vous écrire, m'a prié de vous dire toujours mille belles et bonnes choses de sa part; elle est très-assidue auprès de madame de Coulanges, qu'elle aime de plus en plus et dont elle est en peine; je n'ai jamais vu une meilleure femme ni plus digne d'être honorée et aimée. Je fus hier chez madame de Lesdiguières, qui me fait enfin espérer son portrait; mais il ne sera pas avec ses accompagnements, comme celui qui se débite dans les tabatières : quelque charitable personne ne vous en aurait-elle point envoyé quelqu'une à Grignan? Il n'est rien de plus scandaleux que ces sortes de boîtes, et l'on en cherche les peintres avec attention pour en faire justice. Adieu, ma très-aimable gouvernante.

1203. — DU MÊME A MADAME DE GRIGNAN.

A Paris, lundi 28 juin 1694.

Faites, faites votre mariage; vous avez raison, et le public a tort, et très-grand tort. Si j'avais su que madame de Coulanges vous eût parlé de tous les dits publics, je me serais bien gardé de les répéter; et si la lettre que vous lui avez écrite fût arrivée deux heures plus tôt, je me serais bien gardé encore de traiter avec vous ce chapitre; tout ce que vous nous avez écrit à l'un et à l'autre sur ce sujet est admirable, très-vrai, et sans aucune réplique : chacun sait ses affaires; *l'un a dételé le matin, l'autre l'a-*

*près-dînée*¹, et quiconque détellé mérite louange; c'est une marque d'esprit, et d'un grand savoir-faire. Prenez donc le parti qui vous convient; mais voulez-vous mettre le public dans son tort? faites-vous donner une si bonne et grosse somme en argent comptant que vous vous mettiez à votre aise : un gros mariage justifiera votre procédé. Tirez, comme je vous le dis, le plus d'argent comptant que vous pourrez; car voilà la précaution qu'il faut prendre en pareil cas : le public dit, et il n'a pas tort, qu'il ne faut jamais compter avec les financiers sur les biens à venir; et le public est persuadé, et il a raison encore, que la paix faite, on les pressera tant, qu'on en ruinera beaucoup; prenez donc bien toutes vos mesures, et consolez-vous d'une mésalliance, et par le doux repos de n'avoir plus de créanciers, dans le séjour de beaux, grands et magnifiques châteaux, qui ne doivent rien à personne, et par la satisfaction de donner quelquefois dans le superflu, qui me paraît le plus grand bonheur de la vie. Voilà, ma belle Madame, tout ce que j'ai à vous répondre. Vos lettres sont admirables, et c'est un meurtre de n'en pouvoir faire aucune part au public; mais comme il n'en profiterait pas, je conviens avec vous du silence, ce serait précisément *des marguerites devant des pourceaux*. Je n'ai pu cependant m'empêcher de discourir de tout cela avec la maréchale de Villeroi, qui a bon sens et bon esprit, qui aime tendrement tout ce qui s'appelle Grignan, qui vous estime et vous aime aussi, qui se sent obligée de l'attention

---

¹ L'un des plus jolis couplets de Coulanges; il a été indiqué dans la *Notice historique*, tome 1ᵉʳ, page 143. Le voici tout entier :

> D'Adam nous sommes tous enfants,
>   La preuve en est connue,
> Et que tous nos premiers parents
>   Ont mené la charrue.
> Mais las de cultiver enfin
>   La terre labourée,
> L'un a dételé le matin,
>   L'autre l'après-dînée.

que vous avez de lui faire faire des compliments, qui me prie à tout moment de vous les rendre au centuple et sur de bons tons, et qui, enfin, est déchaînée comme vous contre le public qui se déchaîne toujours sans savoir pourquoi. Elle approuve toutes vos raisons, elle vous loue sans fin et sans cesse, et vous conseille d'aller votre grand chemin. Aujourd'hui, comme vous dites fort bien, on parle d'une chose, et demain on n'en parle plus; et quand vous présentez au public une jolie marquise de Grignan, et qu'il sera persuadé que vous en avez beaucoup de bien, il ne vous fera pas plus votre procès qu'à tous les gens de la première qualité, qui vous ont montré ce chemin, et qui ne croient pas à l'heure qu'il est en avoir la jambe moins bien tournée. Voilà qui est dit, je ne vous en parlerai plus.

Madame de Coulanges vous a mandé de ses nouvelles, qui ne sont point encore trop bonnes : elle eut avant-hier une très-mauvaise nuit ; mais les remèdes qu'elle prend ne peuvent pas la guérir sur-le-champ : il faut bien se donner quelque patience. Qui en mourra assurément, c'est l'abbé Têtu [1], qui ne peut souffrir ni la personne ni la conversation de Carette, et à tel point, qu'il a déserté la maison de madame de Coulanges parce que Carette la vient voir tous les jours et passer avec elle des temps infinis. Madame de Coulanges est bien de même goût que l'abbé ; mais quand il y va de la vie, *il sait bien peu faire, qui cela ne sait faire* ; et l'abbé, qui veut être le maître partout, admire madame de Coulanges, et trouve mauvais, entre cuir et chair, qu'elle ne se défasse pas de Carette, puisqu'il lui déplaît. L'abbé a trouvé mauvais encore qu'elle eût mis un oranger chargé de fleurs dans sa galerie : ei

---

[1] « C'était un homme plein de son propre mérite, d'un savoir médiocre et d'un caractère à ne pas aimer la contradiction : aussi ne goûtait-il pa le commerce des hommes ; il aimait mieux briller seul au milieu d'ur cercle de dames, auxquelles il imposait, ou qu'il flattait plus ou moins, selor qu'elles lui plaisaient. (*Souvenirs de madame de Caylus.*)

un mot, il est bien extraordinaire; et je crains que la transmigration qu'il fera sans doute quelque jour au sortir du quartier de Saint-Paul, où il se va loger, ne soit au quartier des incurables, pour adoucir le mot de la retraite par où il finira vraisemblablement. Je n'ai point entendu parler des Chaulnes depuis l'affaire de Brest, qui s'est passée à souhait pour eux. Le blé et l'avoine sont ici toujours fort chers, et les maladies et les morts très-fréquentes. La Péraudière, frère de M. de Valentiné, est mort en deux fois vingt-quatre heures; mais qui est assez malade, et dont je suis bien en peine, c'est de madame de Louvois : elle a une petite fièvre, des frissons de temps en temps, qui la chicanent; elle a fort mal passé la nuit; elle a tant de peur d'être malade, qu'elle en sera malade, et tant de peur de la mort, que je crains qu'elle n'en meure. Dès qu'elle a le moindre mal, c'est la rougeole, le pourpre, la petite vérole; en un mot, elle est agitée de la crainte continuelle de toutes ces maladies; mais savez-vous ce qui me fait le plus de peur pour elle? ce sont ses immenses richesses et l'extrême bonheur dont elle jouit. Madame de Coulanges est aujourd'hui toute tournée du côté de la vie; elle se trouve beaucoup mieux qu'elle n'a encore été. Elle a donné à dîner à Carette, au maréchal de Bellefonds, *et aux Divines*[1]; vous croyez bien que l'abbé Têtu n'a pas été de ce repas : son procédé est trop plaisant. Carette dit toujours qu'il part mercredi pour l'Italie; mais il promet à sa malade des gouttes, et la manière dont elle aura à se conduire pendant son absence. Franchement j'ai bien de l'impatience de revoir madame de Coulanges dans sa première santé, par bien des raisons. Adieu, ma chère Madame, voilà une assez longue lettre. Rendez-moi toujours de bons offices auprès des habitants de votre château, que j'honore et que je prends la liberté d'aimer se-

---

[1] Madame de Frontenac et mademoiselle d'Outrelaise. (P.)

lon leurs mérites. Je suis très-obligé à la sage Pauline des deux lignes qu'elle a écrites dans votre lettre; j'ai beaucoup d'amitiés à lui faire de la part de la duchesse de Villeroi, qui ne me voit point sans me demander de ses nouvelles, et sans me prier de lui dire mille choses pour elle.

1204. — DE MADAME DE SÉVIGNÉ A MONSIEUR DE COULANGES[1].

A Grignan, ce 5 juillet 1694.

Vous me faites respirer en me disant que madame de Coulanges est bien mieux : sa dernière lettre m'avait tellement affligée, que je n'en pouvais plus; je suis fâchée que Carette la quitte : je veux qu'il laisse le maréchal de Bellefonds, comme son maître garçon, pour la conduire dans la suite de ses remèdes. C'est une cruelle chose que de mettre sa vie entre les mains d'un médecin qui croit fermement qu'il va prendre possession d'une souveraineté en Italie; je vous demande la suite d'une histoire où je prends tant d'intérêt. Je plains bien madame de Louvois de toutes ses craintes; c'est le malheur attaché au bonheur de cette vie. Vous ne me dites rien de vous, mon cher cousin; pensez-vous que votre santé et votre joie me soient indifférentes? M. de Grignan est vers Nice, avec un gros corps de troupes, pour repousser en cas d'alarme cette flotte si mal reçue à Brest. Vous savez comme messieurs les lieutenants généraux des provinces sont présentement lieutenants généraux des armées; cela les charme et les ruine. Nous avons toujours ici quelqu'un qui passe et joue à l'hombre. On lit, on est dans sa chambre; enfin, les jours passent. Notre petite troupe vous aime et vous embrasse.

---

[1] Il paraît qu'on a supprimé de cette lettre tout ce que madame de Sévigné répondait sur le mariage de son petit-fils. (P.)

1205. — DE MONSIEUR DE COULANGES
A MADAME DE SÉVIGNÉ.

A Paris, le 4 août 1694.

Je viens de passer les plus beaux quinze jours du monde à Meudon; en vérité, c'est un lieu enchanté, et je ne comprendrai jamais que le roi ne veuille point jouir d'un tel enchantement, car cette maison, avec toute sa vaste étendue, lui convient beaucoup mieux qu'à madame de Louvois; il en faut demeurer d'accord. Elle espère bien aussi que la paix faite, et l'abondance revenue dans le royaume, le roi prendra Meudon, et lui donnera moyen d'acquérir aux portes de Paris une maison plus convenable pour elle et pour les compagnies qu'elle veut voir, et moins exposée à celles dont elle se passerait à merveille; et je ne trouve pas qu'elle ait tort. Cependant, je lui conseille fort de prendre le temps comme il vient, et de s'accommoder autant qu'elle pourra des incommodités de Meudon. Elle a même eu contentement ce voyage-ci; car elle n'y a eu précisément que les gens qu'elle y voulait avoir. Nous en revînmes samedi au soir, pour assister dimanche au dernier acte de philosophie du joli abbé de Villeroi; qui fit des merveilles, et où se trouva bonne et nombreuse compagnie en haut et en bas, car présentement les dames viennent aux actes; et la maréchale de Villeroi donna une belle et magnifique collation à toutes celles qu'elle y avait invitées. Mais parlons d'autres choses; j'espérais à mon retour trouver madame de Coulanges dans le bon train où je l'avais laissée; elle avait même été d'une fête à Lestang, chez M. de Barbesieux, il n'y a que huit jours, où je l'avais vue, et d'où elle était revenue à Paris sur les deux heures après minuit, sans qu'elle s'en fût trouvée mal. Il est vrai, Madame, qu'au lieu de la retrouver avec le même visage, je l'ai trouvée dans le dernier changement, causé par un grand dérangement et une insomnie extraordinaire, nonobstant quoi Carette a voulu la faire baigner; ce qui l'a réduite en tel état, et son pauvre estomac s'en est trouvé si affaibli, que Carette lui-même a suspendu, quant à présent, les bains et les gouttes mêmes; elle ne digère plus, elle rend le peu qu'elle mange sans appétit, tout comme elle le prend; en un mot, elle ne sait plus où elle en est, et tous les gens occupés d'elle se trouvent bien embarrassés : faut-il quitter Carette? ne le faut-il pas? faut-il frapper à une autre porte? faut-il aller à Bourbon cet automne sans perdre de temps? Enfin, que faut-il faire? On n'ose donner aucun conseil, parce qu'on ne veut se charger d'aucun événement; cependant nous ne sommes pas bien, Après avoir passé trois nuits entières sans fermer l'œil, elle a enfin dormi quatre ou cinq heures celle-ci. Je suis assuré que cette rechute ne vous plaira point; car elle trouve encore que les vents s'emparent de son estomac, comme dans le premier temps; ce qui fait voir l'inutilité de tout ce qu'elle a pris jusqu'ici pour les en chasser. L'abbé Têtu triomphe et bat des mains, et ce triomphe ne sert qu'à déplaire et à mettre en colère, car quel autre parti fallait-il prendre? Cependant, la maison de madame de Coulanges ne désemplit point; comme on est assuré de la trouver, tout ce qui la connaît y vient; et chacun donne son avis, qui est, à mon gré, un autre mal. C'est tout vous dire que madame de Monchevreuil y a passé deux après-dînées, et que madame la chancelière Le Tellier, à quatre-vingt-six ans, y passa celle d'avant-hier. Je suis assuré que vous ne nous quitteriez pas si vous étiez ici. Madame de Coulanges me prie de vous dire de sa part mille choses plus tendres les unes que les autres. Dans le nombre des visites qu'elle reçoit, vous croyez bien que les maréchales de Créqui et de Villeroi ne lui manquent pas; ainsi il me fut hier fort aisé de leur faire voir dans votre dernière lettre l'honorable commémoration que vous faites d'elles; elles m'ont chargé de n'épargner aucun des termes les plus significatifs pour vous bien marquer leur reconnaissance, et pour vous bien assurer qu'elles sont très-sensibles aux marques de votre amitié. La maréchale de Créqui est fort tendre sur le sujet de Blanchefort; et vous n'avez rien oublié de tout ce qui se pouvait dire à cette occasion pour la bien flatter. Vous n'avez assurément, ma belle Madame, qu'à me mettre entre les mains tous vos souvenirs; j'en ferai toujours un très-bon usage et fort aisément, car vous connaissez tous mes amis et toutes mes amies. Je ne sais si je n'irai point demain à Pontoise; je reçus hier une semonce fort obligeante de mon aimable cardinal (*de Bouillon*), et son ambassadeur me fit entendre qu'il pourrait bien m'envoyer ce soir une voiture pour cela. Je n'y serai qu'autant de temps que l'état de madame de Coulanges me le permettra; car vous croyez bien que désormais cet état fera la règle de mes séjours. C'est un premier devoir, à quoi je n'ai garde de manquer; mais c'est elle-même qui veut que j'aille mon chemin, disant que sa maladie ne doit pas être regardée comme un mal dont on voie si tôt la fin; et c'est à moi sur cela de marcher avec prudence.

Nous avons eu bien des affaires avec Carette; mais cela serait bien long à vous conter. On l'avait mis d'une partie à Vaugirard avec mesdames de Louvois, de Créqui, Bernières; et madame de Coulanges y avait fourré une petite madame de Séchelles, amie de madame de Pezeux, fort jolie, et dont Carette disait qu'il était amoureux passionné. On espéra que cette passion réjouirait la compagnie, et tout cela se passa de travers. La marquise de Créqui outra la pièce; M. de Barbesieux, qui survint, parut touché de la petite dame; et le tout pour rendre Carette jaloux; enfin, on en vint si bien à bout, que Carette s'en retourna furieux à Paris, en traitant madame de Coulanges d'infâme, qui n'avait amené cette jeune femme que pour la vendre à son cousin; et mesdames de Louvois et de Créqui, de bonnes confidentes. Enfin, cela fut si plaisant, qu'on n'a parlé d'autre chose à Paris; mais vous croyez bien que tous les acteurs de la pièce n'ont fait qu'en rire, et que tout le ridicule en est tombé sur *le marquis* de Carette. Si on l'avait mieux connu, on ne l'aurait point admis en si bonne compagnie. Il a été longtemps sans venir voir madame de Coulanges; mais enfin, comme elle en avait affaire, elle a fait marcher le père Gaillard pour lui demander pardon; et *le prince* paraît, à l'heure qu'il est, avoir mis tout son ressentiment sous les pieds du crucifix; mais comme madame de Coulanges est retombée après cette *pétoffe*, il y a bien des gens qui la trouvent hardie d'avoir repris les remèdes de Carette. Voilà grossièrement le sujet de cette pièce, qui a été fort ridicule. Eussiez-vous jamais pris votre amie pour une vendeuse de chair humaine; et de concert avec elle, de telles confidentes que celles que je vous ai nommées?

Il n'y a rien ici de nouveau; et puis les nouvelles publiques, et plusieurs particulières, vous vont par l'abbé Bigorre et par madame de La Troche. Madame de Bagnols, qui partit samedi pour Versailles, y est tombée si malade, qu'il l'a fallu saigner du pied en diligence. Cela est fort commode pour les gens qui lui prêtent leur appartement; mais aussi que va-t-elle faire dans cette galère? Voilà son portrait que je vous envoie : y a-t-il rien de plus plaisant que cette taille-douce avec ses chiens, et son nom gravé et orthographié à ne pouvoir pas le prendre pour un autre? Cette taille-douce a fort réjoui madame de Coulanges; c'est madame de Louvois qui vient de me l'envoyer, et vous la recevrez tout chaudement. Adieu, ma très-aimable; toujours mille tendresses et mille respects pour vous et pour tous les habitants du magnifique château où vous êtes. Je vois ces amusements et toute votre bonne compagnie, et l'eau m'en vient à la bouche. M. l'archevêque d'Arles m'a fait une très-bonne et très-aimable réponse, et j'aurai encore l'honneur de lui écrire incessamment. C'est donc présentement M. de Carcassonne qui est malade.

1206. — DU MÊME A LA MÊME.

Paris, le 27 août 1694.

Je viens de passer trois semaines tant à Pontoise qu'à Versailles sans débrider, c'est-à-dire sans revenir à Paris. Vous pouvez bien juger par là de la meilleure santé de madame de Coulanges; car pour peu qu'elle eût été équivoque, vous croyez bien que je ne l'eusse pas quittée, ou que mon voyage n'eût pas été si long. J'ai été même fort content à mon retour, l'ayant trouvée avec un très-bon visage et fort engraissée; cependant elle ne se tient pas encore guérie, parce qu'elle a de temps en temps de petits retours de colique, et qu'elle n'est pas tout à fait délivrée des vents qui veulent s'établir dans son estomac, et qui font qu'elle est quelquefois enflée; mais enfin elle mange, sobrement à la vérité, elle a de bonnes nuits, elle va et vient par le monde, comme si de rien n'était. Voilà ce qui a succédé au triste état dont je vous rendis compte dans ma dernière lettre; elle s'est remise aux gouttes de Carette, avec intention pourtant de laisser passer des jours sans en prendre; elle est, au surplus, délivrée des fréquentes visites du *marquis*, parce qu'il a été lui-même assez malade, et qu'il ne sort point encore. Je n'ai pas manqué, ma très-aimable Madame, de faire lire votre lettre à madame de Coulanges, qui a été fort contente d'y voir la continuation de votre amitié, et fort touchée des sentiments de l'adorable Pauline, qui a des manières d'écrire et des expressions si naturelles qu'on est très-persuadé qu'elle a dans le cœur tout ce qu'elle écrit. Ainsi, madame de Coulanges et moi, nous lui sommes très-obligés de tout ce qu'elle nous dit d'agréable, et nous vous supplions instamment, ma belle Marquise, de la bien remercier, et tous les habitants de ce magnifique château, qui veulent bien s'intéresser à ce qui nous regarde. Mais revenons à nos moutons, car vous voulez des détails, et il me semble que vous m'avez écrit autrefois que c'était le style de l'amitié. Ce fut donc un vendredi matin qu'une calèche à six chevaux de l'aimable cardinal de Bouillon me vint prendre chez moi, et me mena rapidement dîner à Saint-Martin, où je trouvai M. et madame de Croissi, mademoiselle de Croissi, madame de Saint-Géran, et Richard Hamilton, qui y étaient dès la veille; mon amour-propre fut content de la réception qu'on me fit : quelle chère, quelle maison, quelles promenades, et quelle liberté! Les Croissi s'en allèrent samedi au soir; mais ils furent remplacés dans le moment par la comtesse de Furstemberg, et par mademoiselle d'Albret, une jolie seconde fille de madame de Bouillon. Le dimanche arrivèrent M. Le Grand...

MADAME DE COULANGES *interrompt ici la lettre de son mari*.

C'est moi qui arrive dans Saint-Alexis, où je trouve un vieil enfant entouré de jouets, et tout ravi dans la contemplation de ses poupées; il sait lire et écrire cet enfant; il me fait voir qu'il vous a rendu compte de tout ce que j'avais à vous dire sur ma santé : vous n'aurez donc point de mes nouvelles cet ordinaire, mon amie; mais je vous assurerai de toute la vive reconnaissance que j'ai de vos bontés pour moi. Peut-être guérirai-je, peut-être mourrai-je; mais je vous aime bien en attendant, ma très-aimable, je ne suis point du tout insensible à toutes les honnêtetés que je reçois des habitants du palais *de la félicité* [1]. M. de La Garde a beaucoup de part à ma reconnaissance, et pour l'adorable Pauline, j'en suis charmée; savoir dire des choses aussi aimables que celles que M. de

---

[1] Le château de Grignan.

Coulanges m'a montrées est un trésor, que je suis bien aise, en vérité, qui ne me soit point caché. Jamais absente n'a été moins oubliée qu'elle l'est ici; on en parle, on la loue; et je dis tristement : *Mais ce n'est pas la voir que de s'en souvenir.* Cela est trop plaisant combien je l'aime; je crois devoir lui en demander pardon, et j'ai même la confiance d'espérer l'obtenir. Le maréchal d'Humières est bien malade; mais le maréchal de Villeroi se porte bien. Mon amie, n'avez-vous jamais vu une madame Berthier belle et fleurie, jeune et saine? Elle est morte en quatre jours; et puis, comptez sur quelque chose en cette vie. Je vous embrasse, ma très-belle, et je sens le plaisir de vous griffonner quelques lignes, que vous ne pourrez peut-être pas lire. Voici bien une autre rareté que je viens de trouver ici; c'est le miroir de toilette dont se servait la reine Marguerite : les carrés y manquent; on va les chercher par toute la terre. C'est bien à M. de Coulanges à avoir les restes de la reine Marguerite!

MONSIEUR DE COULANGES *continue.*

C'est bien parlé; voilà un beau griffonnage, et une femme qui a du sens et de la raison peut-elle orthographier de la sorte? Je suis vengé de toutes ses mauvaises plaisanteries à mon égard par l'espérance bien fondée que j'ai que vous ne les pourrez jamais lire.

Le dimanche arrivèrent donc M. Le Grand, madame d'Armagnac, avec *les Anges,* ses filles, mademoiselle de Bouillon et madame de Beaufremont; et lundi à dîner, le chevalier de Lorraine; et le mardi, M. de Bouillon, la duchesse de La Ferté et Langlée : tout cela fait une compagnie admirable pour manger les bons mets du cardinal, et pour faire ronfler les pistoles au lansquenet, tout comme si elles ne valaient pas quatorze francs la pièce. Il y eut beaucoup de sang répandu, mais il ne fut pas perdu; et tel devint gai qui était triste auparavant ; comme tel devint triste qui auparavant était de fort bonne humeur ; des quarante et cinquante pistoles aux réjouissances seulement ; en un mot, grande chère et beau jeu. Nous nous séparâmes tous, qui un jour plus tôt, qui un jour plus tard ; mais le jeudi le cardinal me ramena à Versailles avec madame de Saint-Géran, qui avait trouvé le gîte de Saint-Martin fort bon. J'ai été à Versailles depuis ce jeudi jusqu'à avant-hier en toute joie et en toute liesse, et, ce qui est rare à Versailles, en toute liberté ; car, Dieu merci, je n'y vois que qui j'y veux voir, et que les personnes encore qui me conviennent. J'ai donc passé mes journées avec la maréchale de Villeroi, qui répond à vos souvenirs comme vous pouvez le désirer, et qui dit comme vous, que je ne ménage point les termes pour vous parler de ses sentiments ; avec la duchesse de Villeroi, qui me parle très-souvent de l'adorable Pauline, et qui la souhaite à tout propos ; avec la Saint-Géran, *belle pochette et rien dedans*; avec tout ce qui s'appelle Noailles, Boufflers, Croissi ; à toute heure chez madame d'Armagnac, qui me donne son portrait et celui de ses filles ; mais chez qui encore? chez madame la duchesse, la plus gracieuse et la plus jolie princesse qui fut jamais ; j'y ai eu des entrées fort libres ; et je lui ai déclaré que, quelques avances qu'on me fit de la part des autres princesses pour les fréquenter, je ne verrais jamais qu'elle. Enfin, ma chère gouvernante, je ne me suis point du tout encanaillé ; et je ne serais point encore revenu, si je m'étais laissé aller aux pressantes instances qu'on m'a faites pour rester à Versailles. Mais il a bien fallu revenir aux ordres de madame de Louvois, qui graisse ses bottes pour aller à Tonnerre et à Anci-le-Franc, et qui ne veut point faire de voyages sans moi ; en sorte que me voici. Elle dit qu'elle partira sans faute mercredi prochain ; mais tant de gens lui disent qu'elle va trouver du mauvais air et lui veulent ôter ce voyage de l'esprit, qu'hier au soir la tête lui en tournait : Si elle le fait donc, je m'en vais avec elle, et voilà notre commerce interrompu pour quelque temps ; si je ne le fais pas, je ne m'éloignerai point de Paris ; ainsi je serai à portée de vous rendre toujours compte de mes faits et gestes.

La disgrâce de mademoiselle Chouin a fait une grande nouvelle à Versailles : la princesse de Conti eut l'honnêteté d'assurer mademoiselle de Sanzei[1] qu'elle n'avait aucune part au sujet qu'elle avait de s'en défaire. Mais quel est-il ce sujet ? C'est sur quoi on raisonne, qui d'une façon, qui d'une autre ; car si jamais MONSEIGNEUR a aimé quelqu'un, c'est cette fille. L'a-t-on chassée sans sa participation ? La princesse de Conti a eu des entretiens très-particuliers avec le roi, qui étonnaient tout le monde ; et voilà ce qu'ils ont enfanté. Mademoiselle Chouin est à Paris, chez madame de Lislebonne, et l'on dit qu'on lui prépare un appartement aux petites Hospitalières[2].

Vous saurez par l'abbé Bigorre les nouvelles de l'armée, qui furent hier apportées par le petit Bontemps ; et moi, je finis par vous remercier aussi de vos détails, et par vous

---

[1] Elle était fille d'honneur de cette princesse.
[2] M. de Clermont de Chate, dont il a déjà été parlé, avait plu à madame la princesse de Conti ; mais il avait aussi cherché à plaire à mademoiselle Chouin, sa fille d'honneur ; et, ce qui est pis encore, il sacrifiait la maîtresse à la suivante ; car cette suivante, quoique laide, était une fille d'esprit, adorée de M. le dauphin, et par elle on comptait gouverner ce prince. On dit que c'était d'accord avec le maréchal de Luxembourg que M. de Chate menait cette double intrigue. Quoi qu'il en soit, un paquet de lettres de ce personnage qui s'adressaient à la princesse et à la fille d'honneur arriva de l'armée avec les dépêches du maréchal, et fut remis au secrétaire d'État Barbesieux, qui, en bon serviteur, le porta sur-le-champ au roi. On comprend fort bien maintenant et l'expulsion de la Chouin, et les entretiens de la princesse avec le roi, et même les termes équivoques dans lesquels elle s'expliquait sur sa fille d'honneur. Il faut se souvenir que cette princesse était veuve et singulièrement aimable ; et quant à mademoiselle Chouin, qu'après cette aventure elle n'en fut que plus sûre de son ascendant sur le dauphin, qui finit par l'épouser secrètement. (*Voyez* les *Souvenirs de Caylus*, les *Mémoires de Saint-Simon*, etc.) (A. G.)

en demander la continuation. Le dîner de *Rochecourbière* m'a fait venir l'eau à la bouche; je vois d'ici ce lieu enchanté, et j'en connais tout le mérite : rien n'est pareil à la description que vous en faites. Je vous fais mes compliments, quoiqu'un peu tard, sur la mort de M. de La Fayette : sa pauvre mère n'avait songé qu'à remettre ce nom et cette maison à la cour et dans le monde, et le voilà sur la tête d'une petite fille [1]. On dit que le testament de M. de La Fayette, fait par les soins et du vivant de madame sa mère, a consolé sa femme et M. de Marillac, qui étaient fort affligés avant que d'avoir vu ce testament, lequel est très-désavantageux pour la veuve [2]. M. de Lamoignon vous en pourra dire mieux que moi tous les tenants et aboutissants; c'est, dit-on, l'ouvrage du lieutenant civil. Adieu, ma très-aimable gouvernante, adieu madame la Comtesse, adieu divine Pauline et tous les aimables habitants d'un des plus magnifiques châteaux que je connaisse. Dieu vous conserve tous, et nous fasse la grâce de nous revoir quelque jour. Madame de Morangiés est très-malade; madame Bénard de Rezé, notre voisine, est morte; et j'ai appris aussi la mort d'un de mes cousins d'Ormesson [3], qui était religieux de Sainte-Geneviève, et, je crois, votre filleul. Enfin, l'on meurt à tout âge et par tout pays. Faites savoir, je vous prie, à M. le comte de Grignan, quand vous lui écrirez, combien je l'honore; et n'oubliez pas dans mes litanies la bonne Martillac, ni M. le doyen [4]. On vous aura mandé l'histoire tragique d'Hanovre [5].

---

[1] Marie-Madeleine de La Fayette, mariée, le 12 avril 1706, à Charles-Louis Bretagne, duc de La Trémouille, prince de Tarente, premier gentil-homme de la chambre du roi. (P.)

[2] Madeleine de Marillac. (P.)

[3] Simon Lefèvre d'Ormesson, chanoine régulier de Sainte-Geneviève, prieur de l'abbaye de Saint-Martin-aux-Bois. (M.)

[4] Du chapitre de Grignan. (P.)

[5] On trouve dans une lettre de l'abbé de Choisy de janvier 1691 ce passage : « Le duc d'Hanovre a fait arrêter le prince Maximilien son fils, qui voulait l'empoisonner. » Il s'agit ici des suites de cette affaire. (A. G.)

La cour s'en va le 15 du mois prochain à Fontainebleau.

1207. — DE MONSIEUR DE COULANGES
A MADAME DE SÉVIGNÉ.

A Paris, le 1er septembre 1694.

Adieu, ma belle gouvernante, adieu, madame la Comtesse, adieu, divine Pauline, adieu, monsieur le chevalier et tous les charmants habitants du palais d'Apollidon [1] ; je pars de ce pas pour Tonnerre et pour Anci-le-Franc, et je m'abandonne avec soumission à mon étoile errante, qui ne me guide point trop mal. Madame de Louvois, contre l'avis des sottes gens qui s'opposaient à son voyage, en disant qu'une femme aussi riche et aussi heureuse qu'elle ne doit jamais passer Meudon, a pris courage, et part sans écouter davantage tous les flatteurs de sa cour ; cependant si elle allait tomber malade, jugez de l'embarras et des repentirs qui nous suffoqueraient ; mais il faut espérer que Dieu nous conservera tous en vie et en santé. Toujours est-il vrai qu'il n'y a point actuellement d'air plus détestable que celui de Paris, où tout le monde est malade et meurt. L'évangile du jour est la mort du maréchal d'Humières, qui mourut hier à Versailles ; l'on a attendu si tard à lui dire qu'il allait mourir, de peur de l'effrayer, qu'il a fallu recourir à M. l'évêque de Troyes pour tourner à bien ses derniers moments, dans lesquels il a reçu ses sacrements. Voilà un beau sujet de faire des réflexions. Le public donne déjà tous les grands postes qu'il occupait ; je ne sais si le roi sera de même goût ; je souhaite du moins que le public ne se trompe pas lorsqu'il donne l'artillerie au maréchal de Villeroi [2]. La maréchale et la duchesse suivirent hier le roi à Marly ; cela me

---

[1] Palais de féerie dans le roman des *Amadis*.
[2] La charge de grand maître de l'artillerie de France fut donnée le lendemain au duc du Maine. (M.)

paraît d'un bon augure. La maison d'Humières, au surplus, est ruinée de fond en comble; il n'y eut jamais une telle déroute : la maréchale n'aura point de pain, au pied de la lettre; autre sujet encore de réflexion sur la mauvaise conduite. La maréchale [1], qui vint hier débarquer chez sa fille d'Isenghien [2], se retire aujourd'hui chez les Filles de la Croix, dans le faubourg Saint-Antoine, sous les auspices de l'abbé d'Effiat, qui pourra lui servir de caution envers les religieuses. Madame de Coulanges se porte assez joliment; elle a envoyé à son *marquis* [3] une tabatière d'or pesant deux cents écus et coûtant dix louis de façon, sous prétexte qu'elle avait du tabac meilleur que le sien. Le *marquis* n'a pas daigné seulement l'en venir remercier, et a publié qu'elle lui avait fait un présent où il y avait plus d'invention que de magnificence; il prétend lui avoir donné pour deux cent cinquante pistoles de bouteilles (*de son élixir*); jamais il n'y eut un homme plus extravagant, et madame de Coulanges est bien heureuse d'en être défaite. Je la quitte avec quelque repos, par le bon état où je la laisse. Adieu, mon aimable gouvernante, je m'en vais être plus près de vous de quarante-cinq lieues, et dans le voisinage de Bourbilly [4], si je ne me trompe; je trouverai peut-être les bois de Chantal sur mon chemin, et ils me feront plaisir quand je les entendrai nommer. Je vous embrasse, ma belle Madame, avec une tendresse infinie. Écrivez-moi toujours quand cela vous conviendra ; j'ai prié madame de Coulanges de m'envoyer toutes vos lettres; ainsi, ne nous séparez point : cela serait inutile, puisque les siennes me viendront après qu'elle les aura lues.

---

[1] Louise-Antoinette-Thérèse de La Châtre. (P.)
[2] Marie-Thérèse de Crevant d'Humières, femme de Jean-Alphonse de Gand, prince d'Isenghien. (M.)
[3] Carette, son médecin. (P.)
[4] Terre qui appartenait à madame de Sévigné. (P.)

1208. — DE MADAME DE SÉVIGNÉ A MONSIEUR DE COULANGES, *qui était alors à Anci-le-Franc, chez madame de Louvois.*

À Grignan, le 9 septembre 1694.

J'ai reçu plusieurs de vos lettres, mon cher cousin ; il n'y en a point de perdues ; ce serait grand dommage : elles ont toutes leur mérite particulier, et font la joie de toute notre société. Ce que vous mettez pour adresse sur la dernière, en disant adieu à tous ceux que vous nommez, ne vous a brouillé avec personne : *Au château royal de Grignan.* Cette adresse frappe, donne tout au moins le plaisir de croire que dans le nombre de toutes les beautés dont votre imagination est remplie, celle de ce château, qui n'est pas commune, y conserve toujours sa place, et c'est un de ses plus beaux titres. Il faut que je vous en parle un peu, puisque vous l'aimez. Ce vilain degré par où l'on montait dans la seconde cour, à la honte des *Adhémars,* est entièrement renversé, et fait place au plus agréable qu'on puisse imaginer ; je ne dis point grand, ni magnifique, parce que ma fille n'ayant pas voulu jeter tous les appartements par terre, il a fallu se réduire à un certain espace, où l'on a fait un chef-d'œuvre. Le vestibule est beau, et l'on y peut manger fort à son aise ; on y monte par un grand perron ; les armes de Grignan sont sur la porte : vous les aimez, c'est pourquoi je vous en parle. Les appartements des prélats, dont vous ne connaissez que le salon, sont meublés fort honnêtement, et l'usage que nous en faisons est très-délicieux. Mais puisque nous y sommes, parlons un peu de la cruelle et continuelle chère que l'on y fait, surtout en ce temps-ci ; ce ne sont pourtant que les mêmes choses qu'on mange partout, des perdreaux, cela est commun ; mais il n'est pas commun qu'ils soient tous comme lorsqu'à Paris chacun les approche de son nez en faisant une certaine mine, et criant : ah! quel fumet! sentez un peu. Nous supprimons tous ces étonnements : ces perdreaux sont tous nourris de thym, de marjolaine, et de tout ce qui fait le parfum de nos sachets ; il n'y a point à choisir. J'en dis autant de nos cailles grasses, dont il faut que la cuisse se sépare du corps à la première semonce : elle n'y manque jamais ; et des tourterelles, toutes parfaites aussi. Pour les melons, les figues et les muscats, c'est une chose étrange : si nous voulions, par quelque bizarre fantaisie, trouver un mauvais melon, nous serions obligés de le faire venir de Paris : il ne s'en trouve point ici ; les figues blanches et sucrées, les muscats comme des grains d'ambre que l'on peut croquer, et qui vous feraient fort bien tourner la tête si vous en mangiez sans mesure, parce que c'est comme si l'on buvait à petits traits du plus exquis vin de Saint-Laurent. Mon cher cousin, quelle vie! vous la connaissez sous de moindres degrés de soleil ; elle ne fait point du tout souvenir de celle de la Trappe. Voyez dans quelle sorte de détail je me suis jetée ; c'est le hasard qui conduit nos plumes ; je vous rends ceux que vous m'avez mandés, et que j'aime tant. Cette liberté est assez commode : on ne va pas chercher bien loin le sujet de ses lettres.

Je loue fort le courage de madame de Louvois d'avoir quitté Paris, contre l'avis de tous ceux qui lui voulaient faire peur du mauvais air ; hé, où est-il, ce mauvais air ? qui leur a dit qu'il n'est point à Paris ? Nous le trouvons quand il plait à Dieu, et jamais plus tôt. Parlez-moi bien de vos grandeurs de Tonnerre et d'Anci-le-Franc ; j'ai vu ce beau château, et une reine de Sicile sur une porte, dont M. de Noyon vient directement [1]. Je vous trouve trop heureux ; au sortir des dignités de M. le duc de Chaulnes, vous entrez dans l'abondance et les richesses de madame de Louvois ; suivez cette étoile si bienfaisante, tant qu'elle

---

[1] Trait dirigé contre la vanité de M. de Clermont-Tonnerre, évêque de Noyon. (P.)

vous conduira. Je le mandais l'autre jour à madame de Coulanges ; elle m'a parlé de Carette : ah, quel fou !

Comment pourrons-nous passer de tout ceci, mon cher cousin, au maréchal d'Humières, le plus aimable, le plus aimé de tous les courtisans. Il a dit à M. le curé de Versailles : *Monsieur, vous voyez un homme qui s'en va mourir dans quatre heures, et qui n'a jamais pensé ni à son salut ni à ses affaires.* Il disait bien vrai, et cette vérité est digne de beaucoup de réflexions. Mais je quitte ce sérieux pour vous demander, sur un autre ton sérieux, si je ne puis pas assurer ici madame de Louvois de mes très-humbles services ; elle est si honnête qu'elle donne toujours envie de lui faire exercer cette qualité. Mandez-moi qui est de votre troupe, et me payez avec la monnaie dont vous vous servez présentement. Je suis aise que vous soyez plus près de nous, sans que cela me donne plus d'espérance ; mais c'est toujours quelque chose. M. de Grignan est revenu à Marseille ; c'est signe que nous l'aurons bientôt. La flotte qui est vers Barcelonne fait mine de prendre bientôt le parti que la saison lui conseille. Tout ce qui est ici vous aime et vous embrasse, chacun au *prorata* de ce qui lui convient, et moi plus que tous. M. de Carcassonne est charmé de vos lettres.

1209. — DE MONSIEUR DE COULANGES A MADAME DE SÉVIGNÉ.

A Tonnerre, le 3 octobre 1694.

Cela est honteux, cela est horrible, cela est infâme, que depuis que je suis dans votre voisinage, je ne vous aie pas donné le moindre signe de vie ; cependant, Tonnerre et Grignan, Grignan et Tonnerre, Anci-le-Franc et Grignan, Grignan et Anci-le-Franc, tous ces châteaux peuvent fort bien avoir quelque commerce ensemble sans se mésallier, et ne pas regarder aux portes à qui passera le premier. Il y a un mois que je me promène dans les États de madame de Louvois; en vérité, ce sont des États, au pied de la lettre, et c'en sont des plaisants en comparaison de ceux de Mantoue, de Parme et de Modène. Dès qu'il fait beau, nous sommes à Anci-le-Franc, dès qu'il fait vilain, nous revenons à Tonnerre; nous tenons partout cour plénière, et partout, Dieu merci, nous sommes adorés. Nous allons, quand le beau temps nous y invite, faire des voyages de long cours pour connaître la grandeur de nos États; et quand la curiosité nous porte à demander le nom de ce premier village, à qui est-il? on nous répond, c'est à *Madame*; à qui est celui qui est le plus éloigné? c'est à *Madame*; mais là-bas, là-bas, un autre que je vois? c'est à *Madame*; et ces forêts? elles sont à *Madame*. Voilà une plaine d'une grande longueur, elle est à *Madame*; mais j'aperçois un beau château; c'est Nicei, qui est à *Madame*, une terre considérable, qui appartenait aux anciens comtes de ce nom. Quel est cet autre château sur un haut? c'est Pacy, qui est à *Madame*, et lui est venu par la maison de Mandelot, dont était sa bisaïeule; en un mot, Madame, tout est à *Madame* en ce pays; je n'ai jamais vu tant de possessions ni un tel arrondissement. Au surplus, *Madame* ne se peut dispenser de recevoir des présents de tous les côtés; car que n'apporte-t-on point à *Madame*, pour lui marquer la sensible joie qu'on a d'être sous sa domination! Tous les peuples des villages courent au-devant d'elle avec la flûte et le tambour; qui lui présente des gâteaux, qui des châtaignes, qui des noisettes; pendant que les cochons, les veaux, les moutons, les coqs d'Inde, les perdrix, tous les oiseaux de l'air et tous les poissons des rivières l'attendent au château. Voilà, Madame, une petite description de la grandeur de *Madame*; car on ne l'appelle pas autrement dans ce pays; et dans les villages, et partout où nous passons, ce sont des cris de *vive Madame!* qu'il ne faut pas publier. Mais cependant, au milieu d'un tel triomphe, il faut dire que *Madame* n'en est pas plus glorieuse; elle est civile, elle est honnête, et l'on vit auprès d'elle dans une liberté charmante. Pour moi, j'y ai mes coudées franches; mais aussi fais-je dans sa cour un principal personnage. Au surplus, *Madame* se porte ici beaucoup mieux qu'à Paris; elle y respire un bon air; et il n'en faut de meilleure preuve, qu'on n'entend parler ici d'aucune maladie qui puisse donner de l'inquiétude : aussi fait-elle état de passer ici la Toussaint, et de ne s'en retourner que comme les grandes personnes. Elle est ravie de n'avoir qu'à se tranquilliser; et je lui vois faire avec un tel zèle son noviciat de campagne, et même de province, qu'il est comme assuré qu'elle fera profession, et qu'il ne se passera guère d'automne, quand la cour sera à Fontainebleau, qu'elle ne vienne se reposer ici et jouir innocemment de tous les plaisirs champêtres. Nous n'avons pas encore eu un moment à nous ennuyer; pour moi, je me porte si bien, ma bonne humeur et mon appétit sont si bien revenus, et ma veine poétique s'est si bien ouverte, qu'il n'y a sottise dont je ne m'avise ici, pour me réjouir premièrement, et puis pour réjouir mon prochain; car charité bien ordonnée doit toujours commencer par soi-même. Il faut bien vous faire part de nos chansons et de nos mascarades; les voilà. Vous aurez bien la bonté de les présenter à la charmante Pauline, et d'en faire *chorus* avec elle; c'est par là que je vous veux récompenser de l'agréable description que vous me fîtes, il y a quelque temps, de votre débauche de *Rochecourbière*; je n'en ai jamais vu une telle, et j'ai bien mis cette lettre entre les parfaites que je conserve dans mon trésor. Nous n'aurons pas ici une grande compagnie de Fontainebleau, comme nous l'avions espéré : les maréchale et duchesse de Villeroi sont tombées malades à Paris, et nous ont fait peur; mais à l'heure qu'il est nous sommes rassurés. Le mauvais air, les morts et les maladies y continuent; mais le principal pour moi, c'est que madame de Coulanges me paraît hors d'affaire; elle va et vient comme une autre; et pour peu qu'elle s'applique à faire une vie sainte, il y a toute apparence que le médecin ne rentrera de longtemps chez elle; Dieu le veuille, et nous conserve tous.

On me mande de Paris que votre mariage[1] est tout à fait résolu; que M. de Saint-Amand[2] achète des habits pour sa fille plus magnifiques les uns que les autres; que vous avez eu à Grignan cette petite fille, que vous avez trouvée encore plus riche en perfections qu'elle ne l'est en biens, et qu'avant de l'amener à Paris vous la garderez trois ans à Grignan, pour la rendre un prodige. Et qui me mande tout cela? Ce n'est point madame de Coulanges; et voilà par conséquent quelle est la voix du peuple: s'il dit bien, ou s'il dit mal, je m'en raporte à vous. J'ai été ravi du mariage de la petite d'Ormesson avec M. d'Aguesseau[3]; je n'en ai jamais vu de mieux assorti ni de plus désirable. M. le premier président a dit tout ce qui s'en pouvait dire, et que c'était l'alliance du mérite et de la vertu. J'ai fait tous vos compliments à nos *reines de Sicile*; la grandeur de la maison de Clermont est bien étalée dans tous les coins et les recoins d'Anci-le-Franc; et je suis toujours à admirer qu'on puisse sans mourir voir sortir de sa maison tant de belles et magnifiques possessions. M. de Louvois, avec toute sa faveur, mérite qu'on rende à sa mémoire la justice qu'il a eue de n'entrer dans aucune terre qu'on ne lui ait, pour ainsi dire, jetée à la tête; il n'y a aucun seigneur, grand ni petit, qui puisse lui reprocher la moindre contrainte, et cela peut passer pour un chef-d'œuvre, dans le poste où il était.

---

[1] C'est-à-dire le mariage du marquis de Grignan avec mademoiselle de Saint-Amand. (P.)

[2] M. de Saint-Amand, fermier général.

[3] Sans doute le même qui fût depuis le célèbre chancelier de France. (A. G.)

Adieu, ma très-aimable Madame ; croyez toujours que je ne suis pas indigne de toute l'amitié dont vous m'honorez, par toute la bonne et très-sincère tendresse que j'ai pour vous. Trouvez bon que je me promène dans ce royal château de Grignan, et qu'allant d'appartement en appartement, je rende tous mes honneurs et mes devoirs à ceux qui les occupent; il n'est pas nécessaire de vous les nommer, vous comprenez mes intentions à merveille. Je n'ai seulement qu'à ne pas oublier la chambre de la bonne Martillac; en vérité, je voudrais bien encore me retrouver avec vous tous tant que vous êtes, et je n'en veux point désespérer, pour ne pas mourir de chagrin. Madame de Louvois a fort agréablement reçu tous vos compliments, et m'a chargé de vous les rendre avec usure, et de vous supplier d'en distribuer encore de sa part à la belle Comtesse, à la charmante Pauline, et à tout ce qui s'appelle Grignan. Je crois que vous ne manquez pas de vous bien récrier sur tous les gens qui meurent à Paris; vous avez été apparemment affligée de la mort de madame de Poissi, par rapport à M. de Lamoignon. On nous mande de Fontainebleau que le pauvre petit capitaine Saint-Hérem a fait une chute à la chasse, et qu'il a la cuisse cassée trois doigts au-dessous de la hanche; voilà qui est bien mortel pour un homme de son âge, et j'en suis tout à fait fâché. Vous avez fait de belles réflexions, de l'humeur que je vous connais, sur la mort de M. de Fieubet; mais adieu.

1210. — DE MADAME DE SÉVIGNÉ
A MONSIEUR DE COULANGES.

A Grignan, le 14 octobre 1694.

Votre lettre, mon cher cousin, ne pouvait être trop longtemps attendue; elle nous a tous charmés : nous l'avons lue et relue, nous avons chanté et rechanté vos chansons; et quand M. de Grignan arriva hier de Marseille, où il avait eu encore quelques affaires, ce fut la première chose que nous lui lûmes, que la lettre et les chansons de Coulanges. Elles trouvèrent leur place après la première surprise qu'il nous donna; il était tombé à Sorgues[1] sur un degré, et s'était tellement cassé le nez, et un peu la tête, et avait de si grands emplâtres, que jamais *la Rapinière* ni *le Destin*[2] n'en portèrent de plus remarquables; mais étant persuadés, bien assurés que ce ne serait rien du tout, nous reprîmes tous notre première joie à vos dépens; jamais un commencement de discours n'a captivé plus agréablement les auditeurs. Le château d'*Anci-le-Franc*, celui de *Grignan*; *Tonnerre, Grignan*; *Grignan et Tonnerre*; cette égalité, cette balance doit plaire également aux vivants et aux morts; après cela, vous nous peignez, comme dans un miroir, la beauté, la grandeur, la magnificence, l'étendue de toutes ces possessions, et puis, vous vous écriez : Comment est-il possible que les seigneurs de tels royaumes aient pu se résoudre à s'en défaire? Hélas! vous le dites dans vos chansons, c'est que depuis très-longtemps l'hôpital était attaché à cette maison seigneuriale de Tonnerre; en voilà la seule et véritable raison : raison où il n'y a pas un mot à répondre; raison qui ferme la bouche; raison, enfin, qui fait sortir le loup du bois, et qui fait que tout est à madame de Louvois, et qu'on est encore trop heureux d'avoir trouvé un ministre assez riche pour acheter ces espèces de souverainetés; que vous mettez avec raison bien au-dessus de Parme et de Modène. Pour moi, je comprends le bonheur de ces peuples, tout accablés de leur pauvreté et de celle de leurs seigneurs, de se trouver sous la domination d'une femme de grande qualité, petite-fille de Gilles[3], et

---

[1] Petite ville du comtat Venaissin. — (P.)
[2] Personnages du *Roman Comique* de Scarron. (P.)
[3] Anne de Souvré, marquise de Courtenvaux, dame de Pacy, veuve du marquis de Louvois. (M.)

des Mandelot, toute pleine de mérite, de vertus et de trésors pour répandre à propos dans tous leurs besoins. Quelle douceur ! quelle protection, et quelle disposition pour crier de tout leur cœur : *Vive Madame !* C'est la mode du pays de faire des présents, et ces présents leur seront bien rendus. On ne peut rien de plus joli que toutes vos imaginations, ces apparitions, ces mascarades[1], ce héros enfermé et conservé dans une armoire avec ses descendants. Mon cousin, vous vous êtes passé vous-même, et c'est beaucoup dire; mais cette petite chapelle de commodité à la ruelle de votre lit, que vous avez sans doute fait mesurer, et qui a soixante-trois toises de longueur, donne bien à penser à notre chapitre (*de Grignan*), qui croyait être un des plus beaux de France. Savez-vous bien que cette chapelle est donc comme l'église Notre-Dame de Paris? Ma fille me prie de vous faire mille amitiés, et de vous assurer qu'elle est ravie de vous retrouver avec toute votre belle humeur et votre veine poétique. Elle vous conjure, comme moi, de remercier madame de Louvois de l'honneur de son souvenir. Pauline m'a aidée à faire *chorus* de vos aimables couplets; elle vous aime de tout son cœur; et le moyen, mon aimable, de ne vous aimer pas? Si vous étiez assez juste pour aimer qui vous aime, je serais la mieux partagée. Toute notre troupe vous rend au double toutes vos amitiés; votre nom et vos louanges retentissent partout dans ce château; et pourquoi ne reviendriez-vous pas, tant qu'il y aura des papes à faire et des cardinaux qui vous aimeront?

1211. — DE MONSIEUR DE COULANGES
A MADAME DE SÉVIGNÉ.

A Anci-le-Franc, le 29 octobre 1694.

Nous voici encore dans notre magnifique château. Ma-

---

[1] Tous les tomes d'*Amadis*.

dame de Louvois s'est trouvée un goût pour la royauté et pour la solitude, choses fort contraires, qu'elle ne connaissait point; en un mot, le goût des grands seigneurs du bon vieux temps, qui se trouvaient fort bien chez eux, et dont l'ambition se trouvait bornée à demeurer maîtres des grandes possessions que leurs pères leur avaient laissées; ils allaient par respect visiter leur souverain; mais leur cour faite, et ce devoir rendu, ils n'étaient pas fâchés de se trouver souverains eux-mêmes, et de revenir représenter à leur tour. Madame de Louvois, contente, et avec raison très-contente de son état, s'est donc si bien trouvée d'une liberté dont elle n'avait jamais joui, et dont il est impossible qu'elle jouisse à Paris, ni même à Meudon, qu'insensiblement elle a attrapé la Toussaint, et que je la vois comme résolue de ne partir de son royaume que le 15 du mois prochain : pour moi, je me suis rangé volontiers sous ses lois; et plus je connais sa domination tout aimable et tout honnête, plus je suis content de vivre partout où il lui plaira. N'avouerez-vous pas après cela que mes secondes noces sont très-heureuses, et que vous n'avez jamais entendu parler d'un mari plus soumis que je le suis, ni d'un meilleur ménage que le nôtre? Quand madame de Louvois est à Tonnerre, c'est le bruit, c'est le tumulte, ce sont tous les attributs de la royauté; quand elle est ici, ce n'est point madame de Grignan dans son château, exposée à un nombre infini de voisins, exposée aux hommages de tous les Provençaux; mais c'est madame de Sévigné dans ses Rochers, qui lit, qui se promène beaucoup, qui écrit à Paris, qui reçoit beaucoup de lettres, qui entreprend de son pied des promenades champêtres et de long cours, et qui fait enfin une vie de campagne, toute pleine de liberté et d'agrément; et une vie que madame de Louvois goûte de telle sorte qu'elle ne songe pas qu'il y ait au monde un Fontainebleau ni un Versailles.

Nous arrivons de Tonnerre, où nous avons été recevoir

madame de Courtenvaux[1], qui cavalièrement et honnêtement est partie de Fontainebleau en poste pour venir se ranger auprès de madame sa belle-mère ; nous avons tous été fort aises de la voir, et nous ne cessons de l'interroger sur les événements du pays d'où elle vient ; cela nous fait une compagnie sans contrainte, et un amusement nouveau. Nous n'avons pas manqué, à son arrivée ici, de lui présenter l'aimable Amadis, qui est bien l'homme de la meilleure compagnie qu'on puisse entretenir, et qui est assurément d'une grande ressource contre l'ennui. Nous allons sagement et raisonnablement passer ici les fêtes, et puis nous ferons une Saint-Hubert, à peu près comme celle que nous fîmes, il y a trois ans, dans ce royal château de Grignan ; avec cette différence pourtant que si la bête nous échappe, elle ne tombera pas de si haut. Madame de Courtenvaux vient de recevoir toutes sortes d'honneurs à Tonnerre ; il y a eu même un bal magnifique et des mascarades ; en sorte qu'elle n'est pas fâchée, non plus que nous, d'être ici en repos loin du monde et du bruit ; car nous n'avons pas même de voisins qui nous puissent tourner à importunité.

Voilà, Madame, quel est notre état ; selon toutes personnes raisonnables, beaucoup plus digne d'envie que de pitié. Je suis ravi que ma dernière lettre ait fait le voyage si heureusement, sans passer par Paris ; c'est ce qui me donne courage de vous écrire encore celle-ci par la même route. Mon amour-propre m'a obligé de faire voir la vôtre à madame de Louvois, qui en a été ravie, et qui a pris plaisir à la lire plus d'une fois ; car parmi toutes ses bonnes qualités, elle a encore celle de goûter les bonnes choses, et en lisant certaines lettres, de leur donner tous les tons qui leur conviennent. Mais où prenez-vous, madame la Marquise, que si l'on eût marié l'héritier de toutes ces posses-

---

[1] Marie-Anne-Catherine d'Estrées.

sions-ci[1] d'une certaine manière, il pourrait les posséder encore? Hélas! ne l'est-il pas? n'aura-t-il pas des millions de sa femme[2]? Mais c'est qu'il s'est trop pressé de vendre, et il n'est pas à l'heure qu'il est à s'en repentir; mais c'est qu'il était temps qu'Anne de Souvré parût sur cet horizon, et que cela était réglé de toute éternité. Il faut avouer aussi que les peuples de ces cantons sont heureux de ce changement; car elle n'a d'application qu'à les soulager et qu'à donner des marques de sa charité à ceux qui en ont le plus besoin.

Mais qu'est-ce, Madame, qu'un bruit que madame de Coulanges me mande qui s'est répandu dans Paris, et dont elle doit s'éclaircir avec vous, que votre mariage est rompu? J'en serais d'autant plus surpris que vous m'en avez parlé dans votre dernière lettre comme d'une chose faite, et dont vous sembliez tous très-contents. Pour moi, j'en serais fâché à l'heure qu'il est; car, voyant le changement qui est arrivé dans ces terres, je suis du sentiment qu'il vaut mieux, n'importe à quel prix, conserver ce qui nous vient de nos pères, que de le mettre au hasard, fondé sur un petit point d'honneur, qui avec le temps renverse toutes les bonnes maisons; ainsi, ma très-aimable gouvernante, je suis impatient de savoir la vérité de ce bruit; comme prenant plus d'intérêt que personne à tout ce qui regarde la maison de Grignan. Je vous conjure de la vouloir toujours bien assurer de tous mes respects et de toute ma vénération; et pour vous, ma très-aimable, d'être bien persuadée qu'en m'honorant de vos bonnes grâces, et même de votre tendresse, vous favorisez la personne du monde qui vous estime et qui vous aime davantage.

Madame de Louvois a reçu avec plaisir toutes les louanges que vous lui donnez, et tous les compliments que vous

---

[1] François-Joseph comte de Clermont et de Tonnerre. (P.)
[2] Marie d'Hannyvel de Mannevillette, fille du secrétaire des commandements de MONSIEUR. (P.)

lui faites. Elle m'ordonne de vous en bien remercier, et de répandre aussi dans votre château beaucoup de compliments de sa part; elle veut que j'envoie à la sage et raisonnable Pauline trois couplets que j'ai ajoutés à l'aventure de *Gradafilée*, en supprimant le couplet que j'avais fait aux duchesses ses filles, ce qui rend l'ouvrage beaucoup plus complet. Si vous ne connaissez point l'*Amadis*, c'est du grec que je vous envoie.

LES VINGT-QUATRE TOMES DE L'AMADIS
TROUVÉS A ANCI-LE-FRANC.

Sur l'air des Folies d'Espagne.

Encore hier, aventure nouvelle,
Gradafilée avec un air bénin
Nous apparut, et n'avait avec elle,
Pour écuyer, que Busando le nain.

Elle venait pour avertir *Madame*
Qu'en ce château, le plus beau du pays,
Un vieux Clermont, Dieu veuille avoir son âme!
Avait caché le bon homme Amadis.

Nous le cherchons et ne le pouvons croire;
Mais la géante, instruite du trésor,
Nous le fait voir dans le fond d'une armoire,
Où pour le moins depuis cent ans il dort.

Au bruit qu'on fait, le héros se réveille,
Bâille d'abord, frotte ensuite ses yeux,
Se lève, et dit en secouant l'oreille :
Pourquoi venir me troubler en ces lieux ?

Mais regardant du château la maîtresse;
Troublé, confus, il demande pardon;
Voyant Louvois, il croit voir Grimanesse
Dans le fameux palais d'Apollidon.

Plein de respect, il se rend à *Madame*,
Et finissant tous les enchantements,
Nous découvrons Oriane sa femme,
Esplandian, et tous ses descendants.

*Madame de Louvois demande à Coulanges où il en est d'Amadis.
Sa réponse, sur l'air de* Marianne était coquette.

    Pour nouvelle, et qui n'est point fausse,
    D'Amadis Oriane est grosse;
    Et Mabile en a le secret,
    Qui répond à qui le demande,
    Qu'elle a toujours cru sur ce fait
    Qu'à tel saint viendrait telle offrande.

    De Danemark la demoiselle,
    Autant que Mabile fidèle,
    Peu scrupuleuse par bonheur,
    Attend, dit-on, que l'enfant sorte,
    Pour l'emporter à Mirefleur,
    Et l'exposer à quelque porte.

Réponse à une pareille question un autre jour.

Sur le même air :

Amadis par les soins d'Urgande,
Avec sa race belle et grande,
Dans l'île ferme dort enfin,
Comme aussi le nain, et Carmelle :
Maître Élisabeth, Gandalin,
Et la danoise damoiselle.

Maintenant un épais nuage
Nous cache palais et village,
Enveloppe bêtes et gens;
Mais Urgande nous fait promesse
Qu'on les reverra dans le temps
Que viendra Lizvard de Grèce.

1212. — DE MADAME DE COULANGES
A MADAME DE SÉVIGNÉ.

A Paris, ce 29 octobre 1694.

On me dit hier que votre mariage était refait, c'est-à-dire qu'on avait envoyé des conditions à madame de Grignan, qu'elle aurait tort de ne pas accepter; et comme je suppose qu'elle ne peut avoir tort, je conclus que vous vous mariez[1], et je m'en réjouis avec vous, ma chère amie.

Le roi est à Choisy pour jusqu'à samedi ; tout le monde revient en foule ; l'armée de Flandre est séparée. Nous n'aurons madame de Louvois et M. de Coulanges que le 8 du mois qui vient ; ils ont M. de Souvré et madame de Courtenvaux pour augmentation de bonne compagnie. La maréchale de Villeroi est partie pour passer tout son hiver à Versailles avec sa belle-fille ; nous avons cru être fort fâchées de nous séparer. Au reste, Madame, j'ai vu la plus belle chose qu'on puisse jamais imaginer ; c'est un portrait de madame de Maintenon, fait par Mignard ; elle est habillée en sainte Françoise romaine. Mignard l'a embellie ; mais c'est sans fadeur, sans incarnat, sans blanc, sans l'air de la jeunesse, et sans toutes ces perfections, il nous fait voir un visage et une physionomie au-dessus de tout ce que l'on peut dire : des yeux animés, une grâce parfaite, point d'atours, et avec tout cela aucun portrait ne tient devant celui-là. Mignard en a fait aussi un fort beau du roi ; je vous envoie un madrigal que mademoiselle Bernard fit impromptu en voyant ces deux portraits ; il a eu beaucoup de succès ici : vous jugerez si nous avons raison. Mademoiselle de Villarceaux est morte de la petite-vérole, sans confession et sans avoir eu le temps de déshériter ses cousines. Madame d'Épinoi, la princesse[2], est accouchée d'un fils ; et depuis ce grand jour on ne cesse de tirer et de boire à la place royale. Adieu, ma chère amie.

---

[1] Il était question du mariage du marquis de Grignan, petit-fils de madame de Sévigné, avec mademoiselle de Saint-Amand, qu'il épousa peu de temps après. (P.)

[2] Élisabeth de Lorraine Lillebonne, mariée à Louis de Melun, prince d'Épinoi, le 7 octobre 1691. (M.)

1213. — DE MADAME DE SÉVIGNÉ
MADAME DE COULANGES.

A Grignan, le 16 novembre 1694.

Je ne sais, Madame, où cette lettre que je vous adresse trouvera présentement mon cousin ; la voilà toute pleine de bagatelles bien indignes des relations qu'il nous fait tous les jours de son voyage. Je ne sais si vous vous souvenez de votre dernière lettre, et avec quel agrément et quelle politesse vous vous excusez d'avoir montré une des miennes ; et comme vous m'assurez que puisque le monde n'en a point vu, c'est signe que je n'ai point écrit ; et tout ce que vous me dites sur cela, je voudrais en être digne, mon amie ; et je vous plains de ne point recevoir de vos lettres : voilà tout ce que je puis vous dire. Je crois que rien ne peut plus empêcher que nous ne fassions notre mariage ; tout enfin est réglé : il me paraît que tous les acteurs nécessaires à cette cérémonie s'assembleront de tous côtés entre-ci et quinze jours. M. de Grignan a eu des étourdissements qui nous ont fait peur, à cause de l'horrible chute qu'il a faite : ce fut un miracle qu'il n'eût pas la tête cassée. Et le vingt-unième jour il eut les vapeurs que je vous dis ; mais on nous assure que ce n'est rien : il vous fait mille et mille compliments ; il disait l'autre jour qu'il voulait vous écrire ; je lui ai promis de vous le mander. Adieu, ma très-aimable amie ; quand j ne vous nomme point Pauline, c'est ma faute, car elle es toujours vive sur votre sujet, et sent votre esprit et vos lettres d'une manière qui fait son éloge ; elle vous conjure de ne la pas oublier.

1214. — DE MONSIEUR DE COULANGES
A MADAME DE SÉVIGNÉ.

A Paris, le 17 novembre 1694.

Me voici bien arrivé et bien rendu dans mon aimable appartement, d'où je vous écris, mon adorable gouvernante, pour vous faire tous mes compliments sur le mariage de M. le marquis de Grignan, qu'on dit être non-seulement résolu et réglé, mais peut-être fait et parfait présentement : vous croyez bien que je souhaite que vous en soyez tous bien contents; et mes souhaits sont assurément des plus sincères, puisque personne ne s'intéresse plus que je ne fais à tout ce qui regarde la bonne et illustre et ancienne maison des Adhémars entée sur Castellanne; Dieu leur conserve *ad multos annos* leurs beaux et magnifiques châteaux; et que sur toute chose ils n'y fondent jamais d'hôpital, car tôt ou tard l'hôpital porte guignon. Je n'ai point erré quand je vous ai mandé que l'église de celui de Tonnerre était de soixante-trois toises de long : on la dit de la longueur de Notre-Dame de Paris; mais elle n'est pas desservie comme celle de Grignan, on n'y voit point ce chapitre vénérable, qui m'a donné de l'émotion toutes les fois que je l'ai vu, et tant de respect pour ses fondateurs. J'arrivai ici samedi au soir. Madame la maréchale de Villeroi est venue pour voir madame de Louvois, et je m'en vais demain avec elle à Versailles, et peut-être de là à Pontoise, pour me redonner à tous mes illustres amis. Je ne sais quand je reviendrai; et c'est ce qui fait que je vous écris aujourd'hui, et pour vous, et pour tout ce qui est marié et ce qui ne l'est pas dans le royal château que vous habitez. Mais comme il est impossible de faire son thème en tant de façons, je vous remets, ma très-belle, tous mes compliments pour les distribuer, et je vous supplie de n'épargner aucuns termes pour bien faire connaître tous les sentiments de mon cœur et de mon âme. Je ne suis point content de la santé de madame de Coulanges : je l'ai retrouvée avec ses maux d'estomac et ses justes craintes de ne point rattraper son premier état elle continue les remèdes de Carette. Dieu veuille qu'elle s'en trouve mieux qu'elle n'a fait jusques ici ; mais, selon toutes les apparences, elle ne pourra pas se dispenser d'aller à Bourbon ce printemps. Je suis très en peine d'elle, et son état trouble bien la perfection du mien, car je me porte à merveille et de corps et d'esprit ; mais gare la goutte, qui me prit si vilainement le 20 décembre de l'année passée. Adieu, ma très-belle; je suis mille fois plus à vous qu'à moi-même. La maréchale de Villeroi vous prie de trouver bon que tous ses compliments pour vous et pour tout ce qui s'appelle Grignan passent par mon canal elle n'est pas *écriveuse* de son naturel ; mais elle sait penser et parler, comme si elle écrivait. Vous devez être assurément très-contente de la manière dont elle parle de tout ce qui vous regarde, et de la chaleur avec laquelle elle relève les sottises et les dits du vulgaire.

1215. — DE MADAME DE COULANGES
A MADAME DE SÉVIGNÉ.

A Paris, le 19 novembre 1694.

Il y a quinze jours, mon amie, que je ne vous ai écrit; je vous en avertis, de peur que vous ne vous en aperceviez pas. Je n'avais point reçu de vos lettres, et cela me faisait craindre que vous ne voulussiez plus les miennes. Êtes-vous à la noce? y serez-vous bientôt? Je veux savoir ce qui vous regarde tous, parce que j'y prends un véritable intérêt. Toute la troupe de Tonnerre est revenue dans une parfaite santé. M. de Coulanges a trouvé une grande affliction à son retour : il paraît dans le monde un livre imprimé de ses chansons, et à la tête de ce livre un éloge admirable de sa personne : on dit qu'il est né pour les choses solides et pour les frivoles ; on montre les preuves des dernières. Il est très-touché de cette aventure, que j'ai encore aggravée par ne la pouvoir prendre sérieusement : à tout cela je réponds : *Chansons, chansons.* Il est allé à Versailles, et de là à Saint-Martin ; il faut espérer qu'il se consolera d'avoir fait ce livre par en faire un second, avant que sa jeunesse se passe. Vous voulez que je vous dise des nouvelles de ma santé : mon amie, elle n'est, en vérité, point bonne. Carette me donne tout ce qu'il veut, et j'avale ses remèdes sans confiance et sans succès ; mais je crois que ce serait encore pis de changer tous les jours de médecin : il faut prendre patience, et être bien persuadée qu'on ne meurt que quand il plaît à Dieu. Voilà des vers que l'abbé Têtu m'a priée de vous envoyer ; ils sont de sa façon. Le bruit court que le marquis de Mouy aura la maison du Pipaut ; on dit qu'il fait habiller un de ses laquais en cerf, et qu'il le court toutes les nuits avec un cor : que vous semble de cet équipage de chasse ? M. de Harlay n'est point encore de retour de ses négociations : tout le monde désire la paix, et l'espère peu. Voilà encore des vers de mademoiselle Bernard : malgré toute cette poésie, la pauvre fille n'a pas de jupe ; mais il n'importe, elle a du rouge et des mouches. Adieu, ma belle amie ; ne m'oubliez pas, je vous en conjure.

1216. — DE LA MÊME A LA MÊME.

A Paris, le 26 novembre 1694.

J'ai envoyé à Versailles la lettre que vous m'avez adressée pour M. de Coulanges ; il y est établi depuis son retour : j'ai été bien tentée d'ouvrir cette lettre ; mais la discrétion l'a emporté sur l'envie que j'ai toujours de voir ce que vous écrivez : tout devient or entre vos mains. Je suis très-obligée à M. de Grignan de se souvenir encore de moi :

sa chute me met tout à fait en peine; et je vous prie, ma belle, de me bien mander de ses nouvelles, parce que j'y prends un très-sincère intérêt. Les vers que j'ai envoyés à la cour on été fort bien reçus : la personne à qui ces vers s'adressaient m'a écrit la plus aimable lettre du monde; vous en jugerez par son effet, puisque sans ma mauvaise santé, qui me rend si difficile à changer de lieu, je serais partie sur-le-champ pour Versailles. J'avale sans fin des gouttes de Carette; et tout ce que je sais, c'est qu'elles ne font point de mal : il y a peu de remèdes dont on en puisse dire autant. Au reste, j'allai voir hier la maréchale d'Humières; elle demeure dans une vilaine maison au faubourg Saint-Germain, où il n'y a place que dans la cour pour mettre son dais. La duchesse d'Humières, de son côté, occupe une autre maisonnette dans l'Ile. Si la maréchale avait un peu de courage, en attendant mieux, elle aurait bien donné la préférence à un couvent. M. du Maine vient coucher aujourd'hui à l'Arsenal [1]; il y doit donner à souper à toutes les dames qui l'habitent : la jeune madame de La Troche y brillera, car elle est la beauté de ce lieu. Madame de Boisfranc a la petite vérole; le fils de M. le premier président l'a aussi; enfin, tout en est rempli. Je vous ai mandé l'affliction de M. de Coulanges au sujet de ses chansons, qui ont été même assez mal choisies à l'impression. On a mis son éloge à la tête du livre; comme il ne pouvait plus lui arriver que ce malheur, il y a été aussi sensible que ce capitaine qui après avoir vu mourir son fils et perdu la bataille de sang-froid pleura seulement la mort de son esclave. Madame de Montespan est de retour ici; elle a donné un lit de quarante mille écus à M. du Maine, et trois autres encore très-magnifiques. Elle donne ses perles à madame la duchesse. Adieu, ma chère amie; dites bien des choses pour moi à toute votre belle et

---

[1] Il était grand maître de l'artillerie de France.

bonne compagnie, et surtout ménagez-moi bien les bonnes grâces de la charmante Pauline.

1217. — DE LA MÊME A LA MÊME.

A Paris, le 10 décembre 1694.

Je viens de passer encore quinze jours sans vous écrire; mais je garde mes excuses pour quand je vous écris, car mes lettres ne peuvent être que tristes et ennuyeuses : je perds tous mes amis et amies. La mort du maréchal de Bellefonds m'a donné une véritable douleur : je suis la dernière visite qu'il a faite; je le vis en parfaite santé, et six jours après il était mort. On dit que c'est d'un abcès dans le genou, et que si on le lui avait percé, on lui aurait sauvé la vie; mais vous n'êtes pas la dupe de ces sortes de repentirs : il faut partir quand l'heure est venue. Sa famille est dans une désolation digne de pitié; pour moi, je sens très-vivement cette perte : ajoutez à cette mort celle de mademoiselle de Lestranges, qui était mon amie depuis vingt-cinq ans, et vous ne serez pas surprise de la noirceur de mes pensées. Ma santé est assez mauvaise; Carette exerce son art très-inutilement sur ma personne. Il me donna il y a quelques jours une médecine qui me fit de très-grands maux; mais il dit, comme à don Carlos, *tout est pour mon bien*[1]. J'ai des journées assez bonnes, et puis des retours de coliques plus violents que jamais; je suis résolue à ne plus faire de remèdes, et à vivre avec ce mal tant qu'il plaira à Dieu : le pis qu'il en puisse arriver, arrive si tôt, même avec une bonne santé, que l'événement ne vaut pas qu'on s'en tourmente; il n'y a que les douleurs qui sont redoutables. Vous voyez, mon amie, par le récit de tous mes ennuis, quelle est ma confiance en votre amitié. Je sens cependant le plaisir de vous savoir tous

---

[1] C'est ce que disait à ce jeune prince, en se mettant en devoir de l'étrangler, le bourreau que lui envoyait son père Philippe II. (A. G.)

dans la joie. M l'abbé de Marsillac me dit hier des biens infinis de M. et de madame de Saint-Amand, et de madame la marquise de Grignan leur fille : il les a vus à Vincennes. Il dit que ce sont les plus honnêtes gens qu'il est posible, et qu'ils vous ont élevé un chef-d'œuvre; enfin, il passa bien du temps à me chanter leurs louanges, et je vous assure qu'il ne m'ennuya pas, car je prends un très-sincère intérêt à tout ce qui a rapport à vous et à ce qui vous touche. Je vous demande en grâce de faire bien des compliments de ma part à M. et madame de Grignan : je suis trop triste et trop malade pour écrire à tout autre que vous; vous vous passeriez peut-être bien de cette préférence. M. de Coulanges est toujours à la cour. M. de Noyon [1] y fait une figure principale; il est le seul présentement qui y soit, et la cour a toujours besoin d'un pareil amusement. Il sera reçu lundi à l'Académie; le roi a dit qu'il s'attendait à être seul ce jour-là.

L'abbé Têtu se trouva ici lorsque je reçus votre dernière lettre; il fut fort touché du bon accueil que vous avez fait à ses stances [2]; il vous envoie une dissertation sur Montaigne. Je ne veux pas oublier, mon amie, que l'on m'obligea il y a quelques jours, en très-bonne compagnie, à dire tout ce que je savais de la charmante Pauline; mon

---

[1] François de Clermont-Tonnerre, évêque et comte de Noyon. Ce fut l'abbé de Caumartin qui lui répondit comme directeur; il eut le malheur ou plutôt le plaisir de voir que chaque phrase de l'éloge magnifique qu'il en faisait parut une épigramme. Le discours de cet abbé est curieux, et le persiflage s'y montre en effet très-clairement : l'encens ne pouvait tromper que l'idole. On peut en juger par ceci : Après avoir dit que c'était le roi qui avait voulu que M. de Noyon fût nommé, il ajoute : « Il sait ce que « vous valez; il vous connaît à fond; il aime à vous entretenir, et lorsqu'il « vous a parlé, une joie se répand sur son visage, dont tout le monde s'a- « perçoit.... » Malgré l'espèce de notoriété des ridicules de l'évêque de Noyon, d'Alembert a essayé de prouver qu'on les avait chargés : il est difficile de croire que le public de son temps ne l'ait pas mieux connu qu'un panégyriste qui écrivait soixante ans après lui. (A. G.)

[2] L'abbé Têtu avait fait des stances chrétiennes sur divers passages de l'Écriture et des Pères. (P.)

cœur avait tant de part dans le portrait que j'en fis, qu'en
vérité je crois qu'il lui ressemblait; au moins dit-on qu'une
telle personne devait être cherchée au bout du monde par
tout ce qu'il y avait de meilleur. Je crois que nous aurons
M. et madame de Chaulnes à la fin de ce mois. Le maréchal de Choiseul a exécuté vos ordres; c'est une vérité, je
ne le vois plus : il dit qu'on l'a averti qu'il se rendait ridicule par aller souvent chez des femmes; je lui ai laissé
croire qu'on ne le trompait pas, et enfin j'en suis quitte
pour une visite la semaine. Il a fait des merveilles pour le
pauvre maréchal de Bellefonds; il n'y a que lui qui parle au
roi pour toute cette famille. Adieu, ma très-chère; em-
brassez toujours la belle Pauline pour l'amour de moi :
voyez comme j'abuse de vous, de vous demander des
choses si difficiles.

1218. — DE MONSIEUR DE COULANGES A MADAME DE SÉVIGNÉ.

A Paris, le dernier jour de l'an 1694.

Me voici enfin dans la grande ville, où je n'ai pas fait
un grand séjour depuis quatre mois; car vous saurez,
Madame, que depuis mon retour de Tonnerre, j'ai partagé, six semaines durant, mes faveurs entre Versailles et
Saint-Martin, où j'ai mené assurément une vie fort agréable.
Mais, enfin, me voici : il faut un peu se rendre à ses *femmes*
et à ses amis de Paris, et ne pas abandonner tout à fait ses
parents et ses anciennes connaissances. Tout le monde me
dit que je me porte si bien, que j'ai le teint si frais, et que
je suis si jeune, que, *par saint Jean, je le crois.* Enfin,
voilà le 20 décembre passé, et je suis sur mes pieds comme
un autre. C'est dommage que la saison soit aussi avancée;
car si j'avais pu prévoir une santé aussi parfaite, quand
j'étais à Anci-le-Franc, *ma foi, ma foi jurée,* j'aurais
pris la diligence de Lyon, en passant chemin, et à

l'heure qu'il est, je chanterais : *Hymen Io, ô hyménée.* N'est-il pas vrai, tous mes adorables Grignans, que vous m'auriez bien reçu dans votre magnifique château, et que vous m'auriez admis à votre noce? A quoi en êtes-vous? est-ce fait? la victime est-elle immolée? et le sacrificateur a-t-il bien fait son devoir? Faut-il vous faire à tous des compliments en forme, et séparément? Je crois, en vérité, que vous ne le voulez pas, et que madame de Sévigné voudra bien, quand vous serez tous assemblés, vous faire la lecture de cette mauvaise lettre, pour distribuer selon les rangs toutes les assurances de mes respects, de mes obéissances, de mes services et de mon très-sincère attachement pour toute l'illustre maison des Adhémars entée sur Castellanne, dont je souhaite la prospérité *ès siècles des siècles.*

Monsieur le Marquis, il ne faut point lanterner, il nous faut promptement un bel enfant de votre façon, et par là élever tous vos parents, et leur donner la qualité de *grands*; pour moi, je ne désespère point du tout de voir les enfants de vos enfants; et si ce bonheur m'arrive, je me flatte que vous voudrez bien me présenter à eux, comme ayant l'honneur d'être neveu de leur quatrième aïeule.

Mais, monsieur le Comte, comment vous portez-vous? vos étourdissements continuent-ils? Je suis en vérité très en peine de vous, sans croire qu'il vous puisse mésarriver d'une chute que vous avez faite il y a déjà si longtemps ; conservez-vous bien, au nom de Dieu, et que cela vous serve à ne pas négliger dans les occasions la main de quelqu'un pour vous soutenir; quant à moi, je suis toujours sur le poing de mon écuyer, et je m'en trouve fort bien.

Mais, mon aimable chevalier, faut-il que je vous voie toujours avec la goutte? J'en suis en vérité au désespoir. Je n'ai rien à dire à la goutte; mais pour à mes épaules et à mes bras, j'ai fait l'expérience d'un remède nouveau, dont je me trouve à merveille. Il faut, sans autre cérémonie, faire mettre en plusieurs doubles un linge sur la partie affligée, et se faire repasser comme du linge avec le fer à repasser. Je fus dernièrement attaqué à Versailles; je criais l'épaule : on mit en même temps les fers au feu, et les femmes de chambre de madame de Saint-Géran me repassèrent que rien n'y manqua : oncques depuis je n'ai crié l'épaule; et voilà comme j'en userai à l'avenir pour tout ce qui s'appellera rhumatisme. Il est, au surplus, de la prudence que le fer ne soit pas trop chaud.

Pour vous, madame la Comtesse, je suis assuré que vous êtes plus belle que jamais : je vous fais tous mes compliments et tous mes remerciements de la bonne et aimable lettre que vous nous avez fait l'honneur de nous écrire; vous ne devez jamais douter que je n'approuve tout ce que vous approuvez, et que je ne sois fort content de voir entrer dans votre maison une belle-fille dont j'entends dire tant de merveilles. Il n'y a pas deux avis sur son aimable figure, et sur ses manières nobles et polies, qui font honneur à son éducation. J'ai bien de l'impatience d'avoir l'honneur de vous voir tous ensemble; mais encore faut-il que je fasse ma révérence à ces illustres prélats, et à M. de La Garde, et que je leur fasse aussi mon petit compliment.

Pour vous, charmante Pauline, il faut vous souhaiter un mari, et un mari digne de vous; dès que je fais ce souhait, vous voyez bien que je ne veux point vous être de quelque chose de plus d'un côté; non, en vérité j'aimerais mieux avoir perdu mon petit doigt, je vous l'ai déjà dit.

Je reviens maintenant à vous, adorable gouvernante, pour vous remercier de la lecture que vous venez de faire, et pour vous assurer que je vous honore et que je vous aime toujours plus que ma vie. Maintenant que je suis à Paris, et que j'y serai quelque temps, j'espère que nous aurons plus de commerce ensemble; car en vérité il n'y a pas moyen d'écrire au pays d'où je viens. J'ai mis dans ma hotte toute la *maisonnée* d'Armagnac, qui m'occupe encore beaucoup ; c'est tout vous dire, qu'on me donna dernièrement à conduire à la comédie les duchesses de Valentinois, de Villeroi, de La Feuillade, et mademoiselle d'Armagnac, et que j'étais avec elles en cinquième sur le premier banc de la loge, et, pour comble de bonheur, que c'était *Cinna* qu'on joua, dont je fus plus charmé que jamais. Que de détails, et de jolis détails, j'aurais à vous conter! Mais ce sera pour une autre fois, ma lettre est assez longue. Nos Chaulnes sont en chemin, et arrivent incessamment ; c'est encore une raison qui m'a ramené ici, que leur retour. Aimez toujours votre petit cousin, ma très-aimable gouvernante, et croyez-moi plus à vous mille fois que je ne puis vous le dire. Je ne finirai point sans saluer M. le doyen à la tête de son vénérable chapitre, sans caresser mademoiselle de Martillac, ni sans escamoter un *croustillantes*, qui retentisse aux quatre coins du château ; il faut encore que j'ajoute ici un remerciement d'un plaisir que vous nous faites sans le savoir. Le chevalier de Sanzei, fort joli, et filleul de madame de Grignan, est ici ; et ne sachant où le gîter, l'abbé Bigorre nous a bien voulu ouvrir la chambre du marquis de Grignan, que nous avons meublée, et où nous l'avons établi pour le peu de temps qu'il a à être ici. Nous avons cru que vous le trouveriez bon : il n'y fera pas grande ordure, comme vous pouvez croire, par le soin que nous prendrons de ses journées. Adieu, ma très-adorable; quand une fois je vous écris, je ne puis finir. La maréchale de Villeroi n'est pas *écriveuse*; ainsi, il faut, tous tant que vous êtes, que vous soyez aussi contents de tous les compliments qu'elle m'a ordonné de vous faire de sa part, sans ménager aucuns termes, que si elle vous avait écrit à tous en particulier; elle est pour vous envers tous et contre tous, et parle très-dignement de vous et de tout ce que vous faites.

1219. — DE MADAME DE COULANGES
A MADAME DE SÉVIGNÉ.

A Paris, le 14 janvier 1695.

Je vous remercie, mon amie, de m'avoir appris la conclusion de votre roman; car tout ce que vous me mandez est romanesque. L'héroïne est charmante; le héros, nous le connaissons; ce qui me paraît, c'est que vous ne faites point de légers repas, comme faisaient tous ces princes et princesses. Je suis ravie que M. de Grignan se porte bien; cette circonstance n'a pas été inutile pour l'agrément de la fête. J'appris hier votre mariage[1] à madame de Chaulnes, qui est arrivée en très-bonne santé, et qui n'en dit par moins : *Jésus Dieu ! ils sont donc mariés*, que si elle n'en avait jamais entendu parler. Elle avait couché à Versailles; elle y avait vu madame de Chevreuse et toutes ses amies. On ne peut plus être remplie qu'elle l'est de tout ce qu'on lui a conté de la mort de M. de Luxembourg; si vous étiez ici, mon amie, elle vous dirait bien : *Gouvernante, il est mort bien chrétiennement :* MONSIEUR *a presque toujours été dans sa chambre.* Ce qui est de vrai, c'est que le père Bourdaloue a dit qu'il n'avait pas vécu comme M. de Luxembourg, mais qu'il voudrait mourir comme lui. Madame de Maintenon se porte bien; elle a été assez mal; elle sort maintenant tous les jours pour aller à Saint-Cyr. J'eus hier une des *Andromaques* de ce temps. La maréchale d'Humières donna ses rendez-vous dans ma chambre à M. Tréville et à l'abbé Têtu; elle nous apprit qu'elle ne voyait plus la duchesse d'Humières; qui l'eût cru, que les intérêts pussent faire une telle désunion ?

[1] C'est-à-dire le mariage du marquis de Grignan avec Anne-Marguerite de Saint-Amand. (P.)

Le bruit court ici que la princesse d'Orange¹ est morte ; mais cette nouvelle aurait besoin d'une plus grande confirmation. La capitation est enfin passée et réglée. J'ai toujours oublié de vous faire les compliments de l'abbé Têtu, et à toute la maison de Grignan. Adieu, ma très-aimable, je vous embrasse, je vous aime et vous désire toujours. M. de Coulanges n'habite plus que la cour ; on ne dira pas qu'il est mené par l'intérêt, quelque pays qu'il habite ; c'est toujours son plaisir qui le gouverne, et il est heureux ; en faut-il davantage ?

1220. — DE LA MÊME A LA MÊME.

A Paris, le 21 janvier 1695.

Comptez, Madame, qu'on ne songe point ici qu'il y ait eu un M. de Luxembourg dans le monde. Vous ne me faites pitié, où vous êtes, que par les réflexions que vous vous amusez à faire sur des morts, dont ici on ne se souvient plus du tout. Les meilleurs amis de M. de Luxembourg s'assemblent encore souvent ; le prétexte est de le pleurer, et ils boivent, ils mangent, rient, se trouvent de bonne compagnie ; *et de Caron pas un mot.* C'est ainsi qu'est fait le monde, ce monde que nous voulons toujours aimer. On parle à peine encore de la princesse d'Orange², qui n'avait que trente-trois ans, qui était belle, qui était reine, qui gouvernait, et qui est morte en trois jours. Mais une grande nouvelle, c'est que le prince d'Orange est malade, très-assurément ; la maladie de la reine sa femme était contagieuse ; il ne l'a point quittée, et Dieu veuille qu'elle ne l'ait pas quitté pour longtemps !

Il se passa hier une belle et magnifique scène à l'hôtel

---

¹ Marie Stuart, fille de Jacques II, roi d'Angleterre, et femme de Guillaume III, roi d'Angleterre, lequel n'était connu alors en France que sous le nom de prince d'Orange. (P.)
² Morte le 7 janvier 1695.

de Chaulnes; Monsieur y passa presque toute la journée, avec ses bontés et ses agréments ordinaires pour la maîtresse de la maison. L'appartement de cette duchesse est dans le point de la perfection; depuis le salon jusques au dernier cabinet, tout est meublé de ces beaux damas galonnés d'or que vous connaissez; on a fait dans la chambre du lit une cheminée d'une beauté et d'une magnificence qui ne se peut dire ; il y avait de gros feux partout, et des bougies en si grande quantité qu'elles auraient obscurci le soleil, s'ils s'étaient trouvés ensemble. Madame de Chaulnes est allée ce matin rendre la visite à Monsieur, et ensuite à Versailles pour quelques jours; c'est ce qui l'a empêchée de vous écrire. Il n'y a de plaisirs qu'à Grignan, mon amie; mais ce qui est triste, c'est qu'il n'y en a point pour nous à Paris quand vous êtes à Grignan. Je révère et estime tout ce qui habite ce beau château. M. le marquis de Grignan m'a écrit la plus jolie lettre qu'il est possible : elle a été trouvée telle par les connaisseurs. Rendez-moi de bons offices auprès de madame sa femme; mais, mon amie, rendez-m'en de bons auprès de vous, je vous en supplie. On parle ici tous les jours de l'aimable Pauline, et toutes ses amies s'en souviennent si tendrement, qu'elle est une ingrate si elle ne s'en soucie plus; mais pourvu qu'elle ne m'oublie pas, je lui pardonne tout le reste. La petite duchesse de Sully, qui est à mon gré la vieille, vient de m'envoyer prier de vous faire à tous mille compliments de sa part. Aimez-moi toujours, je vous en conjure, ma chère amie.

1221. — DE MONSIEUR DE COULANGES.
A MADAME DE SÉVIGNÉ.

A Paris, le 21 janvier 1695.

Mon Dieu, les bonnes lettres que les vôtres, ma très-aimable gouvernante, et que les détails me font plaisir!

J'ai vu toutes vos noces comme si j'y avais assisté ; j'ai vu ce beau château illuminé, toute la compagnie qui le remplissait, les belles hardes et tous les ajustements de la mariée ; ces trois tables somptueusement servies dans la galerie ; tous les appartements richement meublés et éclairés ; j'ai même entendu la musique ; en un mot, par vos détails aimables, je n'ai rien perdu, et ils m'ont tiré de la peine où j'étais de voir les tables servies dans la galerie en ce temps-ci : j'en trouvais la séance bien froide ; mais les deux cheminées dont vous me parlez m'ont réchauffé l'imagination ; et je me suis trouvé à ce festin nuptial sans autre incommodité que d'y avoir trop mangé, car jamais je ne fis meilleure chère. Vous vous êtes, en vérité, acquittée des détails à merveille ; mais qui m'apprendra si véritablement nous avons une marquise de Grignan, et si nous pouvons espérer des neveux dignes de leurs ancêtres ? Qu'on m'assure au moins que la première nuit des noces du marquis ne ressembla point à la première nuit des noces de monsieur son père, et je me le tiendrai pour dit. Pour moi, je fais toujours la même vie, ma très-aimable marquise, tantôt à Versailles, et tantôt à Paris, et toujours en bonne compagnie. Je partage à Paris mes nuits entre mes deux *femmes* ; car j'en passe bien autant au quartier de Richelieu[1] que dans la rue des Tournelles[2] ; bien m'en a pris par les temps horribles que nous avons eus, car il n'y allait pas moins que de la vie à courir les rues, et principalement la nuit.

Nous avons enfin ici les bons Chaulnes, tout comme vous les avez jamais vus, et toujours aussi disposés à faire bonne chère à leurs amis ; ils sont arrangés à merveille dans leur hôtel ; et la duchesse, toujours si opposée aux changements qu'on veut faire, est toujours ravie, quand elle arrive de Bretagne, de les trouver faits, et est toute

---

[1] C'est-à-dire à l'hôtel de Louvois. (P.)
[2] Coulanges n'habitait plus au Temple.

la première à les approuver. Monsieur, que vous savez qui est passionné pour elle, la vint voir hier, et lui fit une visite, la plus aimable qu'on puisse faire. Madame de Coulanges fut invitée pour aller faire les honneurs, et elle n'y manqua pas, comme vous pouvez croire. Pour moi, je ne me trouvai point à l'hôtel de Chaulnes quand Monsieur y vint, parce que je dînais au faubourg Saint-Germain; mais j'y arrivai assez tôt pour trouver encore des feux d'un très-bon air dans toutes les cheminées, et toutes les marques d'une riche maison, où l'on sait vivre à la grande : Monsieur fut voir encore madame de Rohan, qui est en couche, et la princesse d'Épinoi la douairière, qui a été malade.

La mort de la princesse d'Orange [1] fait toujours faire beaucoup de raisonnements; mais hier encore il y avait des parieurs qui soutenaient qu'elle n'était point morte; quoi qu'il en soit, il est résolu par le roi son père qu'il ne recevra point de visites, et qu'on n'en portera point le deuil. Mademoiselle d'Hocquincourt épouse le marquis de Feuquières; et madame de Bracciano [2] donne de petits bals, qui finissent à dix heures du soir; on y voit toutes les héritières à marier, et c'est à ceux qui y prétendent à les aller faire danser. Voilà toutes nos nouvelles. Je m'en vais de ce pas dîner à l'hôtel de Chaulnes; le mari et la femme s'en vont après dîner à Versailles; pour moi, je suis fort prié d'aller à Saint-Martin, et je ne sais si je n'irai point dimanche, avec M. le duc de Montmorenci, qui a fait espérer au cardinal qu'il m'y mènerait; c'est toujours une très-bonne maison, en quelque saison que ce soit, et quelque temps qu'il fasse. Adieu, ma très-adorable; je vous remercie d'avoir si bien distribué tous mes compliments : je vous supplie de continuer, et d'être très-persuadée que

---

[1] Fille de Jacques II, roi d'Angleterre, morte le 7 janvier 1695. (P.)
[2] La duchesse de Bracciano fut depuis la fameuse princesse des Ursins qui gouverna l'Espagne sous Philippe V.

personne au monde n'est plus à vous que j'y suis, ni avec un plus tendre attachement. Madame d'Armagnac m'a envoyé son portrait, et ceux de ses deux filles [1]; vous croyez bien qu'il a fallu leur faire place; mais ne soyez point en peine pour votre portrait, il occupe toujours le même lieu, et tient à mon cœur, ce qui est bien plus vous dire qu'à fer et à clou. Madame de Coulanges se porte assez joliment; elle commence à manger un peu plus qu'elle ne faisait.

1222. — DE MADAME DE SÉVIGNÉ
A MADAME DE COULANGES

A Grignan, ce 5 février 1695.

Ah! ne me parlez point de madame de Meckelbourg, je la renonce : comment peut-on, par rapport à Dieu et même à l'humanité, garder tant d'or, tant d'argent, tant de meubles, tant de pierreries, au milieu de l'extrême misère des pauvres, dont on était accablé dans ces derniers temps? Mais comment peut-on vouloir paraître aux yeux du monde, ce monde dont on veut l'estime et l'approbation au delà du tombeau : comment veut-on lui paraître la plus avare personne du monde? Avare pour les pauvres, avare pour ses domestiques, à qui elle ne laisse rien; avare pour elle-même, puisqu'elle se laissait quasi mourir de faim; et en mourant, lorsqu'elle ne peut plus cacher cette horrible passion, paraître aux yeux du public l'avarice même? Ma chère Madame, je parlerais un an sur ce sujet; j'en veux à cette frénésie de l'esprit humain, et c'est m'offenser personnellement que d'en user comme vient de faire madame de Meckelbourg; nous nous étions fort aimées autrefois, nous nous appelions sœurs; je la renonce, qu'on ne m'en parle plus.

---

[1] Madame la duchesse de Valentinois et mademoiselle d'Armagnac.

Parlons de notre hôtel de Chaulnes, c'est justement le contraire ; ce sont des gens adorables, et qui font un usage admirable de leur bien ; ce qu'ils reçoivent d'une main, ils le jettent de l'autre ; et quand ils n'avaient point les lingots de Saint-Malo, ils savaient fort bien prendre sur eux-mêmes pour soutenir les grandes places où Dieu les a destinés ; les pauvres se sentent de leur magnificence, enfin, ce sont des gens qu'on ne saurait trop aimer, et honorer, et admirer. J'en suis tellement entêtée que je loue même madame de Chaulnes d'avoir appris l'amitié à MONSIEUR; c'est une science que les personnes de l'élévation de MONSIEUR n'ont pas le bonheur de connaître. Je suis fort aise qu'on ne m'oublie point dans cet hôtel ; je vous conjure, mon aimable amie, de ne m'y point oublier vous-même ; Pauline vous embrasse, et ne saurait plus se passer de vos douceurs. Nous sommes encore dans des visites de noces ; des madames de Brancas, des madames de Buous, dames de conséquence, qu'on avait priées de ne point venir, ont rompu des glaces, ont pensé tomber dessous, ont été en péril de leur vie, pour venir faire un compliment : voilà comme on aime en ce pays ; en fait-on de même à Paris ? Cependant, je me contente à moins, et je vous jure que j'aurai une joie fort sensible à vous revoir.

1223. — LA MÊME A MONSIEUR DE COULANGES.

A Grignan, le 5 février 1695.

Madame de Chaulnes me mande que je suis trop heureuse d'être ici avec un beau soleil ; elle croit que tous nos jours sont filés d'or et de soie. Hélas ! mon cousin, nous avons cent fois plus de froid ici qu'à Paris ; nous sommes exposés à tous les vents ; c'est le vent du midi, c'est la bise, c'est le diable ; c'est à qui nous insultera ; ils se battent entre eux pour avoir l'honneur de nous renfermer dans nos chambres ; toutes nos rivières sont prises ; le Rhône, ce Rhône si furieux, n'y résiste pas; nos écritoires sont gelées; nos plumes ne sont plus conduites par nos doigts, qui sont transis; nous ne respirons que de la neige; nos montagnes sont charmantes dans leur excès d'horreur; je souhaite tous les jours un peintre pour bien représenter l'étendue de toutes ces épouvantables beautés : voilà où nous en sommes. Contez un peu cela à notre duchesse de Chaulnes, qui nous croit dans des prairies, avec des parasols, nous promenant à l'ombre des orangers. Vous avez très-bien imaginé toutes les magnificences champêtres de notre noce[1]; tout le monde a pris sa part des louanges que vous donnez. Mais nous ne savons ce que vous voulez dire d'une première nuit de noces. Hélas! que vous êtes grossier! J'ai été charmée de l'air et de la modestie de cette soirée; je l'ai mandé à madame de Coulanges. On mène la mariée dans son appartement, on porte sa toilette, son linge, ses cornettes; elle se décoiffe, on la déshabille, elle se met au lit. Nous ne savons qui va ni qui vient dans cette chambre; chacun se va coucher. On se lève le lendemain; on ne va point chez les mariés. Ils se lèvent de leur côté, ils s'habillent; on ne leur fait point de sottes questions : êtes-vous mon gendre? êtes-vous ma belle-fille? Ils sont ce qu'ils sont; on ne propose aucune sorte de déjeuner; chacun fait et mange ce qu'il veut. Tout est dans le silence et dans la modestie; il n'y a point de méchantes plaisanteries. Et voilà ce que je n'avais jamais vu, et ce que je trouve la plus honnête et la plus jolie chose du monde. Le froid me glace et me fait tomber la plume des mains. Où êtes-vous? à Saint-Martin, à Meudon[2], à Bâville? Quel est le bienheureux endroit qui possède l'aimable et *jeune* Coulanges? Je viens de dire pis que pendre de l'avarice à madame de Coulanges : les richesses que laisse madame de Meckelbourg me donnent une joie extrême de penser que je mour-

---

[1] Le mariage du marquis de Grignan. (P.)
[2] Meudon appartenait alors à madame de Louvois. (P.)

rai sans aucun argent comptant, mais aussi sans dettes;
c'est tout ce que je demande à Dieu, et c'est assez pour
une chrétienne.

1224. — DE MADAME DE COULANGES
A MADAME DE SÉVIGNÉ.

A Paris, ce 14 février 1695.

On voit bien que vous avez oublié le climat de Paris,
mon amie, puisque vous croyez avoir plus froid que nous;
jamais il n'y a eu un hiver comme celui-ci. Le soleil se fait
voir depuis deux jours, mais il ne se laisse point sentir;
c'est un privilége dont vous jouissez à Grignan, j'en suis
assurée. Je comprends à merveille que madame de Grignan
se fasse un plaisir de ne point faire des visites; c'est un
avantage que j'ai au milieu de Paris; mais aussi n'ai-je
point de raison pour m'incommoder; point d'enfant, point
de famille; grâce à Dieu, assez de dégoût pour ces fati-
gantes occupations, bien des années, et une assez mauvaise santé; tout cela me fait demeurer au coin de mon feu
avec un plaisir pour moi que je préfère à d'autres, qui
paraissent plus sensibles; mais une retraite que j'admire,
c'est celle de mademoiselle de La Trousse: Dieu lui fait de
grandes grâces, et son état est maintenant bien digne d'envie. Madame de Chaulnes veut toujours se reposer, et court
incessamment. Il y a chez elle des dîners magnifiques: le
chevalier de Lorraine, M. de Marsan, M. le cardinal de
Bouillon; cela se soutient de cette sorte tous les jours de la
semaine. Madame de Pontchartrain est assez malade; la
comtesse de Gramont est retournée à la cour en assez bonne
santé. L'on ne se souvient plus ici de madame de Meckelbourg, si ce n'est pour parler de son avarice. On dit que
M. de Montmorenci va épouser madame de Seignelai; j'ai
peine à croire ce mariage-là. M. de Coulanges arriva hier
de Saint-Martin et de Versailles; mais c'est chez madame

de Louvois[1] qu'il est descendu : *à tout seigneur, tout honneur.* Je comprends fort bien que l'on s'accommode d'un mari qui a plusieurs femmes ; j'en souhaiterais encore une ou deux comme madame de Louvois à M. de Coulanges. Le maréchal de Villeroi prêta hier le serment, et prit le bâton ensuite[2], il fit attendre beaucoup le roi, parce qu'il s'ajustait ; il avait un habit de velours bleu d'une magnificence extraordinaire, et sa bonne mine le parait plus que son habit. Madame la duchesse du Lude m'a fait promettre que je vous ferais mille compliments et mille amitiés bien tendres de sa part. Le roi a donné à madame de Soubise l'appartement que le maréchal d'Humières avait à Versailles, et celui de madame de Soubise aux princesses d'Épinoy ; celui de ces princesses à M. de Rasilly ; et de la duchesse d'Humières, pas un mot. Adieu, ma chère amie, je vous embrasse et vous aime beaucoup. J'ai peur que la charmante Pauline ne m'oublie à la fin ; l'absence laisse tout craindre, même quand on est heureux. Continuez, je vous prie, de faire mes compliments dans le château de Grignan. Je suis fort obligée à M. le chevalier (*de Grignan*) de l'honneur de son souvenir ; et je vous conjure de l'en remercier pour moi ; je suis véritablement occupée de ses maux ; son ami, le père de La Tour, prêche à Saint-Nicolas ; et si je suis en état de pouvoir sortir, ce sera mon prédicateur pour ce carême. On vous a sans doute envoyé tous les sonnets qui ont été faits à la louange de la princesse de Conti.

1225. — DE LA MÊME A LA MÊME.

A Paris, le 22 février 1695.

J'ai perdu mon petit secrétaire, mon amie, et je ne puis

---

[1] M. de Coulanges appelait madame de Louvois *sa seconde femme*. (P.)
[2] Pour sa charge de capitaine des gardes ; il avait été fait maréchal de France en 1693.

me résoudre à vous faire voir de ma mauvaise écriture. J'essaye un secrétaire nouveau [1], mandez-moi si vous lisez bien son écriture. La nouvelle qui fait ici le plus de bruit est le mariage de la belle Pauline; on dit que l'abbé de Simiane est parti pour se trouver aux noces; quand je dis que je n'en sais rien, personne ne me veut croire. La duchesse du Lude dit qu'elle le sait par le chevalier de Grignan; pour moi, je pardonne tout le secret que vous m'en faites, pourvu que cela soit vrai; vous croirez par là que j'aime passionnément M. de Simiane.

M. le duc de Chaulnes donne des dîners magnifiques; il en a donné un à madame de Louvois comme il l'aurait donné à M. de Louvois, un autre au chevalier de Lorraine et à toute la maison de Monsieur; j'étais du premier, et pour le second, j'y envoyai M. de Coulanges; à mesure qu'il me vient des années les siennes diminuent, de façon que je me trouve encore bien vieille pour être sa mère. Tous les courtisans sont devenus poëtes; l'on ne voit que des bouts-rimés, les uns aussi remplis de louanges que les autres de médisances. Dieu me garde de vous envoyer ces derniers : il en court un à la louange du cardinal de Bouillon, qui passe pour une chanson; qu'en dites-vous, mon amie? Que dites-vous aussi du *prince dauphin?* je laisse à mon secrétaire le soin de vous mander cette histoire; car il se mêle quelquefois d'écrire de son style. On dit que c'est une affaire résolue que le mariage de mademoiselle de Croissi avec le comte de Tillières [2]. Madame de Maintenon est encore languissante; mais elle se porte beaucoup mieux. Madame de Gramont paraît à la cour sous la figure d'une beauté nouvelle; elle est parfaitement guérie.

M. l'abbé de Fénelon a paru surpris du présent que le

---

[1] C'était M. de Coulanges.

[2] Ce mariage ne se fit point. Mademoiselle de Croissi fut mariée en 1696 au marquis de Bouzoles, et le comte de Tillières épousa, en 1699, mademoiselle du Gué de Bagnols, nièce de madame de Coulanges. (P.)

roi lui a fait [1]; en le remerciant, il lui a représenté qu'il ne pouvait regarder comme une récompense une grâce qui l'éloignait de M. le duc de Bourgogne : le roi lui a dit qu'il ne prétendait point qu'il fût obligé à une résidence entière ; et en même temps ce digne archevêque a fait voir au roi que par le concile de Trente il n'était permis aux prélats que trois mois d'absence de leur diocèse, encore pour les affaires qui les pouvaient regarder. Le roi lui a représenté l'importance de l'éducation des princes, et a consenti qu'il demeurât neuf mois à Cambray, et trois à la cour ; il a rendu son unique abbaye. M. de Reims *(M. Le Tellier)* a dit que M. de Fénelon, pensant comme il faisait, prenait le bon parti ; et que lui, pensant comme il fait, il fait bien aussi de garder les siennes. Adieu, ma chère amie, votre absence m'est toujours insupportable, ne me laissez point oublier dans ce château de Grignan ; c'est votre affaire, je vous en avertis. J'embrasse bien tendrement la charmante Pauline. Les femmes courent après mademoiselle de L'Enclos, comme d'autres gens y couraient autrefois ; le moyen de ne pas haïr la vieillesse après un tel exemple ? L'abbé et le chevalier de Sanzei partirent hier pour aller faire carême-prenant avec leur mère ; ce dernier fera son possible pour aller faire la révérence à sa marraine [2], en s'en retournant à son vaisseau.

MONSIEUR DE COULANGES *continue.*

Premièrement, Madame, comment vous accommodez-vous de ce petit papier [3] ? Ne vous trouble-t-il point quelquefois dans votre lecture ? Pour moi, j'aime mieux les bonnes feuilles de papier de nos pères, où les détails se

---

[1] De l'archevêché de Cambray. (P.)
[2] Madame de Sévigné était la marraine du chevalier de Sanzei. (P.)
[3] Cette lettre et la précédente étaient écrites sur des feuilles détachées d'un très-petit papier. (P.)

trouvent à l'aise. Il y eût hier huit jours que je revins de Saint-Martin et de Versailles, pour passer le reste des jours gras à Paris. Il n'y a rien de pareil aux bons et somptueux dîners de l'hôtel de Chaulnes, à la beauté du grand appartement, qui augmente tous les jours, et au bon air des feux qui sont dans toutes les cheminées; il n'y a plus en vérité que cette maison qui représente la maison d'un seigneur. M. de Marsan et le duc de Villeroi furent du dîner du chevalier de Lorraine.

Comme je n'ai point entendu le cardinal de Bouillon sur le sujet du *prince dauphin*, je ne puis bien vous dire la vérité de ce fait; mais on prétend que MONSIEUR, pressé par le cardinal, avait consenti à démembrer la principauté dauphine d'Auvergne du duché de Montpensier, pour les prétentions que la maison de Bouillon pouvait avoir sur la succession de MADEMOISELLE; en sorte qu'ils étaient par là les maîtres de toute l'Auvergne, car le cardinal en a le duché, et M. de Bouillon le comté; et que dans la suite le duc d'Albret se serait appelé le *prince dauphin*; comme on est persuadé qu'il n'y a rien de trop chaud pour ce cardinal, qui n'est occupé que de la grandeur de sa maison, que ne dit-on point de cette vision? Ce qui est vrai, c'est que MONSIEUR, ayant tout promis, fut parler au roi de ce démembrement, et que le roi s'y opposa[1]. On assure que le cardinal, encore affligé de ce refus, a écrit au chevalier de Lorraine, pour lui dire qu'il était surpris que MONSIEUR lui eût manqué de parole, et qu'il ne pouvait plus désormais être du nombre de ses servi-

---

[1] Après l'emprisonnement des princes, sous la minorité de Louis XIV, lorsque le parti du grand Condé se fut décidé à recourir aux armes, ce fut dans l'Auvergne que se rendit d'abord la princesse son épouse. On peut voir dans les *Mémoires de Lenet* le curieux détail de la magnificence avec laquelle le duc de Bouillon l'y reçut, des forces qu'il y rassemblait, du pouvoir vraiment souverain qu'il y exerçait. Un pareil souvenir suffisait bien pour que le roi prît ombrage du nouveau plan de la maison de Bouillon dont il s'agit ici. (A. G.)

teurs. On ajoute que le chevalier de Lorraine a montré sa lettre à Monsieur, qui l'a gardée, et qui a dit que du moins le cardinal devait lui savoir gré de ce qu'il ne la montrait point au roi. Quoi qu'il en soit, Madame, voilà qui est fort désagréable pour notre cardinal; car, comme il n'est pas universellement aimé et approuvé, tous ses ennemis ne perdent pas une si belle occasion de se déchaîner, et tous ses amis sont fâchés qu'une bonne fois pour toutes il ne finisse point sur sa maison, et qu'il ne s'accommode point au temps présent. Jugez après cela du succès du bout-rimé dont madame de Coulanges vous a parlé. Il y a des temps infinis que je ne vous ai écrit; mais je sais toujours de vos nouvelles par madame de Coulanges, qui veut bien quelquefois me faire part de vos lettres. J'ai toujours oublié de vous faire dans les miennes les compliments de madame de Louvois et à tout le château de Grignan; elle me gronda très-sérieusement l'autre jour d'y avoir manqué.

1226. — DE MADAME DE SÉVIGNÉ A MADAME DE COULANGES.

A Grignan, le 26 février 1695.

Je serais consolée du petit secrétaire [1] que vous avez perdu, si celui [2] que vous avez pris en sa place était capable de s'attacher entièrement à votre service. Son écriture est fort belle, son style est bon; mais de la façon que j'en ai ouï parler, il vous manquera à tout moment; il est libertin, je sais même que souvent il couche à la ville; après cela, mon amie, vous en userez comme vous voudrez. Je vous conseille de le prendre à l'essai; quand vous le trouverez sous votre patte, servez-vous-en, *tant tenu, tant payé*. Voilà qui est fait, il n'y a plus que notre hôtel

---

[1] Le comte de Sanzei. (P.)
[2] M. de Coulanges. (P.)

de Chaulnes qui conserve l'honneur de la seigneurie; ils sont dans l'usage de jouir de leur bien; ils font l'un et l'autre¹ ce qui ne se fait plus présentement; ils sont dignes de toute sorte d'estime et d'amitié; Dieu conserve leur santé, et la pluie d'or de Saint-Malo, et la jeunesse de votre secrétaire! Je m'en vais un peu lui parler.

A MONSIEUR DE COULANGES.

Premièrement, mon cher cousin, pour vous le dire à cœur ouvert à cette heure que nous sommes en liberté, je n'aime point les petites feuilles volantes de madame de Coulanges²; elles me font enrager, je m'y brouille à tout moment; je ne sais plus où j'en suis; ce sont les feuilles de la sibylle : elles s'envolent, et l'on ne peut leur pardonner de retarder et d'interrompre ce que dit mon amie. Mais il ne faut pas lui en parler, car elle est attachée à ces petites feuilles. Je voudrais que vous pussiez aussi vous attacher à son service, c'est une bonne condition que d'être son secrétaire : je m'en trouverais fort bien. Votre écriture m'a fait un plaisir sensible. Je sais toutes les merveilles de l'hôtel de Chaulnes, je suis fâchée de n'en être pas témoin; si j'avais pu changer les arrangements qui font que je suis ici quand ils sont à la place Royale, je l'aurais fait avec plaisir. J'aime et j'honore M. le cardinal de Bouillon; vous le savez louer en vers et en prose : je voudrais que ce qu'il avait imaginé pour le lot de la succession de MADEMOISELLE eût pu réussir. On nous apprend ici les magnificences de votre duchesse de Villeroi; ses habits superbes pour les derniers jours de carnaval; elle est dans le juste point d'aimer toutes ces choses. N'avez-vous pas fait tous les compliments de ce château au

---

¹ Le duc et la duchesse de Chaulnes. (P.)
² Madame de Coulanges écrivait ordinairement sur du petit papier coupé des quatre côtés. (P.)

maréchal et à la maréchale de Villeroi? Je vous en avais prié. Nous recevrons avec une extrême reconnaissance ceux de madame de Louvois; c'est une personne que j'honore en mon particulier; elle est honnête, elle est polie, c'est tout ce que je lui demande. Vous avez eu des temps enragés, et nous aussi : un froid extrême, et de la neige en grand volume, comme vous savez; et puis de la gelée par-dessus; et puis de la neige encore, et du verglas; et enfin, nous avons été cent fois pis qu'à Paris. Je finis, mon aimable; je n'ai point de jolis détails à mettre à leur aise sur ma feuille, je gagnerais beaucoup que le vent emportât cette lettre. C'est à vous à parler. Corbinelli me mande des merveilles de la bonne compagnie d'hommes qu'il trouve chez mademoiselle de L'Enclos; ainsi elle rassemble tout sur ses vieux jours, quoi que dise madame de Coulanges, et les hommes et les femmes; mais quand elle n'aurait présentement que les femmes, elle devrait se consoler de cet arrangement, ayant eu les hommes dans le bel âge pour plaire.

1227. — DE MONSIEUR DE COULANGES
A MADAME DE SÉVIGNÉ.

A Paris, le vendredi 4 mars 1695.

Il a bien paru à la dernière lettre que vous avez reçue de votre amie[1], qu'elle n'avait pas un secrétaire tout à fait à ses commandements. Tout ce que vous me mandez sur le libertinage de ce secrétaire est incomparable et très-vrai. Je ne revins que mercredi matin de chez ma seconde *femme*[2], où j'avais couché deux nuits; et j'en revins pour assister au triomphe du mercredi à l'hôtel de Chaulnes. Le duc et la duchesse font gras les autres jours; mais le mercredi, vendredi et samedi, c'est une bonne chère

---

[1] Madame de Coulanges. (P.)
[2] Madame de Louvois. (P.)

qu'on ne peut assez vous vanter ; leur maître d'hôtel est un homme admirable[1], et qui contribue beaucoup à ce triomphe. Mais faut-il que la compagnie qui s'y trouve soit quelquefois aussi mêlée ? Jugez-en, Madame, par l'échantillon de mercredi dernier : les *divines*, toujours d'un fort bon commerce ; mais madame de La Salle[2] et sa fille de Roussillon[3], madame de Saint-Germain, madame du Bois de La Roche, qui rit plus haut que jamais, et le bon abbé d'Effiat, pour qui principalement la fête se faisait. J'aurais juré d'abord que je me serais contenté de manger pour vivre seulement ; mais la chère se trouva si bonne, si grande et si magnifique, que je l'assaisonnai de toute ma bonne humeur ; je mangeai comme un diable, je bus comme un trou, et je fis convenir madame de La Salle, sa fille madame de Saint-Germain[4], et madame du Bois de La Roche, qu'il n'était rien tel qu'une bonne compagnie, d'un même pays, qui parlait la même langue, et qui était fort aise de se voir rassemblée. Je dis qu'il fallait convenir encore que la moindre personne qui serait survenue à notre dîner nous aurait troublés infiniment ; en sorte qu'elles opinèrent que les maîtres de la maison seraient exacts à ne donner entrée à l'heure de leur dîner qu'à de certaines gens, et que rien n'était si capable de mortifier une bonne compagnie que de la mêler avec une mauvaise. Sur cela, madame de La Salle dit cent jolies choses, plus délicates et plus françaises les unes que les autres ; madame de Saint-Germain y applaudit avec son air de confiance ordinaire, et madame du Bois de La Roche en rit plus haut que jamais. Les cuillers sales redoublèrent dans les plats en même temps, pour servir l'un, et pour servir l'autre ; et

---

[1] Ce maître d'hôtel s'appelait *Honoré*.
[2] Veuve de Louis Caillebot, seigneur de La Salle et de Montpinçon, capitaine lieutenant des gendarmes de la garde. (M.)
[3] Femme de Charles-Balthasar de Clermont-Chate, comte de Roussillon.
[4] Femme de Louis Foucault, marquis de Saint-Germain Beaupré, gouverneur de la Marche. (M.)

ayant par malheur souhaité une vive, madame de Saint-Germain m'en mit une toute des plus belles sur une assiette pour me l'envoyer; mais j'eus beau dire que je ne voulais point de sauce, la propre dame, en assurant que la sauce valait encore mieux que le poisson, l'arrosa à diverses reprises avec sa cuiller, qui sortait toute fraîche de sa belle bouche. Madame de La Salle ne servit jamais qu'avec ses dix doigts; en un mot, je ne vis jamais plus de saleté; et notre bon duc, avec les meilleures intentions du monde, fut encore plus sale que les autres. Voilà, ma belle gouvernante, comme se passa cette fête. Je m'en vais de ce pas dîner encore avec la duchesse de Chaulnes, car le duc n'arrivera que ce soir de Versailles; mais demain le triomphe est destiné au premier président de Bretagne, à son fils, à sa belle-fille, à madame Girardin, à l'évêque de Vannes, à sa sœur madame de Creil, et autres : je suis encore retenu pour en faire les honneurs.

Mademoiselle de Bréval[1] fut mariée mercredi avec M. de Thianges ; et comme M. de Thianges entendit quelques propositions d'aller à l'opéra en attendant le souper, car le mariage se fit le matin, et on dîna chez M. l'archevêque de Paris, il supplia de prendre quelque autre divertissement ; en sorte que toute la noce fut amenée par M. du Maine à l'arsenal, dont on ferma les portes, et où l'on joua au lansquenet jusqu'à ce que l'heure fût venue d'aller souper chez le premier président : les mariés y ont couché jusqu'à aujourd'hui, qu'ils doivent aller demeurer à l'hôtel de Nevers, où ils seront trois mois, c'est-à-dire en attendant qu'ils trouvent une maison qui leur convienne. Madame de Montespan ouvrit hier sa porte, et, couchée dans son lit, elle reçut les compliments de tous ceux qui voulurent lui en aller faire. Voilà ce qui a fait la grande nouvelle de tous ces jours-ci. La duchesse de Villeroi est grosse, et bien

---

[1] Geneviève-Françoise de Harlay, fille de Bonaventure-François de Harlay, marquis de Bréval et de Champvallon, et de Geneviève Fortia. (P.)

triste d'un état qui lui est fort nouveau, pendant que toute sa famille en est dans la dernière joie. Le comte de Sanzei arriva hier; il n'attend que les ordres de madame de Coulanges pour vous faire voir de son écriture; il ne sera tout au plus que quinze jours avec nous, car voilà le tambour qui va battre aux champs. Vous avez su la mort de madame de Montglas : en revanche, la comtesse de Fiesque se porte mieux que jamais; elle a été merveilleuse sur ce mariage de mademoiselle de Bréval, qu'elle a toujours aimée et regardée comme sa fille. Il n'est plus question de l'affaire du cardinal de Bouillon; je l'ai fort vu depuis quelque temps, et il me paraît tout aussi tranquille qu'il le peut être. L'hôtel de Chaulnes avec tous ses triomphes ne laisse pas aussi d'avoir quelquefois des chagrins, parce que le duc et la duchesse en veulent avoir : toutes ces troupes sur les côtes et tous ces officiers pour les commander les embarrassent, lorsqu'ils devraient s'accommoder au temps, passer ici tranquillement leur printemps et leur été entre Chaulnes, Versailles et Paris, et n'aller en Bretagne que pour les états; mais ils étouffent sans vouloir s'ouvrir à leurs amis, et veulent avancer leurs jours à toute force. Le bon duc s'appesantit fort, et il y a raison pour cela; mais en ce monde qui est-ce qui se rend justice?

Voici insensiblement une assez longue lettre; elle est au moins sur les feuilles de nos pères, qui ne s'envoleront point comme celles de votre amie. Elle est partie dès le matin, votre amie, pour le sermon du père Gaillard à Saint-Roch, et de là elle doit aller dîner chez madame de Valentiné. Adieu, ma très-aimable Madame, aimez-moi toujours, et comptez que je vous aime ni plus ni moins que moi-même. La marquise de La Trousse va se remettre dans le commerce; elle a prié madame de Coulanges de la présenter en certaines maisons; elle doit aussi vous écrire. Dites, je vous supplie, mille belles et bonnes choses pour moi à tous les habitants de votre royal château. J'ai bien de l'impatience d'apprendre de bonnes nouvelles de l'adorable Pauline : nous espérons que vous nous en donnerez, indépendamment de celles qui nous pourraient venir d'ailleurs. Nous méritons cette distinction par l'intérêt sincère que nous prenons à tout ce qui la regarde.

1228. — DE MADAME DE COULANGES
A MADAME DE SÉVIGNÉ

A Paris, le 25 mars 1695.

Mes secrétaires me manquent au besoin ; mais quand c'est à vous que j'écris, ma chère amie, mes deux doigts sont toujours disposés à écrire, *ils ne vont plus que pour Climène*. Que dites-vous de ne plus savoir M. le duc de Chaulnes gouverneur de Bretagne ? On ne parle que de ce grand événement : les gens modérés croient que ce duc et cette duchesse se doivent trouver heureux de ce changement ; les autres les croient désespérés ; pour moi, je dis tout ce que l'on veut, et suis très-persuadée qu'il ne faut point juger de la manière de penser de nos amis par la nôtre. C'est cependant un tort que le monde a toujours, et qu'il ne peut pas ne point avoir : il a plus tôt fait de juger par ses dispositions, que d'examiner celles des autres. M. de Chaulnes fait bonne mine ; la duchesse se cache si bien que je ne l'ai point vue : il est vrai qu'il est assez aisé de m'échapper, car je fais naturellement peu de diligence, et j'en fais moins que jamais, dans l'espérance d'avancer toujours dans cette parfaite indifférence, dont vous ne vous apercevrez jamais, ma très-aimable. Au reste, ma santé n'est point du tout bonne ; il est plus question que jamais de me faire aller à Bourbon : il arrivera ce qu'il plaira à Dieu. Quand je songe que dix ou douze ans de plus ou de moins font la différence de cette affaire-là, je ne trouve pas que cela vaille la peine de la traiter si solidement ; peut-être penserai-je tout d'une autre façon quand je me trouverai plus proche de la mort, il faut trancher le mot, ne fût-ce que pour s'y accoutumer.

J'attends de vous un compliment, qui sera bien sincère, sur l'aventure du feu ; cela a paru une occasion digne de m'attirer le monde entier ; mais le monde est bien inutile, je l'ai évité avec assez de soin. Au reste, madame de Villars m'a fait promettre que je vous dirais des choses infinies de sa part, et surtout que j'apprendrais qu'elle ne pardonnera point à M. de Villars de n'avoir point parlé d'elle à madame de Grignan ; cela pourrait bien aller à une séparation, si madame votre fille ne s'y oppose. Comme j'achève ma lettre, voilà un secrétaire qui m'arrive ; il vous apprendra que je viens de recevoir M. de Chaulnes, qui m'a conté tout ce qui s'était passé entre le roi et lui ; mais comme en même temps il m'a dit qu'il vous allait écrire, je ne m'embarquerai point dans un récit, que vous saurez encore mieux par lui-même ; il me paraît tout plein de raison. Madame sa femme m'a envoyé prier qu'elle pût aujourd'hui passer la journée avec moi ; je la plains, puisqu'elle est fâchée : pour moi, qui ne connais point le goût de la représentation, ou, pour mieux dire, qui ne connais que celui du repos quand on n'est plus jeune, je ne me trouverais pas à plaindre à la place de madame de Chaulnes. M. de Mesmes[1] épouse mademoiselle de Brou, à qui on donne trois cent cinquante mille francs en argent, et cinquante mille francs en habits et en pierreries ; on dit aussi que M. de Poissi épouse mademoiselle de Bosmelet[2], qui aura un jour soixante mille livres de rente ; *et de ma pauvre nièce, pas un mot.* M. de Coulanges arriva hier de Saint-Martin, et il est allé aujourd'hui je ne sais où. Le maréchal de Choiseul part dimanche ; il a le commandement de la Bretagne joint aux autres ; comme il a le com-

---

[1] Jean-Antoine de Mesmes, président à mortier au parlement de Paris.
[2] M. de Poissi n'épousa point mademoiselle de Bosmelet ; il se maria, en 1698, avec mademoiselle de Varangeville. (P.)

mandement beau, je suis assez aise qu'il commande loin d'ici ; ce n'est pas que je ne sois une ingrate cette année, car je ne l'ai presque pas vu. Adieu, ma vraie amie, ne me laissez pas oublier à Grignan, et surtout de l'adorable Pauline.

1229. — DE MONSIEUR DE COULANGES
A MADAME DE SÉVIGNÉ.

A Paris, le 15 avril 1695.

Je ne vous ai point écrit depuis la bizarre aventure de notre feu, et il y a un temps infini : je vous en demande mille pardons, ma très-aimable Madame ; mais il faut excuser un homme qui n'est point à lui, et qui a toujours l'esprit bandé, comme je disais autrefois à monsieur votre fils, qui me faisait des reproches. Dès que j'eus pris part à la déconvenue de nos pauvres meubles, je m'en retournai à Versailles, et de là à Pontoise, d'où je ne suis revenu presque que pour m'en aller passer la quinzaine de Pâques à Bâville. Me voici présentement de retour de Bâville ; mais on m'a signifié de me tenir prêt pour aller à Chaulnes vers le 24 ou le 25 du mois, pour y demeurer jusqu'à la Pentecôte. Je ne doute pas qu'en ce temps-là quelqu'un ne mette encore la main sur moi ; et c'est ainsi que mes jours s'en vont insensiblement, et que je profite d'un regain de jeunesse, qui fait que je m'accommode encore du monde, et que le monde s'accommode encore de moi. Je ne sais plus ce qu'est devenue la goutte, je n'en ai point entendu parler depuis l'année passée ; et mes forces, et ma santé, et ma bonne humeur sont revenues de telle sorte que je suis près de croire qu'il y a une très-grosse erreur dans mon baptistaire, et qu'il faut qu'on s'y soit trompé pour le moins de vingt ans ; car assurément à soixante et un ans passés, on n'est point aussi jeune que je le suis. Vous êtes jeune aussi, ma très-aimable : je n'ai jamais vu une écriture plus ferme que la vôtre, ni un style plus délicieux ; vos lettres me font un plaisir sensible; madame de Coulanges a soin de me garder aussi toutes celles que vous lui écrivez, et c'est pour moi une lecture dont je ne me puis lasser.

Vous avez su, et vous avez vu avec un lunette d'approche, tout ce qui s'est passé à l'hôtel de Chaulnes; plus on va en avant, plus tous les zélés serviteurs et amis du duc et de la duchesse trouvent qu'ils sont trop heureux d'être sortis d'intrigue aussi noblement qu'ils ont fait. Enfin, les voilà les plus grands seigneurs de France, les mieux en leurs affaires, et avec le plaisir d'entendre chanter leurs louanges de tous les côtés; car de celui de Bretagne, on apprend qu'ils y ont secouru bien des gens à leurs propres dépens, quand on a mis des règles plus étroites aux états, pour en arrêter les petites douceurs, qui faisaient subsister plusieurs pauvres gentils-hommes et pauvres familles. En vérité, ce sont de bonnes gens que notre duc et notre duchesse; Dieu les conserve! Mais qu'ils se gardent bien par inquiétude de vouloir aller en Guyenne, car s'ils y vont jamais, ils sont perdus. On trouvera bon qu'ils n'y aillent point, et s'ils y vont une fois, on voudra qu'ils y soient toujours; et quelle dépense faudra-t-il qu'ils fassent, et quels esprits auront-ils à gouverner!

Il n'y a pas ici de grandes nouvelles. M. l'archevêque de Reims croyait avoir acheté l'hôtel Colbert; et M. de Beauvilliers, premier tuteur des enfants, et nanti des consentements de l'archevêque de Rouen et de madame de Seignelai, croyait l'avoir vendu; mais ces derniers ayant changé d'avis, ils ont manqué, et à M. de Beauvilliers et à M. de Reims, qui ont eu une conduite sans reproche. Ce sont de ces choses qui font discourir, et dont on parle selon que l'on est dans les intérêts des uns ou des autres. Je vis hier madame de Nevers, tout le matin, et puis je retournai chez elle le soir : c'est pour vous dire que je ne l'ai point abandonnée; mais il est constant qu'on la voit avec cela toujours moins qu'une autre, parce que sa vie et celle de son mari sont toujours des vies très-particulières, et même extraordinaires.

Adieu, ma très-aimable gouvernante, je m'en vais dîner à l'hôtel de Chaulnes, où cette belle duchesse doit venir après dîner. Je ne suis point content de la santé de madame de Coulanges; la voilà dans les remèdes d'Helvétius : Dieu veuille qu'ils fassent mieux que ceux de Saint-Donnat et de Carette. Je n'aime point à la voir courir d'empyrique en empyrique; elle me paraît une personne égarée, qui cherche le bon chemin, et qui ne le peut trouver. Portez-vous toujours bien, ma très-belle; il est constant que je suis plus en repos de vous à Grignan que si vous étiez ici, parce que je sais que vous ne manquez de rien où vous êtes, et que vous y avez tout ce que vous aimez le mieux. Je vois M. de Sévigné tant que je puis; il est toujours mon enfant.

L'incendiaire s'appelait *Beauvais*, une femme de chambre que madame de Coulanges avait depuis peu à la place de la *belle de nuit*. Cette femme de chambre lui déplut dès le lendemain qu'elle fut entrée à son service, elle attira aussi la haine de toute la maison; mais jamais votre amie n'eut la force de s'en défaire, parce qu'elle lui était donnée par une pénitente chérie du père Gaillard.

1230. — DE MADAME DE SÉVIGNÉ
A MONSIEUR DE COULANGES.

A Grignan, le 26 avril 1695.

Quand vous m'écrivez, mon aimable cousin, j'en ai une joie sensible; vos lettres sont agréables comme vous : on les lit avec un plaisir qui se répand partout; on aime à vous entendre, on vous approuve, on vous admire chacun selon le degré de chaleur qu'il a pour vous. Quand vous ne m'écrivez pas, je ne gronde point, je ne boude point, je dis : Mon cousin est dans quelque palais enchanté; mon cousin n'est point à lui; on aura sans doute enlevé mon pauvre cousin, et j'attends avec patience le retour de votre souvenir, sans jamais douter de votre amitié ; car le moyen que vous ne m'aimiez pas ? C'est la première chose que vous avez faite quand vous avez commencé d'ouvrir les yeux ; et c'est moi aussi qui ai commencé la mode de vous aimer et de vous trouver aimable : une amitié si bien conditionnée ne craint point les injures du temps. Il paraît que ce temps, qui fait tant de mal en passant sur la tête des autres, ne vous en fait aucun ; vous ne connaissez plus rien à votre baptistaire ; vous êtes persuadé qu'on a fait une très-grosse erreur à la date de l'année. Le chevalier de Grignan dit qu'on a mis sur le sien tout ce qu'on a ôté du vôtre, et il a raison ; c'est ainsi qu'il faut compter son âge. Pour moi, que rien n'avertit encore du nombre de mes années, je suis quelquefois surprise de ma santé ; je suis guérie de mille petites incommodités que j'avais autrefois ; non-seulement j'avance doucement comme une tortue, mais je suis prête à croire que je vais comme une écrevisse[1] : cependant je fais des efforts pour n'être point la dupe de ces trompeuses apparences, et dans quelques années je vous conseillerai d'en faire autant.

Vous êtes à Chaulnes, mon cher cousin, c'est un lieu très-enchanté, dont M. et madame de Chaulnes vont prendre possession ; vous allez retrouver les enfants de ces petits rossignols que vous avez si joliment chantés ; il doivent redoubler leurs chants en apprenant de vous le bonheur qu'ils auront de voir plus souvent les maîtres de ce beau séjour. J'ai suivi tous les sentiments de ces gouverneurs ; je n'en ai trouvé aucun qui n'ait été en sa place, et qui ne soit venu de la raison et de la générosité la plus parfaite. Ils ont senti les vives douleurs de toute une province qu'ils ont gouvernée et comblée de biens depuis vingt-six ans ; ils ont obéi cependant d'une manière très-noble. Ils ont eu

---

[1] Moins d'un an après elle n'existait plus. (A. G.)

besoin de leur courage pour vaincre la force de l'habitude, qui les avait comme unis à cette Bretagne; présentement ils ont d'autres pensées : ils entrent dans le goût de jouir tranquillement de leurs grandeurs. Je ne trouve rien que d'admirable dans toute cette conduite; je l'ai suivie et sentie avec l'intérêt et l'attention d'une personne qui les aime, et qui les honore du fond du cœur. J'ai mandé à notre duchesse comme M. de Grignan est à Marseille, et dans cette province sans aucune sorte de dégoûts; au contraire, il paraît par les ordres du maréchal de Tourville qu'on l'a ménagé en tout; ce maréchal lui demandera des troupes quand il en aura besoin; et M. de Grignan, comme lieutenant général des armées, commandera les troupes de la marine sous ce maréchal : voilà de quoi il est question; on veut agir quoi qu'il en coûte. Je plains bien mon fils de n'avoir plus la douceur de faire sa cour à nos anciens gouverneurs; il sent cette perte, comme il le doit. Je suis en peine de madame de Coulanges, je m'en vais lui écrire. Recevez les amitiés de tout ce qui est ici, et venez, que je vous baise des deux côtés.

1231. — DE MADAME DE COULANGES A MADAME DE SÉVIGNÉ.

A Paris, le 13 mai 1695.

Je me porte beaucoup mieux; Helvétius[1] ne m'a donné que d'un extrait d'absinthe, qui m'a rétabli, ce me sem-

---

[1] C'était le grand-père de l'auteur de *l'Esprit*. Il vint de Hollande à Paris fort jeune, pour y pratiquer la médecine. Le hasard, et non son mérite (quoiqu'il en eût beaucoup), fit sa fortune. Il traita et guérit un marchand droguiste, qui le paya avec un paquet de la racine du Brésil appelée *ipécacuana*. Après quelques essais dans les hôpitaux, Helvétius lui reconnut la vertu de guérir le flux de sang. Le public apprit bientôt par ses succès que son spécifique était réellement souverain, et avant trente-deux ans les dyssenteries lui avaient valu cent mille écus. Le roi lui acheta son secret mille louis. Ses talents dès lors, mis en évidence, lui firent une grande réputation qu'égala celle de son fils, qui fut aussi un habile médecin. L'un et l'autre ont enrichi leur science d'ouvrages estimés. (A. G.)

ble, mon estomac ; je vous assure, ma très-belle, que je suis bien éloignée d'avoir de l'indifférence pour ma santé, et que je supporte mes maux fort impatiemment : ainsi je ne veux point me parer auprès de vous d'un mérite que je n'ai point. Je crois que si j'eusse imaginé de passer à Grignan le temps d'entre les deux saisons des eaux, je les aurais crues nécessaires pour ma santé ; et je pense que si j'y étais une fois arrivée, j'aurais donné la préférence aux vins de Grignan sur les eaux de Bourbon. Je plains bien M. le chevalier de Grignan, et je suis bien honteuse de me plaindre de mes petits maux, quand j'en vois souffrir de si grands, et avec tant de patience. La pauvre madame de Kerman est bien mal ; nous verrons la fin de sa vie avant celle de sa patience [1].

Mon Dieu ! que je me presse de vous faire des compliments de M. de Tréville [2] : il me gronde tous les jours de l'avoir oublié ; il souhaite votre retour très-sincèrement. Il nous dit avant-hier les plus belles choses du monde sur le quiétisme, c'est-à-dire en nous l'expliquant ; il n'y a jamais eu un esprit si lumineux que le sien. M. Duguet [3], qui n'est pas trop sot, comme vous savez, sur de tels sujets, était transporté de l'entendre. Parlons d'autres choses. Les princesses sont ici, et se divertissent si parfaitement bien, qu'on assure qu'elles n'ont nulle impatience du retour de la cour ; elles se couchent ordinairement vers onze heures ou midi. Langlée donna hier un souper à M. et à madame de Chartres ; madame la princesse, madame la duchesse, qui était la reine de la fête, madame de Montespan, une infinité d'autres dames, dont madame la maréchale et madame la

---

[1] Elle ne mourut qu'en 1707.
[2] Tréville s'était acquis une grande réputation par sa vertu et ses lumières. Élu par l'Académie Française, il ne fut pourtant jamais reçu dans son sein, le roi ayant refusé son approbation à ce choix, à cause des liaisons de Tréville avec les solitaires de Port-Royal.
[3] Le célèbre abbé Duguet, auteur de l'*Institution d'un Prince* et de beaucoup d'autres ouvrages. (P.)

duchesse de Villeroi étaient, M. le duc et tous les princes qui sont ici, s'y trouvèrent. Mais une autre fête, ce fut celle que M. le duc donna il y a deux jours, dans sa petite maison de madame de La Sablière : tous les princes et princesses y étaient. Cette maison est devenue un petit palais de cristal : ne trouvez-vous pas que ce sont les lieux saints aux infidèles [1] ? Madame de Montespan a acheté Petit-Bourg quarante mille écus ; elle le donne après sa mort à M. d'Antin. M. de Sévigné nous quitte après-demain ; il m'assure qu'il vous retrouvera cet hiver à Paris ; cela me fera paraître l'été bien long, malgré la belle saison. M. de Chaulnes reviendra le 17 de ce mois, et notre duchesse ne reviendra qu'après les fêtes. M. de Coulanges me mande que plus il a de printemps, plus il sent le printemps : voilà un grand prodige ; car, sans l'offenser, il a plus de printemps que madame de Brégi. Je vous prie, ma très-aimable, de dire bien des choses de ma part à madame de Grignan, et d'embrasser pour moi bien tendrement la tranquille Pauline : on dit que vous nous l'amènerez toute mariée ; je sens déjà que je ne l'en aimerai pas moins. L'oraison funèbre de M. de Luxembourg sera achevée d'imprimer dans deux jours ; l'on dit qu'on a retranché quelques traits du portrait du prince d'Orange [2]. Madame de Grignan va avoir le plaisir de recevoir des lettres tendres de son mari, et de lui en écrire ; il est bien joli que tous ses sentiments se développent pour lui. Adieu, ma très-chère.

[1] A cause de l'extrême dévotion de madame de La Sablière, à qui cette maison appartenait auparavant. (P.)

[2] La cour commençait à sentir que le prince d'Orange n'était pas un ennemi méprisable, et l'on pensait déjà à la paix, qui se fit deux ans après. Le jésuite La Rue, auteur de cette oraison funèbre, eut ordre de mitiger la guerre de paroles, en attendant mieux. (A. G.)

1232. — DE MADAME DE SÉVIGNÉ
A MONSIEUR DE COULANGES.

A Grignan, le 28 mai 1695.

J'ai reçu vos deux lettres de Chaulnes, mon cher cousin ; nous y avons trouvé des couplets dont nous sommes charmés ; nous les avons chantés avec un plaisir extrême, et plus d'une personne vous le dira ; car il ne faut pas que vous ignoriez le bon goût que nous conservons ici pour ce que vous faites. Vous allez en avant pour la gaieté et pour l'agrément de votre esprit, et en reculant contre le baptistaire ; c'est tout ce qui se peut souhaiter, et c'est ce qui fonde bien naturellement l'envie qu'on a de vous avoir partout. Avec qui n'êtes-vous pas bon ? avec qui ne vous accommodez-vous point ? Et sur le tout, cette conduite de ne vous point jeter à la tête, et de laisser place aux désirs de vous voir ; c'est ce qui fait le ragoût de votre amour-propre. Il faut que la force du proverbe soit bien violente, s'il est bien vrai que vous ne soyez pas prophète en votre pays. Je reçois souvent des nouvelles de madame de Coulanges ; son commerce est fort aimable, et sa santé ne doit plus faire de peur, surtout ayant la ressource que nous devons avoir, que quand elle sera lasse et désabusée des remèdes, c'en sera un très-salutaire que de n'en plus faire.

Mais revenons à Chaulnes ; j'en connais la beauté, et je vois d'ici combien notre bon gouverneur s'y ennuie. Vous avez beau dire les meilleures raisons du monde, il répondra toujours, *je ne saurais*, et si vous continuez, il vous fera taire enfin en disant, *j'en mourrais*. C'est ce qui arrivera sans doute, avant que d'avoir pris le goût du repos et de la douceur d'une vie tranquille ; les habitudes sont trop fortes, et l'agitation attachée au commandement et aux grands rôles a fait de trop profondes traces pour qu'elles s'effacent aisément. J'écrivis à ce duc sur la députation de mon fils, et je badinais avec lui, croyant dire des contre-vérités sur sa solitude de Chaulnes ; je le traitais comme un véritable ermite s'entretenant avec ce beau jet d'eau qu'on appelle *le solitaire.* Je supposais ses repas conformes à cet état, et que les dattes et les fruits sauvages feraient tous ses festins ; je plaignais son maître d'hôtel ; et en disant toutes ces bagatelles, je sentais que j'avais grand besoin de vous, et que l'ânonnement [1] que je connais ferait une étrange pauvreté de toute cette lettre. Vous êtes venu au secours, comme je l'avais pensé ; et vous êtes présentement dans un autre pays, où vous sentez toutes les douceurs de l'amour paternel. Qu'en dites-vous ? vous n'eussiez jamais pensé qu'il eût été si fort, si vous ne l'aviez éprouvé : c'eût été grand dommage que toutes les bonnes instructions que vous avez données aux petits enfants n'eussent point été suivies par quelque enfant de votre imagination. Ce petit comte de Nicei est un chef-d'œuvre [2], et la singularité d'être invisible le met au-dessus des autres. Quel usage vous faites de ce conte, que je n'osais quasi vous rappeler. Le voilà en honneur pour jamais ; rien ne saurait être plus joli que tous ces couplets : nous les chantons avec plaisir. Nous avons eu ici un commencement de printemps admirable ; mais depuis deux jours la pluie, qu'on n'aime point ici, s'est tellement répandue comme en Bretagne et à Paris, qu'on nous accuse d'avoir apporté cette mode ; elle interrompt nos promenades, mais elle ne fait pas taire nos rossignols. Enfin, mon cher cousin, les jours vont trop vite. Nous nous passons du grand bruit et du grand monde ; la compagnie cependant ne vous déplairait pas ; et si jamais un coup de vent vous rejette dans ce *royal* château...... Mais c'est une vision ; il faut espérer de nous

---

[1] M. de Chaulnes lisait aussi mal que M. de Coulanges lisait bien. (P.)

[2] Toute cette plaisanterie est expliquée dans des couplets adressés par M. de Coulanges à madame de Louvois ; elle roule sur un conte qui leur était venu de Provence. (P.)

revoir ailleurs d'une manière plus naturelle et plus vraisemblable : nous avons encore un été à nous écrire.

Le mariage de M. de Lauzun nous a surpris[1] ; je ne l'eusse pas deviné le jour que je vous en écrivis un autre[2] à Lyon : madame de Coulanges s'en souvient encore. Tout le monde vous aime ici, et vous remercie de votre souvenir. Je vous écris imprudemment, sans songer que vous n'êtes plus à Chaulnes, et que dans un autre pays il ne sera plus question de tout ceci. Il faut finir par Pauline : elle chante vos louanges en chantant vos couplets ; elle vous aime toujours, et vous prie de faire tous ses remercîments à madame la duchesse de Villeroi ; on ne peut oublier une jolie amie. Adieu, mon cousin ; vous savez combien je suis à vous.

MADAME DE GRIGNAN.

Tous vos enfants sont charmants ; ceux que l'on voit l'emportent sur ceux qu'on ne voit point, et quelque parfait que puisse être le comte de Nicei, dont vous me paraissez faire votre Benjamin, nous ne saurions croire qu'il soit préférable à ces jolis enfants que vous nous envoyez et que nous chantons avec tant de plaisir. Je ne crois pas qu'il y ait rien de pareil dans tous vos ouvrages à la folie de mettre en œuvre, *le voyez-vous? Non. Ni moi non plus.* Comme l'original de ce conte est provençal, vous me devez un tribut de tout ce que vous composerez sur ce modèle, dont les copies le surpassent de bien loin. Je vois avec plaisir dans vos lettres à ma mère le souvenir qui vous reste de notre *Rocher* ; les épithètes dont vous l'honorez[3], sont des monuments éternels à la gloire des *Adhémars* ; si

---

[1] Avec mademoiselle de Lorges. Ce mariage était un arrangement d'ambition. Avec une grande fortune et de grandes dignités, la manie de Lauzun fut toujours de redevenir favori. Il n'y put jamais réussir. (A. G.)

[2] C'est-à-dire lorsqu'il s'agissait du mariage de M. de Lauzun avec MADEMOISELLE. (P.)

[3] Le *royal* château.

leur château mérite dans votre esprit un rang entre tout ce que vous voyez de châteaux magnifiques, superbes et singuliers, rien ne saurait être pour lui un si grand éloge. Il est plus beau que vous ne l'avez vu ; et si on avait l'espérance de vous y revoir, il n'y aurait plus rien à désirer.

1233. — DE MADAME DE COULANGES
A MADAME DE SÉVIGNÉ.

A Paris, ce 3 juin 1695.

Comment vous portez-vous, ma très-belle ? Je n'ai point reçu de vos nouvelles depuis la lettre que vous m'avez fait écrire par votre joli secrétaire. J'ai peur que vous n'ayez gâté votre belle santé par une médecine. Je vis hier M. de Chaulnes, qui est le parfait courtisan : il a demeuré dix jours à Marly, où il a passé ses journées à jouer aux échecs avec le cardinal d'Estrées ; et sur ce qu'on lui a dit que cela faisait ici une nouvelle, il a répondu qu'il en était surpris, par la raison qu'il y a longtemps qu'ils cherchaient à se donner échec et mat[1]. Une autre nouvelle est que madame de Louvois a cédé Meudon au roi, qui l'a pris pour MONSEIGNEUR, en donnant quatre cent mille francs à madame de Louvois, et la charmante maison de Choisy, qui était la chose du monde qu'elle désirait le plus ; ainsi je crains qu'elle ne puisse plus avoir de désirs[2]. Elle est fort mal contente de M. de Coulanges, qui en arrivant de Chaulnes partit le lendemain pour Pontoise. Quant à moi, je ne me sens plus de goût que pour le repos : on m'a priée d'aller chez le cardinal de Bouillon cette semaine ; cela me paraît comme si l'on me proposait d'aller faire un petit tour à Rome. Je trouve qu'il faut de grandes raisons pour quitter son lit ; c'est la mauvaise santé qui fait penser ainsi :

---

[1] Allusion à la manière dont le cardinal n'avait cessé de traverser les vues du duc de Chaulnes pendant que ce dernier était ambassadeur à Rome. (M.)

[2] *Voyez* les *Mémoires de Dangeau*, tome II ; page 12.

il faut bien le croire ; la mienne est cependant meilleure qu'elle n'a été. Je ne suis point contente de celle de madame de Chaulnes ; elle a un vilain rhume, que je n'aime point. Je crois le marché de Ménilmontant absolument rompu, d'autant que, selon toutes les apparences, le premier président ne le veut plus vendre. Adieu, ma très-aimable ; ne me laissez point oublier à Grignan, je vous en prie, et dites à la belle Pauline de songer quelquefois à ce que je suis pour elle.

1234. — DE MADAME DE SÉVIGNÉ
AU PRÉSIDENT DE MOULCEAU

À Grignan, ce 5 juin 1695.

J'ai dessein, Monsieur, de vous faire un procès : voici comme je m'y prends. Je veux que vous le jugiez vous-même. Il y a plus d'un an que je suis ici avec ma fille, pour qui je n'ai pas changé de goût. Depuis ce temps vous avez entendu parler sans doute du mariage du marquis de Grignan avec mademoiselle de Saint-Amand. Vous l'avez vue assez souvent à Montpellier pour connaître sa personne ; vous avez aussi entendu parler des grands biens de monsieur son père ; vous n'avez point ignoré que ce mariage s'est fait avec un assez grand bruit dans ce château que vous connaissez. Je suppose que vous n'avez point oublié ce temps où commença la véritable estime que nous avons toujours conservée pour vous. Sur cela je mesure vos sentiments par les miens, et je juge que ne vous ayant point oublié, vous ne devez pas aussi nous avoir oubliées.

J'y joins même M. de Grignan, dont les dates sont encore plus anciennes que les nôtres. Je rassemble toutes ces choses, et de tous côtés je me trouve offensée ; je m'en plains à vos amis, je m'en plains à notre cher Corbinelli, confident jaloux et témoin de toute l'estime et l'amitié que nous avons pour vous, et enfin je m'en plains à vous-même, Monsieur. D'où vient ce silence? Est-ce de l'oubli? est-ce une parfaite indifférence? Je ne sais : que voulez-vous que je pense? A quoi ressemble votre conduite? Donnez-y un nom, Monsieur. Voilà le procès en état d'être jugé; jugez-le : je consens que vous soyez juge et partie.

1235 — DE MONSIEUR DE COULANGES
A MESDAMES DE SÉVIGNÉ ET DE GRIGNAN.

A Paris, le 10 juin 1695.

Elle est tombée au beau milieu de Saint-Martin, cette dernière aimable lettre ; et comme elle n'a point été lettre close pour mon charmant cardinal, qui a pris la place et au delà du charmant marquis, elle a donné une ample matière pour parler de la mère et de la fille, et pour reparler de ce royal château, et de la bonne et grande réception qu'on y fit à ce cardinal à son retour de Rome. En parlant de vous, Mesdames, combien de fois vous souhaitâmes-nous à Saint-Martin ! Nous vous fîmes même placer au fond d'une superbe calèche, pour vous en faire voir plus commodément les promenades et toutes les beautés ; mais hélas ! on avait beau demander : *Les voyez-vous?* on disait : *Non ;* et nous répondions tristement : *Ni nous non plus.* Nous vous donnâmes aussi un très-bon souper ; et ce fut dans l'enthousiasme du veau, du bœuf et du mouton, qui se trouvèrent au suprême degré de bonté, que je fis en soupant ce triolet, qui me parut avoir votre approbation :

> Quel veau! quel bœuf! et quel mouton!
> La bonne et tendre compagnie!
> Chantons à jamais sur ce nom :
> Quel veau! quel bœuf! et quel mouton!
> Rôti, soyez exquis et blond,
> Mais mon appétit vous oublie;

> Quel veau! quel bœuf! et quel mouton!
> La bonne et tendre compagnie!

Non, Mesdames, il n'y a point de vie pareille à celle qu'on mène à Saint-Martin; et il faudra bien qu'on vous y voie quelque jour réellement et de fait; je m'y en retourne demain, pour être dimanche à l'arrivée de notre duc et de notre duchesse de Chaulnes, qui y amènent madame de Coulanges et l'abbé Têtu. Il y a un temps infini que le cardinal demande madame de Coulanges; et il y a un temps infini que je désire aussi que madame de Coulanges voie Saint-Martin, et qu'elle me voie à Saint-Martin; car elle m'y trouvera les coudées bien franches, comme on dit, et d'une liberté et d'un air qui lui feront voir combien je suis aimé dans cette maison, et, si j'ose le dire, considéré depuis le galopin jusques au maître. Je ne puis, en vérité, assez me louer du cardinal; il n'y a sorte de sincère amitié qu'il ne me témoigne, et il n'y a sorte encore de confiance qu'il n'ait en moi. Toute sa famille même est devenue comme la mienne; je m'y trouve pêle-mêle en toutes rencontres, et me voilà à la veille d'aller à Évreux, avec la même liberté et les mêmes agréments que je vais à Pontoise; enfin, je vous le puis dire, il n'y a jamais eu une vie plus heureuse que la mienne; Dieu veuille que celle qui viendra après le soit autant! Voilà par où il faut finir l'aveu que je vous fais de mon extrême bonheur.

Pendant que j'étais à Saint-Martin est arrivé cet échange de Meudon contre Choisy, et quatre cent mille francs; c'est ce qui m'a obligé de revenir ici, pour marquer à madame de Louvois l'intérêt sensible que je prends à tout ce qui la regarde. Je l'ai trouvée fort contente et fort satisfaite du beau présent qu'elle a fait au roi. Je fus avant-hier avec elle à Versailles; le roi la reçut chez madame de Maintenon. Sa Majesté la combla de mille honnêtetés; et elle eut la force d'y répondre, en lui disant qu'elle était ravie d'avoir eu en ses mains de quoi lui marquer tout son respect et toute sa reconnaisance ; qu'elle avait toujours regardé Meudon comme une maison qui lui était destinée, et que ce n'était que dans cette vue qu'elle avait pris tant de soin pour le bien entretenir et le lui remettre en bon état toutes fois et quantes il lui plairait ; qu'elle savait les intentions de feu M. de Louvois, à qui, si Dieu avait accordé quelque temps pour s'expliquer, son dessein aurait été d'en faire présent à Sa Majesté. Le roi répondit des merveilles ; elle vit ensuite Monseigneur, qui la remercia d'un si beau présent ; enfin, toute cette scène s'est passée à merveille, et nous voilà maintenant occupés à transporter nos meubles de Meudon à Choisy ; et à bien nous assurer nos quatre cent mille francs, dont il devrait bien revenir quelque petite chose *au petit comte de Nicei* ; mais avec toute la tendresse du monde de madame de Louvois pour moi, les beaux yeux de sa cassette l'éblouiront toujours de telle sorte qu'elle ne verra jamais, *ni moi non plus*, les petits présents qu'elle me pourrait faire ; je l'ai toujours dit, je suis né pour le superflu, et jamais pour le nécessaire ; il s'en faut consoler, et mourir heureux au milieu de l'indigence.

J'ai été ravi, mon adorable Comtesse, des sacrés caractères dont vous m'avez honoré. Je vous remercie de recevoir aussi agréablement que vous m'en assurez tout ce que je dis à madame votre mère de vous et de votre royal château, et je vous prie de continuer ; car je mérite assurément quelque reconnaissance de tous les sentiments tendres et respectueux que j'ai pour vous et pour tout ce qui vous environne. Plût à Dieu qu'un coup de vent me jetât encore vers Donzère ! je sais bien où j'irais. Je ne doute point que ce royal château n'embellisse chaque jour, et que mon goût ne s'y trouvât, en toutes manières, plus satisfait que jamais ; mais il est bien plus vraisemblable qu'un coup de vent vous jettera de ces côtés-ci, et en ce cas-là, je vous ferai voir, quand il vous plaira, mes maisons de Chaulnes, de Saint-Martin et de Choisy, qui ne vous déplairont point. Je m'en vais encore pour huit jours à Saint-Martin, après quoi je m'en reviens à Choisy, pour y arranger, et y cogner et recogner depuis le matin jusqu'au soir. Ce n'est que sous cette promesse que madame de Louvois me laisse partir demain. Des quatre jours qu'il y a que je suis ici, j'ai couché deux nuits chez elle. Enfin, la maison où je suis le moins est celle de madame de Coulanges, qui a bien son mérite aussi. Je suis ravi que vous ayez approuvé tous mes couplets; en voici encore que je vous envoie. Je m'en vais dîner à l'hôtel de Chaulnes; les maîtres y revinrent hier au soir de Versailles. Le duc se flatte toujours qu'il aura le Ménilmontant, et la duchesse y résiste toujours : elle n'est pas bien raisonnable quelquefois, votre amie; pour moi, voilà ce que je chante tout haut, avec cette liberté que Dieu m'a donnée, et en dépit de sa grosse moue. C'est au duc que je m'adresse :

TRIOLET.

> Achetez le Menilmontant,
> C'est le repos de votre vie;
> Avez-vous de l'argent comptant,
> Achetez le Ménilmontant.
> Madame n'en dit pas autant;
> Mais satisfaites votre envie :
> Achetez le Ménilmontant,
> C'est le repos de votre vie.

Je m'en vais voir comme va cette affaire, et boire à votre santé, adorable mère, fille et petite-fille. Voilà M. de Vendôme qui va commander en Catalogne, et M. de Noailles qui revient pour faire achever son portrait par Rigaud. La duchesse de Villeroi, sur nouveaux frais, fait mille et mille compliments à la belle Pauline. Vous ne sauriez croire comme une grossesse de quatre mois et demi sied bien à cette duchesse.

Voilà encore des triolets, enfants de Saint-Martin.

Pour mademoiselle DE BOUILLON, *absente.*

La voyez-vous? Vous dites : Non;
Hélas! j'en dis autant moi-même.
La belle et charmante BOUILLON,
La voyez-vous? Vous dites : Non;
Je ne la vois plus tout de bon,
Celle que j'adore et que j'aime;
La voyez-vous? Vous dites : Non;
Hélas! j'en dis autant moi-même.

Pour mademoiselle D'ALBRET, *présente.*

La voyez-vous? Vous dites : Oui;
D'ALBRET, cette belle princesse;
Car pour moi, j'en suis ébloui,
La voyez-vous? Vous dites : Oui.
Ses yeux, son teint épanoui,
Inspirent certaine tendresse.
La voyez-vous? Vous dites : Oui;
D'ALBRET, cette belle princesse.

Pour mademoiselle DE CHATEAU-THIERRY, *la plus belle et la plus jeune des trois sœurs*[1], *qui est à Port-Royal de Paris, et qui vient rarement à Saint-Martin.*

Jeune et belle CHATEAU-THIERRY,
Vous tiendra-t-on toujours en cage?
Il n'est cœur qui n'en soit marri,
Jeune et belle CHATEAU-THIERRY.
L'Oise, en attendant un mari,
Vous demande sur son rivage.
Jeune et belle CHATEAU-THIERRY,
Vous tiendra-t-on toujours en cage?

Adieu, ma charmante gouvernante, lisez ma lettre avec

---

[1] Ces trois sœurs de la maison de La Tour étaient nièces du cardinal d Bouillon.

les points et les virgules, en récompense des bons tons que je donne aux vôtres.

1236. — DE MADAME DE SÉVIGNÉ
A MONSIEUR DE COULANGES.

A Grignan, le 19 juin 1695.

Je suis fort affligée de cette colique de madame de Coulanges; je lui conseille Carette ou Vichy : il ne faut point laisser prendre possession de nos pauvres machines à des maux si dangereux et si douloureux. Si l'on peut passer d'un discours si triste à une bagatelle que vous avez mandée à Pauline, je vous dirai que nous en avons senti tout le sel; il nous semblait que madame Cornuel était ressuscitée, ou qu'elle l'avait mandée de l'autre monde. Pour moi, j'en ferais un vrai compliment à M. de Poissy[1], si j'avais eu seulement l'honneur de le voir deux fois en ma vie; mais il peut s'assurer de nos admirations secrètes. *Ah, masques, je vous connais!* en voyant entrer de certaines gens annoncées sous de grands noms. Comment cette pensée si naturelle, et qui paraît si simple, ne m'est-elle point venue mille fois, à moi, qui hais mortellement les grands noms sur de petits sujets? J'admire l'humilité de ceux qui veulent bien les porter; ils les refuseraient s'ils avaient l'esprit de faire réflexion à ce que leur coûte l'explication de ces beaux noms; et comme elle tombe tout en outrage sur leurs pauvres petits noms, à quoi l'on ne penserait pas s'ils n'avaient point voulu prendre les plumes du paon, qui leur conviennent si peu. J'espère que ce mot empêchera dans l'avenir ces sortes d'usurpations, et les pourra corriger, comme Molière a corrigé tant de ridicules; Dieu le veuille, et que chacun craigne qu'on ne lui puisse dire : *Masque, je vous connais.* Mon cousin, vous ne dou-

---

[1] Depuis président de Maisons.

tez pas que nous n'ayons reçu avec votre lettre tout l'entêtement qu'il nous a paru que vous aviez de ce mot, que je vous supplie de mettre à la tête de tous ceux que M. du Bellay rassemble. Je voulais vous en dire un de ce pays-ci, mais il ne paraîtrait pas; je vous le garde pour quand nous aurons oublié celui dont il s'agit, c'est-à-dire jamais. Oui, mon enfant, je suis dans cette chambre, dans ce beau cabinet où vous m'avez vue entourée de toutes ces belles vues. M. de Grignan est allé faire un tour vers ces côtes; son absence se fait sentir dans ce château. Nous pensions y avoir M. de Carcassonne : il n'arrivera que dans deux ou trois jours. Si vous écriviez un petit mot à M. l'archevêque d'Arles sur sa résurrection, d'un style d'*alleluia*, il me semble que vous lui feriez plaisir; il est fort sensible à la joie d'être revenu de si loin : il ne s'était jamais trouvé à telle fête. Vous êtes fort aimé de tous les habitants de ce château; vous savez la vie qu'on y fait : quelle bonne chère, quelle société, quelle liberté! Les jours passent trop vite; c'est ce qui me tue de toutes les manières. Si vous allez à Vichi, vous ne sauriez vous dispenser de venir à Grignan. Je suis tentée de vous prier de faire mille très-humbles compliments à madame la maréchale de Villeroi; vous êtes trop heureux d'être si souvent avec cette aimable personne. Pauline trouve que vous l'êtes beaucoup aussi de voir encore madame sa belle-fille; elle a reçu sa lettre avec beaucoup de plaisir; elle vous conjure de la conserver dans l'amitié de cette duchesse, dans la vôtre, et dans celle de madame de Coulanges.

1237. — DE MADAME DE COULANGES
A MADAME DE SÉVIGNÉ.

A Paris, le 20 juin 1695.

Vous jouissez présentement des beautés de la campagne, ma très-belle; le printemps paraît dans tout son triomphe.

Je m'en vais faire un grand excès, car je compte partir dimanche pour aller à Saint-Martin avec M. et madame de Chaulnes, et y passer trois jours ; les plaisirs que j'y espère seront bien troublés par une mauvaise santé : je suis arrivée à un tel excès de délicatesse, que la vue d'un bon dîner me fait malade ; ainsi je suis intimidée, et dans cet état les plus petites choses paraissent considérables. Madame de Louvois alla hier remercier le roi ; il lui donna une audience particulière chez madame de Maintenon ; elle sent plus que jamais la joie d'être défaite de Meudon. Le roi est allé à Trianon, où il demeurera jusqu'au voyage de Fontainebleau. Je crois vous avoir mandé que M. de Montchevreuil marie son fils à la cousine germaine de la maréchale de Lorges, qui est une petite personne que vous avez souvent vue avec elle : on lui donne trois cent quatre-vingt mille livres. C'est vous qui me mandez que M. de Vendôme va commander en Catalogne, et que M. de Noailles en revient malade. Monsieur de Coulanges a toujours plus d'affaires que jamais, et toutes de la même importance ; mais elles sont agréables, quand elles le rendent heureux : c'est de cela qu'il est question. J'ai trouvé les couplets du *Comte de Nicei* fort jolis : c'est un aimable enfant ; aussi rien ne laisse des idées plus agréables que de ne le point voir ; ce petit comte-là parviendra à l'immortalité. J'ai remarqué comme vous, mon amie, le temps de la mort de notre pauvre madame de La Fayette[1]. Madame de Caylus se divertit à merveille chez elle : la cour ne lui parait pas un séjour de plaisir ; elle ne quitte plus madame de Leuville, qui donne tous les jours les plus jolis soupers qu'il est possible. Je ne crois pas le marché de Ménilmontant rompu sans ressources ; et, n'en déplaise à madame de Chaulnes, c'est la plus jolie acquisition que puisse faire M. de Chaulnes. La maréchale d'Humières se retire aux

---

[1] Madame de La Fayette était morte dans les premiers jours de juin 1693.

Carmélites; elle a loué la maison de feu mademoiselle de Porte; elle gouverne entièrement le faubourg Saint-Jacques; et ce qu'il y a de plus étonnant, c'est que le père de La Tour la gouverne [1]. Vous savez que M. de Lauzun a l'appartement de Versailles du maréchal d'Humières; il fait faire pour sa femme un collier de diamants de deux cent mille francs. Adieu, ma chère amie; je souhaite bien plus votre retour que je ne l'espère; je vous prie de dire des choses infinies de ma part à madame de Grignan; parlez à la belle Pauline de ne me point jeter dans la nécessité d'aimer une ingrate. Madame de Mesmes paraît dans un carrosse de mille louis. Lisez un peu dans le *Mercure galant* la genéalogie de Feydeau, et vous verrez qu'il n'y a que cette maison-là de noble et d'illustre dans le monde, et que le feu grand maître [2] s'est trompé quand il a cru ne pas tirer de là tout son éclat.

1238. — DE MONSIEUR DE COULANGES
A MESDAMES DE SÉVIGNÉ ET DE GRIGNAN.

A Paris, le 22 juin 1695.

J'arrivai avant-hier de Saint-Martin, je passai hier tout le jour à Choisy, je m'en vais coucher à Versailles, pour m'en aller demain matin à Évreux avec tous les Bouillon du monde, qui se mettent à m'aimer, à l'exemple du cardinal, et qui veulent aussi m'avoir à leur tour; et puis dites, Mesdames, que votre petit cousin n'est pas un homme fort considéré : ce qui est encore à savoir est que je ne vais point d'un côté qu'on ne crie miséricorde de l'autre; car madame de Louvois était hier dans une si terrible colère de ce que je l'abandonnais encore pour huit ou

---

[1] Sans doute parce que ce père était jésuite, tandis que le faubourg était janséniste. (A. G.)
[2] Le duc du Lude. En 1751 il y avait un Feydeau de Marville, lieutenant de police. C'est cette famille qui a donné son nom au quartier Feydeau à Paris, entre les rues Montmartre et Richelieu, près le boulevard. (G.)

dix jours, et me fit des reproches si tendres, que peu s'en fallut que je ne lui sacrifiasse mon voyage d'Évreux. Mais aussi je lui fis voir des lettres si honnêtes, et si touchantes, et si menaçantes, de M. et de mademoiselle de Bouillon, que madame de Louvois s'y rendit à la fin, à condition qu'à mon retour je ne la quitterais pas d'un moment pour cogner et recogner à Choisy depuis le matin jusqu'au soir. Mais il faudra bien pourtant placer encore une petite partie de Saint-Martin ; car madame de Chaulnes, qui veut se tuer, à quelque prix que ce soit, par tous les tourments qu'elle se donne sans rime ni sans raison, n'a pu y venir la semaine passée, comme elle l'avait résolu avec madame de Coulanges, à qui le cardinal veut faire voir comme je suis le maître dans ce délicieux séjour, et combien, quand j'y suis, il y est peu question de lui. Ce voyage n'est que différé, et mon amour-propre prendra soin de le renouer dès que la santé de la duchesse le permettra. Voilà déjà une grande épine hors de son pied ; car l'affaire de Ménilmontant vient d'échouer une seconde fois : vous jugez bien que les embarras ne viennent que de la part du premier président, qui est un homme difficultueux. Comme je n'ai point vu M. de Chaulnes depuis que je suis ici, parce qu'il a toujours la rage de Versailles, je ne sais point les tenants et les aboutissants de la rupture de ce marché ; mais je les saurai tantôt, car le duc vient dîner à Paris, parce que le roi s'en va à Marly pour neuf jours ; et je me propose d'aller dîner avec lui pour lui dire adieu, et voir un peu comme se porte cette grande duchesse, qui a pour garde, par préférence à toute autre, madame de Saint-Germain avec une quenouille à son côté et le fuseau à la main. Je viens encore de passer les plus aimables jours du monde à Saint-Martin ; M. de Chaulnes nous y est venu voir avec madame de Guénégaud.

Vous demandez, Mesdames, toutes les folies que produiront, *le voyez-vous? Non. Ni moi non plus.* En voici de toutes nouvelles ; mais les dernières, pour ne pas pousser à bout cette plaisanterie, qui en deviendrait mauvaise à la fin. M. le cardinal de Bouillon, pour adoucir la destinée de ses nièces, qui sont dans des couvents, au moins les deux dernières, car l'aînée est à la cour, les mène à Saint-Martin, et se charge plus volontiers encore de mademoiselle d'Albret que de mademoiselle de Château-Thierry ; en sorte que nous appelons la petite d'Albret *Madame de Saint-Martin*, et que c'est elle qui en fait les honneurs ; et même en ce temps-ci elle préfère à Port-Royal de Paris une maison de religieuses de Pontoise, où elle demeure pendant les petits séjours que son oncle est obligé d'aller faire à Versailles et à Marly ; en sorte qu'à l'heure présente elle est dans son couvent de Pontoise, le cardinal étant à Versailles pour s'en aller aujourd'hui à Marly avec Sa Majesté. Mais revenons à nos moutons : M. de Chaulnes s'apprivoisa avec la petite d'Albret ; il la trouva jolie, et ne put même s'empêcher de le lui dire ; en sorte qu'en même temps je m'avisai de lui proposer de la prendre pour sa belle-fille[1] : Plût à Dieu ! dit le cardinal. Plût à Dieu ! dit M. de Chaulnes. Mais, hélas ! voyez-vous ce mari, ce duc de Pecquigny, ce fils unique ? *Non, ni moi non plus* ; et de rire. M. de Chaulnes s'en alla à Paris, et moi je me mis à faire ces couplets, que je lui envoyai le lendemain ; c'est encore sur *l'air de Joconde* :

> La belle d'ALBRET pour certain
> Dans deux jours se marie ;
> Tout se prépare à Saint-Martin
> Pour la cérémonie.
> Elle épouse un joli garçon
> Fait comme une peinture ;
> Le voyez-vous ? Vous dites : Non.
> Ni moi, je vous le jure.

[1] La plaisanterie consiste en ce que le duc de Chaulnes n'avait point d'enfants. (P.)

Il est fils d'un fort grand seigneur,
 Homme de conséquence,
Trois fois à Rome ambassadeur,
 Et duc et pair de France.
Son épouse dans Trianon
 Fera bonne figure;
Le voyez-vous? Vous dites : Non.
 Ni moi, je vous le jure.

Le petit comte de Nicé,
 Qui bien loin d'être bête,
Pour son âge est fort avancé,
 Doit venir à la fête.
Il y brillera, ce dit-on,
 D'une riche parure;
Le voyez-vous? Vous dites : Non.
 Ni moi, je vous le jure.

On dit déjà que dans un an
 La nouvelle duchesse
Pourra nous donner un enfant
 Digne de sa noblesse.
Qu'il sera joli, ce poupon!
 L'aimable créature!
Le verrez-vous? Je crois que non.
 Ni moi, je vous le jure.

Que Chaulnes sera satisfait
 De voir sa belle-fille
D'un rejeton aussi parfait
 Augmenter sa famille!
Mais tout ceci n'est que chanson
 Et que pure chimère;
Nous ne voyons rien tout de bon,
 Et je m'en désespère.

Eh bien! qu'en dites-vous? Voilà la plaisanterie finie par ces couplets; au moins je vous le répète encore. J'ai retrouvé ici madame de Coulanges avec une fort jolie santé; elle est même engraissée, ce qui est un très-bon signe. Je ne vous dirai pas beaucoup de nouvelles publiques, car je n'en sais point. La maréchale de Créqui a pensé mourir;

mais elle est hors d'affaire. Adieu, Mesdames, adieu, mère et fille adorables; adieu, belle Pauline. Je suis ravi, comme vous pouvez croire, que M. de Grignan ait été traité avec toutes les distinctions qu'il mérite; mais serait-il vrai que la flotte ennemie fût devant Marseille avec quelque intention de le bombarder ? Quelle éternelle et malheureuse guerre ! Les poëtes satiriques ne finissent point ici sur les chansons et sur les épigrammes ; mais je ne me charge de rien de tout cela ; je me flatte au moins qu'il vous en vient quelque chose par des voies détournées. Adieu encore une fois. Voici la deuxième lettre que je vous écris depuis celle que j'ai reçue de vous.

1239. — DE MADAME DE COULANGES
A MADAME DE SÉVIGNÉ.

A Paris, le 24 juin 1693.

Madame de Louvois n'avait point attendu l'approbation du monde pour désirer Choisy : ç'a été la seule maison qu'elle ait souhaitée. Le roi et elle ont fait un très-bon marché; ils en paraissent fort contents aussi. Cela se passe de part et d'autre avec des honnêtetés que l'on voit quelquefois entre les particuliers, mais que l'on éprouve rarement avec son maître. Le roi est à Marly pour neuf jours ; la duchesse du Lude est de ce grand voyage; et, pour comble de bonheur, elle mène et remène demain madame de Maintenon de Pontoise, où cette dernière va voir une fille de Saint-Cyr. Le roi donna une fête lundi dernier à Trianon au roi et à la reine d'Angleterre; il y eut un opéra [1], où le roi alla; madame de Maintenon n'y parut point du tout. Il est grand bruit de la faveur de M. de La Rochefoucauld; on prétend qu'il s'est rendu maître de l'esprit de MONSEIGNEUR, et qu'il se sert de son crédit tout comme le roi le peut dési-

---

[1] On y joua l'opéra d'*Acis et Galathée*, dont les paroles sont de Campistron. (*Journal de Dangeau*, 20 juin 1693.)

rer. Sa Majesté mena, il y a quelques jours, madame de Maintenon, suivie de ses dames, souper dans une maison de campagne de ce nouveau favori, qui se nomme *La Selle*[1]; et je vous le dis ainsi, pour ne point vous dire qu'il les mena à la selle. Il doit aller (*le roi*) un de ces jours à l'Étang chez M. de Barbesieux, afin d'avoir l'air de partager ses faveurs; une autre grande nouvelle : les princesses ont mené dîner et souper à Trianon avec le roi la comtesse de La Chaise, les marquises de La Chaise et de La Luzerne; je crois que cette distinction les a fort touchées, car jusque-là elles n'en avaient eu qu'au salut. M. de Coulanges arriva avant-hier de Saint-Martin; il fut tout de suite à Choisy, le lendemain à Versailles, et part enfin aujourd'hui pour Évreux avec M. de Bouillon; je lui propose de ne plus tant perdre de temps en chemin, et de se mettre tout d'un coup dans une escarpolette, qui le jettera tantôt d'un côté, tantôt de l'autre, afin de ne pas mettre au moins les pieds à terre.

J'attends aujourd'hui une compagnie qui ne vous déplairait pas, ma très-belle; c'est M. de Tréville, qui vient lire à deux ou trois personnes un ouvrage qu'il a composé; c'est un précis des Pères, qu'on dit être la plus belle chose qui ait jamais été. Cet ouvrage ne verra jamais le jour, et ne sera lu que cette fois seulement de tout ce qui sera chez moi[2]; je suis la seule indigne de l'entendre; c'est un secret que je vous confie au moins.

> . . . . . N'abusez pas, prince, de mon secret.
> Au milieu de ma lettre il m'échappe à regret;

---

[1] « Le roi, sur les cinq heures, monta en carrosse, et alla avec les dames « se promener à La Selle, maison auprès de Marly, qui est à M. de La Ro« chefoucauld : il donna une collation magnifique. Fort peu de courtisans « suivirent le roi, qui voulait être là en particulier. » (*Journal manuscrit de Dangeau*, dimanche 19 juin 1695.)

[2] M. de Tréville avait la confiance de Port-Royal; Nicole, Sacy, Arnauld, le consultaient et suivaient ses conseils. Mais sa qualité de laïc l'empêcha de jamais rien publier sur les matières ecclésiastiques. C'est ce qu'il faut

mais enfin il m'échappe. M. de Bagnols est parti pour l'armée; et ma sœur sera, je crois, bientôt de retour; cependant elle ne me parle point encore du jour de son départ. Avez-vous bien chaud à Grignan, ma très-belle? Je me souviens d'y avoir été par un temps pareil à celui-ci. L'affaire du Ménilmontant paraît tout à fait rompue; cependant j'ai dans la tête qu'elle se raccommodera. Adieu, ma chère amie.

1240. — DE MADAME DE SÉVIGNÉ AU PRÉSIDENT DE MOULCEAU.

A Grignan, ce 29 juin 1695.

C'est bien gagner son procès, Monsieur, que de le perdre comme vous faites. Je ne puis m'empêcher de vous dire, malgré le dessein que je vois que vous avez de rompre tout commerce avec le monde, que votre style, que nous avons reconnu et retrouvé avec les mêmes agréments, nous a fait une sorte de plaisir que nous n'avions pas senti depuis votre silence. Nous avons lu et relu plusieurs fois votre lettre, ma fille et moi; elle est délicieuse, et vous n'avez peut-être pas senti ce qu'elle vaut. Que vous êtes heureux, Monsieur, de conserver cette sorte d'esprit avec le sérieux et la solidité de la dévotion! elle vous fait faire des réflexions très-bien placées sur ces deux topiques que vous avez vus depuis peu si près de vous, et je ne sais comme notre ami Corbinelli a pu résister à vos lettres. C'est dommage qu'une morale accommodée au style que vous avez avec lui eût été perdue; cette perte ne vous serait pas arrivée avec nous; et comme l'appétit vient en mangeant, il nous a pris une si grande envie d'avoir encore une fois l'honneur et le plaisir de vous revoir dans ce château, que ma fille ne comprend pas qu'ayant de la santé, vous n'ayez point eu la

---

entendre par la discrétion que madame de Coulanges recommande ici à madame de Sévigné.

pensée de nous venir voir, et que même vous ne puissiez y venir encore cet automne. J'ai beau lui représenter que nous n'en sommes pas là, et que sans moi vous seriez encore dans votre léthargie; il n'importe, elle veut que je hasarde de vous en faire la proposition. En vérité, si vous jugiez du plaisir que vous nous feriez par celui que nous a donné votre lettre, je crois en conscience que vous ne pourriez pas nous résister. Je vais parler de vous, Monsieur, à notre *ami*. Il me répondra; je serai obligée de vous faire savoir sa réponse; peut-être qu'il se trouvera encore quelque autre occasion de vous dire un mot; enfin, je n'oublierai ni raison ni prétexte pour vous faire dire encore quelques mots, et pour vous dire encore, Monsieur, que jamais votre mérite et votre esprit n'ont fait de plus profondes traces dans aucun cerveau, que dans celui de vos très-humbles servantes.

1241. — DE MADAME DE COULANGES
A MADAME DE SÉVIGNÉ.

A Paris, le 8 juillet 1695.

Je puis répondre pour M. de Tréville qu'il aurait été ravi que vous eussiez augmenté la bonne compagnie qui l'entendit, et je suis assurée, ma chère amie, que vous auriez été contente de votre journée; mais vous nous regardez du haut en bas de votre château de Grignan, et je m'amuse à vous désirer toujours sans m'en pouvoir empêcher. On est fort alerte ici sur le grand événement du siége de Namur; car c'est tout de bon, et apparemment ce siége sera meurtrier; vous savez que le maréchal de Boufflers s'est jeté dedans avec six régiments de dragons à pied, et celui du roi à cheval; ainsi le pauvre Sanzei est dans Namur tout comme un grand homme. M. le maréchal de Boufflers a la fièvre double-tierce, mais il aura bien d'autres affaires qu'à l'écouter. Le maréchal de Lorges est hors de danger. Tout retentit ici des louanges du maréchal de Villeroi : il n'y a guère de jour que le roi n'en parle avec éloge, et tous les guerriers qui composent son armée n'écrivent ici que pour chanter ses louanges. Je crois qu'à la fin M. le duc de Chaulnes va acheter Puteaux, qui est une maison près du pont de Neuilly, située sur le bord de la rivière; il y a de quoi faire des merveilles, et il les fera, car il a une extrême envie d'une maison de campagne. Le roi va à Marly pour quinze jours; si la duchesse du Lude est de ce voyage, ce sera pour la troisième fois de suite. Ces distinctions charment quand on est en ces pays-là ; heureux qui peut voir cela du point de vue où il faut l'envisager! Je n'ai point vu la lettre du père Quesnel[1]; on dit qu'il la désavoue, et il ne saurait mieux faire. Vous savez, ma très-belle, que M. de La Trappe (*l'abbé de Rancé*) a remis son abbaye entre les mains de dom Zozime, supérieur de sa maison, avec la permission du roi, et qu'il va se trouver simple religieux : cette fin est bien digne de lui, et couronne parfaitement une si belle vie. Pour l'oraison funèbre du père de La Rue, on n'en parle non plus présentement que de celle que l'on fit pour la reine mère. On ne sait pas qu'il y ait eu un M. de Luxembourg dans le monde; est bien fou qui compte sur la gloire qui suit la mort : ce n'est en vérité pas de cela qu'il faut être occupé dans cette vie; mais les hommes auront toujours leurs erreurs, et les chériront.

— M. de Coulanges arriva avant-hier au soir ici plus charmé de M. de Bouillon, de mesdemoiselles de Bouillon et de Navarre que de tous ses anciens amis; il partit hier pour Choisy, où il sera jusqu'à ce que notre voyage de Saint-Martin s'accomplisse; je ne me sens pour ces sortes de parties que la force du projet, l'exécution est fort au-dessus de moi. Ma sœur monte dimanche sur *l'hippogriffe*, et

---

[1] Le célèbre Arnauld était mort en Flandre en 1694. Il avait reçu les sacrements de la main du père Quesnel. La letttre dont il s'agit était apparemment relative à cet événement. (A. G.)

arrive lundi à Paris. M. de Bagnols¹ ne perd pas de vue le maréchal de Villeroi; cela me fait craindre pour sa vie. M. de Reims a acheté la maison d'Erval deux cent vingt-un mille livres. Adieu, ma très-aimable; n'oubliez pas de m'aimer, je vous en conjure, et ne me laissez point oublier dans le lieu que vous habitez; mandez-moi si la charmante Pauline aura été bien contente du portrait mystérieux que vous lui avez donné. Madame de Caylus me vint voir hier plus jolie qu'un ange; elle me demanda en grâce de venir voir l'arrangement de sa maison; j'aurai plus de peine à rendre cette visite que je n'en montrerai : ce que je sens là-dessus ne peut être confié qu'à vous, ma chère amie.

1242. — DE LA MÊME A LA MÊME.

A Paris, ce 29 juillet 1695.

Il n'est plus question, ma chère amie, ni de M. Arnauld ni du père Quesnel; toutes les pensées sont tournées du côté de Namur. Ces derniers tués ont jeté une consternation qui ne laisse plus de joie ici. Madame de Morstein est inconsolable². La bonne chancelière³ pleure amèrement son petit-fils de Vieuxbourg; et madame de Maulevrier⁴ renvoie bien loin tous les gens qui lui veulent parler de consolation, jusqu'au père Bourdaloue. On ne sait point de nouvelles du comte d'Albert, sinon qu'on le croit trépané ; et depuis cela pas un mot; M. et madame de Chaulnes en sont dans une extrême inquiétude. Vous savez que M. le prince de Conti a la petite vérole; elle est sortie avec abondance, et commence à suppurer sans aucun accident ; ainsi

---

¹ Intendant de l'armée de Flandre. (P.)

² Son mari, colonel du régiment du Haynaut, avait été tué dans Namur, le 18 juillet 1695.

³ Anne-Françoise de Loménie, femme de Louis Boucherat, chancelier de France. (P.)

⁴ Son fils aîné venait d'être tué à Namur.

on espère qu'il s'en tirera heureusement. On fait des détachements de tous côtés pour envoyer au secours de Namur. Sanzei est dans la place; il n'y a que sa mère qui soit plus à plaindre que lui. Madame la duchesse du Lude, qui est de retour de Versailles, m'a conté qu'elle avait mené ma petite nièce de La Chaise dîner à Trianon avec le roi; Sa Majesté et Monseigneur ne parlèrent que de l'agrément de cette petite personne, et de son peu d'embarras; pour moi, je crois qu'elle confesserait[1] fort bien le roi. M. le premier président (*de Harlay*) a eu une manière d'apoplexie; on l'a saigné quatre fois : sa bouche est demeurée un peu tournée; il doit partir incessamment pour Bourbon. Voilà une épigramme que l'on a faite sur son mal :

> Ne le saignez pas tant; l'émétique est meilleur;
> Purgez, purgez, purgez, le mal est dans l'*humeur*.

Je crois que je ferais bien de prendre le même chemin que ce magistrat, car mon estomac ne se rétablit point du tout : au reste, ma très-belle, j'ai consulté si l'on pouvait prendre du café deux heures après la germandrée : on en peut prendre en toute sûreté, et même ils s'accordent fort bien ensemble. Adieu, ma très-aimable : je ne vous en dirai pas davantage pour aujourd'hui; je vous supplie seulement de faire mes compliments à *tutti quanti*, et surtout de vous faire la violence d'embrasser pour moi bien tendrement la charmante Pauline. Ma sœur[2] vous rend mille grâces de l'honneur de votre souvenir, elle en a été fort touchée; elle est à Versailles pour quelques jours.

1243. — DE MADAME DE SÉVIGNÉ A M. DE COULANGES.

A Crignan, ce 6 août 1695.

Je ne vous écrirai qu'une très-petite méchante lettre

---

[1] Allusion au père de La Chaise, confesseur du roi. (P.)
[2] Madame du Gué-Bagnols. (P.)

mon aimable, pour vous remercier de la vôtre qui nous a fait un très-grand plaisir. Je ne changerai point d'avis sur l'estime que j'ai pour les détails, tant que vous me ferez lire les vôtres. Nous sommes charmés de Navarre[1]; la situation, le bâtiment, comme celui de Marly, que je n'ai jamais vu, la bonne compagnie, tout cela me persuade que cette maison doit être du rang des vôtres : pour Choisy, il est fait exprès pour vous : vos couplets instruisent fort bien les passants de la noblesse de son origine et de sa destinée; mais vous méritez d'être exalté jusqu'aux nues pour le couplet, où vous vous humiliez jusqu'au pied du mont *avec le cocher de Verthamont*[2]; tout homme qui veut bien se mettre dans ce limon jusqu'au cou, et qui croasse de si jolis couplets mérite la place que lui donne M. Tambonneau. Ce couplet est au rang des meilleurs que vous ayez jamais faits; c'est cette Comtesse dont vous demandez toujours l'approbation qui vous conjure de l'en croire; il est joli, il surprend : enfin, mon enfant, croassez toujours, et faites-nous-en part.

Mais, mon Dieu, que de sang répandu à Namur! que de pleurs! que de veuves et de mères affligées! Et l'on est assez barbare pour trouver que ce n'est point encore assez, et l'on voudrait que le maréchal de Villeroi eût encore battu, tué et massacré ce pauvre M. de Vaudemont[3]! Quelle rage! Je suis en peine de votre neveu de Sanzei; je plains sa mère : on dit qu'elle vient attendre de plus près la fin de ce siége. Il nous paraît d'une fureur digne du maréchal (*de Boufflers*) qui le défend; toutes les occasions sont des batailles. Notre Allemagne est assez paisible; c'est elle qui fait nos principales inquiétudes[4]. Adieu, mon cher cousin;

---

[1] Château près d'Évreux, qui appartenait au duc de Bouillon. (P.)
[2] Cocher fameux, qui faisait toutes les chansons du Pont-Neuf. (P.)
[3] M. de Vaudemont fit une retraite très-belle devant le maréchal de Villeroi, qui avait perdu du temps. On ne pouvait rien attendre de mieux d'un homme aussi médiocre que Villeroi.
[4] A cause du marquis de Grignan, qui était à l'armée d'Allemagne.

ne vous avais-je pas promis que ma lettre serait bien plate? On a quelquefois des chagrins, et l'on sait pourquoi : j'en parle à madame de Coulanges. Je vous fais les amitiés de ma fille; vous l'avez parfaitement divertie par vos chansons et votre causerie, car votre lettre est une vraie conversation. J'ai arrosé tous les appartements de vos souvenirs; ils ont été reçus et rendus avec empressement. Je vous embrasse, mon aimable cousin, et je vous exhorte à vivre toujours délicieusement en l'honneur de la polygamie [1], qui, au lieu d'être un cas pendable pour vous, fait tout le bonheur et le plaisir de votre vie.

1244. — DE MADAME DE COULANGES
A MADAME DE SÉVIGNÉ.

A Paris, le 12 août 1695.

La mort de M. de Paris [2], ma très-belle, vous aura infailliblement surprise; il n'y en eut jamais de si prompte. Madame de Lesdiguières a été présente à ce spectacle; on assure qu'elle est médiocrement affligée. L'on ne parle point encore du successeur; mais bien des gens croient que ce sera M. de Cambrai (*Fénelon*), et ce sera certainement un bon choix; d'autres disent M. le cardinal de Janson. Nous saurons lundi ce grand événement; la chose mérite bien qu'on y pense. Il s'agit maintenant de trouver quelqu'un qui se charge de l'oraison funèbre du mort : on prétend qu'il n'y a que deux petites bagatelles qui rendent cet ouvrage difficile, c'est la vie [3] et la mort.

On vous aura sans doute envoyé les articles de la ca-

---

[1] Plaisanterie au sujet de madame de Louvois, que M. de Coulanges nommait sa *seconde femme*. (P.)

[2] François de Harlay de Champvallon, archevêque de Paris, mort à Conflans, près de Paris, d'une attaque d'apoplexie, le 6 août 1695, à l'âge de soixante-dix ans. Il ne put même recevoir ses sacrements. (P.)

[3] Cette oraison funèbre fut faite par le père Gaillard, qui ne s'en chargea qu'à condition de très-peu parler du mort. (M.

pitulation de Namur : vous aurez vu qu'on fait la guerre fort poliment, et qu'on se tue avec beaucoup d'honnêteté. Nous bombardons Bruxelles à l'heure qu'il est; les chansons, les madrigaux, les bons mots pleuvent sur le maréchal de Villeroi, qui peut-être n'a aucun tort [1]; c'est le malheur des places. Heureux qui n'en a point; mais peu de gens sentent ce bonheur-là. La comtesse de Gramont est de retour; je la vis hier si fatiguée des eaux de Bourbon, qu'elle me confirma plus que jamais dans ma paresse; elle est revenue dans une litière, et elle dit qu'elle aimerait mieux être revenue à pied. Le roi doit aller samedi à Meudon pour deux jours; les distinctions vont rouler présentement sur Meudon, et point sur Marly : tout y a été cette semaine, jusqu'à M. de Buzenval et M. de Saint-Germain. Comme je me sens incapable de prendre la résolution d'aller à Bourbon, je m'en vais essayer à Paris des eaux de Forges; cela s'appelle aller du chaud au froid. Depuis que madame de Fontevrauld [2] est ici, Saint-Joseph, où elle est presque toujours, est le rendez-vous du beau monde, mais non pas de la galanterie. Adieu, ma très-aimable. Tous les marchés de M. de Chaulnes sont rompus; madame de Chaulnes se console de tout avec madame de Saint-Germain; elle ne se peut passer d'elle, et cela apprend à se passer de madame de Chaulnes.

1245 — DE LA MÊME. A LA MÊME.

A Paris, le 2 septembre 1695.

Hélas! mon amie, il n'est non plus question de M. l'archevêque, que s'il n'avait jamais été; on a dit bien du

---

[1] Le roi pendant qu'il perdait Namur fit bombarder Bruxelles. Vengeance inutile, dit Voltaire, qu'il prenait sur le roi d'Espagne, de ses villes bombardées par les Anglais. On jeta cinq mille bombes sur la ville, et plus de deux mille maisons furent brûlées.

[2] Sœur de madame de Montespan. (P.)

mal de lui après sa mort : on a parlé du successeur [1] ; et depuis qu'il est nommé, on ne parle plus ni de l'un ni de l'autre : ceci est un tourbillon qui ne permet pas les réflexions. Tout le monde était fou hier à Paris ; on ne voyait que des femmes désespérées ; les unes couraient les rues, les autres se faisaient enfermer dans les églises ; on entendait : Je n'ai plus de mari, je n'ai plus de fils ! d'autres ne disaient pas ce qu'elles n'avaient plus, mais elles ne s'en désespéraient pas moins. La comtesse de Fiesque disait que la bataille était donnée, et par conséquent gagnée ; elle ajoutait que le prince d'Orange était prisonnier. Je me trouvai le soir chez madame de Kerman, où était madame de Sully, la duchesse du Lude, madame de Chaulnes, et une douzaine d'autres femmes, dont était la comtesse de Fiesque ; quand elles eurent bien discouru, j'entrepris de leur remettre l'esprit (chose bien difficile) par un petit raisonnement, qui concluait qu'il n'y aurait point de bataille : elles se moquaient toutes de moi. Aujourd'hui que l'événement justifie mes raisons, elles croient que d'ici je conduis l'armée ; on ne parle que de ma pénétration ; sur cela, je conclus qu'on ne sait presque jamais pourquoi on loue ni pourquoi on blâme. J'étais hier folle, et aujourd'hui je suis la plus habile personne du monde ; et la vérité est que je ne suis ni folle ni habile, mais que par un courrier qui était arrivé on avait appris qu'il était impossible de donner une bataille sans hasarder toute l'armée. M. de Conti l'a mandé au roi, aussi bien que M. le duc du Maine et tout ce qu'il y a de principal dans l'armée.

M. de Coulanges est toujours à Navarre ; il me prie par toutes ses lettres de vous dire des choses infinies de sa part. Le roi doit partir le 24 de ce mois pour aller à Fontainebleau. M. et madame de Chaulnes partent incessamment pour Chaulnes, et le bruit court que je vais avec eux. Je prends des eaux de Forges, dont je me trouve assez bien.

[1] Louis-Antoine de Noailles, évêque de Châlons, depuis cardinal. (P.)

Je suis ravie que la santé de madame de Grignan soit bonne; je m'en réjouis avec vous et avec elle. Faites-vous la violence d'embrasser la charmante Pauline pour l'amour de moi; je vous en conjure, ma très-aimable.

1246. — DE LA MÊME A LA MÊME.

A Paris, ce 9 septembre 1695.

Que d'événements, Madame! que de discours! que de chansons! que d'épigrammes! que de dignités! Le maréchal de Boufflers est duc; vous le savez déjà. Le même courrier qui a apporté la réduction de Namur lui a été renvoyé pour lui apprendre que le roi le faisait duc, et lui dire en même temps qu'il pouvait prendre le chemin de la cour; quand il s'est trouvé pressé par sa reconnaissance de venir remercier le roi, le prince d'Orange lui a dit qu'il le faisait son prisonnier: on prétend qu'il a pris cette conduite sur celle que nous avons eue à Dixmude. Il a bien voulu cependant le laisser revenir à la cour sur sa parole; mais le maréchal a cru devoir attendre les ordres du roi[1]. La maréchale de Boufflers est transportée de joie de sa nouvelle dignité, et ne sait point encore ce malheur, qui, selon les apparences, ne sera pas long. Revenons aux épigrammes: le maréchal de Villeroi en est chamarré; il a pourtant la consolation de savoir que le roi est persuadé qu'il n'a aucun tort: et je sais bien ce que je dis. Mais le monde veut juger de ce qu'il ignore; et comme on juge par l'opinion des autres, on est assez fou pour se croire malheureux malgré sa bonne conduite. Le roi va aujourd'hui à Marly pour dix jours.

[1] L'acte du prince d'Orange était injuste, car la garnison de Dixmude n'avait été admise à capituler que sous la condition de rester prisonnière. Quoi qu'il en soit, M. de Boufflers ne fut rendu à la liberté qu'en échange de cette garnison; quelque affectation qu'ait mise Louis XIV à récompenser ce général, sa défense de Namur a été critiquée, et avec raison, par Feuquières.

M. et madame de Chaulnes partiront dans peu pour Chaulnes, et moi avec eux : que dites-vous de cette résolution? Ne me trouvez-vous pas grande femme tout à fait? M. de Coulanges est toujours à Évreux; madame de Louvois le boude; mademoiselle de Bouillon l'aime de passion, et le retient malgré lui; moi, je lui écris régulièrement et lui mande toutes les nouvelles : à qui donnerez-vous la préférence? Les passions sont horribles; je ne les ai jamais tant haïes que depuis qu'elles ne sont plus à mon usage : cela est heureux. Notre dragon [1] est sorti tout couvert de gloire, et tout nourri de cheval; il a écrit une très-plaisante lettre à sa sœur. Dans toutes les relations il a été nommé au roi avec distinction; et pour dire plus, c'est de madame de Montchevreuil que je le sais. Vous jugez bien, ma très-aimable, de la joie de madame de Sanzei, qui sait à cette heure que son fils se porte bien; songez que de douze mille hommes qu'ils étaient dans Namur, il n'en est resté que trois mille trois cents. J'oubliais de vous dire que c'est M. de Guiscard [2] qui est venu apprendre à la cour que le maréchal de Boufflers est prisonnier. Madame de Sully a la même maladie que madame de Grignan : elle prend des eaux de Forges, dont elle se trouve à merveille; mais Forges est un peu trop loin de Grignan, il faudrait s'en approcher, mon amie. Je pardonne à madame de Sully cette maladie; mais madame de Grignan est trop avancée pour son âge. On prétend que de toutes les façons d'être malade, c'est la moins fâcheuse. Je vous demande toujours des nouvelles de madame de Grignan, dont je suis très-sincèrement en peine. Ne me laissez point oublier dans le château que vous habitez, et baisez pour l'amour de moi la charmante Pauline; vous m'avouerez que j'exige des choses bien difficiles de votre amitié.

---

[1] M. de Sanzei, neveu de M. de Coulanges. (P.)
[2] Louis de Guiscard, gouverneur de Sedan et de Namur.

1247. — DE LA MÊME A LA MÊME.

A Paris, le 15 septembre 1695.

Ce n'est que pour marquer la cadence que je vous écris aujourd'hui, Madame, car je n'ai point reçu de vos lettres cette semaine, et je suis toute honteuse de n'avoir pas de grands événements à vous mander; depuis quelque temps ils ne nous ont pas manqué. De vous dire que le roi est à Marly depuis huit jours, voilà une belle affaire; la duchesse du Lude y est; le roi en revient demain, et doit partir jeudi 22 de ce mois pour aller à Fontainebleau; une assez grande nouvelle, c'est que je crois que j'irai dimanche à Versailles pour deux ou trois jours. Il sera question incessamment du voyage de Chaulnes. J'espère encore que j'en serai; mais j'ai une santé qui se dérange si aisément, que je n'ose plus faire de projets. M. de Coulanges doit revenir aujourd'hui d'Évreux pour rompre avec madame de Louvois, et aller à Chaulnes. Encore faut-il bien vous apprendre, mon amie, que c'est le père Gaillard qui ne doit point faire l'oraison funèbre de feu M. l'archevêque (*de Paris*). Voici ce que je veux dire : M. le premier président et le père de La Chaise se sont adressés au père Gaillard pour ce grand ouvrage; le père Gaillard a répondu qu'il y trouvait de grandes difficultés : il a imaginé de faire un sermon sur la mort au milieu de la cérémonie, de tourner tout en morale, d'éviter les louanges et la satire, qui sont deux écueils bien dangereux. Tout le prélude des oraisons funèbres n'y sera point; il se jettera sur les auditeurs pour les exhorter; il parlera de la surprise de la mort, peu du mort; et puis Dieu vous conduise à la vie éternelle.

Adieu, ma belle amie; ne me laissez jamais oublier à Grignan, je vous en conjure, et surtout de la charmante Pauline. Je crois que M. de Chaulnes va acheter Villefit de M. de Fieubet, dont madame de Chaulnes paraît peu contente. Le confesseur extraordinaire [1] de madame de Grignan me doit demain lire l'oraison funèbre qu'il a faite de ce saint homme.

1248. — DE MADAME DE SÉVIGNÉ A M. DE SÉVIGNÉ.

A Grignan, le mardi 20 septembre 1695.

Vous voilà donc à nos pauvres Rochers, mes chers enfants! et vous y trouvez une douceur et une tranquillité exempte de tous devoirs et de toute fatigue, qui fait respirer notre chère petite marquise. Mon Dieu, que vous me peignez bien son état et son extrême délicatesse! j'en suis sensiblement touchée, et j'entre si tendrement dans toutes vos pensées, que j'en ai le cœur serré et les larmes aux yeux. Il faut espérer que vous n'aurez dans toutes vos peines que le mérite de les souffrir avec résignation et soumission; mais si Dieu en jugeait autrement, c'est alors que toutes les choses *impromises* arriveraient d'une autre façon. Mais je veux croire que cette chère personne, bien conservée, durera autant que les autres; nous en avons mille exemples. Mademoiselle de La Trousse (*mademoiselle de Méri*) n'a-t-elle pas eu toutes sortes de maux? En attendant, mon cher enfant, j'entre avec une tendresse infinie dans tous vos sentiments, mais du fond de mon cœur. Vous me faites justice quand vous me dites que vous craignez de m'attendrir en me contant l'état de votre âme; n'en doutez pas, et que je n'y sois infiniment sensible. J'espère que cette réponse vous trouvera dans un état plus tranquille et plus heureux. Vous me paraissez loin de penser à Paris pour notre marquise; vous ne voyez que Bourbon pour le printemps. Conduisez-moi toujours dans tous

[1] M. Fieubet avait montré l'exemple d'un homme sans naissance s'élevant par son mérite et sa vertu. Les préjugés du temps faisaient croire que l'éloge d'un tel homme était très-difficile. Aussi Mascaron s'est-il déshonoré en refusant de faire cet éloge. Ce fut l'abbé Anselme qui accepta cette noble et généreuse tâche.

vos desseins; et ne me laissez rien ignorer de tout ce qui vous touche.

Rendez-moi compte d'une lettre du 23 d'août et du 30. Il y avait aussi un billet pour Galois, que je priais M. Branjon de payer. Répondez-moi sur cet article. Il est marié, le bon Branjon; il m'écrit sur ce sujet une fort jolie lettre. Mandez-moi si ce mariage est aussi bon qu'il me le dit. C'est une parente de tout le parlement et de M. d'Harouïs. Expliquez-moi cela, mon enfant. Je vous adressais aussi une lettre pour notre abbé Charrier. Il sera bien fâché de ne vous plus trouver; et M. de Toulon! Vous dites fort bien sur ce bœuf; c'est à lui à le dompter, et à vous à demeurer ferme, comme vous êtes. Renvoyez la lettre de l'abbé à Quimperlé.

Pour la santé de votre pauvre sœur, elle n'est point du tout bonne. Ce n'est plus de sa perte de sang, elle est passée; mais elle ne s'en remet point, elle est toujours changée à n'être point reconnaissable, parce que son estomac ne se rétablit point, et qu'elle ne profite d'aucune nourriture; et cela vient du mauvais état de son foie, dont vous savez qu'il y a longtemps qu'elle se plaint. Ce mal est si capital que, pour moi, j'en suis dans une véritable peine. On pourrait faire quelques remèdes à ce foie: mais ils sont contraires à la perte de sang, qu'on craint toujours qui ne revienne, et qui a causé le mauvais effet de cette partie afligée. Ainsi ces deux maux, dont les remèdes sont contraires, font un état qui fait beaucoup de pitié. On espère que le temps rétablira ce désordre: je le souhaite, et si ce bonheur arrive, nous irons promptement à Paris. Voilà le point où nous en sommes, et qu'il faut démêler, et dont je vous instruirai très-fidèlement.

Cette langueur fait aussi qu'on ne parle point encore du retour des guerriers. Cependant je ne doute pas que l'afaire[1] ne se fasse : elle est trop engagée; mais ce sera sans

---

[1] Le mariage de Pauline de Grignan avec le marquis de Simiane.

joie, et même si nous allions à Paris, on partirait deux
jours après, pour éviter l'air d'une noce et les visites, dont
on ne veut recevoir aucune : *chat échaudé*, etc.

Pour les chagrins de M. de Saint-Amand [1], dont il a
fait grand bruit à Paris, ils étaient fondés sur ce que ma
fille ayant véritablement prouvé, par des mémoires qu'elle
nous a fait voir à tous, qu'elle avait payé à son fils neuf
mille francs, sur dix qu'elle lui a promis, et ne lui en ayant
par conséquent envoyé que mille, M. de Saint-Amand a
dit qu'on le trompait, qu'on voulait tout prendre sur lui
et qu'il ne donnerait plus rien du tout, ayant donné les
quinze mille francs du bien de sa fille (qu'il a payés à
Paris en fonds, et dont il a les terres qu'on lui a données et
délaissées ici), et que c'était à M. le marquis à chercher
son secours de ce côté-là. Vous jugez bien que quand
ce côté-là a payé, cela peut jeter quelques petits chagrins
mais cela s'est passé. M. de Saint-Amand a songé en lui-
même qu'il ne lui serait pas bon d'être brouillé avec ma
fille : ainsi, il est venu ici plus doux qu'un mouton, ne
demandant qu'à plaire et à ramener sa fille à Paris, ce
qu'il a fait, quoiqu'en bonne justice elle dût nous attendre.
Mais l'avantage d'être logée, avec son mari, dans cette
belle maison de M. de Saint-Amand, d'y être bien meublée
bien nourrie pour rien, a fait consentir sans balancer à la
laisser aller jouir de tous ces avantages; mais ce n'a pas été
sans larmes que nous l'avons vue partir [2] ; car elle est fort
aimable, et elle était si fondue en pleurs en nous disant
adieu, qu'il ne semblait pas que ce fût elle qui partît, pour

---

[1] Il en avait éprouvé d'une autre sorte, dont madame de Sévigné ne par
lait pas à son fils. L'annotateur anonyme des *Mémoires de Dangeau* y sup
pléera : « Il ne faut pas oublier, dit-il, un mot de la *précieuse* madame d
« Grignan, qui avait fort mésallié son fils, pour raccommoder leurs affaire
« délabrées. — *Il faut bien quelquefois fumer ses terres*, disait-elle. — Ja
« mais la famille de sa belle-fille ne lui pardonna. » (*Nouveaux Mémoire
de Dangeau*, page 170.) (M.)

[2] Madame de Sévigné ne devait plus la revoir.

aller commencer une vie agréable, au millieu de l'abondance. Elle avait pris beaucoup de goût à notre société. Elle partit le premier de ce mois avec son père.

Croyez, mon fils, qu'aucun Grignan n'a dessein de vous faire des finesses, que vous êtes aimé de tous, et que si cette bagatelle avait été une chose sérieuse, on aurait été persuadé que vous y auriez pris bien de l'intérêt, comme vous avez toujours fait.

M. de Grignan est encore à Marseille ; nous l'attendons bientôt, car la mer est libre, et l'amiral Russel, qu'on ne voit plus, lui donnera la liberté de venir ici.

Je ferai chercher les deux petits écrits dont vous me parlez. Je me fie fort à votre goût. Pour ces lettres à M. de La Trappe, ce sont des livres qu'on ne saurait envoyer, quoique manuscrits : je vous les ferai lire à Paris, où j'espère toujours vous voir, car je sens mille fois plus l'amitié que j'ai pour vous, que vous ne sentez celle que vous avez pour moi. C'est l'ordre, et je ne m'en plains pas.

Voilà une lettre de madame de Chaulnes, que je vous envoie entière, par confiance en votre sagesse. Vous vous justifierez des choses où vous savez bien ce qu'il faut répondre, et vous ne ferez point d'attention à celles qui vous pourront fâcher. Pour moi, j'ai dit ce que j'avais à dire, mais en attendant que vous me répondiez vous-même sur ce que je ne savais pas ; et j'ai ajouté que je vous manderais ce que cette duchesse me mandait. Écrivez-lui donc tout bonnement comme ayant su de moi ce qu'elle écrit de vous. Après tout, vous devez conserver cette liaison ; ils vous aiment et vous ont fait plaisir : il ne faut pas blesser la reconnaissance. J'ai dit que vous étiez obligé à l'intendant ; mais je vous dis à vous, mon enfant : Cette amitié ne peut-elle compatir avec vos anciens commerces, et du premier président, et du procureur général ? Faut-il rompre avec ses vieux amis, quand on veut ménager un intendant ? M. de Pommereuil n'exigeait point cette conduite. J'ai dit aussi qu'il vous fallait entendre, et qu'il était impossible que vous n'eussiez pas fait des compliments au procureur général sur le mariage de sa fille. Enfin, mon enfant, défendez-vous, et me dites ce que vous aurez dit, afin que je vous soutienne.

Ceci est pour mon bon président :

J'ai reçu votre dernière lettre, mon cher président; elle est aimable comme tout ce que vous m'écriviez. Je suis étonnée que *Dupuis* ne vous réponde point; je crains qu'il ne soit malade.

Vous voilà trop heureux d'avoir mon fils et notre marquise. Gouvernez-la bien, divertissez-la, amusez-la; enfin, mettez-la dans du coton, et nous conservez cette chère et précieuse personne. Ayez soin de me faire savoir de ses nouvelles; j'y prends un sensible intérêt.

Mon fils me fait les compliments de *Pilois*[1] et des ouvriers, qui ont fini le labyrinthe. Je les reçois, et je les aime, et les remercie. Je leur donnerais de quoi boire, si j'étais là.

Ma fille et votre idole vous aiment fort, mais moi par-dessus tout. Adieu, mon bon président; mon fils vous fera part de ma lettre. J'embrasse votre tourterelle.

N. B. *Au dos de cette lettre, de onze pages, sont écrits ces mots, de la main du marquis de Sévigné :* De ma mère, le 20 septembre 1695.

1249. — DE MADAME DE COULANGES
A MADAME DE SÉVIGNÉ.

A Paris, le 30 septembre 1695.

Je m'en vais vous parler bien habilement du mal de madame de Grignan, c'est-à-dire du mal d'estomac, qui n'est autre chose, mon amie, que le mien; j'ai éprouvé

---

[1] Jardinier des Rochers.

par mon impatience toutes sortes de remèdes, trop heureuse si ces expériences lui peuvent être utiles! Carette m'a donné pendant neuf mois de ses gouttes, qui ne m'ont point fait un mal sensible, mais qui m'avaient grésillée à un tel point, sans me raccommoder l'estomac, que je vous avouerai confidemment qu'elles m'ont fait une seconde maladie. Venons à Helvétius; il m'a donné une préparation d'absinthe, qui m'a tout à fait rétabli l'estomac. Comme cela fait quelque impression de chaleur, très-légère pourtant, il m'a fait prendre des eaux de Forges, dont je me trouve à merveille. Je commence à engraisser, je mange du fruit, je dîne et je soupe; en un mot, mon amie, je ne suis plus la même personne que j'étais il y a deux mois. Vous voyez bien pourquoi je vous conte tous ces détails; ramenez-nous donc madame de Grignan à Paris : je vous promets qu'en trois semaines Helvétius et moi lui rétablirons l'estomac : c'est la cause de presque tous les maux. Je me suis même raccommodée avec le café; et comme je ne sais point user d'une chose que je n'en abuse, j'en prends dans l'excès; ma petite absinthe est le remède à tous maux.

Vous me demanderez, mon amie, pourquoi, me portant aussi bien que je vous le dis là, je ne suis point allée à Chaulnes; et je vous répondrai que je me trouve comme les personnes qui deviennent avares par être riches : depuis que j'ai un peu de santé, je la ménage beaucoup. Le vilain temps m'avait alarmée; si j'avais prévu qu'il pût faire aussi beau qu'il fait présentement, je crois que je me serais embarquée pour ce grand voyage. Mais je me garde pour Dampierre; et je fais très-facilement de ma maison une maison de campagne : je me promène les matins sur mon rempart, et je passe les après-dîners assez solitairement. La cour d'Angleterre est à Fontainebleau; ils ont des comédies, des fêtes, et s'ennuient, à ce qu'ils disent, et tant pis pour eux. Madame la marquise de Grignan ne veut voir personne; c'est ce qui m'a empêchée de me présenter à sa porte aussi souvent que j'aurais fait. M. de Chaulnes, qui sait forcer les portes, dit qu'elle est très-aimable. M. de Coulanges est allé à Chaulnes; ils reviendront tous dans un mois, et c'est tout à l'heure. L'abbé et moi ne laisserons point ignorer à madame de Sanzei tout ce que vous dites pour elle. Je vous demande mille compliments pour madame de Grignan, ma très-aimable : je vous demande aussi d'embrasser la belle Pauline pour l'amour de moi, tout comme si vous n'aviez point de sujet de vous plaindre d'elle.

1250. — DE MONSIEUR DE COULANGES A LA MÊME.

A Chaulnes, le 10 octobre 1695.

Me voici absolument aux gages de madame la duchesse de Chaulnes; c'est ma bonne maîtresse, quoique M. de Chaulnes m'assure que j'ai pris une étrange condition, et que je sers une étrange maîtresse. La voilà qui parle, écoutez-la bien.

MADAME LA DUCHESSE DE CHAULNES.

Nous voici, ma chère gouvernante, dans une maison qui n'est pas trop laide, et mon secrétaire (*M. de Coulanges*) la trouve assez honnêtement meublée; mais nous y voyons souvent de fort mauvais temps, ce qui est fort triste à la campagne. Parlons, ma chère gouvernante, de la belle Comtesse, dont nous serions fort en peine si nous n'espérions qu'après ce temps-ci sa santé en sera beaucoup meilleure; mais je vous conseille d'empêcher qu'elle ne prenne des remèdes de M. Alliot; car feu madame Colbert s'en est fort mal trouvée. Il ne faut plus songer qu'à la bien nourrir, et à rétablir son estomac tout doucement, pour revenir le plus tôt que vous pourrez dans un air beaucoup plus doux que celui de Grignan. J'ai impatience que la campagne soit finie, pour que vous me mandiez que mademoiselle de Grignan changera de nom; personne ne souhaite plus que moi de lui voir un bon établissement. Je suis ravie, ma chère gouvernante, que vous désapprouviez l'achat de toutes ces vilaines petites maisons d'auprès de Paris, et que vous approuviez, au contraire, l'acquisition que nous avons faite de Dampierre; je crois vous avoir mandé que nous n'avons pas donné un sou d'argent comptant. On nous cède Dampierre avec cinq mille livres de rente qui y sont attachées, pour l'entretenir; et la vie durant de M. de Chaulnes, M. de Chevreuse prendra cinq mille livres de rente sur nos revenus. Nous nous accommoderons aussi des meubles, afin de n'avoir aucun embarras. J'espère bien, ma chère gouvernante, que vous y viendrez faire de petits séjours avec moi, et que vous ne serez pas fâchée de voisiner un peu avec Port-Royal des Champs. Mon secrétaire a lu votre lettre à M. de Chaulnes avec tous les tons qui y convenaient, et nous avons bien plaint la belle Comtesse; mais c'est à M. de Chaulnes à vous répondre sur l'empressement qu'il a eu de voir madame la marquise de Grignan : il a reçu toutes les lettres de monsieur votre fils, dont il est fort content. Il faut laisser toutes ces tracasseries-là de province, jusqu'à ce que nous soyons tous ensemble à Paris. Vous jugez bien que je serai toujours disposée à ne lui pas faire son procès, personne ne connaissant mieux que moi les dits et redits de la ville de Rennes; et le secrétaire ne sait que trop comme Baucé autrefois hasarda de se faire chasser de l'hôtel de Méneuf pour sa mauvaise langue. A cet hiver donc toutes sortes d'éclaircissements, et de bonne intention pour rétablir la paix. Madame de La Châtre est accouchée d'un gros garçon; il est déjà destiné pour le baptême à M. de Lavardin, son grand-père, et à madame de La Châtre, sa grand'mère. Fontainebleau ne dit mot, et la Flandre encore moins; toutes les armées se séparent le 25 de ce mois, et déjà le roi et la reine d'Angleterre sont revenus de Fontainebleau à Saint-Germain. Je suis, ma chère gouvernante, tout à vous et à la belle Comtesse. Mille compliments à tout ce qui est Grignan.

MONSIEUR DE COULANGES.

Et moi, je vous dirai en mon particulier que j'ai été très-effrayé de l'état où vous mandez qu'a été madame de Grignan; je ne savais point qu'il eût été si terrible; vous ne devez pas douter que je ne désire fort sa meilleure santé, et par plus d'une raison; car, quelque errant que je sois, j'ai bien de l'impatience de vous trouver quelquefois en mon chemin. Mille caresses, mille tendresses, mille respects, mille compliments pour vous, ma très-aimable gouvernante, et pour tout ce qui est autour de vous. Dès qu'il fait beau, je voudrais que madame de Coulanges fût venue ici; mais en vérité nous sommes venus trop tard pour une santé aussi ébranlée que la sienne. Pour moi, je suis devenu un bilboquet, à qui rien ne fait mal, et qui se trouve partout sur ses pieds, comme s'il n'avait jamais eu de goutte.

1251. — DE MADAME DE SÉVIGNÉ A M. DE COULANGES.

A Grignan, le 15 octobre 1695.

Je viens d'écrire à notre duc et à notre duchesse de Chaulnes; mais je vous dispense de lire mes lettres : elles ne valent rien du tout. Je défie tous vos bons tons, tous vos points et toutes vos virgules, d'en pouvoir rien faire de bon; ainsi, laissez-les là; aussi bien, je parle à notre duchesse de certaines petites affaires peu divertissantes. Ce que vous pourriez faire de mieux pour moi, mon aimable cousin, ce serait de nous envoyer, par quelque subtil enchantement, tout le sang, toute la force, toute la santé, toute la joie que vous avez de trop, pour en faire une transfusion dans la machine de ma fille. Il y a trois mois qu'elle est accablée d'une sorte de maladie qu'on dit qui n'est point dangereuse, et que je trouve la plus triste et la plus effrayante de toutes celles qu'on peut avoir. Je vous avoue, mon cher cousin, que je m'en meurs, et que je ne suis pas la maîtresse de soutenir toutes les mauvaises nuits qu'elle me fait passer; enfin, son dernier état a été si violent, qu'il en a fallu venir à une saignée du bras : étrange remède! qui fait répandre du sang quand il n'y en a déjà que trop de répandu; c'est brûler la bougie par les deux bouts. C'est ce qu'elle nous disait; car, au milieu de son extrême faiblesse et de son changement, rien n'est égal à son courage et à sa patience. Si nous pouvions reprendre des forces, nous prendrions bien vite le chemin de Paris : c'est ce que nous souhaitons; et alors, nous vous présenterions la marquise de Grignan, que vous deviez déjà commencer de connaître, sur la parole de M. le duc de Chaulnes, qui a fort galamment forcé sa porte, et qui en a fait un fort joli portrait. Cependant, mon cher cousin, conservez-nous une sorte d'amitié, quelque indignes que nous en soyons par notre tristesse : il faut aimer ses amis avec leurs défauts. C'en est un grand que d'être malade : Dieu vous en préserve, mon aimable. J'écris à madame de Coulanges sur le même ton plaintif qui ne me quitte point; car le moyen de n'être pas aussi malade par l'esprit que l'est dans sa personne cette Comtesse, que je vois tous les jours devant mes yeux? Madame de Coulanges est bien heureuse d'être hors d'affaire; il me semble que les mères ne devraient pas vivre assez longtemps pour voir leurs filles dans de pareils embarras; je m'en plains respectueusement à la Providence.

Nous venons de lire un discours qui nous a tous charmés, et même M. l'archevêque d'Arles, qui est du métier; c'est l'oraison funèbre de M. de Fieubet, par l'abbé Anselme[1]. C'est la plus mesurée, la plus sage, la plus convenable et la plus chrétienne pièce qu'on puisse faire sur un pareil sujet; tout est plein de citations de la Sainte Écriture, d'applications admirables, de dévotion, de piété, de dignité, et d'un style noble et coulant. Lisez-la : si vous êtes de notre avis, tant mieux pour nous; et si vous n'en êtes pas, tant mieux pour vous, en un certains sens : c'est signe que votre joie, votre santé et votre vivacité vous rendent sourd à ce langage; mais quoi qu'il en soit, je vous donne cet avis, puisqu'il est sûr qu'on ne rit pas toujours. C'est une chanson qui dit cette vérité.

1252. — DE MADAME DE COULANGES.
A MADAME DE SÉVIGNÉ.

A Paris, le 28 octobre 1695.

Vous avez eu la colique, ma chère amie; et quoique je sache que vous vous en portez bien présentement, je ne saurais être rassurée que je ne le sois par vous-même. Je vous demande aussi des nouvelles de madame de Grignan; si vous saviez combien l'air subtil est contraire à ses maux, vous l'obligeriez de se mettre dans une litière bien faite et bien commode, et vous gagneriez Paris : l'air de Lyon lui ferait connaître qu'il n'y a point de meilleur remède pour elle que de changer de climat; c'est l'avis de mon oracle (*Helvétius*). La maréchale de Boufflers a été fort malade d'une pareille maladie; elle se porte très-bien aujourd'hui. Le roi est de retour, dans une parfaite santé. Je vis hier la duchesse du Lude, qui est venue à Paris pour se faire saigner et purger, sans autre raison, je crois, que d'avoir trop de santé. Il s'est fait de grands changements à Chaulnes; M. de Chaulnes aime son château comme sa vie, et ne le

---

[1] *Voyez* les *Oraisons funèbres de l'abbé Anselme;* Paris 1701, page 405.

peut quitter. Madame de Chaulnes passe les jours et peut-être une bonne partie des nuits à jouer. M. de Coulanges est devenu délicat et précieux ; les visites de province l'ennuient. Je vois souvent notre petite accouchée (*la duchesse de Villeroi*[1]) ; elle a un fils un peu plus grand que son père, et un peu moins grand que le maréchal (*de Villeroi*) ; il n'y a point de jour qu'elle ne demande des nouvelles de mademoiselle de Grignan, et qu'elle ne lui souhaite tous les biens et les maux qu'elle a. L'on dit que le maréchal de Lorges se porte mieux, et on n'appelle plus sa maladie une apoplexie : la maréchale, qui est allée le trouver, va avec lui aux eaux de Plombières. Tout le monde croit le mariage de M. de Lesdiguières fait avec mademoiselle de Clérambault[2] : le charme que madame de Lesdiguières trouve dans ce mariage, c'est qu'elle n'aura point son fils avec elle. Le monde dit aussi celui de mademoiselle d'Aubigné avec le fils[3] de M. de Noailles, et je crois qu'en cette occasion le monde dit vrai. Au reste, ma très-belle, j'ai à vous apprendre que l'abbé Têtu est charmé de madame de Kerman, et qu'il se plaint hautement de toutes ses amies, de ne lui avoir pas fait connaître ce mérite-là plus tôt. On parle fort ici de la solitude de madame la marquise de Grignan ; on dit que sa vie n'est pas soutenable, parce qu'il ne faut voir personne, ou voir bonne compagnie : vous voyez combien votre retour et celui de sa *belle-mère*[4] sont nécessaires. Mes conseils sur cela vous paraîtront bien intéressés ; je souhaite que cette raison ne vous empêche pas de les suivre, et que vous me croyiez aussi tendrement à vous que j'y suis. Je vous demande en grâce de dire bien des choses de ma part à madame de Grignan, et de ne pas oublier la belle et charmante Pauline.

[1] Marguerite Le Tellier, fille du marquis de Louvois. (P.)
[2] Ce mariage ne se fit point avec mademoiselle de Clérambault, mais avec mademoiselle de Duras, fille du maréchal de ce nom, en 1696. (P.)
[3] Ce mariage ne se fit que le 1ᵉʳ avril 1698. (P.)
[4] Madame la comtesse de Grignan. (P.)

1253. — DE LA MÊME A LA MÊME.

A Paris, le 7 novembre 1695.

Après avoir réfléchi avec toute l'application possible sur tout ce que vous me mandiez, ma chère amie, Helvétius a encore voulu emporter votre lettre, afin d'y penser à loisir; il ne me rapporta qu'hier ce que je vous envoie : il est persuadé que l'air subtil est fort contraire à madame de Grignan, et que s'il était possible qu'elle se mît dans une litière bien commode, et qu'elle fît de petites journées, elle ne serait pas plus tôt arrivée à Lyon qu'elle se trouverait fort soulagée; c'est un remède que nous approuvons fort ici. Notre oracle Helvétius a sauvé la vie à la pauvre *Tourte*[1]; il a un remède sûr pour arrêter le sang, de quelque côté qu'il vienne. C'est un très-joli homme et très-sage : sa physionomie ne promet pas tant de sagesse, car il ressemble à Dupré comme deux gouttes d'eau. Je vous demande des nouvelles de madame de Grignan, ma très-aimable, pour me récompenser de toutes mes consultations. M. le marquis de Grignan m'est venu voir; il est assurément moins gras qu'il n'était, je lui en ai fait des compliments très-sincères. Madame sa femme me fit l'honneur de venir ici hier; je la trouvai si considérablement embellie, qu'elle me parut une autre personne que celle que j'avais vue : c'est qu'elle est engraissée, et qu'elle a bien meilleur visage, de beaux yeux, si brillants que j'en fus éblouie; elle vint ici sur les deux heures avec madame et mademoiselle sa sœur. Malheureusement pour moi, madame de Nevers s'était levée aussi matin qu'elles; elle arriva un moment après ces dames, qui s'en allèrent quand elle entra; et madame de Nevers, qui me parla très-sincèrement, trouva

---

[1] Mademoiselle de Montgeron.

madame la marquise de Grignan toute des plus jolies. M. et madame de Chaulnes et M. de Coulanges arrivent mercredi pour dîner à Paris; je dois me trouver à l'hôtel de Chaulnes pour les y recevoir. Le roi est à Marly pour jusqu'à lundi. La comtesse de Gramont y est aussi; mais quoiqu'elle ait attrapé à la cour les grâces de la nouveauté, la pauvre femme ne s'en porte pas mieux : tous ses maux sont revenus; elle les soutient avec un courage et une gaieté qui m'étonnent, ayant perdu, je crois, jusqu'à l'espérance de guérir. La duchesse de Villeroi reçoit ses visites dans son lit, jolie comme tout ce qu'on peut l'être : je fis, il y a deux jours, les honneurs de sa chambre avec la maréchale de Villeroi. J'ai découvert à cette petite duchesse un mérite qui lui fait bien de l'honneur dans mon esprit; c'est qu'elle a un goût si naturel pour mademoiselle de Grignan[1], qu'elle en est sincèrement occupée; elle m'en demande continuellement des nouvelles; elle lui souhaite tout le bonheur qu'elle mérite, mais elle ne veut consentir à aucun mariage qu'elle ne soit assurée de la revoir ici; enfin, elle a des sentiments, elle a des pensées, c'est un des miracles de Pauline. Je sais de ses nouvelles : on dit que vous vous allez encore marier[2] : j'en suis ravie, mon amie. Revenez donc toutes; la vie est trop courte pour de si longues absences : par rapport à la vie, les plus longues ne devraient être que de deux heures. Je vous envoie une lettre de M. de Vannes, qu'il y a en vérité trois mois qui est dans mon écritoire : je lui en demande pardon; car pour vous, je suis assurée que vous l'aimez autant à l'heure qu'il est que quand elle a été écrite. Adieu, ma très-aimable; mandez-moi vitement que vous allez revenir, et que vous ne pouvez plus souffrir la solitude de cette jeune marquise, qui, comme moi, soupire après votre retour.

---

[1] Depuis marquise de Simiane. (P.)
[2] C'est à l'occasion du mariage de mademoiselle de Grignan, qui allait épouser le marquis de Simiane. (P.)

1254. — DE LA MÊME A LA MÊME.

A Paris, le 18 novembre 1695.

M. de Lamoignon me montra hier une lettre de M. le chevalier de Grignan, qui m'apprit que madame votre fille se portait bien mieux ; j'en ai une joie très-sincère, et je souhaite de tout mon cœur, ma très-chère, d'apprendre la continuation de ce mieux. J'ai la confiance de croire que vous me le ferez savoir ; cela me donne aussi des espérances que nous vous reverrons bientôt : il n'y a rien en vérité que je désire si vivement. Votre retour est nécessaire à bien des choses, dont le changement d'air est une des principales pour madame de Grignan ; madame sa belle-fille est trop abandonnée ici ; le retour de M. de Sévigné qui approche : que de raisons, ma très-belle, pour nous revenir voir! Paris est fort rempli à l'heure qu'il est, mais il ne le sera point à ma fantaisie tant que vous ne serez point avec nous. J'ai bien envie d'apprendre si madame de Grignan a fait usage des bouillons d'écrevisse, et si elle s'en est bien trouvée. Il y a tous les jours de bons dîners à l'hôtel de Chaulnes, et une très-bonne compagnie, où vous êtes toujours désirée. M. le marquis de Grignan me fit l'honneur de me venir voir, il y a deux jours : je le remerciai de n'être point grossi ; il me paraît fort content du palais qu'il habite [1]. On me mande de Lyon que la charmante Pauline va changer de nom ; ne nous l'amènerez-vous pas? Il n'y a que madame de Simiane que je puisse jamais autant aimer que mademoiselle de Grignan. Hélas! à propos de Simiane, le pauvre M. de Langres [2] est à l'extrémité ; j'en suis tout à fait en peine. Je crois M. Nicole mort : il tomba en apoplexie il y a deux

---

[1] Chez M. de Saint-Amand, son beau-père.
[2] Louis-Marie-Armand de Simiane de Gordes, évêque de Langres, mort le 21 novembre 1695. (P.)

jours; Racine vint en diligence de Versailles lui apporter des gouttes d'Angleterre, qui le ressuscitèrent; mais on vient de me dire qu'il était retombé [1]. C'est une grande perte. Il s'est trop épuisé à écrire; on prétend qu'il s'est cassé la tête à ce dernier livre contre les quiétistes [2] : ils n'en valaient en vérité pas la peine. Adieu, ma très aimable; j'attends toujours de vos nouvelles avec impatience, mais encore plus à présent, à cause de l'état où est madame de Grignan.

1255. — DE MADAME DE SÉVIGNÉ A M. DE POMPONNE.

A Grignan, ce 24 novembre 1695.

Que j'aurais de choses à vous dire, Monsieur, si je voulais repasser sur tous les sujets de tristesse que vous avez eus de votre côté et moi du mien; le respect, la crainte de renouveler vos peines [3], et, plus que tout, la confiance que vous connaissez mon cœur, et comme il est sensible à tout ce qui vous touche, m'a retenue dans un silence que je crois que vous avez entendu. Je le romps aujourd'hui, Monsieur, parce que M. de Grignan ne trouve pas que le mariage d'une fille mérite d'en écrire à un ministre comme vous, et ma fille ne pourrait encore vous écrire de sa main, et n'oserait en prendre une autre que la mienne : je me trouve insensiblement le secrétaire de l'un et de l'autre. Je sais que vous aimez mademoiselle de Grignan [4]; elle n'oserait changer de nom sans que vous en soyez informé : celui de Simiane n'est pas inconnu.

Voilà, Monsieur, toute ma commission faite; et comme il y a quelque plaisir à se défaire de telle marchandise, nous vous prions de faire mademoiselle votre fille la *Féli-*

---

[1] Il mourut le 26 du même mois, âgé de soixante-dix ans. *Voyez* la lettre suivante.

[2] Nicole écrivit sur le démêlé entre Bossuet et Fénelon; mais combattit ce dernier avec douceur et respect. (A. G.)

[3] M. de Pomponne avait perdu son fils.

[4] Elle épousa Louis de Simiane le 29 novembre 1695.

*cité*¹ d'une autre maison ; c'est un présent digne de vous, et qui recevra un nouveau prix quand vous le ferez vous-même. Voilà, Monsieur, les conseils que l'on donne quand on est sur le point de faire une noce ; mais elle se fera sans bruit et sans aucune cérémonie, et comme il convient à l'état de faiblesse où ma fille est encore. J'espère qu'il nous reviendra des forces, que nous emploierons à vous aller dire nous-mêmes à quel point vous êtes sincèrement honoré de tout ce qui est ici. Cependant nous perdons M. Nicole : c'est le dernier des Romains ; et je suis toujours, Monsieur, votre très-humble et très-obéissante servante.

La Marquise DE SÉVIGNÉ.

Nous vous supplions de faire part de cette lettre à madame votre femme, en l'assurant de nos très-humbles services.

256. — DE MONSIEUR DE COULANGES
A MADAME DE SIMIANE.

Du quartier de Richelieu², le 6 janvier 1696.

Je suis assurément fort touché, Madame, de l'honneur de votre souvenir ; mais il me semble cependant que vous pouviez ne pas m'écrire aussi sérieusement que vous avez fait ; tout ce qui m'en a consolé, c'est que votre lettre était datée de Vauréas³ ; et vous devez savoir, ce me semble, combien j'ai eu toute ma vie de curiosité pour aller voir cette belle ville, sans que j'aie pu me contenter là-dessus. Quoi, Madame, vous demeurez dans Vauréas ! Que vous êtes heureuse ! et faut-il qu'un homme qui a sé-

---

¹ On parlait déjà du mariage de Catherine-*Félicité* Arnauld avec M. de Torci. (*Journal de Dangeau*, 20 septembre 1695.)
² C'est-à-dire de chez madame de Louvois. (P.)
³ Petite ville du comtat Venaissin, où madame de Simiane faisait quelquefois sa demeure depuis son mariage. (P.)

journé si longtemps à Rome n'ait pas seulement été un quart d'heure à Vauréas ? Mais je ne veux pas désespérer d'y aller quelque jour, puisque je sais que vous y avez un palais très-magnifiquement meublé. Ne vous souvient-il point de l'attachement particulier que j'eus pour un laquais de madame de Grignan, seulement parce qu'il était de Vauréas ; et que, n'ayant point obligé un ingrat en sa personne, il se fit un devoir très-étroit de me revenir voir à Paris où je n'eus pas l'avantage de le conserver longtemps, parce que Paris n'eut aucuns charmes pour lui ? Et ne vous souvient-il point encore combien, étant à Grignan, je trouvais heureux les gens que je voyais aller à Vauréas ou en revenir ? Vous croyez donc bien que quand vous y serez, je ne vous plaindrai point du tout ; mais c'est assez parlé de Vauréas. Je veux vous dire maintenant que j'ai beaucoup d'impatience de vous revoir ici, et de faire connaissance avec le jeune et joli seigneur dont vous me parlez. Mais je crains un peu qu'il ne se rebute d'abord sur ma vieillesse et sur ma figure ; cependant, je puis vous assurer, Madame, que je ne suis pas encore de contrebande en beaucoup de bonnes maisons. C'est de chez ma *seconde femme* que je vous écris ; elle m'a trouvé tellement enrhumé, à mon retour de Versailles, où je viens de passer quinze jours, qu'elle ne veut point se confier à madame de Coulanges pour me désenrhumer. Ainsi voilà deux nuits que je couche chez elle, et selon les apparences j'y en coucherai encore plusieurs, pour être des noces de M. de Barbesieux [1], qui se feront mardi. Je ne vois autour de moi que pierreries, qu'habits magnifiques, que linge étonnant et difficile à croire ; un seul équipage de tête, cinq cents écus ; je ne vois que repas somptueux, que symphonie exquise ; enfin, je suis dans une fort bonne maison, où je reçois toujours beaucoup d'honneurs et de distinctions, et où je m'en-

---

[1] Il épousa en secondes noces Marie-Thérèse-Delfine-Estochie d'Alègre.

tends appeler très-souvent du doux nom de mari et de beau-père. J'ai un appartement très-bon, très-chaud et très-voisin de celui de madame la duchesse de Villeroi : c'est où je vais prendre mon eau sucrée avant que de me coucher. Il y a des temps infinis que je n'ai écrit à madame de Sévigné, non plus qu'à madame votre mère; mais j'espère que par vous elles entendront parler de moi. Pendant que je suis ici dans les noces de *mon fils* de Barbesieux, madame de Coulanges laboure sa pauvre vie pour celles de M. de Mornai et de mademoiselle du Gué; on ne vit jamais un enfant si difficile à baptiser. Il le sera pourtant; mais je ne sais point à quoi l'on en est pour le jour, ni même pour le lieu où se célébreront les noces. Rien n'est plus bizarre que tout ce qui se passe entre l'aveugle [1] et sa femme, qui ne peuvent jamais être d'un même avis ; et madame de Coulanges et madame de Bagnols sont toujours deux sœurs fort différentes. Je ne sais si je mettrai mon nez dans ces noces-là; madame de Montchevreuil cependant m'a dit qu'il fallait bien que je fusse des repas qui se feront à Versailles. Mais croyez-vous que je n'aie encore que cette noce ? Vraiment, j'ai été d'un beau dîner chez M. le cardinal de Bouillon, où je fus prié en cérémonie, et admis avec une distinction qui flatte bien mon amour-propre. Je dînai avec tout ce qui s'appelle Bouillon, La Trémouille et Créqui; et je fus présenté d'un si bon ton à mademoiselle de La Trémouille, que, toute pleine déjà d'honnêtetés et de caresses pour moi, elle me parut la plus belle personne du monde. Voilà ce que fait l'honnêteté jointe à une taille au-dessus de toutes les tailles, et à une grande naissance, qui a toujours pour moi de grands charmes; car vous savez que j'ai toujours eu du goût pour les poissons nobles. On ne parle point encore du jour que ce mariage se terminera, parce qu'il dépend du retour d'un courrier qui est allé querir une dispense à

---

[1] Le père de mademoiselle du Gué-Bagnols était devenu aveugle. (M.)

Rome. Celui de madame de Seignelai et de M. de Luxembourg ne se publie point encore; tout est d'accord, il n'est plus question que du consentement de madame de Luxembourg. On tient celui de mademoiselle de Monaco en fort bon chemin avec le duc d'Uzès; et celui du marquis de Janson avec mademoiselle de Virieu. Pour celui de mademoiselle de Duras avec M. de Lesdiguières, les uns parient pour, et les autres contre; mais madame de Lesdiguières se décrie si fort, qu'on commence à la regarder comme la femelle de M. de Mazarin; il sera plaisant que madame de Duras, par son bon esprit, ait profité à bon marché de l'extravagance de l'un et de l'autre pour aussi bien établir ses filles. Le maréchal de Lorges s'est retiré du service, les uns disent volontairement, les autres le contraire. Le roi vient de faire cent mille officiers généraux; j'en ai la liste devant mes yeux. Je ne vous l'envoie point, parce que monsieur votre frère apparemment ne manquera pas de vous l'envoyer; j'ai été fort fâché de n'y pas trouver son nom. Je n'ai vu madame votre belle-sœur qu'une seule fois; à moins que vous ne soyez tous ici, je comprends fort bien que nous ne ferons pas grande connaissance. Mais quand y serez-vous, Mesdames? La santé de madame votre mère se fortifie-t-elle assez pour que nous puissions croire aux paroles qu'on nous donne pour le mois de mars? J'ai été ravi de savoir que madame de Sévigné courait le pays; j'aime assez que son étoile ait rapport avec la mienne, qu'on peut très-bien appeler *errante*. Il serait difficile de mettre mieux en œuvre le regain de jeunesse dont je suis en possession : Dieu veuille qu'il dure encore quelques années; mais il est extraordinaire que j'ignore ce qu'est devenue cette goutte qui m'affligea tant il y a deux ans, et dont vous me consoliez par me tendre si obligeamment le bras pour me faire faire dans ma chambre quelque sorte d'exercice. Voilà une lettre qui me mène loin, comme vous voyez; mais que puis-je mieux faire que de m'entretenir avec vous, mon adorable Pauline, puisque j'en ai le temps? Madame de Louvois est allée courir la ville, et, comme le maître de la maison, je suis demeuré dans sa chambre avec un très-bon feu, et tous les instruments nécessaires pour vous écrire; elle m'a même laissé tout à propos madame la duchesse de Villeroi pour qu'elle s'acquitte envers vous d'un compliment qu'il y a longtemps qu'elle a envie de vous faire. Le cardinal de Bouillon voulait aussi vous en faire un, et c'est ma faute de n'y avoir pas tenu la main. Madame la duchesse de Villeroi m'a recommandé aussi mille fois de vous dire bien des choses de sa part, et à mesdames vos mères: madame de Louvois tout de même; enfin, croyez toutes, Mesdames, que vous n'êtes point du tout oubliées dans ce pays-ci; mais il est temps de finir, et de vous assurer, Madame, que cette année ne diffère point de toutes les précédentes, quant au respect et à la bonne et sincère amitié avec lesquels je suis mille fois plus à vous que personne du monde. Voilà madame la duchesse de Villeroi qui va vous écrire de sa main blanche.

MADAME LA DUCHESSE DE VILLEROI.

Il y a longtemps, Madame, que j'ai dessein de vous faire mes compliments sur votre mariage, sans l'avoir fait, par la faute de Coulanges, qui m'avait toujours dit que nous vous écririons ensemble; mais enfin cet heureux moment est arrivé, et je l'emploie, Madame, à vous assurer que je conserve toujours pour vous toute l'estime et l'amitié que vous méritez.

1257. — DE MADAME DE SÉVIGNÉ AU PRÉSIDENT DE MOULCEAU.

A Grignan, mardi 10 janvier 1696.

J'ai pris pour moi les compliments qui me sont dus, Monsieur, sur le mariage de madame de Simiane, qui ne sont proprement que d'avoir extrêmement approuvé ce que ma fille a disposé dans son esprit il y a fort longtemps. Jamais rien ne saurait être mieux assorti : tout y est noble, commode et avantageux pour une fille de la maison de Grignan, qui a trouvé un homme et une famille qui comptent pour tout son mérite, sa personne et son nom, et rien du tout le bien [1], et c'est uniquement ce qui se compte dans tous les autres pays : ainsi on a profité avec plaisir d'un sentiment si rare et si noble. On ne saurait mieux recevoir vos compliments que M. et madame de Grignan les ont reçus, ni conserver pour votre mérite, Monsieur, une estime plus singulière. Nous n'avons qu'un sentiment sur ce sujet, et vous avez fait dans nos cœurs la même impression profonde que vous dites que nous avons faite sur vous; ce coup double est bien heureux : c'est dommage qu'on ne s'en donne plus souvent des marques. Votre style nous charme et nous plaît ; il vous est particulier et plus que nous ne saurions vous le dire, dans notre goût : c'est dommage que nous n'ayons encore quatre ou cinq enfants à marier. Il est triste de penser que nous ne reverrons jamais une seule de vos aimables lettres ; les traits que vous donnez à celle qui cache la moitié de son esprit et au degré de parenté de l'autre nous font voir que vous seriez un bon peintre, si c'était encore la mode des portraits.

C'est à vous, Monsieur, qu'il faut souhaiter une longue vie, afin que le monde jouisse longtemps de tant de bonnes choses ; pour moi, je ne suis plus bonne à rien : j'ai fait mon rôle, et par mon goût je ne souhaiterais jamais une si longue vie : il est rare que la fin et la lie n'en soient humiliantes. Mais nous sommes heureux que ce soit la volonté de Dieu qui la règle, comme toutes les choses de ce monde : tout est mieux entre ses mains qu'entre les nôtres.

---

[1]. *Voyez*, pour le mariage de Pauline de Grignan, maintenant madame de Simiane, la lettre du 20 septembre 1695.

Vous me parlez de Corbinelli ; je suis honteuse de vous dire que m'écrivant très-peu, quoique nous nous aimions toujours cordialement, je ne lui ai point parlé de vous. Ainsi son tort n'est pas si grand ; je m'en vais lui en écrire sans lui parler d'autre chose : nous verrons si c'est tout de bon que le crime de l'absence soit irrémissible auprès de lui. Je ne le crois pas, en me souvenant du goût que je lui ai vu pour vous ; je serais quasi dans le même cas à son égard, si j'étais encore longtemps ici : mais il nous fera voir, comme vous, Monsieur, que le fonds de l'estime et de l'amitié se conserve et n'est point incompatible avec le silence ; et c'est cette seule vérité qui peut me consoler du vôtre.

La Marquise DE SÉVIGNÉ.

1258. — DE LA MÊME A LA MÊME.

A Grignan, mercredi 25 janvier 1696.

J'ai répondu, Monsieur, à votre dernière lettre au commencement de cette année : ce billet est donc uniquement pour vous supplier de faire lire ces consultations sur l'état de ma fille à M. Barbeyrac[1], le prier qu'il augmente, s'il se peut, son application ordinaire pour nous donner son avis, que nous estimons beaucoup, de nous l'envoyer le plus promptement qu'il sera possible. Voilà, Monsieur, ce que je demande à votre cœur, qui sans doute n'a pas oublié combien le mien est tendre et sensible à ce qui touche ma fille : et dans une occasion si importante je croirais vous offenser si je vous faisais la moindre excuse et le moindre compliment.

---

[1] Charles Barbeyrac, docteur de la faculté de Montpellier, et le plus savant des médecins du dix-septième siècle. Il mourut en 1699. Son neveu, Jean Berbeyrac, se fit une grande réputation par sa traduction de Puffendorf.

1259. — DE MONSIEUR DE COULANGES
A MADAME DE SÉVIGNÉ.

A Paris, ce 27 janvier 1696.

J'espère que la lettre que je vous écrivis il y a aujourd'hui huit jours n'aura pas été mal reçue. J'en reçus le lendemain une aimable petite, qui me fit d'autant plus de plaisir, que me disant que vous ne m'écriviez qu'un mot pour en avoir mille, il se trouvait que de ma bonne, libre et franche volonté je vous avais obéi par avance, et satisfait, ce me semble, à toutes les questions que vous me pouviez faire; aujourd'hui, ma très-aimable gouvernante, ma lettre ne sera pas si longue, par la raison qu'il n'est pas tous les jours fête. Les nouvelles duchesses d'Uzès et de Lesdiguières ont été présentées au roi. La duchesse de Lesdiguières, la douairière, fut à Versailles avec tous les Duras, et même y coucha, et le bruit court que Sa Majesté les traita fort sérieusement, ne disant autres paroles que de souhaiter à la jeune duchesse qu'elle fût heureuse.

MADAME DE COULANGES.

Je ne vous écrirai point aujourd'hui, ma très-aimable; M. de Coulanges en est bien plus digne que moi : sa belle jeunesse le laisse dans un commerce du monde qui lui orne fort l'esprit. Il vous dira des nouvelles du bal du Palais-Royal, de la parure des beautés qui composaient cette belle assemblée. Je vis madame de Barbesieux et la duchesse de Villeroi, qui me parurent resplendissantes; les diamants, la magnificence, l'éclat de l'or et de l'argent, tout cela m'impose, et m'empêche de faire le discernement que je sais, ce me semble, faire de la beauté, quand elle est moins chargée d'ornements. Madame de Mornai [1] reçoit

---
[1] Nièce de madame de Coulanges.

toutes les distinctions qui suivent la faveur, sans y paraître trop sensible; elle le deviendra, et je le souhaite, afin qu'elle se fasse au moins un plaisir de ce qui charme les autres. Je vis avant-hier M. de Pomponne; nous parlâmes toujours de vous, ma chère amie, et de tout ce qui est Grignan; nous nous plaignîmes tendrement de votre longue absence et de celle de madame de Grignan. J'allai ensuite chez madame de Vins; je changeai de compagnie sans changer de conversation; nous conclûmes que madame de Grignan ne trouverait de la santé que par venir respirer l'air de ce pays-ci. Soyez bien persuadée de cette vérité, ma chère Madame; songez aussi quelquefois au pressant besoin que doit avoir madame la marquise de Grignan de madame sa belle-mère; si toutes ces réflexions vous obligent à prendre le chemin de Paris, personne n'en profitera avec tant de joie que moi. Je vous demande en grâce de dire bien des choses de ma part à madame votre fille. Est-il vrai que madame de Simiane soit grosse? Rien de ce qui a rapport à elle ne me peut être indifférent; je n'ai jamais vu personne de qui on se souvienne si souvent que d'elle, ni que l'on loue plus sincèrement; mais je dis toujours : *Ce n'est pas la voir que de s'en souvenir.*

MONSIEUR DE COULANGES *continue.*

Votre amie a pris aujourd'hui la place de l'aurore; je ne l'ai jamais vue plus belle ni avec un teint qui marquât plus de santé. Cependant c'est après deux jours d'expériences qu'elle a faites avant-hier, à dîner, à l'hôtel de Chaulnes; et hier au soir à souper, chez M. de Lamoignon; enfin, c'est tout vous dire: elle a hasardé une tranche, petite à la vérité, de canard d'Amiens, et un doigt de vin de Saint-Laurent; ne la voilà-t-il pas bien avancée? Mais revenons à nos moutons : il y eut jeudi un grand bal au Palais-Royal, où tous les masques furent admis; ils y apportèrent la confusion ordinaire. J'assistai avec madame de Coulanges à la parure de mesdames de Villeroi et de Barbesieux, dont je fus ébloui; ce que je vis encore, que ne vit pas madame de Coulanges, ce fut mademoiselle de Tourpes [1] avec un habit de velours couleur de feu, si magnifique, qu'il défie la description. Quand mesdames les maréchales de Villeroi et d'Estrées, suivies de ces trois infantes, furent parties de chez madame de Louvois, à onze heures du soir, pour se rendre au Palais-Royal, je restai encore une heure et demie au lansquenet, et puis je me fis ramener par madame de Varengeville chez moi, où j'ai toujours été depuis; ainsi, je ne suis pas plus savant du détail du bal que madame de Coulanges. Je dînai avant-hier avec elle à l'hôtel de Chaulnes, et je soupai hier avec elle chez M. de Lamoignon, où étaient la belle duchesse du Lude, la présidente Le Coigneux, cuite au four, le bon duc de Chaulnes, et l'admirable avocat général d'Aguesseau [2], qui sait toutes mes chansons, et qui les retient comme s'il n'avait autre chose à faire. Je ne retournerai pas sitôt coucher chez ma *seconde femme*, parce que je dois dimanche dîner chez la duchesse du Lude avec le cardinal de Bouillon; et c'est là où je ne manquerai pas de lui faire tous les compliments dont vous me chargez. Le mariage du duc d'Albret et de mademoiselle de La Trémouille ne tient plus qu'à une grosse fièvre, qui est survenue à la duchesse de Créqui, car la dispense de Rome est arrivée; mais vous jugez bien qu'une telle noce veut la présence, ou du moins la meilleure santé, d'une grand'mère qui y a autant contribué. Le mariage de M. de Luxembourg est toujours rompu sans retour; son procédé, fort désapprouvé, d'autant plus qu'on croit que c'est un sacrifice qu'il a voulu faire à la marquise de Bellefonds [3]. Mais madame de Seignelai ne méritait pas un

---

[1] Fille du maréchal, vice-amiral de France, d'Estrées.
[2] Depuis chancelier de France. (P.)
[3] Veuve du marquis de Bellefonds, tué au combat de Steinkerque.

tel traitement; cependant on ne désapprouve point la marquise de Bellefonds, si tant est qu'elle puisse devenir une duchesse considérable : il est constant que le duc a toujours été fort assidu auprès d'elle, et que la marquise a toujours dit qu'elle verrait M. de Luxembourg, et madame de Seignelai aller ensemble à l'église pour être mariés, sans croire pour cela que le mariage se fît ; ce qui a même fait dire par le monde qu'elle avait épousé M. de Luxembourg il y a plus de six mois, et que M. de Luxembourg, n'osant le déclarer à sa mère, écoutait les propositions de mariage qu'on lui faisait, pour amuser le tapis et pour gagner du temps. Avec un peu de patience nous serons plus savants[1]. On me dit hier que le mariage du petit Saint-Hérem était conclu avec la petite cousine de la maréchale de Lorges[2]. Il n'est plus question de celui de mademoiselle de Clérembault avec le petit de Guémené. Madame la duchesse de Rohan a la petite vérole en Bretagne. Voilà tout ce que je sais, ma très-aimable gouvernante; ainsi je n'ai plus qu'à vous embrasser avec une tendresse infinie, et à vous protester que je suis toujours plus à vous qu'à moi-même. Je vous demande vos bons offices auprès de madame votre fille et de tous les illustres habitants du royal château où vous êtes. Comment se porte M. le chevalier ? Je lui en demande pardon, mais je n'ai point du tout de goutte, et si je bois comme un trou de tous les vins qui la pourraient faire venir. Il n'en est pas de même de M. de Nevers, qui est enfin revenu de Nevers avec sa belle épouse, après y avoir pensé mourir : l'humeur de la goutte, qui se promène par tous les canaux les plus cachés de son corps, lui cause des maux tout extraordinaires. Il partit avant-hier pour aller dans le voisinage de la Roche-Guyon consulter *Christophe aux ânes*[3], qui est un laboureur, mais un homme

---

[1] *Voyez* ci-après la lettre du 5 février.
[2] *Voyez* la lettre du 20 juin 1693.
[3] Calembourg sur Christophe Ozannes, fils d'un paysan de Chaudray, qui faisait des cures extraordinaires.

admirable pour la guérison de tous les maux, par la connaissance qu'il a des simples, qu'il tient de son père, et qu'il laissera, faute d'enfants, à un de ses neveux; enfin, les cancers, la gravelle, les abcès, les ulcères, rien ne tient devant lui; on ne parle que des cures étonnantes qu'il fait, et de son désintéressement. Il donne aux pauvres ses remèdes pour rien; il les fait payer aux riches précisément ce qu'ils valent; n'exige pour toute récompense que trente sous ou un écu, qu'il fait mettre dans un tronc pour les pauvres. Il ne veut point venir en ce pays-ci; il ne veut pas non plus qu'on bâtisse aux environs de chez lui. Le duc de Gramont et Turmenies sont guéris par lui; le dernier lui a envoyé cent pistoles, qu'il lui a renvoyées aussitôt.

1260 — DU MÊME A LA MÊME.

A Paris, le 3 février 1696.

Les bruits qui nous viennent de la continuation de la mauvaise santé de madame de Grignan m'affligent à tel point, et pour vous et pour elle, ma très-aimable gouvernante, que je n'ai pas le cœur de vous envoyer le second tome de nos mariages. Les lettres ne sont aimables que selon les temps où elles arrivent; ainsi, faites de celle-ci l'usage qui conviendra au temps que vous la recevrez, et croyez bien fermement que, quelque style que je prenne, mon cœur fait son devoir sur tout ce qui vous regarde et cette aimable Comtesse. Je vous dirai après cela que ce fut mardi au soir que se firent les noces du duc d'Albret et de mademoiselle de La Trémouille [1], qui auraient été infailliblement plus joyeuses sans le contre-temps de la maladie de la duchesse de Créqui, qui n'a fait qu'augmenter depuis ce temps-là, car hier même elle était en quelque danger; je ne sais pas encore comme elle est aujourd'hui.

[1] Fille de la princesse de Tarente.

L'hôtel de Créqui cependant était magnifiquement meublé et illuminé; il y eut deux tables de quinze ou seize couverts chacune, si bien et si délicatement servies, qu'on dit qu'elles ont surpassé en délicatesse celles de la noce de M. de Barbesieux. Les jeunes gens, pour s'amuser, dansèrent aux chansons; ce qui est présentement fort en usage à la cour. Joua qui voulut, et qui voulut aussi prêta l'oreille au joli concert de Vizé, Marais, Descôteaux et Philibert [1]; avec cela l'on attrapa minuit, et le mariage fut célébré dans la chapelle de l'hôtel de Créqui. Il y eut à cette noce plus d'amis que de parents; c'est encore un usage qui s'introduit, à cause des conséquences, et je puis vous dire que j'ai été grondé de n'y être pas survenu : mais j'aime mieux être grondé en pareille occasion, que de hasarder d'arriver comme le chien dans un jeu de quilles. Je vis le lendemain matin toute la noce, et je fus très-agréablement accueilli de tout ce qui s'appelle Bouillon et La Trémouille. La porte de l'hôtel de Créqui n'a été ouverte au public que par rapport aux visites de MONSIEUR et de MADAME, et de leurs enfants, qui n'ont pas manqué en cette occasion de venir voir leurs proches parents; car elle a été fermée, à cause de la maladie de madame de Créqui, à tout ce qui s'y est présenté, hors cet heureux moment. Toutes les dames s'en sont consolées par la peine qu'elles avaient de s'enharnacher de leurs habits noirs, moitié révolte et moitié paresse. Mademoiselle de Villars, fille de la pauvre duchesse de ce nom, épousa le même jour son cousin de Brancas [2]. Mais voici bien un autre mariage : M. et madame de Clérembault se sont si bien emparés de M. de Luxembourg, aussitôt qu'il a eu rompu avec madame de Seignelai, qu'enfin c'est un mariage conclu. On

---

[1] Marin Marais était auteur de plusieurs opéras, et il jouait de la viole dans une rare perfection. Descôteaux et Philibert étaient des joueurs de flûte très-renommés. Ce dernier, quoique innocent, fut compromis dans l'affaire de la Voisin; mais sa femme fut pendue : elle avait empoisonné son premier mari.

[2] Depuis maréchal de France, et grand d'Espagne de première classe. (P.)

donne à mademoiselle de Clérembault [1] cinq cent mille francs présentement, et pour cent mille francs de pierreries, suivant l'estimation des trois plus fameux joailliers de Paris. Je vis hier des gens qui s'étaient trouvés chez madame de Clérembault à la visite qu'elle reçut de M. de Luxembourg, de madame sa mère, et de toute sa famille; ainsi cette affaire est conclue absolument, et je ne sais pas ce qu'en dira la marquise de Bellefonds; voilà, par ce moyen, les Clérembault bien dépiqués. Le public veut que madame de Seignelai soit en quelque négociation avec M. de Marsan; je m'en rapporte. Le jeune Saint-Hérem épouse dimanche la petite cousine de la maréchale de Lorges. Madame la duchesse de S. S.... est toujours grosse, et fait voir par là qu'il n'y a rien d'impossible en ce monde. Mais savez-vous qui entre dans ma chambre? C'est le marquis de Grignan en propre personne, qui a bien voulu honorer mon lever, las, à ce qu'il dit, de me chercher inutilement les après-dîners. Cela n'est-il pas bien obligeant? Pour le récompenser de sa peine, je le mènerai dîner un de ces jours chez le cardinal de Bouillon, qui n'a qu'un cri après lui, par rapport à vous, Mesdames, et à tout ce qui porte le nom de Grignan, qu'il honore et qu'il aime. Nous fîmes ensemble, c'est-à-dire le cardinal et moi, un dîner merveilleux dimanche dernier chez la duchesse du Lude, où je déployai à ce cardinal tous vos compliments, qu'il reçut avec une joie et une reconnaissance infinie; je suis chargé de vous en faire beaucoup de sa part, jusqu'à ce que, nous retrouvant tranquillement ensemble à Saint-Martin, nous vous écrivions conjointement dans la même lettre, comme il y a longtemps que c'est son dessein. Savez-vous qu'il a si bien patrociné jusqu'ici avec le roi et avec ses moines, qu'il croit l'échange assuré

---

[1] Marie-Gillonne Gillier, seconde femme de Charles-François Frédéric de Montmorenci, duc de Luxembourg, et fille unique de René Gillier, marquis de Clérembault, et de Marie Le Loup de Bellenave. (P.)

de son manoir de Saint-Martin contre un autre dans Pontoise, pour les abbés qui lui succéderont? Ainsi, il a fait un beau présent de sa belle maison et de ses beaux jardins au duc d'Albret, le lendemain de ses noces, par une donation en bonne forme, pour en jouir après sa mort s'entend, avec une habitation assurée à la duchesse sa femme tant qu'elle sera en viduité; ils ont grand intérêt cependant que le cardinal en jouisse longtemps, car il ne se tiendra jamais, croyant ce fonds assuré à ses héritiers, d'y faire beaucoup de dépenses. Le comte de Luxe [1], à qui le roi, selon la promesse qu'il en avait faite à feu M. le maréchal de Luxembourg, a accordé un brevet de duc, épouse toujours, dit-on, mademoiselle de Bosmelet [2], avec quatre cent mille francs présentement, et trois cent mille francs d'assurés; mais ce mariage pourtant n'est pas encore fait [3]; la demoiselle me paraît assez déplaisante, et la famille de Luxembourg, dit-on encore, n'est pas bien charmée de cette alliance. Voilà, mesdames, tout ce que j'ai à vous dire; mais au nom de Dieu apprenez-moi de bonnes nouvelles de la santé de notre Comtesse, si vous voulez que je continue mes longues lettres. Je vis avant-hier la bonne La Troche, qui se porte beaucoup mieux. Notre aimable L'Enclos a un rhume qui ne me plaît point: on ne voit que des enrhumés par le monde. Madame de Soubise l'a été aussi au suprême degré; mais adieu, je m'en vais dîner à l'hôtel de Chaulnes. J'ai attendu jusque ici inutilement des nouvelles de mon cardinal pour aller aujourd'hui coucher à Pontoise; mais la maladie de madame de Créqui pourrait bien l'avoir arrêté; il ne se portait pas très-bien lui-même. Voilà qui me fera prendre après-dîner la

---

[1] Paul-Sigismond de Montmorenci-Luxembourg, comte de Luxe, depuis duc de Châtillon, troisième fils du maréchal de Luxembourg. (P.)

[2] Fille d'un président de Rouen. (P.)

[3] Il ne se fit point. Le duc de Châtillon épousa, le 6 mars suivant, Marie-Antoine de La Trémouille, marquise de Royan, comtesse d'Olonne. (P.)

route du faubourg Saint-Germain. A vendredi prochain le reste, si mon étoile errante m'en donne la permission.

1261. — DE MADAME DE SÉVIGNÉ
AU PRÉSIDENT DE MOULCEAU.

A Grignan, samedi 4 février 1696.

Je ne me suis point trompée, Monsieur, quand j'ai cru que vous seriez touché de ma peine, et que vous feriez toute la diligence possible pour la soulager. Votre ordonnance de M. Barbeyrac et votre lettre ont eu des ailes, comme vous le souhaitiez, et il semble que cette petite fièvre qui paraissait si lente, en ait eu aussi pour fuir aux approches seulement du nom de M. Barbeyrac. Tout de bon, Monsieur, il y a du miracle à un si prompt changement, et je ne saurais douter que vos souhaits et vos prières n'y aient contribué. Jugez de ma reconnaissance par leur effet. Ma fille est de moitié de tout ce que je vous dis ici : elle vous fait mille remerciements, et vous conjure d'en faire beaucoup à M. Barbeyrac. Nous sommes trop heureuses de n'avoir plus qu'à prendre patience, et de la rhubarbe, dont elle se trouve tout à fait bien. Nous ne doutons pas que dans cet état de repos M. Barbeyrac n'approuve ce remède, avec un régime qui est quelquefois le meilleur de tous. Remerciez Dieu, Monsieur, et pour vous et pour nous, car nous ne saurions douter que vous ne soyez intéressé dans cette reconnaissance ; et puis, Monsieur, jetez les yeux sur tous les habitants du château, et jugez de leurs sentiments pour vous.

1262. — DE M. DE COULANGES A MADAME DE SÉVIGNÉ.

A Saint-Martin, le 17 février 1696.

Mais pourquoi ne pas écrire quelquefois *in-folio*, quand on trouve un beau et bon papier qui vous y invite? J'ai reçu ici, ma très-aimable gouvernante, la grande et la petite lettre que vous avez bien voulu m'écrire en même jour pour répondre à toutes les miennes; et je suis toujours charmé de votre style et de votre bon et loyal commerce. Il y a tantôt quinze jours que je suis ici auprès de cet adorable cardinal; et il y a tantôt quinze jours que je suis l'homme du monde le plus heureux : bonne compagnie, partout de grands feux, bonne symphonie, mille et mille jeux, table bien servie, vins délicieux; enfin, Madame, voici le pays de Cocagne au pied de la lettre. Les officiers même de cette maison ont une rage de toujours apprendre, quoiqu'ils soient maîtres passés; en sorte qu'ils nous feront crever à la fin. Ils possédaient au suprême degré tous les ragoûts les plus exquis de France et d'Italie; les voilà devenus apprentis sous le meilleur officier de cuisine d'Angleterre, pour être bientôt en ragoûts anglais beaucoup plus savants que lui. Nous ne savons donc plus où nous en sommes; tous nos ragoûts parlent des langues différentes, mais ils se font si bien entendre, que nous les mangeons, sous quelque figure et dans quelque sauce qu'ils se présentent. Vous voyez bien, Madame, que ce seul article de la bonne chère demandait un *in-folio*. Voici, en vérité, une maison admirable, et un maître de maison qu'on ne peut assez adorer : je n'ai pas manqué de lui faire tous vos compliments; et je ne vous écris d'ici que parce que je crois le moment arrivé qu'il pourra lui-même y répondre, comme bien des fois il m'a témoigné en avoir envie. Nous avons eu toute la semaine passée beaucoup de frères, de neveux et de nièces, mais depuis lundi M. le cardinal en est réduit à ses deux fidèles commensaux, l'aimable Richard Hamilton, pour l'un, et le jeune Coulanges, pour l'autre; et vous ne sauriez croire combien il s'accommode de cette solitude; il s'en accommode même si bien, que nous n'entendons pas plus parler de ce qui se passe à Paris et à la cour, que si nous étions à La Trappe; en sorte que voici un tome tout séparé des autres que je vous ai envoyés sans savoir seulement si tous les mariages résolus ont été célébrés, et si tous les mariages proposés ont été ou sont en voie d'aller à bonne fin. Vous avez su l'extrémité de madame la duchesse de Créqui, et vous avez su ensuite sa résurrection, qui a donné une excessive joie à M. le cardinal, sa longue vie étant fort nécessaire pour le bonheur de M. le duc et de madame la duchesse d'Albret; et c'est depuis cette résurrection que M. le cardinal a renoncé à toutes les nouvelles du monde pour vaquer à lui-même, et à une infinité d'ouvriers qui travaillent sans fin et sans cesse pour la perfection, sans contredit, d'un des plus beaux jardins de l'Europe. Je suis ravi de la meilleure santé de notre Comtesse; savez-vous bien que c'est un très-bon signe de vie, que d'avoir voulu elle-même lire mes lettres et y donner les tons qu'elles demandent? Vous m'assurez qu'elle a bien ri en de certains endroits et que la présidente *cuite au four*[1] ne lui a point déplu. Mais ce que j'admire de vous autres, Mesdames, si versées dans l'histoire, et si instruites des bonnes maisons de France, c'est que vous ne sachiez pas que la maison de Douilly est séparée en deux branches; que l'une a produit la jeune marquise de Sainte-Hérem, et l'autre la femme que M. de P... vient d'épouser; en sorte que ce sont deux cousines germaines, qui se sont mariées presque en même temps. L'une, toute resplendissante d'une Frémont[2] pour mère, qui lui donne une maréchale de Lorges pour cousine germaine, et des duchesses de Saint-Simon et de Lauzun pour nièces à la mode de Bretagne; l'une, dis-je, est entrée dans la maison de Montmorin; et l'autre avec moins d'ambition, quoique fille d'une mère[3] remariée à M. de L'Hôpital, s'est contentée

---

[1] La présidente Le Coigneux, sœur du maréchal de Navailles.
[2] M. de Frémont était l'un des plus riches financiers de ce temps, et cependant il mourut insolvable. (M.)
[3] Marie Métayer, veuve du receveur général des finances de Poitiers, épousa en secondes noces François de L'Hôpital, dit le *marquis de L'Hôpital*. (M.)

d'entrer dans la maison de Ber....; et voilà par ce moyen l'énigme développée, pour l'explication de laquelle vous avez recouru à moi. Nous avons encore deux mois à être ici; ils passeront bien vite. Dès que je serai à Paris, je me remettrai dans le commerce; et aussitôt je vous donnerai la continuation des tomes précédents. Je voudrais bien que vous y puissiez trouver le mariage de mademoiselle de Bagnols avec M. de Poissi; mais c'est un enfant si difficile à baptiser, que je n'ose en espérer la conclusion, quoiqu'on m'ait mandé que l'affaire était en bon chemin. Adieu, Mesdames; je m'en vais porter ma feuille à notre illustre cardinal pour illuminer au moins le reste de cette page, et vous rendre par là ma lettre d'un poids beaucoup au-dessus de ce qu'elle vaut. Mille compliments, je vous supplie, et mille respects à tous les habitants du royal château où vous êtes. Madame de Simiane est la maîtresse de ne point faire de réponse à mes lettres; mais j'aurais souhaité au moins pouvoir dire quelque chose de sa part à la duchesse de Villeroi, qui lui avait si joliment écrit dans ma lettre, et qui m'en demande des nouvelles tous les jours.

MONSIEUR LE CARDINAL DE BOUILLON.

Il est moins humiliant pour moi, Madame, de vous avouer ingénument la faute que j'ai faite de ne vous avoir donné aucun signe de vie à l'occasion de tous vos mariages, non plus qu'à toute la maison de Grignan, que j'honore et que j'aime infiniment; cela est, dis-je, moins humiliant que d'entreprendre d'ajouter quelques mots à la lettre de M. de Coulanges, qui est digne de vous et de lui. Il faut pourtant que je vous assure qu'en lieu du monde vous n'avez un serviteur qui vous soit si absolument acquis que je le suis.

MONSIEUR DE COULANGES *continue*.

Notre cousine de Pracontal part incessamment pour Montélimart; elle vous ira voir, et n'aura pas envie de

renoncer ses parents; jamais sa mère ne lui avait dit que
nous en fussions, et sans moi elle l'ignorerait encore. C'est
une très-aimable femme, qui va passer bien des mois en
province : j'en suis fâché, car je commençais fort à m'en
accommoder. Son mari a aussi du mérite, mais il ne la
perd pas de vue; si c'est tendresse, je n'ai rien à dire, quoique cette tendresse soit fort incommode quelquefois; si
c'est jalousie, c'est un effet de la dévotion de madame de
Montchevreuil, à qui il n'a pas tenu qu'elle ait perdu sa
fille auprès de son mari et de tout le genre humain. Je
suis assuré que vous la trouverez fort raisonnable, notre
cousine, que vous vous en accommoderez fort, et que vous
ne serez point fâchée de lui étaler toutes les grandeurs de
Grignan. Elle m'a prié de vous la recommander, et je vous
prie de lui dire, quand vous la verrez, que je vous l'ai recommandée avec tendresse et avec éloge. Son mari l'éta-
blira dans une terre auprès de Lyon, pendant toute la
campagne, avec sa belle-sœur madame Busseaux.

1263. — DU MÊME
A MESDAMES DE SÉVIGNÉ ET DE GRIGNAN.

A Paris, ce 20 février 1696.

Voici un esquif que j'envoie après le vaisseau qui est
parti de Saint-Martin, pour vous dire premièrement que
me voici arrivé, et que je reçus samedi au soir, à l'heure
que j'y pensais le moins, lettres sur lettres, que madame
de Louvois était depuis mardi tombée dans des coliques si
cruelles et si violentes, que la dernière, arrivée vendredi
sur le soir, avait fait peur, et fait accourir tous ses parents
et tous ses amis; en sorte que, sans hésiter, je partis hier
à quatre heures du matin de Saint-Martin pour me rendre
auprès d'elle et à mon devoir. Je l'ai trouvée fort abattue,
mais hors de ses violentes douleurs par les remèdes et par

une saignée qu'on lui a faits; obligée cependant de se tenir dans son lit sans remuer, et même sans beaucoup parler, de peur de fortifier les douleurs qu'elle a toujours, mais plus aisées à supporter que celles qui viennent par accès. Voilà, Mesdames, comme en ce monde chacun a ses peines et ses maux. J'ai été fort bien reçu, et mon zèle a été fort approuvé; mais quoique cette maladie ne paraisse point dangereuse, et que madame de Louvois fût beaucoup mieux hier sur le minuit, je n'en serai pas moins arrêté ici pendant quelques jours. Je fus hier très-fâché d'être obligé de quiter Saint-Martin, d'autant plus que samedi après-dîner le duc et la duchesse d'Albret, joliment et en bon ménage, y étaient venus surprendre le cardinal, contre ses ordres, car il ne voulait point que la duchesse vît Saint-Martin avant le printemps : c'est un goût de maître de maison que vous comprenez fort bien ; mais il ne fut pas fâché pourtant de cette surprise, qui l'avait fait résoudre de rester encore deux jours à Saint-Martin, pour leur expliquer au moins tout ce qui parerait sa maison et ses jardins dans la belle saison, et j'étais fort nécessaire pour le seconder. Le jeune ménage avait été ravi de me trouver, et la journée d'hier était destinée pour lier, entre les pots et les pintes, une grande connaissance avec la duchesse, qui est si bien faite, si honnête, si polie, si bien élevée, qu'elle est pour moi une beauté achevée, quoiqu'elle ne soit rien moins que belle, et qu'elle n'ait que la plus noble et la plus riche taille qu'on puisse jamais voir. Voilà donc, Mesdames, la première partie de mon discours, qui n'aurait pourtant pas fait partir l'esquif, si la seconde ne me pressait, pour faire, sans perdre de temps, réparation d'honneur à madame de Simiane : je passai hier la journée avec la duchesse de Villeroi, qui me demandant si je n'avais point de ses nouvelles, me dit qu'elle en avait reçu une très-aimable réponse; aussitôt je remerciai la duchesse de m'avoir appris une si bonne nouvelle, et lui expliquai pourquoi, car je n'aimais point que madame de Simiane ne fût plus l'exacte et la régulière Pauline. Je suis ravi, comme vous pouvez croire, qu'elle continue dans toutes ses perfections, et je lui demande pardon de l'avoir soupçonnée de cette peccadille. La duchesse de Villeroi devient fort jolie et fort aimable; voilà pourquoi j'étais fâché que cette allumette n'eût point pris. J'ai retrouvé ici la rage des mariages : c'est demain celui de M. de Marsan avec madame de Seignelai ; ils se donnent réciproquement tous leurs meubles et la jouissance de vingt mille livres de rente au dernier vivant, en cas qu'il n'y ait point d'enfants. Le public se déchaîne assez contre madame de Seignelai : bien des gens trouvent que d'être à soi et de jouir de soixante et dix mille livres de rente était un état fort heureux; et d'autres lui pardonnent d'avoir voulu s'en retirer par un rang aussi distingué que celui qu'elle va avoir, et par prendre un mari qu'on est assez persuadé qui vivra fort bien avec elle. Après avoir voulu épouser M. de Luxembourg, on ne lui aurait plus su gré de passer en viduité le reste de ses jours; et son dessein a été de se dépiquer, et toute sa famille en même temps. Ce sera demain à minuit cette grande cérémonie. C'est demain aussi le mariage du fils de Villacerf[1] avec mademoiselle de Brinon-Senneterre. On ne comprend pas bien le goût de M. et de madame de Brinon, qui donnent cinquante mille écus; mais voilà comme tout se prend en ce monde. On assure le mariage de mademoiselle de Royan avec le comte de Luxe, maintenant duc de Châtillon. On parle de celui de mademoiselle de Bosmelet avec le jeune duc de La Force, qui serait bien son fils. J'ai trouvé en arrivant ici le mariage de mademoiselle de Bagnols avec M. de Poissi sur le côté, je ne sais par quelle faute; il y a du pour et du contre dans tout cela. Adieu, Mesdames, je vous adore et vous embrasse.

[1] Premier maître d'hôtel de madame la duchesse de Bourgogne.

1264. — DE M. DE COULANGES A MADAME DE SIMIANE.

A Paris, le 27 février 1696.

Vous ne manquez à rien, divine Pauline, et j'ai bien des pardons à vous demander d'avoir soupçonné, comme j'ai fait, votre régularité; je me garderai bien désormais de tomber dans la faute énorme que j'ai commise envers vous : je ne veux point passer auprès de vous pour un petit homme épineux, et vous pouvez fort bien écrire *à vos bons points et aisements,* comme on dit, et quelquefois même ne me faire aucune réponse, sans que jamais j'en sois offensé. Il faut bien quelque petit commerce entre nous, pour entretenir connaissance; mais il faut qu'il soit libre, et le mettre en œuvre quand la fantaisie vous en prend : n'est-ce pas bien parler? Il y a huit jours que je suis à Paris, à donner presque tout mon temps à madame de Louvois, qui est sans colique véritablement, mais qui a été si mal menée, et qui a tant de vapeurs, qu'elle a toutes les peines du monde à se remettre. L'ambassadeur de Portugal fit hier son entrée solennelle à Paris par la porte Saint-Antoine, et fit le tour de la Place Royale : le pauvre peuple de Paris est si affamé de spectacles, que c'en fut un pour lui que cette entrée qui n'aurait pas été regardée en un autre temps. L'ambassadeur a une livrée grise avec des galons d'argent et de veloutés bleus, et quatre beaux carrosses; mais une honte pour la France, ce sont les carrosses et les chevaux qu'on avait envoyés pour lui faire cortége. Cependant on ne pouvait pas se remuer dans les rues, tant il y avait de monde. La Place Royale, avec des tapis sur les fenêtres, et à tous les balcons, n'était pas un des moins beaux endroits de la ville à faire voir à cet ambassadeur : aussi en fit-il le tour, et il y vit belle et honorable compagnie sur le balcon d l'hôtel de Chaulnes, où avaient dîné M. le cardinal d Bouillon, mesdames les duchesses de La Trémouille et d'Al bret, madame de Coulanges, l'abbé Têtu, l'abbé d'Auvergne, le comte d'Albret et moi; et où beaucoup d'autres gens considérables se rendirent, après le dîner, pour le spectacle; le chevalier de Bouillon entre autres, qu'on présenta et qu'on fit baiser à votre amie madame de Coulanges, comme un homme fort extraordinaire [1]. Je m'en vais de ce pas dîner à Montmartre, où M. et madame de Nevers, plus belle et plus aimable que jamais, m'ont donné rendez-vous. Je crois que je n'aurai pas beaucoup de faim quand j'en reviendrai. Il ne faut pas cependant que je manque ce soir à M. de Lamoignon, en dussé-je crever. N'allez point conter ma vie à M. le chevalier de Grignan; car ma vie offense tellement tous les goutteux, qu'il n'y a malheur qu'ils ne me souhaitent. Dernièrement M. de Saint-Géran fut si offensé de me voir insolemment taper du pied dans le temps qu'il ne pouvait se remuer, qu'il m'aurait étranglé s'il l'avait pu. Rien n'est assurément plus extraordinaire que l'état jeune et florissant dans lequel je me trouve : vous perdez bien de n'être point ici pour me voir; combien danserions-nous ensemble aux chansons! c'est un divertissement à la mode. M. et madame de Marsan sont allés à Versailles : rien n'est pareil à leur contentement; mais n'êtes-vous pas trop heureuse, divine Pauline, de n'avoir point épousé M. de Lauzun, qui, sans rime et sans raison, a planté là sa femme? On conte des histoires de lui qui ne finissent point, mais que je n'ai pas le temps de vous écrire. C'est pour le lundi gras le mariage du nouveau duc de Châtillon avec mademoiselle de Royan. La bonne femme ma-

---

[1] Dangeau explique clairement le mot de Coulanges. « Il est arrivé, dit-il, un malheur à M. le chevalier de Bouillon à Avignon. Un traiteur chez qui il mangeait avec quelques officiers de la marine a été trouvé mort, et l'on prétend que c'est des coups qu'il a reçus de ces messieurs, qui l'avaient mis tout nu avant de le frapper. M. de Bouillon en a parlé au roi, et paraît fort mécontent de la conduite de M. le chevalier son fils. On dit même qu'il demande au roi qu'on le mène au château d'If, pour tâcher de le corriger par cette punition. » (*Mémoires de Dangeau*, 4 mars 1693, tome II, page 7.)

dame de Bouteville¹ lui a envoyé pour quatre-vingt mille francs de pierreries. Il n'y a pas de mariage encore plus heureux que celui de M. de Luxembourg, qui a perdu sa petite-fille du premier lit, au grand contentement de tous ceux qui en ont hérité. M. et madame de Pracontal partent dimanche pour aller incessamment vous voir. Je vous recommande madame de Pracontal, qui est notre cousine, et que j'aime comme ma vie : je suis très-affligé qu'elle nous quitte; vous la trouverez très-aimable et de bonne compagnie; elle passera bien du temps hors de Paris, ou je me trompe fort. M. de Marillac a perdu un frère abbé. MONSEIGNEUR est à Meudon. Le roi s'en va mercredi à Marly; et le jubilé, contre vent et marée, commencera dimanche prochain, dont le peuple est affligé ; il est dans l'habitude d'employer les trois jours gras à un autre usage qu'à prier Dieu. Le père de La Ferté, jésuite, qui prêche avec un succès au-dessus de son âge et de sa qualité, par un zèle louable et qui prouve sa vocation, a obtenu de ses supérieurs la permission de s'en aller en Canada². Adieu, belle et divine Pauline, je n'en sais pas davantage. Je suis ravi de la meilleure santé de madame votre mère ; mais nous n'osons nous flatter de la voir ici plus tôt qu'à la fin de l'automne, et c'est nous mettre le carême bien haut.

1265. — DE MADAME DE SÉVIGNÉ AU PRÉSIDENT DE MOULCEAU.

A Grignan, le 29 février 1696.

Vous n'êtes pas encore quitte de nous, Monsieur. Il est plus aisé de n'avoir aucun commerce avec nous que de

---

¹ Élisabeth-Angélique de Vienne, grand'mère du duc de Châtillon, était veuve de François de Montmorenci, comte de Bouteville : elle mourut le 6 août suivant, âgée de quatre-vingt-neuf ans, après en avoir passé soixante-neuf en viduité. (P.)

² Le père de La Ferté ne profita pas de la permission de ses supérieurs, parce que ses parents s'y opposèrent. (P.)

cesser celui que j'ai remis sur pied, quelque petit qu'il puisse être. Je trouve que l'honnêteté m'oblige à vous dire que nous sommes bien fâchées que dans le temps que nous sommes si malades (car je parle toujours au pluriel), vous ayez pris la liberté d'être malade aussi. Nous trouvons aussi que nous devons pour le moins à la rhubarbe, à qui nous croyons avoir tant d'obligations, la justice de ne la pas laisser condamner sans l'entendre : c'est ce que je fais dans le mémoire que j'envoie à M. Barbeyrac. Par modestie, je n'y mets pas votre nom; mais par l'amitié que je conserve pour vous, Monsieur, et par celle que je me flatte que vous avez encore pour nous, je ne le ferme point, et tout librement je vous conjure de vouloir bien le lire, et le faire entendre à M. Barbeyrac, car je n'écris pas méthodiquement, et c'est vous seul qui pouvez l'expliquer. Ayez donc cette charité, Monsieur; vous ne chercherez pas bien loin pour trouver dans votre cœur toute la bonté qui vous est nécessaire pour vous faire excuser de pareilles libertés. Voici une troisième raison de vous écrire. Il faut bien que je vous envoie une lettre que j'ai enfin escroquée à la philosophie de notre cher Corbinelli : il m'a donné le nom de *scélérat* que j'avais oublié, et que vous méritiez si bien. Adieu donc, illustre *scélérat*; jamais une telle qualité n'a été si parfaitement estimée et de la mère et de la fille, qu'elle est en vous. C'est un goût que vous renouvelez dès que nous revoyons la plus petite de vos lettres, et la moindre période qui nous redonne ce style qui a trouvé si particulièrement le secret de nous plaire.

1266. — DE M. DE COULANGES
A MESDAMES DE SÉVIGNÉ ET DE GRIGNAN.

A Paris, le 14 mars 1696.

L'in-folio m'a attiré un très-bon *in-quarto*; je le reçus avant-hier matin et tout à propos pour en faire part à mon charmant cardinal, qui se rendit à mon lever, au moment que j'y pensais le moins : il fut ravi de votre lettre; et que ne me dit-il point d'obligeant pour vous et pour tout ce qui porte le nom de Grignan? Comptez tous que si jamais vous revenez dans ce pays-ci, comme je veux l'espérer, nous vous ferons voir Saint-Martin dans toute son étendue, et avec toutes ses beautés vraiment sans pareilles. Mais que pensez-vous, Mesdames, qui amenait si matin cet aimable cardinal chez moi? Hélas! c'était pour me proposer de le suivre, et d'aller me mortifier avec lui dans ce charmant séjour; mais en vue de faire mon jubilé, qui n'aura sa perfection que samedi matin, il m'a fallu résister courageusement à cette proposition; en sorte que me voici dans le jeûne, la cendre et le cilice, jusqu'à samedi après dîner, qu'une petite chaise me viendra enlever pour me mener rapidement à Pontoise, où j'espère passer quelque temps, et vous y désirer sans fin et sans cesse. Cependant, au milieu de ma cendre et de mon cilice, il faut que je trouve le moyen de jeûner aujourd'hui très-austèrement, en soupant ce soir chez Penautier[1], où je ne puis ni ne veux manquer, d'autant plus que M. et madame de Marsan sont de ce souper, et que je serai ravi de boire et de renouveler connaissance avec eux. La duchesse du Lude et tous les Lamoignon en sont encore : ainsi, quel moyen que je m'en puisse dispenser? Je m'en rapporte à vous-même, ma très-aimable gouvernante.

Au reste, notre hôtel de Chaulnes brille en carêm comme il a brillé tous les jours gras; on y vit assurémen à la grande. Le bon duc va toujours pesamment son chemin; mais il faut espérer que Vichy, s'il fait tant que d'y aller, dégagera sa valise, qui est assurément trop pleine, aussi bien que la mienne; mais comme je suis plus jeun que lui, et que je fais plus d'exercice, j'en suis moins em-

---

[1] Receveur général du clergé de France, chez qui on faisait très-bonne chère. Il fut gravement compromis dans l'affaire de la Brinvilliers.

barrassé. Comme il y aura longtemps que nous ne nous serons vus quand vous arriverez ici, Mesdames, je crains beaucoup que vous ne me trouviez d'une grosseur énorme; mais qu'y faire? Vous ne m'en trouverez pas plus de contrebande, ni moins porté à vous honorer et à vous aimer toute ma vie. Je vis avant-hier la commère La Troche, qui quête toutes les paperasses du monde pour vous les envoyer, et nous pensâmes nous quereller sur ce que je lui dis qu'il ne fallait point vous en envoyer, qu'il en fallait laisser le soin à l'abbé Bigorre, le plus exact et le plus régulier de tous les correspondants, et que c'était vous faire payer des ports qu'il était bon de vous épargner : ai-je raison? ne l'ai-je pas? Pour moi, je crois qu'il y a longtemps que la nouvelle des armées visionnaires de Bretagne est parvenue jusqu'à vous, et que vous vous moquez de la solidité avec laquelle M. de Lavardin a rendu compte de cette vision à la cour; ainsi je n'ai point voulu vous en renvoyer la relation, non plus que mille chansons qui courent, toutes plus méchantes et plus plaisantes les unes que les autres : comme je n'y ai aucune part, je ne me charge point de cette marchandise, et principalement dans ce saint temps de carême.

Mais madame du Pui-du-Fou est morte; ne faut-il pas faire un compliment en forme à M. de Grignan[1]? Je vous supplie de m'en acquitter envers lui, et de lui dire combien j'entre vivement dans tous les biens et les maux qui lui arrivent. Je vis avant-hier la duchesse douairière de Lesdiguières à l'hôtel de Chaulnes, plus brillante que jamais; je lui demandai si la porte de son hôtel ne me serait jamais ouverte; et au ton qu'elle prit, vous eussiez dit que c'était ma faute si je ne la voyais pas souvent, et que je n'avais qu'à me présenter à cette porte pour qu'elle tombât devant moi, et cependant la solitude est plus grande que

---

[1] M. de Grignan avait épousé la fille de madame du Pui-du-Fou en secondes noces. (P.)

jamais. Pour sa belle-fille [1], c'est un des plus vilains nez que je connaisse; j'aime mille fois mieux madame la duchesse d'Albret, qui a le port et la taille d'une divinité. La duchesse de Richelieu a été si considérablement mal tous ces jours passés, d'un gros rhume avec la fièvre et une toux épouvantable, qu'elle en est accouchée à sept mois d'un garçon, qui est tout plein de vie cependant, et qui réjouit autant le duc son père, qu'il afflige le marquis de Richelieu. Mais vivra-t-il? Cela est bien douteux. Nous n'avons aucunes bonnes nouvelles d'Angleterre; nous courons risque de revoir bientôt le roi Jacques. On prétend que le prince d'Orange a toujours été fort bien instruit, et qu'il n'a pas fait semblant de l'être, pour nous faire donner dans le piége. Sa flotte était hier si près de Calais, qu'on n'attendait que le moment qu'elle viendrait brûler tous nos bâtiments et bombarder Calais. Ce moment fatal pour nous dépendait de la marée; on dit que toutes nos frégates sont en sûreté sous le risban de Dunkerque; nous en serons incessamment mieux informés.

Adieu, Mesdames, vous n'en saurez pas davantage pour aujourd'hui; et c'est beaucoup, quoi que vous en puissiez dire, car mes lettres ne sont pas aussi merveilleuses que vous voulez me le faire accroire. Je vous attends toujours ici très-impatiemment, soyez-en bien persuadées. Fi! la tête de veau, la fraise et les pieds, est-il rien de plus indigeste? Croyez, ma chère gouvernante, que ce n'est point du tout un attachement raisonnable que celui que vous avez pour un tel mets, et je vous conseille, pour votre propre santé, de vous en défaire au plus tôt. Je pardonne à madame de Simiane de ne m'avoir point écrit le mardi gras; je comprends à quel point elle était embarrassée ce jour-là, pour briller au bal, et pour donner la loi à toutes les dames de Vauréas; je suis fort flatté qu'elle veuille

---

[1] Mademoiselle de Duras, mariée le 17 janvier précédent.

bien m'honorer de quelque nom plus tendre que celui de
Monsieur; j'étais résolu de la supplier de m'appeler plutôt
Pierrot : qu'elle me baptise donc de celui que son amitié
pour moi lui inspirera, et qu'elle soit très-persuadée que je
mérite quelque distinction auprès d'elle, par tout le respect et l'admiration que j'ai pour la sage Pauline. Sanzei [1]
vous fait mille compliments et mille remerciements de
l'honneur de votre souvenir, en quelque habit qu'il soit;
il a si bien fait par ses journées [2], que la maison de M. de
Saint-Amand est devenue la sienne : il y est depuis le matin
jusqu'au soir. On ne peut assez vous étaler la ruine de la
maison de Saint-Hérem; ils ont quatre cent mille francs
de dettes plus qu'ils n'en ont déclaré : on lapiderait volontiers madame de Sainte-Hérem à mesure qu'on découvre
des articles de dépense dont on n'a jamais entendu parler.
Les jeunes gens vont renoncer à toutes choses, et s'en tenir
purement à la survivance du gouvernement de Fontainebleau et à leur brevet de retenue. M. de Sant-Amand a
bien mieux marié sa fille que M. de Douilly; mais voyez
le *Mercure galant* du mois de février, et vous verrez que
c'est une maison que la maison de Douilly. Votre amie
vous dit des merveilles en attendant vendredi. La maréchale de Créqui partit hier en poste pour aller au secours
de Blanchefort, son fils bien aimé, qui est malade à
Tournay.

1267. — DE M. DE COULANGES A MADAME DE SÉVIGNÉ.

A Paris, le 19 mars 1696.

Voilà le chapitre des mariages fini; c'est maintenant
celui des morts qui commence. Madame de Guise [3] partit

---

[1] M. de Sanzei venait d'être fait colonel.
[2] *Si bien fait par ses journées*, c'est employer son temps avec succès. Cette expression, qu'on rencontre souvent dans nos vieux chroniqueurs, n'est plus d'usage aujourd'hui.
[3] Elisabeth d'Orléans, fille de Gaston de France, duc d'Orléans, oncle de

de ce monde samedi sur le midi ; elle était tombée malade le mardi seulement, d'une grosse fièvre, avec une fluxion sur la poitrine : on ne peut guère être emportée plus rapidement. Elle est morte à Versailles, avec beaucoup de connaissance et de résignation. Le roi la vit deux heures avant qu'elle mourût ; après un entretien assez long, il sortit d'auprès d'elle pénétré de douleur et tout en larmes, et le lendemain, c'est-à-dire hier, il partit pour Marly, où il sera jusqu'à samedi au soir. La pauvre maréchale de Créqui aura trouvé un courrier sur son chemin, qui l'aura empêchée d'aller à Tournay. Le pauvre Blanchefort y est mort à vingt-sept ans, avec un courage nonpareil ; c'est une grande perte pour sa maison, mais particulièrement pour sa mère, qui mourra de douleur, si tant est qu'on en meure ; et madame du Plessis-Bellière[1] mourra de la mort de sa fille.

Mais qui mourut hier bien subitement, ce fut M. de Saint-Géran[2] ; il s'était confessé mercredi, dans l'intention d'achever hier son jubilé ; il jeûna vendredi et samedi à cet effet ; et hier matin, sans mal ni douleur, il s'en alla à Saint-Paul, sa paroisse. Comme il était dans le confessionnal, il tomba tout d'un coup ; on courut à lui, on lui fit tous les remèdes qu'on lui put faire dans l'église ; mais la connaissance ne lui étant point revenue, il fut porté chez un apothicaire vis-à-vis la grande porte de Saint-Paul, et il mourut en y arrivant. Aussitôt que j'en fus averti, j'allai chez lui, où je le trouvai mort ; il sera enterré ce soir à Saint-Paul, et demain je compte m'en aller à Versailles, pour me rendre à mon devoir auprès de madame de Saint-Géran, qui apparemment se consolera de sa perte, et qui ne souffrira peut-être pas de même de se voir privée pour

---

Louis XIV, et de Marguerite de Lorraine-Vaudemont, sa seconde femme. Elle était née le 26 décembre 1646, et fut mariée en 1676 avec Louis-Joseph duc de Guise. (P.)

[1] Épouse du maréchal de Créqui.
[2] Bernard de La Guiche, comte de Saint-Géran.

quelque temps de jouer jour et nuit au lansquenet, comme elle s'y est adonnée depuis quelques années. Notre amie a toujours vécu au jour le jour, sans jamais songer à l'avenir ; Dieu veuille qu'elle s'en trouve bien jusques au bout : je ne crois pas que mademoiselle de Saint-Géran, sa fille, soit jamais une grande héritière.

Je ne sais comme vont les affaires d'Angleterre ; il n'y a que la comtesse de Fiesque qui en ait bonne opinion, assurant toujours qu'elles iront bien. J'ai fait trois repas chez les Marsan, dont je me trouve à merveille ; je m'en vais bien mettre leur maison dans ma botte. M. de Marsan fait toujours souvenir sa femme qu'elle n'est plus madame de Seignelai, et que n'étant que madame de Marsan[1], il faut bien qu'elle s'accommode de tous ses amis, de quelque taille et de quelque rang qu'ils soient, et qu'elle vive avec les vivants. Je dois aller samedi à Saint-Martin ; et en attendant j'irai demain à Versailles, pour consoler mon amie et pour vivre avec mesdames de Villeroi et mademoiselle de Bouillon, que j'y trouverai. Madame de Guise a ordonné qu'on l'enterrât sans cérémonie, et a préféré la sépulture des Carmélites du grand couvent à tout le faste de celle de Saint-Denis avec les rois ses aïeux : elle n'avait que quarante-neuf ans. Le père de La Ferté prêchera encore mercredi ; et puis vendredi, sans dire mot, il partira pour le Canada[2] ; s'il ne partait à petit bruit, cela causerait une sédition, tant il a la voix et l'approbation du peuple ; l'église des Jésuites était trop petite pour le monde infini qui se trouvait à ses sermons.

Je viens de dîner à l'hôtel de Chaulnes, où était le marquis de Grignan ; il vous pourra dire que je n'y ai pas été d'une trop méchante humeur. C'est le maréchal de Villeroi qui annonça hier à madame de Saint-Géran la mort de

---

[1] Ironie ; M. de Marsan était prince de la maison de Lorraine et le plus jeune frère du comte d'Armagnac. (M.)
[2] *Voyez* la fin de la lettre du 27 février précédent.

son mari ; et c'est le duc qui s'est chargé du soin de le faire enterrer ce soir. Il sera apparemment créancier privilégié sur la succession; car je ne doute point qu'il n'avance les frais nécessaires pour cette cérémonie. Je ne sais plus rien, Madame; ainsi, je finis et vous dis adieu jusques à mon retour de Saint-Martin, qui sera quand il plaira à Dieu. Madame de Coulanges n'a plus de colique; elle dit seulement qu'elle a quelquefois encore de la *colicaille*, qui ne l'empêche ni de boire, ni de manger, ni de s'accommoder des jeunes gens : elle a beaucoup de goût pour le chevalier de Bouillon et pour le comte d'Albret; elle a été ravie de retrouver M. de Marsan, avec qui elle est en commerce de tabac. L'hiver est arrivé depuis deux jours; il a gelé et neigé de telle sorte, qu'il ne faut plus compter sur les abricots; je crains bien aussi que les pêches n'en souffrent. Madame de Frontenac a de la fièvre et un furieux rhume; cela fait peur, par la mode qui court. Notre pauvre L'Enclos a aussi une petite fièvre lente, avec un petit redoublement les soirs, et un mal de gorge qui inquiète ses amis; enfin, je crains bien que toutes ces morts n'aient de la suite.

1268. — DE MADAME DE SÉVIGNÉ A M. DE COULANGES [1].

A Grignan, le 29 mars 1696.

Toutes choses cessantes, je pleure et je jette les hauts cris de la mort de Blanchefort, cet aimable garçon, tout parfait, qu'on donnait pour exemple à tous nos jeunes gens. Une réputation toute faite, une valeur reconnue et digne de son nom, une humeur admirable pour lui (car la mauvaise humeur tourmente), bonne pour ses amis, bonne pour sa famille; sensible à la tendresse de madame sa mère, de madame sa grand'mère [2], les aimant, les hono-

---

[1] Madame de Sévigné étant morte de la petite vérole dans les premiers jours d'avril, il est vraisemblable que cette lettre est la dernière qu'elle a écrite.
[2] La maréchale de Créqui et madame du Plessis-Bellière.

rant, connaissant leur mérite, prenant plaisir à leur faire sentir sa reconnaissance, et à les payer par là de l'excès de leur amitié; un bon sens avec une jolie figure; point enivré de sa jeunesse, comme le sont tous les jeunes gens, qui semblent avoir le diable au corps : et cet aimable garçon disparaît en un moment, comme une fleur que le vent emporte, sans guerre, sans occasion, sans mauvais air! Mon cher cousin, ou peut-on trouver des paroles pour dire ce que l'on pense de la douleur de ces deux mères, et pour leur faire entendre ce que nous pensons ici! Nous ne songeons pas à leur écrire; mais si dans quelque occasion vous trouvez le moment de nommer ma fille et moi, et MM. de Grignan, voilà nos sentiments sur cette perte irréparable. Madame de Vins a tout perdu, je l'avoue [1]; mais quand le cœur a choisi entre deux fils, on n'en voit plus qu'un. Je ne saurais parler d'autre chose. Je fais la révérence à la sainte et modeste sépulture de madame de Guise, dont le renoncement à celle des rois, ses aïeux, mérite une couronne éternelle. Je trouve M. de Saint-Géran trop heureux; et vous aussi, d'avoir à consoler madame sa femme : dites-lui pour nous tout ce que vous trouverez à propos. Et pour madame de Miramion, cette mère de l'Église, ce sera une perte publique [2]. Adieu, mon cher cousin, je ne saurais changer de ton. Vous avez fait votre jubilé. Le charmant voyage de Saint-Martin a suivi de près le sac et la cendre dont vous me parliez. Les délices dont M. et madame de Marsan jouissent présentement méritent bien que vous les voyiez quelquefois, et que vous les mettiez dans votre hotte; et moi, je mérite

---

[1] Madame de Vins avait perdu son fils unique. (A. G.)

[2] « Madame de Miramion mourut à Paris; c'est une grande perte pour « les pauvres, à qui elle faisait beaucoup de bien. Elle avait travaillé à « beaucoup de bons établissements de charité, qui presque tous avaient « réussi. Le roi l'aidait dans les bonnes œuvres qu'elle faisait, et ne lui « refusait jamais rien. » (*Mémoires de Dangeau*, 24 mars 1696, tome II, page 41.)

d'être dans celle ou vous mettez ceux qui vous aiment ; mais je crains que vous n'ayez point de hotte pour ces derniers.

1269. — DE MADAME DE COULANGES
A MADAME DE SÉVIGNÉ.

A Paris, le 6 avril 1696.

Je ferai voir votre lettre à la maréchale de Créqui [1], Madame ; le seul plaisir qui lui reste, c'est d'entendre louer son pauvre fils. Elle me paraît plus affligée que le premier jour ; je n'en passe guère sans la voir. Je l'ai cependant envoyée à M. de Coulanges, cette aimable et tendre lettre ; il est à Saint-Martin, d'où il doit revenir mardi. Madame de Saint-Géran a reçu deux visites de madame de Maintenon ; vous jugez bien qu'il n'en fallait pas tant pour la consoler. Madame de Mornai ne quitte point madame de Maintenon ; plus cette petite femme paraît insensible aux honneurs qu'elle reçoit, plus on est occupé d'elle ; je suis étonnée de ces deux sortes de conduites. Le mariage d ma nièce est absolument rompu avec M. de Poissi [2] ; ell part dans huit jours pour aller en Flandre. M. et madame de Bagnols n'ont aucun tort ; madame de Maisons [3] a fait aussi ce qu'elle a pu, et nous lui en serons toujours sensiblement obligés. Je suis ravie de la connaître ; elle a u très-bon cœur et une véritable générosité. Il faut espére que notre grande fille sera bien mariée [4] ; mais ce ne peu plus être qu'au retour de la campagne, car rien ne nou convient plus dans la robe. Je m'en vais vite finir ce peti billet, car madame de Montespan me vient prendre dès l pointe du jour pour aller entendre le père de La Fert (*jésuite*), qui prêche comme un Bourdaloue, qui re.

[1] Catherine de Rougé du Plessis-Bellière. (P.)
[2] Claude Longueil, marquis de Poissi et de Maisons, président à mortie au parlement de Paris. (P.)
[3] Louise de Fieubet, mère de M. de Poissi. (P.)
[4] Elle fut mariée en 1699 au comte de Tillières. (P.)

semble si fort au duc son frère, qu'on ne se peut empêcher de rire des discours qu'ils tiennent tous deux; madame de Fontevrauld¹ vient aussi; voilà bien des sermons que j'entends avec cette bonne compagnie, qui part dans huit jours pour aller à Bourbon. Moins madame de Grignan se rétablit où elle est, plus elle se devrait presser de changer d'air; séparément de l'intérêt que j'ai à donner ce conseil, c'est l'avis de tous les gens habiles. Quand reverrons-nous aussi madame de Simiane? Elle ne s'en soucie guère; elle a de quoi s'amuser, pendant que nous soupirons ici après elle. Je ferai vos compliments à la maréchale de Créqui, et ceux de M. et de madame de Grignan, je vous en assure, ma très-aimable. Le roi a donné deux mille louis au maréchal de Choiseul pour l'aider à faire son équipage; je ne sais si le marquis de Grignan ira avec lui. Adieu, ma vraie amie, et vite adieu; on me presse de sortir.

FIN DES LETTRES DE MADAME DE SÉVIGNÉ.

1270. — DE M. DE COULANGES A MADAME DE SIMIANE.

A Paris, le 25 avril 1696.

Bien loin de trouver mauvais, Madame, que vous ne m'ayez point écrit de votre main, je suis fort surpris que seulement vous ayez songé à moi dans une occasion aussi cruelle et aussi funeste que celle où nous nous trouvons². Je n'ai point douté de votre sensibilité sur la perte que nous avons faite; et j'ai bien compris ce qu'il en coûterait à votre bon naturel. Mon Dieu! Madame, quel coup pour tous tant que nous sommes! Quant à moi, je me perds dans la pensée que je ne verrai plus cette pauvre cousine, à qui j'ai été si tendrement attaché depuis que je suis au monde, et qui m'avait rendu cet attachement par une si

¹ Sœur de madame de Montespan. (P.)
² Madame de Sévigné était morte le 17 avril précédent.

constante amitié. Si vous voyiez, Madame, tout ce qui se passe ici, vous connaîtriez encore plus le mérite de madame votre grand'mère ; car jamais il n'y en eut de plus reconnu que le sien, et le public lui rend, avec des regrets infinis, tout l'honneur qui lui est dû. Madame de Coulanges est dans une désolation qu'on ne vous peut exprimer, et si grande, que je crains qu'elle n'en tombe bien malade. Depuis le jour qu'on nous annonça la cruelle maladie qui à la fin nous l'a enlevée, nous avons perdu toute sorte de repos. Madame la duchesse de Chaulnes s'en meurt ; la pauvre madame de La Troche... Enfin, nous nous rassemblons pour pleurer, et pour regretter ce que nous avons perdu, et parmi nos douleurs, l'inquiétude où nous sommes encore pour la santé de madame votre mère n'est pas une des moindres. Ne m'écrivez point, mais ordonnez seulement au moindre de vos gens de nous mander de vos nouvelles : je vous supplie de croire que la santé de madame votre mère et la vôtre me sont très-précieuses, et par plus d'une raison ; car je crois devoir encore à la mémoire de madame de Sévigné d'être plus attaché qu'auparavant à vous et à madame de Grignan, par bien connaître les sentiments qu'elle avait pour elle et pour vous. Je n'écrirai de longtemps à madame votre mère, de peur d'augmenter sa douleur par mes lettres ; mais ne m'oubliez pas dans les occasions, nommez mon nom, assurez que de tous vos serviteurs, parents et amis, personne assurément n'est plus sensiblement affligé que je le suis, et ne prend plus de part que je fais à tout ce qui vous regarde. Je ne ferai pas sitôt voir votre lettre à madame de Coulanges ; mais je ne manquerai pas de lui dire que vous ne l'oubliez pas. J'ose vous assurer que c'est une justice que vous lui devez par tous les sentiments qu'elle a pour vous. Trouvez bon que je fasse ici de très-tristes compliments à M. de Simiane, à M. le chevalier de Grignan, et à M. de La Garde. Quelle scène, bon Dieu ! dans ce royal château! et que je suis en peine encore de la pauvre mademoiselle de Martillac, qui s'est si bien acquittée de tous les devoirs de la bonne et tendre amitié!

1271. DE MADAME LA COMTESSE DE GRIGNAN AU PRÉSIDENT DE MOULCEAU.

Le 28 avril 1696.

Votre politesse ne doit point craindre, Monsieur, de renouveler ma douleur en me parlant de la douloureuse perte que j'ai faite. C'est un objet que mon esprit ne perd pas de vue, et qu'il trouve si vivement gravé dans mon cœur, que rien ne peut l'augmenter ni le diminuer. Je suis très-persuadée, Monsieur, que vous ne sauriez avoir appris le malheur épouvantable qui m'est arrivé, sans répandre des larmes; la bonté de votre cœur m'en répond. Vous perdez une amie d'un mérite et d'une fidélité incomparables : rien n'est plus digne de vos regrets. Et moi, Monsieur, que ne perdé-je point! quelles perfections ne réunissait-elle point, pour être à mon égard, par différents caractères, plus chère et plus précieuse! Une perte si complète et si irréparable ne porte pas à chercher de consolation ailleurs que dans l'amertume des larmes et des gémissements. Je n'ai point la force de lever les yeux assez haut pour trouver le lieu d'où doit venir le secours; je ne puis encore tourner mes regards qu'autour de moi, et je n'y vois plus cette personne qui m'a comblée de biens, qui n'a eu d'attention qu'à me donner tous les jours de nouvelles marques de son tendre attachement, avec l'agrément de la société. Il est bien vrai, Monsieur, il faut une force plus qu'humaine pour soutenir une si cruelle séparation et tant de privation. J'étais bien loin d'y être préparée : la parfaite santé dont je la voyais jouir, un an de maladie qui m'a mise cent fois en péril, m'avaient ôté l'idée que l'ordre de la nature pût avoir lieu à mon égard.

Je me flattais, je me flattais de ne jamais souffrir un si grand mal ; je le souffre et je le sens dans toute sa rigueur. Je mérite votre pitié, Monsieur, et quelque part dans l'honneur de votre amitié, si on la mérite par une sincère estime et beaucoup de vénération pour votre vertu. Je n'ai point changé de sentiment pour vous depuis que je vous connais, et je crois vous avoir dit plus d'une fois qu'on ne peut vous honorer plus que je fais.

La comtesse DE GRIGNAN.

1272. — DE MADAME DE COULANGES
A MADAME DE SIMIANE.

A Paris, le 2 mai 1696.

Je vous suis sensiblement obligée, Madame, de songer encore à moi ; je connaissais toutes vos perfections, mais la tendresse de votre cœur, et l'amitié que vous aviez su avoir pour une personne aussi digne d'être aimée que celle que vous regrettez, c'est ce qui me paraît fort au-dessus de tout ce qu'on en peut dire. Ah, Madame ! que vous avez raison de me croire infiniment touchée ! Je ne pense à autre chose, je ne parle d'autre chose ; j'ignore tous les détails de cette funeste maladie, je les cherche avec un empressement qui fait voir que je ne songe point à me ménager. Je passai hier toute la journée avec le prieur de Sainte-Catherine ; vous jugez bien sur quoi roula notre conversation. Je lui fis voir la lettre que vous m'avez fait l'honneur de m'écrire ; elle lui fit un vrai plaisir ; car ces sortes de gens-là sont si persuadés que cette vie-ci ne doit servir qu'à s'assurer l'autre, que les dispositions dans lesquelles on quitte le monde sont les seules dignes d'attention pour eux ; mais on songe à ce qu'on perd, et on le pleure. Pour moi, il ne me reste plus d'amie ; mon tour viendra bientôt, cela est raisonnable ; ce qui ne l'est guère, c'est d'entretenir une personne de votre âge de si tristes et si noires pensées : votre raison fait oublier votre jeunesse, Madame; et cela, joint à l'inclination naturelle que j'ai pour vous m'autorise, ce me semble, à vous parler comme je fais.

1273. — DE M. LE COMTE DE GRIGNAN
A M. DE POMPONNE.

A Paris, le 7 mai 1696.

Vous comprenez si bien, Monsieur, tout ce que l'on peut sentir dans la perte que nous venons de faire, et vous y entrez si sincèrement, et pour vous et pour moi, que je me trouve obligé de joindre aux très-humbles remercîments que je dois à vos bontés un compliment particulier sur votre douleur. En vérité, Monsieur, toutes les personnes qui étaient attachées à Madame de Sévigné par les liens du sang et de l'amitié sont bien à plaindre, et surtout celles qui ont pu connaître dans les dernières journées de sa vie toute l'étendue de son mérite et de sa solide vertu. J'aurai l'honneur quelque jour de vous conter des détails sur cela, qui exciteront votre admiration.

Faites-moi la grâce d'être toujours bien persuadé, Monsieur, de mon parfait attachement pour vous, et du véritable respect avec lequel je suis votre très-humble et très-obéissant serviteur,

GRIGNAN.

1274. — DE M. DE COULANGES A MADAME DE SIMIANE.

A Choisy, le 15 mai 1696.

Je vous suis d'autant plus obligé de la lettre honnête, et de votre propre main, que vous m'avez fait l'honneur de m'écrire, que je comprends à merveille par moi-même la peine que vous pouvez avoir à traiter toujours un sujet qui vous tient si fort au cœur, et qui rappelle toutes vos tristes idées; cependant, Madame, c'est un sujet, ou je me trompe beaucoup, que nous traiterons longtemps. On oublie souvent la perte de ses parents; mais quand une fois nos parents sont nos intimes amis, c'est une plaie qui ne se ferme pas si tôt. Avouez, Madame, que ce n'est point une grand'mère que vous pleurez : pour moi, je ne pleure point une cousine germaine; mais nous pleurons assurément la plus aimable amie qui fut jamais, et la plus digne d'être aimée. La mémoire m'en sera toujours très-précieuse, et rien ne me la fera oublier, quelque lieu que j'habite, ni quelques plaisirs qui s'offrent à moi. Le délicieux séjour de Choisy, joint à la bonne compagnie qui s'y trouve ordinairement, ne m'a point encore dissipé au point que je ne donne beaucoup de moments au triste souvenir de notre illustre amie; cette perte me paraîtra longtemps un songe par ne pouvoir la comprendre. Cependant c'est une vérité dont il faut profiter pour le salut, et dont je dois être plus frappé qu'un autre dans l'âge où je suis. Rien n'est enfin plus infaillible que de mourir tôt ou tard; et madame de Nicolaï, fille du lieutenant civil (*M. Le Camus*), vient de nous en donner un exemple à vingt-cinq ans, comme avait fait peu de jours auparavant le comte Ferdinand de Furstemberg[1]. Le bruit court que madame de Coulanges viendra dîner ici aujourd'hui avec la maréchale de Villeroi; je ne manquerai pas de faire voir votre lettre à madame de Coulanges, afin de ne rien ôter aux expressions qui servent à lui faire connaître vos sentiments pour elle. Je puis bien vous assurer que vous n'obligez point une ingrate; car je ne connais personne qui vous estime davantage, ni qui soit plus touchée de toutes vos perfections. C'est une grande grâce de Dieu que la santé de madame votre mère se rétablisse un peu au milieu d'une aussi rude affliction; et je trouve qu'elle fait fort bien de songer à quitter Grignan pour aller respirer un air moins sec et plus humain : il eût été à souhaiter pour

---

[1] Il mourut le 5 mars 1696, à l'âge de trente-cinq ans.

nous qu'elle se fût déterminée pour ces côtes-ci. Mais je comprends très-bien ses raisons; et quoique je désire passionnément son retour, je l'appréhende néanmoins. Je crois que cela s'entend, sans l'expliquer davantage. Je n'aurai de longtemps l'honneur de lui écrire; je lui ai rendu les devoirs dont l'usage ne permet point qu'on se dispense; mais ce sera à vous, divine Pauline, que je prendrai quelquefois la liberté d'en demander des nouvelles.

1276. — DE M. LE COMTE DE GRIGNAN
A M. DE COULANGES.

A Grignan, le 25 mai 1696.

Vous comprenez mieux que personne, Monsieur, la grandeur de la perte que nous venons de faire, et ma juste douleur. Le mérite distingué de madame de Sévigné vous était parfaitement connu. Ce n'est pas seulement une belle-mère que je regrette, ce nom n'a pas accoutumé d'imposer toujours; c'est une amie aimable et solide, une société délicieuse. Mais ce qui est encore bien plus digne de notre admiration que de nos regrets, c'est une femme forte dont il est question, qui a envisagé la mort, dont elle n'a point douté dès les premiers jours de sa maladie, avec une fermeté et une soumission étonnantes. Cette personne si tendre et si faible pour tout ce qu'elle aimait n'a trouvé que du courage et de la religion quand elle a cru ne devoir songer qu'à elle, et nous avons dû remarquer de quelle utilité et de quelle importance il est de se remplir l'esprit de bonnes choses et de saintes lectures, pour lesquelles madame de Sévigné avait un goût, pour ne pas dire une avidité surprenante, par l'usage qu'elle a su faire de ces bonnes provisions dans les derniers moments de sa vie. Je vous conte tous ces détails, Monsieur, parce qu'ils conviennent à vos sentiments et à l'amitié que vous aviez pour celle que nous pleurons; et je vous avoue que j'en ai l'esprit si rempli, que ce m'est un soulagement de trouver un homme aussi propre que vous à les écouter et à les aimer. J'espère, Monsieur, que le souvenir d'une amie qui vous estimait infiniment contribuera à me conserver dans l'amitié dont vous m'honorez depuis longtemps ; je l'estime et la souhaite trop pour ne pas la mériter un peu. J'ai l'honneur, etc.

1276. — DE M. DE COULANGES A MADAME DE SIMIANE.

A Choisy, le 6 juin 1696.

Vous êtes bien honnête et bien aimable, Madame, de vouloir bien continuer, comme vous faites, à me donner de vos nouvelles et de celles de madame votre mère : elles sont toujours bien tristes ; et se peut-il autrement ? L'absence de M. de Simiane et l'état même où la renommée publie qu'il vous a laissée ne contribueront pas à vous tirer de votre profonde mélancolie ; tout ce que je vous demande, et à madame de Grignan, c'est qu'au moins vous songiez très-sérieusement à vos santés, car voilà ce que la vie a de plus précieux. Madame votre mère fait-elle bien de vouloir encore passer son été à Grignan ? Il est vrai qu'on n'est jamais mieux que chez soi ; mais le changement d'air achèverait peut-être de la rétablir, et lui donnerait plus de force pour s'acheminer en ce pays-ci, quand la Providence en ordonnerait. Cette même Providence, qui règle tout, fait qu'il y a cinq semaines entières que je suis dans cette délicieuse maison, sans savoir précisément quand je la quitterai ; car madame de Louvois en est si contente et si charmée, qu'elle ne songe point à Paris. Nous allons ensemble lundi à Bâville pour deux jours, qu'il y a longtemps qu'elle a promis à M. de Lamoignon, et nous en reviendrons par Villeroi, où la duchesse se rendra pour en faire les honneurs. Voilà une petite course qu'il me faut encore

essuyer avant que je puisse aller faire mes compliments à
M. et à madame de Chaulnes, sur leur heureux retour de
Bourbon. Ils doivent arriver à Paris la semaine prochaine,
et déjà m'avertissent de me tenir prêt pour les suivre bientôt à Chaulnes, et de songer de bonne heure à préparer
madame de Louvois à me donner ce congé. Ainsi, madame
la Marquise, vous avez bien raison de dire que ne m'a pas
qui veut, et cela est bien honorable pour moi; car, d'un
autre côté, M. le cardinal de Bouillon pour Saint-Martin,
et le duc pour Évreux, n'ont qu'un cri après moi, et je ne
sais tantôt plus comment satisfaire à tous mes devoirs.
Voilà encore que vous m'assurez très-obligeamment que
vous me voudriez dans ce royal château, et cette marque
de l'honneur de votre amitié ne flatte pas peu mon amour-
propre; cependant je commence à ne plus comprendre
pourquoi on me veut tant, car je deviens un petit homme
bien chargé d'années, et qui ne conviendra plus guère dans
les belles et jeunes compagnies; nous en avons ici tous
les jours de toutes les façons. La duchesse de Villeroi est
à Marly, où je lui ai envoyé votre lettre; mais savez-vous,
Madame, qui je ne vois plus? C'est votre pauvre amie, madame de Coulanges : en cinq semaines qu'il y a que je suis
ici, je ne l'ai vue qu'une seule fois, qu'elle y est venue dîner. Il court quelque bruit qu'elle y pourra venir aujour-
d'hui, et je le souhaite fort, car, après tout, je l'estime, je
l'aime, comme elle le mérite. Je suis ravi de tous les aimables sentiments que je vous vois pour elle, et vous devez
assurément les lui continuer, puisque vous possédez son
estime, ses bonnes grâces et son approbation au suprême
degré. La reine d'Espagne [1] est morte enfin, et la cour va
être en deuil pour des temps infinis. Pour moi, quelque
bonne mine que je fasse, je songe souvent et très-souvent
à notre perte commune ; et c'est un deuil que mon cœur

---

[1] La reine douairière d'Espagne, fille de l'empereur Ferdinand III, veuve de Philippe IV.

ne quittera jamais. Je finis, Madame, en vous demandant la continuation de toutes vos bontés.

1277. — DE MADAME DE COULANGES
A MADAME DE SIMIANE.

A Paris, le 8 juin 1696.

Il me paraît qu'il y a bien du temps que vous n'avez reçu de mes lettres : vous ne serez peut-être pas de cet avis; il n'y a pas moyen cependant de pousser ma discrétion plus loin : c'est un bien qui m'est devenu nécessaire, d'avoir de vos nouvelles ; et quelque inégalité qu'il y ait de votre âge au mien, j'éprouve que l'on vous aime très-solidement. Il y a des endroits dans votre cœur qui font oublier votre jeunesse, sans qu'il y en ait aucun dans votre figure qui ne présente toute la fleur de ce bel âge.

Je ne m'accoutume point à la perte que nous avons faite [1] ; et lorsque j'apprends le retour de la santé de madame votre mère, je ne puis m'empêcher d'être vivement touchée que cette joie n'ait pas été sentie par une personne qui en eût été si digne. Je vous prie, Madame, que je sois informée de la continuation de cette santé, à laquelle je prends plus d'intérêt que je ne puis vous le dire.

Je vis avant-hier M. de Coulanges dans la belle maison de Choisy; madame de Louvois et lui y sont établis pour tout l'été; on est obligé tous les jours d'y avoir deux tables, par la quantité de monde qui s'y trouve; un lansquenet ensuite, et puis des promenades délicieuses. Joignez à tout cela les plaisirs qui suivent l'abondance, et vous trouverez que Choisy est un séjour enchanté. Il y a trop de ces plaisirs pour moi, et je ne saurais me résoudre à y passer plusieurs jours; mon goût augmente pour la solitude, ou du moins pour une très-petite compagnie. Madame de Mornai

---

[1] De madame de Sévigné.

ne quitte plus madame de Maintenon ; elle va à Marly ; enfin, Madame, je ne trouve rien de si extraordinaire que de la voir dans tous les plaisirs, pendant que vous êtes éloignée du monde et du bruit ; il est vrai que vous avez de grandes ressources dans vous-même. Adieu, Madame, je vous demande en grâce de ne pas négliger l'occasion de dire à M. le comte de Grignan combien je l'honore ; mais surtout, rendez-moi de bons offices auprès de vous, je vous en supplie.

278. — DE MADAME DE GRIGNAN
A MONSIEUR DE POMPONNE.

A La Garde, ce 15 juillet 1696.

Vous connaissez, Monsieur, dans toute son étendue le malheur qui m'est arrivé ; vous savez quel tendre attachement, quelle intime union, quels liens ont été brisés : il ne se peut sentir de plus cruelle séparation ; elle m'étonne comme le premier jour, et me paraît, s'il se peut, plus dure, plus amère. Mon esprit appuie présentement davantage sur chaque circonstance, et il semble que les pointes de la douleur me pénètrent plus vivement. Une perte si complète et si irréparable ne porte pas à chercher du soulagement que dans les larmes et les regrets. Je n'ai point la force de lever les yeux assez haut pour trouver de plus solides consolations. Je ne puis encore tourner mes regards qu'autour de moi et m'occuper de ce que je n'y vois plus. Et comment s'accoutumer à la privation d'une personne à qui je dois tout, qui m'a comblée de biens, dont je recevais tous les jours de nouvelles marques de tendresse dans l'agrément de sa société, et qui réunissait en elle tous les différents caractères qui pouvaient me la rendre plus chère et plus précieuse ? Vous sentez, Monsieur, la peine d'être privée du commerce et de la fidèle amitié d'une amie si estimable ; jugez par vos sentiments quels doivent être les miens, et combien je mérite votre pitié. Je suis, Monsieur, avec une parfaite estime et un sincère respect, votre très-humble et très-obéissante servante,

La comtesse DE GRIGNAN.

1279. — DE MADAME DE COULANGES A MADAME DE SIMIANE.

A Paris, ce 20 juillet 1696.

Il y a longtemps, Madame, que je n'ai eu l'honneur de vous écrire ; mais ne suis-je point seule à m'en apercevoir ? En vérité, c'est pure discrétion qui m'empêche de vous dire plus souvent ce que je sais penser de vous ; il y a une telle disproportion de votre âge au mien, qu'il me paraît de la cruauté à moi de vous aimer comme je fais, et surtout de vous en entretenir. Je suis très-persuadée que vous n'enviez point les extrêmes distinctions dont jouit madame de Mornai : mais, Madame, n'est-ce point être trop avancée pour votre âge, de vous savoir passer du monde et de la cour ? Il me semble qu'il n'y a que l'expérience qui en puisse détromper ; et voilà ce que vous n'avez pas jusqu'à présent. Madame de Mornai est de tous les voyages de Marly, sans être nommée, de toutes les promenades du roi ; en un mot, madame de Maintenon la traite comme sa fille ; et pensez-vous qu'on puisse être insensible à ces honneurs ? Ma nièce de Bagnols voit tout cela d'un grand sang-froid. La trêve d'Italie donne ici de grandes espérances de la paix générale : je suis assurée, Madame, que cette grande nouvelle ne vous sera pas indifférente. On se tourmente déjà pour être des dames de madame de Bourgogne ; car on dit qu'elle n'aura point de filles, et qu'on lui donnera à peu près les dames qu'avait la reine, excepté madame de Beauvilliers, qui, selon toutes les apparences, sera dame d'honneur [1]. Nous craignîmes beaucoup avant-

---

[1] Ce fut la duchesse du Lude.

hier pour madame de Chaulnes, qui, à la suite d'une assez mauvaise santé, eut une si grande faiblesse, qu'elle perdit connaissance; on envoya quérir des médecins, un confesseur, enfin un appareil très-propre à épouvanter. Elle se porte beaucoup mieux; elle a pris aujourd'hui un peu d'émétique. J'aime cette duchesse de la vraie douleur qu'elle a eue de la perte de madame de Sévigné. Pour moi, Madame, je vous avoue avec une sincérité que j'ai pour vous, malgré mon âge, que je ne m'en consolerai jamais; j'y pense sans fin et sans cesse, et quand je songe que tous les retours ne la ramèneront point, je ne puis soutenir une telle idée. Je vous demande des nouvelles de votre santé, Madame; on m'a dit qu'elle n'était pas absolument bonne, et que vous preniez des eaux; je vous croyais une sorte de maladie où les eaux n'étaient point propres. La maréchale de Castelnau [1] est morte d'un très-douloureux cancer; les petites-filles espèrent la pension de quatre mille livres que le roi lui faisait. Je vous demande pardon, Madame, de vous écrire une si longue lettre; mais le goût que j'y trouve me doit faire espérer que vous ne vous en plaindrez pas.

1280. — DE MADAME DE GRIGNAN A MONSIEUR DE POMPONNE.

Le 7 août 1696.

Vos différentes destinées, Monsieur, ont tant éprouvé ceux qui vous sont attachés et qui ont l'honneur d'être de vos amis, et vous ont si bien fait connaître leurs sentiments pour vous, que vous ne sauriez ignorer ce qu'ils pensent dans cette nouvelle restitution que l'on vous fait. Je trouve le roi et M. de Torci bien heureux, l'un de vous avoir pour secrétaire d'État, et l'autre pour père à la place

---

[1] Elle mourut le 16 juillet 1696; elle avait plus de quatre-vingts ans (*Journal de Dangeau*, 18 juillet 1696.)

de M. de Croissy. Un échange aussi avantageux demande que ce soit à eux que l'on fasse des compliments; et l'on ne vous en doit, Monsieur, que sur la joie que vous avez de l'agréable établissement de mademoiselle votre fille; j'y prends toute la part que je dois; je vous supplie d'en être persuadé, et du respect avec lequel je suis votre très-humble et très-obéissante servante,

La comtesse DE GRIGNAN.

1281. — DE MADAME DE COULANGES
A MADAME DE SIMIANE.

A Paris, le 14 septembre 1696.

J'ai été fort aise, Madame, d'apprendre par vous le rétablissement de la santé de madame votre mère; mais je ne puis m'ôter la pensée que la personne du monde qui s'intéressait le plus à cette santé n'ait point partagé notre joie: ah, Madame! je ne m'accoutume point à ne plus espérer qu'aucun retour nous amène ce que nous regrettons avec tant de raison. Je comprends ce que sera pour madame de Grignan de se trouver en ce pays-ci, au milieu de ces tristes souvenirs. Je suis fort occupée de ce que vous nous privez de l'espérance de votre retour; il me semble que vous seriez bien nécessaire à madame votre mère; et je vous avoue que j'aurais plus de joie de vous revoir qu'il ne convient à une personne de mon âge. Vous êtes faite pour charmer tout ce qui est aimable et jeune comme vous, et c'est vous offenser que de vous aimer aussi véritablement que je fais. Mais qu'importe? je ne sens point que je puisse m'empêcher de vous offenser, ni d'espérer que vous me pardonnerez.

Que dites-vous, Madame, de notre duchesse du Lude [1]? Je l'embarquai mardi, avec les dames du palais, dans une

---

[1] Nommée dame d'honneur de la duchesse de Bourgogne.

parfaite santé; jamais on n'a marqué tant de confiance en une personne que le roi et madame de Maintenon ont fait pour elle dans cette occasion; et je vous assure qu'elle n'y est pas insensible. On dit qu'il sera question encore de quatre dames du palais, et de deux autres quand la princesse se mariera. Je ne comprendrai jamais qu'on ne vous aille pas chercher au bout du monde pour cela. J'ai assez bonne opinion de votre *voisine* [1] pour croire que vous seriez sa favorite. Enfin, je fais de tout ceci un petit château qui vous regarde uniquement; et je ne m'accommoderai jamais que ce château soit en Espagne. A propos d'Espagne, savez-vous que toute l'histoire de cette reine est fausse? Elle n'est point grosse; elle se porte fort bien, le roi en a reçu des nouvelles. On est ici dans les *Te Deum*, dans les feux de joie de la paix de Savoie [2]. Grâce à Dieu, le roi continue à se porter de mieux en mieux. On croit que la cour ira à Fontainebleau vers la fin de ce mois, pour y recevoir la princesse. Conservez-moi l'honneur de vos bonnes grâces, Madame; j'espère que vous voudrez bien vous souvenir de moi auprès de madame la comtesse de Grignan et de M. le chevalier. Je vous demande pardon de la liberté que je prends; mais tout est permis à une personne qui a la confiance de vous écrire, et que vous honorez de vos aimables lettres. M. de Coulanges est à Vichy avec *sa femme* de Louvois [3].

---

[1] La princesse de Savoie, qui allait devenir duchesse de Bourgogne, est appelée ici la *voisine* de madame de Simiane, parce qu'alors madame de Simiane demeurait en Provence. (P.)

[2] Elle avait été signée à Turin le 29 août, et elle fut publiée à Paris le 10 septembre. Le *Te Deum* fut chanté le 15 du même mois. (P.)

[3] Il a déjà été remarqué que M. de Coulanges appelait madame de Louvois *sa seconde femme*. (P.)

1282. — DE LA MÊME A LA MÊME.

A Paris, le 25 octobre 1696.

Je suis fort aise, Madame, que vous nous fassiez espérer le retour de madame votre mère; mais en vérité pour que la joie fût complète, le vôtre nous serait bien nécessaire. J'admire que l'on ait pu faire des dames du palais pour madame la duchesse de Bourgogne sans avoir songé à vous envoyer chercher au bout du monde : je fis part, il y a quelques jours, de mon étonnement à madame de Montchevreuil. A propos de madame de Montchevreuil, madame de Mornai est accouchée d'un fils; cet événement donne baucoup de joie à toute sa maison. Où avez-vous pris, Madame, que madame la duchesse de Bourgogne a eu la rougeole? Est-il possible qu'une de ses *voisines* soit si peu instruite [1]? Je reçus hier une lettre de madame la duchesse du Lude [2], qui me paraît charmée de sa princesse; elle me mande qu'elle est gracieuse, qu'elle a un très-bon air, et que sans beauté on ne peut être plus agréable qu'elle est. Le roi et MONSIEUR iront coucher à Montargis pour la recevoir, et M. le duc de Bourgogne ira jusqu'à Nemours. MADAME, toutes les princesses et les femmes de la cour l'attendront toutes parées dans l'appartement qu'on lui destine à Fontainebleau, qui est le même qu'occupait madame la dauphine. On dit que l'on nommera encore six dames au mariage de la princesse. Le roi, madame de Maintenon, tout est charmé de madame du Lude : elle s'est surpassée elle-même dans toute la bonne conduite qu'elle a eue : j'en suis aussi peu surprise que j'en suis aise. Le pauvre abbé Pelletier est mort d'apoplexie. Il y a quatre ou cinq jours que je vois un spectacle bien triste, mais qui commence à le devenir

---

[1] A cause de la proximité du Piémont et de la Provence. (P.)
[2] Dame d'honneur de madame la duchesse de Bourgogne. (P.)

moins : monsieur d'Harouïs[1] tomba dimanche dernier en
apoplexie ; je volai à son secours, et nous avons si bien fait
par nos remèdes et par nos soins, que je le crois hors d'affaire ; mais le pauvre homme demeurera paralytique. Tout
ce qu'il nous a dit dans son agonie ne se peut ni croire ni
imaginer : je n'ai jamais vu envisager la mort avec tant de
courage, ni revenir à la vie avec tant de docilité. Ce pauvre mourant parlait toujours de madame de Sévigné ; il
disait : Si elle était au monde, elle serait de celles qui ne
m'abandonneraient pas. Nous fondions en larmes, et puis
il nous disait des choses qui nous faisaient rire, malgré
que nous en eussions. J'ai une vraie impatience de recevoir
l'honneur que vous dites que doit me faire un homme qui
a été assez heureux pour vous plaire ; j'avoue que cela me
prévient fort en sa faveur. Mais, Madame, pourquoi le
laissez-vous venir tout seul? En vérité, vous êtes trop raisonnable, et nous souffrons trop de votre raison. J'espère
que mademoiselle de Bagnols aura un beau palais sans
l'aller chercher à Turin, ou, pour parler plus juste, un beau
château ; j'ai une grande envie qu'elle soit bien établie.
Conservez-moi l'honneur de vos bonnes grâces, Madame ;
et si vous n'êtes point honteuse d'avoir un commerce avec
une vieille comme moi, comptez qu'il ne finira point par
ma faute. Je vous serai sensiblement obligée si vous voulez bien me faire la grâce d'assurer madame la comtesse
de Grignan et M. le chevalier que j'attends leur retour
avec toute l'impatience qu'ils méritent.

---

[1] M. et madame de Coulanges avaient obtenu la permission de le voir à
la Bastille, où il était renfermé depuis neuf ans. Il y mourut le 10 novembre 1699. (*Voyez le Supplément aux Mémoires de Dangeau.*)

1283. — DE MADAME DE GRIGNAN
A MADAME DE SIMIANE, *sa fille.*

A Paris, le 5 janvier 1697.

J'ai eu la force, il est vrai, ou plutôt le courage d'aller à Versailles; la fatigue m'en a paru plus grande que celle du voyage de Provence à Paris; la raison en est sensible : je ne songeais pendant mes deux cents lieues qu'à prendre mes aises, et il faisait un temps humain, au lieu qu'à Versailles je n'ai pas été un moment sans quelque incommodité, et il faisait un froid excessif; j'en fus saisie au point qu'il m'ôta la respiration, et que je demeurai comme la sœur de don Bertrand à la porte de la princesse. Voilà ma grande aventure dans ce voyage. Avez-vous envie de savoir comme j'ai trouvé la princesse [1]? Elle est assez jolie, de grands yeux, la physionomie vive et italienne, de beaux cheveux, de la couleur des vôtres, un visage un peu long et trop petit pour ses traits; mais l'âge [2] proportionnera

---

[1] Marie-Adélaïde, princesse de Savoie, qui était partie de Turin le 7 octobre 1696, pour venir épouser M. le duc de Bourgogne. La cérémonie du mariage n'eut lieu que le 7 décembre 1697. (P.)

[2] Cette princesse n'avait alors que onze ans et quelques jours. Voici le portrait que le duc de Saint-Simon a tracé de cette charmante princesse : « Régulièrement laide, les joues pendantes, le front trop avancé, un nez « qui ne disait rien, de grosses lèvres tombantes, des cheveux et des sour- « cils châtain brun, fort bien plantés, les yeux les plus parlants et les plus « beaux du monde; peu de dents et toutes pourries, dont elle parlait et « se moquait la première; le plus beau teint et la plus belle peau, peu de « gorge, mais admirable; le cou long, avec un soupçon de goitre qui ne « lui allait point mal absolument; un port de tête galant, gracieux, ma- « jestueux, et le regard de même; le sourire le plus expressif; une taille « longue, ronde, menue, aisée, parfaite, coupée; une marche de déesse « sur les nues : voilà son portrait. Elle plaisait au dernier point; les grâces « naissaient de tous ses pas, de toutes ses manières et de ses discours les « plus communs; un air simple et naturel, toujours naïf, un langage assai- « sonné d'esprit, charmaient, avec cette aisance qui était en elle jusqu'à « la communiquer à tout ce qui l'approchait; elle voulait plaire, même aux « personnes les plus inutiles et les plus médiocres, sans qu'elle parût le re- « chercher. Sa gaîté jeune, vive et active l'attachait à tout, et sa légèreté

tout. Dispensez-moi de vous redire ses paroles ; elles ne viennent pas jusqu'aux mortelles comme moi. Ma belle-fille a fort réussi ; vous connaissez son air sage et noble, son air assuré et modeste, ne s'embarrassant d'aucune nouveauté ; elle a paru dans ce caractère, et en a été fort louée. Vous voudriez bien que je vous disse comme j'ai trouvé la duchesse (*de Bourbon*), j'y consens volontiers, mais il vous en coûtera d'apprendre comme est redevenue ma princesse. La vôtre a le plus joli, le plus brillant, le plus aimable petit minois que j'aie jamais vu ; un esprit fin, amusant, badin au dernier point. Rien n'est plus plaisant que d'assister à sa toilette, et de la voir se coiffer ; j'y fus l'autre jour : elle s'éveilla à midi et demi, prit sa robe de chambre, vint se coiffer et manger un pain au pot ; elle se frise et se poudre elle-même, elle mange en même temps ; les mêmes doigts tiennent alternativement la houppe et le pain au pot ; elle mange sa poudre et graisse ses cheveux ; le tout ensemble fait un fort bon déjeûner et une charmante coiffure ; elle est d'ailleurs toute comme elle était : voilà la vôtre. Voici la mienne[1] : sa chambre est parfumée ; c'est l'air de Vénus qui descend des cieux, accompagnée des grâces qu'une divinité pourrait avoir dans le commerce des mortels ; sa beauté n'a jamais été dans un si haut degré de perfection ; les remèdes l'ont rafraîchie et engraissée ; avec ces deux avantages, survenus à tous ceux qu'on lui connaît, vous m'avouerez que la princesse de votre mère pourrait bien être celle de tout le monde. La duchesse du Lude, au comble de la gloire, est terrassée par un rhumatisme plus puissant que tout son bonheur ; elle crie jour et nuit, elle a la fièvre ; elle est privée de tous ses délicieux devoirs du jour et de la nuit, et peut

« de nymphe la portait partout, comme un tourbillon, qui remplit plusieurs « lieux à la fois, et qui y donne le mouvement et la vie. » (*Œuvres de Saint-Simon*, tome VI, page 12.)

[1] Marie-Anne de Bourbon, veuve depuis le 9 novembre 1685, de Louis-Armand de Bourbon, prince de Conti. (P.)

envier tout ce qui la trouve digne d'envie; elle est la matière d'un traité de morale tout entier. Mademoiselle de Bagnols vous a-t-elle mandé son mariage avec M. de Poissi [1]? Ils se conviennent fort; c'est un grand parti que M. de Poissi; madame de Bagnols aimerait mieux M. de Villars[2]; M. de Bagnols n'est pas de même goût. Vous devez être bien aise d'avoir avec vous madame de Pracontal; on dit qu'elle est bien aimable. Elle est assez raisonnable pour prendre en gré tous les lieux où son mari et son devoir la réduiront; je comprends qu'on peut être étonné de trouver parmi les dames de Montélimart ce qui conviendrait si fort ailleurs, mais on broute où l'on est attaché. Adieu, ma fille, je vous embrasse.

1284. — DE MADAME DE COULANGES A LA MÊME.

A Paris, le 7 mars 1697.

Je suis charmé de la lettre que vous m'avez fait l'honneur de m'écrire, Madame; comme il y a longtemps qu'on n'a eu celui de vous voir, on est étonné de trouver tant de sagesse, de raison et de bon sens avec tous les charmes de la jeunesse; il n'y a que vous qui ayez su accorder des choses si opposées. Je suis très-fâchée d'avoir ignoré si longtemps le séjour de M. de Simiane en ce pays-ci : le hasard me l'a fait trouver à dîner chez M. de Saint-Amand; il m'a fait ensuite l'honneur de me venir voir deux fois. Il m'a paru tout comme il vous paraît, je ne crois pas peu dire; il a bien raison d'être pour vous comme il est. J'avoue que cela m'a fait un sensible plaisir; je n'aime point qu'on ignore de tels bonheurs. Ah, Madame! que ne fe-

---

[1] Claude de Longueil, marquis de Poissi, président à mortier au parlement de Paris, n'épousa point mademoiselle de Bagnols : il se maria, le 27 février 1698, avec Charlotte-Roque de Varangeville. Mademoiselle de Bagnols épousa le comte de Tillières, en 1699. (P.)
[2] Louis-Hector, marquis, puis duc, de Villars, pair et maréchal de France. (P.)

rait point notre pauvre madame de Sévigné dans une pareille occasion ! Le malheur de ne la plus voir m'est toujours nouveau. Il manque trop de choses à l'hôtel de Carnavalet : je ne saurais m'empêcher de vous désirer ; et toute votre indifférence pour ce pays-ci ne m'en peut inspirer pour votre retour : je le souhaite comme si j'étais d'âge à en profiter. Mais il me semble que mon inclination si naturelle pour vous vous fait souffrir mon âge avec quelque bonté. J'ai eu la conduite que vous m'avez prescrite au sujet de votre lettre ; cependant je vous avouerai, Madame, que je l'ai montrée à madame de Chaulnes, qui m'a fait promettre de vous dire de sa part qu'elle vous approuve, autant qu'elle désapprouve je ne dirai pas qui. Savez-vous que madame de Chaulnes a un nouveau mérite à mon égard : c'est celui de ne se point du tout consoler de la perte de madame de Sévigné ; nous en parlons sans cesse, car pour moi, c'est ma manière : j'aime à parler de ce que j'ai aimé, et à ne me point ménager sur les souvenirs qui me sont chers.

Je fis une longue réponse à une lettre que vous m'avez fait l'honneur de m'écrire avant la dernière ; je la donnai à madame votre mère, et ma lettre s'est trouvée perdue. Je vous le dis, Madame, afin que vous ne me soupçonniez pas d'une grossièreté pareille à celle d'y avoir manqué. Au reste, le mariage de ma nièce avec M. de Poissi est rompu ; si j'étais à sa place, j'en serais aussi aise qu'elle en est peut-être fâchée : il ne la désirait point autant qu'il convenait pour surmonter les plus petites difficultés. Quand cela est ainsi, il me paraît qu'on se doit trouver heureux de ne point entrer dans une maison où l'on est si peu souhaité ; je suis assurée que c'est là votre avis. Quel bon sens, Madame, que le vôtre, de n'être point entêtée de la cour ! Songez que madame du Lude, qui avait une si bonne santé, est accablée de rhumatismes ; songez qu'il faut qu'elle couche dans la chambre de la princesse, qu'elle se fatigue jour et nuit, et pour qui[1]? Cependant, je sais une personne du monde qui admire les agréments de la place, et qui la trouve préférable à tout le repos dont madame du Lude pouvait jouir; j'ai eu quelque escarmouche avec cette personne sur une telle façon de penser, que je vous avoue que je ne comprends point. Continuez-moi toujours un peu de part dans votre amitié, Madame; il faudrait que vous puissiez bien savoir comme je suis pour vous, afin de vous persuader que je n'en suis pas indigne. Permettez-moi de prendre part à la joie de M. le marquis de Simiane de se trouver auprès de vous : sa joie est d'autant plus raisonnable qu'il n'est pas aise tout seul. J'ai eu assez l'honneur de le voir pour désirer beaucoup de le voir davantage.

1285. — DE MONSIEUR DE SÉVIGNÉ A MONSIEUR DE POMPONNE.

A Nantes, le 31 août 1697.

Permettez-moi, Monseigneur, d'avoir recours à vous dans l'effroyable inquiétude où je suis, et d'avoir l'honneur de parler, non pas comme officier de province à un ministre, mais comme le fils de madame de Sévigné à M. de Pomponne. Dans la confiance que j'ai dans l'amitié que vous aviez toujours eue pour elle et dans les bontés dont vous m'avez honoré, je vais prendre la liberté de vous importuner d'un mauvais détail, très-digne de mépris, mais qui est devenu considérable pour moi, en ce qu'on a entrepris de me faire passer pour fou, et qu'on a même envoyé de gros mémoires à M. de Torcy sur une vision qui n'a jamais eu le moindre fondement.

Je vais donc, Monseigneur, prendre la chose dans sa source, et je vous dirai qu'un gentil-homme de Basse-Bretagne, qui est allié de ma belle-mère, a dédié une thèse de

---

[1] Madame du Lude n'avait point d'enfants. (P.)

philosophie à monseigneur le comte de Toulouse. M. l'archevêque de Nantes [1], aux grâces duquel je n'ai point sacrifié, par la seule raison que je me suis opposé à ce qu'il fit la charge de lieutenant de roi sans en avoir ni l'ordre ni les provisions, jugea à propos de dire qu'il prétendait, comme étant sans difficulté le premier personnage du diocèse et de ce département, faire les honneurs de cette thèse, et y assister depuis le commencement jusqu'à la fin. Cela lui était libre, et je ne songeais pas à l'empêcher; mais il voulait que le premier président de la chambre (*des comptes*) en fît autant, et qu'en vertu de l'interprétation de l'arrêt qui fut rendu en 1681, entre les lieutenants de roi et les présidents à mortier, il soutint qu'il avait la préséance sur moi, parce que M. le maréchal d'Estrées étant dans la province, l'autorité du roi ne m'était pas dévolue. Le père du répondant vint me trouver fort alarmé; je lui dis que si le premier président était à la thèse, je n'irais pas. Sur cela, il me dit qu'il ferait différer l'acte, et qu'il demanderait un ordre à monseigneur le comte de Toulouse, pour que je fisse les honneurs de la cérémonie. Je répondis que s'il en avait un, j'irais assurément, et que toutes choses seraient aplanies. Il est aisé de voir par là, Monseigneur, qu'il n'a jamais été question de rangs, ni avec M. de Nantes, ce qui serait une extravagance insigne de ma part, ni même avec la chambre des comptes. J'étais toujours le maître de sortir de la thèse quand le premier président arriverait, et puisque si j'eusse eu l'ordre d'y assister, il n'aurait pu m'en exclure tout à fait, et y demeurer toute la journée. Le retardement de l'acte a fait juger à notre évêque que je lui disputais la préséance; il a envoyé des mémoires, que je lui eusse fournis moi-même, s'il en avait eu besoin; il s'est bien gardé de s'expliquer avec moi ni par lui-même, ni par nos amis communs; le

---

[1] Gilles-Jean-François de Beauvau, évêque de Nantes.

plus sûr était de m'imposer une folle imagination, et de s'adresser tout droit aux ministres. M. de Torcy en a parlé au roi, et dans le temps que tout se passe ici dans les règles, et avec la plus grande honnêteté du monde de part et d'autre, entre la chambre des comptes et moi, je passe peut-être pour un insensé dans l'esprit de Sa Majesté et de tout son conseil.

Je vous supplie très-humblement, Monseigneur, de considérer l'état où je suis et à qui j'ai affaire, puisque j'ai à me justifier sérieusement sur ce qu'il plait à M. de Nantes de rêver. Car enfin, Monseigneur, où sont les démarches que j'ai faites pour avoir cette prétendue préséance? Auquel de messieurs les ministres ai-je eu l'honneur d'en écrire? Quelque considérable que monseigneur le comte de Toulouse soit dans l'État, il ne décide pas de ces sortes de difficultés; le temps était trop court pour examiner à l'armée les droits des parties. Il s'ensuit de là nécessairement, ou que je suis devenu entièrement imbécile, ou qu'on a voulu très-méchamment m'imposer une extravagance, pour me tourner en ridicule : personne ne peut être à couvert d'une telle aventure. Je craindrais de dire des vérités avec la même hardiesse que notre pieux évêque dit ses imaginations. Par exemple, Monseigneur, que penseriez-vous de moi si je me donnais l'honneur de vous écrire en tant que ministre, et pour le dire au roi, que monsieur de Nantes le 27 du mois de juin dernier m'appela en duel bien régulièrement et dans toutes les formes prescrites, e que le 9 de juillet suivant le même prélat parut à deux heures après midi, la soutane retroussée sous le bras gauche et l'épée nue à la main droite, jurant comme un solda aux gardes, sur ce que son valet de chambre avait pri. querelle dans la place de Saint-Pierre? Cependant, Monseigneur, toute la ville de Nantes, sans exeption, est témoin de ces deux aventures ; il s'est vanté hautement de la première à toute la noblesse, et tout le peuple a vu la seconde

Je vous demande mille pardons, Monseigneur, de vous importuner comme je le fais ; mais où trouverai-je un asile contre de tels ennemis qu'auprès de vous ? L'état où je suis est assez violent pour mériter votre indulgence et votre protection ; je vous la demande par toutes les bontés dont vous m'avez toujours honoré. J'ose vous supplier de me l'accorder aussi auprès de M. de Torcy ; comme j'ai moins l'honneur d'être connu de lui que de vous, et qu'il ne connait pas non plus notre évêque duelliste, je n'aurais pas droit de me plaindre que sur sa parole sacrée il me crût fou : j'ose pourtant vous assurer, Monseigneur, que je ne le suis pas plus que je l'ai toujours été : c'est bien assez ; et que je suis avec un très-humble et très-respectueux attachement, Monseigneur, votre très-humble et obéissant serviteur.

Sévigné.

1286. — DE MADAME DE LA TROCHE A MADAME DE GRIGNAN.

Ce 25 novembre 1699.

Vous avez été bien malade, madame la comtesse ; j'en suis très-fâchée. Je hais fort que vous vous accoutumiez à l'être en Provence, et si loin de moi, que vous ferez mourir d'inquiétude. Votre chère enfant est plus incommodée que jamais de sa grossesse ; elle a une pituite et des vomissements qui la désolent, et je ne crois pas qu'elle en soit soulagée que son enfant ne remue. Ce n'est rien que ces sortes de maux en comparaison de ceux qui courent. La petite vérole s'est renouvelée, et tout est plein de rougeoles et de dyssenteries. Madame de Torcy s'est fort bien tirée de sa petite vérole ; en moins de quinze jours toutes ses croûtes étaient tombées. Madame de Turgis, qui en tomba malade à Pontchartrain, en est morte deux jours après être arrivée à Paris ; elle était fille de madame de Canteleu, cousine germaine de madame la chancelière[1], qui l'aimait fort. Mais une petite vérole bien mal placée, Madame, est celle de madame la duchesse de Lorraine[2], qui venait ici avec de grands transports de joie, et à qui la fièvre prit vendredi en arrivant. MADAME s'est enfermée avec elle, avec ses femmes de chambre seulement, et MONSIEUR et M. le duc de Lorraine ne la voient point. Ce dernier s'en va aujourd'hui faire sa foi et hommage pour son duché de Bar. Il y a eu bien des intrigues sur le cérémonial; les princes de sa maison ne s'y trouveront point, parce qu'ils ne se couvriraient pas, à cause d'une autre distinction que MONSIEUR a voulue[3]. Il n'y aura que les princes du sang, et M. de Vendôme a été refusé d'être du nombre. M. le duc de Lorraine vit le roi dès samedi, qui le reçut à merveille; il lui dit que leurs États étaient si voisins qu'ils étaient nécessairement obligés de bien vivre ensemble. On le trouve assez aimable; monsieur votre fils n'est pas de ce goût; il a de l'air de la princesse d'Épinoi; il a encore le visage plus long et la lèvre de dessous fort grosse.

J'arrive de Versailles, où j'ai été huit jours : je voudrais, Madame, vous pouvoir bien représenter tout ce que j'ai vu de bassesses, d'empressements et de jalousies; j'en méprise le genre humain. Imaginez-vous, Madame, que tout le monde court chez madame de Chamillart[4], même toutes les plus fières; madame la chancelière en meurt de jalousie, et l'autre jusqu'à présent ne s'en hausse ni ne s'en

---

[1] Marie de Maupeou, femme du comte de Pontchartrain, chancelier de France.

[2] Élisabeth-Charlotte d'Orléans, femme du duc de Lorraine et de Bar.

[3] Dangeau dit que les princes étrangers ne se couvraient qu'aux audiences des *représentants*, et point aux audiences des *souverains*. (*Mémoires*, tome II, page 170.)

[4] Elle était fille d'un maître des comptes. Chamillart, son mari, s'éleva au ministère des finances par la protection de madame de Maintenon, et sans avoir aucune des qualités de l'homme d'État, il parvint à jouer le rôle de premier ministre. Son incapacité, dit Voltaire, fut la cause des malheurs de la France; à cette cause il faut ajouter l'influence malheureuse de madame de Maintenon.

baisse. Madame la comtesse de Rouci dîna jeudi chez
M. le chancelier; on voulut la faire jouer pour divertir sa
belle-sœur, qui garde neuf jours le lit. Pour excuse elle
dit qu'elle avait affaire, qu'elle était fort pressée et qu'elle
s'en voulait aller. On la suivit, elle vint chez madame de
Chamillart : on a été fort en colère. Madame de Roquelaure a mis la main sur elle pour la mener, pour la gouverner, pour la conseiller : elle a trouvé qu'elle était sa
parente fort proche; on s'en moque sans miséricorde, et
madame la chancelière plus que personne, qui prie tout le
monde de lui démêler et de lui prouver cette parenté. On
me dit hier au soir en bon lieu que madame de Roquelaure
en était honteuse, et qu'il y avait trois jours qu'elle n'avait
été chez madame de Chamillart. La petite madame de
Dreux [1] est grosse, et l'on est fort content d'eux. M. de
Chamillart me dit qu'il vous manderait que nous avions bu
à votre santé; quand vous lui écrirez, Madame, je vous
supplie de lui marquer que vous prenez quelque intérêt à
ce qui me touche. Madame de Mortemart a la rougeole,
dont elle est assez malade. Beaumont-Cognée est à l'extrémité, d'une opération qu'on lui a faite à la cuisse; le roi
lui a envoyé deux cents louis pour se faire gouverner, et
l'abbé Dangeau [2] l'a fait confesser. J'ai trouvé madame la
duchesse du Lude fort gaie et fort libre en sa taille; elle
jure qu'elle est fort bien raccommodée avec sa petite maîtresse [3], et qu'elle la prie tous les jours d'oublier ce qui
s'est passé, et que madame de Maintenon lui dit qu'elle en
est fort aise par rapport à madame la duchesse de Bour-

---

[1] Catherine-Angélique Chamillart avait épousé, le 14 juin 1698, Thomas
de Dreux, fils d'un conseiller au parlement, qui était étroitement lié avec
Chamillart. (M.)

[2] Le frère du marquis. Il a écrit sur la langue française.

[3] On sait que madame du Lude était gouvernante de la duchesse de Bourgogne. Un peu de sévérité avait sans doute causé cette brouillerie. Madame
de Bavière, dans ses *Fragments de Lettres*, critique amèrement l'éducation
de la princesse.

gogne. Une des belles choses que j'ai vues en mon voyage, c'est ce qu'une visite que madame de Maintenon fit à madame de Soubise, vendredi depuis onze heures jusqu'à midi et demi, a donné d'émotion à toute les dames de la cour. J'ai dîné avec sept ou huit qui voulaient en deviner la cause. Mais ce que je trouvai de plus plaisant, c'est que les meilleures amies de madame de Soubise l'en boudèrent tout le jour.

Nos divines[1] m'ont priée plusieurs fois de vous faire des compliments de leur part ; ma fille vous en fait, Madame, de très-respectueux, et je suis très-parfaitement votre très-humble et très-obéissante servante.

DE LA TROCHE.

Le prince d'Ysenghien a la petite vérole, et un des petits d'Antin. Monsieur votre frère s'en revient riche des états ; les coiffures à *la babiche* ne siéent pas bien à madame sa femme ; elle disait l'autre jour à madame *Bouchu* : Mais quoique cette coiffe soit fort jeune, je m'y puis coiffer ; madame la duchesse d'Humières, qui est de mon âge, s'y coiffe. L'autre lui répondit naturellement : Mais elle est belle.

1287. — DE MONSIEUR DE COULANGES
A MADAME DE GRIGNAN.

A Paris, ce 2 février 1700.

J'avoue que j'ai tort, Madame, de la jeunesse dont je suis, de n'avoir point suivi la bonne compagnie qui est allée à Rome, et d'autant plus que si le repentir m'eût pris en chemin, il m'eût été fort aisé, sous votre bon plaisir, à la veille même de l'embarquement, de rester dans la plus belle ville du monde et dans une cour préférable pour

---

[1] Madame de Frontenac et mademoiselle d'Outrelaise.

moi, par bien des raisons, à celle que j'aurais été chercher. Mais, Madame, j'ai depuis quelque temps de grands charmes en celle-ci, et vous en conviendrez quand je vous apprendrai que j'ai profité du mauvais ménage qui s'est mis entre M. de Barbesieux, M. de Villequier et le marquis de Créqui. Ces deux messieurs ont abandonné enfin les logements qu'ils tenaient à Versailles dans la maison de M. de Barbesieux; et généreusement le fils de madame de Louvois s'est cru obligé d'en donner un à son *beau-père*, que j'ai accepté avec une joie infinie. J'ai donc à Versailles, à l'heure qu'il est, la chambre qu'occupait M. de Villequier, que j'ai meublée de mes propres meubles pour en être encore plus le maître, et dont j'ai la clef dans ma poche. Elle est du plain-pied de la première salle de M. de Barbesieux et par conséquent dans une situation charmante, n'ayant que huit ou dix marches à monter pour me trouver dans la galerie des princes et dans la voie pour parvenir, quelque temps qu'il fasse, sans chaise et même souvent sans flambeaux, aux appartements de tous mes amis. Que dites-vous de cette petite prospérité, et ne me trouvez-vous pas un grand homme tout à fait? Après cela ne conviendrez-vous pas que j'ai raison de ne point porter ailleurs mes vieux os. *Chi ben sta, non si muove.* Je ne fais donc plus d'autre vie que d'aller et de venir de Paris à Versailles, où je me retrouve au milieu d'une infinité de gens de conséquence, de mes amis, qui m'accueillent très-favorablement, et que j'aurais perdus, par ne savoir plus où loger en ce pays-là, depuis la perte que j'avais faite de l'hôtel de Chaulnes. Voyez quelle sympathie avec madame de Saint-Géran, qu'un coup de vent nous ait presque en même temps jetés dans un même port. Elle y est logée le plus agréablement du monde et fort commodément, de mon même côté, et au voyage près de Marly, qui ne lui a point encore été proposé, elle est rentrée dans tous les agréments qu'elle pouvait désirer; mais comme à quelque chose malheur est bon, elle les ménagera mieux que par le passé.

Il n'est pas que vous ne sachiez, Madame, tous les déchaînements où l'on est pour les plaisirs. Le roi veut que madame la duchesse de Bourgogne fasse sa volonté depuis le matin jusqu'au soir, et c'est assez pour qu'elle s'en donne à cœur-joie. Ce ne sont donc plus que voyages de Marly, de Meudon, qu'allées et venues à Paris pour les opéras, que bals et mascarades, et que seigneurs qui, pour ainsi dire, mettent couteau sur table pour s'attirer les bonnes grâces de la jeune princesse. Les dames qui entrent dans les plaisirs ont besoin de leur côté d'être bien en leurs affaires : la dépense est quadruplée ; on n'emploie pas moins pour les mascarades que des étoffes de cent et cent cinquante francs l'aune, et quand par malheur quelqu'une est obligée de faire paraître deux fois un même habit, on dit qu'on voit bien qu'elle n'est venue à Paris que pour s'habiller à la friperie. Vous saurez le détail de la fête de madame la chancelière; ainsi, Madame, je ne vous en dirai pas davantage sur ce sujet.

Je n'ai pas manqué de faire part de votre lettre à madame de Louvois; elle a été ravie d'y trouver des marques de l'honneur de votre souvenir, et si touchée de la description que vous y faites de l'heureux climat dans lequel vous vivez, que peu s'en faut qu'elle ne vous aille trouver. Elle jure bien du moins que si sa santé est aussi mauvaise l'hiver prochain qu'elle l'est celui-ci, elle profitera de vos avis et qu'elle l'ira passer avec vous à Marseille. Elle est toujours la femme du monde la plus malheureuse au milieu de tous ses trésors, et moi le petit homme du monde toujours le plus heureux, au milieu de la plus parfaite indigence.

Je crois que j'ai noyé ma goutte dans la rivière de Seine pour m'y être baigné sans précaution quelconque tout l'été passé, et j'en suis en vérité, à l'heure qu'il est, à lui donner cent coups après sa mort, par tous les traits de vin de Champagne et d'autres pays que j'avale tous les jours. Que dit M. le chevalier de Grignan d'une telle conduite? Je bus très-joliment avant-hier en *Nevers*, et il faudra que je revienne exprès de Versailles, dimanche prochain, pour reprendre avec ce duc du poil de la bête. Mais entre ci et là je boirai avec M. et madame de Simiane, auxquels nous sommes résolus de présenter un très-petit dîner, mercredi prochain, pour leur apprendre à vivre et leur faire honte du grand et somptueux qu'ils nous ont donné.

Je vous remercie, Madame, de l'approbation que vous avez donnée à mon dernier conte; voici un emportement de M. de Noyon que j'ai mis en œuvre:

> Un jour de fête, un prélat d'importance,
> Mais un prélat, de sa haute naissance
> Fort entêté, pour faire honneur au saint,
> Disait la messe, et, tel qu'on le dépeint,
> Voulait du peuple et respect et silence.
> Lors dans l'église entendant quelque bruit
> Qui lui parut profaner sa noblesse,
> Fort brusquement il se retourne et dit:
> « Feriez-vous pis, peuple vil et maudit,
> « Quand un laquais dirait ici la messe? »

J'ai fait, Madame, de votre part, toutes les amitiés dont il vous a plu de me charger à mesdames de Sanzei, de Coulanges et de Bagnols, dont elles vous sont très-obligées; madame d'Enneval, avant que de partir pour Rouen, nous a fort priés de croire que l'esprit ne lui avait point tourné et que ce n'était pas sans bonnes raisons qu'elle s'était remariée. Vous vous êtes bien trompée, Madame, quand elle vous a paru aimer sa liberté, car elle m'a dit à moi que c'était une des raisons de son mariage, par n'en savoir que faire, et qu'elle n'en avait jamais connu le mérite; ainsi ne lui doit-on savoir aucun gré du sacrifice qu'elle en a fait à l'homme du monde qui la tiendra le plus de court.

Je ne suis point surpris de tous les plaisirs que vous fait M. de Montmort : je connais son palais de Marseille, ses meubles et son savoir-faire ; il ne vous mènera point sa femme, et vous vous en consolerez aisément. Mais adieu, Madame, mille respects pour vous et pour tout ce qui s'appelle Grignan.

1288. — DE MADAME DE COULANGES
A MADAME DE GRIGNAN.

A Paris, le 19 avril 1700.

Il y a si longtemps, Madame, que je ne fais rien de ce que je désire, que je n'ai pu trouver le moment de vous remercier de la dernière lettre que vous m'avez fait l'honneur de m'écrire. Ma mère (*madame de Bagnols*) a depuis quinze jours la fièvre continue, avec des redoublements ; et moins elle est en état de penser, plus je suis attachée auprès d'elle : c'est un terrible spectacle ; ce qui se passe en moi dans cette cruelle occasion ne se peut concevoir. Mais en voilà trop sur un si triste sujet, il vaut mieux vous faire de très-sincères compliments sur le voyage que M. le marquis de Grignan va faire en Lorraine. Toutes les distinctions sont agréables à son âge ; et vous ne sauriez croire, Madame, combien celle-là a été recherchée. Je me présentai hier à la porte de *Son Excellence* ; *elle* était à Versailles ; je vis madame votre belle-fille chez madame de Simiane, qui est en vérité bien incommodée de sa grossesse. Je rendis mes devoirs à votre appartement : il est très-beau, la vue m'en paraît charmante ; je le regardai avec un air d'intérêt qui me le fit bien examiner pour la première fois. Vous serez bien logée, Madame, mais vous nous ferez trop languir après votre retour ; c'est là votre unique défaut : nous aurions besoin que vous en eussiez d'autres pour nous consoler. On commence aujourd'hui à tirer à la loterie de madame de Bourgogne ; j'ai eu trente pistoles à la grande, qui s'est faite à l'hôpital. Se peut-il un plus grand malheur dans une pareille occasion? cependant j'ai eu l'âme assez intéressée pour préférer ce vilain petit billet noir à un billet blanc : ma sœur a trouvé ce sentiment très-indigne d'elle. M. de Bagnols est ici ; je ne désespère point qu'il n'aille à Grignan rendre à M. de Grignan tout ce qu'il lui doit ; car pour Paris, ce n'aurait été que la conduite des autres. Madame la duchesse du Lude a eu un mal assez considérable au pied ; elle a quelquefois un rhumatisme, mais elle ne sent point ses maux dans la chaleur du combat. Je pense toujours de la même façon sur ce qui la regarde ; et Dieu merci pour elle sa façon de penser n'est point changée aussi. La pauvre petite madame d'Aunay, fille de madame de Morangis, est morte à vingt-un ans.

Les Villeroi sont très-affligés avec raison ; on assure que M. de Rochebonne et M. de Saint-Germain ont des raisons d'espérer : je souhaite de tout mon cœur pour la chose en elle-même, et par l'intérêt sensible que vous y avez tous, que leurs espérances soient fondées [1]. J'ai appris à l'abbé Têtu que vous l'honoriez de votre souvenir ; mais je vous avouerai que, quoiqu'il ait reçu cette marque de votre bonté avec beaucoup de reconnaissance, il a voulu voir si je ne le trompais point, car il lui faut des démonstrations ; et après avoir été convaincu de la vérité de ce que je lui disais, il a tiré des conséquences qu'il fallait qu'il fût charmé, et il a conclu qu'il l'était.

---

[1] Une galère de Malte avait été coulée bas en attaquant un vaisseau turc. On y perdit les chevaliers de Villeroi, de Rochebonne et de Valençay ; le chevalier de Saint-Germain-Beaupré parvint à s'échapper avec le chevalier de Spinola, qui commandait le bâtiment. (*Voyez* le *Journal manuscrit de Dangeau*, 28 mars et 16 avril 1700.) (M.)

MONSIEUR DE COULANGES.

Je ne vous dis pas grand'chose, Madame; mais je n'en pense pas moins sur tout ce qui vous regarde. L'ambassade de M. le marquis de Grignan est un commencement, qui le conduira quelque jour à Rome, c'est-à-dire à d'autres emplois, plus importants. Je passe ma vie entre Versailles et Paris; mais Choisy va bientôt faire diversion. La comtesse d'Ayen a la petite vérole à Versailles. Je suis toujours avec beaucoup de respect et un très-parfait attachement à vous, Madame, et à tout ce qui porte le nom de Grignan.

1289. — DE LA MÊME A LA MÊME.

A Paris, le 30 juillet 1700.

Tout ce que vous me faites la grâce de me dire est vrai, Madame; cependant on ne saurait imaginer ce que la nature, soutenue du spectacle, m'a fait souffrir; l'impression qui m'en est restée est si vive, que je n'en puis revenir, malgré tout ce que la raison peut fournir de consolation; j'espère en la diversion que je n'ai point encore éprouvée, car je n'ai vu personne dans cette triste conjoncture. Je ne vous fais point d'excuse de n'avoir pas fait réponse à votre lettre; vous jugez aisément, Madame, de ce qui m'en a empêchée, et combien j'avais renoncé à mes plaisirs, puisque je m'étais retranché celui de vous entretenir. M. de Coulanges est à Versailles; on vient de me dire qu'il vit hier madame de Maintenon chez madame de Saint-Géran, et qu'il en avait reçu des amitiés infinies; il a mandé cette heureuse rencontre à madame de Louvois. C'est une chose raisonnable que les *secondes femmes* soient mieux traitées que les premières; et je suis assez juste pour ne me point plaindre de la préférence que M. de Coulanges donne à madame de Louvois. Que dites-vous de la mort de la duchesse d'Uzès [1] ? Pour moi, je voudrais que l'on fît un exemple de tels assassinats ; on dit cependant que la presse est grande à qui épousera ce joli héros [2]. O grand pouvoir du tabouret ! Le roi est à Marly pour dix jours. Je donnai à dîner à madame de Simiane en plein réfectoire le jour de la Madeleine. Nous avions la comtesse de Gramont à notre dîner, et ensuite il fut question d'un sermon tout neuf du père Massillon. La seule visite que je me suis permise a été celle de la maréchale d'Humières ; en vérité, il n'y a qu'à habiter le faubourg Saint-Jacques pour être une personne au-dessus des autres. On ne peut assez admirer la parfaite patience de cette maréchale, sa résignation à la mort, sa piété, son courage ; enfin, rien n'est tel que le faubourg Saint-Jacques. Madame de Guitaud l'habite aussi ; je vous assure que ce quartier fournit une très-bonne compagnie. Je voudrais bien, pour nous venger de la joie que vous avez eue de nous quitter, que votre séjour à Grignan vous ennuyât autant que nous ; si cela était, Madame, il nous serait permis d'espérer bientôt votre retour. Une des grandes nouvelles du monde, c'est que madame de Bourgogne changera de confesseur aussi souvent qu'elle voudra, pourvu qu'il soit jésuite.

1290. — DE LA MÊME A LA MÊME.

A Paris, le 18 décembre 1700.

Vous n'avez pas eu de peine, Madame, à imaginer la raison, je ne dis pas de mon oubli, mais de mon silence, puisque vous m'avez fait la grâce de le remarquer. Votre vie est plus remplie que la mienne ; ainsi c'est à moi qu'il convient d'être discrète. Je suis plus solitaire que jamais,

---

[1] Elle mourut en couches.
[2] Sans doute le duc d'Uzès, qui se remaria avec Anne-Marie-Marguerite de Bullion.

et ne le suis pas encore assez à mon gré : il n'a pas été au pouvoir des grands et prodigieux événements qui sont arrivés[1] de m'obliger à quitter ma chambre; les années m'ont tellement mise à la raison, que si j'en avais encore beaucoup à passer, je crois que je me retirerais dans quelque petit désert; mais l'avenir est court pour moi. Vous jugez bien qu'avec de telles dispositions je ne suis pas assez informée des nouvelles du monde pour avoir la confiance d'espérer vous divertir; et je ne dois pas avoir celle de croire que de ne vous apprendre que des miennes cela vous suffise. Ce n'est pas que je n'aie véritablement souffert d'ignorer ce qui se passait dans les lieux que vous habitez, et que je n'aie été instruite, autant que je l'ai pu, par madame de Simiane. Il faut avouer cependant que les nouvelles considérables n'ont pas manqué depuis quelque temps; mais *quiconque ne voit guère n'a guère à dire aussi*[2]. Vous allez avoir bien des affaires, Madame, pour recevoir les princes[3]; je suis assurée que vous n'en serez point du tout embarrassée. Madame de Simiane trouva hier au soir ici madame la duchesse du Lude, qui est venue passer deux ou trois jours à Paris, et lui demanda de quelle manière il convenait que vous fussiez habillée pour recevoir cette belle et grande compagnie : elle lui répondit que ce n'était pas une question; qu'il fallait un grand habit, une coiffure noire, en un mot, comme vous seriez au souper du roi. Je ne vous parle point de plusieurs mariages dont il est question, et dont je suis sûre que vous ne vous souciez guère. Madame de Simiane s'embarqua hier au soir pour aller souper chez une nièce de Tillières, où est le rendez

---

[1] C'est-à-dire la mort de Charles II, roi d'Espagne, qui appela par son testament le duc d'Anjou à la succession entière de la monarchie d'Espagne.

[2] *Voyez* la fable des *Deux Pigeons*.

[3] M. le duc de Bourgogne et M. le duc de Berry, après avoir accompagné le roi d'Espagne, leur frère, sur la frontière d'Espagne, firent le voyage de Provence. (P.)

vous du beau monde tous les jours; vous voyez bien, Madame, qu'on a du monde quand on en veut avoir. M. de Coulanges veut répondre lui-même aux aimables reproches que vous lui faites : il est cause que l'on a fait des chansons sur tous les grands directeurs. Il a eu la goutte comme un grand homme; je le plains si jamais il est obligé de se croire vieux.

1291. — DE LA MÊME A LA MÊME.

A Paris, ce 17 juin 1701.

Je vous rends mille grâces, Madame, de l'attention que vous avez eue à la subite et violente maladie dont, par les soins de Chambon [1], j'ai été délivrée en vingt-quatre heures : je suis ravie de vous devoir ce médecin, car j'aime fort à être obligée aux personnes pour qui j'ai un sincère attachement; j'espère vivre et mourir de sa façon. Vous aurez été fâchée et surprise de la mort de Monsieur [2], j'en suis assurée. La dernière fois que j'eus l'honneur de le voir, il me demanda tant de vos nouvelles, que je lui fis très-bien ma cour par être en état de lui répondre sur ce qui vous regardait. En vérité, la mort est un événement trop ordinaire pour pouvoir compter sur cette vie; pour moi, j'avoue que je ris quand je vois traiter solidement quelque chose d'aussi court et d'aussi fragile : c'est ma raison qui a cette conduite; car si c'était le sentiment, hé, mon Dieu! on ne ferait rien de tout ce que l'on fait, et on ferait tout ce que l'on ne fait point. On vous aura sans doute mandé, Madame, que le roi conserve à M. le duc d'Orléans tous les honneurs et priviléges de Monsieur : des gardes, tous les grands officiers, et même un chancelier. Le roi est très-vé-

---

[1] Joseph Chambon, né à Grignan, en 1647, avait été médecin du roi de Pologne Sobieski.
[2] Philippe, fils de France, frère unique de Louis XIV, mort à Saint-Cloud, le 9 juin 1701, d'une attaque d'apoplexie; il était âgé de soixante ans et huit mois. (P.)

ritablement affligé. Toutes les femmes ont paru en mante devant Sa Majesté, et les cours souveraines vont lundi la haranguer. Les personnes dont la mort devrait faire le plus d'impresion sont celles qui paraissent le moins regrettées, par la raison que l'on se tourne tout d'un coup à ce qui remplit leurs places. J'avoue, Madame, que mon goût ne diminue point pour le repos, et qu'à l'heure qu'il est je n'y préférerais que ce qui se doit préférer à tout; mais je n'aime point le repos que vous avez : il est trop loin de moi ; ce n'est pas que le séjour de Grignan ne me plût infiniment, si j'y pouvais aller. Au reste, Madame, à propos de beau château, je vais avoir celui d'Ormesson, et je suis assez modérée pour n'en point désirer d'autre, ne voyant rien au-dessus que le séjour de Grignan. Nous avons eu ici la duchesse du Lude, cinq ou six jours avant la funeste mort de Monsieur. J'ai vu l'abbé de Polignac depuis son retour, dont il se croit redevable au père de La Chaise : il est plus aimable que jamais, je dis l'abbé de Polignac. M. de Coulanges est ravi de la fin de cette disgrâce[1] ; mais comme il court toujours les champs, je crois qu'il ne l'a point encore vu. M. le cardinal de Bouillon est tranquille dans son abbaye; chose étonnante et difficile à croire! mais, Madame, vous n'en serez point surprise quand vous saurez qu'il est dans une extrême dévotion. Le roi lui a fait la grâce de vous accorder une main-levée pour la jouissance de tous ses revenus; cela fait espérer bien des adoucissements dans ses malheurs[2]. Il faut que je vous remercie beaucoup de vous être souvenue de mon amie la marquise, dont je ne sais seulement pas le nom, mais qui

---

[1] L'abbé de Polignac avait été disgracié à la suite de négociations malheureuses pour faire élire le prince de Conti roi de Pologne. Retiré dans son abbaye de Bonport, il y composa le poëme de l'*Anti-Lucrèce*, qui lui donne un rang distingué parmi les poëtes latins modernes.

[2] Le cardinal de Bouillon venait d'être disgracié de nouveau. On peut voir les causes de cette disgrâce, bien méritée, dans les *Mémoires de Saint-Simon*, tome XII, page 59.

m'a été recommandée par une de mes véritables amies. On me l'amena hier; elle dit qu'elle connaissait fort toute ma famille à Lyon; je ne me souviens point de l'y avoir vue; tout ce que je sais, c'est que c'est une femme de bonne maison, et que je vous suis très-obligée, Madame, et à M. de Grignan, de la bonté que vous avez eue l'un et l'autre d'avoir égard à la très-humble prière que je vous ai faite. Madame de Sully est assez malade; elle est dans toutes les règles des mauvais médecins, *du lait, saignare, purgare,* etc.; il n'y a pas moyen de lui faire entendre raison sur cela, quoiqu'elle l'entende si bien sur toute chose. Continuez-moi l'honneur de vos bonnes grâces, Madame, et croyez, s'il vous plaît, qu'on ne peut vous honorer plus que je fais. Ma sœur[1] brille à Bruxelles; elle a tous les soirs madame la comtesse de Soissons à souper chez elle; il me prend quelquefois envie d'aller à Bruxelles, représenter madame de Béthune[2] en Pologne. Vous ne sauriez comprendre à quel point je désire votre retour, Madame; plus je suis indifférente pour tout ce qui vient, plus je m'attache à ce qu'il y a quelque temps que je connais. M. de Coulanges s'en va en Bourgogne avec madame de Louvois; et moi à Choisy toute seule, prendre patience de ne pouvoir être à Ormesson que l'année qui vient; mais le moyen de faire encore des projets avec les exemples qu'on a chaque jour sous ses yeux?

1292. — DE LA MÊME A LA MÊME.

A Paris, le 12 septembre 1701.

Je suis si peu dans le monde, Madame, et si peu instruite de ce qui s'y passe, que je n'oserais vous agacer; mais quand vous m'honorez de votre souvenir, j'y réponds avec

---

[1] Femme de du Gué de Bagnols, conseiller d'État.
[2] Louise-Marie de La Grange d'Arquin, femme du marquis de Béthune et sœur de Marie-Casimire de La Grange, reine de Pologne. (P.)

un empressement qui vous doit faire connaître la sensible joie que j'en ai, et juger en même temps que mon silence doit s'appeler de la discrétion toute pure. Il est vrai, Madame, que vous êtes bien exposée aux grandeurs de ce monde; vous réussissez si bien, qu'il serait malheureux que vos talents ne parussent point. Vous ne payez pas seulement d'intention : on n'a parlé ici que de la magnificence avec laquelle on a reçu les princes. Ce n'était qu'en attendant la reine d'Espagne[1] : madame de Bracciane[2] sera ravie de vous présenter à sa jeune reine. Je la trouve, comme vous, bien digne de l'emploi qu'elle a; mais la façon de penser de quelqu'un qui n'est plus jeune ne laisse rien imaginer d'agréable. J'ai déjà tant vécu, qu'il me paraît peu possible d'envisager un long avenir; ainsi, ce peu qui me reste, j'aimerais à le passer dans le repos. Je n'ai jamais eu de goût pour les personnages qui n'étaient point les jeunes dans les comédies; cela m'est demeuré pour le théâtre du monde. Ma paresse naturelle, une faible santé, sans doute, me donnent de telles pensées, qui s'accommodent si bien avec ma médiocre fortune, que je n'en puis assez remercier Dieu. J'ai trop aimé le monde, mais il me semble que je n'ai pas perdu le temps que j'ai passé à m'en détromper; car il est certain que je préfère la vieillesse aux belles années, par la grande tranquillité dont elle me laisse jouir. Mais je veux répondre à vos questions, Madame. Le voyage que madame de Louvois devait faire en Bourgogne est rompu; elle est à Choisy pour tout l'automne. M. de Coulanges y est avec elle, et je compte y aller avant sept ou huit jours. Comme je n'ai point encore de maison de campagne, je prends patience à Paris. Si je vis jusqu'à l'année qui vient, j'aurai Ormes-

---

[1] Marie-Louise-Gabrielle de Savoie, sœur cadette de la duchesse de Bourgogne, première femme de Philippe V, roi d'Espagne.
[2] C'est elle qui, sous le nom de princesse des Ursins, exerça le pouvoir absolu en Espagne. Elle avait alors cinquante-neuf ans.

son, qui n'est plus reconnaissable que par le bois : la maison est aussi blanche qu'elle était noire ; les fenêtres sont coupées jusqu'en bas ; enfin, il y aura pour se coucher, pour se promener, et, grâce à Dieu, je n'en désire pas davantage. Pardonnez-moi, je désire passionnément de vous y recevoir : les cabarets plaisent quelquefois, quand on est accoutumé aux délices des grands palais. Oui, Madame, M. de Coulanges ira voir M. le cardinal de Bouillon, lequel, à ce que j'apprends, est bien plus heureux qu'il n'a jamais été. Je suis tout à fait sensible au malheur qui vient d'arriver à madame de Chatelus ; son fils [1], bien fait, bien riche, qu'elle allait marier à une héritière de Bourgogne, a été tué à cette dernière occasion. Je crois que M. le maréchal de Villeroi justifiera tout à fait la conduite de M. le maréchal de Catinat ; il est si honnête homme qu'il ne dira que des vérités. Votre amie, madame de Lesdiguières, a été bien heureuse ; vous ne m'aviez jamais confié que ce qu'elle a pour vous, Madame, est une passion très-vive. Madame de Louvois et moi passâmes avec elle, il y a quelques jours, une partie de l'après-dîner ; elle nous montra un assortiment pour prendre du café, d'une magnificence et d'une perfection comme il n'y en a point. On proposa d'en faire usage ; elle nous assura que personne ne s'en servirait avant votre retour ; elle l'attend avec une impatience que je comprends mieux que personne ; en un mot, Madame, vous lui avez inspiré des sentiments qui lui seraient inconnus sans vous. Son palais [2] est plus beau et plus tranquille que jamais ; je m'y trouve à merveille : il me paraît qu'on ne se peut ennuyer dans un lieu où vous êtes si chérie. L'abbé Têtu a été ravi de l'honneur de votre souvenir, aussi bien que madame de

---

[1] Le comte de Chatelus fut tué au combat de Chiari, le 1er septembre 1701, à l'âge de trente-trois ans.

[2] L'hôtel de Lesdiguières, bâti par Sébastien Zamet, célèbre financier, dont les jardins se prolongeaient jusqu'à la rue Saint-Antoine.

Frontenac et Mademoiselle d'Outrelaise. Ce premier est plus jeune que jamais ; il serait tout prêt à conduire le roi d'Espagne [1] ; chaque année lui en ôte deux, de façon qu'il est assurément trop jeune. Il y a longtemps que je n'ai vu madame votre belle-sœur ; elle a des vapeurs, et quand cela est ainsi, elle est seule sur son lit. Je lui ferai vos reproches. Je crois que M. de Sévigné reviendra bientôt de Bretagne : à propos de la Bretagne, personne ne doute que M. de Beaumanoir n'épouse mademoiselle de Noailles. Madame de Simiane accouchera bientôt ; je voudrais bien pouvoir lui être bonne à quelque chose, mais je suis très-peu habile sur les accouchements ; et comme vous savez que je ne joue point, vous voyez bien qu'il m'arrive encore de lui être inutile quand elle se porte bien. J'aurai encore l'honneur de la voir, et de vous mander de ses nouvelles, quand elle ne sera point en état de vous écrire. Madame de Sanzeï est à Autry. La cour est à Marly jusqu'à samedi ; elle partira le mardi pour Fontainebleau ; elle séjournera deux jours à Sceaux. Meudon, Chaville, Sceaux, Lestang, admirez, Madame, comme tout cela a changé en peu de temps ; il n'y a que madame de Bracciane et l'abbé Têtu qui ne changent point. Je vous demande pardon de la longueur de ma lettre ; je me laisse aller au plaisir de vous entretenir : je crains qu'il ne m'en coûte d'être longtemps sans recevoir de vos nouvelles. Serait-il possible, Madame, que je vous pusse recevoir à Ormesson ? Vous ne me parlez jamais de votre retour, et cela m'afflige. Madame de Lesdiguières assure qu'il est décidé pour le printemps ; je la verrai aujourd'hui, et ce ne sera pas sans qu'il soit bien parlé de vous. J'aime fort à lui plaire ; mais il n'est pas aisé de démêler qui est la complaisante de nous deux, quand il est question de vous, Madame.

---

[1] Allusion à madame de Bracciane, qui, malgré son âge avancé, conduisait la reine d'Espagne. (P.)

1293. — DE LA MÊME A LA MÊME.

A Paris, le 4 avril 1702.

Je suis bien récompensée du soin que j'ai pris pour le chocolat de M. de Grignan, Madame, puisque cela m'a attiré une marque de l'honneur de votre souvenir. Il me semble que je vous aurais importunée si je vous avais écrit dans toutes les occasions où il a été question de vous dans ce pays-ci. Vous avez fait les honneurs de la France avec une telle magnificence et une telle profusion, que l'on en parle encore tous les jours. Vous allez avoir le roi d'Espagne; j'avoue que tous ces honneurs ne me laissent point oublier mes intérêts, et je crains toujours que cela ne retarde votre retour, que je ne puis m'empêcher de désirer très-vivement. Je ne doute point que vous n'ayez été fort sensible à la perte de notre pauvre duchesse de Sully [1] ; elle vous aimait véritablement, et c'était une très-aimable femme. Ah, Madame! je la vis la veille de sa mort; elle se croyait bien malade, mais elle était bien éloignée de penser que le terme fût aussi court : sa docilité pour les médecins l'a tuée. Cependant, s'il est vrai que nos jours soient comptés, pourquoi ne nous pas désaccoutumer de nos ridicules raisonnements? Quant à moi, qui me trouve seule de toutes les personnes avec qui j'ai passé ma vie, je demeure dans ma solitude, sans vouloir faire aucune nouvelle connaissance; cela n'en vaut en vérité pas la peine. Ma vie est très-éloignée de celle du monde; je ne m'y trouve plus du tout propre; les nouveautés qu'il me présente ne sont plus à mon usage, et mon antiquité n'est plus au sien. Ainsi, grâce à Dieu, nous nous passons à

---

[1] Marie-Antoinette Servien, morte le 15 janvier 1702. Le père Anselme place cette mort au 26 janvier. Il vaut mieux suivre le journal de Dangeau, qui en rend compte le 15 janvier. (P.)

merveille l'un de l'autre. Vous jugez bien, Madame, que cela me rend peu digne du commerce que je pourrais avoir avec madame de Simiane ; son âge [1] et le mien sont trop disproportionnés. Je sais cependant qu'elle va habiter notre quartier, et je la plains beaucoup. Je suis assurée que quand elle aurait tort à votre égard, vous chercheriez toujours à la justifier ; ainsi, j'espère que vous l'aimerez toujours, par la raison qu'elle vous est fort attachée, et que vous l'aimez naturellement ; elle est aussi très-aimable, cela est constant.

Mais, Madame, savez-vous bien que votre amie madame de Lesdiguières n'est point du tout en bonne santé : elle a une jambe qu'elle ne sent point, et qui est enflée ; elle n'imagine point d'autre remède que la saignée, qui est le seul, je crois, qui peut rendre son mal dangereux : il faudrait fournir des esprits, et elle se veut épuiser, ce qui n'est assurément pas raisonnable. Je vous en avertis, comme la seule personne qui peut lui faire entendre raison. La maréchale de Villeroi a commencé à être affligée du jour que le maréchal partit pour l'Italie [2] ; l'événement n'a que trop justifié sa douleur : il était plus heureux étant le marquis de Villeroi. Mais, Madame, vous nous avez envoyé un prisonnier [3] qui l'est, je crois, présentement de mademoiselle de Bellefonds [4] : il soupa avec elle le jour de son arrivée à Vincennes ; il fut charmé, avec raison, de sa beauté. Il a gagné le donjon depuis, avec l'idée de cette jolie fille, qui est toute des plus aimables ; enfin, elle n'a des Mancini que la beauté. J'ai si peu de commerce

---

[1] Madame de Simiane avait alors vingt-sept ans. (P.)
[2] Il prit congé du roi le 14 août 1701, fut battu à Chiari le 1ᵉʳ septembre, et fut fait prisonnier dans Crémone le 1ᵉʳ février suivant. (M.)
[3] Le prince de La Riccia, arrêté dans le royaume de Naples, puis enfermé à Vincennes. Il était chef d'une conspiration dont le but était de donner Naples à l'Autriche et de l'ôter à la maison d'Espagne.
[4] La fille du marquis de Bellefonds demeurait à Vincennes avec sa famille et le jeune marquis de Bellefonds, qui était gouverneur du château. Le prince fut depuis transféré à la Bastille, et sa captivité dura douze ans.

avec M. de Richelieu [1], que je ne l'ai point vu depuis son mariage ; si on le voyait toutes les fois qu'il se marie, on passerait sa vie avec lui ; il est trop jeune pour moi. Je ne sais pas si madame de Richelieu lui trouvera ce défaut ; on ne peut trop louer sa modération : elle n'a pas encore pris son tabouret. L'hôtel de Richelieu est à vendre. Pour l'abbé Têtu, je le crois très-fâché de ne pouvoir suivre l'exemple de M. de Richelieu ; sa jeunesse augmente tous les ans ; et vous croyez bien, Madame, qu'avec un tel privilége, il est assurément trop jeune pour se marier ; il m'a priée de vous dire des choses très-passionnées de sa part. La princesse de La Cisterne [2], à qui j'ai appris que vous vous étiez souvenue d'elle, m'a fait promettre, Madame, que je vous dirais combien elle est véritablement affligée de ne vous avoir point trouvée en ce pays-ci ; elle y a réussi à merveille ; la cour lui en a fait. Elle a tourné l'esprit de sa mère à tout ce qu'elle a désiré ; sa petite fille est morte : c'est un bien pour faire réussir ses projets ; elle a un fils aîné, qui est un fort grand seigneur dans son pays, et un petit, beau comme le jour, qu'elle prétend établir en France sous le nom de marquis de La Trousse, avec ses deux belles terres de la Trousse et de Lisy. Elle ne trouve nul obstacle du côté de sa mère, qui lui a, je crois, assuré tout son bien ; c'est une très-habile femme que madame de La Cisterne : je la regrette. Elle nous quitte, après un voyage de huit jours qu'elle va faire à La Trousse. Elle vous plairait, Madame ; elle a un esprit bon et naturel : je pense qu'elle pourra bien se venir établir en France dans quelques années ; mais je ne prends

---

[1] Armand-Jean du Plessis, duc de Richelieu, épousa en troisièmes noces, le 20 mars 1702, Marguerite-Thérèse Rouillé, veuve du marquis de Noailles. Il était alors âgé de soixante-treize ans. (P.)

[2] Marie-Henriette Le Hardi, fille unique du marquis de La Trousse et de Marguerite de La Fond, était veuve d'Amédée-Alphonse del Pozzo, marquis de Voghiera, prince de La Cisterne, mort le 4 octobre 1698, elle l'avait épousé le 16 février 1684. (P.)

plus aucune part dans les projets éloignés. Nous sommes ici dans l'agitation du jubilé. Cette dévotion n'est point dans les principes du quiétisme; car il se faut donner bien du mouvement. Le roi viendra trois jours de suite à Notre-Dame, à commencer jeudi, et s'en retournera à Meudon; Monseigneur y est venu ces jours-ci; enfin, Madame, tout le monde est dans la ferveur, jusqu'à M. de Coulanges, qui, avant que d'aller courir dans les rues, m'a fort priée de vous assurer de ses respects. Je ne puis vous dire, Madame, à quel point je sais vous honorer et vous aimer; mais les absences sont trop longues, je ne les trouve point proportionnées à la brièveté de la vie; et vous jugez bien, Madame, par la tristesse de cette réflexion, de tout l'ennui que me cause votre éloignement.

1294. — DE MADAME DE GRIGNAN
A MADAME DE COULANGES.

A Marseille, le 5 février 1703.

N'avez-vous pas été bien fâchée, Madame, du malheur de ce pauvre chevalier de Sanzei [1]? Vous êtes si bonne pour cette famille, que vous avez assurément partagé la douleur de madame de Sanzei et de ses enfants. J'ai prié M. de Coulanges de vous faire mes compliments sur cette funeste aventure. J'espérais voir ici le comte de Sanzei; il a mandé qu'il ne pouvait se résoudre à venir à Marseille, où il verrait le tombeau de son frère: cette délicatesse est juste, et me fait pardonner qu'il manque à la parole qu'il m'avait donnée de passer un mois avec nous. Il est dans les montagnes [2], qui ne lui donnent aucune idée de tempête

---

[1] Le chevalier de Sanzei, capitaine de frégate, périt le premier jour de l'an 1703, par une tempête épouvantable, à la vue du port de Bayonne, sans qu'il fût possible de le secourir. (P.)
[2] Il était à Gap, en Dauphiné, où il était occupé à faire un bon régiment d'un assez mauvais qui lui avait été donné. (P.)

ni de naufrage; il a seulement à se garantir des précipices dont il est environné.

Le courrier que vous avez chargé d'une de vos lettres pour moi n'est arrivé que depuis deux jours, et je n'ai donc pu vous dire plus tôt que j'ai été aussi peu à portée d'accepter le portrait du roi d'Espagne [1] que le portrait du roi de France; les grâces que Sa Majesté Catholique a faites à M. de Grignan sont d'une autre nature et d'un plus grand prix, parce qu'elles sont moins communes. Il a permis que M. de Grignan eût l'honneur de le loger et de le défrayer dans son séjour à Marseille; ce sont des honneurs singuliers, qui se mettent parmi les titres des maisons; et voilà les sortes de grâces qui viennent jusqu'à nous. Rien n'est pareil à M. de Marchin [2], et à l'admiration qu'il a laissée en ce pays. On ne saurait faire une figure plus agréable auprès du roi catholique que celle qu'il y faisait. Sa vivacité et son bon esprit le rendaient maître de tout auprès de Sa Majesté, et sa politique et son attention à faire plaisir le rendaient maître encore de tous les cœurs. La magnanimité de refuser la grandeur ne nous paraît pas aussi récompensée qu'elle mérite; je croyais que nous le verrions du nombre des maréchaux [3]. Comment gouvernez-vous le maréchal de Villars? Vous n'auriez pas mal marié madame votre nièce [4] si vous en aviez été la maîtresse. Le commandement des armées vaut bien la solidité des châteaux du comte de Tillières; on pouvait même en faire l'horoscope sans témérité; il a toujours pris la route et le vol de tout ceux qui arrivent. Je ne plain-

---

[1] Le bruit avait couru que le roi d'Espagne avait donné à madame de Grignan son portrait enrichi de diamants. (P.)

[2] Ambassadeur extraordinaire du roi près le roi d'Espagne.

[3] Le roi fit une promotion de dix maréchaux de France le 14 janvier 1703, et le comte de Marchin ne fut élevé à cette dignité qu'en 1704, lorsqu'il fut choisi pour aller commander l'armée de France en Souabe, sous les ordres de l'électeur de Bavière. (P.)

[4] Mademoiselle du Gué-Bagnols, comtesse de Tillières. (P.)

drai guère madame de Villars, si elle est mécontente de sa destinée et d'aller à Strasbourg ; la voilà bien malade d'être la reine de tant de guerriers ; elle représentera Armide, et les enchantera tous. On nous a mandé que madame de Villars la mère avait eu une nouvelle attaque : c'est celle-là qui me fait pitié ; mais non, car elle se prépare à ce moment si certain et si oublié. M. de Coulanges croit donc aimer Ormesson ; il en fait ses délices, comme le chevalier de Grignan fait de Mazargues [1], où il est avec des ouvriers, qui à juste prix lui font un joli jardin, chose inconnue en ce pays-ci. Si vous vouliez, Madame, une chambre dans cette *bastide*, vous vous délasseriez de la vue de vos bois, et vous verriez différents amphithéâtres richement décorés de dix mille maisons de campagne rangées comme avec la main ; vous verriez la mer, d'un côté dans toute son étendue, et de l'autre resserrée dans des bords qui forment un canal magnifique ; c'est assurément une jolie solitude. Je ne sais si M. le chevalier se résoudra de la quitter pour Paris, et vous comprendrez bien, Madame, qu'il nous attache, et que ce ne sera pas sans peine que nous le laisserons dans sa solitude, quoiqu'il l'aime, et qu'il en fasse un très-bon usage : il s'est fait bâtir dans un couvent de Carmes qui est à Mazargues un logement pour lui, avec une tribune où il est souvent. Il n'y a rien à craindre dans ce lieu que de vivre trop longtemps ; on n'y voit que des personnes qui meurent à cent dix ans ; on ne connaît point les maladies ; le bon air, les bonnes eaux font régner non-seulement la santé, mais la beauté. Dans ce canton vous ne voyez que de jolis visages, que des hommes bien faits, et les vieux, comme les jeunes, ont les plus belles dents du monde. S'il y a un peuple qui arrive à l'idée du peuple heureux représenté dans Télémaque [2], c'est ce-

---

[1] Jolie terre aux environs de Marseille, apportée dans la maison de Grignan par une demoiselle d'Ornano. (P.)

[2] La première édition du *Télémaque* fut imprimée chez Claude Barbin

lui de Mazargues ; ils sont laborieux à l'excès ; le terroir est cultivé et travaillé comme un jardin : aussi tout le peuple est riche autant qu'il convient, c'est-à-dire qu'il abonde dans le nécessaire, sans que personne sorte de son état. Tous les hommes sont habillés en matelots, et les femmes en paysannes. La gaieté suit nécessairement la santé et l'abondance, de sorte que les jours de repos, après avoir prié Dieu dans l'innocence de leurs cœurs, ils dansent si parfaitement, qu'aucun bal ne saurait faire tant de plaisir à voir. Ne croyez pas, Madame, que j'aie dessein d'insulter à vos bergers et bergères d'Ormesson par une description du siècle d'or ; je ne veux que donner de l'émulation à M. de Coulanges, et l'engager à me représenter, par quelque jolie chanson, son hameau et ceux qui l'habitent. Je vous rends grâce du plaisir que vous voulez bien me donner de croire que vous me souhaitez autant que madame de Lesdiguières ; je vous assure que je profiterai jusqu'à l'indiscrétion du plaisir d'être avec vous, quand je serai à Paris : je ne sais pas précisément le temps. Chambon est charmé de vos bontés, et très-reconnaissant ; vous lui avez obtenu un peu de liberté ; il m'a écrit une lettre pleine de sentiments, que l'on trouve apparemment dans les cachots de la Bastille [1], et que Dieu y met pour la consolation des malheureux. Il n'aura rien perdu à sa prison, s'il y a gagné la piété et la soumission où il me paraît. Je suis tout à vous, Madame, et vous honore infiniment.

en 1699. Cette édition fut arrêtée à la 208ᵉ page. Les Hollandais la reproduisirent et la complétèrent la même année. Cette édition forme trois volumes in-18, et porte le nom d'Adrian Mœtjen. Ce ne fut qu'en 1747, deux ans après la mort de l'auteur, que le marquis de Fénelon publia enfin une édition correcte de ce bel ouvrage. Cette édition était revue sur un manuscrit de l'auteur, aujourd'hui déposé à la Bibliothèque royale.

[1] Le docteur Chambon, accusé d'avoir voulu favoriser la fuite du prince de La Riccia, avait été mis à la Bastille.

1295. — DE MADAME DE COULANGES
A MADAME DE GRIGNAN.

A Paris, le 10 mai 1703.

J'espérais n'avoir aujourd'hui qu'à vous rendre mille très-humbles grâces d'une très-aimable lettre que je reçus hier de vous, Madame, et je me trouve obligée de vous faire un triste compliment sur la mort du petit marquis de Simiane. La jeunesse et la fertilité du père et de la mère doivent donner de grandes espérances de voir bientôt cette perte réparée; mais enfin il était tout venu, et je prends un véritable intérêt à tout ce qui vous regarde. Je suis ravie, Madame, que vous approuviez les dernières connaissances que j'ai faites, car je n'ose encore traiter d'amis des personnes avec qui j'ai eu aussi peu de commerce. J'ai bien de quoi m'annoncer auprès d'eux par leur conter comme vous parlez de leur mérite; c'est par là que je suis bien sûre de leur plaire. Ils m'ont déjà confié ce qu'ils pensaient de vous et de tout ce qui s'appelle Grignan. M. de Marchin est malade; il attend le retour de sa santé pour aller où son devoir l'appelle. Le maréchal (*de Catinat*) est dans sa campagne [1], plus philosophe qu'on ne peut vous le dire. Il a raison de se plaindre que je le fais trop attendre : nous n'avons plus de temps à perdre tous deux; mais aussi nous sommes trop avancés pour que le temps nous puisse faire tort ni à l'un ni à l'autre. Ma sœur doit partir pour Bruxelles le lendemain des fêtes; et voilà ce qui m'a empêchée jusqu'à présent de m'aller établir à Ormesson, où je compte passer une partie de l'été; mais je serai bien honteuse, si j'y reçois jamais M. de Grignan, de ne lui présenter qu'un grand bois, lui qui est accoutumé, comme vous dites, Madame, aux délices de Capoue. Il n'importe, je désire

---

[1] A Saint-Gratien, dans la vallée de Montmorenci.

très-vivement d'avoir cette honte; car si je ne lui présente point les objets charmants dont il jouit à Mazargues, et les belles eaux que je crois qui surpassent en beauté celles de Versailles, je lui présenterai une antique personne très-touchée des charmes de la solitude, et qui, sans avoir aucune aigreur contre le monde, en est fort dégoûtée. J'espère que par ses conversations il me tiendra moins de rigueur, et qu'il me pardonnera mes bois très-dénués de vue. Pour vous, Madame, j'ose dire que vous serez surprise de l'arrangement de cette vieille maison, si vous pouvez faire un assez grand effort de mémoire pour vous en souvenir. Que dites-vous du parfait bonheur de M. le maréchal de Villars [1]? Il est bien heureux de n'être point désabusé du monde, car assurément le monde est tourné bien agréablement pour lui, et le moyen alors de penser qu'il n'y ait pas de plaisir dans cette ville? On dit qu'il a des inquiétudes qui le troublent, et que je crois cependant très-peu fondées. Si ma nièce avait bien voulu me croire, le maréchal serait heureux, et elle grande dame : son insensibilité va jusqu'à n'être pas touchée de la conduite qu'elle a eue; j'avoue que je ne reconnais point mon sang à cette indolence. M. de Coulanges arriva hier de Versailles avec un portrait, qu'il tenait de la libéralité du duc de Bourgogne; il est aussi content que le peut être le maréchal de Villars. Tout Paris dit qu'il va être duc [2]; je ne dis pas M. de Coulanges. Je conterai à Sanzei que vous savez de ses nouvelles; il est si discret qu'il ne vous a point parlé de ses bonnes fortunes : il est aide de camp de M. le duc de Bourgogne, et il me paraît encore plus attaché à son maître qu'à sa maîtresse. Je ne vous puis rien dire de Chambon, j'en suis désolée; moins il est coupable, plus sa prison sera longue :

---

[1] Le maréchal de Villars venait d'opérer une jonction avec l'électeur de Bavière, qui lui ouvrit la route de la Forêt-Noire.

[2] Le maréchal de Villars fut créé duc par lettres patentes du mois de septembre 1705.

il n'oserait dire ce qui pourrait le justifier. Cela vous paraîtra un peu énigme, mais je n'ose en dire davantage, de peur d'être à la Bastille. Je vis il y a deux jours madame la duchesse de Lesdiguières. La manière dont je désire votre retour me fait un mérite auprès d'elle ; mais je ne suis point contente que vous me parliez de ce retour avec si peu de certitude. Nous attendons la Saint-Jean avec autant de crainte que d'impatience ; car si vous ne donnez point congé à M. de Rezé, nous ne tenons rien. Ainsi cet événement-là ne nous est assurément pas indifférent. Si vous saviez ce que c'est que la calèche de velours jaune que madame de Lesdiguières vient de faire paraître, vous ne pourriez pas résister au plaisir de vous promener dedans : on ne parle d'autre chose ; elle est singulière, magnifique, mais très-éloignée d'être ridicule, comme on l'avait dit. On me l'avait faite semée de *Mores*, et cela est faux ; les roues sont bleues, et paraissent de lapis ; cela fait un effet charmant avec ce jaune. Il y a trois mois que je n'ai vu madame votre belle-sœur [1] ; elle n'a plus aucun commerce avec les profanes : j'ai été des dernières avec qui elle a rompu ; mais elle ne veut plus de moi, il ne faut point s'en faire accroire. La maison qu'elle va habiter est laide ; mais son jardin, qui est triste par la hauteur des murailles, ne laisse pas d'être grand. Vraiment, Madame, une maison de campagne n'est pas une retraite digne d'une dévote : on ne trouve point le père Gaffarel [2] à la campagne, et il est vis-à-vis de la porte où habitera M. de Sévigné. Je suis en peine de ce dernier : sans sa docilité, ce serait un homme perdu ; mais aussi sans sa docilité, n'irait-il point habiter le faubourg Saint-Jacques ? Pardonnez, Madame, la longueur de cette lettre en faveur de la joie que j'ai de vous entretenir, et croyez, s'il vous plaît, qu'on ne peut être

---

[1] Jeanne-Marguerite de Bréhant de Mauron, marquise de Sévigné. (P.)
[2] Prêtre de l'Oratoire, d'un très-grand mérite, qui demeurait au séminaire de Saint-Magloire. (P.)

plus sensible que je le suis aux bontés dont vous m'honorez. Ne laissez plus aller M. le chevalier de Grignan dans sa solitude, et entretenez M. le comte dans l'envie qu'il a de venir faire sa cour; je ne crois personne plus propre que lui à convertir les huguenots : il a bien de la douceur, bien de la raison, et n'est point du tout hérétique; voilà de grands talents pour Orange; mais il en a aussi pour le monde, qui le font bien désirer ici. Ne savez-vous pas, Madame, que M. le maréchal de Villeroi a été voir madame la comtesse de Soissons à Bruxelles? Il lui a mené son fils; et madame la comtesse de Soissons avoue qu'il y a longtemps qu'elle n'a eu une si grande joie. J'ai lu le *Traité de l'Amitié* [1], qui m'a paru rempli d'esprit; mais je ne l'aime point : je donne ce goût pour mien, et point du tout pour bon. Je hais les règles de l'amitié, et je ne laisserai jamais mourir mon ami; j'aime cent fois mieux manquer à mon serment.

MONSIEUR DE COULANGES.

Je suis ravi que madame de Coulanges oublie une nouvelle aussi considérable que celle de madame la duchesse de Bourgogne, qui à la suite de quelques maux de reins qu'elle a négligés, et par le peu d'attention aussi des bonnes têtes qui sont auprès d'elle, s'est blessée, mais blessée d'un véritable enfant; si bien que le voyage qui se devait faire hier à Marly en a été rompu, et remis à neuf jours bien entiers, que la princesse passera dans son lit [2]. Comme je suis parti de Versailles avant cette cruelle aventure, je n'ai point été témoin de tout le déplaisir de M. le duc de Bourgogne; je crois que son père et son grand-père n'en sont pas moins touchés que lui. Pour moi, quand ce

---

[1] De M. de Saci, de l'Académie Française, plus connu par sa traduction de Pline le jeune. (P.)
[2] La cour était alors à Versailles.

ne serait pas un malheur pour toute la France, j'en serais affligé, à cause de ce jeune ménage, que je dois aimer par toutes les marques de bonté et de distinction que j'en reçois. Madame de Saint-Géran a eu une légère plaie à la jambe, dont elle est guérie; mais comme à quelque chose malheur est bon, ç'a été pour elle un sujet de triomphe d'être visitée, pendant qu'elle était sur le grabat, et par madame la duchesse de Bourgogne, et par madame de Maintenon. Vous saurez que je l'ai gardée, et qu'ainsi je me suis trouvé assez familièrement avec toute la compagnie. Ceci, Madame, vous soit dit en passant; car j'apprends dans ce moment qu'il vous faut faire des compliments de condoléance sur la perte de M. votre petit-fils. Cette nouvelle me fait rengaîner bien des choses que j'aurais à vous dire; et même quelques chansons, que je me flatte qui ne vous déplairaient pas. Mais elles vous viendront quand je ne les croirai plus de contrebande; car apparemment M. et madame de Simiane ne vous laisseront pas longtemps sans consolation. Après vous avoir assurée ici de la continuation de mes respects et de mon très-sincère attachement, ne puis-je pas me tourner du côté de M. le comte et de M. le chevalier de Grignan, pour les assurer aussi des mêmes sentiments? Madame de Coulanges a oublié encore de vous parler de sa santé, qui n'est pas trop bonne depuis quelques jours, et qui m'inquiète, quoiqu'il y ait plus de vapeurs dans son fait que d'autre chose; mais le pauvre Chambon nous manque. Il nous est d'un grand secours dans les moindres alarmes, par l'extrême confiance que nous avons en son savoir-faire et en son amitié, dont il nous donna de bonnes preuves l'année dernière, précisément dans ce temps-ci. Je supporte en vérité fort impatiemment sa longue prison[1]; car qu'est-ce que ma santé sans celle de madame de Coulanges?

---

[1] *Voyez* la lettre du 5 février précédent.

1296. — DE LA MÊME A LA MÊME.

A Paris, le 17 juin 1703.

J'ai eu la même conduite pour vous, Madame, que j'ai eue pour moi ; c'est celle aussi qu'ont observée toutes les personnes qui par discrétion n'ont pas cru devoir écrire à madame de Maintenon : elles ont fait passer leurs compliments par madame la duchesse du Lude. J'ai écrit à cette dernière, et je me suis chargée de tout. Vous verrez par sa réponse que je dis vrai ; et je suis même assurée que vous me croiriez, quand je ne vous l'enverrais point. Il est impossible d'être plus touchée que madame de Maintenon l'a été de la mort de M. d'Aubigné[1]. Pour moi, je le suis fort de celle de Gourville[2], avec lequel j'avais renouvelé un commerce très-vif ; j'y ajouterai que son bon esprit était si parfaitement revenu, que jamais lumière n'a tant brillé avant de s'éteindre. Je n'ai point été à la campagne, comme je l'avais espéré ; je me suis amusée à marier le frère de madame de Mornai avec mademoiselle de Menars. Cette pensée-là me vint ; je la proposai à M. l'abbé Duguet, qui voulut bien entrer dans cette affaire. Elle est enfin conclue, et les noces se sont passées avec toute la magnificence possible. Nous espérons de la bonté du roi l'agrément pour la charge de président à mortier ; mademoiselle de Menars a tant de parents considérables, qu'il y a lieu de croire que cette espérance n'est pas chimérique. On présenta hier la nouvelle mariée au roi et à toute la cour ; madame de Maintenon lui fit des prodiges. Ma com-

---

[1] Charles d'Aubigné, gouverneur de Berry, chevalier des ordres du roi, et frère de madame de Maintenon. « Il mourut à Vichy, où il était allé « prendre les eaux, le 22 mai 1703. » (*Voyez le Journal manuscrit de Dangeau*, 26 mai 1703.) (P.)

[2] Homme intelligent, qui de valet de chambre du duc de La Rochefoucauld était devenu son *factotum* et presque son ami. Il a écrit les Mémoires de sa vie. Ils sont écrits avec naïveté, et renferment des documents précieux, dont Voltaire a fait un bon et fréquent usage.

plaisance n'a point été jusqu'à aller à Versailles, quoiqu'on l'eût désiré. J'ai renoncé au monde, et je n'ai pas l'humilité d'aller dans un pays où je n'ai que faire, et où je n'ai rien d'agréable ni de nouveau à montrer. Je cours ce soir à Ormesson, où M. le maréchal de Catinat et M. de Coulanges m'attendent; je vous manderai des nouvelles de la vie que nous allons faire ce maréchal et moi. Je suis ravie d'apprendre que vous avez enfin donné congé à M. de Rezé; j'en tire la conséquence que vous revenez cet hiver : je vous assure qu'il y a longtemps qu'aucun événement ne m'a fait un plaisir si sensible. Je vous prie, Madame, que je sois assurée sur votre rhumatisme, dont je suis très en peine; vous vous traitez si durement, que je ne vous trouve point bien entre vos mains. Je vis avant-hier madame de Simiane, que je trouvai consolée de la perte qu'elle a faite; elle l'a réparée, car elle est grosse, mais il en coûte quelque chose à sa jolie figure. M. de Sévigné nous a quittés pour sa Bretagne, et madame votre belle-sœur va jeudi habiter la maison de ma grand'mère; je me suis trouvée attendrie en leur disant adieu : il me paraît qu'ils vont changer et de vie et d'amis. C'est, en vérité, une vraie sainte que madame votre belle-sœur, plus aisée à admirer qu'à imiter. Je me plains, Madame, de n'avoir point appris par vous votre retour; mais j'en pardonnerais bien d'autres si vous reveniez, comme je le veux espérer.

1297. — DE LA MÊME A LA MÊME.

A Ormesson, le 7 juillet 1703.

Je ne suis point contente, Madame, de la manière dont vous me parlez de votre retour ; il me paraît que la saison de Noël vous fait peur : pour moi, je suis persuadée que le printemps et l'été n'arriveront qu'alors. Depuis trois semaines que j'habite ma solitude, je n'ai eu qu'un seul beau jour; les vents sont déchaînés, les pluies continuelles, tous les biens de la terre perdus; voilà les événements qui nous occupent le plus. Cependant celui de la petite victoire ¹ de M. le maréchal de Boufflers est venu jusqu'à nous; il était temps qu'il fît parler de lui, et que l'on se souvînt que le maréchal de Villars n'est pas le seul conquérant que nous ayons. Nul bonheur sans mélange dans ce monde : la passion de ce dernier pour sa femme est au-dessus de celle qu'il a pour la gloire; et sa délicatesse lui persuade que la gloire le traite mieux. Sa mère est charmante par ses mines, et par les petits discours qu'elle commence, et qui ne sont entendus que des personnes qui la connaissent ². Mais, Madame, je m'amuse à vous parler des maréchaux de France employés, et je ne vous dis rien de celui (*Catinat*) dont le loisir et la sagesse sont au-dessus de tout ce que l'on en peut dire; il me paraît avoir bien de l'esprit, une modestie charmante; il ne me parle jamais de lui, et c'est par là qu'il me fait souvenir du maréchal de Choiseul : tout cela me fait trouver bien partagée à Ormesson; c'est un parfait philosophe chrétien; enfin, si j'avais eu un voisin à choisir, ne pouvant m'approcher de Grignan, j'aurais choisi celui-là. Il vous honore beaucoup, et nous parlons souvent de vous et de M. de Grignan; il ne lui arrive point aussi d'oublier M. le chevalier.

Madame votre belle-sœur est établie au faubourg Saint-Jacques, et M. votre frère ira y descendre en arrivant de Bretagne. Je suis persuadée qu'il va être le compagnon du P. Massillon ³; c'est son premier métier que celui d'être

---

¹ Le combat d'Ekeren, donné le 30 juin 1703. Le maréchal de Boufflers s'y était signalé contre le baron d'Obdain. (P.)
² La marquise de Villars, mère du maréchal, mourut à Paris, le 25 juin 1706.
³ Célèbre prédicateur de l'Oratoire, depuis évêque de Clermont. C'est à lui que Louis XIV dit ces paroles remarquables, après avoir entendu son premier avent : « J'ai entendu plusieurs grands orateurs, et j'en ai été fort « content; pour vous, toutes les fois que je vous ai entendu, j'ai été fort « mécontent de moi-même. »

dévot. Les dévots sont, en vérité, plus heureux que les autres; je les envie, et je voudrais bien les imiter. Une des premières visites que je ferai sera celle d'aller dans la maison de ma grand'mère; car c'est la même qu'occupe madame votre belle-sœur.

L'esprit de Gourville était plus solide et plus aimable qu'il n'avait jamais été; il était revenu d'une manière qui a fait sentir bien vivement le regret de le perdre. Ses mémoires sont charmants; ce sont deux assez gros manuscrits de toutes les affaires de notre temps, qui sont écrits, non pas avec la dernière politesse, mais avec un naturel admirable; vous voyez Gourville pendu en effigie, et gouverner le monde. Tout ce qui m'en a déplu, car je les ai entièrement lus, c'est un portrait, ou plutôt un caractère de madame de La Fayette, très-offensant, par la tourner très-finement en ridicule. Je le trouvai quatre jours avant sa mort avec la comtesse de Gramont, et je l'assurai que je passais toujours cet endroit de ses mémoires. Les caractères de tous les ministres y sont merveilleux; l'histoire de madame de Saint-Loup et de La Croix y est narrée dans le point de la perfection. Vous m'allez demander si on ne peut point avoir un aussi aimable ouvrage [1]; non, Madame, on ne le verra plus, et en voici la raison : Gourville y parle de sa naissance avec une sincérité parfaite; et son neveu n'est pas un assez grand homme pour soutenir une chose aussi estimable à mon gré.

Ma sœur est présentement à Bruxelles; je lui manderai que vous lui faites l'honneur de vous souvenir d'elle. Notre nouvelle mariée me vint voir hier; c'est une femme très-vertueuse, et qui donne de très-agréables alliances à son mari, et une charge de président à mortier après la mort de M. de Ménars. Je vous réponds sur toutes les questions que vous me faites, Madame, à mesure qu'il

---

[1] Les Mémoires dont il s'agit furent enfin imprimés à Paris en 1724, avec privilége; deux volumes in-12.

m'en souvient, et je n'y cherche point de liaison. On ne vous a pas bien informée de la santé, ou plutôt de la maladie de madame de Maintenon : depuis cette fièvre de l'hiver passé, elle en a toujours eu des accès, précédés de grands frissons, sans marquer aucune règle; mais quand ses accès sont passés, elle se porte à merveille : point de dégoût, point d'insomnie, très-peu de changement. Voilà de bonnes marques, et qui font espérer qu'elle aura assez de force pour supporter cette bizarre fièvre [1]. Madame la duchesse de Bourgogne s'est baignée à Marly. Il faut espérer au retour de M. le duc de Bourgogne. Je suis persuadée que M. le comte de Grignan est entièrement délivré de sa fièvre tierce; c'est une petite maladie faite pour le quinquina, et il me paraît qu'il n'y a rien à hasarder à le continuer. Ma galerie est bien honorée d'être le modèle de la belle et magnifique galerie du château de Grignan, mais la mienne est auprès de vos palais comme ces petits trous par où l'on fait voir Versailles; telle qu'elle est, je voudrais bien vous y tenir, Madame. Quant à M. le chevalier, j'espère que Saint-Gratien [2] l'attirera dans nos bois, et je le désire beaucoup. Je ne puis souffrir que madame de Sal.... ait des garçons tous les ans; toujours *Gar....*, et jamais *Grignan*; on n'y peut résister.

MONSIEUR DE COULANGES À LA MÊME.

Le 7 juillet 1703.

Je viens de prendre la liberté de lire tout ce que madame de Coulanges vous écrit; c'est grand dommage que ce ne soit une meilleure écriture et une meilleure orthographe : son style assurément le mériterait bien. Convenez-en, Madame; mais il ne faut pas espérer qu'elle s'en

---

[1] Il y avait quatorze mois que madame de Maintenon avait la fièvre avec les intervalles. (*Journal manuscrit de Dangeau*, 5 juillet 1703.)
[2] À cause du maréchal de Catinat. (P.)

corrige; tout ce qui est à souhaiter, c'est que vous puissiez lire ce qu'elle vous mande. Je ne suis pas moins affligé qu'elle d'entrevoir que c'est une chose incertaine que votre retour vers la fin de décembre; une belle gelée vous déplairait-elle tant pour vous ramener rapidement en ce pays-ci? Ce n'est pas que je souffrirai beaucoup tout l'hiver de le passer avec vous, sans vous pouvoir étaler tous les charmes de mon antique Ormesson; car je meurs d'impatience de vous y voir, Madame, et de vous faire avouer que les beautés naturelles sont de cent piques au-dessus de celles où l'art s'est le plus exercé.

> J'aime plus que ma vie
> Mon vieux château;
> Je vois sans nulle envie
> Fontainebleau,
> Et tous ses bâtiments pompeux;
> Je me tiens heureux
> Dès que je suis là,
> Au gué lon là, lon lire, au gué l'on là.
>
> Dans ce lieu la nature
> Tient ses beaux jours,
> Simple dans sa parure,
> Dans ses atours;
> Mais parfaite dans sa beauté,
> Sans rien d'emprunté.
> Elle brille là,
> Au gué lon là, lon lire, au gué lon là.

Je crois, Madame, que c'est parler aux rochers que de vous envoyer toujours des paroles sur cet air-là. J'avais fort prié un musicien d'importance de me le noter; mais il n'en a rien fait; peut-être que quelque galopin de ce pays-ci aura pu l'apprendre à quelque galopin du vôtre; nous le tenons, tous tant que nous sommes, de *Jeannot*; qu'il n'est pas que vous n'ayez vu autrefois au Cours accorder si musicalement sa voix avec sa vielle; c'est un menuet de Poitou très-joli, et qui plaît tout à fait. Puisque me voilà en train de vous chanter mes œuvres, j'ai bien envie de vous faire part de la réponse d'Antoine Hamilton, frère de la comtesse de Gramont, au sujet des couplets que je vous envoyai il y a déjà quelque temps, et où je fais d'Ormesson la maison de Polémon. Vous les aurez peut-être encore ; c'est pourquoi cette réponse vous plaira davantage ; c'est sur le même air : *Toujours Bergère, toujours légère, toujours bon temps.*

Tous les lieux depuis Ormesson
Changeant de nom
Jusqu'à Meudon ;
Tu nous feras voir tôt ou tard,
Par cas étrange,
Couler le Gange
Dans Vaugirard.

Peins-nous tout au travers des choux
Tes amants foux,
Toujours jaloux ;
Aux champs sur le moindre soupçon
Que leur princesse
Peut dans Gonesse
Être en prison.

Guerriers en casques et pavois,
Comme autrefois,
Courant les bois ;
Quel malheur si quelque géant,
Forçant la troupe,
Prenait en croupe
Ta Saint-Géran !

Si donc les dames de la cour
Vont quelque jour
Voir ton séjour ;
Pour garder ces objets divins,
Outre l'escorte,
Mets à ta porte
Sorciers et nains.

Mais avant de les recevoir
Dans ton manoir,

> Fais dès le soir
> Transférer dans un pavillon,
> A quelques stades,
> Tous les malades
> De Polémon.

> Coulanges, tout paraît charmant
> Dans ton roman ;
> Mais noblement
> Fais Jupiter de ton taureau,
> Afin qu'on sache
> Qu'au moins ta vache
> S'appelle Io.

Hé bien, Madame, n'êtes-vous pas contente de cette réponse, et ne mérite-t-elle pas bien que je vous l'envoie? Mais c'est assez chanter. Comment se porte M. de Grignan?

> Tout ainsi comme un chien qui chasse un lièvre
> Avec un peu de temps l'attrapera,
> Le quinquina chasse la fièvre,
> Le quinquina l'emportera.

Vous nous obligerez fort de nous mander si ce remède aura fait ce qu'il doit dans cette occasion ; car je m'intéresse fort à la santé de ce grand Comte, avec qui j'ai beaucoup d'impatience de renouveler connaissance. J'espère que M. le chevalier voudra bien encore me regarder de bon œil en ce pays-ci, où vous êtes tous trois attendus et sincèrement desirés : je me flatte que vous ne me trouverez pas aussi décrépit que je le devrais être, vu mon grand âge; mais que ne peuvent point une bonne humeur, une parfaite santé, et nul souci ?

1298. — DE LA MÊME A LA MÊME.

Paris, le 5 août 1703.

Je suis ravie, Madame, que la bonne santé de M. le comte de Grignan continue; le quinquina l'a bien mieux servi que madame de Maintenon, qui, malgré tout l'usage qu'elle en a fait, a toujours la fièvre. On l'en avait crue guérie pendant quelques jours; mais la fièvre est revenue avec assez de violence et peu de règle. Son état rend le voyage de Fontainebleau fort incertain; elle est cependant à Marly, mais elle ne s'en porte pas mieux.

L'affaire du pauvre Chambon n'avance point [1]. J'allai hier à la Bastille; je fis tout mon possible pour le voir; jamais mon ami Junca [2] n'y voulut consentir. Je le regarde comme un homme ruiné sans ressource, d'autant qu'on ne voit point la fin de ses malheurs : sa petite femme me fait une extrême pitié.

Je crois que vous regrettez présentement l'hiver du mois de juillet, car voici un été bien chaud; cependant il ne faut pas s'en plaindre : je crois ce temps-là bon pour M. le chevalier de Grignan et pour les vignes. J'allai il y a deux jours à Choisy; j'y laissai M. de Coulanges, qui doit incessamment venir voir votre maison pour y exécuter vos ordres. Madame de Lesdiguières, que je vis hier, ne parle que de la joie que lui donne votre retour; et c'est moi qu'elle choisit pour en parler : elle a en vérité raison, car je ne le désire pas moins vivement qu'elle. Nous allâmes hier, madame de Simiane et moi, chercher le maréchal de Catinat; il était déjà reparti : il a passé quelques jours à Paris, où il m'avait cherchée aussi; mais on ne se voit point à Paris. Je retourne incessamment dans la maison de *Polémon* [3], où je serai ravie de le retrouver; un héros chrétien est plus à mon usage maintenant qu'un héros romanesque. La maison que je vais habiter m'a vue dans ces deux goûts; car en vérité je n'y étais soutenue dans ma jeunesse que par des idées très-romanesques. Ce temps-là est bien éloigné;

---

[1] Il était encore à la Bastille, où il resta un an.
[2] Lieutenant du roi à la Bastille depuis le 11 octobre 1690, jusqu'à sa mort, arrivée le 29 septembre 1706.
[3] Nom que M. de Coulanges avait donné au château d'Ormesson, situé dans la vallée de Montmorenci. (M.)

les pensées solides sont assurément plus raisonnables, et c'est par là qu'elles sont assez tristes. Au reste, Madame, le bel air de la cour est d'aller à la jolie maison[1] que le roi a donnée à la comtesse de Gramont dans le parc de Versailles. Le comte dit que cela le jette dans une si grande dépense, qu'il est résolu de présenter au roi des parties de tous les dîners qu'il y donne; c'est tellement la mode, que c'est une honte de n'y avoir pas été. La comtesse va tous les jours dîner à Marly, et le soir revient dans sa jolie maison vaquer à sa famille.

Madame votre belle-sœur[2] est fort joliment logée : j'allai chez elle en dernier lieu; je la trouvai dans une très-parfaite santé, mademoiselle de Grignan et le père Gaffarel avec elle, charmée de la vie qu'elle mène; bien des prières, bien des lectures, et une société de personnes qui sont tout occupées de l'éternité; indifférentes pour les nouvelles du monde, peu sensibles à tout ce qui se passe. En vérité, Madame, ce n'est pas eux qui ont tort.

La comtesse de Gramont se porte très-bien : il est certain que le roi l'a traitée à merveilles, et c'en est assez pour que le monde se tourne fort de son côté; mais, comme vous savez, Madame, le monde est bien plaisant. Permettez-moi de vous supplier de me conserver l'honneur de vos bonnes grâces, et d'assurer M. le comte de Grignan et M. le chevalier de mes très-humbles services. Je conterai à notre maréchal tout ce que vous pensez de son mérite; et c'est par là que je prétends me faire valoir auprès de lui.

---

[1] Le roi, après la mort de Félix de Tassy, son premier chirurgien, donna la jouissance de la maison des *Moulineaux* à la comtesse de Gramont. (*Journal de Dangeau*, 29 mai 1705.)
[2] La marquise de Sévigné. (P.)

1299. — DE LA MÊME A LA MÊME.

A Ormesson, le 25 septembre 1703.

J'entends fort bien parler, Madame, de la sagesse de Chambon : ainsi, j'espère que son ressentiment ne l'obligera point à quitter Paris, où il rétablira mieux le tort que sa prison a fait à ses affaires qu'en lieu du monde. Vous ne connaissez plus la cour, de croire qu'on a pu lire sa justification ; on ne lirait pas un billet de deux lignes, de quelque importance qu'il pût être. Vous avez été instruite du beau procédé de M. de Chamillart à l'égard de M. Desmarets, et des raisonnements du public : ainsi, Madame, je ne vous parlerai plus de cette vieille nouvelle ; mais je ne veux pas perdre un moment à vous dire l'état où est madame de Lesdiguières, dont je vous croyais bien informée. Son mal a été une dyssenterie très-violente, et son médecin un Suisse qui a tué, ou du moins avancé la mort de M. de Chaulnes par un breuvage qu'il lui donna ; cependant madame de Lesdiguières ne voulait voir aucun autre médecin. Enfin, il y a six jours que madame la maréchale de Villeroi lui mena, de son autorité, Helvétius, qui ne la trouva point en état de prendre son remède. Il crut avoir des indices certains qu'elle avait un abcès ; il craignit la gangrène : il lui fit prendre des lavements d'herbes vulnéraires avec de l'eau d'arquebusade. Elle en est à rendre du pus : ainsi on espère qu'elle reviendra de cette maladie ; mais on ne la croit pas encore hors de péril. Son mal est trop grand pour s'en prendre au café. Notre maréchal[1] l'a abandonné pour le chocolat. Je lui ferai assurément voir ce que vous dites de lui : il me paraît fort touché de votre approbation, Madame, et de celle de M. le chevalier de Grignan. C'est le plus aimable homme du monde ; nous

---

[1] Le maréchal de Catinat. (P.)

ne passons pas un jour sans le voir. Je le trouve seul au bout d'une de nos allées; il est sans épée, il ne croit pas en avoir jamais porté. Il voit le roi tous les quinze jours, et puis revient dans sa solitude avec un goût qui paraît naturel. Vous avez raison, Madame, de me trouver à plaindre quand je retournerai à Paris. J'ai promis à madame de Louvois d'aller passer quinze jours à Choisy ; mais je vous avoue que j'ai bien de la peine à m'y résoudre. M. et madame de Simiane me firent hier l'honneur de venir dîner ici avec notre fille d'honneur [1] de la reine Marguerite; et madame votre fille me promit qu'elle y reviendrait passer encore quelques jours. C'est en vérité une jolie femme; on ne peut avoir plus d'esprit ni un esprit plus aimable que le sien; une charmante humeur : il n'est pas possible de se dépêtrer d'elle. Mais c'est bien à moi d'aimer une personne de son âge ! Cependant je tomberais infailliblement dans cet inconvénient si je la voyais trop souvent. J'ai bien de l'impatience de vous voir exécuter le projet que vous avez fait de revenir à Paris. Si j'étais en commerce avec les fées, vous me verriez voler à Grignan ; tant que cela ne sera point, croyez que je ne vais que terre à terre.

1300. — DE LA MÊME A LA MÊME.

A Paris, le 5 février 1704.

La comtesse de Gramont, Madame, ne se porte pas bien ; aussi je la crois moins soutenue que le comte par les charmes de la cour, quoiqu'elle y soit traitée avec toutes les distinctions possibles. M. de L'Hôpital [2] est mort : c'était une de vos conquêtes. Sa femme [3] demeure avec

---

[1] Mademoiselle de Sanzei était fille d'honneur de la princesse de Conti, et les aventures de cette princesse avaient sans doute aux yeux de madame de Coulanges quelque ressemblance avec celles de la reine Marguerite.
[2] Le marquis de L'Hôpital, célèbre mathématicien.
[3] Marie-Charlotte de Romillé de la Chesnelaye. (P.)

quarante mille écus de rente; cela change fort son état; car on ne la faisait vivre que des *infiniment petits*[1]. L'abbé Têtu est dans un état très-digne de pitié : ses vapeurs augmentent au lieu de diminuer; il y a trois mois qu'il n'a dormi; il ne mange plus, et son imagination se sent des désordres de son corps : ajoutez à tous ses maux soixante-dix-huit ans, et vous jugerez que nous aurons bien de la peine à le tirer de l'état où il est[2]. Quelle tristesse, Madame, de voir disparaître toutes les personnes avec qui on a vécu! J'apprends dans ce moment la mort de madame de Boisdauphin. Je vous quitte avec regret, Madame, pour aller au secours de madame de Louvois; ce ne sera pourtant qu'après vous avoir suppliée de ne point oublier la manière dont je vous honore, j'ose dire plus, celle dont je vous aime. Je vois quelquefois madame de Lesdiguières; j'ai même été chez elle avec madame de Simiane, qui ne l'avait point vue depuis la mort de son fils[3]. Cette dernière prétend que ce n'était point sa faute; mais il était un peu tard, je l'avoue. Elle vous adore (*madame de Lesdiguières*); mais elle soutient, et je suis de son avis, que ce n'est pas vous voir que de se souvenir de vous. Je crois le printemps revenu à Marseille, car il se laisse entrevoir dans ce pays-ci. J'oubliais de vous dire que l'abbé Têtu a été très-sensible à l'honneur de votre souvenir, malgré la cruauté de tous ses maux.

1301. — DE LA MÊME A LA MÊME.

A Paris, le 5 mars 1704.

Je me suis acquittée des ordres que vous m'avez donnés, Madame; et j'ai mille et mille remerciements à vous

---

[1] Allusion au livre du marquis de L'Hôpital *sur les infiniment petits*. (P.)
[2] L'abbé Têtu mourut le 26 juin 1706.
[3] Jean-François-Paul de Créqui, duc de Lesdiguières, mort à Modène, le 6 octobre 1703, âgé de vingt-cinq ans. (P.)

faire de madame de Louvois, qui m'a paru fort touchée de votre attention à son égard. La pauvre femme a hérité de cinquante-quatre mille livres de rente : je ne l'en crois pas plus heureuse; et je sais bien que je me sens très-éloignée de l'envier. Nous avons eu la duchesse du Lude quatre jours ici : cela devient ridicule d'être aussi belle qu'elle l'est ; les années coulent sur elle comme l'eau sur la toile cirée. Sa joie est très-grande de l'heureuse grossesse de sa jeune princesse [1]. Le père Massillon réussit à la cour comme il a réussi à Paris ; mais on sème souvent dans une terre ingrate quand on sème à la cour, c'est-à-dire que les personnes qui sont fort touchées des sermons sont déjà converties, et les autres attendent la grâce, souvent sans impatience ; l'impatience serait déjà une grande grâce. En vérité, Madame, M. le marquis de Grignan est ce qui s'appelle un homme de bien, sans qu'il lui en coûte de déplaire au monde : au contraire, on l'en aime davantage ; pour moi, j'avoue que je l'honore au dernier point. Madame de Simiane se porte à merveille; elle se dispose à vous aller trouver ce printemps, puisque le duc de Savoie ajoute à tous les maux qu'il nous fait celui de vous obliger à demeurer en Provence. Nous avons ici un voisin qui vous désire beaucoup à Paris, Madame, c'est M. le cardinal d'Estrées ; il s'adonne fort à venir ici les soirs, et j'ai été assez peu polie pour le prier de ne les pas pousser aussi loin qu'il faisait : mon antiquité ne me permet plus d'entretenir la compagnie au delà de neuf heures ; et notre cardinal, qui est plus vif et plus jeune que jamais, ne s'amuse point à savoir l'heure qu'il est. Je compte m'aller établir dans ma solitude vers les premiers jours de mai ; j'y verrai le maréchal de Catinat, qui se trouve toujours à Saint-Gratien pour y recevoir le premier rossignol. Le maréchal de Villars nous quitte

---

[1] La duchesse de Bourgogne mit au monde, le 25 juin 1704, le duc de Bretagne, qui mourut sans avoir été nommé, le 15 avril 1705. (M.)

pour aller habiter le quartier de Richelieu : il est si amoureux de sa belle maréchale, qu'il est difficile qu'il soit heureux; cette passion est ordinairement suivie d'une autre, qui trouble le repos lors même qu'on a tout lieu de ne se point inquiéter. Le maréchal est souvent plus aise que s'il avait épousé ma nièce; mais il est bien moins tranquille qu'il ne l'aurait été. La belle-mère de ma nièce se meurt, et le pauvre Termes¹ mourut hier, à six heures du matin. L'abbé Têtu a des maladies bien réelles : il est à craindre maintenant qu'on ne soit obligé de lui faire une opération; ajoutez à ce mal un cruel rhumatisme, et vous jugerez, Madame, que ses vapeurs ne sont pas le plus grand de tous ses maux. Il est comme Job sur son fumier, à la patience près; je suis très-fâchée de son état. C'est, pour ainsi dire, demeurer seule sur la terre, que de voir disparaître tout ce que l'on a connu : ce qui est certain, c'est que l'on n'y sera pas longtemps. Votre amie madame de Lesdiguières fait des merveilles pour la duchesse de Lesdiguières, jadis madame de Canaples.

Vous savez, Madame, que notre Sanzei a été fait brigadier.

1302. — DE MADAME DE GRIGNAN
A M. DE VARANGEVILLE ².

A Grignan, ce 7 juin 1704.

On me vient chercher au bout de la terre, Monsieur, pour être présentée à vous : c'est me faire bien de l'honneur; c'est aussi en faire à votre constance de croire qu'une longue absence ne diminue point les bontés dont

---

¹ C'était l'ami de Boileau, et le même qui avait été compromis dans l'affaire des poisons.
² Pierre Roque de Varangeville; il avait été ambassadeur à Venise, et il était le père de la maréchale de Villars. (M.)

vous m'avez honorée. Je n'ai osé, Monsieur, en juger autrement que M. Pernot; et pour le confirmer dans une opinion si avantageuse, j'ai pris la plume sans hésiter pour vous demander ce qu'assurément, Monsieur, vous lui accorderez bien sans aucune recommandation. La justice qu'il souhaite, et que des personnes que je considère beaucoup m'ont priée de solliciter pour lui, est un bien que l'on trouve chez vous, malgré le crédit des parties adverses qui tenteraient de l'empêcher. Ainsi, je crois M. Pernot très-bien protégé par son bon droit, et il me semble, Monsieur, que je le dois remercier de l'occasion qu'il me donne de vous faire souvenir de moi, et de vous assurer qu'au bout du monde j'honore et je respecte votre vertu autant qu'elle le mérite, et suis très-parfaitement, Monsieur, votre très-humble et très-obéissante servante,

La comtesse DE GRIGNAN.

Permettez-moi, Monsieur, de faire mes compliments à madame de Varangeville, et de vous faire ceux de M. le chevalier de Grignan, qui vous assure de ses respects. M. de Grignan est en Provence pour quelque temps.

1303. — DE M. FLÉCHIER, *évêque de Nîmes*,
A MADAME DE GRIGNAN.

A Nîmes, ce 13 novembre 1704.

Quoiqu'il y ait déjà quelques mois, Madame, que vous avez perdu M. votre fils[1], la perte est si grande, et je sais que votre douleur est encore si vive, qu'il est toujours temps qu'on y prenne part. Vous pleurez avec raison ce fils estimable par sa personne, plus encore par son mérite, on peut dire à la fleur de son âge; sorti depuis peu des plus grands dangers de la guerre, honoré de l'approbation et des

---

[1] Le marquis de Grignan, brigadier et colonel de cavalerie, était mort à Metz, de la petite vérole, au mois d'octobre précédent.

louanges du roi, est couvert de sa propre gloire. Je me souviens quelquefois des soins que vous avez pris de son éducation, dont j'ai été le témoin, et des espérances que vous fondiez sur les vertus et les sciences que vous vouliez lui faire apprendre et que vous étiez occupée à lui inspirer. Je sais, Madame, le profit qu'il avait fait des principes que vous lui aviez donnés pour les mœurs et pour la conduite de la vie; et je ne doute pas que ce qui faisait votre satisfaction ne devienne aujourd'hui le sujet de votre douleur. Il serait inutile après cela de vouloir vous consoler; ni votre sagesse ni votre bon esprit même ne peuvent le faire. Dieu seul qui a fait le mal peut le guérir; et c'est uniquement du fonds de votre piété que vous pouvez tirer les véritables consolations. Plus la faiblesse de la nature nous paraît douce et raisonnable, plus il faut faire agir la foi et la religion pour nous soutenir. Vous éprouverez cela, Madame, mieux que je ne puis vous le dire. Je me contente de vous témoigner que personne ne compatit plus sincèrement que moi à votre affliction, et ne conserve plus fidèlement dans ma résidence éloignée les sentiments respectueux avec lesquels j'ai été et je dois être, Madame, votre, etc.

1304. — DE MADAME DE GRIGNAN,
relative au système de Fénelon sur l'amour de Dieu [1].

M. de Cambray soutient très-bien les intérêts de Dieu; M. de Meaux soutient vivement ceux de la religion : il doit gagner son procès à Rome.

La grande question est donc de savoir la vraie définition du *cinquième amour* de M. de Cambray [2] : *c'est un pur*

---

[1] Cette lettre a été publiée par Fréron dans l'*Année littéraire* 1768, t. IV, page 265. Elle a dû être écrite vers l'année 1698.
[2] Voici les cinq amours de M. de Fénelon :
1° On peut aimer Dieu pour des biens distingués de lui, qu'il promettrait de procurer à ceux qui l'aimeraient. C'est ainsi que les Juifs aimaient Dieu

amour ; l'oraison passive consiste dans l'exercice de ce pur amour. Tous les chrétiens ne sont pas appelés à cet état ; donc *tous les chrétiens ne sont pas appelés à la perfection chrétienne*, qui consiste dans le *pur amour* tel que le définit l'école ; ce qui est contre le précepte : *Tu aimeras Dieu de tout ton cœur, de toute ton âme, de toutes tes forces.*

M. de Cambray dit : *Tous sont appelés à la perfection ; mais ils ne sont pas tous appelés aux mêmes exercices, et aux mêmes pratiques particulières.* Cette réponse ne paraît pas assez forte ; il ajoute : *Tous les chrétiens sont appelés à la perfection de l'amour de Dieu : peu y parviennent ; on n'en doit exiger la pratique que quand les âmes y sont disposées.* On trouve de la contradiction dans cette réponse puisqu'il a dit dans son avertissement qu'*il ne faut pas même nommer le pur amour, qu'il n'en faut jamais parler que quand Dieu commence à ouvrir le cœur à cette parole qu'il ne faut pas exciter la curiosité sur cette matière ; qu'i n'en parle que parce qu'il y est forcé.*

M. de Meaux conclut : Donc ce n'est pas le pur amou *ordonné, commandé* à tout chrétien ; car il ne faudrait pa en faire un *mystère ;* il n'en faut pas réprimer la *curiosité* ni la regarder comme *une occasion de scandale et de trouble* Ainsi, quand on met l'oraison passive dans le pur amou où consiste la perfection proposée à tout chrétien, on e.

---

pour les biens purement temporels ; M. de Fénelon appelle cet amour *amour servile.*

2° On peut aimer Dieu comme l'instrument de son bonheur. On se qu'on ne peut être heureux qu'en possédant Dieu : ainsi on aime Dieu, ne pour lui, mais pour soi ; cet amour se nomme *l'amour de concupiscence.*

3° On aime Dieu pour soi ; mais on y mêle un commencement d'amo de Dieu pour lui-même ; cet amour mélangé est l'*amour d'espérance.*

4° On aime Dieu pour lui-même. Mais il y reste encore un degré d'amo de Dieu pour soi ; de façon cependant que l'amour de Dieu pour lui-mêi est l'affection dominante de l'âme ; c'est l'*amour de la charité.* Mais po le distinguer du parfait amour, M. de Fénelon lui donne le nom d'*am intéressé.*

5° On aime Dieu uniquement pour lui-même, sans retour sur soi, sa penser qu'il fera notre bonheur, sans aucun motif de crainte ni d'esp rance ; c'est l'*amour désintéressé* ou *l'amour pur.*

contraint de dire que tout chrétien n'y est pas appelé.

Je crois que c'est conclure du particulier au général; il me semble qu'on peut dire : *Tous sont appelés au pur amour, tous n'y sont pas appelés par la voie de l'oraison passive; elle consiste dans le pur amour, mais le pur amour peut être sans elle.*

Grand embarras sur l'amour de nous-même, et l'intérêt propre, si ce terme est pris pour l'avantage qui nous revient de l'espérance. En ôtant l'intérêt propre, on retranche une vertu théologale; ce qui est hérétique. Si l'intérêt propre veut dire un amour naturel et délibéré, il sera vrai qu'il sera motif et principe des actes surnaturels, et un moyen de se détacher de la créature, et de s'attacher au créateur; ce qui est un vrai *pélagianisme*, selon M. de Meaux.

Il n'y a point d'objet plus réel, plus solide, plus palpable à l'esprit que l'Être parfait, seul existant par lui, seul auteur de toute substance, de tout mouvement, immense, éternel. Il n'y a point de connaissance plus évidente et plus certaine que celle de nos propres sentiments; ils sont vrais, incontestables; rien ne peut nous faire révoquer en doute que nous sentons. Si c'est l'amour, nous savons que notre volonté nous porte vers son objet, nous unir à lui; nous fait regarder comme ne faisant qu'un tout avec lui, dont nous ne sommes qu'un atome. Si ces deux propositions sont vraies, il n'y a point de dispute moins subtile que celle de M. de Cambray et de M. de Meaux. J'appelle subtil un sujet douteux, captieux, qui n'a pour base qu'une vraisemblance au lieu d'une vérité constante; c'est argumenter par des principes plus obscurs que l'obscurité qu'on veut éclaircir, et chercher la lumière avec les ténèbres.

Ce caractère de subtilité est celui de toutes les disputes de controverse : l'un des partis dit blanc, l'autre noir; ils font des multitudes d'écrits; ils raisonnent juste ou non, selon la bonté de leur esprit ; mais au fond quel est le fruit de la dispute, quel est le plaisir de celui qui l'écoute, si pour sujet et pour principe vous avez une opinion probable, au lieu d'une vérité incontestable ; un préjugé, une prévention, l'opinion des autres, au lieu de votre propre connaissance, de votre propre sentiment, conscience, conviction intérieure ? Quelle erreur de soutenir que cette fameuse controverse de M. *Claude* et de M. *Arnauld* soit plus intelligible que celle de M. de Cambray et de M. de Meaux ! Il est aisé d'en voir la différence sur ce que je viens d'établir ; et il doit demeurer pour constant que cette dernière dispute est la plus solide, et la plus intelligible de toutes les disputes, celle qui est le plus à portée de l'esprit et du cœur humain, dont il est juge naturel, qui l'intéresse le plus ; il y est question de ce qu'il sait faire essentiellement, connaître, aimer Dieu ; c'est là tout l'homme ; c'est son essence et sa fin, son action nécessaire et naturelle. Il est vrai qu'il y a des degrés de connaissance et des degrés d'amour ; mais si ce grand objet était souvent médité, il serait plus connu, et par conséquent plus aimé ; nous remplirions mieux les fonctions auxquelles nous sommes destinés, et nous conserverions la dignité de notre être ; nous n'en perdrions pas une partie en nous avilissant dans une attache honteuse au néant de nous-même.

C'est ce mélange d'amour de nous-même, plus ou moins fort, qui fait la différence des cinq amours de M. de Cambray ; et quelle est la difficulté d'entendre le plus ou le moins, quand on entend une fois *Dieu*, *amour*, *néant* ? Ces trois noms nous sont connus ; la définition des deux premiers est faite ; le néant qui n'a point de propriété n'a point de définition.

FIN DES LETTRES DE MADAME DE SÉVIGNÉ.

TABLE DES MATIÈRES

CONTENUES DANS LA COLLECTION

DES LETTRES DE MADAME DE SÉVIGNÉ.

N. B. Le chiffre romain indique le volume ; les chiffres arabes indiquent les pages.

A

Abbadie. Éloge de son ouvrage intitulé : *La Vérité de la Religion chrétienne,* V, 57, 124, 129.

Adhémar (Guilhem) expire en baisant la main de sa maîtresse, VI, 76, note.

Adhémar. Voyez *Grignan.*

Agnès (la mère), prieure des Carmélites. Son esprit, IV, 34.

Aguesseau (M. d'), depuis chancelier. Son mariage avec mademoiselle d'Ormesson, VI, 236.

Aiguebonne (M. d') soutient et perd un procès contre la maison de Grignan, V, 121, 126.

Aire (la ville d') assiégée et prise, III, 124, 131.

Aix (la ville d'). Cérémonies de la Fête-Dieu, I, 279. Description de la procession, 282, 283, note.

Albret (le maréchal d') gagne un procès important, I, 211. Lettre que lui écrit le marquis d'Ambres, et sa réponse à celui-ci, II, 158. Sa mort, III, 170.

Albret (Le marquis d') est assassiné par ordre de Bussy-Lameth, III, 418.

Albret (le duc d'), de la maison de Bouillon, épouse mademoiselle de la Trémouille, VI, 363.

Alérac (mademoiselle d'). Voyez *Grignan.*

Alexandre VIII. Voyez *Ottoboni.*

Aligre (M. d'), garde-des-sceaux en 1672, II, 9. Nommé chancelier, 197, 199. Sa mort, III, 374.

Alliot, médecin ordinaire du roi, IV, 424.

Alluye (le marquis d'). Plaisanterie sur lui, II, 16.

Amalthée. Voyez *Plessis-Guénégaud.*

Ambres (le marquis d'), I, 195. Lieutenant de roi dans la Haute-Guyenne, 217. Sa lettre au maréchal d'Albret, II, 158.

Amelot (le président). Sa mort, I, 166.
Amelot (Michel) est envoyé en Suisse, V, 229. Réussit dans sa négociation, 368.
Amitié (l'). Citation de la maxime de La Rochefoucauld, I, 356. *Il est douloureux d'exceller en amitié*, V, 141.
Amonio, médecin de l'abbaye de Chelles; sa belle figure, III, 44 et *suiv*. Ses talents, 155, 158 et *suiv*. Intrigues qui le forcent de quitter l'abbaye de Chelles, 173, 183. Part pour Rome, 187. Soigne madame de Grignan, 265.
Amour (l'), *vrai recommenceur*, I, 23. Ses symptômes chez un gentil-homme, III, 457. Quatrain sur l'amour, V, 70. S'amuse à de *vilaines* gens, 363.
Ange (le frère), médecin, IV, 76, 77.
Angeli (l'), fou de Louis XIV, III, 400.
Angleterre (le roi d'), Charles II. Sa mort, IV, 462. Jugement sur ce prince, 464, note, 471.
Angleterre (le roi d'). Jacques II accorde la liberté de conscience, V, 150. Abandonné des siens, 224. Il confie la reine à Lauzun, 241. Incertitudes sur son sort, 243. Il est arrêté en Angleterre, 248. S'échappe, 257. Vient à Saint-Germain, 259. Part pour l'Irlande, 324. Il est bien reçu, 368. Obligé d'abandonner l'Irlande, VI, 13.
Angleterre (la reine d'). Marie d'Est passe à Paris, allant épouser le duc d'York (Jacques II), II, 142. Elle se réfugie en France avec son fils, V, 241. S'arrête à Boulogne, 243. Arrive à Saint-Germain, 259. Ses adieux à son mari, 331.
Anne d'Autriche, reine de France, mère de Louis XIV, I, 31. Ce qu'elle disait de la grâce, IV, 185. Se plaint au roi de Bussy, V, 74.
Anselme (l'abbé) prêche à Saint-Paul, V, 340, 373. Fait l'oraison funèbre de M. Ficubet, VI, 336, note.
Antin (le duc d') est reçu chez madame Fouquet, III, 57. Nommé menin du dauphin, IV, 87.
Archange (le père), prédicateur distingué, V, 60.
Argouges (M. d'), intendant de Bourgogne, reçoit M. le Prince, VI, 209.
Armagnac (Louis de Lorraine, comte d'), grand-écuyer. Naïveté qu'il dit au roi, III, 18.
Armagnac (mademoiselle d'). Son mariage, II, 293.
Arnauld d'Andilly, traducteur de *Josèphe*. Appelé le *Bonhomme*. Son sermon amical, I, 246. Il publie un ouvrage, 326. Sa joie de la nomination de son fils au ministère, 355. Bien reçu du roi, 361, 363. Madame de Marans le consulte comme le druide Adamas, II, 75.
Arnauld d'Andilly (le docteur, dit *le Grand*). Ce qu'il dit de sa

sœur, I, 46. Son bon mot sur le chancelier Séguier, 54. Son livre *de la Fréquente Communion*, IV, 165. Quitte la France, pourquoi, 172.

Arnauld (Henri), évêque d'Angers, loue madame de Grignan, I, 385. Reçoit madame de Sévigné à Angers, IV, 409. Son zèle, 410. Sa belle vieillesse, 501.

Arnauld (la mère Angélique de Saint-Jean), abbesse de Port-Royal, écrit à madame de Lesdiguières, III, 530.

Arnauld d'Andilly (la mère Catherine-Agnès de Saint-Paul), abbesse de Port-Royal, refuse de signer le formulaire, I, 46.

Arnauld (l'abbé), II, 24; IV, 409.

Arnauld (Antoine-Joseph), dit le chevalier de Pomponne, obtient un régiment, V, 420. Se distingue à Fleurus, VI, 159, note.

Arpajon (la duchesse d'), amie de madame de Sévigné, I, 159, 196. Son aventure chez Mademoiselle, 197. Nommée dame d'honneur de la dauphine, IV, 398. Service qu'elle rend à madame de Grignan, 531.

Arquien (Marie-Casimire de La Grange d'), reine de Pologne, II, 178, 407; III, 119.

Asfeld (le baron d'). Sa mort dans la ville de Bonn, qu'il défendait, VI, 15.

Aubigné (le comte d'), frère de madame de Maintenon, meurt à Vichy, VI, 441.

Augustin (saint) est janséniste, IV, 180. Cité, 204. Son livre de la *Prédestination des Saints*, 208.

Aumont (la duchesse d') ensevelit les morts, II, 197, 207. Aventure scandaleuse, IV, 435.

Avaux (Jean-Antoine de Mesmes, comte d'), ambassadeur à Venise. Richesse de son équipage, II, 25. Accompagne Jacques II en Irlande, 325.

Avignon (le comtat d'). La France s'en empare; à quel sujet, V, 146, note. M. de Grignan y est fêté, 201.

B

Bade (la princesse de). Son intrigue, IV, 435, 482, note.

Bailly (M.), avocat général, blâme les juges de Fouquet, I, 70.

Balzac. Son *Socrate chrétien*, II, 130. Ses lettres à la reine Christine, IV, 234.

Barbesieux (M. de), fils de M. de Louvois, perd sa femme, VI, 226. Se remarie, 353.

Barbeyrac, médecin renommé, consulté par madame de Grignan, VI, 358.

Barbin, libraire célèbre, I, 477.
Barentin (le président de). Sa mort subite, V, 329.
Barillon (M. de), ambassadeur en Angleterre. Écrit à madame de Grignan, I, 202. Son amitié, 402. Éloge qu'il fait de Turenne, II, 361. Ambassadeur à Londres ; son peu de perspicacité, V, 140, note. Revient à Paris, 275. Sa mort, VI, 204.
Bartet (M.), secrétaire du cabinet. Insulte qu'il reçoit, I, 37, note.
Bassette (fureur de la), III, 441.
Bassompierre (Louis de), évêque de Saintes. Sa mort, III, 99.
Baume (la marquise de La). Ses indiscrétions au sujet des *Amours des Gaules*, I, 86. Comment elle assure le mariage de son fils, III, 10.
Bautru. Voyez *Nogent*.
Bavière (Marie-Anne-Christine-Victoire de), dauphine de France. On forme sa maison, IV, 21, 32. Son éloge, 101 et *suiv*. Arrive en France ; ce qu'elle dit aux députés de Strasbourg, 93. Se confesse à un inconnu, 102. Son esprit et sa raison, 107. Ses manières toutes françaises, 110. Sa vie à la cour, 126. Ce qu'elle dit de Paris, 168. Devise pour son portrait, 175. Vit dans la retraite, 213. Ce qu'elle dit en voyant jouer *Polyeucte*, 274. Accouche d'un fils, 370. Elle meurt, VI, 145.
Baville (M. de), intendant de Languedoc, instigateur des *Dragonnades*, appelé la terreur du Languedoc, V, 520.
Bayard (l'abbé) vient à Vichy, III, 60, 83, 91. Sa maison de Langlar, 94. Sa mort subite à Paris pendant que madame de Sévigné était chez lui à Langlar, 350.
Bayle, cité, IV, 337, note.
Beaulieu, valet de chambre de madame de Sévigné. Son mot sur la solitude de Paris pendant la guerre, II, 50. Sa colère contre M. de La Trousse, VI, 80. Sa mort, 194.
Beaumanoir (Philibert-Emmanuel de), évêque du Mans, I, 194. Sa mort, 318. Bon mot de madame de Sablé sur lui, *ibid*.
Beauvais (mademoiselle de) épouse le comte de Soissons, IV, 36, note. Voyez *Soissons*.
Beauvau (M. de), évêque de Nantes. Ses démêlés avec M. de Sévigné, VI, 408 et *suiv*.
Beauvilliers (le duc de) devient président du conseil des finances, V, 11. Nommé gouverneur des fils du dauphin, 477.
Bédoyère (madame de La), appelée *petite personne*, II, 519. Madame de Sévigné l'instruit, 512. Écrit sous la dictée de cette dernière, 534. Mariée au procureur général du parlement de Rennes, IV, 482.
Bellefonds (le maréchal de), I, 138. S'arrange avec ses créanciers, 200, 201. Veut vendre sa charge, 420. Ce que le roi fait pour lui,

426. Parle fièrement à Louvois, 492. Exilé, II, 3. Son entretien avec le roi, 8. Vend sa charge de premier maître d'hôtel, III, 27. Bat les Espagnols, IV, 395. Sa mort, VI, 271.

Bellièvre (MM. de). Par quel ridicule motif ils refusent de vendre leur maison, II, 280.

Benoît. Ses figures en cire, I, 223.

Benserade. Agréments de son esprit, I, 159. Son mot sur le retour du chevalier de Lorraine, 463. Ses rondeaux, III, 203. Son sonnet de *Job*, IV, 210. Son éloge par Bussy, V, 25.

Berbisi (le président de), parent de madame de Sévigné, IV, 144.

Bernard (mademoiselle). Son talent poétique; sa pauvreté, VI, 269.

Bernouilly partage les superstitions populaires sur les comètes, IV, 336.

Berrier (M.), un des juges de Fouquet, tombe dans un délire furieux, I, 65.

Bertillac (madame de) meurt de chagrin des mauvais procédés de son amant, IV, 57, 73.

Bêtes (âme des), I, 347, 482.

Béthune (M. de), dit *Cassepot*, enlève mademoiselle de Vaubrun, V, 362, 363.

Bézemaux (M. de), gouverneur de la Bastille, avait été capitaine des gardes du cardinal Mazarin, IV, 61, note.

Biais (mademoiselle de). Naïveté, IV, 181.

Biron (mademoiselle de), fille d'honneur de la dauphine, IV, 66.

Blanchefort (Charles de Créqui, marquis de) semble destiné à soutenir la maison de Créqui, V, 62. Sa mort prématurée, VI, 382.

Blois (mademoiselle de). Voyez *Conti* (la princesse de).

Blot, chansonnier du temps de la Fronde, I, 256 et la note; II, 490.

Boileau-Despréaux (Nicolas). Arrêt pour Aristote, I, 350. Bourdaloue le menace, 414. Ce qu'il dit en voyant l'armée du grand Condé, II, 142. Lit son *Art poétique*, 173. S'attendrit sur Chapelain, 174. Cité, 436. Nommé historiographe du roi, III, 362. Suit l'armée, 397. Citation tirée du *Lutrin*, IV, 352. Ce qu'il dit au surintendant Le Pelletier, V, 15. Sa dispute avec un jésuite et son enthousiasme pour Pascal, VI, 96.

Bois (M. du) de l'Académie française, traducteur d'un ouvrage de saint Augustin, III, 203. Envoie un exemplaire de son livre à madame de Sévigné, VI, 111.

Bonnard, intendant du maréchal de Luxembourg, est condamné aux galères, IV, 162.

Bonzi (le cardinal de), archevêque de Narbonne. Ce qu'il appelait son étoile, III, 120.

Bossu (le père Le). Son éloge, III, 172. Clarté de son esprit, 175. Son traité du *Poëme épique*, 188, 203.

Bossuet se démet de l'évêché de Condom, I, 315. Son *Exposition de la Doctrine*, 354. Engage le roi à quitter madame de Montespan, II, 257. Son oraison funèbre du grand Condé, V, 55. On blâme le parallèle entre Condé et Turenne, 58, 65, note. *Histoire des Variations*, 409.

Boucherat (M. de), maître des requêtes, commissaire dans le procès de Fouquet, I, 49. Employé en Bretagne, 321; II, 432, 441. Nommé chancelier, V, 6. Allié de Bussy, *ibid.*, note.

Boufflers (François, comte de) meurt subitement, I, 454. Ce qui arrive au prêtre chargé d'accompagner son cercueil, 460.

Boufflers (le maréchal de), frère du précédent, est nommé gouverneur de la Lorraine, V, 77. Son activité, 427. Défend Namur contre le prince d'Orange, VI, 325 et *suiv.* Capitule, 331. Est fait duc, 333. Est retenu prisonnier, *ibid.*, note. Bat l'ennemi à Ekeren, 443.

Bouhours (le père). Sa querelle avec Ménage, III, 171. Sa *Manière de bien penser sur les ouvrages d'esprit*, V, 116. Son livre des *Pensées ingénieuses*, VI, 84. Ses *Remarques sur la Langue Française*, VI, 221.

Bouillon (le cardinal de), grand-aumônier de France. Comment il apprend la mort de Turenne; sa douleur, II, 300, 307, 322. Sa disgrâce, IV, 521. Madame de Grignan lui rend visite, V, 159. Sa maison de Saint-Martin; hôtes nombreux, VI, 244. Disgracié de nouveau, 224, note.

Bouillon (le duc de) demande au roi la permission de publier l'interrogatoire de sa femme, IV, 72.

Bouillon (la duchesse de), impliquée dans l'affaire de la Voisin, IV, 65, 66. Son interrogatoire, 67, 68. Est exilée pour s'être moquée de ses juges, 82.

Bouillon (le chevalier de). Coulanges l'appelle *homme extraordinaire*, VI, 375 et la note.

Boulay (Brûlart du). Voyez *Courcelles* (madame de).

Boulaye (madame de La) blâme son gendre de sa discussion avec Bussy, IV, 354.

Bouligneux (le comte de), parent de M. de La Trousse. Voy. *ce nom*.

Bourbilly (la terre de). Description qu'en fait Bussy, I, 73. Madame de Sévigné y vient, II, 131. Elle donne cette terre à sa fille, et n'en garde que l'usufruit, VI, 105.

Bourbon (le duc de) épouse mademoiselle de Nantes, IV, 518. Fait chevalier des ordres, V, 24.

Bourbon (la duchesse de). Sa beauté, VI, 405.

Bourdaloue (le père), jésuite, I, 141, 170, 183. Son éloge, 194. Sermon sur la mort, 196. Sa *Passion*, 215. Peint dans ses sermons des personnes connues, 414. Annonce au maréchal de Gramont la mort de son fils, II, 166. Beau sermon, 218. Prêche contre l'adultère, IV, 117. Son oraison funèbre du prince de Condé, 390. Prêche à Montpellier, V, 17. Fait l'oraison funèbre du grand Condé, 63. Appelé le *Grand-Pan*, 365, note.

Bourdelot (l'abbé), médecin. Sa diatribe contre l'*Espérance*, I, 462, note. Ses mauvais vers; apprend à jurer à la reine Christine, II 463, 485.

Bourgogne (le duc de). Sa naissance, IV, 370.

Bourgogne (la duchesse de). Son portrait, VI, 404. Change souvent de confesseur, 421. Fait une fausse-couche, 454.

Brancas (Charles, comte de), original du *Ménalque* de La Bruyère, I, 78, 183. Ses distractions, 226. Sa délicatesse en amitié, 228. Écrit à madame de Grignan une lettre illisible, 241, 247. Distractions plaisantes, 248, 259, 276. N'est pas vraisemblable, 298. Lettre tendre, 305. Plaisante demande, 413. Distraction, II, 44. Écrit à madame de Grignan, III, 161. Son amitié pour madame de Coulanges, 184. Ennemi des jansénistes, 531. Don que lui fait le roi, IV, 134. Mélange de dévotion et d'amour, 277, 278. Sa mort, 337.

Brébeuf (Guillaume). D'où lui vint son goût pour Lucain, IV, 240, note.

Bretons (les) s'insurgent, II, 287. Leur ignorance, 288. On envoie des troupes contre eux, 330. Représailles terribles, 340, 387, 502. Maladresse des miliciens, V, 402.

Brinon (madame de), supérieure de Saint-Cyr, en est renvoyée, V, 221, note. Le roi lui donne une pension, 225. Elle se retire à Maubuisson, 272. Faisait des pièces pour Saint-Cyr, *ibid*, note.

Brinvilliers (madame de). Son procès commence, III, 29. Comparée à Médée, 37. Elle veut se tuer, et comment, 39. Suite de l'affaire, 41, note. Sa condamnation et autres détails, 52, note. Fausses imputations, 94. Elle éprouvait ses poisons, 101. Son supplice, 111. Détails, 114, 115, 125, 126.

Brisacier (M.). Aventure singulière, III, 181, 192. Est arrêté, 195.

Brissac (la duchesse de), I, 142. Son air de guerre avec M. le duc, 216. Sa provision d'amants, 428. Sa coquetterie plus forte que sa douleur, 453. Environnée d'amants obscurs, II, 110. Vient aux eaux de Vichy, III, 57. Sa coquetterie, 60. *Flambe* un célestin, 66. Sa mort, V, 314.

Bruyère (M. de La), cité, I, 176. Au sujet du prince de Conti, V, 9. Citation tirée du chapitre *de la ville*. Autre tirée du chapitre intitulé : *De quelques usages*, VI, 233.

Bulonde (M. de) lève précipitamment le siége de Coni, VI, 193.
Buous (le chevalier de). Sa maladie, I, 358. Sa conversation avec Rahuel, II, 161. Sa mort, IV, 476.
Buri (madame de), nommée dame d'honneur de la princesse de Conti, IV, 47. Bien reçue du roi, 55. Blâmée par la princesse de Conti, V, 366.
Burnet (Gilbert). Son Histoire de la Réformation de l'Église d'Angleterre, IV, 419.
Buron (le), terre de la maison de Sévigné. Ses beaux arbres sont abattus, IV, 16, 169.
Bussy-Lameth (le marquis de) fait tuer le marquis d'Albret, III, 418. Procès en adultère, 426.
Bussy (Roger de Rabutin, comte de) écrit avec Lenet à M. et madame Sévigné, I, 3. S'attache à la cour pendant la Fronde, et sert au siége de Paris, 8, 9. Suit le parti du grand Condé, 10. Sa conduite lui mérite les éloges de Turenne, 23. Se loue du cardinal Mazarin, 28. Récit de l'affaire des lignes devant Valenciennes, 32 et *suiv* Sa vie à l'armée, 37. Motifs de l'interruption de sa correspondance avec madame de Sévigné, *ibid*. Sa description de Bourbilly, 73, 74. Écrit au roi, 77. Ses démêlés avec sa cousine, 79, 80, 81, 86 et *suiv*. Fait l'histoire de sa maison, 146, 153. Envoie à madame de Sévigné les inscriptions des divers portraits qu'il a d'elle, 105, 106. Se justifie de n'avoir point écrit à M. de Grignan lors du mariage de celui-ci, 111. Écrit ses Mémoires, 169. Éloge de sa fille la religieuse, 262, 435. Offre ses services, qui ne sont point acceptés, II, 1, 3. Sa traduction des *Héroïdes* d'Ovide, 28. N'a jamais lu Horace, 30. Ses réflexions à l'occasion du passage du Rhin, 56, 57. Va à Paris. Réconciliations, 118, 134. Reçoit ordre de retourner en Bourgogne, 175. Badinage sur l'encre trop blanche, 226. Marie sa fille à M. de Coligny, 238. Lettres à madame de Sévigné, 312 et *suiv*., 399. Sur la crainte de la mort, 407. Sa gaieté, III, 97. Son fils est fait prisonnier, 176. Ses Mémoires, 192. Lettre intéressante, 233, 234. Reçoit madame de Sévigné à Chaseu; aventure plaisante, 330 et *suiv*. Ses Mémoires et son style, 389 et *suiv*.—Définitions ingénieuses, 445, 446, 451. Sa lettre au roi, 457. Sa facilité à se flatter, IV, 43. Envoie au roi des fragments de ses *Mémoires*, 335. Sa résignation, 344. Refuse le *Monseigneur* au maréchal d'Estrées, 349. Furieux contre M. de La Rivière, 356. Sa réponse à M. de Roussillon, 357. Citation tirée de ses *Mémoires*, 362. Rappelé de son exil; bien reçu du roi, 364. Procès scandaleux, 392, note. Bussy le perd, 399, note. Dédie la généalogie de sa maison à madame de Sévigné, 505. Défend La Fontaine et Benserade contre Furetière, V, 25. Lettre à ce der-

nier, 26, 27. Sa douleur à la mort de M. de Saint-Aignan, 73. Sa réponse au père La Chaise, 141. Écrit à madame de Grignan, 255. Au roi d'Angleterre, 297. Au greffier du bailliage, 351. A madame de Sévigné avec quelques amis communs, VI, 114. Il vient à Versailles, VI, 146. Placet au roi, 168. S'occupe du *Discours à ses Enfants*, 193. Obtient une pension, 213. Fait un madrigal, 219. Traduit un conte de Théophile, 225.

Bussy (la comtesse de). Éloge de son style, II, 73. Soutient un procès contre la duchesse d'Estrées, IV, 217.

Bussy-Rabutin (Aimé-Nicolas de), fils aîné de Bussy-Rabutin. Madame de Sévigné va le voir au collége, II, 3. Il est fait prisonnier, III, 176. Le roi lui donne une compagnie de cavalerie, 380. Il va à la cour, IV, 302. Son caractère, 304, 305; V, 15. Il obtient une pension, 173. Rejoint son régiment à Mont-Royal, VI, 119.

Bussy-Rabutin, évêque de Luçon, éditeur des *Lettres de Madame de Sévigné*. Le roi lui donne une abbaye, V, 173. Soutient ses thèses en Sorbonne, VI, 119.

C

Cabrière (le prieur de), appelé le *médecin forcé*. Soigne madame de Fontanges, IV, 133, 135, 146, 158, 168, 234. Consulté par Toulongeon, V, 61.

Caderousse (le duc de) avait recherché mademoiselle de Sévigné, I, 326. Sa conduite infâme à l'égard de madame de Bertillac, IV, 57, 73.

Café (le). Madame de Grignan l'abandonne, III, 50. Pernicieux, 514.

Calvisson (la marquise de). Son impolitesse envers madame de Noailles, IV, 369. Perd son fils à Fleurus.

Calvo (M. de). Sa mort, VI, 149, note.

Camus (le cardinal Le) se trouve à Rome au conclave de 1691, VI, 187.

Camus (M. Le), ami de madame de Sévigné, I, 215, 216. Devient premier président de la cour des aides, 420. Son amitié, 451.

Canaples (Alphonse de Créqui, comte de), I, 476. Survit à ses frères, V, 52.

Candale (le duc de). Voyez *Bartet*.

Capucins du Louvre (les), appelés *Frères Esculapes*, IV, 472. Remède sympathique, 480. Fidèles à leurs vœux, 485.

Carette, médecin italien, un des originaux de La Bruyère, soigne madame de Coulanges, VI, 233. Haï de l'abbé Têtu, 236. Mystifié, 242. Son impudence, 250. Madame de Coulanges continue à user de ses remèdes, 268.

Carignan (la princesse de). Ce que lui dit le roi relativement à sa belle-fille, IV, 58. Elle déshérite son petit-fils, 375.

Carman. Voyez *Kerman* (madame de).

Carmélites de la rue du Bouloy. Sortie du roi contre elles, III, 368.

Carnavalet (l'hôtel de), demeure de madame de Sévigné, III, 337 et suiv.

Carpentras (l'évêque de), personnage ennuyeux, I, 361.

Castelnau (la maréchale de) se console de la mort du duc de Longueville, et pourquoi, II, 76. Sa mort, VI, 399.

Castries (le marquis de). Sa belle conduite à la retraite de Nuys, V, 593.

Catinat (le maréchal de) bat le duc de Savoie et le prince Eugène, VI, 162. Prend Nice, 182. Est remplacé par Villeroi, 430. Se retire à Saint-Gratien, 436. Sa modestie, 443.

Caulet (M.), évêque de Pamiers, IV, 235.

Caumartin (M. de). Son mot sur la Brinvilliers, III, 45, 46.

Caumartin (l'abbé de). Éloge ironique de M. de Noyon, VI, 272, note.

Caylus (madame de). Ses Souvenirs cités, III, 366; IV, 413, 525; V, 128. Joue le rôle d'Esther, 291. On lui fait quitter ce rôle, 308.

Cessac (M. de) se trouve à Fresnes avec madame de Sévigné, I, 78. Chassé de la cour et de Paris pour escroquerie au jeu du roi, 200. Compromis dans l'affaire des poisons, IV, 65.

Chaise (le père La), confesseur du roi. Bien disposé pour Bussy, V, 22. Lui fait obtenir une pension, VI, 213.

Chambon, médecin, soigne madame de Coulanges, VI, 423. Est mis à la Bastille, 435, note.

Chamillart (Michel) devient ministre des finances, VI, 412.

Champmêlé (mademoiselle), célèbre comédienne. Le baron de Sévigné entre elle et Ninon, I, 201. Ses noms de *jeune Merveille*, de *Chimène*, 221, 222. Madame de Sévigné l'appelle sa belle-fille, 429 note. Son peu d'esprit, *ibid.* Son talent et son succès dans le rôle d'*Ariane*, 473, 488.

Chandenier (le marquis de) se démet de sa charge, III, 359, note.

Chantal (le baron de), père de madame de Sévigné. Sa lettre au maréchal de Schomberg, II, 317.

Chantal (madame de), aïeule de madame de Sévigné. Connue sous i nom de *Bienheureuse mère*, III, 54, note.

Chapelain, auteur d'une préface pour l'*Adone* de Marini, I, 455. So jugement sur ce poëme, 459. Sa mort, sa philosophie, son avarice II, 151.

Chapelles (le comte des), ami de madame de Sévigné. Écrit à madame de Grignan, I, 351, 352. Sa devise, 392.

Charles VII, roi de France, III, 395, 396.
Charles II, roi d'Angleterre. Voyez *Angleterre*.
Charles IV, duc de Lorraine. Voyez *Lorraine*.
Charmel (le comte du) se retire à l'Oratoire, V, 128. Sa réponse à une épitre de M. de Nevers, VI, 186.
Charost (le duc de) prend la défense de M. de Grignan devant le roi, I, 455. Cède la charge de capitaine des gardes du corps à M. de Duras, 471. Reçoit la reine d'Angleterre à Calais, V, 241. Desservi par Lauzun, 287, 295. Sa querelle avec le duc d'Estrées, 364.
Charost (madame de), fille de Fouquet, I, 48. Exilée avec son mari, 68. Ses soins pour les malades, II, 191, 192, note.
Charrier (l'abbé), IV, 272. Suit les affaires de madame de Sévigné, 277; VI, 42.
Chartres (le duc de), depuis duc d'Orléans, régent du royaume. Est fait chevalier des ordres, V, 24, note. Épouse mademoiselle de Blois, VI, 216. Devient duc d'Orléans, 423.
Château-Regnault (le comte de) débarque en Irlande, et bat les Anglais, V, 407.
Châtillon (le duc de) épouse mademoiselle de Royan, VI, 375.
Chaulnes (le duc de), gouverneur de Bretagne, I, 293. Tient les états à Vitré, 320. La populace de Rennes lui jette des pierres, II, 265. Il entre dans cette ville avec des troupes, 409. Petite vengeance qu'il tire d'un seigneur breton, II, 515, 516. Badinage sur sa liaison avec madame de Grignan, IV, 485. Reçoit le roi d'Angleterre, à La Roche-Bernard, V, 342. Est nommé ambassadeur à Rome, 471. Reçu par le roi, 477. Passe à Grignan, 496. Est reçu à Rome comme ambassadeur près du conclave, VI, 3. Écrit à madame de Sévigné au sujet de la restitution du comtat au pape, VI, 21. Est reçu par Sa Sainteté, 26. Dispute le pas à l'ambassadeur d'Espagne, 189. Sa magnificence, 196. Perd le gouvernement de Bretagne, 296. Ce qu'il dit du cardinal d'Estrées, 308. Sa mort, 451.
Chaulnes (la duchesse de) arrive de nuit à Vitré, I, 308. Vient aux Rochers, 312. Ses craintes et ses dangers, II, 287. Vient à Bourbon avec madame de Sévigné, V, 87. Part pour la Bretagne, 383. Malade à Chaulnes, 389. Sa tendresse pour madame de Sévigné, 405. Retourne à Paris, 474. Reçoit un bref du pape, VI, 42. Monsieur lui rend visite, 279. Écrit à madame de Sévigné, 343. Sa douleur vraie à la mort de cette ancienne amie, 399.
Chaulnes, château de Picardie, V, 383. Ses eaux abondantes et bien distribuées, 388.
Chelles (l'abbesse de), sœur de madame de Fontanges. Son sacre, IV, 289, 290.

Cheverni (M. de), nommé menin du dauphin, IV, 87. Est heureux, 320, note. Son mariage, 198.

Chocolat. Ses effets, I, 228, 229, 382, 383 et *ailleurs*.

Choiseul (la duchesse de). Sa querelle avec madame de Duras, IV, 450, note.

Choisy (l'abbé de). Ses Mémoires cités, III, 463, 516; IV, 39; V, 281.

Chouin (mademoiselle), maîtresse du dauphin, V, 34, note. Sa disgrâce, VI, 247.

Cisterne (la princesse de La), fille du marquis de La Trousse. Se trouve en France, VI, 431.

Clagny (jardins de), plantés par Le Nôtre pour madame de Montespan, II, 307.

Claude (le ministre). Sa *Défense de la Réformation*, IV, 299.

Clément X (le pape). Sa mort, III, 128.

Cléopâtre (le roman de), I, 285, 293. Mal écrit, 300, 301.

Clérambault (la maréchale de), II, 100. Accompagne la nouvelle reine en Espagne, III, 516. Elle est disgraciée et remplacée par la marquise d'Effiat, IV, 10.

Clermont-Chate (le chevalier de), cause de la disgrâce de mademoiselle Chouin, VI, 247, note.

Clermont-Tonnerre (M. de), évêque de Noyon, I, 194. Comment il désigne le pape, III, 128. Réception de cet évêque à l'Académie; il est persiflé par l'abbé de Caumartin, VI, 272, note.

Clermont-Tonnerre (mademoiselle de), fille d'honneur de la dauphine, IV, 70.

Coëtlogon (mademoiselle de), fille d'honneur de la reine. Prend les bains de mer pour une morsure, I, 195.

Coëtquen (M. de), I, 275. Mauvais calcul, 282. Joué par M. de Chaulnes, II, 515.

Coëtquen (madame de). Sa liaison avec le chevalier de Lorraine, I, 499. Justement ridicule, II, 192, 193. Sacrifie le portrait de Turenne, 368.

Coiffure hurluberlu, I, 201, 213, 214 et *suiv*. Autres détails sur cette coiffure, 229.

Coislin (le chevalier de) quitte l'armée après la mort de Turenne, II, 366.

Colbert (Jean-Baptiste), ennemi mortel de Fouquet, I, 67. Ramène madame de La Vallière à Versailles, 166. Désigné sous le nom du *Nord*, II, 182. Ses audiences, son laconisme, III, 224. Travaille à la perte de M. de Pomponne; ce qu'il écrit à M. de Croissy, son frère, 522. N'emploie son crédit que pour les siens, IV, 217.

Colbert (Jacques-Nicolas), nommé coadjuteur de Rouen, IV, 76. Son sacre, 259.

Colbert de Croissy, appelé *Figuriborum*. Est envoyé comme plénipotentiaire au congrès de Nimègue, II, 491. Est fait ministre des affaires étrangères à la place de M. de Pomponne, III, 525.

Coligny-Saligny (le comte de). Sa mort, V, 54.

Coligny (le marquis de) de Langheac. Sa personne, sa maison, II, 238, 401.

Coligny (la marquise de), fille du comte de Bussy. Son mariage, II, 231. Devient veuve, III, 103. Son esprit et son caractère, 235. Son attachement pour son père, 435. Son procès avec son beau-père, 464. Se retire aux Ursulines de Montbard après son mariage avec M. de La Rivière; son procès avec ce dernier, IV, 355. Transaction, 533. Malade dangereusement, V, 59. Prend le nom de *comtesse de Dalet*, VI, 146.

Coligny (le marquis de), fils de la précédente. Sa naissance, III, 119. Quitte le nom de d'Andelot, V, 54. Hérite du comte de Dalet, son grand-père, VI, 118. Entre au collège Louis-le-Grand, 147. Prend le nom de *Langheac*, 153.

Colonne (la connétable), nièce du cardinal Mazarin. Sa folle conduite, II, 59, 157.

Comines (Philippe de), cité, III, 434, 438.

Comnène (la princesse Anne) a écrit l'histoire de l'empereur *Alexis*, son père, III, 313.

Condé (Henri II de Bourbon, prince de). Son oraison funèbre, ce qu'il était, IV, 390, note.

Condé (le grand) donne une fête à Chantilly, I, 233. Le roi y vient, 241. Ce que dit le grand Condé sur le passage de l'Issel, II, 8. Blessé au passage du Rhin, 53. Son amour pour son fils, 60. Envoyé en Hollande pour dégager l'armée de Luxembourg, 187, 199, 201 et *suiv*. Va en Allemagne après la mort de Turenne, 333. Ce qu'il dit à l'éloge de ce dernier, 348. Sa dernière et sa plus belle campagne, 356, note. S'excuse de servir, 538. Repartie d'un chirurgien, III, 50. N'est point employé, 102. Ce qu'on appelle son *apothéose*, 283. Néglige sa personne; on l'habille par surprise, IV, 50. Ce qu'il dit au roi sur le *Tartufe* de Molière, 254. Sa mort, V, 39, 40. Vers de Bussy pour son portrait, 45. Honneurs qu'on lui rend après sa mort, 55.

Condé (la princesse de), reléguée à Châteauroux par son mari, I, 158, 190.

Condé (Henri-Jules de Bourbon), appelé *monsieur le duc*. Pleure la mort de Vatel, I, 243. Refuse d'assister au convoi du chancelier Séguier, 481. Fête qu'il donne, 489. Naïveté d'une dame d'Utrecht, II, 112. Perd deux enfants, 250. Sa douleur de la mort de M. de La Rochefoucauld, IV, 116. Devient prince de Condé, V, 46. Préside les états de Bourgogne, VI, 209.

Condé est pris d'assaut, III, 37.

Cône (forges de), III, 348.

Conestaggio, auteur d'un ouvrage ayant pour titre : *la Réunion du Portugal*, IV, 162, note.

Conti (le prince de) trouve madame de Sévigné fort aimable. Bussy engage celle-ci à ne point repousser ses avances, I, 12, 13.

Conti (Anne Martinozzi, princesse de), appelée *mère de l'Église*, I, 194. Sa mort, 444, 445. Son oraison funèbre, V, 60.

Conti (le prince de), fils des précédents. Mot ingénieux qu'il dit à M. le dauphin, II, 165. Son mariage, IV, 23, 24, 50. Son mérite, 55. Mauvais bruit sur son amour, 111. Provoque le chevalier de Lorraine, 368. Part pour la Hongrie, 488, 521, note. Sa mort, V, 8, 9.

Conti (mademoiselle de Blois, princesse de), fille de madame de La Vallière. Sa beauté, II, 196. Ses grâces, 198, 208. Épouse le prince de Conti, IV, 23, 28, 46. Indisposée la première nuit de ses noces, 55. Elle est trahie par le comte de Clermont-Chate, VI, 247, note. Elle est toujours belle, 405.

Conti (le prince de), connu d'abord sous le nom de prince de La Roche-sur-Yon. Plaisante le prince de Conti, son frère, IV, 110. Part pour la Hongrie, 488, 521, note. Est nommé chevalier des ordres du roi, V, 24. Revient à la cour, 39.

Corbinelli (M. de). Fidèle ami de M. de Vardes, I, 262. Son attachement pour madame de Sévigné, 486. Flatteries qu'il adresse à Bussy, II, 27, 28. Se trouve à Grignan avec madame de Sévigné, 86. Reste pauvre, 102. Son mérite lui nuit, 114. Écrit à Bussy, 146. Conseille en plaisantant la trahison, 210. Cherche à calmer les sentiments de madame de Sévigné, 271. A une violente maladie, 306. Écrit au nom de madame de Sévigné, III, 18. Son amitié, ses talents, 103, 104. Donne le goût des sciences à madame de Schomberg, 156. Sa philosophie, 174. Son attachement à *la méthode*, 205. Se lie avec le cardinal de Retz, 257, 262. Écrit à madame de Grignan, 276. Lettre à Bussy, citations latines, 290 et *suiv*. Gravement malade, 342. Applique des vers d'Horace au style de Bussy, 392. Reçoit une pension du cardinal de Retz, 440. Ses commentaires sur les Maximes de M. de La Rochefoucauld, 442. Suit un procès, 453, 454. La mort du cardinal de Retz lui enlève une ressource précieuse, 467. Sa dévotion à la Providence, IV, 92. Reçoit une pension de M. de Vardes, 139. Singulière question qu'il propose, 213. Suite de son procès, arbitrage, 286. Son horreur pour les faux semblants de dévotion, 563. Son détachement philosophique, V, 8. Sa lettre à M. de Moulceau, V, 10. Arrange en maximes les classiques latins, 13, 14. Admirateur de l'éloquence épistolaire, *ibid*. Étudie les mystiques, 103. Perd sa pièce, 126. Injustice de M. de Vardes envers lui, 136. Anecdote au sujet de la querelle faite par le roi à Jacques II, 346. Sa philosophie *christianisée*, 387. Est pétri dans le mystique, 494. Appelé le *mystique du diable*, VI, 95. Écrit à Bussy, 221.

Corneille (Pierre). Cité, I, 145, 150. Il a des vers *transportants*, 247. Jugement sur *Pulchérie*, 430. Lit une tragédie au cardinal de Retz, 470. Cité, IV, 463.

Cornuel (madame de). Bon mot sur Tambonneau, I, 478. Ce qu'elle appelait la monnaie de Turenne, II, 298. Bons mots sur divers personnages, III, 31. Sur madame de Fiesque, 47. Sur Sainte-Foi, 286. Ce qu'elle dit sur la promotion des chevaliers du Saint-Esprit V, 211.

Cosnac (Daniel de), évêque de Valence, puis archevêque d'Aix. Accueille madame de Sévigné; son caractère aventureux, II, 125.

Coste (mademoiselle de La), aimée de M. de Sévigné, III, 502, 505. Elle se marie, V, 191.

Coteaux (l'ordre des), I, 467.

Coton (le père), jésuite célèbre, VI, 87.

Coulanges (l'abbé de), I, 97, 99. Donne tout son bien à madame de Sévigné, 268. L'accompagne à Grignan, II, 78 et *suiv.* Il s'occupe beaucoup des *beaux yeux de sa cassette*, 125. Ses querelles avec mademoiselle de Méry, 303. Ses précautions minutieuses, 425. Aime à faire bâtir, IV, 240. Sa mort V, 83.

Coulanges (M. de). Madame de Sévigné lui écrit, I, 143. Il part pour la Provence, 344. Sa lettre de Lyon, 369. Il va trouver madame de Grignan à Lambesc, 375. Ce qu'il écrit sur cette dame, 382. Ce qu'il dit de l'amitié qui unissait madame de Sévigné à sa fille, 422. Couplets, II, 165. Surprend des dames, 255. Écrit à madame de Grignan, 339. Désagrément qu'il éprouve; il veut vendre sa charge, 461, 462. Couplets sur un vieux lit, III, 273. Sur le comte de Tallart, 436. Part pour Lyon, IV, 221. Il écrivait agréablement, 469. Il va en Bretagne, 515. Souffre de la goutte, V, 293. Part pour Rome avec le duc de Chaulnes, 496. Plaît au pape, VI, 32. Chanson sur les jardins de Rome, 144. Il visite la coupole de Saint-Pierre, *ibid.* A la goutte, 191. Couplet sur le pape Innocent XII, 202. Revient en France, 212. Sa lettre à Pauline de Grignan, 226. Couplet sur les *Infants d'Adam*, 235. Il part pour Tonnerre avec madame de Louvois, 249. Il appelle celle-ci sa seconde femme, 260. Couplets sur l'Amadis, 263. Ses poésies sont imprimées à son insu, 268. Description d'un dîner, 293. Il va à Chaulnes, 301. Triolet fait à table, 310. Couplets pour des dames, 314. Autres adressés à M. de Chaulnes, 320. Il va à Vichi avec madame de Louvois, 401. A un appartement à Versailles, 410. Couplets sur M. de Noyon, 417. Sur Ormesson, 446, 447.

Coulanges (madame de) se trouve à Lyon, I, 140, 141. Ce qu'elle dit au coadjuteur de Reims, 203. Elle rapporte une distraction de Brancas, 276. Badinage sur l'amour de M. de Villeroi, 493. Reçoit madame de Sévigné à Lyon, II, 83. Lui écrit, 84. Va à Grignan, 89. Assidue auprès de madame de Richelieu, 103. Désignée sous le nom de *la Feuille*, 208. Mécontente de madame de Maintenon, 481. Sa liaison avec M. de La Trousse, III, 47. Elle est gravement malade, 175 et *suiv.* Mot plaisant, 190. Désignée sous le nom de *la Mouche*, 278. Elle est aimée à la cour, 295. Récit d'un conte de fée, 303. Elle se brouille avec la comtesse de Gramont, 526, 527. Sa destinée singulière, IV, 43. Se plaint de La Fare, 57. Jeu de mots, 67. Bien reçue par la dauphine, 128. Elle raille M. de Sévigné, 237. Est brouillée avec l'abbé Têtu, 244. Mot plaisant sur la guérison d'une dame, 316. Elle écrit à madame de Grignan, V, 185. Repartie plaisante, 284. Venge madame de Grignan, 314, 315. Devient dévote, VI, 54. Écrit à son mari, 199. Sa maladie et ses médecins, 233 et *suiv.* Sa douleur profonde à la mort de madame de Sévigné, 390. Elle est toujours souffrante, 423. Perd sa mère, 420. Renonce au monde, 442.

Cour (la), comparée aux Petites-Maisons, I, 123. Dîner du roi; description, 212. Tristesse des bals, 213, 218. Plaisirs de la cour; on y joue gros jeu, III, 115, 116. Détails, 121, 122.

Cours d'amour, VI, 29, note.

Courcelles (M. de). Chagrins que lui cause sa femme, I, 460. Sa mort, III, 426, 427.

Courcelles (madame de). Son procès en adultère, I, 460, 473, 478; III, 426.

Créqui (le maréchal de) refuse d'obéir à Turenne et demande à servir comme volontaire, II, 9, 12, 13, 14. Il perd une bataille près de Trèves, 327. S'expose en désespéré dans la défense de Trèves, 348, 368 et *suiv.* Trahison d'un de ses officiers, 385. Jugé trop sévèrement par Bussy, 400. On parle de lui donner M. de Schomberg pour successeur, III, 295. Bat les Allemands, 362. Sa mort, V, 49.

Créqui (le marquis de), courtisan dès l'enfance. Anecdote, II, 305. Encourt la disgrâce du roi, V, 52.

Créqui (le duc de). Sa mort, V, 50.

Crochet, cuisinier de M. de Neuchèzes, évêque de Châlons.

D.

Damay (le père), prieur de Livry, vient au Rochers, IV, 291.
Dangeau (le marquis de) apprend au roi à faire des vers, I, 54. Se rencontre avec madame de Sévigné à Véret, II, 379. Son habileté au jeu, III, 121 et *suiv*. Présents qu'il fait à madame de Montespan 226. Nommé menin du dauphin, IV, 87. Son mariage, V, 18. Chamarré de ridicules, 19.
Daquin, médecin du roi. Sa colère contre un médecin anglais, IV, 333.
Dauphin. Voyez *Monseigneur*.
Dauphine. Voyez *Bavière*.
Descartes (René), I, 295. Son opinion sur l'âme des bêtes, 347, 482. Sa philosophie, II, 117. Son livre des *Passions*, III, 148. Axiome célèbre, IV, 153. Neveux et nièces de ce philosophe, 262.
Descartes (mademoiselle), nièce du précédent, III, 503.
Deshouillères (madame). Ses poésies, V, 239.
Desmarêts de Saint-Sorlin. Son quatrain sur *la Violette*, tiré de la *Guirlande de Julie*, IV, 279.
Doge (le) de Gênes vient en France. Son mot sur Versailles et la cour, IV, 457.
Dragons, transformés en missionnaires, V, 4.
Dreux (madame de), impliquée dans l'affaire des poisons, récit intéressant, IV, 135, 136.
Duchesne, médecin. On le consulte pour madame de Grignan, III, 513.
Duchesse (la grande-). Voyez *Toscane*.
Du-Gué Bagnols (M.); I, 456.
Du-Gué Bagnols (madame). Ses affectations, son langage recherché, III, 309, 490.
Duguet (l'abbé), auteur de l'*Institution d'un prince*, VI, 303.
Duquesne (l'amiral). Sa victoire navale, III, 66.
Duras (M. de), I, 471. Est fait maréchal de France, sa modestie, II, 328.
Duval, valet de pied de la princesse de Condé, est condamné aux galères, I, 224, note.

E.

Édit de Nantes. Sa révocation, V, 4, note.
Effiat (l'abbé d'). Son prétendu mariage, I, 384, 388. Ce qu'il disait du séjour de Véret III, 298.

Effiat (le marquis d') reçoit madame de Sévigné à Vérct, II, 379. Sa querelle avec M. de Louvigny, III, 288.

Elbeuf (le duc), neveu de Turenne. Sa douleur, II, 325.

Enflure du cœur, expression de Nicole, I, 335, 362.

Épernon (mademoiselle d'), religieuse carmélite, IV, 34.

Escars (madame d') va aux eaux de Vichi avec madame de Sévigné, III, 48.

Espagne (la reine d'), Anne-Marie d'Autriche, mère de Charles II, gouverne pendant la minorité de son fils, I, 433. Veut soutenir les Hollandais, 460, 464. Sa mort, VI, 395.

Espagne (Charles II, roi d'), épouse Marie-Louise d'Orléans, III, 462. Sa mort, son testament, VI 422.

Espagne (Marie-Louise d'Orléans, reine d'), mariée à Charles II. Breuvage que lui donnent les Carmélites, III, 368. Quitte la France à regret, 462, 473 et *suiv*. Son arrivée en Espagne, IV, 7, 36. Sa mort, V, 319, note, et *suiv*.

Espagne (Philippe V, roi d'), monte sur le trône, VI, 422.

Espérance (l'). On écrit pour et contre, I, 462, 464. *L'espérance nourrit le monde*, II, 375.

Esprit (Jacques), de l'Académie Française. Son livre de la Fausseté des vertus humaines, VI, 122.

Esther, tragédie. Voyez *Racine* et *madame de Sévigné*.

Estrades (le maréchal d') écrit à madame de Sévigné, IV, 429. Nommé gouverneur du duc de Chartres, 456.

Estrées (le cardinal d'), évêque de Laon, I, 463. Est fait cardinal, II, 39. Va à Rome pour l'affaire de la régale, IV, 214. Le pape ne l'aime point, VI, 20. Son retour de Rome, *ibid*.

Estrées (le duc d'), ambassadeur à Rome, sa discussion avec le pape, II, 367. Sa mort, V, 50.

Estrées (la maréchale d'). Sa mort, V, 50.

Estrées (le comte d') est fait maréchal de France, IV, 341. Ne répond point à la lettre de Bussy, 347. Tient au *Monseigneur*, 352. Se rend à Brest, V, 289. Cède le commandement à M. de Seignelai, 447. Il commande en Bretagne pendant l'absence de M. de Chaulnes, 486. Préside les états, 488. Avait aimé Ninon, VI, 11. Sa magnificence, 24.

Estrees (le comte d'), fils du précédent. Son instruction et son amabilité, VI, 36.

États de Bretagne. Se tiennent à Vitré, leur don gratuit, présents qu'ils font, I, 320, 322, 324 et *suiv*. Leur libéralité, 344, 350. Se séparent, 349. Se tiennent à Dinan, II, 397. Le maréchal d'Estrées les préside, VI, 4.

Eure (la rivière d'). Travaux commencés pour l'amener à Versailles, IV, 440; V, 246.

F.

Fagon, médecin du roi, III, 402. Régime qu'il conseille à madame de Grignan, IV, 11.

Faluère (M. de la), premier président du parlement de Rennes, reçoit madame de Sévigné à Vannes, V, 457. Est aux Rochers, 484.

Fantôme (apparition d'un) dans la salle d'armes de Chantilly, V, 40.

Fare (le marquis de La). Ses écrits opposés à son caractère, II, 109. Vend sa charge à M. de Sévigné, III, 236. Ses amours, 515. Rupture entre lui et madame de La Sablière, *ibid.* Voyez *Sablière*.

Fayette (madame la marquise de La), I, 190. Bien reçue à Versailles, 235. Succès de ses romans, 477. Cherche la solitude, 496. Son amitié pour madame de Sévigné, II, 74. Lui écrit à Grignan, 99. Le roi lui donne une pension, 101. Elle vante la beauté de Chantilly, 110. S'excuse agréablement de n'avoir point écrit, 112. Sur le goût et l'esprit, 122. Reçoit un présent de madame de Montespan, 149. Désignée sous le nom de *Brouillard*, 208. Sa mauvaise santé, 437. Trait indirect contre elle, 514. Le grand Condé lui rend visite, III, 124. Présent le reçoit, 129. Ce qu'elle dit sur sa maladie, 204. Menacée de dessèchement, 263. Fait paraître *la Princesse de Clèves*, 400. Prend des bouillons de vipères, 502. Son affliction de la mort de M. de La Rochefoucauld, IV, 106 et *suiv.* Son crédit, 431. Ses mémoires cités au sujet de la mort de la reine d'Espagne, V, 318. Écrit à madame de Sévigné, 526. Gravement malade, VI, 82. Est volée, 111. Ses souffrances continuent, 206. Sa mort, 215, note.

Fayette (le comte de La), fils de la précédente, sert au siège de Philisbourg, V, 149. Épouse mademoiselle de Marillac, VI, 59. Sa mort et son testament, 248.

Félix de Tassy, chirurgien du roi, lui fait l'opération de la fistule, V, 46, note. Coupe l'artère en faisant une saignée, 532.

Fénelon (M. de), nommé précepteur du duc de Bourgogne, V, 477. Nommé archevêque de Cambrai, VI, 288. Publication de *Télémaque*, 434, note.

Féron (la présidente Le) impliquée dans l'affaire des poisons, IV, 88, 130.

Ferté (le maréchal de La) est fait prisonnier au combat de Valenciennes, I, 35. Présente à sa femme le comte de Saint-Paul, son amant, 143. Son mot sur la guerre, II, 57.

Ferté (la maréchale de La), maîtresse du duc de Longueville, I, 143. Se convertit, VI, 134.

Ferté (la duchesse de La), fille du maréchal de La Mothe-Houdancourt. Fait un couplet sur son mari, III, 436. Marie sa fille à M. de Mirepoix, V, 269, 280.

Ferté (le père de La), jésuite, veut partir pour le Canada, VI, 376 et la note.

Feuillade (le duc, puis maréchal de La). Sa querelle avec le prince d'Harcourt, I, 31. Devient colonel des Gardes-Françaises, 390, 420. Singulière visite au roi, II, 331. Fait élever une statue au roi, III, 462. Sa mort, VI, 205.

Feuquières (le marquis de). Sa relation de la mort de Turenne, II, 324. Est compromis dans l'affaire des poisons, IV, 72. Épouse mademoiselle d'Hocquincourt, VI, 281.

Fiennes (madame de). Son mari est gouverneur de Montargis, III, 94. Caractère avide de cette dame, ses intrigues et ses propos caustiques, IV, 8, note.

Fiennes (mademoiselle de), fille d'honneur de la reine. Maîtresse du chevalier de Lorraine, I, 485.

Fiesque (madame de). On l'appelait la *comtesse*; elle écrit à madame de Grignan, I, 227. Mort de sa fille, 439, 441. Vient à Bourbilly, II, 132. Ce que lui dit madame Cornuel, III, 47.

Fiesque (le comte de) fils de la précédente. Ami du duc de Longueville, I, 143. Amant de madame de Lionne, ce qu'il en raconte, III, 112. Les Génois lui paient cent mille écus, IV, 445.

Fieubet (M. de), chancelier de la reine. Son mot sur madame de Montrevel, II, 249, note. Commissaire du roi en Bretagne, IV, 486. Sa mort, VI, 257.

Fléchier (l'abbé). Son oraison funèbre de Turenne, III, 16. Sa *Vie de Théodose*, 453. Cité, IV, 138. Écrit à madame de Grignan, VI, 456.

Foix (l'abbé de), Sa mort, I, 261.

Fontaine (La), ami de Fouquet, cité, I, 100. Deux livres nouveaux de ses fables, 198. Celle du *Singe et du Chat*, 247. Ses Contes, 254, 470. Sa fable du *Hibou*, 267. Sa fable du *Curé et du mort*, 473. Le *Pot au lait, ibid.* La *Cour du Lion*, II, 221. Ses vers pour mademoiselle de Fontanges, IV, 300. Attaqué par Furetière, V, 26. Bussy et madame de Sévigné prennent sa défense, 27, 29.

Fontanges (la marquise de) succède à madame de Montespan, III, 453, note. Sa beauté et son peu d'esprit, IV, 35, 39. Son carosse gris, 91. Présents magnifiques, 95. Danse mal, 199. Est créée duchesse, 124. Malade d'une perte de sang, 133, 135. Revient à la cour, 158. Comparée à Danaé, 212. N'est plus aimée, 215, 221. Part pour Chelles, 234. Craint le poison, 279. Chantée par La Fontaine, 300. Elle meurt, 353.

Fontevrauld (l'abbesse de). Voyez *Rochechouart*.
Forbin (M. de) commande les troupes envoyées en Bretagne, II, 421, 439.
Forbin-d'Oppède (M.), premier président au parlement de Provence, I, 137, 140. Sa mort, 397, 398.
Formulaire (le), I, 42, 46, note.
Fouesnel (la famille), I, 286, 290.
Fouquet (madame), mère du surintendant, donne à la reine un remède qui la soulage, I, 45, 48. Elle est exilée ainsi que sa belle-fille, 63. Son livre des Remèdes domestiques, II, 192.
Fouquet (M.), surintendant des finances, était l'ami de madame de Sévigné, I, 16 et *suiv.* Sa disgrâce, 39. Son procès, 40 et *suiv.* Ses réponses piquantes au chancelier Séguier, 52. Sur le crime d'État, 58, 60. Liste de ses juges, 67, note. Il apprend son jugement par des signaux, 68. Il est conduit à Pignerol, *ibid.* et *suiv.* Supporte héroïquement sa prison, 482. Accusé par la Brinvilliers, III, 115. Sa captivité est adoucie, 448. Sa mort, IV, 118, 121.
Fouquet (madame), femme du surintendant; reçoit madame de Sévigné à Moulins, III, 55. Veut partager la prison de son mari, 56. Accueillie avec bienveillance par l'évêque d'Autun, 404.
Fouquet (Marie-Élisabeth), sœur du surintendant, abbesse du Parc-aux-Dames, I, 70.
Fouquet (l'abbé), cité dans les *Amours des Gaules*, II, 134. Ce qu'il dit sur le cardinal de Bonzi, III, 120.
Frangipani (le comte de). Son supplice, I, 273, note.
*Frédéric I*er (l'empereur) avait possédé le château de Grignan, VI, 83.
Fremiot (le président de), parent de madame de Sévigné, lui lègue son bien, I, 118.
Fresnoi (madame du), maîtresse de Louvois, I, 440, II, 98.
Frontenac (madame de), I, 245.
Froulai (M. de), tué au combat de Trèves, II, 349.
Froulai (Gabriel-Philippe de), évêque d'Avranches. Sa mort et son éloge, V, 398.
Furetière; son *factum* contre l'Académie, V, 25.
Furstemberg (le cardinal de). Le pape s'oppose à sa nomination de coadjuteur de Cologne, V, 133, note.
Furstemberg (le comte Ferdinand de). Sa mort, VI, 392.

G.

Gadagne (M. de) manque le bâton de maréchal, II, 301.
Gaillard (le père), jésuite. Son éloquence, il improvise sur la prise

de Philisbourg, V, 170, 171. Comment il se tire de l'oraison funèbre de l'archevêque de Paris, VI, 335.

Galles (le prince de), V, 226. Habillé comme un *godenot*, 294.

Gand (prise de), III, 396.

Ganges (la marquise de), V, 519, note.

Ganges (M. de), ami de M. de Grignan.

Garde (le baron de La), II, 141 et *suiv.* Ses bons conseils, 214. Son projet de mariage, III, 56, 117. Ce mariage est rompu, 209. Fait copier le portrait de madame de Grignan, 272. Veut vendre son marquisat, V, 446. Mauvais état de ses affaires, 68, 73.

Gazettes (invention des), I, 381.

Géante de la foire, I, 195.

Germanicus. Son histoire dans Tacite, I, 297, 298, 300.

Gèvres (le duc de), nommé gouverneur de Paris, V, 50.

Gèvres (la duchesse de). Petite humiliation qu'elle s'attire, I, 197.

Gobelin (le père), confesseur de madame de Maintenon, V, 225 et la note.

Godeau (Antoine), évêque de Vence. Son amitié pour madame de Grignan, II, 469.

Gonzague (Anne de), princesse palatine. Son hôtel, I, 54. Son discour sur l'*Espérance*, 464.

Gourville (M. de). Ce qu'il était et ce qu'il devint, I, 232, note. Se soins pour la fête de Chantilly, 233 et *suiv.*, 243. Donne un soupe splendide, III, 271. Sa douleur à la mort du duc de La Rochefoucaul IV, 114. Se convertit, 367.

Gramont (le maréchal de), critique des vers du roi, I, 54, 55. So mot cité au sujet de Bussy, 146. Sa maladie, 365. Son exclamatio en entendant Bourdaloue, 494. Sa douleur à la mort de son fils, I 166. L'oublie bientôt, 182. Se moque de ceux qui voulaient atténue la perte de Consarbrick, 338. Plaisanterie déplacée qu'il adresse à . fille mourante, III, 404.

Gramont (M. de), comte de Guiche. Son esprit *ceinturé*, I, 430. So amour *sophistiqué*, 479. Sa témérité au passage du Rhin, II, 70, 8 Sa mort, 166, 168. Est bientôt oublié, 176, 182.

Gramont (madame de), comtesse de Guiche. Sa conduite exemp d'affectation à la mort de son mari, II, 167, 168.

Gramont (M. de), comte de Guiche, épouse mademoiselle de Noaill V, 55, 56.

Gramont (le comte de). Bon mot à un homme trop familier, I, 42 Sa lettre à un maréchal de France, II, 299. Se moque de M. de Sain Géran, IV, 21. Badinage avec le prince de Conti, 24. Raille Daqui 333.

Gramont (la comtesse de). Ses bons et mauvais succès, I, 306, note. Passe pour avoir plu au roi, III, 366. Le roi lui donne une maison dans le parc de Versailles, VI, 450.

Grana (le marquis de), gouverneur des Pays-Bas. M. de La Trousse est son prisonnier, II, 332. Fait l'éloge de M. de Sévigné, III, 420.

Grancey (madame de), et sa sœur appelée *les Anges*, Monsieur lui donne une charge à la cour, I, 307. Maîtresse du chevalier de Lorraine, *ibid*. Son oncle la propose au roi. Voyez *Villarceaux*. Sa joie du retour du chevalier de Lorraine, 479. Monsieur veut la placer, II, 133. Sa bonne conduite et ses succès en Espagne, IV, 7, 8. Le roi veut l'éloigner, 453.

Grandier (Urbain), curé de Loudun, condamné au feu, IV, 186, note.

Grand-Pan. Voyez *Bourdaloue*.

Griffenfeld (Schumacker, comte de), grand-chancelier de Danemark. Son histoire, II, 393, note et *suiv*. Suite de cette aventure, 486; III, 53. Sa peine est commuée, 116, note.

Grignan (François-Adhémar de Monteil de), archevêque d'Arles, I, 183. Son éloge, II, 156. Ses vertus, sa mort, V, 356.

Grignan (Jacques Adhémar de Monteil de), évêque d'Usez, I, 103. Son amitié pour madame de Grignan, 190, 385. Son excellent esprit, 427. Mort le 13 septembre 1674.

Grignan (Jean-Baptiste Adhémar de Monteil de), coadjuteur, puis archevêque d'Arles, I, 103. Tient Marie-Blanche sur les fonts de baptême pour M. d'Arles, I, 137. Appelé *Seigneur Corbeau*, 162. Sa paresse, 299. Sa goutte, 304. Son éloge, 370. Est hardi et heureux, II, 204. Accueil qu'on lui fait à la cour, 254. Ses succès à l'assemblée du clergé, 321. Sa harangue au roi, 336. Préside les états, IV, 266. Malade de la pierre, V, 408. Donne sa démission de président des états, VI, 8.

Grignan (Louis-Joseph Adhémar de Monteil de), dit le *bel abbé*. Soutient son *acte* en Sorbonne, I, 485. Est nommé évêque d'Évreux, IV, 83.

Grignan (Charles-Philippe Adhémar de Monteil, chevalier de), tombe malade de la petite vérole, I, 433. Détails de sa maladie, sa mort, 447.

Grignan (Joseph Adhémar de Monteil, chevalier de), connu d'abord sous le nom d'*Adhémar*, I, 160. On lui donne un régiment, 381. Sa devise, 392, 393. Nommé *le Petit Glorieux*, 394. Prend le titre de chevalier de Grignan, 494. Part pour la guerre, II, 75. Se distingue à Altenheim, 322 et *suiv*. Vient à Vichi, III, 337. Souffre d'un rhumatisme, IV, 31. Obtient une pension, 84. Nommé menin du dauphin, 86. Appelé *Dame du palais*, 88. Il est dans un état déplorable, 481, 487, 494, 518. Ses souffrances continuent, V, 261. Va aux eaux de Balaruc, 410. Ces eaux le soulagent, 519. Il habite la terre de Mazargues, VI, 434.

Grignan (François Adhémar de Monteil, comte de). Mort de sa première femme, I, 71. Son mariage avec mademoiselle de Sévigné, 103. Va en Provence, 119. Aime la musique, 134. Sa belle-mère lui écrit, 295. Sa résidence dans son gouvernement le ruine, 370. Blâmé de sa sévérité, 417. Loué par le roi, 430. Bon air qu'il a à la cour, II, 106. Assiége et prend le château d'Orange, 150, 163. Ce que dit le roi sur ce succès, 168. Fait nommer un syndic des états de Provence, 179 et *suiv*. Obtient un congé, 215. Madame de Sévigné lui mande la mort de Turenne, 296. Vend le marquisat de Vénejan, III, 139, 140. Succès qu'il obtient aux états, 229. Tour agréable de ses lettres, IV, 40. Est attaqué de la goutte, 260. Reçoit une gratification du roi, 434, note. Commande dans le comtat d'Avignon, V, 201. Est nommé chevalier du Saint-Esprit, 207. Contient les Huguenots, 339. Sa mauvaise santé, 496. Le quinquina le guérit, 532. Cède à ses créanciers deux années du revenu de sa charge, VI, 112. Est reçu chevalier des ordres, 215. Lettre sur la mort de sa belle-mère, 391.

Grignan (Françoise-Marguerite de Sévigné, comtesse de). Son mariage, I, 103. Sa correspondance avec son mari, 135. Accouche d'une fille, 136. Plaisante sur la guérison de M. de Noirmoutier, 138. Son impatience d'aller rejoindre son mari, 152. Sa paresse personnifiée, 184. Court des dangers sur le Rhône, 186, 206. Parle l'italien, 187. Passait pour peu dévote, 214. Lit Pétrarque, 285. Avait été recherchée par MM. de Caderousse et de Mérinville, 326. Fausse-couche de Livry, 338. L'air de Provence lui est contraire, 343. Se fait aimer des parents de son mari, 374. Accouche d'un fils, 399. Comparée à Psyché, 417. Fait un voyage à Monaco, II, 10. Ses périodes comparées à celles de Tacite, 21. Elle étudie la philosophie de Descartes, 117. On lui conseille la modération, 148. Elle écrit à Bussy, 224, 241. Quitte Paris, 246. Comparaison ingénieuse, 270. Son portrait peint par Mignard, 339. Ne comprend pas bien l'amour maternel, 433. S'engage pour son mari, 434. On montre ses lettres, 458. Ses alarmes pendant la maladie de sa mère, 529. Accouche à huit mois, 535. Offre d'aller passer l'été aux Rochers, III, 4. Veut venir à Bourbon pour voir sa mère, 19. Sa tendresse pour sa mère, 21, 36. Met sa fille au couvent, 43. Écrit à Bussy, 117. Fait apprendre l'allemand à son fils, 156. Ses progrès en métaphysique, 192. On l'attend à Paris, 196 et *suiv*. Son voyage est retardé, 221. Arrive à Paris, 232. Repart malade, 237. Sa correspondance avec le cardinal de Retz, 257. Mort de son fils né avant terme, 259. Ridiculise les héros d'Homère, 283. Ce qu'elle appelle un *éplucheur d'écrevisses*, 306. Paroles dures qu'elle adresse à sa mère, 307. Sa maladie, 335. Arrive à Paris, 378. Écrit à Bussy, 425. Autre lettre; ce qu'elle dit sur Descartes, 437. Quitte Paris, 469. Maltraite Corbinelli sans motif, 486. Écrit à M. de Pomponne, IV, 19. Ne se croit *bonne à rien*, 64. Jalouse de M. de Grignan, 99. Ce qu'elle dit au sujet de la mort de M. de La Rochefoucauld, 180. Sa philosophie, 211. Retourne une maxime de M. de la Rochefoucauld, 230. Nie la nécessité du baptême, 233. Mot sur le *Domine non sum dignus*, 297. Écrit au président de Moulceau, 397. Va à la cour, 404. Renverse des pistoles au jeu du roi, 524. Soutient un procès contre M. d'Aiguebonne, V, 121. Le gagne, 126. Écrit à Bussy à cette occasion, 134. Retourne en Provence, 145. Lève une compagnie de cavalerie pour son fils, 182. Sa lettre à Bussy, 255. Elle va à Marseille, 319. Mot sur la pluie, 390. Embarras de fortune, VI, 17 et *suiv*. Écrit à M. de Coulanges, 178. Est souffrante, 345. Sa lettre à M. de Moulceau après la mort de madame de Sévigné, 389. Écrit à sa fille, 404. Reçoit en Provence les frères du nouveau roi d'Espagne, 422. Résume le système de Fénelon sur l'amour de Dieu, 457 et la note.

Grignan (Marie-Blanche de). Sa naissance, I, 137. Ressemble à son père, 213. Appelée *petites entrailles*, 340. Éloge de cet enfant, 432. Appelle l'abbé Têtu son *papa*, 461. Ses qualités aimables, II, 18, 32. Est religieuse aux filles de Sainte-Marie, VI, 175.

Grignan (Pauline de). Voyez *Simiane*.

Grignan (Louis-Provence, marquis de). Sa naissance, I, 399. Son naturel craintif, III, 20, 45. Ses succès en entrant dans le monde, IV, 463. Il va au siége de Philisbourg, V, 147. Sa bravoure, 152. Il reçoit une contusion à la prise de Manheim, 188. Son retour de l'armée, 213 et *suiv*. Écrit à sa mère, 215, 227. Part pour Châlons, 242. Inspecte sa compagnie, 251. *Sa jeunesse lui fait du bruit*, 284. Appelé *le petit matou*, 302. Retourne à l'armée, 337. Sert sous M. de Boufflers, 501. Est fait colonel, VI, 54. Va au siége de Nice comme volontaire, 183. Épouse mademoiselle de Saint-Amand, 274. Est envoyé en ambassade, 420. Sa mort, 456, note.

Grignan (Louise-Catherine de), fille aînée de M. de Grignan, III, 268. Son courage et sa vertu, IV, 262, 287. Se retire à Gif, 416. Prend l'habit aux Carmélites, V, 25. Ne peut supporter l'austérité de cette maison, 36. Fait une donation à son père, *ibid*.

Grignan (Françoise-Julie de), appelée *mademoiselle d'Alérac*, fille de M. de Grignan, III, 268. Son amitié pour madame de Sévigné, IV, 404. Recherchée par M. de Polignac, 426. Rupture de ce mariage, 441. Se retire chez le duc de Montausier, son oncle, V, 95. Épouse le marquis de Vibraye, 393.

Grimaldi (le cardinal), archevêque d'Aix, I, 229.

Grotius, ambassadeur de Hollande, II, 74.

Guémadeuc (M. de), évêque de Saint-Malo. Sa conduite aux états de Bretagne, II, 448 et *suiv.* 476.

Guémené (le prince de), épouse mademoiselle de Vauvineux, IV, 5. Son caractère, 6.

Guénani (mademoiselle de), fille naturelle de M. le duc et de madame de Marans, III, 79. Son éloge, 92.

Guerchi (madame de). Sa mort, I, 439.

Guesclin (Bertrand du). Son histoire, I, 271.

Guiche (le comte de). Voyez *Gramont*.

Guilleragues (M. de). Son mot sur le chevalier de Grignan, I, 394. Ami de Boileau, II, 157. Son mot sur la laideur de Pélisson, 194. Il fait l'éloge de Turenne dans la gazette, 304. Sa parodie d'une chanson de Coulanges, III, 273.

Guilloire, médecin de mademoiselle, disgrâcié par elle, I, 205.

Guinée. Costume des chanoines de ce pays, I, 204.

Guise (M. de). Sa mort, I, 320.

Guise (madame de), I, 204, 246, 252. Sa mort, VI, 381, note.

Guitaud (le comte de), ami de madame de Sévigné, I, 163. Incendie de sa maison, 173 et *suiv.* Ce qu'il dit sur d'Acqueville, 457. Vient à Bourbilly, II, 132. Reçoit madame de Sévigné à Époisses, 135. Il écrit à madame de Grignan, III, 327. Madame de Sévigné cherche à le rapprocher de Bussy, 421.

Guitaud (la comtesse de), perd un fils, III, 356.

Guitry (M. de), tué au passage du Rhin, II, 53.

H.

Habert (Philippe), auteur du *Temple de la Mort*, cité, I, 22, 182; V, 90.

Hacqueville (M. d'), ami de madame de Sévigné, I, 231, 232. Se trouve à la fête donnée à Chantilly par le grand Condé, 239. Son écriture indéchiffrable, 292. Plaisante malice qu'on lui fait, 374, 375. Son amour ridicule, 457. Ses soins empressés, II, 109. Son chagrin de la mort de M. de Guiche, 174. Son habileté et son obligeance, 371. Ami inépuisable, 436. Nouvelliste, 464. Trait de caractère, 513.

Hamelinière (madame de La) vient aux Rochers, IV, 205 et *suiv.*

Hamilton (le comte), vice-roi d'Irlande, V, 370.

Hamilton (Antoine) adresse des couplets à Coulanges, VI, 447.

Hamon (M.) de Port-Royal. Son traité de *la Prière perpétuelle*, V, 436, note.

Hanovre (la duchesse d') devient veuve, IV, 43.

Harcourt (le comte d'), II, 316, note.

Harcourt (Anne d'Ornano, comtesse d'), tante de M. de Grignan, I, 313, 333, 358.

Harcourt (la princesse d'), fille du comte de Brancas, quitte le rouge par dévotion, II, 98. Ce qu'on en pense, 191. Conduit au roi d'Espagne sa nouvelle épouse, III, 462.

Harcourt (mademoiselle d'). Son mariage, I, 152. Ce qui se passa à ses noces, 160.

Harlai (François de Champvalon de), archevêque de Paris. Sa dispute avec l'archevêque de Reims, II, 431. Décision peu canonique, III, 212. Peu scrupuleux, IV, 214. Exempt des décimes, 253. Ses mœurs faciles, VI, 231. Sa mort, 330.

Harlai (Achille de), procureur-général au parlement de Paris. Action généreuse, II, 412. Est fait premier président du parlement de Paris.

Harouïs (M. d'), trésorier des états de Bretagne, I, 321. Aimé dans ce pays, 354. Ce qu'il écrit sur madame de Grignan, 384. Reçoit madame de Sévigné, II, 386 et *suiv.*; IV, 155. Sa ruine, VI, 110. Sa mort, 408, note.

Hautefort (le marquis d'). Sa mort, trait d'avarice, IV, 315.

Hébert, domestique de madame de Sévigné, placé à l'hôtel de Condé, I, 232. Perd sa place, III, 487. Son habileté au jeu d'échecs, IV, 33.

Helvétius (Adrien), connu sous le nom de *médecin hollandais*, V, 137 et la note. Donne des soins à madame de Coulanges, VI, 300. Origine de sa fortune, 302, note.

Henriette d'Angleterre. Voyez *Madame*.

Heudicourt (madame d'). Sa liaison avec M. de Béthune et ses mauvais procédés pour madame Scarron, I, 158, 160. Ses chagrins à la cour, 426; II, 164. Couplets sur son retour; son genre d'esprit, 165, note. Connaissait des détails intimes, 308. Comment elle se conduit à la cour, III, 144, 145. Sa folie malheureuse pour ce *pays-là*, IV, 235. Sa querelle à la fête donnée à Sceaux par M. de Seignelai, 512.

Hiver (l') se passe aisément à la campagne, II, 492.

Hoca, jeu de hasard. On le joue à la cour tandis qu'il est défendu à Paris, II, 403.

Hocquincourt (M. de), est fait chevalier de l'ordre, V, 208 et la note. Sa toilette malencontreuse, 252.

Hollande (la). Son envoyé est reçu par le roi, I, 419, 420. Caricature sur la position de la Hollande, II, 66.

Holstein (la duchesse de), comtesse de Rabutin. Madame de Sévigné lui envoie la *généalogie* de Bussy, IV, 534.

Hôpital (M. de L'), célèbre mathématicien. Sa mort, VI, 452.

Horace. Citations tirées de ses œuvres, II, 27, 28, 121; III, 290, 392.

Huet (Pierre-Daniel), évêque de Soissons, puis d'Avranches, écrit contre la philosophie de Descartes, V, 419.

Humières (le maréchal d'). Sa querelle avec Nogent, I, 29. Exilé, II, 3. Fait le siége d'Aire, III, 115. Nommé grand-maître de l'artillerie, IV, 534. Échoue à l'attaque de Walcourt, V, 463. Sa mort, VI, 249.

Humières (la maréchale d'), amie de Bussy, II, 230. Se retire aux Carmélites, VI, 318.

Humières (le chevalier d'). Sa mort, IV, 414.

I.

Importants (le parti des), IV, 470, note.

Indéfectibilité de la matière, expression cartésienne, III, 280.

Innocent XI. Voyez *Odescalchi.*

Innocent XII. Voyez *Pignatelli.*

Irval (M. d'). Voyez *Avaux* (le comte d').

Isarn, auteur du *Louis d'or.* Sa mort, I, 454.

Itier, musicien, I, 189, 251.

J.

Jacquemart et Marguerite, figures du beffroi de Lambesc, I, 386, 486.

Jacques II. Voyez *Angleterre.*

Janet (M. du) vient à Paris, II, 179, 182.

Janet (madame du), II, 436.

Janson (Toussaint-Forbin de), cardinal, évêque de Marseille, hostile à M. de Grignan, I, 139, 207, 223. Ses protestations d'amitié, 359. Bon mot sur son esprit courtisanesque, II, 20. Reçoit madame de Sévigné à Marseille, 92. Intrigue contre M. de Grignan, 141. Appelé *le Grêle,* 151. Ambassadeur en Pologne, 428, 454. Sa promotion au cardinalat est ajournée, III, 129. S'attribue la conclusion de la paix faite avec les Turcs, 225. Il obtient le cordon bleu, V, 209, note. Est nommé cardinal, VI, 141 et la note.

Janson (M. de), tué en duel M. de Chassingrimont, II, 488.

Jarzé (le comte de). Sa mort, II, 64. Avait affiché une folle passion pour Anne d'Autriche, *ibid.,* note.

Jarzé (le comte de), fils du précédent, perd un bras au siége de Philisbourg, V, 151. Souffre à la main qu'il a perdue, 336.
Jeannin, marquis de Montjeu, III, 401, 413. Sa mort, VI, 204.
Joli (M.), évêque d'Agen, son sermon à l'assemblée du clergé, II, 263.
Josèphe, historien, II, 433, 434, 511.
Jussac (M. de), III, 340. Est tué à Fleurus, VI, 155.

K.

Kerman (Marie-Anne du Pui de Murinais, marquise de), I, 308 et suiv. Parle l'italien, 315. Va en Bretagne avec madame de Sévigné, V, 374. Gravement malade, VI, 303 et la note.
Kéroualle (mademoiselle de), depuis duchesse de Portsmouth, aimée du roi d'Angleterre, I, 485. Son fils reconnu, une comédienne est sa rivale, II, 376.

L.

La Chau périt dans le Rhône, VI, 140.
La Jarie, fermier du Buron, IV, 161.
Lambesc (la ville de), I, 359. Son horloge, 386.
Lamoignon (Guillaume de), premier président au parlement de Paris, sa mort, III, 385.
Lamoignon (Chrétien-François de), fils du précédent, avocat général, le roi lui donne une pension, V, 128.
La Mothe Houdancourt (le maréchal de) commande dans Paris pendant le siége de cette ville, I, 9. Bussy l'appelle *maréchal de la ligue*, ibid.
La Mothe Houdancourt (mademoiselle de), nièce du maréchal. Voyez *Vieuville* (la marquise de La).
Langeron (M. de) repousse les Anglais, VI, 233.
Langeron (madame de). Son affliction, II, 310. Ce qu'elle dit sur l'embarras des visites, 458.
Langlade (M. de), I, 167. Va à Bourbon, 250. Quelques circonstances de sa vie; il est présenté au roi, III, 527; IV, 3. Meurt de chagrin, 294.
Langlée (M. de). Ses familiarités, I, 420. Fait un présent à madame de Montespan, III, 217, 218. Peint par La Bruyère, V, 278. Donne une fête, VI, 304.
Larmechin, valet-de-chambre du baron, soigne madame de Sévigné, II, 516. S'établit en Bretagne, IV, 526.
Larrei (M. de), fils de Lenet, III, 37.

Larue (le père) fait l'oraison funèbre du duc de Luxembourg, VI, 304, note.

La Salle (Caillebot de) succède à Tilladet dans la charge de maître de la garde-robe, III, 501.

Launay-Lyais, gentilhomme breton, recommandé à Bussy, I, 6.

Laussier meurt subitement, VI, 74.

Lauzun (le duc de) est sur le point d'épouser Mademoiselle, I, 144. Refuse le bâton de maréchal de France, 180. Est mis en prison, 401. Détenu à Pignerol, 404. S'abandonne au désespoir, 409, 410. Ce qu'on trouve chez lui, 411. Ce qu'il dit en entrant dans sa prison, 423. Sa fureur, 426. Met le feu à sa prison, 482. Tentative d'évasion, III, 86. Il s'attache au roi Jacques II, V, 237. Conduit en France la reine d'Angleterre et son fils, 240 et *suiv.* Il reparaît à la cour, 242; note. Le roi lui rend les entrées, 307. Reçoit l'ordre de la Jarretière, 327. Son mariage, son ambition insatiable, VI, 307, note.

Lavardin (M. de), I, 321. Fait son entrée à Rennes, 359. Reçoit madame de Sévigné à Nantes, II, 383. Son éloge, 413. Se marie, IV, 179. Ambassadeur à Rome, V, 67. Quitte cette ville, 404, 473, note.

Lavardin (madame de), amie de madame de Sévigné, I, 194. Son estime pour madame de Grignan, 205. *Lavardinage*, 217. Appelée *la Gazette*, II, 291. Curieuse de nouvelles, III, 373. Elle tombe en enfance et meurt, VI, 184.

Lené (Vincent) fait l'oraison funèbre du chancelier Séguier, II, 19.

Lenet (M. de), de Dijon, ami du grand Condé, écrit avec Bussy à M. et à madame de Sévigné, I, 3 et la note. Ses mémoires, sa mort, 319 et la note.

Lenet (l'abbé), dit *l'abbé de la Victoire*. Ce qu'il dit à la duchesse de Ventadour, I, 180. Sa mort, III, 231.

Lesage, complice de la Voisin, IV, 60.

Léon (le prince de). Voyez *Rohan*.

Lesdiguières (la duchesse de). Sa liaison avec l'archevêque de Paris, VI, 231. Médiocrement affligée de la mort de ce prélat, 330. Sa maladie, 430. Perd son fils, 453.

Lestranges (mademoiselle de), IV, 183, note. Sa mort, VI, 271.

Leuville (madame de), I, 395.

Limoges (le comte de), ami de Bussy, II, 81, 175.

Lionne (madame de). Sa conduite scandaleuse, I, 319; III, 31. Anecdote plaisante, 112.

Livry (M. de) épouse mademoiselle de Saint-Aignan, III.

Livry (l'abbaye de), I, 208 et *suiv.* Sa beauté, II, 40. Madame de Sévigné trouve cette demeure toujours nouvelle, III, 297; V, 109. Elle est donnée à M. Séguier.

Locke se trouve en France, IV, 292, note.

Lomaria (M. de), gentilhomme breton. Sa danse gracieuse, I, 321. Sa bonne mine, 328.

Longueval (madame de), appelée *le chanoine*, se trouve à Vichi, III, 34. Sa mort, V, 162.

Longueville (le duc de), d'abord *comte de Saint-Paul*, part pour l'île de Candie, I, 99. Il était l'amant de la maréchale de La Ferté, I, 143. Il est tué au passage du Rhin, II, 53 et *suiv.* Laisse un fils naturel, 60. Sa confession, son mérite, sa modestie, 71. Beaucoup de dames affectent de le pleurer, 75. Son fils naturel est légitimé, 76.

Longueville (le chevalier de), fils naturel du précédent. Sa mort, V, 180.

Longueville (la duchesse de), appelée *mère de l'Église*, I, 194. Elle apprend la mort de son fils; récit pathétique, II, 58. Madame de Sévigné lui rend visite, 65. Sa mort, IV, 172 et la note.

Lorges (le duc, puis maréchal de). Sa victoire près d'Attenheim, II, 310; 321. Est nommé capitaine des gardes-du-corps, III, 76. Il quitte le service, VI, 355.

Lorient (la ville de). Son origine et ses progrès, V, 469.

Lorme (M. de), médecin célèbre. Sa poudre, II, 528; III, 7, 36.

Lorraine (Charles IV, duc de). Ce qu'il écrit sur la déroute de Consarbrick, II, 365. Son mot sur le siège de Trèves, 372. Sa mort, son caractère, son épitaphe, 390, 391, note.

Lorraine (le duc de) lève le siège qu'il avait mis devant Bude, IV, 436, note. Fait acte d'hommage à Louis XIV pour le duché de Bar, VI, 412.

Lorraine (le chevalier de) rappelé de son exil, I, 452. Son fils naturel élevé par madame d'Armagnac, 485. Ce qu'il dit à mademoiselle de Fienne, 488. Empire qu'il exerce sur MONSIEUR, II, 325. Revient auprès de ce prince, 351. Appelé en duel par le prince de Conti, IV, 368. Le roi veut l'éloigner de MONSIEUR, 453.

Loudun (les religieuses de), IV, 186, note.

Louis XIV, inexorable dans le procès de Fouquet, I, 49. S'amuse de la confusion d'un courtisan, 54, 55. Il est trompé au sujet de Fouquet, 62. Aggrave la peine de celui-ci, 68. Comparé au Godefroi du Tasse, 73. Sa joie de revoir madame de La Vallière, 172. Protége madame de Mazarin contre son mari, 179. Va à Dunkerque, 250. Reçoit M. Arnauld d'Andilly, 363. Ce qu'il dit du procédé noble de M. Marsillac, 410. Sa réponse à M. de Villarceaux, 411. Donne audience à l'ambassadeur de Hollande, 419. Sa bonté pour M. de Bellefonds, 426. Parle avec éloge de M. de Grignan, 430. Sa modération envers M. de Montausier, 434. Ce qu'il dit à la mort de la princesse de Conti, 445. Son procédé à l'égard de Monsieur, 451. Part pour l'armée, II, 10. Bonheur qui l'accompagne, 52. Donne une pension à madame Scarron, 106. Assiége et prend Maëstricht, 116. Sa bravoure, 288. Sa résolution de se séparer de madame de Montespan, 293, 294. Ce qu'il dit sur l'affaire de Consarbrick, 334. Repartie à des flatteurs maladroits, 338. Son étoile, 410. Reproche qu'il fait à la reine, 453. Termine une dispute de rang, III, 18. Ne veut que des succès certains, 58. Donne des regrets à Ruyter, 66. Son arrivée de l'armée, 107. Ce qu'il dit à M. de Montausier, 134. Sur un nouvel évêque, 143. Ce qu'il dit à une vieille femme, 167. Compliment à madame de Schomberg, 294, 295. Ce qu'il dit des Carmélites, 368. Pensionne Racine et Boileau, 362. Ce qu'il dit à la reine d'Espagne, 473, 481. Marie mademoiselle de Blois, sa fille, au prince de Conti, IV, 23, 24 et *suiv*. Instruit le dauphin, 111. Appelé *Chose*, 346. Comment il reçoit M. de Vardes rappelé de son exil, 382. S'empare de Luxembourg, 395. Épouse secrètement madame de Maintenon, 477, note. Repousse les flatteries outrées des minimes, 488. Révoque l'édit de Nantes, V, 4. Est opéré de la fistule, 46, note. Part pour Luxembourg, 59. Résiste aux empiétements de la cour de Rome, 67. Sa réponse au duc de Saint-Aignan au sujet de l'arrestation de Bussy, 74. Se prépare à la guerre, 133. Mot d'un courtisan sur le siége de Philisbourg, 165. Comment il reçoit le dauphin au retour de sa campagne, 205. Promotion de chevaliers de l'ordre du Saint-Esprit, 207. Ce qu'il dit sur M. d'Hocquincourt, 208. Ennemi des cérémonies, 244. Sa générosité pleine de noblesse envers le roi Jacques, 262. Assiste à la représentation d'*Esther*, 291. Ce qu'il dit à Jacques II partant pour l'Irlande, 330. Il envoie sa vaisselle à la Monnaie, VI, 55. Assiége et prend Mons; ce qu'il dit sur l'arrivée prochaine du prince d'Orange, 183. Fait changer les coiffures des femmes, 190. Son insensibilité, 207, note.

Louvigny (M. de) ne peut acheter la charge de son père, I, 375. Se plaint de sa sœur, II, 175. Brouillé avec sa femme, III, 112. Querelle de jeu, 288.

Louvigny (madame de) accouche d'un fils, I, 396. Peu affligée de la mort de M. de Guiche, II, 167. Désignée sous le nom de *La Rosée*, 176.

Louvois (François-Michel Le Tellier, marquis de), ministre secrétaire d'État de la guerre, I, 446. Sa bienveillance pour le maréchal d'Humières, II, 9. Ses galanteries, 98. Désigné sous le nom de *la mer*, 182. N'aime point Turenne, 187. Envoyé en Flandre pour assembler les troupes, III, 29. Une vieille femme, pour être admise à lui parler, s'adresse au roi, 167. Concourt à la disgrâce de M. de Pomponne, 522. Sa mort, son épitaphe, VI, 199, note.

Louvois (madame de) reçoit Coulanges à Meudon, VI, 239. Ses possessions immenses, 254. Coulanges l'appelle sa seconde femme, 260. Elle cède Meudon au roi, 308.

Lucien, cité par madame de Sévigné, I, 349; III, 254; IV, 171, 440.

Lude (le comte du), grand-maître de l'artillerie, est fait duc, II, 298. Aspire au bâton de maréchal, III, 40. Hérite de l'évêque d'Alby, 130. Est malade et se rétablit, IV, 96. Alarmes des dames qui s'intéressaient à lui, *ibid.* Blessé à la chasse, 417. Sa mort, 534.

Lude (la comtesse du), première femme, fait ses adieux à son mari, I, 500.

Lude (la duchesse du), veuve du comte de Guiche, II, 166. Envoie son argenterie à la monnaie, VI, 73. Est nommée dame d'honneur de la duchesse de Bourgogne, 398.

Ludres (madame de), chanoinesse de Poussay, fille d'honneur de la reine, prend des bains de mer, sa prononciation, I, 195, 196. Badinage sur cette dame, 213. Elle s'afflige du mariage de M. D'Ayen, 317. Comparée à Io, III, 241. Reparties ingénieuses, 332, 334. Elle se retire dans un couvent, 371. Elle consent à recevoir une pension, IV, 310.

Lully (Baptiste). Sa musique, II, 20, 163; III, 46. Mot plaisant au sujet d'un air d'opéra joué à la messe, VI, 452.

Luxembourg (le maréchal de) marche sur Cologne avec son armée, I, 433. Il se retire, II, 186, 189, 196, 201. Veut secourir Philisbourg, III, 115. Ses revers, 195. Blâmé injustement, 207. Impliqué dans l'affaire de la Voisin, il se rend à la Bastille, IV, 58, 60 et *suiv.* Sa faiblesse, 65, 68. Il est mis en liberté, 85, note. Reparaît à la cour, 352. Bat les Hollandais à Fleurus, VI, 155. Sa mort, 366.

M.

Madame (Marguerite de Lorraine), seconde femme de Gaston d'Orléans. Sa maladie et sa mort, I, 460, 490.

Madame (Henriette d'Angleterre, duchesse d'Orléans). Sa mort, I, 130, note. Opinions diverses; l'empoisonnement paraît à peu près certain, *ibid.*, note. Plusieurs personnages soupçonnés à tort ou à raison, III, 94. Elle avait pris la défense de Bussy, V, 73, note.

Madame (Élisabeth-Charlotte de Bavière), seconde femme de Monsieur. Ses lettres, I, 331. Ce qu'elle dit sur le médecin qu'on lui propose, 401. Son bon sens et sa fermeté, II, 100. Son inclination pour le roi, IV, 223. Comment on lui apprend la mort de son père, IV, 294.

Mademoiselle (dite mademoiselle de Montpensier). Son mariage avec

Lauzun approuvé, puis défendu par le roi, I, 144, 47 et *suiv.* Ses dons à Lauzun, sa douleur, 148. L'épouse secrètement, 151. Habite le palais du Luxembourg, 490. Ne danse plus, II, 208. Mécontente du retour de Lauzun à la cour, leur séparation, V, 244, note.

Maimbourg (le père), jésuite. Son histoire des Croisades, II, 380, 382, 433. Le style est négligé, 459. Son histoire de l'Arianisme, IV, 231 et *suiv.*

Maine (le duc du) est confié aux soins de madame Scarron, II, 98. Elle le conduit à Anvers, 307. A Baréges, 432. Elle le ramène guéri, 439. Il est spirituel, III, 123. Épigramme contre M. de Montausier, 136. On lui donne la charge de général des galères, V, 139. Il est nommé grand-maître de l'artillerie, VI, 249.

Maintenon (madame de). Sa fierté, jalousie naissante de madame de Montespan contre elle, II, 308. Ses amies, 344. Ramène le duc du Maine de Baréges, 439. Son crédit, 439. Elle est toute-puissante, III, 45, 147. Le Nôtre est envoyé par le roi à Maintenon, 151, 154. Changement de caractère, 169. Elle est nommée dame d'atours de la dauphine, IV, 32. La reine l'accuse, le roi la défend, 179. Longues conversations avec le roi, 202. Son mariage, 477, note. Elle fait une visite au chancelier, V, 114. Prépare la représentation d'*Esther* à Saint Cyr, 273. Rend visite à la reine d'Angleterre, 273. Appuie les démarches de Bussy, VI, 213. Se fait peindre par Mignard, 265. Malade d'une fièvre intermittente, 445.

Malebranche (Nicolas), auteur de la *Recherche de la vérité*, III, 171, 175. Un passage de ce livre critiqué, IV, 223. Ne dit point ce qu'il pense, 245, 249, note.

Mandat (Alexandre), allié de Corbinelli, épouse mademoiselle H' rinx, IV, 97.

Manierosa. Voyez *Sully* (la duchesse de).

Mansart, architecte célèbre, vient à Bourbon, V, 97.

Marans (madame de), I, 156. Ses mauvais procédés, 157, 161, 16 Madame de Sévigné et madame de La Fayette la maltraitent, 210 217. Raillée sur sa coiffure, 237. On rit d'elle, 391. Sa fantaisie d'être violée, 428. Propos ridicules, II, 13. Son air sombre, 31, 4 Sa douleur ridicule, 60, 76. Changement que la dévotion produit dans son caractère, 100, 102, 190. Ce qui l'avait rendue dévote 202, 203.

Marbeuf (madame de), amie de madame de Sévigné, II, 422. La reçoit à Rennes, IV, 255. Vient aux Rochers, 433.

Marcel (Saint). Voyez *Processions.*

Marchin (le comte de), ambassadeur du roi en Espagne, VI, 433 la note.

Maréchaux de France (les). Ils refusent d'obéir à M. de Turenne, II, 8, 9. Exigent le *Monseigneur*, II, 302. Le roi prononce en leur faveur, 335.

Marei (madame de), sœur de madame de Grancey. On les appelait *les Anges*. Elle fait un voyage à Dijon, et pourquoi, II, 133, note.

Marie-Thérèse d'Autriche, reine de France. Sa maladie, I, 44. Sa bienveillante sollicitude pour madame de Grignan, 212. Proclamée régente pendant l'absence du roi, II, 10. On renvoie ses filles d'honneur, 160. Ses avances à madame de Montespan, 248 et *suiv*. Ses complaisances pour elle, 344. Rapprochement entre le roi et la reine, IV, 274. Elle meurt, IV, 476, note.

Marigny (Jacques-Carpentier de). Ses chansons pour la Fronde, I, 250. Son poëme du pain bénit, II, 130.

Marin (M.), premier président du parlement de Provence, II, 146, 147. Bat sa femme, 416.

Marsan (le chevalier de). Rupture de son mariage avec la maréchale d'Aumont, II, 452, 456 et *suiv*. Épouse la marquise d'Albret, IV, 375. Se remarie avec madame de Seignelai, VI, 373.

Marsillac (le prince de). Voyez *La Rochefoucauld*.

Martel (M. de), commandant de la marine à Toulon, donne une fête à madame de Grignan, IV, 258.

Mascaron (Jules), évêque de Tulle, puis d'Agen. Ses sermons, I, 170, 183, 191. Sa *passion*, 211. Assiste le chancelier Séguier mourant, 443. Prononce l'oraison funèbre de Turenne, II, 438, 439, 493. Nommé évêque d'Agen, III, 447.

Masnau (M. de), l'un des juges de Fouquet, se fait porter mourant pour donner sa voix en faveur de ce dernier, I, 65, 66.

Massillon (le père), de l'Oratoire, célèbre prédicateur, VI, 443, note.

Maupas-du-Tour (Henri de), évêque d'Évreux, se démet de son évêché, IV, 84. Sa mort, 266, 288.

Mazargues (terre de la maison de Grignan), VI, 434.

Mazarin (le cardinal de) vient à l'armée, I, 28. S'interpose au nom du roi entre d'Humières et Nogent, 29. Ce qu'il dit en mourant à propos de la comète, IV, 335.

Mazarin (le duc de) se plaint au roi, I, 179. Sa conduite ridicule après l'enlèvement de sa fille, IV, 376.

Mazarin (la duchesse de). Le roi la protège, I, 158. Elle part pour Rome, 179. Revient avec son mari, II, 130. Se fixe en Angleterre, 452, note.

Mekelbourg (la princesse de), sœur du maréchal de Luxembourg, veuve du duc de Châtillon, vient à l'armée de son frère. Comparée à Armide, III, 431. Son avarice, sa mort, VI, 282.

Mêmes (M. de) perd sa femme, I, 411.

Ménage (Gilles), I, 1 et la note, 2 et la note, 11, 26, 32, 38, 40, 83. Sa querelle avec le père Bouhours, III, 171.

Menins, hommes de la cour attachés à la personne du dauphin, IV, 86.

Meneuf (M. de), président au parlement de Rennes. Mot ridicule de son beau-fils, II, 448. Est en contestation avec madame de Sévigné, 474, 475, 492.

Méré (le chevalier de). Son *chien de style*, III, 526, note.

Méri (mademoiselle de), sœur de M. de La Trousse. Ses querelles avec l'abbé de Coulanges, II, 283. Ses vapeurs, III, 473 et *suiv*. Accuse madame de Sévigné de sécheresse, IV, 223. Est mieux avec elle, 227.

Messine (la ville de) se livre aux Français, II, 436. Les Espagnols y rentrent, III, 16.

Mignard, peintre célèbre, fait le portrait de madame de Grignan, II, 339. De madame de Fontevrault, 370. De Turenne, III, 43.

Mirabeau (François de Riquetti, chevalier de), III, 21.

Miramion (madame de) assiste à la représentation d'*Esther*, V, 295 et la note. Sa mort, ses vertus, VI, 385.

Molière, cité, I, 279. Son *Tartufe* joué à Vitré, 328. Le *Médecin malgré lui*, 354. Attaqué dans un sermon de Bourdaloue, 414. Lit les *Femmes Savantes* chez le cardinal de Retz, 470. Son *Malade imaginaire*, III, 174. Ce qu'il pensait de la comédie des *Visionnaires*, 297, note.

Molina, IV, 496.

Molino, prêtre espagnol, abjure ses hérésies à Rome, V, 118, note.

Monaco (le prince de) reçoit l'ordre du Saint-Esprit, V, 245.

Monaco (madame de). Son portrait avec les yeux crevés, I, 411. Madame de Grignan lui rend visite, II, 38, 44. Celle-ci la reçoit à son tour à Grignan, 48. Idée peu favorable qu'en donne madame de La Fayette, 114. Autre trait contre elle, 133. Désignée sous le nom de *Torrent*, 175. Soupçonnée de galanterie, III, 100. Sa mort, 404.

Monmouth (le duc de), fils naturel de Charles II, II, 19. Sa révolte, IV, 465, note, 514.

Monseigneur, dauphin de France. Question singulière qu'il fait sur madame de Schomberg, II, 193. Naïveté, IV, 56. Son mariage, III. Ses amours, V, 34, note. Il fait le siége de Philisbourg, 147, et *suiv*. Sa libéralité, 158. Sa bravoure, 160 et la note. La ville se rend, 171. Il s'empare de Manheim, 188. Revient auprès du roi, 205. Entre de nouveau en campagne, VI, 148. Est de tous les conseils, 203.

Monsieur, duc d'Orléans, frère de Louis XIV. Son mariage avec une princesse de Bavière, I, 331, 379. Parle obligeamment de madame de

Grignan, 421. Retour du chevalier de Lorraine, son favori, 452. Le
roi veut réformer sa maison, IV, 453. Sa mort, VI, 423.

Montagu (Jeanne de), princesse de la maison de Bourgogne, V, 53.

Montaigne (Michel de), cité, II, 194. Jugement sur ce philosophe,
514. Madame de Sévigné l'appelle son ancien ami; son chapitre de
l'*Éducation*, III, 491.

Montaigu (M. de), ambassadeur d'Angleterre, s'attache à madame
de Northumberland, II, 108. Retourne en Angleterre, 109.

Montalais (mademoiselle de). Son caractère intrigant, II, 75.

Montataire (madame de) suit un procès contre la duchesse d'Estrées, IV, 217, note. Son mariage avec M. de Montataire, 375.

Montausier (le duc de), gouverneur du dauphin, I, 101. Mort de sa
femme, embarras de madame de Sévigné pour écrire à M. de Montausier, 396. Rudesse de ses paroles, 434. Ce qu'il dit au dauphin
sur les cardinaux, 479. Son opiniâtreté, II, 52. Réprime la flatterie
dans un enfant, 305. Son caractère négatif, 449. Reproche qu'il fait à
la reine, 453. Réponse hardie au roi, 134. Son éloge, 299. Paroles
sages qu'il adresse au dauphin, IV, 86. Sa lettre à ce dernier sur la
prise de Philisbourg, V, 206. Sa mort, VI, 133.

Montausier (madame de). Sa maladie et sa mort, I, 396. Sa *guirlande*.

Montbazon (M. de). Naïveté, II, 495.

Montchevreuil (madame de), gouvernante des filles d'honneur de la
dauphine, IV, 67. Son portrait, 413, note. Porte au roi des plaintes
contre les filles d'honneur, V, 115, note. Perd un fils au siége de
Manheim, 188.

Montecuculli (le comte de) rend hommage à la gloire de Turenne,
II, 322.

Monterei (M. de), gouverneur des Pays-Bas. Son habileté, II, 189.

Montespan (madame de) marie sa nièce, mademoiselle de Thianges, I,
142. Flatte madame de La Vallière, 166. Ses ennuis, 426. Donne au
roi le goût des amusements de l'esprit, 438. Accouche à Nanteuil, II,
10, 17. Oblige la reine, 146. Se sépare du roi. Voyez *Louis*. Jugement sur sa position, 274. Ses démêlés avec madame de Maintenon,
307. Sa faveur et sa domination rétablies, 344. Séparation réelle,
376. Se trouve aux Carmélites avec la reine, III, 37, 38. Son voyage
aux eaux de Bourbon, 53, 56 et *suiv*. Son voyage par eau de Moulins à Tours, 79. Sa beauté, 122. Triomphe en toute sécurité, 135,
136. Son étoile pâlit, 167, 184. Nouveau triomphe, 241. Comparée à
Junon, 257. Son animosité, 262. Bouderies fréquentes, 366. Perte
énorme qu'elle fait au jeu, 441. Elle est supplantée, 453, IV, 110.
Son orgueil humilié, 124. Elle fait des présents magnifiques, VI, 270.

Montglas (madame de), maîtresse de Bussy, I, 24. Marie sa fille, IV 358. Sa mort, VI, 295.

Montgaillard (M. de), tué en Bretagne dans une rixe, II, 384.

Montgobert (mademoiselle) attachée à madame de Grignan. Éloge de son style, II, 397. Son caractère peu conciliant, IV, 193. On rend justice à ses bons sentiments, 319.

Montigny (M. de), évêque de Léon, cartésien, I, 347. Sa maladie et sa mort, 362, 366, 367.

Montlouet. Sa mort, I, 296. Douleur de sa femme, elle veut être damnée, 301.

Montlouet (madame de). Ses sentiments pour sa fille, II, 290.

Montmorenci (Henri II, duc de). Son mausolée, I, 171; III, 55.

Montmoron (M. de), parent des Sévigné, I, 400. Vient aux Rochers, II, 418. Son esprit et son goût, 449. Combat les opinions cartésiennes, IV, 291. Sa mort, 420.

Montfort (l'abbé de), prédicateur gracieux et persuasif, I, 215.

Moreri (dictionnaire de), I, 384; V, 50, 53.

Montreuil (l'abbé Mathieu de). Son madrigal cité, II, 63. Était secrétaire de M. de Cosnac, II, 125.

Mort (la). Madame de Sévigné la redoute, IV, 476. Elle regrette de n'être pas morte *dans les bras de sa nourrice, ibid.*

Motteville (madame de) se trouve à Fresne avec madame de Sévigné, I, 78. Sa mort, ses *Mémoires* loués par Voltaire, VI, 82, note.

Mouci (la marquise de), sœur du président de Harlai. Sa générosité, IV, 179, 185, 186. Vertu romanesque, 212. Fait à son père des présents considérables, V, 525.

Moulceau (le président de). Sa liaison avec madame de Sévigné et sa famille, IV, 359. Marie sa fille, V, 9.

Mousse (l'abbé de La), parent de madame de Sévigné, va aux Rochers avec cette dernière, I, 258. Apprend l'italien, 280. Est cartésien, 347, 359. Fait le catéchisme, 368. *Ne sait point n'être pas à son aise,* 405.

Murat (la comtesse de) reçoit le marquis de Grignan, V, 268 et la note.

Murinais. Voyez *Kerman* (madame de).

N.

Namur (la ville de) défendue par Boufflers, VI, 325.

Nangis (la marquise de), fille du maréchal de Rochefort, se trouve aux eaux de Bourbon, V, 89.

Nanteuil, artiste célèbre, III, 167, note.

Nantouillet (le chevalier de). Dangers qu'il court au passage du Rhin, II, 71.

Navailles (M. de) est fait maréchal de France, II, 298. Perd son fils, III, 441, 442.

Nesmond (le président de), l'un des juges de Fouquet, meurt dans le cours du procès, I, 56.

Neuchèse (M. de), grand-oncle de madame de Sévigné, I, 276.

Neuré (M. de), astronome, I, 65.

Nevers (le duc de). Son mariage, I, 142. Ses poésies, VI, 179. Citation, 182.

Nevers (la duchesse de) adopte la coiffure nouvelle, I, 201, 218. Sa beauté, III, 116. Aimée de M. le duc, IV, 189.

Nicole, écrivain de Port-Royal. Comparé à Pascal, I, 267. Sa morale, 293. Éloge et critique de ses ouvrages, 336, 362. Traité des *moyens de conserver la paix avec les hommes*, 367, note, 371. Il exige trop de l'humanité, 386 et *suiv*. Cité au sujet du jeu, 468. Ses *Essais*, II, 414. Ne peut être comparé à Pascal, 513. Citation tirée de ses *Essais*, IV, 167. Quitte la France, 172, note. *Préjugés légitimes contre les calvinistes*, 293. Ses *Imaginaires*, VI, 87. Sa mort, 351.

Ninon de Lenclos, I, 189. Aimée de M. de Sévigné, 196. Le quitte, 221, 236. Ce qu'elle dit de lui, 236. Ne le voit plus qu'en ami, 244. Raillerie nouvelle, 244. Elle a un fils dont on se dispute la paternité, VI, 11, note. Impression que produit sur elle la conversion de la maréchale de la Ferté, 135. Les femmes la recherchent, 288.

Noailles (Anne-Jules, comte, puis duc de), capitaine des gardes, IV, 239. Commande en Languedoc, 372. En revient malade, VI, 313. Se fait peindre par Rigaud, *ibid*.

Noblet (madame). Ce qu'elle dit à Monsieur, II, 279.

Nogaret (M. de) vertement réprimandé par Louvois, V, 302. Blessé à l'assaut de Valcourt, 462.

Nogent (Nicolas-Beautru, comte de), célèbre par ses bons mots, III, 400.

Nogent (Armand-Beautru, comte de), fils du précédent. Sa querelle avec d'Humières, I, 29. Se noie au passage du Rhin, II, 53. Douleur de sa femme, 58.

Northumberland (madame de), II, 99. Aimée de M. de Montaigu, 108 et *suiv*.

Nouveau, surintendant des postes. Mot ridicule, III, 62.

Noyon (M. de). Voyez *Clermont-Tonnerre*.

O.

Odescalchi est nommé pape sous le nom d'Innocent XI, III, 186, 211. Bref au roi où il expose ses griefs, 324. Autre au sujet de la régale, IV, 229. Supprime les franchises des ambassadeurs, V, 67. Refuse les bulles au cardinal de Furstemberg, 133, note. Sa mort, 481.

Olonne (le comte d'). Paroles qu'on lui attribue, I, 176. La Bruyère l'a peint dans ses *Caractères*, *ibid.* Mariage de son frère, II, 420.

Omélas (madame d'). M. de Vardes lui fait une donation, V, 144.

Oraison. Devise de cette famille, V, 329.

Orange (le prince d') menace le Quesnoy, II, 349. Veut donner bataille, III, 58, note. Est blessé au siége de Maëstricht, ce qu'il dit, 130. Les Espagnols l'empêchent de donner bataille, 159. Lève le siége de Charleroi, 312. Livre bataille quoiqu'il sût que la paix était signée, 419, 420. Se déclare protecteur de la religion anglicane, V, 146. Sa flotte est dispersée par la tempête, 156, 157, 179. Aborde en Angleterre, 201. S'installe à Saint-James, 253. Est élu roi, 312. Le bruit de sa mort court à Paris, réjouissances indécentes, VI, 160.

Orange (Marie-Stuart, princesse d') comparée à Tullie, V, 178. Sa mort, VI, 278. On ne porte point son deuil en France, 281.

Origène, cité, I, 359. Sa vie, II, 382.

Orléans (Marie-Louise d'). Voyez *Espagne* (la reine d').

Ormesson (Olivier Lefèvre d'), rapporteur dans le procès de Fouquet, I, 51, 52, 58, 61, 63, 69 et *suiv.*

Ottoboni (le cardinal) est élu pape sous le nom d'Alexandre VIII, VI, 5. Consent à la réunion de l'abbaye de Saint-Denis à Saint-Cyr, 71. Sa mort, 181.

Ovide. Citation tirée des Métamorphoses, IV, 196.

Ozannes (Christophe) fait des cures extraordinaires, VI, 362, note.

P.

Païen (le père) est blessé et dépouillé dans la forêt de Livry, IV, 224.

Parabère. Voyez *Weimar*.

Pascal (Blaise), auteur des *Provinciales*, I, 300. Sa maladie et sa mort, 367. Les *Provinciales* citées, IV, 237. Boileau le met au-dessus des anciens et des modernes, VI, 96.

Passementier (désespoir furieux d'un), II, 295.

Patrix, poëte médiocre. Citation, III, 360. Bon mot, 361.

Paul (maître), jardinier de Livry. Sa mort, I, 248. Sa veuve veut se remarier, II, 41, 45.

Pavillon. Sa pièce de vers intitulée : *le Gentilhomme de l'arrière-ban*, V, 381.

Pecquet (médecin de Fouquet), I, 69, 71. Soigne madame de Grignan, 137. Était habile anatomiste, II, 78.

Pelletier (M. le), contrôleur des finances, V, 15 et la note.

Pellisson (M. de), ami de Fouquet, I, 459. Sa laideur, II, 194, 211.

Penautier, receveur-général du clergé, impliqué dans l'affaire de la Brinvilliers, III, 89, 97, 115. Suite du procès, 120. On répand l'argent à profusion pour le sauver, 125. Son commis est arrêté, 131.

Péquigny (madame de) vient à Vichi. On l'appelait la *Sibylle*, III, 74, 78. Ses faiblesses, son esprit et sa libéralité, 81.

Péréfixe (Hardouin de), archevêque de Paris. Sa modération dans l'affaire du Formulaire, I, 46.

Pertuis. Son désespoir à la mort de Turenne, II, 361.

Petit-Bourg (le château de). Madame de Montespan l'achète, VI, 304.

Petrucci (le cardinal), partisan du quiétisme, V, 111.

Philippe II, roi d'Espagne, fait mettre à mort don Carlos son fils, VI, 271.

Picard, domestique de madame de Sévigné, ne veut pas *faner*, I, 310, 311.

Pignatelli (le cardinal), élu pape sous le nom d'Innocent XII, VI, 197. Couplets de Coulanges, 202.

Pilois, jardinier des Rochers, I, 270, 286. Son compliment, 400.

Plessis (M. du), gentilhomme breton. Traitement étrange pour une blessure au pied, I, 273.

Plessis (M. du), de l'Oratoire, gouverneur du marquis de Grignan, l'accompagne au siège de Philisbourg, V, 157. Son caractère honorable, 219, 243. Son mariage, 503.

Plessis (mademoiselle d'Argentré du). Son caractère, I, 269, 275. Sa jalousie affectée, 276. Sa belle-sœur est plus aimable, 286. Ridiculisée, 291. Trait d'hypocrisie, 294. Ses exagérations, 303. Fausse en tout, 307. Soufflet qu'elle avait reçu, 312. Impatiences qu'elle cause à madame de Sévigné, II, 389. Ses ridicules, 409 et *suiv.* Ses qualités, 419. Elle feint d'avoir la fièvre, 466. Sa jalousie, 503 et *suiv.* Empressement maladroit, 520. Elle vole la cassette de sa mère mourante, IV, 200.

Plessis-Bellière (madame du), belle-mère du maréchal de Créqui, II, 13.

Plessis-Guénégaud (madame du), désignée sous le nom d'*Amalthée*, I, 45. Amie de Fouquet, 50. Sa mort, III, 304. Sa famille la regrette peu, 305. Réflexions sur sa mort, rôle qu'avait joué cette dame, 314.

Plessis-Praslin (le maréchal du). Compliment que lui fait le roi, I, 491. Son fils est tué, II, 59. Sa victoire à Réthel, 316.

Plutarque, IV, 301. Navigation fabuleuse de Thamus, V, 365, note.

Polignac (madame de), impliquée dans l'affaire des poisons, IV, 61, note.

Polignac (le marquis de) recherche en mariage mademoiselle de Grignan, IV, 426. Rupture de ce mariage, 441.

Polignac (l'abbé, depuis cardinal de), auteur de l'*Anti-Lucrèce*, IV, 454. Ses talents, IV, 453, note, 458. Revient de Rome porteur d'articles préliminaires, VI, 176. Le roi le rappelle à la cour, VI, 424, note.

Pologne (le roi de). Voyez *Sobieski*.

Pologne (la reine de). Voyez *Arquien*.

Pomenars (le marquis de). Ses procès criminels, sa gaieté, I, 273, 274. Peut se faire raser d'un côté, 283. Va aux Rochers, son humeur enjouée, 312 et *suiv.* Il lui faudrait deux têtes, 329. Passe à Laval comme on le pendait en effigie, 391. Se tient caché au théâtre, 430 Il est taillé de la pierre, IV, 42.

Pommereuil (M. de), commissaire du roi en Bretagne, II, 461. Son amitié pour madame de Sévigné, 468, 479.

Pomponne (Simon-Arnauld, marquis de). Madame de Sévigné lui adresse les détails du procès de Fouquet, I, 40 et *suiv.* jusqu'à 73. Il est nommé ministre, 355, 387, 397. Les honneurs ne le changent point, 442. Ses louanges, II, 43. Intérêt qu'il prend aux affaires de M. de Grignan, 142. Mot spirituel, 172. Désigné sous le nom de *Pluie*, 176. Se fait peindre par Mignard, 415. Les plaisanteries en affaires lui déplaisent, 455. Craint les Provençaux, 504. Sert M. de Grignan, III, 230, 231. Sa disgrâce, détails, 519, 520. Véritables causes de la chute de ce ministre, 522 et *suiv.* Soutient dignement son infortune, 525. Retourne à la cour, comment il est reçu, IV, 74. Obtient une abbaye, 421. Rentre au ministère, VI, 203. Perd un fils, 351.

Poucet, l'un des juges de Fouquet, opine contre lui, I, 58 et *suiv.*

Pontcarré (l'abbé Le Camus de), II, 284. Ce qu'il disait sur les propos peu convenables, 473. Écrit pour madame de Sévigné à madame de Grignan, III, 185. Sa mort.

Fontchartrain (Phélipeaux de), premier président du parlement de Rennes. Ses démêlés avec M. de Chaulnes, V, 412. Nommé contrôleur-général, 514.

Pontis (M. de). Sa vie et ses Mémoires, III, 141.

Pont-Rouge (le) est emporté par les glaces, IV, 393.

Port-Royal des Champs. Description de cette retraite, II, 213.

Portugal (la reine de) se souvient de madame de Grignan, IV, 285.

Portugal (l'ambassadeur de) fait son entrée dans Paris, VI, 374.

Pouanges (madame de Saint-). Sa funeste aventure, IV, 188, 189.
Pracontal (madame de) part pour la Provence, VI, 370.
Pincesse de Clèves (la), roman de madame de la Fayette, III, 398, 414, 415.
Procession de la Fête-Dieu à Aix, I, 279. Description de cette procession, 228, 283, note. Procession de Sainte-Geneviève, 284 et *suiv.*, 303. D'Avignon, V, 421.
Provence (la). Son printemps, II, 23. Comment on y enterre les femmes, V, 224, note.
Provençaux. Leur indolence, I, 345. Leur caractère, II, 99. Comparés aux Bretons, II, 428.
Providence (la). Sa bonté et sa sagesse, V, 48. Apostrophe à la Providence, 139.
Pui-du-Fou (Madeleine de Bellièvre, marquise du), amie de madame de Sévigné, I, 160, 256; II, 34, 36, 79. Elle est veuve, 269. Sa mort, VI, 379.
Puisieux (madame de), I, 136, 160. Sa maladie, II, 489. Sa mort, III, 358.
Pussort, l'un des juges de Fouquet. Son animosité contre ce dernier, I, 56, 58, 61, 64.

Q.

Quanto, quantova. Voyez *Montespan.*
Quichotte (don). Éloge de ce livre, III, 324.
Quinault, opéra d'*Atys*, II, 518, 526; III, 46. Opéra de *Proserpine*, IV, 76, 95. Ballet du *Triomphe de l'amour*, IV, 307. Opéra d'*Acis et Galathée*, 322.
Quintin (madame de), I, 309. Son style, II, 456.

R.

Rabelais, I, 293. Cité, 389; III, 266; V, 146.
Rabutin (Christophe de). Son portrait à Bourbilly, I, 74.
Rabutin (Hugues de), grand-prieur de l'ordre de Malte, appelé le *Pirate*, I, 20. Méprise plaisante, IV, 262.
Rabutin (le comte de). Son aventure à l'hôtel de Condé, I, 153. Il prend la fuite, 154. Épouse la duchesse de Holstein, IV, 534, note. Se distingue au siége de Belgrade, V, 137.
Racine (Jean), lié avec M. de Sévigné, I, 214. Son *Andromaque* jouée à Vitré, 328. Critique de sa *Bérénice*, 357. Sa tragédie de *Bajazet*, 426, 429. Éloge de *Mithridate*, II, 103. Historiographe du

roi, III, 362. Repartie heureuse au roi, 375. Suit l'armée, 397. Son *Idylle sur la paix*, IV, 512. *Esther* représentée à Saint-Cyr, 291.

Rambures (madame de). Sa coiffure de veuve, I, 261. Son caractère, *ibid.*, note. Anecdote sur elle, II, 142.

Rambures (mademoiselle de), fille d'honneur de la dauphine, IV, 66. Épouse le marquis de Polignac contre la volonté du roi, V, 23. Elle reçoit l'ordre de quitter la cour, 23, 24, note.

Rancé (l'abbé de) avait réformé la Trappe, I, 230. Remet cette abbaye à don Zozime, VI, 326.

Raphaël d'Urbin. Sa mort, III, 92.

Rapin (le père). Son *Traité sur l'Histoire*, III, 453. Il était l'ami de Bussy, V, 20. Sa mort, 113. Son *Éloge de Louis de Bourbon, prince de Condé*, 114.

Raymond (mademoiselle), célèbre cantatrice, I, 170, 189. Se retire à la Visitation, III, 204, 216.

Rébenac (le comte de). Sa passion extravagante pour la reine d'Espagne, V, 321. Sa mort, VI, 233.

Reine (la). Voyez *Marie-Thérèse d'Autriche.*

Reine mère (la). Voyez *Anne d'Autriche.*

Rennes (la ville de) est punie sévèrement, II, 429 et *suiv.* Elle reste déserte, 442. Retour du parlement, VI, 4.

Retz (le cardinal de). Son évasion du château de Nantes, I, 19, note. Sa lettre à madame de Sévigné, 106. Son amitié pour sa nièce madame de Grignan, 454. Corneille, Molière et Boileau lui lisent leurs ouvrages, 470. Va à Commercy, 494, 496, 502. Agrément de sa société, II, 230. Se retire à Saint-Michel, 257. Veut se démettre du cardinalat, 248. Son portrait par M. de La Rochefoucauld, 266. Le pape veut qu'il garde son chapeau, 279. Comparé à Turenne, 304. Appelé le *héros du bréviaire*, 342. Insiste près du pape pour la remise du chapeau, 322, 410, 422. Son rhumatisme, III, 75. Va à Rome pour l'élection d'un pape, 132 et *suiv.* Ce qu'il écrit sur le nouveau pape, 191. Ses succès à Rome, 225. Tranche certaines questions en imposant silence, 272. Madame de Sévigné s'inquiète de sa mauvaise santé, 289. Écrit ses mémoires à Commercy, 356. Sa vie à Commercy, 367. Son retour à Paris et dans le monde, 406. Sa mort, 467.

Revel (le comte de) accompagne le duc de Chaulnes à Vannes, V, 457. Part pour Brest, 458. Ses récits intéressants, 478. Sa modestie, 506.

Reynie (M. de La), lieutenant de police, président de la chambre de l'Arsenal. Réponse plaisante que lui fait madame de Bouillon, IV, 68, note.

Rhin (le passage du), II, 53 et *suiv*. Bussy parle sagement de ce fait d'armes, 56. Détails, 70 et *suiv*.

Rhodes (le marquis de) vend sa charge, IV, 457.

Rhône (le). Vers appliqués à ce fleuve, I, 181.

Riccia (le prince de La) est emprisonné à Vincennes, VI, 430. Transféré à la Bastille, *ibid*., note.

Richelieu (le duc de) fait un siége *de tapisserie*, III, 526. Se remarie, VI, 431.

Richelieu (la duchesse de), I, 240. Succède à madame de Montausier, 397. Nommée dame d'honneur de la dauphine, IV, 17. Fatigues de cette place, 42. Sa mort, 395.

Richelieu (le marquis de) enlève mademoiselle de Mazarin, IV, 375.

Robert (dom), théologien, ami du cardinal de Retz, III, 306, 307.

Robinet (madame), sage-femme, I, 136, 137, 252.

Rochebonne (madame de), sœur de M. de Grignan, I, 305. Son éloge, 364; II, 84. Elle reçoit madame de Grignan à Thézé, V, 135.

Rochechouart (madame de), abbesse de Fontevrault, cérémonie de sa bénédiction, I, 161. Sa douleur, son mérite, II, 260. Présent que lui fait le roi, 452.

Rochefort (le maréchal de). Lettre qu'il reçoit du comte de Gramont, II, 299. Il meurt à Nancy, III, 70.

Rochefort (la maréchale de), inconsolable de la mort de son mari, III, 160. Marie sa fille, 168. Raille madame de Soubise, IV, 22.

Rochefoucauld (le duc de La), auteur des *Maximes*, son mot plaisant sur deux maris, I, 176. Peint l'amitié de madame de Sévigné pour sa fille, 178. Souffre de la goutte, 206. S'amuse des lettres de madame de Grignan, 214, 226. L'aime, 238, 250. Prend des liaisons avec Hébert, 254. Pensées *gris-brun*, 279. Fait son fils duc, 339. Nouvelle édition de ses *Maximes*, 431. Explication de l'une d'elles, 449, note, 463, 467. Violentes attaques de goutte, 491. Sa douleur du départ de ses enfants pour l'armée, II, 9. Ses sentiments pour sa famille lui font aimer madame de Sévigné, 15. Cité, 25. Son amabilité, 31. Son petit-fils tué et son fils blessé, 53. Sa résignation, 61. Regrette M. de Longueville plus que son petit-fils, 63. Écrit à madame de Sévigné, 101. Son mot sur M. de Sévigné, 109. Question entre deux maximes, 114. Portrait du cardinal de Retz, 266. Va en Poitou avec Gourville, III, 164. Ce qu'il dit d'une querelle de joueurs, bon mot sur les stances de l'abbé Têtu, 294. Ce qu'il appelle *manger des pois chauds*, 493. Mariage de son petit-fils avec mademoiselle de Louvois, 528. Maladie grave dont il meurt, IV, 102, 103, 104, 105, 106. Regretté de tous, 114. La Gazette de Flandre réfutée, 202.

Rochefoucauld (M. de La), prince de Marsillac, son père lui cède le titre de duc, I, 339. Le roi lui donne le gouvernement du Berri, 410. Blessé au passage du Rhin, II, 53 et *suiv*. Nommé grand-maître de la garde-robe; 89. Rudesse du roi, 424. S'unit à Louvois pour soutenir madame de Montespan, III, 531. Sa douleur à la mort de son père, IV, 106, 107 et *suiv*. Prend le titre de duc de La Rochefoucauld, 114. Cesse de tenir table ouverte à Versailles, 197. Incendie de sa maison, VI, 69, 73. Est en grande faveur à la cour, 322.

Rochefoucauld (M. de La), duc de La Roche-Guyon, petit-fils de l'auteur des *Maximes*, épouse mademoiselle de Louvois, III, 531.

Rochers (les), terre de M. de Sévigné, beauté du Mail, I, 286; II, 473. L'allée *solitaire*, le *cloître*, le *labyrinthe*, IV, 285. La porte Coulanges, V, 428.

Rohan (la duchesse de) met en fuite les mutins attroupés dans son duché, II, 330.

Rohan (le duc de), I, 342. Sa maladie, 430. Député des états au roi, II, 448. Épouse mademoiselle de Vardes, III, 409. Baptême du prince de Léon, son fils, IV, 78. Son manque de savoir-vivre, 364.

Rohan (le chevalier de) est décapité, II, 228. Son mot à madame d'Heudicourt, III, 406.

Roi (le). Voyez *Louis XIV*.

Roquelaure (le duc de). Sa patience est récompensée, III, 167.

Roquesante (M. de), l'un des juges de Fouquet, I, 67, 483; II, 473.

Roquette (M. de), évêque d'Autun, reçoit madame de Sévigné, III, 331. Honneurs qu'il rend à madame Fouquet, 404. Conversation sur Bussy, 462. Fait l'oraison funèbre de madame de Longueville, IV, 127.

Rouci (le comte de) épouse mademoiselle d'Arpajon, V, 291, 306.

Rouillé de Mélay (M.), intendant de Provence, son éloge, II, 185.

Roure (la comtesse du), impliquée dans l'affaire des poisons, IV, 72.

Rousillon (le comte de) écrit à Bussy, IV, 356.

Roye (le comte de) est au service du roi Jacques II, V, 150.

Ruyter (l'amiral), II, 24, 410. Sa mort, III, 66.

S.

S.... (M. de). Voyez *Cessac*.

Sablière (M. de La). Ses poésies, IV, 291.

Sablière (madame de La), I, 189. Sa passion pour M. de La Fare, III, 147, 301. Rompt avec lui, 515. Elle est guérie de sa passion, IV, 203.

Saci (M. de). Son traité de l'Amitié, VI, 439, note.

Saint-Aignan (le duc de), appelé le *Paladin*, I, 54. Sa mort et son éloge, V, 71. Il était depuis longtemps l'ami de Bussy, 73.

Saint-Amand (M. de) marie sa fille au marquis de Grignan, VI, 274

Ce que madame de Grignan avait dit de cette alliance, 338, note.
Saint-Aubin (Charles de Coulanges, seigneur de), oncle de madame de
   Sévigné, II, 17. Vient à Livry, III, 489. Sa maladie et sa mort, V, 301.
Saint-Chaumont (madame de) avait été gouvernante des enfants de
   Monsieur, III, 516.
Saint-Cyran (l'abbé de). Ses lettres, I, 326.
Saint-Géran (le comte de) est blessé au siège de Besançon, II, 221.
   Mortifications qu'il essuie, IV, 20. Il meurt subitement, VI, 382.
Saint-Géran (la comtesse de), III, 181. Ne réussit point à la cour,
   IV, 55. Elle avait la passion du jeu, VI, 382.
Saint-Hérem (M. de), III, 57. Gouverneur de Fontainebleau, 95, 357.
   Se blesse à la chasse, VI, 257. Son fils se marie, 365.
Saint-Hérem (madame de), III, 57. Sa parure ridicule, 357.
Saint-Hilaire (M. de). Ses belles paroles au moment de la mort de
   Turenne, II, 323.
Saint-Mars (M. de), gouverneur de Pignerol, I, 69.
Saint-Martin (l'abbaye de), maison de plaisance du cardinal de Bouil-
   lon, VI, 244.
Saint-Pavin. Son épigramme sur les *vendredis*, I, 385. Son athéisme
   et sa crédulité, *ibid.*, note.
Saintrailles (M. de), gouverneur et gentilhomme de la chambre de
   M. le duc, sa surveillance est mise en défaut, V, 115.
Saint-Ruthy, amant de la maréchale de la Meilleraie, I, 250.
Saint-Simon (la duchesse de). Sa maladie, I, 137. Sa mort, 141.
Saint-Simon (le duc de). Ses *Mémoires* cités, V, 19, 298, 412; VI, 404.
Saint-Thou (M. de), tué par sa faute, II, 368. Songe qu'il avait eu,
   370, 391.
Saint-Vallier (M. de). Ses procédés peu délicats envers mademoiselle
   de Rouvroi, II, 259, 282.
Sainte-Hélène (M. de), rapporteur dans le procès de Fouquet, I, 58, 62.
   Conclut à la mort, 64.
Sanderus, jésuite. Son *Histoire du schisme d'Angleterre*, III, 171.
Sanguin (M. de) achète la charge de premier maître-d'hôtel du roi,
   III, 27. Marie son fils, 383. Son mot sur la dauphine, IV, 101. Sa
   mort, 285.
Sanzei (le comte de) disparaît à la bataille de Consarbrick, II, 332
   338, 344 et *suiv.*
Sanzei (le comte de) est fait capitaine de dragons, VI, 180. Se distingue
   au siège de Namur, 325. Est nommé colonel, 381.
Sanzei (le chevalier de). Sa mort, VI, 432.
Sapale. Explication de ce mot, IV, 17.
Sault (madame de). Sa gaieté, d'où elle provient, III, 21, 23, 87.

Sauvebeuf (M. de) appelle le roi d'Espagne *chose*, I, 429.

Savoie (le duc de). Sa mort, II, 264.

Scarron (madame) sert de tout son crédit madame de Richelieu, I, 404. Soupe chez madame de Sévigné, 415. Agrément de sa conversation, 425. Elle élève secrètement le duc du Maine, II, 98. Le roi lui donne une pension, 105. Son existence mystérieuse, 164. Elle est désignée sous le nom de *Dégel*, 183. Voyez *Maintenon*.

Schomberg (Marie d'Hautefort, veuve du maréchal de). Question naïve que le dauphin fait sur elle, II, 193 et la note.

Schomberg (M. de). Son éloge, I, 249. Fait maréchal de France, II, 298. Protége les opérations du siége d'Aire, III, 115. Secourt Maëstricht, 159. Estimé du grand Condé, 163. Son armée est réduite à rien, 283. Il va trouver le maréchal de Créqui, 306. Il entre en Allemagne avec un corps d'armée, IV, 402. Passe du service de France à celui du prince d'Orange, V, 179, note. Sa mort, VI, 160.

Schomberg (madame de), femme du maréchal, se plaint amicalement de M. de Grignan, III, 129. Accueil bienveillant que le roi lui fait, 294, 295.

Scudéri (mademoiselle de), amie de Fouquet, on l'appelait *Sapho*, I, 51. Elle avait commenté Pétrarque, 285. Madame de Sévigné lui écrit, II, 479. Comment elle mesure le mérite, III, 431. Elle regrette Fouquet, IV, 121. Ses *Conversations*, 403; V, 176.

Secchia rapita (la), poëme italien de Tassoni, II, 436.

Segrais (M. de), gentilhomme de mademoiselle de Montpensier, sa disgrâce, I, 205. Recueille les chansons de Blot, 250. Son mot au sujet de l'expression *mon étoile*, 467. Son mariage, III, 179.

Séguier (le chancelier) interroge Fouquet, I, 41, 42 et *suiv*. Sa partialité, 53. Bon mot sur lui, 54. Sa mort, 439. Son éloge, *ibid*. Honneurs qui lui sont rendus, 487.

Séguier (madame), femme du précédent, se réjouit de la mort de son gendre, II, 167.

Seignelai (Jean-Baptiste Colbert, marquis de), était l'ami de Boileau, I, 276. Donne une fête à Sceaux, IV, 512. Se rend à Brest, V, 435, 447. Retourne à la cour, 490. Est fait ministre, 524. Sa mort, VI, 166.

Seignelai (madame de). Sa mort, III, 397.

Senneterre ou *Senectaire*. Mot que Bussy lui attribue, I, 13.

Senneterre (madame de). Mort tragique de son mari, I, 384. Elle porte le sobriquet de *la Mitte*, III, 147.

Servien (Abel), marquis de Sablé, surintendant des finances, I, 38.

Sévigné (Renaud, chevalier de), se retire à Port-Royal, I, 470. Sa mort, III, 14. Sa succession, 50.

Sévigné (le marquis de) appelait Hugues de Rabutin *sa bête de ressemblance*, I. 20.

Sévigné (Marie de Rabutin Chantal, marquise de), accouche d'un garçon, I, 4. Le prince de Conti la trouve aimable, 12. Le surintendant veut la séduire. Voyez *Fouquet*. Son éloge, 28. Sa relation du procès de Fouquet. Voyez *Pomponne*. Sa visite au couvent de Sainte-Marie, 46. Va masquée voir passer Fouquet, 51. Décrit ses inquiétudes et ses espérances, 59. Veut voir la comète, 65. Sa joie de l'issue du procès, 67 et *suiv*. Plaint son cousin Bussy, 75. Passe l'hiver en Bretagne, *ibid*. Manque un mariage pour sa fille, 80. Marie sa fille à M. de Grignan, 103. Vante les alliances et l'ancienneté de la maison de Sévigné, 103, 104. Son amitié pour Corbinelli, 124. Prétend que le public est injuste, 132. Conseils prudents, 139, 140. Mariage de Mademoiselle, visite qu'elle lui rend. Voyez *Montpensier*. Sa douleur au départ de sa fille, 154 et *suiv*. Sa *pensée habituelle*, 159. Les mines gaies l'importunent, 167. Doux reproches, 169. Description d'un incendie. Voyez *Guitaut*. Ses paupières *bigarrées*, 182. Sentiments religieux, 186. Inquiétudes, *ibid*. Se compare à *Niobé*, 193. Donne une copie du portrait de sa fille, 196. Fait une malice. Voyez *Gèvres*. On ouvre ses lettres, 203. Sur les mauvais prédicateurs, 211. Va à la cour, 212. Sur le cérémonial, 221. Conte d'un comédien, 222. Se querelle avec Bracas, 228. Se plaint et rit de son fils, 231 et *suiv*. Leçon qu'elle fait à son fils sur un mauvais procédé à l'égard de la Champmêlé, 236. Aime les louanges de sa fille, 238. Le printemps à Livry, 246. Ne convient point que ce soit l'absence qui ait rétabli la parfaite intelligence entre elle et sa fille, 251. Ridicule des vieilles lettres, 252. Ce qu'elle dit de Marseille, 257. Son départ pour la Bretagne et son équipage, 258. Promenade à Issy, 261. Porte en poche un portrait de sa fille, 266. Sur les grands voyages, 268. Son arrivée aux Rochers, 269. Elle souffre d'une violente colique, récit, 271. Calcul de sa fortune, 276. Son état d'incertitude et de tiédeur à l'endroit de la religion, 277, 278. Aime les détails, 284. Veut qu'on finisse les lectures commencées, 285. Soin qu'elle prend de ses jeunes plantations, 286. Conseille l'ordre dans les affaires, 288. Lit *le Tasse*, 290 et *suiv*. Mot plaisant sur une femme ridiculement parée, 294. Effusion de tendresse, 299. Lit les *Essais de morale*, 300. Ses promenades du soir, 302. Écrit dans le style de La Calprenède, 301. L'*Hippogryphe*, 302. Fait des chansons, 315. Le *trop-plein* de sa tendresse, 324. Va aux états, 328. Rit des grandes manches, 333, 346. Ses *petites entrailles*, 336. Bévue d'une dame au sujet du mot *medianoche*, 341. Gratifications des états de Bretagne, 344. Méprise plaisante, 349. Ses inquiétudes, 355. Usage de la morale, 356. Doute de l'*éternité des peines*, 359. Son style, 364. Catéchisme des paysans bretons, 368. Ses inquiétudes sur les dépenses de son gendre, 370. C'est quand on est vieux qu'il faut se corriger, 371. Inscription pour une allée de jardin, 376. Conte plaisant, *ibid.* Histoire étrange d'Angers, 377, 380. Miracles douteux, 378. Aime à méditer Nicole, 386. Indifférence qu'il prescrit, 387. Effets de la cupidité, 389. Sa joie de l'accouchement de sa fille, 399, 400 et *suiv.* Insensible à l'éloquence de Bourdaloue, 416. S'occupe des affaires de son gendre, 418. Va à la cour, ce qui s'y passe, 421. Gronde sa fille de trop se rabaisser, 422, 425. Va à Livry, 424. Voudrait voir son gendre à la cour, 439. Gronde sa fille sur sa négligence, 466. Fait présent d'un très-beau tour de perles à sa fille, 469. Sur de jolis souliers, 475. Anecdote, 487. Lit la *Découverte des Indes*, 488. Ne veut point de léthargie en amitié, 499. Description du service du chancelier, II, 18 et *suiv.* Lettre à Bussy, 25. Se désespère de ne pouvoir partir pour la Provence, 36. Aventure tragique, 38. Croit au succès de la campagne de Hollande, 52. Mort de sa tante, 67. Ses soins pour sa petite-fille, 78. Part pour la Provence, *ibid.* et *suiv.* Passe à Lyon, 82. Voyage à Marseille, description, 91 et *suiv.* Explication avec l'évêque, 94. Succès de ses lettres, 108. Son *goût* au-dessus de son *esprit*, 122. Quitte Grignan, regrets touchants, 123 et *suiv.* Lit *Quintilien* et le *Socrate chrétien*, 130. Passe à Bourbilly, 131. Excuse ses délicatesse, 138. Arrive à Paris, description, 139 et *suiv.* Veut rendre son compte de tutelle, 160. Son confesseur lui refuse l'absolution, 165. Va à la cour, 170. Mot ingénieux qu'elle dit à Boileau, 175. Sa joie du succès de l'affaire du syndic en Provence, 179 et *suiv.* Sensible à la musique de Lully, 196. Sa joie du retour de sa fille, 203 et *suiv.* Écrit à M. de Grignan, 205. Impression que produit sur son esprit le souvenir de certains lieux, récit plaisant, 219. Lettres à Bussy, 223 et *suiv.* Elle se sépare de sa fille, regrets, 245, 246. Se défend de trop parler aux autres de son amitié, 253. Ses regrets de la retraite du cardinal de Retz, 264. Ce qu'elle appelle *colique pierreuse*, 265. Procès qu'elle sollicite et qu'elle gagne, 280. Compare le pape à Trivelin, 281. Décrit la procession de Sainte-Geneviève, 284. Badinage sur le *dessous des cartes*, 286. Aventure tragique, 295. Ses nouvelles bien choisies, 341. Demande un régiment pour son fils, 349. Son départ pour la Bretagne, 371. Refuse de confier le portrait de sa fille, 373. Voyage par eau, 378 et *suiv.* Fuit les fâcheux aux Rochers, 392, 393. Tourne sa lunette du côté qui éloigne, 398. Conte plaisant, 403. Sa reconnaissance plaisante pour les postillons, 414. Lettre piquante à M. de Grignan, 435. S'excuse d'avoir un petit chien, 442, 443. Abattis de bois, 451. Songe triste, 507. Naïveté 508. Se plaît à instruire une jeune personne, 513. Souffre d'un rhumatisme, 516 et *suiv*. Description des effets d'un rhumatisme, 526, 527. A moins d'esprit quand elle dicte, III, 14. Retourne à Paris, *ibid*. Part pour Vichi, 51. N'aime point les cartes, 58. On l'appelait *Relique vivante*, 63. Sa dévotion n'est point parfaite, 79. Rencontre d'un capucin, 80. Quitte Vichi, 83. Étudie Descartes, 107. Voit passer la Brinvilliers, 111. Allusion à la sévérité de Louis XIV, 116. Plaisante sur le penchant qu'on lui suppose pour M. du Lude, 125. Aime le clair de lune, 146. Ses soins pour madame de Coulanges pendant la maladie de celle-ci, 175 et *suiv*. Ce qu'elle dit à M. de Vaux, 205. Est charmée de Saint-Augustin, 214. Sur un reproche d'indifférence, 223. Plaintes et regrets, 237 et *suiv*., 242. Sur la timidité chez les enfants, 258. Critique les auteurs de Port-Royal, 272. Sa répugnance à laisser copier le portrait de sa fille, *ibid*. Ses lectures à Livry, 280. Le style des pyrrhoniens lui plaît, 293. Part pour Vichi, 312. Propos plaisants de son hôtesse, 312, 313. Loue l'hôtel de Carnavalet, 337. Visite les forges de Côné, 348. Ses inquiétudes sur la santé de sa fille, 402, 403. Ce qu'elle écrit à madame de Meckelbourg, 431, 432. Ses regrets de la mort du cardinal de Retz, 467. Cherche à marier son fils, 484. Bon mot sur l'évêque de Senlis, 491. Va à Pomponne, 494. S'afflige de quelques folies de son fils, 502 et *suiv*. Sa douleur de la disgrâce de M. de Pomponne, 519 et *suiv*. Son goût pour le jeu d'échecs, IV, 33, 73. Sa visite à madame de La Vallière. 34. Voit passer la Voisin, 89. Est présentée à la dauphine, 126. Part pour la Bretagne, 146. Portrait d'un gentilhomme campagnard, 147. Voyage sur la Loire, 149, 150. Lit la *Réunion du Portugal*, *ibid*. Portrait d'une jeune fille qu'elle appelle son *Agnès*, 163. Arrive aux Rochers, 173. Range sa bibliothèque, 178. Ce qu'elle appelle *écumer son pot*, *ibid*. Lit saint Paul et saint Augustin, 181. Pratique *la libéralité*, 192. Un paysan breton, 193. Plaisanterie de ses femmes-de-chambre, 201. Dispute avec une jeune huguenote, 204, 205. Reçoit une visite ennuyeuse, 205. Craint pour son fils les chances du jeu, 212. Voit faire des tours de physique, 214, 215. Conseils à sa fille, 232. Ferme le *temple de Janus*, 247. Gaucherie d'un gentilhomme angevin, *ibid*. Un repas à Vitré, 251. Est reçue à Rennes avec la princesse de Tarente, 255. Indignation contre une dame, 272. Naïveté d'une provinciale, 290. Veut lire Térence, 299. Perd un de ses chevaux, 310. Part pour Paris avec son fils, 321. Écrit au président de Moulceau, 359, 363 et *suiv*. Marie son fils, 389. Se joint à Bussy dans le procès contre

M. de La Rivière, 392, note. Écrit à son fils, 400. Va en Bretagne, 403. Voyage sur la Loire, 405. Lit la *Vie de madame de Montmorenci*, 406. Motifs de son départ, 409. Lit l'*Histoire de la Réformation d'Angleterre*, 419. A mal à une jambe, 449 et *suiv*. Remercie Bussy de sa généalogie, 506. Verse dans un étang, 519. Rejoint sa fille à Bâville, 533. Est souffrante, V, 16. Regrets sur la mort de son oncle, 82. Part pour Bourbon, 87. Regrette l'abbé et l'abbaye, 109. Procession des cordons-bleus, description plaisante, 252. Réunion de goutteux, 267. Elle assiste à la représentation d'*Esther*, 316, 317. Sollicite le procès de sa fille au grand-conseil, 347. Le gagne, 353 et *suiv*. On lui demande un homme pour l'arrière-ban, 377. Description du château de Chaulnes, 384, 388. Passe à Amiens, à Pecquigny, 391. Lit la vie du duc d'Épernon, 392. Admire les bords de la Seine, 395. Arrive à Rennes, 399. Va aux Rochers, 405. Décrit la vie qu'elle y mène, 427, 428. Retourne à Rennes, 445. Accompagne madame de Chaulnes à Vannes, 453, 454. Est aux Rochers, 474. Madame de La Fayette l'engage à revenir à Paris, 527. Bulletins ingénieux de sa santé, VI, 18. Lectures des Rochers, 40. Écrit à M. de Coulanges, 84. Propose à sa fille d'emprunter sur Bourbilly, 105. Repas des Rochers, 135. Va en Provence, 164. Revient à Paris, 215. Retourne en Provence, lettre à M. de Coulanges, 251, 252. Elle décrit les noces de son petit-fils, 284. Sa dernière lettre, elle s'apitoie sur la fin prématurée de Blanchefort, 384 et *suiv*. Elle meurt, 387. Désolation de ses amis, *ibid*. et *suiv*. Sa fermeté à l'heure suprême, 393.

Sévigné (Charles, marquis de), va en Candie, I, 99. Revient à Paris, 178. S'attache à Ninon, 196, à la Champmêlé, 201. Celle-ci le quitte, son aventure avec elle, 221. Prend les femmes en dégoût, 234. Se laisse entraîner dans un *lieu d'honneur*, 236. Sacrifie à Ninon les lettres de la Champmêlé, 236. Va en Bretagne avec sa mère, 265. Réception qu'on lui fait aux Rochers, 269. Apaise une querelle, 275. Son talent pour la déclamation, 280. Va en Lorraine, 285. Son grade de guidon, plaisanterie sur ce mot, 291. Va à Cologne, 417. Se plaint de son séjour en Allemagne, 476. Son éloge par sa mère, II, 44. Ce qu'il écrit de l'armée, 52. Revient à la cour, où il plaît généralement, 103. Désire une bataille, 139. Sa lettre à sa sœur, 187. Se trouve au combat de Sénef, 224. Ne peut rien obtenir et reste guidon, 344. S'ennuie, 405. Amoureux d'une abbesse, 455. Arrive aux Rochers, 460. Se moque de madame de La Fayette, 477. Lit le roman de *Pharamond*, 484. Critique le style de Nicole, 513, 526. Écrit sous la dictée de sa mère, 520 et *suiv*. Retourne à l'armée, II, 22. Sert sous le maréchal de Créqui, 103. Fait partie de l'armée de Schomberg, 117.

Se distingue au siège d'Aire, 135, 136, 144. Quitte l'armée sans congé, 203. Jugement sur deux saints, 213. Traite avec M. de La Fare pour sa charge de sous-lieutenant des gendarmes-dauphin, 236. Il recherche une jeune personne, 266. Autre projet de mariage, 279. Raille sa sœur sur son goût pour la métaphysique, 282. Ses amours l'embarrassent, lettres galantes, 284 et *suiv*. Sa bravoure à l'affaire de Mons, 420. Va aux états de Bretagne, 478. Revient à Paris, IV, 71. Veut vendre sa charge, 79. Ses folles dépenses, 170. Aime sa cousine, 203. Dégoûté du service, 218. Malade aux Rochers, 282. Son mariage, 389. Il soigne sa mère, 458. Écrit à sa sœur, 503. Mécontent de la *généalogie* de Bussy, 506. La noblesse de Rennes le choisit pour chef, V, 319. Il écrit à sa sœur, 415. Ne peut obtenir la députation de la noblesse des états de Bretagne, 507. Demande le portrait de Pauline, VI. 129. Écrit à M. de Pomponne, 408.

Sévigné (la marquise de), fille de M. de Mauron, écrit à madame de Grignan, V, 428. Son amitié pour sa belle-mère, VI, 27. Sa vie solitaire, 438. Elle s'établit au faubourg Saint-Jacques, 443.

Sévigné (le chevalier de), filleul de madame de Sévigné, II, 450; III, 133.

Sévigné (la tour de), I, 341.

Simiane (madame de), belle-mère de Pauline de Grignan, I, 286, 291. Veut se séparer de son mari, III, 49.

Simiane (le marquis de) épouse Pauline de Grignan, VI, 287. Vient à Paris, 406.

Simiane (la marquise de). On l'appelait *mademoiselle de Mazargues*, III, 158. Son éducation, 288. Ses progrès, V, 166. Son humeur farouche, 326. Dispositions à la parcimonie, 464. Son caractère s'adoucit, 489. Ses lectures, VI, 16, 34, 35. Sa gaieté malicieuse, 125. Elle épouse M. de Simiane, VI, 351. Habite Vauréas, 352. Se fixe à Paris, 406. Perd son fils, 436.

Soanen, évêque de Senez, est condamné comme janséniste par le concile d'Embrun, V, 336, note.

Sobieski (Jean), roi de Pologne, bat les Turcs à Choczim, II, 178. Sa lettre au roi, 190. Sa valeur, III, 74. Grande victoire sur les Turcs, 225. Fait lever le siège de Vienne, IV, 385.

Soissons (le comte de), étonné de faire de la prose, IV, 185.

Soissons (la comtesse de) se récrie sur la folie de ses sœurs, II, 59. Impliquée dans l'affaire des poisons, IV, 59. Ce dont on l'accusait, 66, note. Elle se retire à Bruxelles, 72, note. Elle y est insultée, 91.

Soissons (le comte de), fils des précédents, déclare son mariage avec mademoiselle de Beauvais, IV, 374. Sa grand'mère le déshérite, 375.

Soissons (le chevalier de), se bat en duel, IV, 435.

Solre (le comte de). Scène plaisante avec un généalogiste, V, 263. Illustration de la maison de Solre, *ibid*, note.

Soubise (la princesse de), aimée secrètement du roi, I, 259, 413. Fait ombrage à madame de Montespan, III, 146, 150. Appelée la *bonne femme*, III, 184. Anecdote de la dent, 216. Naïveté de son mari, IV, 22. Elle s'éloigne de la cour, 28, note, 46. Perd son fils aîné, VI, 26.

Sourdis (le comte de) est fait chevalier de l'ordre, V, 209.

Soyecourt (M. de). Mot plaisant, III, 530.

Sucy, maison de campagne de M. de Coulanges, madame de Sévigné y avait passé sa première jeunesse, III, 113.

Sully (le duc de), blâmé de ne point aller à l'armée. II, 11. Sa mort, VI, 232.

Sully (madame de), appelée *Manierosa*, II, 193. Son mari lui propose l'exemple de madame de Grignan, III, 286. Sa mort, VI, 429.

Sully en Bourgogne, terre de M. de Tavanes, avait appartenu aux Rabutins, III, 423.

Sympathie (poudre de), IV, 449, note.

T.

Talbot, médecin anglais, III, 483. Introduit en France l'usage du quinquina, 509. Soigne M. de La Rochefoucauld, IV, 105. Promet au roi de guérir le dauphin, 333.

Tarente (la princesse de). Son amitié pour madame de Sévigné, II, 391, 395, 415. Ses faiblesses, 423, 424. Son goût pour madame de Grignan, 505. On lui donne l'*Altesse*, III, 17. Mariage de sa fille, son style singulier, IV, 144. Son écriture est une broderie, 233, 234. Anecdote danoise, 269. Sa *Thériaque*, 491.

Tasse (Le), cité, I, 56, 73. Beauté de sa poésie, 303. Sa *Mort de Clorinde*, II, 449. Cité, 465. *Clinquant* de son poëme, III, 282.

Tellier (Michel Le), secrétaire d'État, puis chancelier. Il examine la correspondance de Fouquet, I, 38. Est fait chancelier, III, 374. Sa mort, son caractère, il avait signé la révocation de l'édit de Nantes, V, 3, note.

Tellier (M. Le), archevêque de Reims. Sa fureur contre un homme que sa voiture avait renversé, II, 219. Indifférent à la mort de Turenne, 326.

Termes (le marquis de) vient à Vichi, III, 332 et la note. Diffamé par Bussy et estimé de Boileau, 365. Aventure fâcheuse, IV, 445, 446, note. Sa mort, IV, 455.

Têtu (l'abbé), I, 191. Propos léger, 240. Quitte Paris, 259. S'établit à

Fontevrauld, 315 et la note. Va en Touraine, 275, 413. Mot piquant sur lui, II, 133. Désigné sous le nom de l'*Orage*, 208. Se plaît avec madame de Coulanges, 260. Ses empressements auprès de l'abbesse Fontevrauld, 261, 370. Ses insomnies cruelles, il prend l'opium à fortes doses, V, 253. Son portrait par madame de Caylus, VI, 236. est dans un état désespéré, 453.

Théobon (mademoiselle de), fille d'honneur de la reine, est mordue par un chien, I, 196. Son frère est tué au passage du Rhin, II, 76

Thézé (le château de), II, 436. Madame de Grignan s'y arrête, V, 155.

Thianges (la marquise de), sœur de madame de Montespan, II, 108. Devient dévote, 190. Son caractère et son genre d'esprit, IV, 525, note.

Tilladet (le chevalier de). Son aventure avec madame de Ventadour, III, 498.

Tingry (Madame de), impliquée dans l'affaire des poisons, IV, 62, 66.

Toiras (le marquis de), IV, 366.

Tonquedec (M. de) gentilhomme breton. I, 290.

Torcy (M. de), épouse mademoiselle de Pomponne, VI, 399.

Toscane (la grande-duchesse de), vient en France, II, 262. Elle est mise à l'abbaye de Montmartre, 290, 292, 338. Brouillée avec sa sœur, bien traitée à la cour, ce qu'en dit son mari, III, 128. Faux bruit répandu contre elle, pourquoi elle était revenue en France, 372.

Toulongeon (Françoise de Rabutin, veuve d'Antoine de), tante de madame de Sévigné. Son avarice, III, 361. Sa mort, 447. Avait soin d'écarter les visiteurs, *ibid*.

Toulongeon (M. de) fait ériger la terre d'Alonne en comté, IV, 509. Gravement malade, V, 60.

Toulongeon (madame de), VI, 216.

Tourneux (M. Le), auteur des *Règles de la vie chrétienne*, V, 185, note.

Tourville (M. de) manœuvre habilement pour faire sa jonction avec l'escadre de Brest, V, 462. Bat la flotte anglo-hollandaise, VI, 157.

Trappe (abbaye de la). Sa règle sévère, I, 230.

Trémouille (le duc de La) est fait chevalier du Saint-Esprit, V, 208. Bon mot sur la laideur de son visage et sa belle tournure, VI, 43.

Trémouille (mademoiselle de La). Ses aventures en Danemark, II, 393 et *suiv*. Suite de ces aventures, 429, 486. Épouse le comte d'Oldembourg, IV, 142.

Tréville (M. de), peint par Bourdaloue dans un sermon, I, 414. Avait renoncé au monde, V, 190. S'enthousiasme sur le mérite de madame de Grignan, 213. Disait qu'elle *brûlerait le monde*, 446. Sa vertu et ses lumières, VI, 303, note. Auteur d'un précis des Pères. 323.

Trichâteau (M. de) donne asile à un curé exilé, III, 344. Ami de Bussy, 422.

Troche (madame de La), I, 156. Appelée *Trochanire*, 218. Décrit une coiffure nouvelle, 218, 219. Revient à Paris, 462. Jalouse en amitié, 496. Console madame de Sévigné, III, 238. Le roi lui donne une pension, VI, 207. Elle écrit à madame de Grignan, 411.

Troche (M. de La), fils de la précédente, se distingue au passage du Rhin, II, 63. Tué au combat de Leuze, VI, 270.

Trousse (le marquis de La) est fait prisonnier au combat de Valenciennes, I, 35. Son aventure à la bataille de Consarbrick, II, 332 et *suiv.* Poste important qui lui est confié, III, 371. S'inquiète peu de nuire à M. de Sévigné, IV, 248, 273 et *suiv.* Son avancement, 430, 513. Occupe Avignon par ordre du roi, V, 146. Est fait chevalier du Saint-Esprit, 236. Sa santé s'altère, 515. Sa mort, VI, 214.

Trousse (madame de La), tante de madame de Sévigné. Celle-ci lui montre les lettres de Bussy, I, 18. Sa maladie, 459 et *suiv.*, 481; II, 46. Peinture de son état, sa mort, II, 62, 67.

Trousse (mademoiselle de La) meurt subitement, V, 12.

Troy (M. de), peintre, IV, 24.

Turenne (le maréchal de). Son estime pour madame de Sévigné, I, 28. Le roi veut qu'il commande aux maréchaux de France, II, 7. Conte plaisant qu'il fait du prince d'Orange, 56. Sert sous le grand Condé, mal avec Louvois, 187 et *suiv.* Ses discours galants sur madame de Grignan, 193. Fait repasser le Rhin aux ennemis, 230. Sa Mort, 295. Détails, 296 et *suiv.* Ce qu'il dit au cardinal de Retz. 302, note. Sa perte oubliée à la cour, pourquoi, 308, note. Sa physionomie *funeste*, 319. Anecdotes, éloges et regrets, 323, 324 et *suiv.* Sa confiance dans un berger du pays, 331. Son corps est porté à Saint-Denis, 337. Trait d'un fermier qui fait son éloge, 342. On le regrette longtemps, 350. Autres détails sur sa mort et sur la douleur générale, 357 et *suiv.* Sa fortune, 362. Service qu'on lui fait à Saint-Denis, *ibid.* et *suiv.* Sa faiblesse à l'endroit du titre de prince, VI, 90, note. Voyez *Mascaron, Fléchier, Mignard.*

Turenne (le prince de), neveu du précédent, ami de Coulanges, VI. 84, 89.

Turpin (l'archevêque), auteur d'une chronique fabuleuse, VI, 82.

U.

Ursins (la princesse des), connue d'abord sous le titre de duchesse de *Bracciano*, IV, 30. Donne des bals à Paris, VI, 281. Devient camerera-mayor de la reine d'Espagne, 426.

Uxelles (la marquise d'), I, 245. Ce qu'elle dit sur M. de La Garde, III, 145.

Uxelles (le maréchal d') est blessé à Philisbourg, V, 164. Défend Mayence contre le duc de Lorraine, 444. Est obligé de capituler, 501, note. Bien reçu à la cour, 525.

V.

Valavoire (madame de), amie de madame de Grignan, I, 277, 422. Son éloge, 458.

Valavone (M. de). Son équipage, III, 329.

Valbelle (M. de), évêque d'Alet, II, 209. Fait contraste avec son prédécesseur, IV, 235, 253.

Vallière (la duchesse de La) se retire à Chaillot, puis revient à la cour, I, 166, 172, 179. Sa fille l'appelle *belle maman*, II, 199. Fait profession aux Carmélites, 252, note. Ce qu'elle dit à madame de Montespan, III, 38. Grâce que lui accorde le roi, 200. Toute la cour la complimente sur le mariage de sa fille, IV, 28. Comparée à la violette, 279.

Valentinois (le duc de) épouse mademoiselle d'Armagnac, V, 121.

Vallot (M.), médecin du roi, I, 179. Comment il avait obtenu cette place, 503, note.

Varangeville (M. de). Madame de Grignan lui écrit, VI, 455.

Vardes (le marquis de), exilé pour des intrigues, I, 191, 199. Ami de Corbinelli, 262. Son genre de constance, 317. Bruit faux de son retour, 404. Son inconstance, 486. Vient à Vichi, III, 336. Son entretien avec Louvois en Provence, IV, 174. Rappelé de son exil, comment il est reçu par le roi, 381 et *suiv.* Met Corbinelli à la tête de ses affaires, 371. Sa mort, V, 136.

Vassé (le chevalier de) est tué, V, 426.

Vatel, maître-d'hôtel de M. le prince, se tue de désespoir de ce que la marée manquait, I, 241, 242 et *suiv.*

Vauban (le maréchal de) dirige le siége de Philisbourg, V, 145 et *suiv.* Avare du sang des soldats, 157. Modère l'ardeur du dauphin, 161, note.

Vaubrun (le marquis de) est tué au combat d'Altenheim, II, 305, 317.

Vaubrun (madame de). Sa douleur de la mort de son mari, II, 305, 369.

Vaubrun (mademoiselle de) est enlevée par le comte de Béthune *Cassepot*, V, 362, 363.

Vaudemont (le prince de) suit le parti du prince d'Orange, VI, 187.

Sa retraite habile devant l'armée du maréchal de Villeroi, 329, note.

Vaudemont (la princesse de), amie de madame de Grignan, éloignée d'elle par les événements de la guerre, I, 473. Son amabilité, II, 379; IV, 240. Habite Rome, VI, 188.

Vauvineux (madame de), I, 173, 196. Marie sa fille au prince de Guémené, IV, 5.

Vaux (le comte de), fils de Fouquet, reçoit madame de Sévigné à Vaux, III, 95. Sa valeur, 131.

Vendôme (le duc de) demande d'aller dans son gouvernement, III, 21. Part pour la Provence, IV, 324, 328. Commande en Catalogne, VI, 313.

Vendôme (le chevalier de), depuis grand-prieur de France. Sa querelle avec Vivonne, II, 170. Quitte l'armée à la veille du combat, 324. Se blesse à Fontainebleau, III, 430.

Ventadour (le duc de). Sa laideur et ses vices, I, 213. Ce qu'en dit madame Cornuel, III, 167. Sa querelle avec le duc d'Aumont, 498 et *suiv.*

Ventadour (la duchesse de). Sa beauté, I, 201. Prend le tabouret, 213. Est mise au couvent à l'occasion de la querelle de son mari, III, 498. Nommée dame d'honneur de Madame, IV, 399.

Vergne (l'abbé de La) veut convertir madame de Grignan, III, 147. Sa mort, V, 190, note.

Verneuil (la duchesse de), I, 159, 196. Inconsolable de la mort de son père le chancelier Séguier, 443, 487.

Versailles. Les travaux qu'on y exécute causent une mortalité, III, 432, 435. Relevé des dépenses faites dans ce palais, 435.

Vexin (le comte de), fils de madame de Montespan, nommé colonel-général des Suisses, II, 212. Il reçoit en échange l'abbaye de Saint-Germain-des-Prés, 215.

Vibray (la marquise de). Son goût pour les doctrines de Jansénius l'empêche d'être nommée dame d'honneur de la princesse de Conti, IV, 46.

Vieuville (le duc de La), gouverneur du duc de Chartres, V, 23. Sa mort, 303.

Vieuville (la marquise de La). Son mariage, II, 492. Sa mort, V, 321.

Vignori (M. de), commandant de Trèves, est tué pendant le siège de cette ville, II, 327, note.

Vigoureux (la), complice de la Voisin, IV, 60.

Villarceaux (M. de). Fait au roi une proposition infâme, I, 411.

Villarceaux (M. de), fils du précédent, est tué à Fleurus, VI, 155.

Villars (le marquis de), second dans un duel fameux; son mérite;

I, 302, note. Est attaqué en revenant d'Espagne, II, 214. Ambassadeur à la cour de Savoie, II, 398; III, 36, 41. On l'appelait *Orondate*, V, 262.

Villars (la marquise de), amie de madame de Sévigné, I, 159, 170, 245. Son genre d'esprit, 302. Son amitié, 497. Part pour la Savoie, III, 143. Ce qu'elle dit sur le séjour de l'Espagne, 515. Écrit à madame de Sévigné, IV, 36. Lettres intéressantes sur la cour d'Espagne, 92.

Villars (le maréchal de), envoyé à la cour de Vienne en qualité de négociateur, V, 126. Achète la charge de commissaire-général de la cavalerie, 133. Ses premiers succès, VI, 437.

Villars-Brancas (le duc de) épouse la fille du comte de Brancas, IV, 234.

Villebrune, capucin, puis médecin, II, 476 ; III, 10, 101, 114.

Villequier (le marquis de), IV, 435.

Villeroi (le maréchal de). Ce que lui dit le roi au sujet de la disgrâce de son fils, I, 452. Réflexions sages sur l'affaire de La Voisin, IV, 65.

Villeroi (le marquis, depuis duc et maréchal de), est exilé, I, 448. Il avait causé la disgrâce de Vardes, *ibid.*, note. Il part pour Lyon, motifs de son exil, 451, 490. Quitte cette ville pour aller servir dans l'armée de l'électeur, II, 49. Reçoit l'ordre de retourner à Lyon, 64. Ses galanteries, 85, 86. Comparé à Orondate, 107. Ce qu'il dit sur la mort de Turenne, 323, 325. Danse avec la dauphine, IV, 222. Laisse passer le moment de battre le prince de Vaudemont, bombarde Bruxelles, IV, 329, note. Épigrammes, 331. Ses malheurs ou ses fautes en Italie, 430.

Villeroi (la duchesse de), belle-fille du précédent. Elle était liée avec Pauline de Grignan, VI, 226. Son billet à cette dernière, 356.

Vindisgras (M. de) rappelle un bon mot de madame de Grignan, I, 249.

Vineuil (M. de). Son exil, ce qu'il dit au roi, II, 402, note. Il écrit la vie de Turenne, III, 227.

Vins (le marquis de) vient en Bretagne avec son régiment, II, 418, 439. Son caractère, 447.

Vins (la marquis de) sœur de madame de Pomponne, II, 172. Écrivait agréablement, II, 431, 446. Son amitié pour madame de Sévigné, III, 495. Elle perd tout à la disgrâce de M. de Pomponne, 521. Étudie la philosophie cartésienne, IV, 209. Perd un fils unique, VI, 385.

Virgile cité, I, 70. Son *Quos ego*, 362. Madame de Sévigné le lit en latin et en italien, II, 80.

Visionnaires (les), comédie, III, 252.

Visirs (histoire des), III, 74, 133.

Vivonne (le duc de), I, 258. Madame de Sévigné lui écrit en faveur d'un capitaine de Bohémiens, 289. Plaisanterie sur son embonpoint, 264. Sa querelle avec M. de Vendôme et ses propos, II, 170, 174. Repartie plaisante à M. de Soyecourt, *ibid*. Appelle madame de Sévigné *maman mignonne*, 199. Sa victoire navale, III, 90. Reçoit madame de Grignan à Marseille, IV, 109. Sa mort, V, 139.

Voisin (la), célèbre empoisonneuse, IV, 60. Son supplice, détails 88 et *suiv*.

Voiture, cité sur l'absence, I, 171. Cité par Bussy, V, 47. Autre citation, 165.

Volonne (M. de). Son avis sur les empoisonneurs, IV, 63, note.

Vols singuliers à la cour, II, 204, 207.

Voltaire. Son opinion sur la mort de Madame, I, 130, note. Cité au sujet de Penautier, III, 89. Cité, IV, 68, 72, 118. A l'occasion de la comète de 1680, 336, note. Cité, 476, note. Au sujet du chancelier Le Tellier, V, 3. Du duc de Beauvilliers, II. Il révoque en doute l'empoisonnement de la reine d'Espagne, 318, note. Ainsi que celui de Louvois, VI, 199.

W.

Weimar, (le duc de). Sa réponse à une sotte question, II, 334.

Wiesnovieski, roi de Pologne. Sa mort, II, 178.

Z.

Zell (le duc de), défait l'armée française près de Trèves, II, 327, 324.

Zozime, anachorète, IV, 401.

FIN.

LIBRAIRIE DE FIRMIN DIDOT FRÈRES

IMPRIMEURS DE L'INSTITUT, RUE JACOB, 56.

LITTÉRATURE FRANÇAISE.

HISTOIRE DE LA LITTÉRATURE FRANÇAISE, par M. D. N. Nisard, professeur d'éloquence latine au Collége de France, etc., auteur des Études critiques sur les poëtes latins de la décadence. 3 vol. .... 15 fr

FRANCIS WEY. — REMARQUES sur la langue française au XIX siècle, sur le style et la composition littéraire, par Francis Wey 2 vol. in-8.. 15 fr

— **HISTOIRE** des révolutions du langage en France. 1 fort vol. in-8 8 fr

GÉNIN (F.). — Des variations du langage français depuis le XIIe siècle par M. F. Génin, professeur à la Faculté des lettres de Strasbourg 1 fort vol. in-8.. 7 fr. 50 c

LEXIQUE COMPARÉ DE LA LANGUE DE MOLIÈRE et des écrivains du XVIIIe siècle, précédé d'une Vie de Molière, et suivi d'une lettre à M. A. Didot; par M. Génin, professeur à la Faculté des lettres de Strasbourg. 1 vol. in-8 (Ouvrage couronné par l'Institut... 10 f

PRONONCIATION DE LA LANGUE FRANÇAISE AU XIXe SIÈCLE tant dans le langage soutenu que dans la conversation, d'après les règles de la prosodie, celles du Dictionnaire de l'Académie, les lo grammaticales et celles de l'usage et du goût, par Joseph de Malvin Cazal, ancien professeur de l'université. Dédié à l'Académie française, et imprimé par autorisation du roi à l'imprimerie royal 1 fort vol. in-8... 8 f

PHILARÈTE CHASLES et **SAINT-MARC-GIRARDIN.** — TABLEA DE LA LITTÉRATURE au XVIe siècle. 1 vol. in-8...... 8 f

LEZAUD (P. L.). PLATON, ARISTOTE. Exposé substantiel de le doctrine morale et politique, ou Résumé de Platon. — La république et les lois. — *Idem* d'Aristote. — La morale et la politique par P. L. Lezaud, 1 vol. in-18, format anglais (4e édition).. 3

— **CICÉRON.** Morale et politique, ou Résumé et fragments traduits ses œuvres philosophiques. — Les académiques. — Du souvera bien. — Les Tusculanes. — Des devoirs. — De la nature des dieu — De la divination. — De la république et des lois, suivis des di logues sur l'éloquence. — De l'orateur. — Brutus. — L'orateur. Des académiques, livre Ier, et du traité de la vieillesse; par P. Lezaud. 1 vol. de 500 pag. in-18, format anglais (2e édition). 3

— **RÉSUMÉS PHILOSOPHIQUES.** — LOCKE. Essai sur l'entendeme humain. — HOBBES. De la nature humaine. — Du corps politiq — La liberté, l'empire. — ROUSSEAU. Préface de Narcisse. — D cours sur l'inégalité des conditions. — Émile. — HELVÉTIUS. l'esprit. 1 vol. in-8.. 4

HENRI PRAT. — Études historiques. (Moyen âge.) 1 vol.... 4

— Études littéraires. (Moyen âge) 1 vol................ 4